Willibald Alexis
Der Roland von Berlin

Rütten & Loening · Berlin
1987

Herausgegeben von Henri Poschmann
Textrevision und -redaktion Peter Wersig

Erstes Kapitel

Vor dem Rathaus auf der Langen Brücke drängte und wogte es hin und her. Leute allerlei Standes, Männer, Frauen und Kinder, standen vor dem hohen Gebäude; und es ward immer lauter drinnen. War es nur eine herkömmliche Sitzung der Ratmannen der vereinigten Städte Berlin und Kölln, wie sie alle Montag um acht Uhr in der Frühe und dann donnerstags wieder früh gehalten werden; aber so hitzig war es seit Menschengedenken nicht zugegangen. Die Stimmen überschrien sich, daß man itzo vor dem allgemeinen Lärmen gar nichts hörte, und es war, wie wenn Bienen summen, und die Käfer vorm Stock hören keine raus. Aber dann schrie einer so, daß alles schwieg; aber nun schrie ein anderer noch lauter, und der vorige mußte wieder schweigen, und nun hörte man sie auf Tisch und Bänke springen, und hochrote Gesichter zeigten sich an den Fenstern, wie man deutlich durch die kleinen Scheiben sehen konnte.

Es war aber das Rathaus der vereinigten Städte Berlin und Kölln ein hohes und stattliches Gebäude, als man gleich hören wird, in all dem bunten Schmuck der Zeit, wo es entstanden. Wie man weiß, führte die kurze Brücke, welche »die Lange« heißt, ihren Namen damals mit mehr Recht. Sie verband Kölln und Berlin; aber da, wo sie heut an der Burgstraße endet, berührte sie vorerst eine morastige Insel, über die sie hinweg nach einem nun verschwundenen Spreearm führte, welcher durch die jetzige Heiligegeiststraße floß. Über diesen hinweg berührte ihr anderes Ende erst das eigentliche Berlin, das hinausging bis ans Oderberger Tor, da wo die steinerne Brücke ist; und dahinter ist der Ochsenkopf. Also war es gewiß eine *lange Brücke.* Mitten auf der Langen Brücke nun, wo die Sümpfe waren und Weideplätze fürs

Vieh, und unten trieben die Färber ihr Wesen, da stand das gemeinschaftliche Rathaus. In der Hast aufgeführt, weil man's bedurfte, als die Städte sich zusammentaten zu einer, war es nicht so fest und von dicken Steinen als die großen Rathäuser in andern reichen Städten. Darum dauerte es auch nicht über das Mittelalter hinaus, und ist keine Spur davon übergeblieben. Waren kaum die Untermauern und ein Teil des Erdgeschosses von Stein, und wo's war, waren's nur Backsteine. Das andere ruhte auf Pfahlwerk, und waren die Obergeschosse alle Fachwerk. Aber zur Zeit, wo beide Städte dieses Rathaus zu gemeinsamer Ehr und Nutzen aufführten, was um einhundert und einige Jahre früher geschah, als diese Geschichte spielt, baute man in Fachwerk nicht minder kühn und lustig als in Stein und Mörtel. Da fand man dieselben Formen in den himmelhohen hölzernen Häusern wieder, über die wir in den gotischen Baudenkmälern der Vorzeit aus Sandstein und Marmor staunen. Ja, die Laune erging sich noch wunderlicher und bunter in dem gefügigeren Holze, da der Stein strengere Gesetze und Regeln vorschreibt. Die überragenden obern Geschosse mit wunderbar geschnitzten Balkenköpfen, die ausgebauten Ecktürmchen und Söller, wodurch die engen Straßen oft ganz überdacht wurden, davon war nicht der Mangel an Raum allein der Grund; es war ebensooft die Laune des Baumeisters, der im Himmel an Spielraum gewinnen wollte, was ihm auf Erden zu schmal zugemessen war. Waren diese Bauten auch gar nicht so gefährlich, als man meint. Wenn einer so bauen wollte heut, ach, was würden sie schreien, und die Nachbarn dächten, es müßte übermorgen ihnen auf die Köpfe fallen. Aber schaut euch doch um in den vielen hölzernen Städten unseres lieben Deutschlands. Drei-, vier-, fünfhundert Jahre hat solches Holzhaus auf dem Rücken; freilich ist der Nerv kernige Eiche. Es krümmt sich auch wohl vorm Alter und liegt über, aber es fällt nicht. Noch stehen diese übergekragten, kunstvoll geschnitzten Häuser in Halberstadt, Hildesheim, Nürnberg wie umgekehrte Pyramiden; sie verloren in keinem Jahrhundert ihr Gleichgewicht. Erst in dem unseren trägt man diese Schmuckkästlein bürgerlicher Baukunst allmählich ab, nicht aus Not und Fürsorge; aber der Sinn änderte sich. Er will itzo leere Räume um sich haben, um behaglich zu sein, wo die Väter sich einschachtelten, um warm zu sitzen.

So ragte auch das Rathaus zwischen Berlin und Kölln mit seinem bunt verzierten Oberbau und den vielen zierlichen Türmchen über die andern Häuser hinaus. Die Türmchen, nicht zur Verteidigung, es war nur Spielwerk, schauten nach allen Stadtteilen; der mächtige, vielfach ausgezackte Giebel aber war dem Spreeflusse zugewandt. Er durfte nach keiner der beiden Städte blicken. Wäre es doch zuungunsten der einen oder der andern gewesen. Das litt keine. Darauf gab man viel im Mittelalter und fürchtete und scheute das Spiel des Zufalls. Das Holzwerk war nicht überputzt, aber künstlich ausgeschnitzt und rötlich gefärbt, glänzte es schon von fern dir entgegen, und das Auge sah die ganze Gliederung des wunderlichen Baues. Wie schöne Mohren und Türken und allerhand Ungeheuer zeigten die kunstvoll geschnitzten Balkenköpfe, und wie grimmig gähnten die Drachenköpfe von den Wettertraufen! Und wie waren die Stiele zierlich über Kreuz gefugt, daß es wie ein queres Schachbrett aussah oder das Wappen der Bayernfürsten, so über das Land einmal geherrscht. Und überall, wo eine Mauerwand sich bloß gab, war sie mit bunten Malereien überdeckt. Die Helden und Weisen aller Zeiten, auch die Königinnen und Schönen der ritterlichen Höfe waren hier zu sehen; alle, Griechen, Römer und Hebräer als die der Fabel, in der buntesten, scheckigsten Modetracht des abgelaufenen Jahrhunderts. Da ritt der heilige Georg und tötete den Lindwurm, der heilige Florian goß Wasser über die Feuersbrunst, und der heilige Martin teilte mit dem Schwert seinen Mantel mit dem Armen, der ihn anbettelte. Aber unter den Türen und an den Ecken noch einmal stand, in Holz gehauen, der große Christophel; denn der das Jesuskindlein trug, das ist die Welt, des Schultern sind wohl stark genug, um ein Haus zu tragen. Aber an allen Ecken hingen die Wappen von Berlin und Kölln, ihrer Geschlechter und der verbündeten Städte. Der kaiserliche Doppeladler breitete seine Flügel über dem Haupttor aus, der hohenzollernsche hatte nur ein bescheidenes Plätzchen daneben. Am lustigsten sahen die bunten Fahnen aus, so von den Giebeln und Türmchen herab im Spiel der Winde flatterten. Die Würde der Obrigkeit verschmähte es nicht, auch durch ein heiteres Zeichen ihre Gegenwart den Bürgern darzutun. Da wehten die Fähnlein der Städte Alt- und Neu-Brandenburg und Frankfurt, von Prenzlow, Bernow, von Rathenow und Mittenwalde und noch viele andere, und auch die Fahne des Hansebundes flaggte hoch auf der Firste; aber das kurfürstliche Banner hing sehr klein neben einem Schornstein.

Also sah das Rathaus auf der Langen Brücke dazumal aus, davon itzt keine Spur mehr ist; man weiß nicht einmal den Fleck genau, wo es gestanden. Drinnen zankten sie sich, und man sah es an den Fenstern; und alle, die davorstanden, sahen es; und war vorhin Ruhe, denn die Neugier machte sie ruhig, so wurden sie itzt unruhig, und die Parteien, die oben im Saal aneinanderlagen, die waren nun auch auf der Gasse, und sie steckten die Köpfe zusammen, und einer schrie laut, und ein zweiter antwortete; und blickte der eine höhnisch, so antwortete der andere grimmig, und verzog der eine den Mund, so wies ihm der andere die Zähne und streckte die Faust aus. Aber es waren diesmal nicht Geschlechter und Stände; nicht Innungen und Gewerke schieden sich, sondern Genossen derselben Zunft, auch Freunde und Blutsverwandte traten auseinander und zueinander. Denn hier war es Berlin und dort Kölln; hier die um Sankt Marien und Nikolas und in der Klostergasse wohnen, dort die um Sankt Petrus und in der Breiten und Brüderstraße. Und was die Herren oben ausmachten von dem Streit zwischen den beiden Städten, die eins waren und doch nicht eins bleiben wollten, warum sollten das die Kleinen nicht auch ausmachen! Wenn ein Schauspiel viel Wesens macht unter den Erwachsenen, so machen es die Kinder auf den Höfen und in den Gassen nach.

Wer die frischen Gesichter, die trotzigen Augen, die markigen Leiber, die kernige Gliederfülle der Handwerksbursche und Gesellen, der wohlbeleibten Meister, wer die Ausdrucksfülle und Frischheit aller beobachtete, mußte wissen, daß es da nur eines Funkens bedurfte, um zu zünden. Es lebte in unseren Städten vor vierhundert Jahren ein anderes Geschlecht. Jeder, der gesunde Beine und einen gesunden Arm hatte, war ein Mann der Tat. Und die Tat wartete kaum ab, bis der Rat erschöpft war.

Wenn's die Meister wußten und die Gesellen, was wußten's die andern, weshalb die Ratmannen von Kölln mit den Ratmannen von Berlin sich in den Haaren lagen, und was ging sie's an? Die am meisten schrien, hatten ja keine Rechte. Denn was kümmerte es den Hausierer vom Lande oder den wendischen Bauer, der sein Holz zu Markt brachte, oder den Fischer draußen vom Kiez, was Männer und Weiber, die in den engen Gassen nur geduldet wurden, von jedem strengen Blicke eines zünftigen Mannes zurückgeschreckt, was kümmerte sie's, ob der Stadtwundarzt von den Köllnern oder von den Berlinern bezahlt und ob die Stadtuhr von diesen oder von jenen aufgezogen wurde; was kümmerte sie das Niederlagrecht, wer mehr davon zöge und wer mehr zahlte und mehr Recht hätte bei Gericht?

Aber das ist vor alters gewesen, daß, was die Köpfe der Großen erhitzt, in den Köpfen der Kleinen wieder brennt, und was dort eine Flamme war, wird hier ein Brand. Manche sagen auch, daß die Großen davon leben, daß die Kleinen sich zanken um ihrer Zwiste willen; und wäre es ihnen ganz recht und lieb. Sie sprechen überhaupt, die Klugen nämlich, gar Absonderliches in Berlin; doch davon nachher.

Da flog es hin und her von anzüglichen Reden und

Spitzworten, und wußte jede Stadt etwas Besonderes von der andern. Die Berlinischen schimpften die von Kölln durch die Bank Fischweiber und auch wohl wendische Bankerte, und einer rief: »Ihr seid nur die Teerbutte; die hängt unterm Karren, und der Wagen schleppt sie mit.« – »Ja«, antwortete ein köllnischer Meister, »wenn wir euren Wagen nicht schmierten, so ginge er nicht von der Stelle.« Überhaupt waren die Köllnischen nicht auf den Kopf gefallen und gaben's den Berlinern tüchtig wieder. Wenn diese von stinkenden Fischen sprachen, so erzählten die Köllnischen die alte Geschichte von der großen Blutwurst, so die Berliner Anno 1 gesotten zum Fasching, und hätte es den Berlinern herrlich geschmeckt, aber es wäre kein Schwein gewesen, das sie geschlachtet, sondern ein Jude. Darüber gerieten dann jedesmal die Berliner außer sich und schimpften und spuckten, zumal die Knochenhauer, und es ging selten ohne blutige Köpfe ab. Was schrien nun die Weiber und Kinder, daß die vernünftigen Leute sich gar nicht mehr ausschimpfen konnten, es verstand's keiner! Da hob man die Stöcke, und dort griffen sie schon nach Kot und Steinen. Die da vermitteln wollten und Ruhe und Frieden herstellen, machten's nur toller, ob es wohl gut von ihnen war. Denn wo der Bürger nicht selbst in dem geschlossenen Gemeinsinn, welcher die Städte im Mittelalter stark machte, mitwirkte, war es um die Ordnung schlecht bestellt. Die wenigen, die dazu bezahlt waren und eingeschworen, reichten nicht aus, so nicht jeder Bürger sich auch als ein geschworner Helfer ansah, der mit zugriff, wo der Büttel die Hand ausstreckte.

Wohl mochten manche sein, die sich im Herzen recht freuten, daß es so war. Denn der Druck bürgerlicher Berechtigung lastete so hart als irgendein Druck auf denen, welche nicht mitdrücken konnten. Wenn diese es im stillen taten, wozu es Gründe gab, so waren andere am nahen Wirtshausfenster desto lauter; und sie konnten es sein, denn es waren ritterliche Gäste vom Lande, die dem Treiben zusahen. Mit weit über die Fensterbrüstung gelehntem Leibe lachten sie dem Aufruhr ins Gesicht, und wenn ihre mächtigen Hände nicht klatschten, so schlugen sie dafür vor Lust hinter sich mit den klirrenden Hacken aneinander. Sie nickten den Gassenbuben zu, die schon im Kot der Gasse wühlten; und flog auch ein Scherflein dem und jenem zu, daß er nicht verdrossen bleibe. Die leeren Weinkannen auf dem großen Tische und die Unordnung in dem niedrigen Zimmer, wo Federhüte, Lederkappen, Handschuh und Mäntel durcheinander lagen und die Becher mit den Degen um die Wette auf dem Fußboden rollten, verrieten, was vorangegangen, um den Junkern die Lust zu würzen, so das Schauspiel an sich gewährte. Während an dem engen und niedrigen Fenster ein wohlbeleibter Herr dermaßen mit seinen beiden Ellenbogen Platz genommen, daß der Ritter ihm zur Seite kaum genug fand, um seinen gedrungenern Oberleib durchzupressen, steckte ein dritter seinen Kopf über beide und schrie mit boshaften, freudefunkelnden Augen in den Lärm hinein. Der hagere Ritter mit der Habichtsnase, welcher auf alles acht hatte, mochte ihm vergeblich Ruhe zuwinken; sein dicker Nachbar, das Doppelkinn auf den Armen gestützt, lachte zu aufrichtig und heftig, um die Warnungen durchdringen zu lassen. »Recht so, meine Jungen!« rief der hinten Stehende, eine vierschrötige Gestalt, und sein schmutziges Lederwams stimmte zu dem eckigen, mit Narben und andern Malen verunzierten Gesichte. »Nur tiefer in den Kot! Zugeschmissen, den Junkern von der Blutwurst ins Gesicht! Das ist die Suppe, die man ihnen vorsetzen muß.«

»Köpkin!« wandte sich der mit der gekrümmten Nase zu ihm um, »Ihr verratet Euch. Sie können Euch von da aus sehen.«

»Ach, laßt ihn doch«, sagte der wohlbeleibte Ritter. »Müssen sie nicht stören, wenn die lieben Jungen sich untereinander die Hälse brechen wollen.«

»Und wenn sie mich sehen«, schrie Köpkin. »Haben

mich schon oft gesehen. Sollen mich noch oft sehen. Platz, Busso, will mich ihnen zeigen.«

»Köpkin!« rief der erste wieder und griff ihn am Arm. »Seid Ihr toll oder trunken? Wißt Ihr nicht, daß Ihr ihnen abgesagt habt? Wißt Ihr nicht, wofür sie Euch erklärt haben? Nicht, wieviel auf Eurem Kopfe steht? Vergessen, wo der Berliner Galgen seinen Arm ausstreckt und daß es den Ellenreitern kein größeres Gaudium gäbe, als 'nen Ritter zu sehen an ihrem selbstgesponnenen Hanfe baumeln. Wahrhaftig, der Anblick söhnte im Augenblick Kölln und Berlin aus, und Rat und Bürger fielen sich um den Hals.«

Der Junker, der Köpkin genannt wurde, zog seinen breiten Degen zur Hälfte aus der Scheide. »Wo ist der Strick? Ich will alle Stricke, und wären sie dick, daß beide Städte dran zusammen hingen, mit dem Messer durchschneiden.«

»Probiert's nicht«, fiel der Hagere ein. »'s hat zuviel Seiler hier, die wieder neue drehn. Trinkt Wasser, Köpkin. Zurück, zurück! Da in den Lehnstuhl, schlaft aus.«

»Schlafen will ich nicht, ich will schlagen. Einschlagen die Glatzen und die Hirnschädel dem alten und dem jungen Rate. Und dazu wird Rat. Was stört ihr mich? Sie sind meine Feinde. Seid ihr meine Freunde und wollt mir die Lust nicht gönnen!«

Der dicke Ritter schien jetzt auch die Besorgnis seines Gefährten einigermaßen zu teilen. Er versuchte mit ihm den Erhitzten zu beruhigen und ihn in den Hintergrund der Stube zu drängen.

»Ihr seid hier wie ein bunter Hund bekannt, Köpkin, das ist wahr. Und 's ist schon tolldreist von Euch, daß Ihr zum Markt rein geritten seid. Nun dankt Gott und freut Euch, daß ihre Hunde so schlechte Witterung haben. Denn meint Ihr, daß sie's Euch vergessen können, wie Ihr ihnen das schöne Rindvieh fast aus dem Tor selbst forttriebt und des Torwärters Söhne, die Euren Knecht schlugen, in die Panke warft, daß sie versoffen, und dazu die Mühle am Graben anstecktet, ihnen zum puren Hohn; und die Funken flogen über die Mauer, und drei Häuser brannten ab. Nimmermehr vergessen sie Euch das.«

»Und wer ist mit Euch hier!« fiel der Ritter mit der Habichtsnase ein. »Habt Ihr einen in der Stadt, der Euch rauszieht, wenn Ihr im Loch sitzt? Ist der Büttel von Kölln oder der von Berlin Euch ein besserer Freund? Oder ist's Seine Markgräfliche Gnaden, die vielleicht um Euch die Tore sprengen wird, so die Tuchkratzer ihm selbst verschließen? Köpkin, daß dich, wenn du ein Narr sein willst, sei's für dich allein. Wir mögen keine sein, uns mit dir fangen zu lassen.«

»Fangen!« rief der Junker und stülpte den Federhut verkehrt auf. »Rennt doch zum Haus naus, wenn euch 's Herz in die Hosen fuhr. Ist das Kameradschaft, Freundschaft, Rittersitte? Was gilt's, wenn's euch säße, wo's sitzen soll, wir wollten ihnen auf die feisten Bäuche Trommel schlagen. Nur zwölf von meinen Gesellen hier und der Fritz Rohr, der Heine Kerkowe und Wedigo Ploten, in dem Getümmel machten wir 'nen Lärm, daß ihren Urgroßkindern die Ohren von gellen sollten.«

»Und was hättet Ihr davon?« fiel der hagere Ritter, den die andern Busso nannten, ein. »Kindergeschrei und Ammenmärchen. Möglich, sie würden nach hundert Jahren den Köpkin Zarnekow als Knecht Ruprecht brauchen, wenn ihre Jören schreien. Und nicht zehn Finkenaugen mehr. Denn was Ihr ihnen im Tumult abnähmt an Plunder, das vergälten sie Euch zehnfach an Beulen, und Ihr könntet dem Herrgott und Euren Heiligen danken, wenn sie Euch die Pferde unterm Leib nicht totstächen, bis Ihr zum Tor naus seid.«

»Hört mal, Busso«, sagte der dicke Ritter, »das wäre doch auch ein Spaß! So Kind und Kindeskind von sich sprechen zu machen, und die Himmelangst der Tausendschwerenöter, wenn ihnen der Wolf im Schafstall sitzt. Beim heiligen Laurentius, ich gönne niemand Böses, aber den Berlinern gönnt ich's schon. Machte mir aus ein paar Beulen und Rissen nichts.«

»Und wär's damit abgetan!« sprach der Vermittler. »Was meint Ihr, das Seine Kurfürstliche Gnaden dazu sagen würde? Gäbe Euch der Eure Lehen zurück um ein bißchen Gestank und Lärm in seiner allerschönsten Hauptstadt?«

»Alle Wetter noch mal, die Stadtkrebse lassen ihn ja selbst nicht ins Tor rein.«

»Darum wünscht er aber noch nicht, daß Ihr drin sitzt und Euch am Haber vollfreßt, den er für sich aufschütten läßt.«

»Was schiert uns Seine Gnaden!« rief Köpkin, auf den Tisch trommelnd. »Wer warm sitzt, der bleibe hocken. Wen friert, der stößt die Bärenhäuter von der Ofenbank. Haben uns schon die Nürnberger was Liebes getan? Laß ihn mit den Pommern sich die Hälse drehen und uns für uns sorgen. Säßen wir in dem Nest, wir wollten ihm auch die Tore schließen und die Zähne besser weisen als das Schusterpack.«

Busso lächelte. »Und was hülfe Euch das! Gesetzt, eine solche Stadt mit den verschlungenen Straßen, den Dächern, Türmen, mit steinernen Häusern und den Kellern und tausend Fenstern ließe sich überrumpeln wie ein Schloß, das man stürmt, und man hat es. Sei's, eine Handvoll guter Leute würde Meister und jagte die Tuchkratzer raus, oder wir legten ihnen eine Kette um den Hals, ein zwölf Pfund schwerer als ihre goldenen, und brauchten sie als Hunde; was wolltet Ihr denn dann? Schachern, Märkte halten, Schuh flicken? Die Zeiten sind vorbei. Sie würden uns bald abschneiden, einsperren, aushungern. Es gäbe schöne Gelegenheit, das Land zusammenzutrommeln, die Bauern, Bürger, Hunde auf die Ritterschaft zu hetzen, von neuem Friedensbruch zu schwatzen, zu klagen bei Kaiser und Reich, Achtbriefe zu schreiben und Gerichte einzusetzen. Verteidigen wolltet Ihr Euch? Wenn Plauen nicht hielt mit seinen vierzehn Fuß dicken Mauern, wenn Friesack, Lenzen fielen; meint Ihr, daß diese Wälle stärker sind, oder glaubt Ihr mit Euern Armen die Kugeln der Faulen

Grete aufzufangen, die seit den Tagen zehnfach gejungt hat?«

»Aber so die Gelegenheit aus der Hand zu lassen!« sprach der dicke Wedigo.

»Was für Gelegenheit?« fuhr Busso fort. »Daß die Bürger sich untereinander die Hälse brechen, daß die angewachsenen Zwillinge Berlin und Kölln sich mit den Hakken stoßen, daß Rat und Gemeinheit, Junge und Alte, Zünfte und Gilden sich die Haare ausreißen! Das wollt Ihr *hindern*? Die hochmütigen Krämer, die uns damals die Brühe einrührten, die zwanzig Jahre so stolz und schnöde auf uns sahen, zerfallen; der Kleister hält nicht mehr. Das ist Eure Gelegenheit, wo Ihr wie Kaltwasser reinstürzen wollt, um zu löschen. Ich sage Euch, wenn niemand das Feuer anrührt, das wird einen Brand geben, daran Ihr Eure Augen weiden sollt, und mein Wort drauf, Ihr könnt Euch, wenn Ihr's versteht, Eure Fleischsuppe daran kochen, und wenn Ihr den Spieß noch zu rechter Zeit hinhaltet, läuft Euch auch wohl ein Braten drauf, den Eure Zunge lange nicht gekostet hat.«

Zweites Kapitel

Da ward ihr Gespräch durch etwas unterbrochen. Aus derselben Herberge, in dessen oberm Stockwerke die Ritter zechten, kam es heraus und war gar seltsam anzusehen. Noch war's unter dem Volke nicht zu Blut gekommen, die aufgehobenen Hände senkten sich, die grimmigen Mäuler verzogen sich zu einer Gebärde, so zwischen Verwunderung und Lächeln mitinnen lag, und die Raufhelden ließen die Arme sinken, als sie einen dikken, wohlgenährten Mann mit einem Vollmondsgesichte über ihren Häuptern schweben sahen. Dies geschah nicht durch ein Wunder noch durch Flügel oder sonst künstliches Flugwerk, sondern vermittelst mehrerer kräftiger Arme, welche den Mann auf einem Schemel hoch über dem Gedränge und durch dasselbe trugen. Die

Mehrzahl erkannte auf den ersten Blick das wohlbekannte Gesicht des ehrenwerten brandenburgischen Bürgers und Ratsherrn Niclas Perwenitz. Er zählte unter allen, die ihn sahen, keinen Feind; weder den Fleischhauern in Kölln noch den Lohgerbern in Berlin hatte der freundliche Alte einen Harm angetan. Viele kannten ihn von vor zehn Jahren her als geschickten Vermittler, einige sogar – wozu freilich sein Leib, wie er heut war, nicht mehr paßte – als einen rüstigen Kampfhelden, der das Schwert so gut zu brauchen gewußt als später die Zunge. Der Zuruf: »Platz! Platz! für Niclas Perwenitz!« fand daher keinen andern Widerstand als den natürlichen, daß kein Platz war. Der ehrenwerte Bürger, zu spät erst durch den Tumult aus seinem Morgenschlummer von der sehr beschwerlichen Reise von Brandenburg nach Berlin erweckt, fand zum Rathause keinen Weg mehr, als daß er aus dem Fenster auf den Stuhl stieg, welchen mehre junge Gesellen ihm dort hinhielten, auf den gefährlichen Versuch hin, kraft ihrer Ellenbogen durch den Menschenstrom sich hinübertragen zu lassen.

Wer ihn sah und das behagliche Gesicht des Alten, verstummte, so die Lippen auch eben zum derbsten Schimpfwort geöffnet waren. Wo sein schelmischer und doch scharfer Blick hinfiel, wirkte er wie Sonnenschein auf Schnee. Die harten Fäuste wurden weich, und ein wohlgefälliges Lächeln breitete sich aus über die Gesichter. Niclas wußte wohl, was sich schickt und was den Leuten gefällt, und ob er gleich ein ehrwürdiger Ratsherr war in seiner Stadt, liebte er doch, zu den Leuten zu reden, nicht als ein Gelehrter, sondern wie sie's verstanden und gern hatten, und Lachen hielt er überall besser als Weinen. Wie sie nun vor ihm die Mützen zogen und einige sich unwillkürlich vor ihm neigten, nickte auch er feierlich, doch nur mit dem Kinne; der Rücken blieb steif an der Lehne. Als man aber immer munterer und herzlicher dem »Papa Perwenitz« zujauchzte, breitete er wie segnend die Hände aus, und das machte die Lust noch größer. Aber alle konnten ihn nicht sehen, auch kannten ihn nicht alle; und seine Segenssprüche und seine heilige Miene brachten ihn um keinen Schritt weiter als die kräftigen Rippenstöße der Bursche, die ihn trugen.

»Kinder!« rief er, »macht Platz. Denkt ihr, daß sie in Brandenburg ihren Rat nicht besser brauchen können als für euch auf der Gasse? Zu euch komme ich nicht; zu den Herren drinnen. Platz, Platz! Oder glaubt ihr, daß unsere Weisheit wie eine Kugel durch eure unverschämten Leiber fliegt? Soll ich euch erzählen, was ich um euretwillen schon geduldet und gelitten habe?«

Einem beliebten Redner und launigen Erzähler hört das Volk gern auch in Lagen zu, welche noch preßhafter sind als die, darin itzt die Zuhörer sich befanden. Er erzählte mit breiter Umständlichkeit und Laune seine gestrige Reise, von den Rippenstößen auf dem langen Wege, dem sauren Bier, dem schlechten Brot und stinkenden Käse, von der Nachmittagsruhe auf einer so schmalen Bank, daß er zweimal heruntergerollt, als er einschlafen wollte, und wie ihn die Fliegen dreimal geweckt.

»Ja, ich sage euch, so viel schwarze, stechende Fliegen, daß mein Gesicht schwarz wurde, und dazu so viel Ungeziefer, als wenn alle eure Jungen die Wämser und Mützen schütteln. Und alles dieses flog und hüpfte und kroch auf mich, auf der Bank im ›Heidekrug‹, daß ich schwarz wurde wie dein Hemdkragen da. Aber wißt ihr, woran ich bei den schwarzen Fliegen dachte? An euch. Und bei den hüpfenden, kriechenden, beißenden, saugenden, stechenden Tierchen? Auch an euch. Denn so drüber her und versessen und immer wiederkehrend, dachte ich, und unvernünftig, dachte ich, als diese unverschämten Fliegen sind auch meine lieben Berliner, wenn sie mal was gefangen haben, und so stechend und beißend als diese munteren Flöhe, deren man nicht habhaft wird, wenn man sie zur Rede stellen will und fragen: warum tut ihr das? Dachte ich nun: wenn einer eine

Leimrute brächte und süßen Honig daran, so säßen alle diese Fliegen, die so viel brummen und summen, als gehörte ihnen die Welt, ehe du dich umsähst, daran. Darum, meine werten Freunde, kümmerte ich mich nicht um sauer Bier und den alten Käse, nicht um die Wurzelwege, die ihr einmal ums Genick eurer Freunde willen ausbessern könntet, nicht um Schweiß und Staub noch um das zerbrochene Rad, sondern machte mich über Hals und Kopf auf den Weg, um euch das zu bringen, was euch fehlt. Ihr in Berlin und Kölln habt freilich von alters das Stapelrecht und die Niederlage von allem, was bei euch ein- und ausgetragen wird, ihr laßt Bier und Honig, Pfeffer und Wachs, Leinwand und Knackmandeln nicht ein und nicht aus, ohne daß ihr nehmt, was euch gefällt, aber ich hörte noch nicht, daß ihr guten Rat, wenn er euch ins Tor gelaufen kam, zurückbehieltet. Darum, ihr lieben Leute von Kölln und guten Freunde von Berlin, schickt mich die ›ratsreiche‹ Stadt Brandenburg, wo ihr Rat holen sollt, wenn er euch ausgeht, es aber selten tut, zu euch, um ihn euch ins Haus zu tragen; und nun macht Platz mit euern dicken Köpfen, daß ich durch kann.«

Den kräftigen Rippenstößen eines jungen Mannes verdankte der Brandenburger Ratsherr es wohl nicht weniger als seiner Beredsamkeit, daß soviel Luft wurde, um ihn über die Brücke bis nahe an die Umfassungsmauer des Rathauses durchzupressen, weiter aber vermochte weder die leibliche noch die geistige Kraft. Vergebens streckte Niclas Perwenitz, halb bittend, die Arme zu den Fenstern hinauf. Wenn die Herren vom Rat ihn auch in ihrem Eifer gesehen, ja auch, wenn sie gewollt, sie hätten ihm doch nicht die Hand reichen und ihn einladen können zu sich herauf, denn um Schwelle, Eingang und Treppe war das dichteste Gedränge. Selbst der Weibel, der das Volk von den geheiligten Hallen zurückzuhalten hatte, konnte seinen Stab kaum sichtbar schwingen. So umdrängten sie ihn.

Aber die Väter beider Städte mußten in ihrer Heftigkeit nicht einmal die ihrer Kinder draußen wahrgenommen haben. Eine Figur wie die des ehrenwerten Niclas Perwenitz, auf den Schultern der Bürger schwebend und ihnen wie auf einem Teller ins Fenster gereicht, hätte doch den Streit unterbrochen. Denn ein Schauspiel der Torheit ist so unwiderstehlich, daß auch der Weise ihm ein Auge schenkt.

Das mochte der brandenburgische Ratsherr bei sich bedenken, als er sah, daß er auf dem ordentlichen Wege nicht in den Rat konnte. Um dem Winde zu predigen, hätte er nicht die große Reise gemacht. Wie Herr Niclas nun auch die Ordnung liebte, hielt er doch um ihrer wegen etwas Unordnung für erlaubt und die Würde einer Magistratsperson und eines Abgesandten nicht für gefährdet, wenn er statt zur Türe zum Fenster eintrat.

Auf einen schlauen Blick des Alten zu dem jungen Manne, der, als wir sagten, der derbste war, und schlau blickte er auch um sich, ward Niclas Perwenitz plötzlich noch um eine Armeslänge höher gehoben. »Sieh, Papa Perwenitz will fliegen«, hieß es. Aber der Ehrenmann widersprach sogleich durch die Tat einer Anschuldigung, welche damals gefährlich sein konnte; denn wer kann fliegen, als wer Zauberei treibt! Er faßte mit rascher Hand ein Geländer, gab sich einen Schwung, den man dem Wohlbeleibten nicht zugetraut, und stand, nicht in freier Luft, aber auf einem Gestell, wo er noch sichtbarer aller Augen schwebte als vorhin auf dem Tragesessel.

Er stand auf der Laube. Keine grüne, von Jasmin und Rosen, welche den schweren Leib des Ratsherrn auch schwerlich ausgehalten hätte; sondern war's ein kurz austretendes, von hölzernen Pfeilern getragenes Vordach des Rathauses; darauf fußte Niclas Perwenitz. Eigentlich kein übler Platz für eine Obrigkeit; nur gehörte die Obrigkeit nicht ober, sondern unter das Dach. In dieser Laube und der Flurhalle daneben saßen nämlich Richter, Schöffen und weise Männer zu Gericht, was in Berlin alle vierzehn Tage statthatte. Ursprünglich wurde dies Gericht auf der Langen Brücke im Freien gehegt. Ein Seil umspannte die Bänke der Schöffen und den Stuhl des Richters, und die erfahrenen Leute, die man anrief, wenn man sich nicht Rates wußte, was man damals nicht verbergen konnte, da es keine Akten und kein Amtsgeheimnis gab, standen darum her, und sie hießen der Umstand und sahen zu, daß es beim Rechten blieb. Da es aber vor vierhundert Jahren so oft als itzo in Berlin zu regnen pflegte über Schuldige und Unschuldige, fanden die Richter es angemessener, so für Kläger als Beklagte, wenn beide, und der Richter auch, ein Dach über dem Kopfe hätten. Deshalb rückte man bei schlechtem Wetter die Bänke in die Flurhalle, und da hier nicht immer Raum genug war für alle Zuhörer, baute man noch ein Vordach davor. Das hieß die Laube, und solcher Lauben, zu Gunst und Schutz der Neugierigen, gab es in allen deutschen Städten, wo öffentlich gerichtet wurde. So sorgte man vor vierhundert Jahren, damit jeder wußte, was zu Recht geschah, und dabei trocken blieb. Späterhin hätte man's gern regnen lassen in die Säle hinein, damit die Zuschauer fortgingen.

Auf diesem Laubendach stand Niclas Perwenitz, und mit einem zweiten, minder gefährlichen Schwunge stand er an dem Fenster des Ratssaales und pochte so kräftig an die kleinen, runden Scheiben, daß sie's nicht allein diesseits und jenseits der Brücke in Kölln und Berlin hörten, sondern auch drinnen im Saal.

Und hätten die Ratsherren auch nicht das Klopfen gehört, der Jubel, wie er itzt war auf der Brücke, hätte doch selbst dem Stocktauben die Ohren geöffnet. Die Mützen und Hüte flogen, die Jungen sprangen vor Lust, und die Alten schüttelten sich vor Lachen. Von dem Lebehoch, Niclas Perwenitz gebracht, dröhnte die Luft.

»Ihr Väter der Stadt!« rief Niclas am Fenster, und das hörte man noch durch den Lärm. »Wenn ihr gutem Rat die Tür verschließt, laßt ihn wenigstens zum Fenster ein. Aufgemacht, holla, Bürgermeister und Ratmannen, wohlweise, alte wie junge! Der Deputierte von Brandenburg hängt an euerm Fenstersims. Ich bin keine Schwalbe!«

Dieweil das Fenster sich öffnete und dem Ratsherrn nicht ohn einige Mühe hineingeholfen ward, dauerte unten der Lärmen noch fort. Auch wenn der Sturm vorüber, tobt noch lange das aufgeregte Meer. Daß der Junge, welcher den alten Herrn zum Fenster geleitet, bei den Leuten etwas galt und war, ließ sich leicht erkennen, man brauchte nur dem Blondkopf in das blaue Auge zu sehen. Zu allem Lustigen und Tollen war da ein Freibrief zu lesen. Er hatte seine Freunde um sich, wie das so bei Wagehälsen ist. Aber auch ältere Bürger schienen ihm vertraut.

»Das hast du einmal gut gemacht, Taugenichts!« sprach ein Schlossermeister und schlug ihm auf die Schulter. »Oder hast du bös Spiel noch weiter trieben und den Brei von vorn eingerührt?«

Der Angeredete schüttelte den Kopf. »Euch aneinanderbringen, warum? Habt ihr Lust, euch die leeren Schädel ohn Ursach einzustoßen, tut's auch ohn den Henning Mollner.«

Nun redeten unterschiedliche zum Frieden. Es waren ihrer mehr, als man vorhin glauben mochte. Wo die Bürger sich feind sind untereinander und jeder Partei ist, fordert's oft mehr Mut, so einer zum Frieden redet, als wenn er den andern den Stein an den Kopf wirft. Aber wenn man die Häupter versöhnlich sieht, wird's bald auch ruhiger unter der Menge. Köllner und Berliner standen wieder gemischt untereinander. Sie stritten wohl noch, aber sie lachten, und einer klopfte dem andern auf die Schulter. So stehn oft Gewitter am Himmel, es sieht drohend aus, und Hagel stürzt auf die Saaten; aber ein Regenbogen spannt sich mit seinen schillernden Farben über die grauen Massen und lacht die Furchtsamen an, und das Herz lacht dann auch und fürchtet sich nicht mehr. Den schillernden Regenbogen hatte Niclas Perwenitz über die Wolken gespannt, die über der Spree drohten.

Der Henning wollte sich entfernen, als mehrere an ihn das Wort richteten. Ein Parteiführer liebt nicht allemal, daß er dafür gilt, und er wies den Bürger Baltzer Boytin nicht sanfter zurück als den Knochenhauer: »Laßt mich in Ruh. Was geht mich euer Gezänk an! Niclas Perwenitz ist mein Pate. Darum tat ich ihm so, als ihr ihm auch getan hättet. Das ist alles.«

Aber Baltzer Boytin ließ ihn nicht in Ruh, hing sich an seinen Arm und wollte ihn nicht loslassen, als wär's sein guter Freund. Da sie um die Ecke gekommen, wo's frei war, sprach er: »Mach's einem andern weis. Denkst, ich hätte das neulich vergessen, wie du meinen wildesten Hengst haben wolltest? Warum? Ei, um vor ihrem Fenster vorbeizusprengen wie toll und blind, daß sie raussehn sollte. Hab's nicht vergessen. So wenig als du die schöne Else. Du hast recht«, fuhr er fort. »Die stolzen Herren ein bißchen aneinander gehetzt. Wenn die Reichen sich schütteln, fallen Brosamen für die Armen ab. Nur nicht aufgebraust, junger Herr! Freilich, du willst keine Brosamen. Das Brot willst du; Schnitte hinein tun, wie's dir gefällt; und du hast wieder recht. Doch Fürsicht! Aber was sprech ich! *Dir* das predigen! Bist du nicht der fürsichtigste und verschmitzteste Bursch von zweiundzwanzig Jahren; hat sie aneinander gehetzt und auseinander gezerrt und trägt nun selbst den alten Kuppler ihnen ins Haus, daß er sie wieder streicheln und kirr machen soll. Vorderhand ist's dir genug, und du wartest bessere Zeit ab. Denkst du, ich verstehe dich nicht?«

Das große Auge des Jungen verriet, daß er den Älteren nicht verstand. Aber er verbarg's.

»Henning Mollner!« sagte Boytin, die Hand ihm drükkend, »die Raschmacher werden auch einmal zu Rat sitzen, und wir brauchen nicht immer Bürgermeister mit weißen Haaren und abgestandener Weisheit. Aber du hast recht, die Stirn zu runzeln und die Lippen zu werfen. Recht, selbst mir nichts zu vertrauen; denn du kennst Baltzer Boytin noch lange nicht genug, um zu wissen, ob er's mit der Gemeinheit ehrlich hält, ob er nicht hier die Hand dir drückt und, wenn er dich belauscht hat, die Hintertreppe hinaufläuft zu den gestrengen Herren und spricht: Hütet euch vor dem Henning Mollner. Er hat es eingerührt, er die Köllner Herren angetrieben, daß sie nicht zahlen wollen, er den Berliner Herren den Floh ins Ohr gesetzt, daß sie von Bruch und Klagen sprechen und auf ihre Übermacht pochen.«

»Sankt Christoph und sein Kind, das tat ich nicht!« brach der junge Mann heraus.

»Das würden sie auch nicht glauben. Aber wenn ich ihnen sagte: Neulich vorm Tor in der polnischen Herberge hat er die Finger so zusammengeschnellt und beim Kruge Bier geschworen, so er die stolzen Herren, je drei und fünf, in einen Müllersack stecken könnt, wollte er in vierundzwanzig Stunden die Stadt reinmachen und aus dem Tor tragen, was ihr nichts nutzt. Das glaubten sie, Henning. Auch wenn ich zu ihnen sagte: Ihr Grützköpfe, was zankt ihr euch um Plundera und merkt nicht, daß der Boden unter euch lose wird, darauf eure schönen bunten, stolzen Häuser stehen? Die Bürgerschaft murrt, das wißt ihr und sagt: Laß sie murren; wir sind reich und haben das Heft in Händen. Aber wenn nun einer die Fiedel spielt und Harmoniam in das Murren bringt, wie dann? Einen Kienspan, der brennt, bläst einer aus mit mäßiger Lunge. Aber wenn zehntausend Späne brennen, gibt's einen Brand, und wißt ihr, ob die Lungen von allen stolzen Herren und ihre Muhmen und Vettern dazu stark genug sind? Und seid ihr denn in euerm Stolz und Hochmut so blind und taub, den Fiedler nicht zu sehen und zu hören? Er ist nur ein zünftig Kind, aber so keck und mutig und hochfahrend, um Rittersporen zu tragen, und reich dazu, und hat einen Anhang, dem er nur zu pfeifen braucht. Und solchen Bürgerssohn seid ihr so unvernünftig gewesen, vor die Nas zu stoßen? Den abzuweisen, als er um die Stadtfähnrichstelle einkam, und noch dazu mit Spott und Hohn? Denkt ihr, daß der euch das vergißt? Und nun laßt ihr ihn in eurer unbegreiflichen Ruhe ungefährdet umherlaufen, Freundschaften stiften, so in als außer den Städten? Jetzt wäre der Junge vielleicht noch abgefunden mit einem Bissen süßes Brot und einem Läppchen Ehre. Weiß er vielleicht selbst noch nicht, was er unter den Bürgern gilt. Aber gebt acht, nachdem's ihm heut gelang, Frieden zu stiften, wird er selber merken, was er kann. Hätte er heut zwischen Köllnern und Berlinern gehetzt, da wäre mancher Tropfen warmes Blut von der Langen Brücke in die Spree geträufelt. Aber der Junge dachte: Wozu? Wollen's sparen, bis Zünfte und Gilden einig sind und es gegen den Rat mitsammen losgeht. – Das würden sie glauben, Henning, wenn ich es ihnen sagte; und was gilt's, der Ratsschreiber flickte dir was an den Hals; und meinst du, daß sie so lange zu suchen brauchten, um zu finden, warum sie dich ins Loch schmeißen, darin schon mancher Bürgerfreund faules Wasser trank?«

Weshalb Henning Mollner nachsann, waren nicht die Erinnerungen, um derenwillen ihn ein wohlweiser Rat einstecken könnte. Waren seine Streiche doch stadtkundig. Er mochte Baltzer Boytin nicht, den gelben, leberkranken Störenfried, den streitsüchtigen, bankbrüchigen Krämer und Roßtäuscher, der immer vor Gericht lag und immer wieder zu Gelde kam, niemand wußte wie. Und Geld bringt Kundschaft und Ehre.

Baltzer lächelte, als er zum Abschiede dem Jüngling die Hand drückte. »Unbesorgt, Henning. Du wirst mich kennenlernen. Baltzer Boytin ist ein Mann, der um Ehre und Vorteil willen auch einen Feind nicht an die Hochnäsigen verrät, geschweige seinen Freund. Aber es sind nicht alle wie ich. Was dich wurmt, verbeiß es; was du grübelst, tu es unter einer glatten Stirn. Im übrigen sei lustig oder toll, wie zeither, ehe du verliebt wardst. Denn von einem Tollkopf versieht man sich am wenigsten, daß er dem hochweisen Rat – Doch siehst du, ich weiß zu schweigen, auch zwischen dir und mir.«

Als Baltzer Boytin im Gedränge verschwunden war, wußte Henning Mollner noch immer nicht, was er verschweigen wollte. Noch hatte Henning von keinem Gedanken, der ihm durch den Kopf ging, ein Hehl gemacht. Und doch war es itzt anders. Ein Funke war in eine vollgespeicherte Vorratskammer gefallen, ein Blitz hatte durch die Gemächer eines dunklen Hauses geleuchtet. Henning fühlte zum ersten Male etwas wie Schreck, und zum ersten Male fühlte er, daß er etwas zu verbergen habe. Daß Baltzer Boytin dies wußte, daß er es gewesen, der den Blitz geschleudert und den Funken entzündet, verdroß ihn. Immer hatte sich das Gelbgesicht an ihn genestelt und ihn mit seiner Vertraulichkeit belästigt. Er hatte sie zurückgewiesen. Das durfte er itzt nicht mehr. Er war wirklich Vertrauter, wenn auch nur von einem Gedanken, geworden, der in ihm erst geboren ward. Und doch mußte die Summe seiner Gedanken nicht so übel sein; seine Stirn färbte sich zum Leuchten, sein Auge glänzte, und denen, die ihn grüßten, nickte er mit einer Miene, die da sagte: »Ich weiß doch mehr als ihr!«

Drittes Kapitel

Inzwischen war der ehrenwerte Niclas Perwenitz wirklich, zwar mit Beschwerde, doch sonder Gefährde, zum Fenster hinein und in den Ratsaal halb gestiegen, halb gehoben und hatte außer Atem auf einem Sessel Platz genommen, wo er vorerst mit dem leinenen Tüchlein die Stirn trocknete. Die gar verwunderten Blicke und die hundert Fragen der Ratsherrn, was das bedeute, ließen ihn um keinen Augenblick früher zu sich und zu Worte kommen, als er es für gut fand. Entweder, wie er stöhnte und atmete, daß er die Rede vorbereitete, so er halten wollte, oder, was wahrscheinlicher, er beobachtete unter dem Schweißtuche, wie denn die Dinge standen. Hier sah er nun, daß, wenn er erhitzt war, die drinnen im Saale es dreimal mehr waren. Schienen sie doch allzumal geneigt, den Streit fortzusetzen, ob doch Herr Niclas sich itzt zum Sprechen erhub.

Die Gesichter hier waren sehr verschieden von denen auf der Gasse. So Würde als Macht drückten sich eben wie in den goldenen Ketten, Knöpfen und Spangen auf schwarzem Sammet und feinem Tuche in den beleibten Körpern, den vollen Gesichtern, den stattlichen schwarzen Bärten aus. Unter solcher Fülle von Wucht und Bedeutung glänzten auch die Augen ausdrucksvoller; der Zorn lagerte darin als ein Ungewitter. Aber vielleicht waren die Augen zu allen Jahrhunderten dieselben, und nur als die Aufregung verschieden war, ist auch der stiere Ausdruck, als ihn die Maler jener Zeiten auffaßten, uns fremd und schreckhaft. Zumal aber drückte sich die massenhafte Würde jener bürgerlichen Ehrenmänner in der Art aus, wie sie saßen; ein Rohrstuhl unserer Putzzimmer wäre unter ihnen eingebrochen. Die Würde senkte sich bis in die Beine. Dies Fußwerk gibt es nicht mehr. Ein Harnisch von Rindsleder um einen Fuß; wo er fußte, müßte er Spuren eindrücken, meinte man. Wenn ein Ratsherr von damals aufsprang, so bedeutete es etwas; wenn er den Fuß auf die Bank setzte, so hielt sie zwar, denn sie war von starken Eichenbohlen, aber sie krachte doch, und man war eines Unwetters gewärtig.

So trat itzt ein Sprecher für Kölln mit dem rechten Fuße auf die Bank, und sein Gesicht war rot, seine Augen funkelten. Er hatte nicht acht, daß auch Herr Niclas Perwenitz stand, und schier vergessen, daß er da war. »Klagen wollt ihr!« rief er. »Worauf? Daß ihr nur einstreichen wollt, und wir sollen nur zahlen. Wir zahlen aber nicht, wir wollen nicht, wir werden nicht zahlen.«

»Ihr sollt und werdet zahlen!« fuhr ein Ratmann Berlins auf, die geballte Faust überm Kopf. Da fuhr's von beiden Seiten in die Höh, als wenn in tapfern Heeren nach Freiwilligen gerufen wird.

Aber dazwischen trat, von Berlins Seite, ein Mann; auf dessen Stirn stand die Würde, so Amt, Alter und Erfahrung geben, deutlich geschrieben. Sein Haupthaar war schon weiß gesprenkelt; aber der volle Bart prangte noch im glänzenden Schwarz, wie als wär er im kräftigen Mannesalter. In seinem Ehrenstuhl hatte er unmutvoll gesessen, gedrückt, als es schien, von der Last des Körpers und der Jahre nicht minder als von Erörterungen, die seiner Seele weh taten. Doch schien wieder die Kraft der Jugend in die Muskeln gekehrt, seine Augen leuchteten von Zorn und Wehmut, und als er den Arm drohend aufhob, konnte man glauben, daß er in der Schlacht noch das Schwert mit Ehren schwingen würde.

»Bei Gott, Vater, Sohn und allen Heiligen, die unsere Stadt schirmen! Wenn der Hader uns Schande genug bringt vor uns und Schaden vor unsern Feinden, schämt euch wenigstens vor den Freunden. Zurück deinen Arm! Im Namen der Freien Städte Berlin und Kölln heißt euer Bürgermeister Ruhe und Ordnung! In eure Schranken, Ratmänner und ihr Sechzehner! Hier steht der Abgeordnete von Brandenburg, unserer lieben Verbündeten und Freundin, hier steht er und will reden mit uns. Im Namen der alten Freundschaft, die uns stark macht, hört ihn an, oder ich breche die Sitzung ab.«

Niclas Perwenitz beeilte sich nicht, als er zu reden anhub: »Eigentlich sitzt er noch, und es wäre wohl schicklich, daß man ihm vorerst einen Ehrentrunk reichte; denn der Gaumen muß feucht sein, um zu reden, und besser von Wein als von Galle. Aber freilich, was schicklich ist, das mögt ihr hier vergessen haben; denn sonst läßt man einen Abgeordneten von Alt- und Neu-Brandenburg zur Tür ein und nicht durchs Fenster, und ein Trompeter bläst, solange er die Treppe aufsteigt. Aber für die Musica schreibt ihr der Bürgerschaft nichts an; ihr macht ihnen selber Musik, daß sie's bis am Spandower Tor hören. Nun, solches Aufspielen kann ihnen gefallen, uns aber nicht. Um deshalb schickt mich der Rat von Brandenburg zu euch und läßt euch fragen, was für ein Teufel in eure Pfeifen und Geigen fuhr, daß sie einen Lärm geben, davor alle gute Städte die Ohren zuhalten müssen. Das gellt und kreischt aus Berlin, daß Frankfurt und Brandenburg und Spandow und Prenzlow und Stendal in die Lärmtrompete stoßen möchten und unsere Hansefreunde in Lübeck und Hamburg uns fragen: ›Sind die zu Berlin und Kölln toll?‹ Was soll's, was gibt's nun wieder? Hat ein Berliner Knochenhauer die Kaldaunen zu kurz gehauen, oder hat eine Hexe aus Kölln ihren Kehricht dahin gefegt, wo nur die alten Weiber aus Berlin ihre Lumpen abtun? Heda, ihr weisen Herrn! Raus mit der Antwort. Ich frage im Namen von Brandenburg!«

Zwanzig Stimmen schrien Antwort statt einer. Der Schreiber von Berlin hielt die Klagepunkte in einer langen Rolle in die Höhe. Niclas Perwenitz hörte grade soviel raus, als er wollte. Der Lärm hub aufs neue an, und er war es jetzt, der auf eine Bank sprang und, beide Arme ausstreckend, in einem Tone sprach, der sehr abwich von dem, so wir vorher gehört von dem Verordneten der Alt- und Neustadt Brandenburg:

»Nieder auf eure Bänke! Schließt eure Münder und tut eure Ohren auf, ehrenwerte Ratmannen, so alte als junge, ihr Bürgermeister und Sechzehnmänner von Kölln und Berlin! Die Stadt Brandenburg spricht durch mich zu euch, die rechts- und ratreiche Stadt, die älteste in unserem Lande, die zu euch allen in den Marken ist wie die Mutterhenne zu den Küchlein. Schlagt auf euer Schöffenrecht. Wenn der Rat euch ausging, sollt ihr ihn holen in Brandenburg, so steht's geschrieben von den alten Markgrafen und euren Vätern. Eure starken Väter kamen und holten ihn; wir schicken ihn euch, angesehen eure Schwachheit und Unmündigkeit. Aber nicht wie eine Mutter ihren Kindern guten Rat aufdringt, den sie nicht mögen. Ihr seid groß geworden und steht für euch allein da. Ihr seid hoffärtig und stolz und wollt nicht mehr hören. Vor zehn Jahren haben wir euch vertragen, und ihr habt wieder angefangen, wo ihr aufhörtet. Nun, wie eine Busenfreundin, die selbst leidet, wenn es ihrer Schwester schlimm geht, schickt meine Stadt mich zu euch mit Bitten und Beschwörungen. Fort das Papier, ich weiß, was drin steht; still, ich kenne den Plunder! Du meinst, du gibst zu viel, und du, der andere, täte zu wenig. Seid ihr beide so dürftig und arm, daß ihr mit der Goldwaage messen müßt Schoß und Arbeit? Seid ihr nicht vielmehr beide wohlhabend und stark, seit ihr zusammengewachsen wie zween Kirschen an einem Stengel? Ihr sitzet warm, und es geht euch wohl. Darum zankt ihr und seid störrisch und rechthaberisch und seht nicht, derweil ihr um den Rauch vom Schornstein streitet, daß das Haus unter euch wackelt. Eure Väter vor hundertundfünfzig Jahren dachten anders. Sie warfen zusammen, was sie hatten und kannten, und rechneten nicht, ob der eine gewönne und der andere verliere, beide froh, daß sie zusammen dadurch stark wurden gegen Räuber und Gesindel, gegen Adel, Land und Fürsten. Und ihr möchtet das wieder lösen? Warum? Weil dich eine Mücke aus Kölln stach. Weil dich ein Floh aus Berlin biß. Das merkt ihr. Aber seid ihr so dick gehäutet, habt ihr eure gestopften und geschlitzten Tuchwämser und Zobelmützen so dicht über die Ohren gezogen, daß ihr nicht merkt, was von außen kommt, euch zu stechen und zu beißen? Weil ihr die Wälder gelichtet habt um eure Mauern und die Wölfe geschlagen und gescheucht, meint ihr, daß es darum keine stärkern Tiere gibt? Die Wölfe knirschen noch immer im stillen und warten auf Gelegenheit, es euch einzutränken, daß ihr halfet bei der großen Wolfsjagd. Aber spitzt nur schärfer eure Ohren. Hört doch, wie's in den Lüften rauscht. Der Adler fliegt hoch, aber sein Auge sieht scharf. Er sieht durch die Spalten eurer Dächer und die Ritzen eurer Decken, und eure Zwietracht ist sein Bundesgenoß. Wie stark sind denn eure Mauern und wie tief eure Gräben; oder baut ihr Wälle und Türme gegen die Wolken, daß er nicht herein kann? Ihr seid reich, reich geworden durch Fleiß und Eintracht. Ist euer Reichtum ein Panzer gegen den Neid, dadurch Pfeile und Kugeln und Steine nicht dringen? Nein, ein Köder ist er, ein glänzender Köder, der die Gewaltigen, die uns beneiden, blendet und lockt. Und ihr hadert und zankt, und jetzt, jetzt wollt ihr euch trennen, wo ihr mit zusammengebundenen Rücken stehen solltet und ausschaun nach der Gefahr, die euch kommt, ihr wißt nicht, von wo!«

Eine tiefe Stille herrschte, als der Redner einen Augenblick innehielt. Seine Rede hatte gewirkt. Manche senkten die Blicke. Einige nickten mit dem Kopf. Er stieg von der Bank wieder herunter, und sein Ton wurde vertraulicher, als er also fortfuhr:

»Lieben Brüder, euer Zank ist ärgerlich. Was sollen wir schreiben den Brüdern von der Hanse, den Herren in Lübeck und Hamburg? Daß die Herren in Kölln und Berlin sich streiten um die Uhr am Rathaus, wer sie aufziehen, um den Stadtwundarzt, wer ihn bezahlen soll? Um Holzgeld und Stättegeld und ob der Köllner Schreiber rechts oder links vom Richter sitzt? Und das in einer Zeit, wo Herren und Mannen die Städte mit argen Augen ansehen, wo sie uns wieder nehmen möchten, was sie uns gaben.«

Da wurden Zeichen des Unwillens hier und dort auf den Bänken sichtbar. Auch ein stolzes Kopfschütteln.

Hans Möwes von Kölln erhob sich. »Was Mannen und Adel sind, die kennen uns, denk ich. Wir fürchten sie nicht. Und Seine Markgräfliche Gnaden, Friedrich der Andere, entsinnt sich wohl, daß sein Vater seliger ohn uns als Burggraf von Nürnberg zu seinen Vätern gangen wäre.«

»Er entsinnt sich aber desgleichen«, fiel Niclas Perwenitz ein, »daß Berlin und Kölln seinem Vater Kurfürstliche Gnaden das Tor vor der Nas zuschlugen, als er einreiten wollte.«

Die Ratmänner sahen sich wohlgefällig um. Von mehren Seiten klang es: »Unser Recht.«

»Das Recht unserer Väter ist auch unsers«, sprach Konrad Ryke von Berlin. »Und so Kurfürst Friedrich der Sohn, den Gott erhalte, wie sein hochseliger Vater ans Spandower Tor geritten käme und Einlaß heischte mit Roß und Mann, würden wir ihm zurufen wie unsere Väter seinem Vater: Es schickt sich nicht.«

»Wenn er nun aber nicht geduldig den Rücken kehrte,

als sein Vater tat?« sagte Niclas Perwenitz. »Sein Vater Friedrich war draußen im Reich zu Haus, bei uns nur zum Besuch. Friedrich der Andere möchte sich's aber warm machen bei uns, und ich glaube, er findet's in den Städten feiner und besser als auf dem Lande. Er hat eiserne Zähne, sagen sie.«

»Unsere Tore haben Eisennägel«, rief der kecke Pawel Strobant. »Laß die Zähne ihn dran versuchen.«

Das Wort fand doch nicht Anklang, und sie hörten wieder dem Perwenitz zu, als der, den Vordersten noch näher tretend, seine Rede in eine vertrauliche Zusprache umwandelte:

»Lieben Freunde, die Zeiten von ehedem sind vorbei, als man uns hätschelte und streichelte und mit Privilegien beschenkte, daß wir aufwüchsen und groß würden. Wir sind nun gewachsen und groß worden, und nun sehen sie uns anders an. Wir nutzen ihnen nicht mehr, was sie von uns wollten. Die Wenden, so ehedem im Lande saßen, und wir sollten ihnen die Zähne weisen und Sittigung beibringen, sind verschwunden. Der Adel ist aufs Haupt geschlagen, wir halfen; aber zu Hofschranzen taugen wir nicht, daß wir's täglich ihnen ins Ohr schrien, was wir taten. Der Adel taucht immer wieder auf, allüberall, und er raunt den Fürsten ins Ohr: ›Was verfolgt ihr uns und seid doch unseres Blutes, derweil die Krämer da in ihren Ringmauern sich blähen und in ihrem Reichtum uns und euch auch höhnen.‹ Lieben Brüder, so ist's! täuscht euch nicht, weil's euch wohl geht, eure Speicher und Zeughäuser voll sind, eure Farben stolz auf den Toren und Türmen wehen und die Straßen voll eurer Wagen und Rosse. Man will uns schlimm. Unser Reichtum sticht ihnen ins Blut, wie dem magern Gaul auf der Heerstraße das fette Roß an der vollen Krippe. Nicht hierzuland allein, es ist allüberall so. Soll ich euch die Namen nennen, so sie uns geben? Immerhin, wir schimpfen ja wieder auf die Krautjunker und Heckenreiter. Wenn wir nur unser Aug aufhielten, wie sie auf uns lauern und es uns absehen. All ihr Heiligen, die ihr gute Städte beschützt, wie setzen sie im ganzen Reiche uns itzt zu! Wie sperren sie ab und reiten ein und nehmen und zwacken wieder ab, was ihre Vorfahren schenkten! Tut doch auf euer Auge, wie sie allerwärts rüsten zu einer großen Hetzjagd, und die wir dazumal mit ihnen hetzten, werden in ihrer Meute sein und am lautesten klaffen und zerren.«

Der Bürgermeister von Berlin, Johannes Rathenow, so bis da ohne Bewegung still gesessen, die Augen zu Boden, erhob sich zum zweiten Male. Er schüttelte unmutig die grauen Locken, und sein zürnender Blick fiel diesmal auf den Redner selber.

»Eure Zunge geht mit Euch durch, Niclas Perwenitz. Wenn die Meute losginge, die Ihr meint, würden wir unsere Pelze und Wämser abwerfen, den Harnisch wie vordem umschnallen und uns schütteln, wie am Tage bei Kremmen und sonstwo. Vor dem Gerassel möchte mancher Hund nicht stichhalten.«

»Der Bär von Berlin fürchtet keine Bullenbeißer!« schrie Pawel Strobant.

»Wir zu Brandenburg auch nicht«, fiel der Abgeordnete ein, den Kopf höher werfend. »An unsern Mauern und Türmen kann man seit fünfhundert Jahren soviel zerbrochene Schädel zählen als vor keiner Stadt dieser Marken. Unsere Väter zausten sich mit Raubtieren und Rittern, als das Land noch im ärgsten lag, und wichen nimmer. Dennoch, ihr Freunde und Herren, wär es vermessen von uns, darauf zu bauen und zu vermeinen, wir für uns seien stark genug, dem Ungewitter die Spitze zu bieten. Wodurch wurden wir Städte mächtig in den bösen Zeiten? Allein durch Einigkeit: daß zusammenhielten einer an dem andern, Gesellen zu Gesellen, Meister zu Meister, und Meister und Gesellen in der Zunft, und die Zünfte und Gilden unter sich, und Zünfte und Gilden mit den Ratmannen. Aber das ist noch nicht genug. In den Dörfern halten sie auch zusammen und schlagen Wölfe und Räuber fort, wo sie's vermögen. Aber was vermag ein Dorf, da keins zum andern hält! Wir Städte schlossen Bündnisse, zwei, fünf, zehn, hundert, und das machte uns fest. Die kleinen traten zusammen und wählten die größte unter sich zum Fürsprech, und die fürsprechenden traten auch zusammen und berieten fürs gemeine Wohl. Das, lieben Brüder, gab uns Kraft. Von den Gesellen an, die in dieselbe Lade werfen ihren Scherf, bis zum großen Hansebund, der auf den Meeren herrscht und Königen und Völkern Gesetze gibt, ist's eine große Kette und Gliederung, die uns zusammenhält und umschlingt. Wo nur ein Glied ausspringt und reißt, da ist's ums Ganze getan. Die Kette hält nicht mehr. Die Fürsten haben stärkere Zähne als der Adel. Wie möchten sie uns itzt losreißen von der Hanse, daß wir allein stünden, abhängig von ihrer Gnade. Und wahr und wahrhaftig, ihnen gelingt's, wenn wir die verschlungenen Hände nicht festhalten. Hier auf der Brücke, zwischen beiden Städten, daß beide drauf schauen, haben eure Väter das neue Rathaus erbaut, wo Köllner und Berliner zugleich das Regiment führen. Wollt ihr zerstören eurer Väter Werk, wollt ihr's niederreißen, so reißt ihr auch die Brücke nieder, worauf einer zum andern kam, einer vom andern holte, was er brauchte, einer dem andern brachte, was ihm not tat.«

Das fehlte denn doch nicht des Eindrucks, den es sollte. Es war wieder sehr still durch den Saal. Nur einzelne blickten höhnisch auf, und nur Pawel Strobant von Berlin rief: »Meinethalben nieder mit der Brücke. Wüßte nicht, was wir in Kölln zu suchen hätten. Wollen die Köllnischen zu uns, sind ja Fischer, können schwimmen.«

Zornig blickte ihn Niclas Perwenitz an. »Herr Pawel Strobant, so mich recht dünkt, schriet Ihr am lautesten über die Havel, als Euch die Köckeritze die Herde wegtrieben. Die brandenburgischen Tuchmacher auf dem Anger konnten zu Eurem Glück schwimmen und standen nicht an, wie sie waren, ins Wasser zu springen. Hochmut tut nimmer gut, und die uns zunächst wohnen, soll man zuerst bedenken.«

Viele Stimmen murmelten da beifällig. Nun greift ein

kluger Vermittler, so die Parteien erhitzt sind, vor allem die Punkte auf, wo eine Einigung möglich scheint, so es auch gerade nicht die wären, worauf es ankommt. Es können Brücken werden über die tieferen Klüfte, und jede Einigung stimmt zur Versöhnung. So verächtlich er auch vorhin von den Klagepunkten der Städte, die sie gegeneinander hatten, gesprochen, zeigte Herr Niclas Perwenitz sich doch itzt wohl unterrichtet, ging hier darauf ein und hörte dort aufmerksam zu. Er wiegte den Kopf und brummte vor sich bei dem Streitpunkt wegen der Bezahlung des Wundarztes, und schien es, als gäb er jedem von beiden Teilen recht, denn er nickte jedem zu, wie er sprach; und dann erzählte er alte Geschichten vom Aesculapius und Hippokrates, die gar drollig klangen; wie der Freunde und Feinde geheilt hätte, und die alten Griechen hätten ihm steinerne Bilder gesetzt. Aber von einem andern Wundarzt erzählte er auch, der habe sogar mittelst seiner geheimen Kunst abgeschlagene Köpfe aufsetzen können. Aber weil sie ihn nicht bezahlen wollen, wie er's verdiente, so hätte er mal die Köpfe getauscht, und jeder hätte seines Feindes Kopf auf dem Rumpfe gehabt, denselben, den er ihm abgeschlagen. Das hätte eine Verwirrung gegeben. »Keiner wußte, wie er dran war, just wie ihr. Keiner, ob er noch er selbst war oder der andere, ob er seine Frau sollte küssen oder des andern Frau, ob seine Kinder sein waren oder des andern, ob er auf den andern losschlagen sollte, denn er schlug sich ja selbst. Und wenn er sich im Spiegel sah, so gab er sich immer selbst Ohrfeigen. Alles das, weil sie den Hexenmeister, den Flicker, nicht bezahlt hatten. Nun sagt ihr Köllner zwar, der Peter Joris ist kein Hexenmeister, sondern ein Ochs; stehet aber nicht in der Heiligen Schrift geschrieben: dem Ochsen, der drischt, soll man das Maul nicht verbinden? Umsonst ist der Tod, aber kein Medikus, ihr Herren von Kölln, ohne Bezahlung.« Man bietet schon die Hand, wenn man in einem Streite erst lachen kann. So wurden itzo die mehrsten Punkte, worüber die Städte stritten, auf die lange Bank geschoben, was bei unsern Vorfahren soviel war, als wir itzo nennen ad acta schreiben; und kam man dabei so gut raus als heut aus Verwickelungen, die uns über den Kopf wachsen.

Nicht verschwiegen darf aber werden, daß außerdem zween Umstände dem Abgeordneten von Brandenburg zu Hülfe kamen. Einmal hatte sich die Sitzung so lange hingezogen, und er hatte selbst das Seine dazu getan, daß die Mittagsstunde vorüber war. Man hielt aber vor vierhundert Jahren das Innehalten der Mahlzeiten für eine Sache der bürgerlichen Ordnung, so nicht ohne höchst wichtige Ursache geändert werden durfte. Darin waren die Herren aus Kölln und Berlin einer Meinung und hatten schon durch Husten und sonstwie ihre Ungeduld ausgedrückt.

Aber desgleichen zur Ordnung gehörte, daß eine Hochzeit etwas Außerordentliches war. Und war es gar eine Patrizierhochzeit, so hatte die ganze Stadt Ursach und Recht, sich darauf zu freuen; denn wer nicht geladen war, der bekam doch von dem Kuchen zugeschickt und den süßen Früchten, und an Musica und Tanz und lustigen Aufzügen konnte sich jeder ergötzen. Wie nun auch Kölln und Berlin scheelsüchtig aufeinander sahen und auf ihre Rechte, standen die Parteien doch noch nicht eine der andern gegenüber als weiße und rote Rosen oder Welfen und Gibellinen. Im Gegenteil ward aus Kölln nach Berlin und aus Berlin nach Kölln hinüber geheiratet. Freilich heiratete nur der Reichtum den Reichtum und Armut die Armut. Aber die langen, pfeifenden und geigenden Hochzeitszüge über die Lange Brücke hin und her wurden oft das Band, was die getrennten Teile wieder zusammenband. Eine solche Hochzeit war auch itzt im Werke zwischen dem Sohne des reichen Köllner Bürgers Bartholomeus Schumm und der einzigen Tochter des ehrenhaften Berliner Bürgermeisters Johannes Rathenow. Eine solche Hochzeit durfte ein Fest werden, davon Kind und Kindeskinder sprechen mußten, wiewohl es viele gab, die's den Rathenows nicht gönnten. Ein markgräflich Plakat, das in Stadtrechte greift, der Einfall eines Raubritters durfte darüber für den Augenblick vergessen werden. Denn Bartholomeus Schumm saß wie ein Herr der Herrlichkeit in seinem steinernen Hause in der Brüderstraße. In seinem Armsessel am Fenster nickte er nur wenig, wenn die Bürger vorübergingen und ehrerbietig die Mützen zogen; und wen er: »Wie geht's, Herr Gevatter?« anrief, der wuchs um einige Zoll vor Freude gegen seine Mitbürger. An Zahltagen aber, wenn die Pächter seiner vielen Güter, die Säckel unterm Arm, auf dem Flure warteten und ihnen ward aufgetan und sie traten, tief sich neigend, ein, wo Herr Bartholomeus am großen eichenen Tische saß, zween Schreiber zu beiden Seiten, und sie stellten sich rechts und links mit ihren Kerbstöcken, Büchern und Säckeln und er geruhte, sie die Reihe herum anzublicken, dünkte er vielen mehr als ein Fürst. Der Vermerk des Schreibers, sei's im Buche, sei's am Kerbstock, daß sie gezahlt, war den Pächtern keine so gute Quittung, als wenn Herr Bartholomeus mit dem Mittelfinger auf den Tisch klopfte, was er jedesmal zu tun pflegte, wenn der Pachter die Summe richtig aufgezählt hatte. Wie jener reiche Kaufmann in Bremen hätte er seinen Flur mit harten Talern pflastern können; und ein harter Taler war dazumal in Berlin etwas, um was es sich wohl lohnte, auf dem Markte stehnzubleiben, so ein Käufer ihn aus dem Säckel zog! Seine Güter waren weithinaus über das Berliner Weichbild bis an die Oder und die Uckermark zerstreut, und mit den reichen Itzenplitzen hatte er allein ein Jahr über Fehde geführt; fünf Dörfer waren darum verwüstet und niedergebrannt, viel Schädel gebrochen, und Herr Bartholomeus hatte sich nicht von seinem Lehnstuhl im Fenster an der Brüderstraße bewegt. Ein solcher Mann war Bartholomeus Schumm. Und wer Johannes Rathenow war, der Bürgermeister von Berlin, wenn das ein Fremder einen Bürger gefragt, der hätte ihn scheel angesehen, und hätte der Fremde nur eilen können, daß er seines Weges zog.

Die Freundschaft solcher Häuser, könnte man meinen, müsse auch ganze Städte, die nicht mehr waren als heutzutage Stadtviertel, aussöhnen und zusammenbringen. Aber erstens war um deshalb, daß eine Heirat zwischen ihnen beschlossen, noch keine Freundschaft geschlossen. Die Schumm waren die Reichsten in Kölln und die Rathenow mächtig in Berlin. Reichtum und Macht haben sich aber zu jeder Zeit aufgesucht; und um deshalb, da jenseits ein heiratbarer Sohn und diesseits eine mannbare Tochter waren, machten sich die Pakten wie von selbst. Dann aber war Bartholomeus Schumm zuerst ein Ratmann der Stadt Kölln und Johannes Rathenow zuerst Bürgermeister von Berlin. Das war ihre Ehre, und das andere war nur ihre Familie und ihr Vorteil. Keiner hätte um deswillen, daß ihre Kinder eine Ehe schließen sollten, ein Haarbreit fahrenlassen von den Ansprüchen der Städte, so sie vertraten.

Wie nun viele auch waren, die's den Rathenows nicht gönnten, in die reiche Familie zu heiraten, und andere, die's den Schumms nicht gönnten, daß sie mit den Rathenows eins wurden, die meisten freuten sich doch auf die Hochzeit; und was würde da nicht gekauft werden und draufgehen: denn Bartholomeus Schumm ließ sich nicht lumpen. Das wußte geschickt Herr Niclas Perwenitz aufzufassen. Den und jenen fragte er, ob er das Hochzeitkleid schon fertigen lassen und den Trinkspruch schon bereit habe. Mit wie leckerm Munde wußte er von dem Fischgericht zu sprechen, das Seiner Kurfürstlichen Gnaden Küchenmeister, Herr Czeuschel, beim Landtage in Spandow bereiten lassen, nach fränkischen Rezepten, wie man es in den Marken noch nicht gegessen. »Auf der Zunge, sag ich euch, zerging's und duftete wie Muskatnuß und indisch Gewürze und sah von außen wie eine Schildkröten aus, die auf ihren Beinen rutscht; so man aber näher trat, waren die Punkte und Ringel auf dem Rücken alles die Wappen der Städte und Schlösser des gnädigen Markgrafen; auch Berlin war drunter und Kölln, und stach die Seiner Gnaden recht apart für sich mit dem Löffel aus. Sie schmeckten ihm fürtrefflich, als ich's glauben will, da sie geschnitzt waren aus großen Aalen und Sandarten, mit Speck und Gewürz. Seine Gnaden lächelten und die von den Ständen desgleichen, als er sie auseinander schnitt und sprach: ›Das sind *zwei* Bissen, ist für *einen* zu groß!‹ – ›Darum nicht bange, lieber Nachbar‹, sprach ich zu Herrn Wyns von Frankfurt, der neben mir saß; ›ist einmal eine Hochzeit bei uns, wollen wir auch solche Fischpastete backen. Soll ausschaun wie die Stadt Troja, und lagen die griechischen Markgrafen zehn Jahr, ohne sie zu kriegen, davor und hätten noch zehn Jahr liegen mögen, wären die Trojanischen nicht so einfältig gewesen und uneins unter sich.‹«

Und er sprach noch manches von Troja und der Fischpastete, und wie er wohl denke, das Rezept zu erhalten durch Gunst des Herrn Czeuschel, welcher vierzehn Tage bei ihm in Brandenburg gewohnt, und dann meinte er, bei der Hochzeit werde es doch auch nicht an lustigem Mummenschanz fehlen, und einen Ratsherrn erinnerte er, wie er bei Hannes Zeidelbergs Hochzeit eine Kuh vorgestellt und so natürlich geblökt, daß alle es geglaubt, bis die Kuh den schönsten Hochzeitswunsch in Reimen gesprochen, daß viele Gäste vor Ergötzen unter den Tisch fielen. Die jüngeren munterte er auf, es auch nicht fehlen zu lassen, so der schöne Maientag gekommen, und versprach selber, so man ihn einlade, einen Spaß, davon sich reden lasse.

Als nun die Versammlung, halb aufgehoben, halb von selbst, in recht guter Laune auseinander ging, schien nur der Ratsschreiber der Stadt Berlin unzufrieden. Hatte umsonst die lange Liste der Klagepunkte aufgeworfen. Da sah er jetzt, als er die Verhandlung schließen wollte, einen Punkt, der war gar nicht berührt.

Mit lauter Stimme rief er da, daß er, die noch im Saale waren, zurückhalte: »Die siebenundvierzig Schock böhmische Groschen für Auslösung des am Tage bei Kremmen gefangenen Henning Mollner Vater, deren auf ihren Anteil die von Kölln sich weigern, was haben die wohlweisen Ratmannen darüber für gut erachtet?«

Alle schwiegen und sahen sich an. War's ein Hauptpunkt ihrer Streitigkeiten, so immer wiederkehrte. Man hatte ihn heute weislich nicht berührt. Da schlug Herr Bartholomeus Schumm die Hand auf den Hut: »Nicht einen roten Heller!« Die Köllner Herren, so noch im Saale waren, sprachen's ihrem Vordermann nach. Und Mathis von Blankenfelde, der Ältermann der Köllner und ihr gewählter Bürgermeister, von dem noch viel die Rede sein wird, der sprach: »Das versteht sich von selber.« Klang's fast als eine neue Herausforderung für die von Berlin; deren waren nur wenige noch im Saale.

Der Ratsschreiber schien nun gar nicht übler Lust, von vorn anzufangen, und wollte Ursach und Status des Streites nochmals lesen, als Niclas Perwenitz die Hände hob und ihm zuwinkte, um Gottes willen, daß er's nur nicht täte.

Johannes Rathenow sprach, die Stirn runzelnd, wie bös von der Sache berührt: »Die Forderung ist vollwichtig, und ist's eine Schande für den Rat beider Städte, daß sie von Vater auf Sohn dreißig Jahr forterben konnte.«

»Warum zahlt ihr's dem Jungen nicht aus, was ihr vermeint dem Alten schuldig zu sein!« rief Bartholomeus Schumm.

Hans Rathenow antwortete: »Wir wollen zahlen, was auf uns fällt, für treue und liebe Dienste. Ohn Henning Mollner wären wir im Sumpfe in die Pfanne gehauen.«

»Ja, ihr von Berlin!« riefen die Köllnischen.

»Er warf sich zwischen und ward gefangen, weil er uns gerettet.«

»Die von Kölln hatten sich links schon selber durchgehauen«, sprach Herr Bergholz von Kölln, der doch nicht dabeigewesen. »Brauchten des Henning Mollner nicht.«

»Weil ihr uns im Stich ließt!« fuhr Konrad Ryke auf.

»Summa! Ihr zahlt das Lösegeld von Rechts wegen allein, weil er euch allein rauszog aus dem Stich«, sprach Herr Bartholomeus.

»Und geht uns das andere nichts an«, sagte Herr Mathis Blankenfelde.

»Das ist nicht recht und gut«, rief der Bürgermeister und rückte an seinem Barett. »Auf beider Städte Frommen und Schaden taten wir in gesamtem Haufen und aus freien Stücken dem Burggrafen Heerfolge. Was einer litt, das litt der andere mit, was einem frommte, das frommte dem andern mit. *Wir* nahmen den Schaden, und *ihr* hattet den Nutzen.«

»Gevatter!« flüsterte der Brandenburger. »Ich meine, wir hatten alle Nutzen vom Kremmer Damm.«

»Ist nicht erwiesen!« sprachen die von Kölln ihrem Ältermann nach.

»Herr Gott und Sankt Nikolas!« rief Herr Johannes. »Er muß bezahlt werden, der Junge. Er *muß*, er *muß*!«

»Liegt Eurem Gemeinwohl so viel an dem Raschmachergesellen«, erwiderte Herr Mathis Blankenfelde spöttisch, »was schlugt Ihr ihm die Fähnrichstelle ab!«

»Meinethalben macht ihn«, sagte Herr Bartholomeus, »zum Rat und Bürgermeister.«

Und Herr Bergholz setzte hinzu: »Und wir von Kölln wollen doch fertig werden mit Berlin, wenn sie auch ihre Burschen zu Meistern machen und die Kesselflicker zu Ratmannen.«

Hätte es da nicht voll ein Uhr geschlagen von den Türmen der Städte und wäre Herr Niclas Perwenitz nicht dem einen um den Hals gefallen, als er reden wollte, und hätte den andern am Arm gefaßt, daß er ihn rauszöge, so wäre der Lärmen wieder von vorn angegangen. Es war Herr Johannes Rathenow ein jähzorniger Mann, er wußte sich aber zu beherrschen, wo es galt. Herr Bartholomeus Schumm, der jünger, war von Natur träger, denn er war auch sehr stark beleibt und hatte ein Doppelkinn um sein rund Gesicht; aber wann er einmal Feuer gefangen, knisterte und sprudelte es lange, und man mußte sich hüten, daß man nicht die Flamme erstikken wollte. Das tat auch nicht Herr Niclas Perwenitz. Er ließ ihn sprudeln und knistern; nur sah er darauf, daß der Funken nicht auf Zunder fiel, und wo Gefahr schien, goß er vorher Wasser hin. Einen, der schimpft, bringt man am leichtesten zur Ruhe, wenn man mitschimpft. Also schimpfte Niclas Perwenitz auf alles, worauf Herr Bartholomeus schimpfte, und noch ärger, auf die Raschmacher und auf die Schneider, auf die Zünfte und auf das Pack, und Herr Bartholomeus hatte nichts mehr zu schimpfen, denn Herr Niclas hatte es ihm vorm Mund weggenommen, und so brachte er ihn glücklich bis zur Treppe hinunter.

Bürger und Volk hatten sich verloren; denn darin stimmte auch die Gemeinheit von Berlin und Kölln mit ihrem Rate, daß sie um zwölf Uhr zu Mittag essen wollten. Herr Bartholomeus hängte den Degen ein, den seine Diener ihm reichten, und ging links über die Brücke mit einem gar kurzen Gruße, der Bürgermeister aber rechts nach Berlin, und ihn begleitete der Abgeordnete von Brandenburg.

Ihr Gespräch war ernster Art. Aber sie waren nicht einer Meinung. Herr Johannes Rathenow blieb mehrmals stehen und schüttelte den Kopf, wenn Niclas Perwenitz, als es schien, ihm Vorstellungen machte. Vor der Herberge nahmen sie Abschied.

»Wenn wir ihnen einen Finger nachgeben, fordern sie die Hand, und wenn die Hand, den Arm; und ständen wir höflich vom Stuhl auf, um sie zu empfangen, so setzten sie sich wohl darauf und ließen uns stehen; das wär ihr Lohn«, sprach der Bürgermeister. »Redet mir nichts von andern Zeiten, Herr Perwenitz. Wir sind die Herren, und sie sind zünftige Leute; das ist älter als die Zeit und wird über die Zeit dauern; denn Recht ist mehr wert, als was Ihr Schick, Zeit oder Verhältnisse heißt. Wir wissen zu regieren, und sie sollen gehorchen. So sie's verlernt haben, wollen wir sie in die Lehre nehmen.«

Niclas Perwenitz' nachdenklich Gesicht mochte andeuten, daß er manches dagegen einzuwenden habe. Aber plötzlich, Ton wie Miene ändernd, sagte er: »So die von Kölln nicht zahlen wollen, wer wird den Henning Mollner befriedigen? Er schreit arg, und was das schlimmste, er hat recht.«

Das Gesicht des Bürgermeisters verfinsterte sich.

»Man spricht bei uns, er wolle an die Feme gehn nach Westfalen«, fuhr Perwenitz fort; »das wäre schlimm für Berlin. Mit den Freigrafen prozessiert sich schlecht. Man spricht auch, er wolle an den Kurfürsten gehn, und das wäre noch schlimmer. Schlimm für Berlin und uns alle, so die Markgrafen Richter werden über unsere Rechte. Bedenkt das wohl, Herr Johannes Rathenow.«

»Der Henning Mollner wird nicht an den Kurfürsten gehen«, sprach der Bürgermeister.

»Meint Ihr? Nun, wer wird denn zahlen? Vom Himmel regnen nicht böhmische Groschen. Der Kurfürst zahlt's am Ende am liebsten; natürlich als einen Vorschuß, den er sich von den Städten wiederfordert. Denn wer hat durch der Bürger Tapferkeit, Opfer und Ausdauer damals gewonnen als die Markgrafen? Der Henning Mollner Vater war ein tapfrer Mann wie einer; Kurfürst Friedrich machte wohl darum den Henning Mollner Sohn zum Fähndrich, so er ihn bäte.«

»Den tollen Buben, den Straßenläufer, den Taugenichts!«

»Sein Vater war ein tapfrer Mann, sagte ich, Herr Johannes. Damals am Kremmer Damm, als er sich mit den zwanzig Reitern vor euch Berliner warf, wo ihr im Schilf stecktet und so viel mit dem Moor zu kämpfen hattet, um nicht zu ersaufen, daß ihr an den Feind nicht denken konntet. Ihr, Herr Johannes, saßet auch, als ich hörte, bis am Gürtel im Sumpf. Da zog er Euch heraus und wies Euch sein anderes Pferd und sprach: ›Rettet Euch und unser Banner; ich will schon aushalten.‹ Er hielt aus, bis ihn die Bredows fingen und arg zurichteten. Nun meinte ich, wenn die Köllner nicht mögen und die von Berlin dafürhalten, daß sie genug getan, daß Ihr, Herr Johannes, der Mann wärt, es dem Jungen gutzutun.«

Als der Bürgermeister antworten wollte, drückte ihm der Abgeordnete die Hand und sprach: »Ein andermal, Herr Johannes. Die Sache ist zu lang und der Tisch gedeckt. Dort winkt mir schon gar ungeduldig Meister Minnewinkel; der arme Mann wartet eine Stunde auf mich. Wollt Ihr mein Gast sein auf eine Rebhühnerpastete, so mir der Meister, weil Ihr Rat hieltet, also zubereitet hat, als ich's ihm gestern noch im Bette verordnet, sollt Ihr mir willkommen sein.« Als der Bürgermeister das ablehnte, eilte Herr Niclas allein in die offenstehende Tür des »Blauen Hechtes«, und hatte er eine Miene, als habe er den lieben langen Vormittag an nichts gedacht als die Rebhühnerpastete und den süßen Wein, den ihm Meister Minnewinkel, der Wirt, zapfen sollte.

Viertes Kapitel

Herr Johannes Rathenow wohnte, Haus und Straße haben uns die Chroniken nicht aufbewahrt, unfern der Kirche des heiligen Nikolaus, so die älteste ist der alten Stadt Berlin. Das Haus, schmal und hoch, mit Schmuck und Zier aus einer vorangegangenen Zeit, denn es war dazumal schon alt, lag, als zu vermuten, in einem der Winkel um die Kirche, wo heutzutage kein Bürgermeister seine Wohnung aufschlüge, und auch kein Patrizier, so es deren in Berlin gäbe. Doch in den frommen Tagen, als es erbaut wurde, suchten die reichsten Familien ihre Ehre darin, nahe ihrer Pfarrkirche zu wohnen, die engen kleinen Fenster auf die hochgewölbten des Gotteshauses gerichtet. Ging's jenen an irdischem Lichte ab, dafür strahlte aus den hohen bunten Scheiben mit hundert Heiligenbildern Glaubenslicht ihnen entgegen. Wahrscheinlich hatten die Rathenow, die in frühern Zeiten reicher waren als in der, wo unsere Geschichte sich ereignet, großen Anteil gehabt an der Erbauung dieser Haupt- und Stadtkirche. Aber in eckigten Winkeln, an abschüssigen engen Gassen zu wohnen war überhaupt in jenen frühen Zeiten kein Zeichen der Armut und Niedrigkeit. Stürme und Strömungen brachen sich daselbst leichter als in breiten, langen Straßen. Und was war die Geschichte einer Stadt im frühen Mittelalter anders als fortlaufende Reibungen, Stürme und Strömungen zwischen den Gewerken und Geschlechtern, untereinander und gegeneinander, so Rechte suchten oder, die sie hatten, verteidigen und erweitern wollten! Je enger, verschlungener, ineinandergenestelt sie wohnten, desto behaglicher, sicherer dünkten sie sich. Die Wohnung, die Stadt war das Nest, das weite Feld umher der Flugkreis für die Emsigen und Mutigen.

Es sagen die Klugen und Gelehrten, daß in alten Zeiten die großen Städte nicht gebaut wurden, sondern daß sie wuchsen wie der Baum am Wasser; hat er viel Wasser, so wird er groß, hat er wenig, bleibt er klein. Aber kein Mensch, und sei er ein großer König und Heerführer, kann sagen: hier soll eine große Stadt stehen, und dann wird sie es. Und wie eitel auch alle Klugheit der Gelehrten ist, als wir wissen, so sprechen hier dafür doch auch die Bücher des alten Bundes, sintemalen der Turmbau zu Babylonien darum nicht zustande kam, weil sie in eitel menschlichem Dünkel eine große Stadt bauen wollten, wo kein Handel war und keine Nahrung für die vielen Menschen. Darum trieb sie der Herr auseinander und ließ jeden sich ansiedeln da, wo es ihm not tat. Also sind entstanden, und nicht von einem gegründet, die großen Städte Paris und Troja und Neapolis und Alt-Brandenburg. Wer sagt's, wer die erbaut hat? – Aber in den Marken gegen die Slawen, sagen sie, ging es anders zu. Da seien die Städte, so wir itzt kennen, nicht alte Ansiedelungen gewesen und Dörfer, welche allmählich durch großen Handel und Verkehr zu Städten aufwuchsen. Vielmehr es seien Niederlassungen freier deutscher Männer, denen der Landesherr Briefe und Privilegien gegeben, eine germanische Stadt im Lande der Slawen zu gründen. Weiß wohl, daß es Kluge und Gelehrte gibt, die auch das wieder abstreiten – denn um was streiten sich nicht die Gelehrten! – und beweisen möchten, daß auch unsere Städte, so deutsch klingen und es itzo sind, vordem schon waren, zur Wendenzeit, und groß und reich, und hätten die Deutschen ihnen nur einen deutschen Rock angezogen. Aber da es heißt: Kleider machen Leute, und wir sie nur in dem Kleide kennen, müssen wir sie schon nehmen, wie unsere Väter sie vorfanden und beschrieben haben.

Diese freien und guten Leute nun, denen die Landesherren Briefe geschenkt, baueten in Frankfurt und Prenzlow und in Berlin ihre Wohnhäuser eng zusammen um das gemeinsame Gotteshaus, das, auf einem hohen Punkte gegründet, weit hinausschauen mußte ins flache Land und weit gesehen werden von den zerstreuten Landbewohnern. Die Ehre einer germanischen Stadt im Mittelalter war mit ihrem Münster eins; es war ihr Dom, ihre Kathedrale das Kleinod der Stadt. Je höher er leuchtete im Morgenlicht und Abendschein, je weiter seine hellen Glocken schallten, je größere Ströme Andächtiger seine wundertätigen Bilder, seine ehrwürdigen Hallen anzogen, um so größer das Ansehen der Stadt. Mit ihren Priestern zankten sich die Bürger unterweilen, schlugen sie auch wohl tot und verbrannten sie, wenn ihre Habgier ihnen verdrießlich, ihr unzüchtig Leben ihnen ärgerlich wurde. Ruhm und Ansehn der Kirche minderte das nimmer. Mit dem Besten, Silber, Gold, Kerzen, Dekken und kostbaren Steinen, statteten sie die Dome aus, die herrschenden Familien und Zünfte gründeten Altäre und bestellten und besoldeten Altaristen, und Ländereien und Renten wurden diesen Altären geschenkt; alles zu Ehren Gottes und der Heiligen, zugunsten des Seelenwohls der Geschenkgeber, aber noch mehr zu Ehren der Stadt selbst. Und was mehr an Bedeutung hatten diese deutschen Kirchen im Lande heidnischer Wenden, die vom Glanz geblendet, von den Glocken bekehrt, von der Würde, Pracht und Ordnung des Baues selbst zur Sittigung und zu bürgerlicher Ordnung geleitet werden sollten!

So die Wohnhäuser um diese Kirchen nur warm waren und sicher und groß genug für das Nötigste; mehr sollt es nicht zum alten Berlin. Anders in Kölln. War es als wendisch Dorf älter, so war es als deutsche Stadt doch jünger. Die deutschen Kolonisten, so sich da des Herrenrechtes bemächtigt und reich wurden oder es schon waren, suchten ihren Reichtum in stattlichern und geräumigern Wohnhäusern auszulegen, und darum mußte es auch davor räumlicher sein. So schossen in die Höhe die ansehnliche Breite- und Brüderstraße; obschon die wenigsten der heut alten Gebäude darin selbst nur auf die Zeit unserer Geschichte zurückreichen. Johannes Rathenows Haus an der Nikolaikirche war eng und düster, Bartholomeus Schumms Wohnhaus in der Brüderstraße war groß, geräumig und für jene Zeit auch hell. Ein weiter Flur, eine breite, eichene Treppe, ein Hofraum mit Speichern, Ställen und Kranen; Ballen, Tonnen, Leitern, Keller, geschäftige Diener deuteten darauf, daß außer dem Landgüterbesitz auch noch der Handel im großen die Quelle war, aus der der Reichtum des Hauses noch immer sprudle. Aus Reichtum entsteht Macht, das ist ein uralt Gesetz, und hat's gegolten bei Heiden und Christen. Aber wie einflußreich die Schumms diesseits wie jenseits der Spree auch waren, dennoch haftete ein gewisses Etwas auf dem Hause und seinen Herren, was bei allem dem schlechtern, düstern Hause der Rathenows größer Ansehn gab. Solange man denken konnte, und das reichte weiter zurück, als man in Berlin schreiben konnte, galten die Rathenows als freie, unabhängige Männer, so nur von Grund und Boden gelebt, der ihr eigen war, und an ihren Händen war keine Schwiele vom Pfriem, vom Meißel und der Bürste noch von der Elle und dem Meßstock. Die Schumms waren große Handelsherren, was ihrer patrizischen Würde zwar keinen Eintrag tat; aber es schlich die leise Sage um, daß ihre Vorvorväter in Hamburg und Rostock durch Bierbrauerei den Grund gelegt zu ihrem Reichtum. Ein Familienfluch schleicht fort von Geschlecht zu

Geschlecht, ohne daß eine Lippe ihn ausspricht; eine dunkle Erinnerung läßt sich durch den Glanz der Gegenwart in die Rumpelkammer schieben; vernichtet kann sie nicht werden.

Darum aber denke dir das Haus, in welchem der Bürgermeister wohnte, nicht als unansehnlich und unbehaglich. Grad im Gegenteil, es hatte so viel Behagliches, als niedrige Stuben, kleine Türen, Treppchen und Gänge, die dazwischen laufen, nur gewähren mögen; und das fühlt sich zu Winterszeiten am besten heraus. So war auch das kleine Zimmer, in welchem am kalten Februarmorgen heut Herr Johannes Rathenow im Lehnstuhl saß, ganz wohnlich angetan. Zwar war es nur so hoch, daß seine Tochter, wenn sie auf den Zehen stand, die Balken mit der Hand berühren konnte. Aber die Balken waren wie die Lehmdecke sauber beklebt mit bunten Bilderbogen aus Nürnberg, Städte und Gegenden, Helden und Heilige vorstellend. Die Wände des Zimmers waren zwar nur übertüncht; doch war kaum ein Fleck, wo man den weißen Kalk durchschimmern sah. So besetzt waren sie mit zierlichen Tischen und Schränken von Ebenholz und Nußbaum, ausgelegt mit kostbaren Figuren von Elfenbein und Perlemutter. Unterschiedliche Uhren und alte Schildereien hingen darüber, und in zwei gewölbten Nischen standen in Holz geschnitzte Bilder der Jungfrau Maria und des heiligen Nikolaus. Auf dem Boden lag eine prachtvolle bunte Decke aus Brügge, darauf zu sehen war mit lebensgroßen Figuren, wie Gottfried von Bouillon barfuß zum Heiligen Grabe in Jerusalem wallfahrtet. Die Hauptzierde der Wohnstube aber blieb der mächtige schwarze Ofen, vielfach ausgeschweift mit Eckchen und Türmchen und bunten Kacheln, darauf der Bau des Turms von Babylon verzeichnet stand. Das Beste indes an diesem kalten Morgen war das helle, frische, prasselnde Feuer, welches aus der geöffneten Tür in die Stube leuchtete.

Sein roter Schein fiel auf die hohe Stirn des Hausherrn, der in seinem Sammetpelze am Fenster saß, in

Gedanken versunken. Die gruben manche tiefe Runzeln auf seine Stirn. Welche städtische Sorgen auf ihn lasten konnten, davon sprachen die besiegelten Pergamente, die Skripturen und Bücher vor ihm auf dem ebenholzenen Tische; wohl noch nicht Berge, wie heut auf dem Tische eines Bürgermeisters, doch beträchtliche Hügel, welche, angesehen, daß man damals schwerer schrieb und mit mehr Mühe Geschriebenes las, ebenso drücken mochten. Doch war Herrn Johannes' Auge nicht darauf gerichtet; vielmehr schweifte es zum Fenster hinaus und schien die Schneemassen zu wägen, welche auf den Kirchendächern, den Strebepfeilern lasteten und die steinernen Schultern des großen Roland ganz bedeckten.

In der Kirche wurde die Frühmette gesungen, und die bunten Fenster leuchteten von den Kerzen drinnen. Eins dieser Fenster gehörte seiner Familie; das heißt die kostbare Glasarbeit mit Schildern und Bildern war von seinen Vorfahren der Kirche verehrt, und die Rathenows trugen die Sorge wie die Ehre ihrer Erhaltung. Dicht daneben ein anderes Fenster, prachtvoller in Farben, aber, wie es schien, minder gut erhalten. Eine blutsverwandte Familie, mächtig einst zum alten Berlin, die Wardenberge, waren die Stifter. Der bunte Widerschein aus beiden Fenstern fiel auf den Roland, und sein ungeschlachtes Gesicht schien grimmig zu lachen. Auch funkelte blutigrot das eiserne Schwert in seiner plump vorgestreckten Hand.

Wer unbemerkt dem Bürgermeister da ins Gesicht gesehen, hätte ein unheimliches Zucken in seinen Mienen wahrgenommen. Wenn es um die Mitte des funfzehnten Jahrhunderts in der Mark Brandenburg Sitte gewesen, Selbstbetrachtungen anzustellen und Selbstgespräche zu halten, so hätte es unfehlbar itzt Herr Johannes getan. Aber die Zeit war nicht dazu. Er strich mit der Hand die Runzeln von der Stirn, und als er das Gesicht wandte, stand vor ihm eine, so zwar schon vorhin im Zimmer gewesen, aber sie hatte nur am Feuer gehockt und die

Eichenkloben zurechtgestoßen. Da hatte er sie nicht beachtet.

Es war eine alte Frau, unscheinbar angezogen, aber doch nicht in der Tracht dienender Mägde. Und wenn auch das rauhe Wams und die grobe Schürze dazu gepaßt, die verblichene Pelzhaube auf der faltenreichen Stirn und den greisen Haaren gehörte einer Matrone, die einst Herrin war. In ihrem Auge lag etwas Irres, ein schmerzlicher Zug schlängelte sich durch die Furchen des aschgrauen Gesichtes.

»Schaust du den Roland dir an, Herr Johannes?« sprach sie.

Er winkte ihr unwillig, fortzugehen. Ein Lächeln schwebte über ihre Lippen. Bei einem andern Gesichte hätte es wie Hohn ausgesehen. Sie ging nicht.

»Der steinerne Mann blickt so wie vor vierzig Jahren. So hat er vor achtzig Jahren auch geschaut, vor hundert auch, o und noch länger. Immer derselbe große, häßliche Mund, die starren, stieren Augen, und nicht ein einzig Mal hat er das lange Eisenschwert nur soviel gesenkt.«

»Geht wieder in Euer Bett, Muhme Gertraud; ist noch früh. Ich werde selbst nach dem Ofen sehen.«

»Das sagten sie auch vor vierzig Jahren, die Herren: Gehet zu Bett, Frau Gertraud, es ist noch früh, wir wollen selbst zum besten sehen. Und als ich aufstund, hatten sie ihm den Kopf abgeschlagen.«

»Das sind alte, vergessene Dinge!« brummte der Hausherr.

»Alt! Aber vergessen? Seht doch, der Mann, der's getan, steht noch da wie damals, und noch hebt er das Schwert wie damals und ist immer fertig zum Schlagen. Nehmt Euch in acht, Herr Johannes, geht nicht zu nahe vorüber.«

»'s ist Vollmond!« murmelte Herr Johannes Rathenow für sich.

»Wißt Ihr, was mein Mann, als sie ihn zum Richtplatz führten, gesprochen hat zu den stolzen Herren? ›Euer

Hochmut‹, rief er noch vor dem Block, ›wird gestraft werden, das Blut, das ihr vergießt, wird über euch kommen; wie ihr seid stolz und unbarmherzig, werden sie auch gegen euch sein stolz und unbarmherzig.‹«

»Ihm geschah nur recht«, murmelte der Hausherr.

»Recht! recht!« rief die Matrone, die Hände ringend. »War das auch recht, Herr Johannes, daß Euer Vater Matheus saß zu Gericht über seinen eigenen Vetter und den Blutbann aussprach über ihn! Auch recht, daß er den Stab brach über ihn! Auch recht, daß er's geschehen ließ und nicht um Gnade bat! Mein seliger Mann Martinus hat um Gnade gebeten, gerufen hat er nach Kaiser und Reich; aber Kaiser und Reich hörten nicht. Sie konnten nicht hören; sie waren zu weit, und sie hatten ihm ja den Mund verbunden, die stolzen Herren. Weise Leute sagten: sie tun unrecht, sie sind Kläger und Richter in einer Person; aber *sie* sagten: wir tun recht, denn wir haben den Blutbann.«

Der Bürgermeister wies stumm auf das Rolandsbild. Frau Gertraud entgegnete:

»Das soll ein Königssohn gewesen sein, aus Franken, sagen die Leute, und er hatte kein Herz, nur einen Arm, damit er alles abwog, ob es schwer war oder leicht; danach schlug er los. Darum, als er vors Jüngste Gericht trat, schickte ihn Sankt Peter zurück und sagte: ›Du bist Stein. Solche von Stein kommen nicht in den Himmel.‹ Da faßte er sich an, und er war wirklich Stein, und so mußt er zurück auf die Erde und Schildwacht stehn auf den Märkten und vor den Rathäusern, wo sie Recht sprechen, wie die Heiden auch taten. Aber die Heiden hatten kein Herz, und sie wägen und richten und sprechen in den Rathäusern auch ohne Herz. Ehe nicht seines einmal weich wird und sein Sinn gerührt, darf er nicht fort, der steinerne Roland, und kommt nicht in den Himmel. Ja, er wird ewig dort stehen, so lange als die stolzen Herren zu Rate sitzen.«

»Ewig!« wiederholte der Bürgermeister dumpf vor sich hin.

»Nein, er wird nicht ewig da stehen«, sprach die Matrone. »Er wird eher zu Schutt und Staub fallen, denn daß sein Herz weich wird wie der Schnee auf seinen Schultern. Schaut Ihr, Johannes, wie das Fenster der Wardenberg itzt so matt glimmt? Die Fliegen haben es beschmutzt und die Spinnen umzogen, und wo sind die Hände, die es wieder rein kehrten und wüschen? Sie reichen nicht aus dem Grabe so hoch hinan. Und ich habe es noch leuchten gesehen wie Rubinenglanz und Smaragd. Eures wird auch dunkeln einmal, Herr Johannes. Die Hand wird fehlen, es zu waschen und zu putzen. Hagel und Sturm und Schloßen werden die Scheiben zerschlagen, und die Lade wird dann leer sein, den Glaser zu bezahlen und den Maler zu lohnen. Der Wind wird durchwehen, und die Gläubigen werden frieren auf den nackten Bänken.«

»Wir alle sind Staub«, sagte Herr Johannes. »Doch auch der Staub dauert lange Menschenalter, und die Häuser, wo Gerechtigkeit drin wohnt, werden die ungerechten überdauern.«

Sie lachte. »Die Gerechtigkeit der Welt, Herr Johannes, ist keine Staubfaser vor dem Throne des Allmächtigen! Wie schön gezimmert stand das Haus der Wardenberge, mit den roten Balken und den bunten Schilden! Drei Türmlein sprangen in die Gassen, und zwei spitze Erker dazwischen, mit Fähnlein, schauten gen Himmel, daß sie stillstanden, die vorübergingen, und fragten: ›Wes ist das schöne Haus?‹ O es war lustig anzuschauen, wenn die Abendsonne auf den Fenstern blinkte. Und zween Riesen standen an der Schwelle und trugen das Tor, der Heide Herkules und der Jude Simson. Hei, die starken Ritter, konnten sie's schützen und bewahren, als das wütende Volk kam mit Stangen und Eisen? Die Treppen stürmte es herauf, und auf die Dächer kletterte es. Da flogen die Schindeln und Ziegel, da krachten die Sparren, und die Scheiben klirrten, schöne geschliffene Scheiben aus Venedig und Augsburg. Und waren's zween Tage, waren's zween Stunden nur, da stand es wüst, und der Staub flog hoch, höher als Sankt Mariens Turm. Und es stand doch über der Tür geschrieben:

Dies Haus steht in Gottes Hand,
Zum Recht der Wardenberge wird's genannt.

Wo steht es nun, Herr Johannes? Die Hand Gottes war drüber gekommen! Wo ist das Recht der Wardenberge hin?«

Herr Johannes war aufgesprungen, und Zorn und Würde des Bürgermeisters leuchteten auf seiner Stirn. »Gott zog seine Hand ab, weil er sie strafen wollte, und das Recht der Wardenberge war verwirkt, weil der Sohn die Schuld des Vaters erbte und Wucher mit dem Pfund der Sünde trieb. Darum ließ der Rat den Martinus enthaupten, wie er den Tile verstieß um Unrecht und Verrat.«

Wenn Herr Johannes so auftrat, zog sich die Matrone in den Winkel zurück und bedeckte ehrerbietig das Gesicht mit der Schürze. Es war der Regierende Bürgermeister, nicht ihr Verwandter. Dennoch hub sie mit schwacher Stimme aus ihrem Versteck wieder an, als Herr Johannes mit festen Schritten das Zimmer maß, und ihr Selbstvertrauen wuchs, je weiter sie sprach:

»Aber die Wardenberge waren Blutsfreunde der Rathenow. Ein Bruder soll gegen den andern nicht zeugen, ein Bruder den andern nicht richten. Die Flecken von Bruderblut gehen nimmer aus. Ach, Herr Johannes, und unser Großvater, Albertus Rathenow, war er nicht mit verwickelt in die Sache, um die Tile Wardenberg verstrickt ward, und verhört und abgesetzt?«

»Sein Sohn Matheus aber, mein Vater«, fiel der Bürgermeister ein, »nahm nicht Rache wie Wardenbergs Sohn Martinus, um was seinem Vater recht geschehen; er söhnte sich aus mit dem Rate, ward wieder hinein gewählt und starb in Ehren und Recht. In Ehren und Recht wurzeln wir und stehen, und werden so stehen bleiben. Dann komme, was will.«

»Und kam nicht schon vieles auch uns, Vetter Johannes? Wo sind die Säcke mit Silberpfennigen, die dein

Ältervater ausstreuen ließ, als Markgraf Waldemar einritt in Berlin? Wo ist der Stall mit dreiundzwanzig Rossen, alle mit Scharlachdecken und blinkendem Rüstzeug, drauf die dreiundzwanzig Rathenow Kaiser Karl entgegenzogen, als er von Tangermünde kam? Hat der Tod nicht gelockert an den alten Mauern des Hauses? Er ist nicht gekommen mit Mauerbrechern, leise wie der Wurm hat er genagt, und nagt. Hattest du nicht vier Brüder, und wo sind deine drei Erstgebornen? Auf vier Augen steht dein Haus. Zween davon sind alt und zween eines Mägdleins. Wenn des Mägdleins Augen alt sind wie deine, suchen sie vielleicht umsonst nach der Schwelle und den Pfosten, wo das Haus seiner Väter gestanden hat. Auf Gerechtigkeit ist es gebaut. Das denkst du und sprichst es alle Tage und betest es alle Abend. Ach, Johannes Rathenow, eure Gerechtigkeit ist Hochmut, ihr schreibt mit Blut eure Urtel, und euer Siegel darunter ist ein Totenkopf. Und war Gerechtigkeit der Grundstein, darauf du dein Haus gebaut, wer sagt dir, daß der Mörtel und die Steine es auch sind! *Ein* unrechter Stein, und er verdirbt die ganze Mauer. Du schlägst viel Bücher nach mit den Schöffen, um das Recht zu finden; schlage nach das Buch, Johannes, darin dein Leben geschrieben steht, und erst wenn du keine Seite findest, darauf eine Schuld geschrieben ist, dann kreuze deine Arme und frage deinen Herrn und Heiland: Bin ich denn gerecht?«

Die Glocke von Sankt Nikolas läutete die Frühmette aus. Und damit schwieg auch das unermüdliche Glöcklein auf Muhme Gertrauds Zunge. Es klang einmal wie das andere Mal, unheimlich und krank; aber wer an der Kirchen wohnt, gewöhnt sich auch an das Totenglöcklein. Sie faltete andächtig die Hände und senkte Knie und Blicke. Herr Johannes wischte den Schweiß, den die Hitze des Feuers aus der niedrigen Stube an die Scheiben getrieben, vom Glase; schaute hinaus auf den Zug der Frommen, welche die Kirche verließen. Itzo trat eine Jungfrau an die Türe und tauchte, sich beugend, die

Finger in das Weihwasserbecken. Es war eine Gestalt, so schlank und wohlgetan, und ein Gesicht, als hätte der Februar Rosen darauf gestreut, daß auch ein anderer als ihr Vater sich freuen mochte. Ja, man konnte viel darüber vergessen. So kam es denn auch, daß, ob es gleich noch auf der Schwelle der Kirche war, wo die Leute andere Gedanken haben sollten, alt und jung stillestand, um die Jungfrau zu sehen. Es gibt wohl ein Bildnis von ihr, und manche haben's gesehn, aber ich will's nicht nennen. Doch wer das Bild sah, könnte meinen, daß das fromme, feine Gesicht die Augen nicht immer so demütig niedergeschlagen hält. Ist's nur der erste fromme Anstandsniederschlag, wenn sie über die Schwelle tritt. Nachher weiß sie die Augen wohl aufzuschlagen und sich umzuschauen, dessen bewußt, was sie wirken. Ja, vielleicht sinnt sie schon jetzt, unter den geschlossenen Wimpern schlau seitwärts schielend, wohin sie nachher zuerst den Blick wenden will.

In dem Kreise, der sich unwillkürlich um die schlanke Gestalt gebildet, stand auch ein junger Mann, wie in ihrem Anschaun verloren. Als sie sein ansichtig wurde, flog eine Röte über ihre Wangen, auch mochte sie leicht über die Stufe straucheln, und das Gebetbüchlein fiel ihr aus der Hand. Der junge Mann faßte danach, indem er sich auf ein Knie niederließ, und so überreicht' er es ihr auch. Sie schien zu lächeln, als sie es annahm, zog das faltenreiche Steppkleid mit der andern Hand zusammen, daß sie ihn nicht im Vorbeigehen streife, und nickte ihm freundlich, aber stolz zu, indes sie weiterging.

Unter den vielen, die ihr nachsahen, wie sie itzt stolz aufgerichtet, gleich einer Königin, und doch zart und lieblich wie eine achtzehnjährige Jungfrau, ihre Schritte grad nach dem Hause des Bürgermeisters richtete, unbekümmert um die Bewunderung, und doch im stillen zufrieden damit, sah ihr keiner mit mehr Teilnahme entgegen als der Bürgermeister selbst; denn er war ihr Vater. Aber die Teilnahme war's nicht allein. War auch etwas wie Unwille dabei. Er machte eine abweisende Bewegung mit der Hand, die keiner verstanden hätte, der nicht zugleich gesehen, daß es grade da geschah, als der junge Mensch ihr das Gebetbüchlein überreichte und sie nahm es von ihm an. Herr Johannes nickte erst wieder zufrieden, als die Jungfrau, ohne sich nach dem umzusehen, ihres Weges ging, und setzte sich dann in den Lehnstuhl zurück, um sie mit der Ruhe und Würde zu erwarten, welche einem Vater ziemt, der zugleich Bürgermeister ist.

Sie trat herein; und war's doch, als trete Anmut und Hoheit da in eine niedere Hütte. Aber wo sie weilen, dehnen sich die Räume. So wuchs auch die Stube, das Unbedeutende darin trat zurück, und das Wohlgefällige und Zierliche hob sich und trat heraus, als wie die unscheinbare Seeflamme beim Sonnenschein sich aufhaucht zu einer herrlichen Glocke. Aber diese Hoheit, die sich selbst fühlte, sank augenblicklich zusammen, als sie sich dem Vater näherte und, zu ihm herabgebeugt, die Hand des Alten ergriff und sie ehrerbietig an die Lippen drückte. Er ließ es geschehen und streichelte sanft die Stirn und das gescheitelte Haar.

Er fragte sie nach dem und jenem, und sie gab bescheidene, kurze, aber treffende Antworten. Die Vaterfreude leuchtete immer deutlicher auf der Stirn, und um die Mundwinkel des Alten schwebte ein Lächeln. Er winkte der Muhme, daß sie das Zimmer verlasse, und erst als sie gehorcht, drückte er einen Kuß auf die Stirn der schönen Tochter.

Es war anders, wie ein Kind zu seinem Vater stand, im fünfzehnten Jahrhundert als im neunzehnten. In demütiger Unterwerfung lauschte es auf seine Worte, die untrüglich waren und keine Gegenvorstellungen duldeten. Dennoch schien hier etwas Besonderes zwischen beiden. Die hellen, klugen Augen der Jungfrau, die schelmisch aufgeworfenen Lippen, die hohe Stirn, umwunden von den blonden Lockenflechten, die aufrechte Haltung des schön gewölbten Nackens, wenn sie ihn ansah, übten eine Macht, welcher auch eine streng väterliche Gewalt zuzeiten nachgeben muß. Der Ernst, welchen der Kirchenbesuch über ihr Wesen verbreitet, war bald verschwunden. Sie spielte mit ihm, und er ließ mit sich spielen. Sah man's ihm doch an, die heitere, schöne Gegenwart tat ihm wohl.

Alle Welt weiß, die Frömmigkeit jener katholischen Zeiten vertrug sich mit recht großer Lustigkeit. Deshalb wird es auch unsere Leser kein wundernehmen, wenn die schöne Kirchgängerin schon in der nächsten Viertelstunde alle Kirchengedanken abgeschüttelt hatte und ihr Herz ausschüttete. Das schien von lauter Sonntagsgedanken und Spielereien heute voll. Es war auf heut abend ein großes Bankett und Tanz angesagt bei dem reichen Thomas Wyns, dem Ratmanne, dazu war aus Berlin und Kölln geladen, was sich bei solchen Festlichkeiten zeigen durfte. Schön Elsbeth erzählte dem Vater, wie die Töchter des Hauses in sammetnen Kleidern kommen würden, welche Hüte die Mechthilde Bergholz, welchen Schmuck die Konrade und Eva Schumm am Halse und die Hoppenradeschen Töchter aus Kölln am Scheitel tragen würden. Und da wär es denn doch natürlich, daß die Tochter des Bürgermeisters auch etwas tun müsse. Denn was würden die Leute sagen, wenn die Töchter der Ratmannen in Gold und Silber, in Sammet und Seide gingen und die Tochter des Bürgermeisters käme wie eines Bürgers Kind?

Herr Johannes seufzte; doch war's nur ein leichter Seufzer, und die Tochter verstand, was es bedeute, als er, den Kopf schüttelnd, sich umschaute.

»Weiß, weiß, allerliebster, allerbester Vater, daß es böse Zeiten sind. Unsere Kisten und Truhen sind nicht mehr voll als in alten Tagen. Andere sind reicher als wir, aber das schöne, schöne Halsband, das liegt doch noch im Wandschrank!«

Solchen blauen Augen, die wie Sterne in einen dunkeln See, in seine schwarzen schauten, solchen zarten Fingern, die um seine gebräunten Wangen spielten und den rauhen Bart, der sie umfloß, solcher lockenden

Miene einer hoffnungsvollen Tochter, die vor ihm auf den Zehen schwebte, widerstand auch ein Bürgermeister aus dem Mittelalter nicht. Sprach indes noch etwas bei ihm für die Tochter. War ihm doch ihre Unbefangenheit in dem Augenblicke werter als der Schmuck selbst; und das war viel!

Nun wandte er freilich noch manches ein. Wo gibt ein Vater, der noch dazu Bürgermeister ist, sich sogleich gefangen, und die Tochter bat um etwas, das er ihr noch immer abgeschlagen:

»Du weißt, mein Kind –«

»Weiß, Vater, was der Schmuck wert ist, weiß, daß Kaiser Karl von Böheim ihn unserer Eltermutter schenkte in Tangermünde, weiß auch von Frau Fides' Traum – aber werd ich ihn denn verlieren! Die Kette wird nicht verlorengehn, wie werd ich die Kette verlieren!«

Er sprach von den strengen Ratsverordnungen, wodurch dem übertriebenen Schmuck der Frauen sollte gesteuert werden. Es war genau bestimmt, wieviel an Wert Gespänge, Ketten und Ringe haben durften, die eine Wittib, eine Frau und eine Jungfrau trug.

»Doch trug meine selige Mutter das Halsband. An allen Ehrentagen trug sie's, ich weiß es, Vater. Hat keiner da etwas gegen zu sagen gewagt.«

»Die Zeiten waren andere, mein Kind.«

»Und jetzt bist du Bürgermeister.«

»Die Verordnung ward erst nach deiner Mutter Tode gegeben.«

Die Jungfrau sprach: »Ei, wer sie gab, nimmt sie auch wieder zurück.«

Der Bürgermeister schüttelte lächelnd den Kopf.

»Wie, Vater«, fuhr die Jungfrau fort, »willst alle Ratsfrauen strafen! Eine jede trägt mehr um Haar und Hals.«

»So zahlt jede Buße, wenn ein Angeber auftritt.«

»Wer wird denn gegen uns auftreten!« sprach Elsbeth und schaute auf wie eine Bürgermeistertochter. »Ist das nicht recht, daß wir uns putzen dürfen, als uns gefällt und wir können? Die andern Frauen, für die seid ihr so gut und weise und sorgt durch Gesetze, was sie tragen und wie sie sich putzen sollen. Die sind euch Dank schuldig, und ihre Männer und Väter, daß ihr Hoffart und Verschwendung hindert. Aber mir läßt du die Kette, nicht wahr, Väterchen, nur diesen einen einzigen Abend.«

Der Vater sprach, er habe den seltenen Schmuck für den schönsten Ehrentag versparen wollen, von dem er hoffe, daß er bald eintreten und seiner Elsbeth einen Schmuck bringen werde, der schöner stehe einer sittigen Jungfrau als Geschmeide und Gold – der ehrenwerte Myrtenkranz.

Sie senkte den Kopf und zupfte an der Miederschleife. »Der Tag kommt ja doch, lieber Vater. Und die schöne Kette verliert darum nichts, weil ich sie schon einmal trug. – Der Melchior ist ja über Land. Und wenn er's sähe –«

Der Vater blickte sie scharf an. »Wenn er sähe, Elsbeth, was ich vorhin sah, der Melchior ist jähzornig.«

»Was, Vater?« – Die Jungfrau schaute groß auf.

»Den Henning Mollner, wie er dich allerwegen noch immer umschleicht. Sogar an der Kirche unterstand er sich, dir in den Weg zu treten.«

»Was sollte er nicht? Die Kirche ist für jedermann.«

»Es gefällt mir nicht, Elsbeth.«

»Daß der Henning Mollner mich gern ansieht? Ei, Vater, was siehst du so bös? Warum soll er mich nicht gern ansehen? Er war mein lieber Spielkamerad.«

»Elsbeth!« sagte der Bürgermeister. »Der Ruf einer Jungfrau ist köstlicher als die köstlichste Perle des Morgenlandes. Aber schon das Gerede müßiger Buben befleckt ihn. Ich weiß, du bist dem dreisten Knaben nur darum gut, weil deine selige Mutter ihn im Hause aufzog, weil er dein Spielgenoß war und deine Eltern gaben ihn dir. Doch erröten würdest du vor Unwillen, so du hörtest, was die Tagediebe in der Stadt schwatzen und die eitlen Frauen sich in die Ohren zischeln: daß er um deine Gunst buhle. Noch mehr: er erdreiste sich, um dich zu werben. – Elsbeth, es gibt Leute, die das sagen, und es gibt Leute, die es glauben. Und was sagst du?«

So er glaubte, daß sie vor seinem Blick, der als ein Pfeil auf sie gerichtet war, erschrecken und erröten werde, da hatte er sich getäuscht. Elsbeths blaue Augen sahen ihn so heiter und unbefangen an als vorhin.

»Würd es mich freuen, Vater, wenn es wahr ist, daß der Henning Mollner so kühn denkt.«

»Er unterstand sich, es dir ins Angesicht zu sagen?«

»Das unterstand er sich nicht.«

»Und wenn er es täte, würdest du –«

»Ihm lachen ins Gesicht und ihm sagen: du bist nicht gescheut, Henning; freuen würd's mich aber doch.«

»Und du würdest ihn züchtigen mit Wort und Rede für seine Frechheit und ihm drohen mit dem Zorn deines Vaters, mit der Strafe der Stadt –«

»Behüte Gott! Auslachen würd ich ihn und sprechen: Lieber Henning Mollner, sieh dich künftig besser vor. Gleich und gleich gesellt sich; aber du und ich, wir schicken uns nicht. Wärst du von den Geschlechtern oder ich eines zünftigen Vaters Kind, so wollten wir die Sache überlegen. Da der liebe Gott uns aber nicht gleichgemacht hat, so ist's das beste für dich, du schließest dein Auge vor mir und siehst dich nach einer hübschen Bürgerstochter um, davon es in den vier Gewerken und Gilden zu Berlin und Kölln ebensoviel gibt als in den Geschlechtern.«

Der Bürgermeister küßte die Stirn der schönen Tochter. Da sah sie mit Verwunderung, wie es ihm naheging, und nun sprach sie auch ernst:

»Vater! Du konntest doch nicht anders denken von Elsbeth Rathenow! Ei, lieber Vater, das hoffe ich nicht. Denn wo vergaß deine Tochter jemals, wer sie ist und wer ihr Vater ist! Und wäre ich ihm noch dreimal so gut! Ich weiß, wer die Rathenow sind, und weiß, wer die Wardenberg waren. Die häßliche Falte küß ich dir von der Stirn.«

Und er sprach: »Ich wußt es wohl. – Aber der Henning –«

»Der wird's weit bringen«, unterbrach sie ihn, »das versichr ich dich, Vater. Er ist ein mutiger Junge. Ach, ich wünschte ihm, er würde – was er verdient und wünscht und ein Raschmachergesell werden kann. Aber die Hand, die einmal Wolle kratzte – es ist recht schlimm, Vater –« Und sie reichte ihm die schöne, weiße Hand, daran manch buntes Ringlein blitzte, und der Vater drückte des Fräuleins Hand.

Dann nahm er das Schlüsselbund aus dem Kästlein im Schreibtisch und öffnete die schön verzierte, mit schweren Schlössern und künstlichem Druckwerk verwahrte Lade, darin der Schmuck lag. Ein freudiger Schrei preßte sich von den Lippen der Jungfrau, als sie die funkelnden Rubinen, eingewirkt in die schwere Goldkette, in den Händen wog. Mit einer raschen, geschickten Bewegung hatte sie die Kette um den Nacken genestelt, und der erste Schrei des Entzückens löste sich in ein wohlgefälliges Zittern, als sie im Spiegel die Edelsteine um den Hals funkeln sah. Holdselig lächelnd nickte ihr das Spiegelbild zu, und unwillkürlich flüsterte sie: »So müßte mich erst der Henning sehn!«

Der Vater hatte nicht mehr Zeit, darauf zu achten, wenn er es gehört. Der Ratsknecht war eingetreten. Mit wichtiger Miene, und doch sehr unterwürfig; wollte, wie es Pflicht ist alle Morgen, Bericht abstatten, wie es in der Stadt aussah, und des Bürgermeisters Befehle einholen. Ein Knecht war freilich zu allen Zeiten ein dienend Geschöpf; so man aber abwägt, was einer zu tun hatte, der dazumalen in den finstern Zeiten Knecht hieß, und bedenkt, daß Berlin eine Stadt war, welche sich frei dünkte und selbst regierte, so hätte der Knecht der Herren der Stadt, welcher jeden Morgen beim Regierenden Bürgermeister zutrat ohne Meldung und Neuigkeiten zutrug, die nicht jeder zu wissen brauchte, zehn steht wohl gegen eins, daß solch ein Knecht in unsern hellern Zeiten einen Titel hätte und davor etwas »Geheimes«.

Die Jungfrau hatte hier nichts zu tun; sie war in ihr Kämmerlein hinaufgehuscht, und Herr Johannes hörte dem Knechte, in seinem Armsessel auf den Ellenbogen gestützt, zu; bald nickte er mit dem Kopfe, bald schüttelte er ihn. Nur dann und wann unterbrach er den vertraulichen Vortrag. Denn von Akten war hier nicht die Rede.

»Also sprechen sie viel über den Streit neulich! Was Wunders, wo so viel geschrien wurde, muß es Nachgerede geben. Und die Gemeinheit ist unzufrieden! Sie hat recht. – Wer ist denn aber die Gemeinheit?« setzte er etwas spöttisch hinzu.

»In allen Winkeln und Ecken stecken sie die Köpfe zusammen, gnädiger Herr. Und wo zween stehenbleiben, tritt der dritte gewiß dazu, und ein Auflauf ist fertig.«

»Ist das etwas Neues in unserm guten Berlin?«

»Wohlweisheit! Diesmal sind's nicht allein die Straßenläufer und die Müßigen in den Kellern und Stuben; es wurmt bei den Reichen und Angesehenen zumeist. Sie schimpfen schrecklich auf den Rat, und es müsse anders werden, Köllner wie Berliner stehn darin zusammen.«

»Freilich möchten sie's, daß es anders wird. Das wollten sie schon vor zehn, vor zwanzig, vor fünfzig Jahren. Wir wichen damals nicht, wo es draußen schlimmer stand. Werden auch diesmal festhalten.«

»Die reden anders«, fuhr der Knecht fort. »Sie haben Zettel, worauf alles verschrieben steht, was, als sie meinen, der wohlweise Rat versündigt hat, seit beide Städte eins worden.«

»Haben sie auch drauf verschrieben«, fuhr der Bürgermeister auf, »was wir ihnen Gutes taten, was wir gewirkt für die Stadt und erworben?«

»Das, meinen sie, hätten die Herren von den Geschlechtern nur für sich gewirkt und erworben. In die Säckel der Allgemeinheit wäre wenig davon geflossen.«

»Was sind die Säckel! Sind ihre schönen festen Häuser, ihre Keller und Speicher, die Kähne auf der Spree, die Fuhrwagen auf den Landstraßen, sind Wiese und Wald, Teiche und Bienenstöcke nicht bessere Säckel als die ledernen in ihrer Tasche? Blüht nicht wieder der Handel der Stadt, werden die Wege nicht alle Tag sicherer? Daß wir das für sie alle wirkten, vergessen die Undankbaren, daß wir sie reich machten, reicher, als wir selbst sind!«

»Grade darum, weil sie reich sind, meinen sie, daß sie mitsprechen dürfen«, entgegnete der Knecht. »Es wird ihnen schon eingeredet in den Badestuben und Schenken. Heut kommen die Gewandschneider und die Knochenhauer zur Morgensprache zusammen. Meint man, sie werden nicht vom Wurstmachen und Judenfleisch sprechen. Die Bursche laufen von Meister zu Meister mit Bestellungen. Es heißt, sie wollen alle ihre Beschwerden gegen den Rat aufsetzen, Punkt um Punkt, und eine große Schrift. Der Herr Ratmann Garnekofer wird 'nen schweren Stand haben.«

»Da werden wir die Woche wohl schlechte Wurst essen«, warf Herr Johannes hin. »Hat ihnen der Rat nicht schon genug gewährt? Dringt ihre Stimme nicht schon laut genug in unsere Sitzungen! Haben wir nicht die Viehhändler vom Auslande fast verscheucht dadurch, daß unsere Väter Gesetze über Gesetze zugunsten der Zunft machten! Sollen wir sie vorkaufen lassen in Ewigkeit und annehmen, was ihnen gut dünkt? Genug davon, Andreas. Wenn die Schlächter Morgensprache halten, hört man's ohnedem durch beide Städte. – Wer macht denn itzt den Wortführer?« setzte er hinzu.

»Bartz Kuhlemey ist voran, gnädiger Herr, des Schwester des Henning Mollner Mutter war. Sie meinen, bei den Gewandschneidern werde es erst gar laut hergehen. Die ganze Innung wolle sich der Sache des Henning annehmen.«

»Wollen sie! –« sprach der Bürgermeister für sich. »Ich denke, sie sollen sich nicht die Köpfe drum brechen. Sonst nichts Neues, Andreas?«

»Werden heut die beiden Frauenzimmer ausgepeitscht, die eine wird gebrannt und aus dem Tor gewiesen.«

»Hätt ich's doch bald vergessen! Wie heißt sie doch, das schlimme Weib?«

»Hat keinen Namen, Gestrenger. Ist nur 'ne Wendin aus dem Storkowschen. Das Volk heißt sie die rote Hanne.«

»Die rote Hanne, richtig. Sie bespricht das Vieh.«

»Und läßt nichts liegen, Gestrenger, was sie finden tut. Und bloß gebrannt dafür durch die Zähne und ein bißchen ausgepeitscht!«

»Ward's doch nicht völlig erwiesen, als ich mich erinnere.«

Der Ratsknecht brummte etwas: »Ja, ja, so heißt es immer. Sind gar bös darüber, als ich wohl sagen kann, daß das Weib so mild fortkommt, schimpfen auf Schöffen und Richter. Und haben darin recht. Hätte wohl verdient, gehängt zu werden.«

»Wer ist die andere?«

»Die andere? Das ist ja die Salome mit den langen Ohrlappen, die an der Unehre sitzt. Der haben's viele schon gegönnt. Nun kriegt sie's weg. Solche Dirne, und so frech zu sein! Hat manchen ehrbaren Bürgerssohn mit ihren schwarzen Augen ausgezogen.«

Der Bürgermeister machte eine abwehrende Bewegung mit der Hand. Er schien genug gehört zu haben. Der Ratsknecht mochte aber nicht der Meinung sein, daß er schon genug gesagt habe.

»Solche freche Person, meines Bürgermeisters ehrbare eheliche Tochter auf dem offnen Markt bei Tageslicht ins Gesicht zu grüßen! und als die Jungfer Elsbeth sich ehrsam abwandte, ihr nachzurufen: ›Ei, ist die Jungfer Rathenow nicht meine liebe Schwägerin und will mich doch nicht kennen!‹ Kann wohl sagen, gestrenger Herr, die Bürgerfrauen sind außer sich, daß die Dirne nur gepeitscht und nicht auch gebrannt und gezwickt wird. Sagen: wenn das sittsamen Jungfrauen und ehrbaren Weibern auf freier Straße geschehen könne und die Schöppen und Richter täten nichts als auspeitschen lassen, so könne es ja in Sodom und Gomorrha nicht ärger zugehn als in Berlin, sagen sie. Dem Konrad Schütz von Magdeburg taten unsere Vorfahren anders, sagen sie. Als der eine ehrbare Frau unzüchtig auf dem Markte fragte, richteten sie ihn und schlugen ihm den Kopf ab auf offnem Markte, und war doch Geheimer Kanzler des Erzbischofs.«

Johannes Rathenow schüttelte den Kopf. Bei sich sprach er: »Und hat die Dirne so ganz unrecht! Mein Sohn hat sie verführt.« Laut sagte er: »Wer von den Ratmannen wird dabeisein?«

»Herr Dietrich Wyns ist an der Reihe.«

»Der läßt immer so hart schlagen«, sprach der Bürgermeister. »Kann Er's nicht wirken, Andreas, daß Herr Dietrich die Reihe abgibt –«

»An Herrn Marcus Trebuß«, sagte der Ratsknecht nachsinnend, »der wär dann an der Reihe. Herr Dietrich ist gar zu gern dabei, wenn Weiber ausgepeitscht werden; heut aber läßt er's doch vielleicht. Denn hat drei Schneider bestellt und kann mit den geschlitzten Puffhosen doch nicht fertig werden, die er aufm Abend beim Bankett seines Bruders tragen will.«

Der Bürgermeister war aufgestanden, und mit leiserer Stimme sprach er im Vorübergehn: »Andreas, bitte Er in meinem Namen Herrn Marcus Trebuß, er möge es nicht zu arg nehmen mit der Dirne.«

Der Knecht schien nicht damit zufrieden: »'s ist doch zu arg, gestrenger Herr. Wer Weib und Kind hat, das Gefühl schreit doch mit! Wer Vater ist, soll dann noch seine Tochter ausgehn lassen, so uns die an der Unehr sitzen auf offnem Markt und vor allen Leuten anreden dürfen! Herr Johannes Rathenow, Ihr seid Bürgermeister! Ohn ein paar blutige Striemen auf die Schandhaut und ohn ein paar Tropfen Blutes auf dem Sande geht es wahr und wahrhaftig nicht ab. Das Volk murrt zu sehr.«

Herr Johannes war an die Lade gegangen, hatte sie

aufgezogen und reichte ein paar Silbergülden dem Knechte. »Gib ihr das, Andreas, wenn der Büttel sie losläßt. Sie hat einmal treu gedient in meinem Hause, und sie soll den Staub schütteln von ihren Schuhen und weit fortziehen vom alten Berlin. Ich laß es ihr sagen.«

Der Knecht schien das Geld mit Schaudern in seiner Hand zu betrachten und zauderte, es einzustecken. Für sich murmelte er: »Die Schuh wird man ihr auch lassen, um sie abzuschütteln! Das Geld werd ich ihr in den Weg werfen. Da kann sie es auflangen. Und wenn er mich foltern läßt, zwingen kann mich kein Bürgermeister, einem gestäupten Weibsbilde was in die Hand zu geben.«

Fünftes Kapitel

Als man weiß aus Shakespeare, so verrichteten zu den Zeiten Othellos, des Mohren von Venedig, die Frauen der Lieutenants bei den Frauen ihrer Capitaine Kammerjungferdienste, und ihre Ehemänner fühlten sich dadurch nicht gekränkt. Wenn dieses noch stattfand zu einer Zeit, wo sie das Schießpulver nicht allein schon erfunden, sondern schon stark brauchten, so wird es den Leser kein wundernehmen, wenn ich ihm erzähle, daß in einer offenbar früheren Zeit der Ratsknecht der Stadt Berlin bei dem Bürgermeister die Dienste eines Kammerdieners verrichtete. Sehen wir ihn nämlich bald nach jenem Gespräche beschäftigt, dem Herrn Johannes Rathenow den Degen umzuschnallen, mit dem schönen silbernen Griff von Nürnberger Arbeit. Darauf zieht er ihm den mit Zobel verbrämten und mit Fuchs gefütterten Oberrock an und bürstet ihm das sammetne Barett, an dessen Schlosse er die stolze Reiherfeder befestigt. Endlich reicht er ihm ehrerbietig den Stock mit dem Silberknopf, ein Stock, welcher fast so groß ist als der Bürgermeister selbst, und öffnet itzt ihm die Türe. Doch, wie ehrerbietig es geschieht, nicht den Bürgermeister läßt er, sondern er tritt zuerst hinaus, und Herr Johannes folgt ihm. Zwei andere Diener im Dienste des Hausherrn schließen die Türe hinter ihm und folgen ihrem Gebieter.

So ging der Zug zum Hause hinaus, der Ratsknecht vorn mit dem Stabe seiner Würde in der Hand, die Hausdiener hinter dem Bürgermeister, beide in gemessener Entfernung von der Person, der ihre Ehrenbegleitung galt. Es war kein Gang in den Rat oder zu einer andern Feierlichkeit, nur ein Besuch bei einem Bekannten; doch hätte Herrn Johannes' Würde es kaum gestattet, daß er anders ausging. Das war kein Hochmut, es war Notwendigkeit. Freilich, Not bricht Eisen, und nachmalen sehn wir ihn wohl ganz anders ausgehn.

Wie man auf den Gassen stehnblieb und ihn tief grüßte, hier mit ehrerbietiger Miene, dort die Mütze nur leicht lüftete, denn einige waren ihm hold, andere abhold, es gab gar viele Sinne zum alten Berlin; oder wie Herr Johannes Rathenow, so ihm ein Priester mit dem Allerheiligsten begegnete, selbst stehnblieb, sich auf das Knie niederließ und das Barett zog, ist's nicht nötig, daß wir's aufschreiben. Sahen sich darin alle Städte im Mittelalter ähnlich. Auch beschreiben wir nicht seinen Weg, welcher entweder über den alten Mühlendamm oder über die Lange Brücke nach Kölln führte; ein Weg, der, war auch sein Ziel nicht zu entfernt, sich doch aus mehren Gründen nicht so schnell zurücklegen ließ als heut. Einmal ging ein Bürgermeister damals langsamer, weil er dicker war, als die Bürgermeister heute sind, und seine Würde es so forderte. Dann aber waren die engen, krummen Gassen trotz der Kleinheit der Stadt bei weitem belebter, indem viel Handel und Wandel und viel Fremde in den Städten waren und die Bürger sich mehr in den Straßen aufhielten als in ihren engen, finstern Häusern. Sie regierten mit, sie sprachen mit, jedweder war ein lebendig Teil der Stadt. Und ein Gemeinwesen, verschließt man's in vier Wände? Nein, im Freien ist sein Platz, und wenn's auch drauf regnet und schneit; das hielt der Pelz aus. Der Nachbar verkehrte mit dem

Nachbarn auf der Straße, sie arbeiteten selbander vor der Türe, und der Glockenschlag vom Kirchturm rief sie zugleich an den Mittagstisch und zum Feierabend. Die Häuser waren nur ihre Schlafstellen, Schränke und Rüstkammern; die ganze Stadt war ihr Wohnhaus.

So mußte der Regierende Bürgermeister hier ausweichen vor einem Kupferschmied, der fast auf der Mitte des Dammes hämmerte, dort vor einem Klempner, dessen Waren ebensoweit ausstanden, und hier wieder vor den Bänken eines Schuhflickers, Altbüßer genannt. Hie und da an den breiteren Gassen waren die Bürgerstege mit niedrigen Bretterzäunen vor den Häusern umhegt, und Gänse schnatterten, und Schweine grunzten die Vorübergehenden an. Ein wie mächtiger Mann dazumalen auch ein Bürgermeister war, er mußte doch, um diese Koben, Bänke, Zäune, Kessel und Ambosse umbiegend, den schmalen Weg im Schmutz sich mühsam suchen; und man hätte ein gar groß Gesicht gemacht, wär es ihm im Ernst beikommen, daß er die Gänse und Schweine von der Straße verdrängen wollte. Erst zwei Jahrhunderte später gelang dies der noch größeren Macht des Großen Kurfürsten Friedrich Wilhelm. Sackträger, Lasten auf dem Rücken, wie sie nur ein Körper vor der Verbreitung des Brannteweins aufhob, machten sich selbst Platz, gleichviel ob Kesselflicker oder Ratleute ihnen begegneten. Auf Eseln und Saumtieren, häuserhoch bepackt, wurden Ballen und Tonnen hin und her getragen, Hausierer trugen ihre Waren auf dem Kopf schreiend durch das Gedränge, ohne anzustoßen, und keiner stieß an sie. Unter allen Fährlichkeiten und Hindernissen begegnete Herrn Johannes Rathenow nur allein die nicht, welche heut allein Gefahr bringen kann, schnellfahrende Karossen. Außer den Leiterwagen der Bauern war ein Wagen zum alten Berlin eine Seltenheit; und die ungefügen Sänften, in zwei Stangen vorn und hinten durch zwei Gäule getragen, bewegten sich nur langsam in den gekrümmten Gassen.

Dafür trabten stolz und keck auf seinem Pferde hier

ein stutzerhaft geschmückter Bürgerssohn, dort im Lederkoller ein Edelmann vom Lande. Auch wohlgeharnischt vom Kopf bis auf die Zeh ein Ritter; der wollte sich vor den Bürgern sehen lassen oder den geflickten Küraß, den er vom Waffenschmiede, nachdem der Markt vorüber, abgeholt, besser auf seinem Leibe als auf dem leeren Sprossenwagen nach Haus schaffen. Die Reiter hatten manchen Verdruß und Streit mit den Handwerkern, Verkäufern und Fußgängern; mußten sich aber kaum weniger mit ihren Köpfen und Federbüschen denn mit ihren Sporen und den Hufen ihrer Pferde in acht nehmen. Denn überall hingen an langen Eisenstangen in die Gasse Schilder und Bilder von jedem Zeichen, von jeder Farbe. Der Wind bewegte sie, und die Helme und Federbüsche stießen daran. Auch wohl ein Ritterfräulein vom Lande, doch nur als Ausnahme, ritt auf ihrem Rosse und machte große Augen über den Reichtum der Kaufmannsläden; hatte nie davon geträumt. Das Geld fehlte dem Vater und dem Bräutigam, um sie in die Gewölbe zu führen und sich aussuchen zu lassen, was ihr gefiel. Vielleicht flüsterte ihr aber der Erwählte zu: möchte sich nur auf die nächste Fehde gedulden. Könne man besser wählen und mit den Krämer handeln, wenn man ihnen nichts bezahlt.

Jenseits der Spree war es minder lärmend, und die geräumigen Gassen waren nicht so gedrängt voll. Dennoch schien Herr Johannes Rathenow hier sich geringer zu fühlen; sei's, weil es nicht seine Stadt war oder weil das Ziel seiner Wanderschaft und damit der Anfang eines unangenehmen Geschäftes nahe war. Sie hatten die Straße der Brüder zum Schwarzen Kloster erreicht; und als sie vor Herrn Bartholomeus Schumms Hause anlangten, kam ihnen der vorausgeschickte Bote schon mit der Meldung entgegen, daß der Hausherr des hochverehrten Gastes gewärtig sei. Auch empfing er ihn auf den obersten Stufen der breiten Treppe, wie es ein solcher Besuch und die Ehre des Hauses forderte, umgeben von den fürnehmsten Dienern; und was von den niederen einen Platz und Beschäftigung fand, war nicht vergessen aufzustellen, um Reichtum und Macht zur Schau zu stellen. Vor dem großen, verhangenen Tische waren zwei Armsessel für beide Väter der Stadt gestellt, und auf demselben prangte alsbald ein Silbergeschirr, darauf eine fein gearbeitete Kanne mit Malvasier, geschliffene Gläser und ein Zuckerimbiß stand. Man langte zu, aß und trank; dieses nicht allein der Schau wegen, denn die Kanne des schönen süßen Weins war ziemlich geleert, als Herr Bartholomeus erst anhub:

»Was schafft mir die Ehre dieses Besuches?«

Das Hin- und Herreden, wie die Diplomaten tun, bis man am Schluß einer Unterhaltung zum Zweck derselben kommt, war selbst bei Männern, welche regierten, damals nicht im Gebrauch. Aber wer bittet, hat von je an einen Eingang gemacht, um den andern günstig zu stimmen. Herr Johannes sprach von der betrübten Uneinigkeit beider Städte, wie sie, aus geringfügigen Ursachen, allzulange dauere, wie Kaiser und Reich schon im vorigen Jahrhundert einschreiten müssen und der märkische Städtebund, der doch Wichtigeres zu sorgen habe, sich immer dazwischenlegen müsse, um die gottgefällige und allen ersprießliche Eintracht für den Augenblick zu erhalten. Er zählte alle nachteilige Folgen für Handel und Gewerbe und für das Ansehn der Städte auf, und wie niemand mehr darunter leide als die Väter der Stadt, auf die Volk und Allgemeinheit ohnedem mit Mißgunst sehe. Er redete mit Wärme und Eifer, wie die Patrizier zusammenhalten müßten, damit ihre Rechte und ihr Ansehen beim alten blieben, und wie es daher vor allem Pflicht der Selbsterhaltung für den Rat sei, den ärgerlichen Anstoß aus dem Weg zu räumen.

Wohlgefällig wiegte sich Herr Bartholomeus in seinem Stuhl und sprach: »Nun, ich vermeine, wenn unsere beiden Häuser verschlungene Hände machen, gibt's eine Brücke fester über die Spree als die Lange und der Mühlendamm zusammen.«

»Davon hört das Geschrei der Zünfte nicht auf.«

»Laß sie schreien!« sagte Herr Bartholomeus. »Die Pauken und Geigen zur Hochzeit unserer Kinder sollen mehr Lärm machen, vermein ich, als die schmutzigen Kehlen all mit'nander.«

»Hunger und Unrecht schreien doch lauter, Herr Bartholomeus. Man muß etwas tun, ihnen die Stimmen zu stopfen. Auch der Reiche muß Opfer bringen.«

Der Köllner Ratsherr erhob sich und öffnete eine Lade, darin zwei Körbe voll mit Silbermünzen standen. Die waren erst frisch aus der Münze kommen und blitzten, daß es das Aug erfreute. Seine Hand spielte darin, wie ein Handelsmann eine Probe Weizenkörner vor dem Käufer wohlgefällig durch die Finger gleiten läßt. »Diese beiden Körbe, Herr Johannes, stehen fertig da zur Hochzeit meines Melchior und Eurer Else. Beim Zuge nach Sankt Niklas, der nicht der kürzeste sein soll, reitet mein Diener Mathias in einem neuen Scharlachwams auf einem weißen Pferde vorauf und streut *den* Korb aus unter das Volk, beim Rückwege *den*. Und nun schaut her –« Er öffnete mit Anstrengung eine untere größere Lade, die mit andern Silberstücken bis an den Rand gefüllt war. – »Von Mittag an, wo wir zu Tisch gehen, steht Mathias am Erkerfensterchen des alten Rathauses in einem mit Silber durchwirkten Kleide, neben ihm beide Stadttrompeter. Alle fünf Minuten blasen sie einen Tusch, und alle fünf Minuten wirft Mathias zwei volle Hände über die Köpfe. Meint Ihr, daß es ausgeht, bis die Hochzeit zu Ende? Ich habe noch mehr Vorrat. Meint Ihr, daß ihnen das die Kehlen stopfen wird? Steht Euch das Opfer an; oder soll ich Euch die Rechnung des Münzmeisters vorweisen?«

Herr Johannes Rathenow neigte sich unwillkürlich vor so vielem Gelde. Denn Geld war von je an eine Macht, vor welcher jede andere Macht Rücksichten nahm. Dennoch schüttelte er den Kopf.

»Zweifle nicht, daß damit die Kehlen und Stimmen der Weiber und Buben, der Kesselflicker und Zigeuner gestopft werden; aber unsere Bürger sind reich, unsere

Zünfte trotzig. Sie klagen über Druck. Das ist unrecht. Sie klagen über Unrecht. Es wäre schlimm, so sie recht hätten.«

»Laß sie klagen!« murmelte Herr Bartholomeus. »Mükkengesumme! Und wenn mehr! Bei wem wollen sie klagen? Bei der Feme? Immerhin. Bei Kaiser und Reich? Ist weit. – Beim Markgrafen! – Der soll Gott danken, wenn er selber bei uns warm sitzt, und andere sitzen lassen.«

»Wenn nun«, unterbrach der Bürgermeister, »nur bei der Stimme, die in uns selbst zu Gericht sitzt! Bei Gott, des Henning Mollner Klage ist gerecht. Sie quält mich morgens und schnürt mir abends die Kehle zu –«

»Bin ihm nichts schuldig!« rief Herr Schumm und stieß mit dem Fuß die Lade zu.

»Ich aber«, sprach feierlich Johannes Rathenow. »Was sein Vater für uns tat, Ihr wißt es. Wollt's Ihr und die andern nicht, *ich* verdanke ihm mein Leben. Als er starb, zog ich seinen Buben in meinem Haus auf, bis der Junge der Zuchtrute über den Kopf wuchs. Mochte nicht mehr des Buben Vormund sein; aber seines Rechtes Vormund bin ich noch und will es sein und bleiben zu seinem Besten und unser aller Besten. Siebenundvierzig Schock böhmische Groschen hat der Alte geben müssen, daß ihn die Bredows losließen. Aus seinem eignen gab er's, und *wir* mußten's geben laut Pakt und gutem Wort. Ihr von Kölln weigert euch auf euer Teil, und unsere wollen ihr Teil nicht eher geben, bis ihr zuschießt. Von wem soll der Junge es fordern, wer soll ihn befriedigen? Und bei allen Heiligen, er muß befriedigt sein, bis ehenächstens muß er's.«

Herrn Bartholomeus Schumms Gesicht war von einer Fassung, die entsprach seinem Gemüte; ließ er's selten aus derselben bringen, weil's ihm unbequem war und er die Ruhe liebte. Diesmal verschoben sich die dicken Mundwinkel dennoch zu einem spöttischen Lächeln, als er sprach: »Gebt ihm Eure Else zum Weib, so gibt Euch der Junge auch quitt. Sie sprechen ja viel davon in der Stadt.«

Scharf blickte ihn der Bürgermeister an. »Ist das Euer barer Ernst? – Das ist es nicht, ich weiß es. Aber steckt Ernst dahinter? Vermeint Ihr, daß an dem Gered etwas sei, daß meine ehrbare und sittsame Tochter Elsbeth Rathenowin nur mit einem Augenzucken dazu getan haben könne, daß die unnützen Leute es verführen? Nehmt Ihr Anstoß daran, Herr Bartholomeus Schumm –«, rief er aufstehend. Der Nachsatz erstarb auf den Lippen.

Herr Bartholomeus lachte. »Anstoß! Ich! Weshalb? Was die Leute schwatzen, kümmert mich nie, wenn ich weiß, was ich tun will. Ich will meinen Sohn Melchior mit Eurer Tochter Else verheiraten. Der Vertrag ist vorm Rate aufgeschrieben. Nun können zehn solche Raschmacherbengel kommen und zehnmal sich in die Jungfer verlieben und die Jungfrau meinethalben zehnmal sich in sie, das ändert keinen Buchstaben, kein Tippelchen auf dem i in meinem Willen. Übrigens, Herr Bruder, in Zukunft bitte ich achtbarer zu denken von meinem Sohn Melchior, als daß der nötig hätte, einen Handwerksburschen zu fürchten. Ich mindestens denke so von Eurer Tochter Else.«

Herr Johannes Rathenow war zufriedengestellt. In der Kürze trug er vor, was ihn hergeführt, was er beabsichtige. Er fühle sich gedrungen, selbst zu lösen, was Rat und Stadt dem jungen Henning schulde, um Frieden zu stiften und den Unzufriedenen und Aufredern, was an ihm, den Anlaß zu nehmen. Selbst wolle er daher die Summe dem Henning Mollner auszahlen, und zwar je eher um so besser.

Bartholomeus Schumm sah ihn mit kleinen Augen scharf an. In Handelsangelegenheiten pflegten sie schärfer zu sehen und sein Gesicht, das, wie gesagt, die Ruhe über alles liebte, sich wohl zu verziehen, wenn er einen sehr vorteilhaften Handel abschloß oder Zeuge ward eines beträchtlichen Fehlschusses, den ein anderer beging. So spitzte sich itzt sein Mund, und seine Augen verkleinerten sich.

»Da können sich ja die Berliner glückpreisen, einen so großmütigen Bürgermeister zu besitzen, der ihnen ihre Schulden bezahlt!«

»Wenn ich zahle«, sagte Herr Johannes verdrießlich, »trete ich in die Rechte des Henning gegen die Städte.«

»Und Ihr meint, die Forderung in der Hand eines Bürgermeisters ist mehr wert denn in der Hand eines von den Gewerken. Ihr kriegt sie auch wohl billiger vom jungen Mollner, und so ist's ein gutes Geschäft.«

»Nicht das eine, nicht das andere!« sprach Johannes Rathenow. »Will von meinem Gewissen abwälzen, was es drückt, und tun, was an mir, ein Unrecht gutzumachen.«

»Tut, was Euch beliebt«, sagte ruhig Herr Bartholomeus.

Herr Johannes mußte nun mit dem unangenehmsten Teile seines Antrages heraus. Die ganze Summe sofort auszuzahlen überstieg für itzo den baren Bestand seiner Kasse. Er ging Herrn Bartholomeus an, ihm die siebenundvierzig Schock Groschen vorzuschießen.

»Ist eine große Summe, ich weiß es; doch Eure Mittel sind auch groß.«

Der Bürger von Kölln wiegte den Kopf nachdenkend. Dann klingelte er und ließ seinen Buchhalter mit dem großen Kontobuch eintreten. »Seine Wohlweisheit von Berlin wollen uns die Ehr erzeigen, siebenundvierzig Schock Prager Groschen von uns zu borgen. Ob wohl soviel in cassa ist?«

Der Buchhalter lächelte schlau. »Da seit Mittwoch nach Advent, als wo Seine Herzogliche Gnaden von Meißen auf sein inständig Bitten gegen gutes Pfand die hundert Mark erhielten, nichts ausgeliehen ist, werden der Schock Groschen grad noch soviel in cassa sein, daß man siebenundvierzig mehr oder minder nicht vermerken wird.«

»Markgraf von Meißen? Richtig, entsinne mich«, sagte Herr Bartholomeus. »Wer steht denn da noch verzeichnet? Daß man doch weiß, wo man zu fordern hat, wenn es einmal fehlt.«

Der Buchhalter verlas eine lange Reihe bedeutender Namen. Fürsten, Herren und Städte standen mit so großen Summen verzeichnet, daß siebenundvierzig Schock Groschen dagegen allerdings eine Kleinigkeit erschienen. Alle hatten aber noch bedeutendere Ortschaften dafür verpfändet.

Herr Johannes stand rascher auf als gewöhnlich. Vielleicht, damit es nicht scheine, daß der Respekt vor solchen Schuldforderungen ihn niederdrücke. Seinen Hut ergreifend, sprach er: »Gott mit Euch, Bartholomeus. Im übrigen gäb ich Euch auf Pfand bis zur Wiedereinlösung meinen halben Anteil an Buko, die zehn Hufen, so mir samt hoher und niederer Gerichtsbarkeit in Osdorf zustehn. Oder so Euch das nicht Sicherheit genug dünkte, sollet Ihr meinen Anteil am Dorfe Meere haben, das mir frei ist, auch die Hufen in Lichterfelde und die drei in Schöneberg. Denn mein schuldenfrei Haus in Berlin kann ich Euch doch nicht anbieten, da Ihr als guter Köllner Bürger nichts mögt zu schaffen haben mit unsern Lasten.«

Die angebotene Sicherheit, als es sich versteht, weit den Wert des erbetenen Darlehns übersteigend, war nur ein Gegentrumpf auf die ausgelegte Schuldliste. Herr Bartholomeus verstand's auch wohl; ein freundliches Nicken deutete es an. Er schickte darauf den Buchhalter fort mit der Anweisung, die siebenundvierzig Schock Seiner Wohlweisheit, wenn er's befehle, ins Haus zu schicken, samt ausgefertigter Schuldverschreibung, die Herr Johannes Rathenow daselbst nach Bequemlichkeit vollziehen werde.

Als der Diener hinaus war, näherte er sich ihm vertraulicher. »Eigentlich sollte ich dagegen Einspruch tun; denn jedes Schock Groschen, so Ihr fortwerft, mindert das Erbteil Eurer Tochter Elsbeth, meiner zukünftigen liebwerten Schwiegerin. Allein schenkt fort, was Euch beliebt, und wenn Euch ein Leck kommt in einer Lade, klopft nur getrost in der Brüderstraße an, unsere Laden sind voll, und das Haus der Rathenow soll keine Not leiden, solange die Schumm in Kölln etwas gelten. Was Euch drückt, ich weiß es, was Euch stachelt, ich fühl es. Aber vermeint Ihr damit etwas zu Eurem Frommen zu wirken? Mitnichten. Wird der Henning Mollner, wenn er die siebenundvierzig Schock im Sack hat, bescheidener werden? Just umgekehrt. Soviel Schock Groschen, soviel Zechgesellen und Anhang mehr. Soviel Taler in der Tasche, soviel Prahler auf der Gasse. Wenn wir sie nicht kirr machen durch Hunger, durch Großmut nimmer.«

»Reichtum vergeht«, sagte Herr Johannes, »aber Recht besteht zu ewigen Zeiten.«

Der Ratsherr von Kölln lächelte. »Gold hat durch alle Zeiten gegolten in jeder Form; was rechtens ist, und wär es stark wie Eisen, auf dem Amboß im Feuer biegt es sich und sticht hier und wird dort stumpf, wie der Mann will, der drauflos haut. Was die Gewalt nicht tut, tut die Zunge. Das schönste, gradeste Recht biegt solch ein Rechtskundiger schlangenkrumm. Vor dreißig Jahren, Herr von Rathenow, wer war da im Recht, als die Burggrafen ins Land geschossen kamen, man wußte nicht woher? Die Bredow, Puttlitz, Quitzow, Rochow, hatten sie nicht ein schönes Recht für sich, erkauft oder gestohlen oder erschlichen, gleichviel, alles verbrieft und versiegelt von den vorigen Markgrafen? Wie schrien sie himmelhoch über Unrecht, als man's ihnen nehmen wollte; und es gab hierzuland viele Rechtskundige, die da meinten, nicht Kaiser, nicht Reich dürfe ihnen ein Titelchen davon abziehn. Wo blieb ihr Recht? So angeschwollen es war, die Faule Grete machte Loch für Loch drein und blies es ihnen in die Luft. Heut glaubt kein Christenkind mehr dran, und jeder Mensch sagt: Burggraf Friedrich war im Recht. Wir Städte halfen ihm getreulich. Dafür waren wir auch im Rechte. Aber wie lange meint Ihr, daß wir's bleiben werden? Nicht länger, Herr Johannes, als wir Geld haben, um das Recht in Geltung zu halten.

Reich müssen wir bleiben, um frei zu sein und unsere Rechte zu wahren. Solange reiche Geschlechter in Kölln und Berlin, in Frankfurt, Brandenburg und Prenzlow am Ruder sind, solange sie es sich nicht von der Gemeinheit entwinden lassen, grade so lange werden wir in unserm alten Rechte sein, aber um nichts länger. Laßt die Zünfte, laßt die Meinheit, wie sie's anderwärts taten, sich einschleichen und eindrängen in die Räte, laßt die bunten, tollen Köpfe mitsprechen, und es gibt so viel Stimmen, daß wir unsere eigne nicht hören. Wo der Feind, der lauert, itzt sitzt, Ihr wißt es wie ich. Kann mich einer, dem ich auf sein Bitten dreihundert Mark leihe, mit fünfzig Pfund bestechen, daß ich gegen der Stadt Wohl ihm zugunsten rede? Laß einen Gerber hinein, laß den Schmied zu Rate sitzen, der seinen Groschen von heut auf morgen verdient, und unterm Mantel hält einer fünf Goldgülden: Die kriegst du, wenn du so stimmst. Wird er's verwinden? Herr Johannes, den Daumen ihnen auf den Nacken gesetzt, ihnen gelassen, was ihnen ziemt und Notdurft ist, doch ihrem Trotz nicht nachgegeben, sonst ist's verspielt; wir zahlen die Zeche, und sie haben das Auslachen.«

Vieles von dem, was Herr Bartholomeus sagte, hatte Herr Johannes auch schon gedacht und selbst gesagt. Er hielt es jetzt aber für angemessen zu schweigen, und nicht alles, was Herr Bartholomeus gesprochen, war in den Wind gesprochen. Zum Beispiel überlegte er für sich beim Nachhausegehen, ob es nötig sei, die Summe auf der Stelle dem Henning Mollner auszuzahlen; ob es nicht vielmehr ratsam wäre, sie einstweilen zurückzubehalten, um sie zu einem geeignetern Zeitpunkte auszuzahlen. Der erste, schwerere Teil seines Geschäftes war vollkommen geglückt, also konnte er sich mit dem zweiten, leichteren Zeit lassen. Er ging zufrieden fort. Auch Bartholomeus Schumm war zufrieden. Erstens hatte er Gelegenheit gefunden, zu zeigen, wie reich er war, der mächtige und stolze Bürgermeister Berlins war als ein Bittender über seine Schwelle getreten, und er hatte ihm seine Bitte gewährt. Der störrige, stolze Mann war ihm Dank und Geld schuldig, also ihm verpflichtet; aber noch mehr, außer dem Gelde hatte er ihm guten Rat gegeben, und auch den hatte Johannes Rathenow hinnehmen müssen, denn er hatte das Geld angenommen.

Sechstes Kapitel

Der geräumige und helle Platz, welcher jetzt nach dem Schlosse den Namen führt, war zur Zeit unserer Geschichte weder geräumig und hell, noch hieß er Schloßplatz; aus dem Grunde, weil es noch kein Schloß gab. Wenn man aus Berlin über die Lange Brücke nach Kölln ging, trat man auf einen großen, ungepflasterten Platz; nur auf der linken Seite war er von hölzernen Häusern begrenzt, welche ihre Rücken nach der Breiten und Brüderstraße zu, ihre Giebel aber dahin wandten, wo jetzt das Schloß ihnen die Aussicht nimmt. Diese war damals frei und weit; denn von da ab, wo die Stechbahn nächst der Brüderstraße anfängt, zog sich nur eine mäßig hohe Mauer von gebrannten Ziegelsteinen halbkreisförmig bis an die Spree. War es eine Klostermauer; denn sie umschloß das ursprünglich dem Kloster der Schwarzen Brüder in der Brüderstraße zugehörige Gebiet. Aber sie schloß sich an die Festungsmauer der Stadt Kölln an, so gegen die Spreewerder zu am Wasser stand, und war sie mit fortlaufenden Gängen, Schießscharten, Leitertreppen und einer hölzernen Überdachung versehen. Dergleichen Mauern sind in alten Städten selten von freundlichem Ansehn. Unrat und Unkraut häufen sich darum; die darunter aufbewahrten Feuergerätschaften und was man sonst aus der Hand stellt, weil man es selten braucht und niemand fortnimmt, mögen sie das, was sie heut malerisch nennen, aber nimmermehr freundlich machen. Der ganze große Raum dazwischen war wüst. Denn die paar unregelmäßig zwischen Gestrüpp, Gras und Unkraut und zwischen Morast und Sandmüll – je nachdem die Witterung war – aufgerichteten Buden oder Holzhäuser dienten in ihrer Zerstreutheit und Kleinheit nur dazu, die Leere des großen Platzes noch mehr ins Licht zu stellen.

Die Mauer war in Verfall; wenigstens nicht so unterhalten, als wie gut verwaltete Städte in jenen Zeiten für ihre Festungswerke sorgten. Die dazu bestimmten Einnahmen mochten bei der Uneinigkeit der Städte verschleudert sein oder zu andern Zwecken verbraucht. Die Ufer der Spree nach der Köllner Seite waren noch durch keine Mauern abgegrenzt. Das Pfahlwerk war morsch, eingestürzt; das Erdreich, mit Weiden, Gestrüpp und Gras überwachsen, senkte sich ins Wasser. Doch fehlte es um deshalb, weil wir den Platz wüst nennen, hier nicht an Leben. Durch Kot, Sand und Gras schlängelten sich vielfache, stark betretene Wege. Nur hatte kein Wegemeister sie angelegt und allein das Bedürfnis sie gebahnt. In der Mitte des heutigen – nicht des damaligen Platzes, denn sie war näher der Häuserreihe als der Mauer – stand die Kirche der Schwarzen Brüder, deren Kloster in der Brüderstraße gelegen war, die zweite Kirche der reichen Stadt Kölln. Wo aber eine Kirche stand, fehlte niemals Handel und Verkehr. Ein Markt darum machte sich von selbst. Anfangs nur von den Gegenständen, so zum Gottesdienst näher oder entfernter gehörten, als Wachskerzen, Rosenkränzen, Heiligenbildern. Jeder lebhafte Handel mit einem bestimmten Gegenstande weckt aber zehn andere Gewerbszweige auf; und Buden mancherlei Art fanden sich auch hier aufgeschlagen, meist mit Dingen, die nicht unmittelbar die Zünfte angingen, noch dem Zunftzwange unterworfen waren.

Hier hatte ein erster Apotheker seine Bude, ehe die Stadt seine Hantierung als eine nützliche und notwendige anerkannte und ihm deshalb ein Privilegium im Innern der Stadt selbst erteilte. Krämer von auswärts, fremde Juden, legten, minder beaufsichtigt als auf den Märkten, ihre fremden Waren aus. Auch Marktschreier und Gaukler zimmerten ihre Holzgerüste und spannten ihre Seile; die Kirche drückte ein Auge zu. War's nicht ihre Art im fünfzehnten Jahrhundert, Zeter zu schreien und Verdammung zu rufen, so eine Narrenjacke einer Kutte an den Ärmel stieß. Auch ließen sie die Narren auf dem Seil Kutten anziehen, wenn nur die in der Kirche den Scherf in den Kasten fallen ließen.

Etwas gar sehr Wichtiges aber war zu jener Zeit eine Barbierstube. Die Barbierstuben waren die Cafés, die Restaurationen, die Estaminets und Lesekabinetts des Mittelalters. Gedrucktes lag daselbst zwar nicht aus; aber das schadet nicht, sie logen damals soviel als wir. Auch weiß man nicht, welche Art Erfrischungen gereicht wurden; aber dort ward der Geist der Neugier durch alle Nachrichten, so es in einer mittelalterlichen Stadt geben konnte, genährt und erfrischt. Die Barbiere jener Tage, immer zugleich außer anderm auch Wundärzte, hatten gut erzählen. Es gab 1442 noch keine Kritik, aber dafür desto mehr Glauben. In allen Schätzen des Wunderbaren konnten sie wühlen und, wie den Schaum um das Kinn, die Blüten ihrer Phantasie den Kunden anschmieren. Je anmutiger ein Barbier verstand vorzutragen, je unglaublicher seine Nachrichten lauteten, um so mehr Zuspruch hatte seine Stube. Aus jenen alten Zeiten schreibt sich der deutsche Ruf der Barbiere, die, als wir sie heut kennen, gar nicht mehr durch die Bank Schwätzer sind. Ich kenne ihrer, die den Mund kaum auftun.

Ungefähr da, wo jetzt das alte Schloß zunächst der Brücke an die Spree stößt, war eine Barbierstube aufgeschlagen und damit zugleich eine Badestube. Sie gehörte dem Rat zu Kölln, der sie verpachtete. Ihre Lage war gar günstig inmitten beider Städte, und dazu der weitverbreitete Ruf des Hans Ferbitz, der sie in Pacht hatte, das mußte ihr wohl aus Berlin und Kölln Zuspruch schaffen. Die feine Welt, so es um 1442 dergleichen in den märkischen Hauptstädten gab, wo es sonst wenig Feines gab, die versammelte sich hier und hörte gern zu der geschwätzigen und beißenden Zunge des rührigen Hans Ferbitz, welcher die Geschicklichkeit besitzen sollte, jedermann etwas zu sagen, was ihm die Ohren kitzelte. Seltener war es etwas Süßes und Angenehmes für die Person, die ihn anhörte, aber gemeinhin etwas Bitteres und Anzügliches gegen andere. Und das haben die Feinen in Berlin immer am liebsten gehört. Dabei fiel zwar auch einzelnes gegen den Gast selbst ab; man merkte das aber damals schwerer oder nahm es leichter hin; denn was ein Narr spricht, ritzt nicht die Haut. Und was ist ein Barbier anders als ein Narr, dachten die Leute. Wer, der so wie er täglich verkehrte mit den Hauptleuten beider Städte, sollte nicht alles riechen, was stinkt, und sein Aug hatte er an allen Ritzen und sein Ohr an allen Wänden. Er wußte längst Vergessenes aus alter Zeit und sagte voraus, was kommen würde. Es traf gemeinhin beides, und alles verwunderte sich darüber, denn wer konnte dem Fuchs nachkriechen und spüren, wo er es herhatte? Wäre er damit zu Markt kommen nicht als Narr und Barbier, hätt's ihm wohl schlimm gehn mögen. Denn einen Hexenmeister verbrennt man, und kluge Weiber ersäuft man. Ein Narr aber kann alles sagen.

Seine Stube war fast immer voll. Noch waren Überdachungen, wie man's in der Zeit liebte, auf Pfeilern hinausgebaut, zum Schutze derer, so auch bei ungünstigem Wetter sich lieber im Freien als unter der niedrigen Decke barbieren ließen. Wie man, als schon gesagt ist, ehedem am liebsten Gericht hielt unter Gottes freiem Himmel, so ließ man sich auch gern darunter barbieren und die Haare stutzen. Nur weil der Himmel nicht immer blau war und es damals in der Mark noch öfter regnete als jetzt, zog man sich in die Lauben, Hallen, endlich in verschlossene Stuben zurück.

Auf das Dach des Bretterhauses war ein kleiner Söller mit Geländer gebaut, darauf diejenigen, so der Dienste des Meisters oder seiner Gesellen warteten, sich der Aussicht freuen mochten. Denke man jedoch nicht, daß damals schon flache Dächer in Kölln an der Spree Sitte gewesen; im Gegenteil schossen die Dächer wie steile

Mauern in die Höhe. Aber die Kolonisten aus Holland und den Niederlanden hatten manches von ihrem Treiben und Wesen nach den Marken mitgebracht; und an schiffreichen Strömen und deren Ausladeplätzen baut der Niederländer sich gern ein hinausschauend Erkerstübchen oder einen Altan, um den Verkehr zu überschauen und mit ausgesteckten Flaggen die ankommenden Fahrzeuge zu begrüßen. Die Schiffahrt auf der Spree war aber um jene Zeit nicht unbedeutend; der Fluß war eine große Handelsstraße und Berlin ein bedeutender Stapelplatz der vielen Waren, so aus dem Norden kamen und dahin gingen. Die Aussicht vom Bretterdache des Meister Ferbitz war aber nicht allein um der Spreekähne wegen damals angenehm, auch nicht, daß man weit über die Stadtmauer hinaus die Spreewiesen und Wälder überschauen konnte, sondern vornehmlich darum: man hatte das Rathaus auf der Langen Brücke mit den Gerichtslauben davor und allen, die ein- und ausgingen, im Auge.

Auch heute war es lebhaft dort, und viel Gäste warteten in den Lauben des Vergnügens, von Meister Hans selbst bedient zu werden. Dieser hatte eben einen Ratsherrn unter dem Messer. War noch in seinen besten Jahren, aber sah man seine Mienen, da hätte er wohl gern für noch jünger gegolten, als er war. Seine roten, enganschließenden Hosen mit den großen seidenen Schlitzen, die aufgerissenen Schuhe, die scheinbar kunstlos übereinandergelegten Beine, die Falten der Halskrause, die Puffe und Schleifen der Ärmel und des Brustwamses und der sorgsam gekräuselte Bart, die verrieten den Stutzer. Denn deren hat's zu jeder Zeit gegeben. Meister Hansens Gesicht, beweglich als es war, pflegte sich bei jedem Kunden, wenn er ihn bediente, in besondere Falten zu legen. Diesmal war es sehr ernsthaft, wie es der Würde eines Ratsherrn entsprach, obschon der Ratsherr selber nicht würdig sein wollte, sondern jung und hübsch.

»Meister, du machst verflucht lange«, sagte der Ratsherr, als der Barbier das Moschusbüchslein öffnete, um das gekräuselte Haar mit Wohlgeruch zu würzen.

»Weisheit, ich weiß, wen ich zu bedienen habe. Denken, ich gebe mir ebensoviel Mühe bei solchen struppigen und ruppigen Köpfen, die nicht bis nach Magdeburg gerochen haben! Weisheit, sollten mal sehen, wie ich die Köllner einseife. Rucks geht das, und dann zickzack, links, rechts mit dem Messer, und es ist vorbei. Denken, ein Tröpflein von meinem kostbaren Moschus kommt auf solchen Borstenkopf! Sehn die Weibsen auch gar nicht danach, wie so einer geschoren ist und gekämmt, der nicht vom Bierfaß kommt. Kaiser Karl von Böheim, als der über die Mark regierte, wollte feine Leute aus den Märkern machen. Zu früh angefangen! sagte ihm sein Hofbarbier. Hopfen und Malz verloren. In Berlin muß es anfangen, aber nicht in Tangermünde. In Berlin wachsen junge Leute auf, in Berlin werden sie einmal fein werden, besonders unter den Jungen vom Rate. Aber das wird noch Zeit haben. Wissen Weisheit, was Kaiser Karl da träumte, nämlich in Tangermünde, das war Anno – doch darauf kommt's nicht an. Er träumte: Einen jungen Berliner sah er, so zugeschneidert und zugewachsen und so hielt er sich und schlenkerte mit den Beinen und faßte manierlich den Hut vor den Frauen, daß man geschworen, es wäre kein Berliner, sondern ein Franzos – Kaiser Karl hatte nämlich in Paris studiert und verstand es. Wer ist der junge Edelmann? ruft der Kaiser. Ein Ratsherr von Berlin, antwortet der Oberhofmarschall. Unmöglich! ruft der Kaiser, nämlich im Traume, meine Berliner Ratsherren sind alle Bären. – Nichtsdestoweniger, antwortet der Marschall, selbiger ist doch ein Ratsherr von Berlin. – Wer denn? ruft der Kaiser und nennt alle Namen der Ratsgeschlechter, nämlich im Traum, bis er an den Rechten kommt. Da wachte er auf. Schade, daß es der gute Kaiser nicht mehr erlebt hat. War ein tüchtiger Mann, dieser Kaiser.«

Der Ratsherr war aufgestanden und besah seine Gestalt wohlgefällig im Spiegel, soweit das kleine, schlechte, in Blech eingefaßte Stückchen es zuließ. Der Barbier bürstete ihm den Staub von den glänzenden Beinkleidern und sagte noch einmal: »Schade!«

Der Ratsherr wandte sich lächelnd um. »Daß der alte Kaiser Karl von Böheim gestorben ist!«

»Auch das, Herr Dietrich. Meinte jetzt aber Herrn Dietrichs Bruder, den ehrenwerten Herrn Thomas Wyns.«

»Was hat's mit dem?«

»Ein Herr, Herr Dietrich Wyns, wie's wenige gibt; der meinte es gut mit der Mark und den Städten vor allem. Die Scheibengürtel mit den Schnallen kamen unter ihm auf. Und war kein so strenger Griesgram als die von Nürnberg. Gottbewahre, er lebte und ließ leben. Schöne Junker und hübsche Frauen zusammenbringen, es gab kein größer Vergnügen für ihn.«

»Narr, laß den Kaiser Karl in seiner Gruft und sprich, was ist's mit meinem Bruder?«

»Gibt heut abend ein großes Bankett. Das wird vollauf gehn. Vierundzwanzig starke Männer sind schon bestellt, je zwei mit einer Fackel und vier mit einer Trompete, sechzehn von Berlin und acht von Kölln, um sie nach Hause zu führen.«

»Wen?«

»Nur die Herren, Herr Dietrich Wyns. Pfui! würde sich nicht schicken, wenn die edlen Fräulein auch nicht wüßten, wo rechts und links ist. Hier bei mir werden die von Kölln abgeladen, um nachzusehen, ob ein Blutlaß oder ein nasser Umschlag guttut.«

»Hans, deine Zunge geht mit dem Gedächtnis durch. Was hat mein Bruder Thomas zu klagen?«

»Nichts, Herr Dietrich, er sollte sich eigentlich freuen, solchen Bruder zu haben. Heut morgen sprach er: ›Was hilft mir das Fest! Und ob's auch mein Geburtstag ist und die Gäste mir zu Ehren kommen; was gilt's, die schmucken Frauen haben doch nur meinen Bruder im Auge, denn so süße Worte, so dünne Beine und so glänzende Scharlachhosen hat doch keiner wie er.‹ Ist unrecht von einem Bruder, nicht wahr? Du sollst nicht begehren deines Nächsten Weib? Warum seine Hosen und Beine. Verzeiht, Weisheit, spräche gern den halben Tag mit solchem Kunde; aber sie zerreißen mich ja vor Ungeduld, barbiert zu sein.«

Er huschte fort, um andere Kunden zu bedienen. Hier wollte man Neuigkeiten von ihm und dort auch. Er konnte mit einer Schüssel viele Gaumen befriedigen. Unter allen Geschichten hatten Raub- und Mordgeschichten von je an einen Vorzug, sie werden von Gebildeten und Ungebildeten mit gleicher Gier gehört. Was an Haut und Haar geht, berührt die feinen wie die groben Sinne; und Kriminalgeschichten mußten in einer Zeit, wo sie in Natur auf jeder Gasse, vor jeder Tür zu Hause waren, noch anders ansprechen als heut, wo das Sicherheitsgefühl uns nächtlich auf dem Holzwege begleitet und wir wissen, die Polizei ist bei uns, wenn wir unsern Schreibtisch öffnen. Hans Ferbitz war der Meinung, daß die Hauptsache sei, wenn es den Zuhörern an Mark und Bein geht, und wo es eine Wirkung gilt, hatten Zeit und Ort nicht mitzureden und was die Klugen und Gelehrten in dieser Zeit die Gesetze der Wahrscheinlichkeit heißen. Die waren noch nicht gegeben. Sein Gewissen war deshalb ganz ruhig, wenn er eine Mordtat, so zu Zeiten des Herkules sich in Griechenland ereignet, auf vorgestern verlegte und, was in Paphlagonien geschah, auf den Weg von Frankfurt nach Müncheberg; und er hatte immer selbst die noch rauchenden Glieder gesehen, wenn er wußte, daß seinen Zuhörern damit ein Gefalle geschah. Raubritter einfangen, gefesselt einbringen und in Ketten hängen zu sehen war ein Vergnügen, wohl sehr natürlich für Bürger einer Stadt, welche so viel von ihnen zu dulden hatte. Es kam ihm nicht darauf an, einen schrecklichen Heckenreiter, nachdem er drei Tage auf dem Rade gelegen, noch die Augen verdrehen und den armen Beraubten Abbitte tun zu lassen. Nur daß er solche Hinrichtungen vorsichtig in entfernte Gegenden verlegte als Thüringer und Böhmerwald. Und das war klug und gut, denn was hätt's ihm geholfen, so er einen Ritter rädern ließ, der morgen den Bürgern ins Fenster gucken konnte? Außerdem war Meister Ferbitz der Meinung, daß man das Falsche mit etwas Wahrem vermischen muß; denn man muß auch etwas für sein Gewissen tun, und zudem ist's auch klug, denn wo etwas wahr ist, glauben die Leute noch mehr, und je mehr man Wahres zutut, um so mehr kann man lügen. Das ist itzt so und war's vor alters. Und dann wußte er sehr geschickt überzuspringen von den geräderten und in der Kufe gebratenen böhmischen und fränkischen Räubern auf solche, die vordem einmal in der Kufe gebraten und gerädert waren, und kam endlich auch auf die, welche es wohl verdienten. Ach Gott, was war da nicht reicher Vorrat! Bei uns brennt man nicht mehr in der Kufe, aber wie manchen Mann wünschen wir an den Galgen, und darum geschieht uns doch nichts. Aber er kommt auch nicht mehr an den Galgen, vielmehr kommt der Galgen mehr und mehr ab; was wohl schade ist.

In der Laube, wo er jetzt sein Messer wetzte und schor, waren lauter ehrbare Bürger, die das sein wollten und nicht mehr. Also kam alles Greuliche und Schreckhafte, was adlige Ritter, und alle Gewalttaten, so Übermütige aus den Geschlechtern begangen, hier zurecht.

»Wißt ihr denn, wo der Köpkin Zarnekow itzt steckt?« fragte er.

»Er ward in den grünen Bergen bei Rüdersdorf zuletzt gesehen«, sagte ein Bürger. »Die von Woltersdorf brachten's neulich auf den Markt.«

»Pah, grüne Berge!« lachte Meister Hans. »Zwischen roten Häusern sitzt er. In der Stadt ist er versteckt. Es haben ihn unterschiedliche, und keine schlechten Leute, gesehen. Wer kennt den Köpkin Zarnekow nicht wieder, der ihn einmal sah! Und ich könnte noch mehr sagen; aber wer verbrennt sich gern das Maul!«

Die Zuhörer waren sehr aufmerksam. Einige bestritten es, andere hatten auch davon gehört. Aber daß sich ein Raubritter in eine Stadt einschleicht und wochenlang drin haust, war nichts Unerhörtes. Der und jener erzählte wilde, verwegene Streiche des Räubers. »Was kann er wollen?«

Der Barbier pfiff über die Lippen und verdrehte lächelnd die Augen.

»Der Zarnekow! Vielleicht kriecht er zu Kreuze! Will Rat und Meinheit abbitten, was er tat. Buße tun in Sack und Asche, barfuß an der Kirchtür stehn, wiedergeben, was er der Stadt nahm, Schafe, Hammel, Pferde, Knechte, Blut, Jungferschaften, Laden, Kisten, Schiffe, Säcke. Was weiß ich's! Er will ein Mönch werden bei den Schwarzen oder bei den Grauen Brüdern. Unter der Kapuze versteckt sich vieles.«

Die wenigsten lachten über den Spott.

»Wenn's der Rat weiß, was läßt er nicht den Friedensstörer suchen und fangen?«

»Der weise Rat wartet vielleicht«, sagte Hans Ferbitz schlau, »bis daß er die Stadt an vier Ecken angesteckt hat, wie der Finkenauge zur Bayernzeit. Die Büttel können ihn dann besser sehen und ihn fangen, wie die gelehrten Doktoren sagen, in flagranti. – Wenn er einen von der Allgemeinheit fangen will, da wartet er nicht lange, der hochlöbliche Rat. Nun, wer weiß, warum er den Köpkin sein Wesen treiben läßt. Man kann allerlei Leute brauchen, wenn man in Not ist. Für ein Stück Geld dient der Köpkin Zarnekow jedem. Um ein Stück Geld schlägt er sich für den Kurfürsten und für den Großtürken, warum nicht auch für den Rat von Berlin und Kölln. Auf wen er losschlägt, ihm ist's gleich, wenn's nur Geld trifft. Oder meint ihr, daß er eure Schädel lieber hat als die der stolzen Herren!«

Köpkin von Zarnekow in Diensten des Rates, das schien vielen doch zuviel Glauben gefordert.

Einer, den wir schon kennen, Baltzer Boytin, sagte: »Wenn der Rat den Wolf in den Schafstall setzt, wo bliebe ihm denn der Braten für sich? Sagt mir, die Herren wollen die Spree am Oberbaum abgraben und das Wasser für sich behalten, damit wir verdursten, ich glaub's. Sagt, sie möchten uns wie Schöpse schlachten und braten und verzehren, wenn sie ihren Bürgermeisterschmaus auf unsere Kosten geben, ich will's glauben; aber ich glaub's nicht, daß der Rat den Zarnekow gemietet hat. Der Rat weiß anders, wie er uns kirr kriegt. Mit schönen Worten, die nehmen wir für bare Münze.«

»Weshalb, Meister Baltzer, fängt man ihn aber nicht?«

»Weshalb fängt man den Fuchs nicht, wenn er im Bau steckt«, sagte der Barbier. »Weil er überall Löcher hat. Kennt ihr alle die Löcher in Berlin? Herr Baltzer Boytin versteht's; aber ich weiß doch auch, wie der wohlweise Rat seinerzeit in manches solches Loch die Nase steckte, und nicht, um den Fuchs zu fangen. Wie ging es zu in den Tagen Tile Wardenbergs! Als der Bürgermeister war, aß er nicht anders bei sich zu Mittag, als daß zwei Trompeter vor der Tür bliesen, damit jeder es wissen konnte: jetzt ißt der Bürgermeister, jetzt trinkt er! Wenn einer vom Rat ihn sprechen wollte, ließ er ihn eine Stunde warten, und wenn der Rat zusammen war im Rathause, ließ er wohl hineinsagen, sie möchten nach Hause gehen, er wollte auf die Jagd reiten.«

Baltzer Boytin lachte. »Solche Bürgermeister lob ich mir, die's gradraus sagen, wie sie uns schurigeln. Da weiß doch der Bürger, wie's mit dem Gemeinwohl steht.«

»Das ist ein Regieren gewesen«, fuhr der Barbier fort. »Die Wardenberge und Rathenow hielten zusammen wie Kletten, und durfte keiner was aufbringen wider sie. Wenn einer Klage führen wollte, ließen sie ihn die Treppe runterschmeißen vom Rathause. Und in der Stadt hatten sie ihre Gesellen, die staken vom Wirbel bis zur Zeh in Waffen und soffen und lärmten und taten, was sie Lust hatten. Wagte sich keiner an sie. So stolz waren die Herren; hatten sogar Adlige in Dienst, die hinter ihnen ritten. Und draußen auf dem Lande war erst das rechte Leben. Da lagen ihre Freunde in den Herbergen wie die Ritter in den Heerstraßen, und wo ihnen was aufstieß, das des Weges zog, baten sie's zu halten, und sahen sich's an, ob's ihnen gefiel. Die hatten gut schreien und der Stadt Gerechtigkeit anrufen. Wenn der Rat hören wollte, sprachen die Wardenberge: der Rat kann sich nicht um alles kümmern und nicht allerwegs seine Augen haben. Ihre Freunde machten dann so viel Geschrei, daß die Sache nicht zur Sprache kam. Einstmals aber – nun, ihr wißt alle die Geschichte von der schönen Pilgerin, die aus Rom zurückkam. Die schöne Pilgerin hätte gern geschwiegen; man kommt aus Rom klüger wieder, als man hinging! Aber die Gesellen selber konnten 's Maul nicht halten. Im Barnim drüben, in der Kieferheide hatten sie ihr aufgelauert. Die heißt nicht umsonst die Jungfernheide! Die schwatzten mal in den Schenken und Kellern, wie's nicht recht ist zu schwatzen, wenn man was getan hat. Reich war sie überdem, und die Kerle hatten ihr alles genommen. Die Sache ließ sich nicht unterdrücken, denn die Hähne krähten auf den Mauern und die Sperlinge auf den Dächern davon. Als es nun vor den Rat kam, fing die Gevatterschaft ihr altes Lied an: ›Man kann sich nicht um alles kümmern; man kann die Augen nicht überall haben.‹ Da fuhr's mal in die übrigen, sie kriegten Mut und tobten von Friedensbruch und Sakramentsschändung und bestanden drauf, die Leute sollten gefangen werden und gerichtet um Frevel an Gott, Heilige, Stadt und reine Jungfrauen. Da wischte sich der Tile Wardenberg die Nas und meinte: Rom sei weit von Berlin und dazwischen hundert Wälder, und wer könne wissen, ob nicht auch Jungfernheiden. Im Land Italien und im Reich nähmen sie von allen Waren vorweg das Beste und schickten den Märkern immer nur, was übrigblieb. Wer könne nun wissen, ob die Räuber in den hundert Wäldern nicht längst das genommen, was die Jungfrau hier verloren haben wollte? Zudem ginge man nicht nach Rom pilgern, wenn man rein sei, sondern wenn man schon die Sünden im Sack hätte. Da stimmten die Gevattern solch Gelächter an, daß die andern schweigen mußten. Dem Tile Wardenberg und seiner Sippschaft hat's darnach aber doch den Hals gebrochen.«

Baltzer Boytin schüttelte den Kopf. »Weil's eine vornehme Jungfrau gewesen, weil sie ins Kloster ging und im Umsehn eine Heilige ward und die Pfaffen schrien und es vor Kaiser und Reich kam. *Darum* ging's ihnen an den Hals. Wenn's eine bloße Bürgerstochter gewesen, da hätte kein Hahn drum gekräht. Vermeint Ihr, daß es mit den Gevatterschaften im Rat um deshalb aus ist, weil eine einmal in des Teufels Rachen fuhr? Pfiffiger sind sie worden, nicht besser. Der Tile Wardenberg und Seine trieben's arg in jener Zeit. Doch mit wem? Mit den Bürgern? Hörte nicht, daß man damals weniger verdient und kleiner Brot gegessen hätte. Die von den Familien selbst schraubte er und kitzelte und schnaubte sie an. Da klopfte er an die gespickten Truhen und fragte: ›Was faulenzt ihr, derweil die Bürger für euch arbeiten?‹ Itzund ist's *eine* große Gevatterschaft worden, und eine Hand wäscht die andere, und einer hält dem andern den Spiegel vor, daß er hübsch heilig aussehn soll; und wir guten Leute in Berlin und Kölln glauben's, wenn sie vorgeben, sie stritten sich da im Rathause um unser Wohl und Weh.«

Meister Ferbitz hatte längst nicht mehr hingehorcht, denn ein anderer vornehmer Kunde hatte ihm in der nächsten Laube gewinkt. Der Barbier, eben noch, so Manier und Miene, ein guter Bürger, eckig und voll Schrot, schwebte itzt auf den Zehen und begleitete mit süßer Miene und gespitztem Kinne die blitzenden Streiche seines Messers auf dem Leder. Vor ihm saß Pawel Strobant und würdigte, die starken Arme auf den noch stärkern Lenden, den Bartscherer kaum eines Blickes. Aber auch ein Patrizier von Schrot und Korn muß eingeseift werden, will er ein glattes Kinn haben. Das trotzigste, stolzeste Gesicht verliert aber, mit Seifenschaum überschmiert, etwas von seiner Würde.

»Soll mich doch wundern«, hub Meister Hans an, als ihm das Werk seiner Hände auf dem Gesicht des Ratsherrn entgegenleuchtete und die dicke rote Nase, die wie eine Klippe aus dem Seifegletscher vorblickte, seine

Lust noch mehr reizte, »soll mich wundern, was Kaiser und Reich dazu sagen werden!«

»Wozu?«

»Wenn wir einen Ochsen zum Bürgermeister kriegen.«

Herr Strobant blickte auf mit einem Gesichte, wohl vergleichbar dem des genannten Tieres, wenn es in Zorn ist.

»In der Nacht heut hat man's in allen Ställen vor Freude brüllen hören. Ist auch dem Vieh solche Ehre noch nicht fürgekommen. Und ist der Ochs erst Ältermann, kommen die Kühe und Kälber in den Rat. Das wird ein Brüllen geben.«

»Was soll der Bartscherwitz?«

»Nichts von Witz, Gestrenger! Wissen doch: die Knochenhauer und Wurstmacher haben heut Morgensprache. Der Knüppel ist rumgegangen. Rat und Bürgermeister gefallen ihnen nicht. Wollen klagen, einkommen und andere wählen.«

»Wen?«

»Aus ihren Nächsten einen, heißt's im Umlauf, einen, der ihnen zu Verdienst hilft, und einen, des Stimme durchdringt. Wer ist den Fleischhauern nun näher als ein Ochs, wer gibt ihnen mehr Verdienst als ein Ochs, wes Stimme dringt lauter durch als eines Ochsen? Ergo: können die Knochenhauer sich einen bessern Bürgermeister wählen als einen Ochsen?«

»Weißt du noch mehr Gründe?«

»Warum hat die Stadt Berlin einen Bären im Wappen, Weisheit? Weil die Bären bis itzt drin regiert haben, sagen sie. Nun aber die Bären, Auerochsen und was wild ist im Lande ausgerottet sind, sagen sie, kann auch in der Stadt das zahme Vieh drankommen. Ein Ochs brüllt stärker wie ein Nachtwächter und beinahe so stark wie ein hochweiser Rat, wenn die Meinheit gleiche Rechte fordert. Ein Ochs stößt grad aus. Paßt er drum nicht zum Bürgermeister? Und sagt man nicht, wenn ein Ochs vorbeigeht: da kommt der Ochs; und wenn der Bürgermeister vorbeigeht, sagt man auch: da kommt der Bürgermeister.«

Pawel Strobants Haut gehörte nicht zu den zarten. Dennoch drangen die Spitzen aus des Barbiers Rede bis dahin, wo ein Ratsherr jener Zeit keinen Spaß verstand.

»Und was würde man sagen, Hans, wenn dich der Bürgermeister auf drei Tage mit dem Hals an den Kaak schlösse und deinem Rücken den Staupbesen für dein loses Maul zu kosten gäbe?«

»Man würde sagen: Ei der Tausend, haben's die Knochenhauer doch durchgesetzt!«

»Was?«

»Daß er Bürgermeister ward.«

»Wärst du kein Schelm und Narr, ich ließe dich greifen, daß du was sprichst, was dem Gemeinwesen Schaden wirkt.«

»Kann das arme Wesen noch Schaden nehmen, seit es der Rat in seine Arche verschlossen hat!« sprach Hans Ferbitz mit kläglichem Tone. »Da liegt es drin so warm und ruhig wie in Abrahams Schoß. Die Zünfte und Bürger täten wohl, es schlafen zu lassen, denn was würden sie erschrecken, wenn sie's aufweckten, wie es mager und klein wurde, und war vordem so stark und groß!«

»Daß der Rat dazu schweigt, wie solche Schelmen die Zunge brauchen!« sprach ein anderer Mann von Ansehn.

»Als der Rat den Wettlauf hielt mit Sankt Gertraud, hat sie auch geschwiegen. Wenn unsere lieben Heiligen das Maul halten, tut der wohlweise Rat auch gut«, sprach der Barbier.

»Was hat's mit dem Wettlauf auf sich?«

»Das Geschichtlein wißt Ihr nicht und sitzt im Rat! Sankt Gertraud hatte mal in einer Stadt, just wie in Berlin, ein Spital. Fromme Hände hatten die Schreine und Laden gefüllt, wie in Berlin. Und die Lahmen und Brüchigen sollten drin Schemel und Schüssel finden, wie in Berlin. Aber der Vogt dachte bei sich: die Heilige hat zuviel, und die Rechnungen, die ich ihr ablegen muß, werden immer schwieriger. Die Zahlen könnten ihr Kopfbrechen machen und ihren Sinn auf weltliche Dinge ziehn. Das möchte ihrer Heiligkeit schaden. Drum wollt er ihr von abnehmen. Aber er war ein ehrlicher Mann, just wie die in Berlin. Also nahm er eines Nachts zwei volle Säckel aus dem Schrein, der unter ihrem Bilde stand, und setzte sie gradüber am andern Ende des Ganges auf die Erde. Als er nun wieder ans Bild gekommen, kniete er nieder und zog die Mützen. ›Sankt Gertraud‹, sprach er, ›wenn du nichts dagegen hast, wollen wir nun einen Wettlauf tun. Wer zuerst hinkommt, der hat's. Ist dir's aber nicht gefällig, so spreche ein deutlich und vernehmlich Nein.‹ – Sankt Gertraud schwieg mäuschenstill. Da stand der Vogt auf und lief. Aber als ein ehrlicher Mann besann er sich, daß Sankt Gertraud ja eine Frau wär, und mit ihren weiten Röcken konnt sie nicht so schnell laufen. Also ging er sachtchen, daß sie ihn einholen könnte. Aber sie holte ihn nicht ein, und da nahm er die Säckel für sich und blieb ein ehrlicher Mann, als er es gewesen war.«

»Was hat drauf Sankt Gertraud gesagt?«

»Just was die Gemeinheit in Berlin sagt, wenn der Rat Rechnung legt.«

Ihr Gespräch wurde durch einen Lärm auf dem Platze unterbrochen, dessen Ursach und Hergang in ein nächstes Kapitel gehört.

Siebentes Kapitel

Wir führten ehelängst unsere Leser in eine Ratsversammlung zum alten Berlin. Wenn es sie da schon Anstrengung kostete, sich die Körperfülle der Gewaltigen vorzustellen, was mehr kostet es, sich die mastige Kraft der Schlächtermeister jener Tage zu denken. Sah man die auf den Bänken umher sitzen, einer den andern überbietend an Umfang, Gedrungenheit, an Blicken, so die Welt verschlingen mochten, hätte nur die Fleischfülle den Augen gestattet, sich nach der Welt umzusehen; man hätte es nicht glauben mögen, daß diese selben Leiber, in eiserne Rüstungen gepreßt, den Dienst des Krieges taten, daß diese Meister auch Meister ihrer Pferde waren und auf der Mauer wie im Feld sich wakker umtummelten, zu Ehren der Stadt und ihrer eignen. Noch weniger hätte man Räte und Redner und Staatsmänner hier vermutet. Aber es bildet jede Zeit ihre Männer, als sie deren bedarf. Wer, der die eisernen Gebisse der Ritterpferde in den Rüstkammern sieht, hält die Zucht von heute für stark genug, solche Marterketten zu tragen! Es waren andere Muskeln, die auf jenen fürchterlichen Foltern zusammenhielten und das duldeten, was unseren Nerven unmöglich dünkt. Geredet ward wenig; aber wenn die Not es forderte, war jeder freie Mann ein Redner, denn er verteidigte sein Recht und fand dafür das kürzeste Wort; und es traf.

Unter den Zünften Berlins gingen vier voran. Die hießen die Viergewerke. Sie hatten die ältesten Briefe und waren die mächtigsten, und ihre Macht dauerte lange fort, und sie vertraten die anderen Innungen und die bürgerliche Gemeinheit. Das waren: die Bäcker, Schuhmacher, Fleischer und Schneider. Innungen, welche in sich wieder verschiedene Gewerke begriffen. Daß aus den Bäckern sich schon Kuchenbäcker und Zuckerbäkker entwickelt, sagen die Chroniken nicht. Die Schuhmacher, auch wohl simpel Schuster genannt, aber in den Urkunden steht Schuhmacher, umfaßten noch die große Zunft der Altflicker oder Altbüßer und die wohlehrbare Zunft der Knochenhauer oder Fleischer den veredelten Zweig der Wurstmacher, so seitdem als Gilde erloschen ist. Müssen unsere Voreltern gern Würste gegessen haben; denn es waren nicht wenig Wurstmacher in Berlin. Die größte und bedeutendste war jedoch die der Schneider, die hießen aber Gewandschneider; und mag man's daher denen von heut auch nicht so übel deuten, wenn ihnen der Name Schneider zu kurz dünkt und sie schreiben sich Kleidermacher. Machten aber dazumal Kleider noch nicht allemal Leute; denn hätte ich's keinem raten mögen, ein Kleid zu tragen, was ihm nicht zukam. Jeder wußte, was sich für ihn schickt, aber noch besser, was sich für die andern schickt. Und umfaßte diese Innung nicht allein die mit der Nadel und der Schere umgingen, sondern auch wahrscheinlich alle die, welche die Kratzbürste führten. Und da auch die reiche und große Gilde der Händler mit Tuch, die Tuchreißer, oder die eigentlichen Gewandschneider damit inbegriffen waren, so kann man sich wohl denken, was Ansehn diese Innung hatte.

Die Versammlungen, wo das Wohl der Zunft besprochen ward, hießen die Morgensprache. Da aber in denselben oft mehr als davon, nämlich auch zum Schaden anderer, gesprochen ward und wenige ohne Heftigkeit und Tumult auseinandergingen, war das Gesetz, daß jeder Morgensprache der Ratsherr, so die Zunft vertrat, vorsitzen mußte.

Einen schweren Dienst hatte an dem Morgen Herr Zabel Garnekofer. Vergebens hatte er die feierlichste Amtsmiene angelegt, vergebens, wenn sie um ihn tobten und unwillig andrängten, fürnehme Ruhe entgegengesetzt, vergebens hatte er Einspruch getan, daß, was hier vorgebracht werde, vor den Rat der Stadt gehöre und nicht in die Morgensprache der Schlächter. Seine schwache Stimme war in dem Tumult erstickt.

Als Bartz Kuhlemey sprach, regte sich dagegen kein Laut.

»Vor den Rat gehört es, sagt der ehrenwerte Herr. Das mein ich auch. Aber wenn der Rat taub ist, wer hört für den Rat, und wenn der Rat blind ist, wer sieht für ihn? Wenn der Rat sich schlägt und bei den Ohren faßt, wer treibt ihn auseinander und schlägt ihn wieder?«

Ein Gelächter, das nach Messern und Schlachtbeilen schmeckte, schmetterte durch die Scharnen.

Der arme Herr Garnekofer war eingeschüchtert. Er vergaß die Regel der Klugen: wer sich verteidigt, der klagt sich an. Er verteidigte den Rat. Er entschuldigte den Eifer von neulich morgen, daß die Herren von Kölln und Berlin voll guten Willens wären und wollten die Gerechtsame ihrer Städte wahren, von woher auch der Angriff komme.

»Wer's glaubt!« schrie die Menge, und eine kräftige Stimme: »Wir lassen uns nicht mehr aneinanderhetzen wie Hunde und Hähne.«

»Im trüben ist gut fischen, und wenn's stürmt, sieht man nicht die Netze«, sprach Hans Kuhlemey. »Die Nacht ist niemands Freund, aber der Diebe doch; sie finden, was sie suchen. Und wenn die Kleinen sich die Köpfe zerschlagen, haben die Gewaltigen das Aufheben. So die Frösche Krieg führen, ist den Störchen eine gute Mahlzeit geschafft. Wir wollen uns aber nicht mehr die Köpfe zerbrechen, wir mögen nicht Krieg führen, um was uns nicht schiert, und Mahlzeit schaffen für andere; wir wollen selbst essen.«

Herr Garnekofer lachte oder zwang sich zu lachen. »So ihr selbst essen wollt alle Ochsen, so ihr schlachtet, wird's euch der Rat nicht wehren; wünschen nur, daß es euch bekommt.«

»Mitnichten!« rief itzt ein sehr alter Mann, der schweigend bis da gesessen, auf seinen Haselstock gestützt, und indem er sich erhob, funkelten seine erloschenen Augen, der Zorn belebte die toten Züge, und das Zittern der Glieder verschwand, je weiter er sprach. »Mitnichten, ihr Meister! Kunden und Werkleute sollen nicht eins sein, sondern zwei, als wie die Hände nicht wirken um der Hände willen, sondern um den ganzen Leib. So jedwed Glied nur dächte und wirkte für sich, wo bliebe dann der Leib, dessen Haupt der Kopf ist, und ist nur gesund, wenn jedes Glied das Seine tut dafür? Und so jede Innung nur schaffte und arbeitete für ihre Meister und Gesellen, was würde aus den andern, was aus der Stadt, zu der wir geschworen sind und eingeboren, und sie schützt uns wie eine Mutter ihre Kinder! So die Gewandschneider nur weben ließen und ausschnitten und zuschnitten und näheten für sich, gingen die andern noch in Bärenpelzen und Büffelhäuten wie vordem, ehe die Städte aufkamen. Und so wir nur zurichteten das gute Fleisch für uns allein, müßten die andern Krähen essen und das Vieh, das auf dem Wege verreckt, und wes Hand es anrührt, der ist unehrlich! Gleich als wie wir Knochenhauer geschworen sind zu Rat und Gemeinheit, daß wir nur gesundes Vieh in die Scharnen bringen und aushängen, daran sich niemand entsetze und ein Ärger nehme, also ist ein jeder auch, der in einer Stadt Rede und Recht hat, Freiheit und Frieden, gehalten und geschworen, daß er zum gemeinsamen Besten sehe, und nicht auf seines allein und seiner Gesellen und Sippschaft. Denn darum sind die Städte da, daß wir stetig sein sollen im Ehrenhaften und Guten und zusammenhalten einer mit dem andern und alle mit einem. Und uns nicht kehren und wenden wie das Volk, was vor uns im Lande war, die darum Wenden hießen, daß sie sich wendeten und wandelten, wie der Wind ging, und nirgend stetig waren. Darum gründeten unsere Vorväter die Städte in ihrem Lande, daß stetig würde Sitte und Ordnung, und schrieben es nieder, und das hieß Statuten, und weil unsere Vorväter Sachsen waren oder Sassen, nannten sie's Satzungen.«

Ein Murmeln des Beifalls ging durch die Versammlung.

»Und die Statuten und Satzungen haben sie gemacht, daß wir dran halten sollten«, fuhr der Redner fort. »Denn so wir nicht dran hielten, wären's keine Satzungen. Und die alten Fürsten hielten daran, darum hießen sie Fürsten von Anhalt und schenkten uns neue, sie stifteten Zünfte, machten Innungen mit den Gewerken und schenkten ihnen Briefe, darin geschrieben stand, was jeder für Rechte hatte, und hingen an langen Schnüren große Siegel darunter von Wachs. Und als darauf die schlimmen Zeiten kamen, unter den Bayern und dann den Böhmen, und Brand und Unglück über das Land: die Briefe sind nicht verbrannt und die Siegel nicht geschmolzen. Nein, die Städte hielten zusammen und wahrten, was ihres war, derweil es draußen bunt und kraus herging, und die Fürsten und Herren aus Bayerland und Böheim freuten sich des und nannten uns ihre lieben Städte und bestätigten alles und schenkten uns noch mehr.«

Ungemeiner Jubel tauchte bei so freudigen Erinnerungen auf. Herr Garnekofer wollte zwar einlenken und bemerken, daß diese Statuten noch in Kraft seien und darum kein Grund zur Unzufriedenheit; aber er ward von allen Seiten überschrien.

»In allen großen Dingen«, fuhr der Redner fort, »so es Fehden gab oder unsere Väter festsetzten, was vordem noch nicht gesetzt war, und es sollte geschrieben werden ins Stadtbuch, daß es gälte für Kind und Kindeskind, da hat der Rat nicht gehandelt ohne die Gemeinheit der Bürgerschaft. Item so es galt, neuen Schoß ausschreiben, wurden wir zugezogen und gefragt; was jeden angeht und wo jeder geben muß, da redete jeder mit.«

»Da redete jeder mit!« riefen fünfzig Stimmen auf einmal.

»Wo nicht Schick dazu war, noch Zeit, alle zu hören, rief der Rat die weisen Leute und die braven und reichen zusammen, das hieß der große Rat, darin die vier Gewerke und die sechzehn Männer saßen und sprachen als Verordnete der Gemeinheit. Da ward gesprochen und beraten von Wohl und Weh der Stadt, und das war recht.«

Der Redner war im besten Zuge, die Geschichte der Stadt und ihrer Verfassung vorzutragen. Aber die geheimen Lenker mochten finden, daß das Bild vom verlornen Paradies schon reizend genug für die sei, welche es verloren; noch weiter fortgesetzt, könnte es an Glanz einbüßen. Also auf Bartz Kuhlemeys Wink sprang einer auf die Bank; der war nicht so beleibt als die andern, doch um ein gut Teil sah er wilder aus.

»Das *war* recht, und was *ist* itzt recht?« schrie er. »Daß *sie* Rechte haben und *wir* keine! Daß wir unsere Knochen zu Markt tragen und sie das Fleisch essen! Daß sie Gesetze machen für uns und selbst leben, als ihnen gefällt. Summa: daß wir Ochsen sind und sie gestrenge Herrn. Wollt ihr Ochsen bleiben, die sie zu Markte treiben, ihnen einen Lappen über die Stirn werfen und drauflos schlagen, oder wollt ihr auch Herrn werden? Das ist hier die Frage. Wollt ihr in alle Zukunft die Mützen ziehen und sprechen: wie's Ihro Gestrengen gefällt; oder wollt ihr ihnen zeigen, wer ihr seid, und ihnen sagen, was euch gefällt?«

»Wollen ihnen zeigen, was uns gefällt!« rief es, *ein* Ton durch die Hallen. Aber dieser eine Ton zersplitterte sogleich in viele; jeder fühlte nun Mut, jeder wollte vorbringen, was ihm besonders gefiel.

Diesen Augenblick griff Herr Garnekofer auf, mit mehr Gewandtheit, als man's ihm zugetraut hätte. Er wies nicht die Ungestümen zurück, nein, itzt forderte er namens des hohen Rates, daß ein jeder seine Meinung, Wünsche und Forderungen klar und unverhohlen ausspreche, damit sie niedergeschrieben würden, und der Rat sollte von allem Kenntnis erhalten durch ihn, Herrn Garnekofer.

Aber der Gildeschreiber hätte zehn Ohren haben müssen, um zu hören, und zehn Hände dazu, um zu schreiben; so bunt und kraus klang es. Der wollte die Juden und ihre Kleinscharnen aus Stadt und Weichbild vertreiben; jener die Dörfer zwingen, daß sie ihr bestes Vieh zur Schau und Vorkauf dem Gewerke stellten; ein dritter gar eine neue Fleischordnung, und Patrizier und Bürger sollten gezwungen sein, jedweder in seinem Viertel von seinem Meister zu nehmen, was er bedurfte. Das forderten freilich nicht die Stimmführer. Ihre Forderungen zielten weiter hinaus. Aber der große Strom des allgemeinen Unwillens, der sie treiben sollte, war in kleine Bäche zersplittert. Die mächtige Zunft, die uralte Rechte zurückforderte und Wahlrecht, Sitz und Stimme im Rat und Ansprüche auf die höchsten Ämter der Stadt ertrotzen wollte, deren begehrten itzt die mehrsten ihrer Meister Dinge, die entweder nimmer gewährt werden konnten oder sie mußten den Neid der anderen aufregen. Waren die Schleusen aufgetan, und es brach mit der Flut aller Unrat aus, der sich gesetzt. Wie sollte da der Strom klar sein; und wo den Schreiern die Stimme gelassen ist, müssen die Redner verstummen.

Zwar kam's zu einer neuen Wendung, als itzt abgeordnete Meister der Gewandschneider eintraten und taten Meldung von dem, was in ihrer Gilde durchgegangen war. Konnt es lockend klingen, daß Rat, Kurfürst, endlich Kaiser und Reich solle angegangen werden, beizustehen der bedrängten Gemeinheit, daß sie die Rechte der Zünfte von Berlin und Kölln wiederherstellen sollten, daß fortan, wie vor alters, jeder freie Bürger Recht habe, ein Ratmann zu werden und beim Regiment mitzusprechen. Ist allerwegen die Aufzählung erduldeter Unbill ein berauschender Feuertrank für die Unterdrückten, und fehlte es hier gewiß nicht an schreienden Tatsachen. Aber Kaiser und Reich sind fern, und um den Kurfürsten war man gewohnt sehr wenig in Berlin sich zu kümmern; aber ob der Hauptochsenmarkt in Kölln bei Sankt Peter oder in Berlin bei Sankt Marien abzuhalten wäre, das klang dringender. Darum erhitzte man sich, darum feurige Augen, drohende Gebärden. Claus Martinecke, der Schreier von vorhin, hatte den dicken Altmeister Peter Hildebrand an der Schulter gefaßt und schrie ihm ins Gesicht: »Da wär keine Gerechtigkeit, wenn ihr um Sankt Marien auch das noch schlukken wollt.« Da schrie es wieder von: »Köllnischer Hund!« und: »Wollen die Bullenbeißer auch das noch schnappen!«

»Friede! Ruhe! Eintracht unter Gesellen!« Es war umsonst. Hände und Kragen waren schon aneinander. Herr Garnekofer atmete stolzer in seinem Lehnstuhl. Die alte Zwietracht zwischen den Städten loderte aufs neue in derselben Versammlung, die gehalten wurde, sie von Grund aus zu heilen.

Da brachte ein einziges Wort alles auseinander. Freilich mit einer Stimme gesprochen, die als wie ein Kanonenschlag durch Gewehrfeuer dröhnte. »Ein Ochs! –

Der große Ochs ist los.« Das war ein Augenblick, und im nächsten waren die aneinander waren auseinander, rechts, links, vorwärts, rückwärts gesprungen. Ein toller Ochs könnte noch vierhundert Jahre später, als diese Geschichte sich ereignet, in derselben Stadt Versammlungen sprengen, die nichts mit dem Gemeinwohl zu tun haben. Ein geschlagener Ochs, der seinem Schlächter entspringt, war aber in einer Stadt mit engen Gassen, wo, wer auch von den Hörnern getroffen wurde, immer ein Bekannter war, denn jeder kannte den andern, ein Ereignis, was jeden nahe und zunächst anging. Und wo jeder retten und helfen mußte, war's nicht zu verwundern, wenn die Schlächter zuerst zur Hand sein wollten. Der Zorn, heißt's, macht blind; und dem muß man's wohl beimessen, wenn einige das Tier in der Gasse rechts, andere links rennen gesehen und alle ihm nachstürzten, aber einer dahin und der andere dorthin.

Als Bartz Kuhlemey atemlos auf den Platz zurückkehrte, den der Ochs geräumt, ohne daß nur einer des Tieres ansichtig worden, fand er von der Versammlung nichts mehr als die Bänke. Auch Herr Garnekofer und sein Schreiber waren abgezogen. Dagegen saß auf einem Prallstein an der Ecke ruhig Henning Mollner, den Kopf in der Hand gestützt, und der Ellenbogen ruhte auf dem Knie.

Der Meister stutzte, und es fuhr etwas, das wie ein Blitz aussah und ein Gedanke sein konnte, durch sein hochrotes Gesicht.

»Henning, das war deine Stimme, oder ich will nicht Bartz Kuhlemey heißen.«

»Freilich, Ohm«, war die Antwort.

»Junge, wo ist er?«

»Wenn Ihr ihn nicht saht, ich sah ihn auch nicht.«

»Und du schriest?«

»Was ich konnte, Ohm.«

»Der Ochs ist nicht fortgelaufen, Henning?«

Henning blickte ruhig auf und sah sich um. »Sind sie alle fort.«

Der Meister wischte den Schweiß von der Stirn und setzte die Mütze zurecht. »Junge, was soll aus dir werden?«

»Darüber sann ich eben nach, Ohm.«

»Wenn sie erfahren, daß du es warst! Sie vergeben dir den Schabernack nimmer. Willst nicht endlich gescheut werden?«

»Ich meine, es war das Gescheuteste, was ich tun konnte.«

»Steh auf, Junge, ich will dir 'nen Kuß geben«, sprach sein Verwandter, indem er ihn aufhob. »Bist deiner Mutter, meiner lieben seligen Schwester, wie aus dem Aug geschnitten und stattlich wie dein Vater und keck wie dein Großvater. Und von Blut steckt was in dir, das wie ein Mühlrad geht. Auch pfiffig bist du. Aber wo soll's hinaus?«

»Zum Tor«, rief Henning, auf der flachen Hand blasend, wie zum Reiterliede.

»Ein Tor bist du«, fiel der Ohm ein. »In der Stadt ist dein Acker, bist ein Stadtkind. Hier hast Vater- und Mutterfreunde, hier deinen Anhang, hier mußt du schaffen.«

»Mit der Kratzbürst, mit der Elle oder mit der Schere?« fragte spöttisch der Junge.

Es zuckte etwas in des Meisters Gliedern, wie wenn er ein Schlachtmesser ergreifen oder in einer Rüstung die gepreßten Glieder schütteln wollte. »Daß dich, Henning! Jammer und Schande! Wenn du anders wärst, aus dir würde was. Aber das macht deine Erziehung; daß du sitzen mußtest auf der Schulbank bei den Grauen Brüdern und das Abc schwitzen. Oder nein, das Mönchische hast du wieder ausgeschwitzt. Ein frischer Bub, hast rein abgespült das Lampenöl der Glatzen. Aber bei den Weibern – beim Ratsherrn – im Hause da, die vornehmen Gebärden und Redensarten – was weiß ich's –, das hat dich aus der Art schlagen lassen.«

Wir können mit Dinte und Feder die Miene nicht wiedergeben, welche der junge Henning hierzu machte.

Aber sie mußte so ausdrucksvoll und drollig sein und zugleich an irgendeinen bestimmten Vorfall erinnern, der die Rüge Hans Kuhlemeys von selbst niederschlug. Der Meister war geschlagen und ließ es sich gern gefallen. Er lachte herzlich und legte seine breite Hand mit einem derben Schlage auf die Schultern des Jungen.

»Nein, aus der Art bist nicht geschlagen. Bist auch nicht vornehm worden und verdorben, bist ein tüchtiger, toller, durchtriebener Taugenichts. Werden von deinen Streichen noch nach fünfzig Jahren sprechen in Berlin und Kölln.«

Mit einer ehrbaren Miene zog Henning die Mütze und wollte dem Ohm Valet sagen.

»Noch nicht, Bursch. Du schlugst doch aus der Art. Wo es sitzt, das weiß ich nicht; aber wo's nicht sitzen soll, das weiß ich. Halt, halt! Ich rede nicht für dich und mich. Für uns alle rede ich, für die Stadt, fürs Gemeinwohl. Junge, wem's so gegeben ward wie dir; wer so schreien kann und anbinden, so mit den Augen blitzen, so sie aneinanderhetzen, die Leute, und so sie auseinanderbringen; wem sie nachlaufen wie dir, die Tunichtsgute, und die Mädel an den Fenstern nachblinken, und die ehrbaren Väter doch dazu nicken und meinen, das wäre schon einer; Junge, es haben schlechtere Leute als du größere Städte als unsere auf den Kopf gestellt.«

»Gott bewahre uns vor Türken, Pestilenz, Hader und Unordnung!« sprach Henning mit einem frommen Gesichte.

»Und mache die Pfaffen keusch und tapfer und junge Bursche mit Auerochsenknochen zu frommen Lämmern«, fiel Bartz Kuhlemey ein. »Willst ein Mönch werden? Willst beten: Vergib uns unsere Schuld, als auch wir vergeben unsern Schuldigern? Willst ihnen die siebenundvierzig Schock Groschen schenken! Henning, sieh mal, wenn du das tust, bist meiner Schwester Kind, aber dein Vater war meiner Schwester Mann, ein Mann, Junge, wie's nicht viele gab in der Mark. Der drehte sich im Sarge um und kletterte, daß mir Gott verzeih und alle seine Heiligen, als nacktes Gerippe auf Sankt Mariens Turm und schrie Zeter und Wehe über die ganze Stadt und einen Fluch auf dich, daß dich kein rechtschaffener Mann mehr ansähe. Henning, willst ihnen im Rachen lassen, was dir gehört?«

»Nein, Ohm.«

»Blutgeld ist es, deines Vaters Blut klebt dran, dein Ehr und guter Name. Wo du anklopfst, 's ist keine Haustür in Kölln und Berlin, wo dir nicht einer beistände. Und warum klopfest du nicht?«

»Bekomm ich doch den Stock mit dem Zins, wenn ich warte.«

Sein Verwandter war auf diese Antwort nicht gefaßt. Er schüttelte ihn vor Freude; aber mußte doch was ihn stören, ihm durch den Sinn fahren. »Zinsen willst du? Die sind ja verboten zu fordern. Schelten kann man einen, der nicht zahlt, von Gott und Rechts wegen, und den Schmähbrief anschlagen an den Kaak. Ein guter Mann kann einen schlechten Schuldner niederwerfen. Es hat schon mancher ehrliche Kerl einem Hundsfott das Haus gestürmt und den roten Hahn ihm aufs Dach gesetzt – aber Wucher! – Was lachst du? Was für Zinsen forderst du? – Höre mal, Junge, ich will nicht glauben, was sie munkeln. Der Meister Ferbitz soll's gesagt haben.«

»Was hat Meister Hans gesagt?«

»Daß dir der Hochmut in der Schuhsohle sitzt und wie eine Blase Luft im Wasser zum Oberstübchen hinaus will. Ich war von Anfang an dagegen, als dich die Rathenows ins Haus nahmen. Aber deine Mutter seliger mit ihren Witwentränen, wer ist immer stark gegen Weibergeplärr! Eitelkeit und Hochmut ist in ihnen allen. Dachte wunders was! Ja, was soll denn aus einem Jungen werden, der ein ehrlich Bürgerkind ist, als wieder ein Bürger? Und wenn der Kaiser einen in den Windeln ins Haus nimmt, kann er ihn zum Kaiser machen? – Nun haben wir die Bescherung. Gestreichelt haben sie dich und dann hinausgestoßen. Beschwatzt haben sie dich, und du hast gewartet und gewartet, und dein schönes Recht ward schimmlicht und stockig. Junge, gleich und gleich das schickt sich, sonst nichts. Wer in der Zunft ist, der halte zu den Zünften, das macht *ihn* stark und *sie* stark. Nicht drunter weg gesehn, aber auch nicht drüber. Verstehst du? – Wenn du dein Auge würfest auf eine unzünftige Dirne und wolltest sie an den Altar führen, deine Zunftgenossen würden auf dich spucken.«

»Ohm! Ohm!« sprach Henning, »was denkst du! Ich und ein Bettelweib! Pfui!«

»Das denk ich nicht, Henning, aber ich denke etwas. Junge, ich sage dir, ein Fräulein bleibt ein Fräulein, und ein Stolzer bleibt ein Stolzer. Henning, du tust's deinen Verwandten nicht an; dein Name ist ein ehrlicher guter Name, und du lässest keinen drüber lachen – Wo stierst du hin?«

»Da, da, Ohm, seht Ihr?«

»Der Ochs?«

»Nein, der Bürgermeister.«

Als Meister Hans um die Ecke der Breiten Straße sich dahin umschaute, wohin der junge Henning den Hals gereckt, war der plötzlich fortgelaufen; er wußte nicht, ob nach dem Auflauf, der auf dem Platze stattfand, oder um die Ecke sonstwohin.

Achtes Kapitel

Den Ochsen hatten die Knochenhauer nicht gefunden, aber überall auf den Gassen Lärmen und Unruh. Die Beschlüsse in der Morgensprache der Gewandschneider waren schnell durch beide Städte bekannt worden. Mußte viel Zunder der Unzufriedenheit aufgespeichert liegen. Von den steilen, engen Treppen stürmte der Jubel herunter, und aus den Kellern jauchzte er herauf. An Hochzeiten, Begräbnissen und Kindtaufen war's zwar genau vorgeschrieben, wieviel Tische und Schüsseln, Körbe und Kannen der zünftige Bürger, der untertänige und der freie Mann seinen Gästen vorsetzen dürfe; aber auch der strengen Sittenzucht des Mittelalters war es nicht gelungen zu bestimmen, wieviel ein Mann außer diesen Feiertagen trinken dürfe. Zwar sollte ein betrunkener Gesell, wenigstens wenn er zu oft in den Fall kam, von der Innung gestraft werden; aber um ein oder zwei Gläser über den Durst, auch etwas mehr, machten unsere Vorfahren noch kein bös Gesicht. Einen Kuß in Ehren und einen Trunk in Ehren durfte niemand wehren; ja, wer bei gewissen Gelegenheiten nüchtern blieb, der konnte seinen Ruf als guter Bürger aufs Spiel setzen. Um deshalb hatte man sich nicht zu wundern, wenn bei den Morgensprachen außerhalb derselben die Schenkwirte und Kellerhalter guten Verdienst hatten. Und sie hatten heut, wo solche Sachen beraten wurden, die Fässer bis auf die Neige gezapft.

Das war nicht zu verkennen! Wie das alles miteinander und gegeneinander durch die Gassen strömte und wogte. Nur, wenn die Lustigkeit, die durch den Trunk hervorgebracht wird, bei allen Völkern und in allen Zeiten dieselben Kennzeichen hat, als da sind rote Gesichter, feuchte Augen, unreine Stimmen, schiefe Hüte und einen wankenden Gang, ist das nicht zu vergessen: es gab sich im Mittelalter jedweder Ausbruch von allgemeiner Lustigkeit nicht nackend, vielmehr mußte er seine Symbole haben, seine Masken oder was wir auf hochdeutsch itzt Repräsentanten heißen. Öffentliche Schauspiele gab es keine oder wenige; jeder spielte daher gern selbst Komödie, wo es Gelegenheit gab. Prozessionen und öffentliche Aufzüge, das waren die großen Aktus, die ans graue Einerlei bunte Schaufenster stellten, darin der Ernst und die Torheit ihr Bestes aushingen; sie wurden oft vorbereitet, oft machten sie sich von selbst. Wo das Leben noch bunt war und jeder Stand schroff vom andern geschieden und in Wirklichkeit der Sprung über die Schranken fast unmöglich, da war die Versuchung wohl nahe. Wer nicht fürnehm sein kann, grad den juckt's, daß er mal den Fürnehmen spielt. Will er doch im Scherz versuchen, wie sich's im Kleide des andern gehen läßt. Da schützte nicht die Würde des Senators und nicht die Heiligkeit des Priesterrockes; und nicht Stände und Ämter allein, auch Männer und Frauen selbst in hoher Achtung ließ der Mutwill im Mummenschanz springen und singen, ohne daß Stand, Amt und Würde sich dadurch verletzt hielt. Im Gegenteil gönnten unsere Vorväter den andern das Vergnügen, über sie zu lachen, und lachten auch wohl selbst mit; sie meinten nämlich so fest zu stehen, daß ihre Stellung durch ein Gelächter nicht erschüttert würde.

Wie das immer ist, da war Scherz und Ernst bunt untereinander. Während hier einer auf den hohen Steinen an den Ecken der Gassen stand und zu denen umher redete in Feuer und Ernst von Druck und angemaßter Gewalt, von den Zeiten ehemals und wie es die Bürger in andern Städten gehalten, wo das Regiment der Geschlechter aufgehört, kam ein Faschingszug vorüber, der sagte dasselbe, aber viel deutlicher und viel lustiger. Man kehrte dem zornigen Prediger den Rücken, um den Hanswurst zu sehen, der einen Mönch im Sack auf dem Buckel trug und, mit der Pritsche um sich hantierend, Keuschheit, Armut und Gehorsam zum Verkauf anbot, weil sie ihn zu sehr drückten. Ein Ratsherr, mit einem Bauch von Tonnenreifen und auf einem stolzen Pferde reitend, das sich fortwährend unter ihm bäumte, ließ sich mit dem Hanswurst in Handel ein. Aber die drei Eigenschaften zusammen seien ihm zuviel, und schlug er vor, den Mönch in drei Stücke zu schneiden. Die Keuschheit könnten die Badewirte kaufen, die Armut möge er absetzen bei den Edelleuten auf dem Lande, den Gehorsam aber brauche er notwendig, um ihn seiner lieben Stadt Berlin zu schenken. Er wolle für den Teil soviel geben, als der ganze Mönch im Sack wert sei. Aber als man handelseinig war und den Sack von der Kapuze und die Kapuze vom Mönche abzog, auch vielleicht noch einige andere Hüllen, war nichts darunter als ein paar Krähen. Wie jubelten sie da, als der Gehorsam in die Luft flog. Ein Mütterchen hatte in ihrem Korbe einen wohlfeilen Rat zu verkaufen und redete die Elstern, die ihre Köpfe aus den Stäben vorstreckten, zur großen Lust der Umstehenden mit den wohlbekannten Vornamen der wohlweisen Ratsherren an. Auch sah man die verschiedenen Kardinaltugenden auf Eseln reiten, mit schönen gereimten Sprüchen auf der Brust, und sie klagten, daß sie im Lande nirgends ein Unterkommen fänden. In Berlin und Kölln, hätten sie gehört, sei ein Kalandsorden, der die flüchtigen Diener Gottes um Gotteslohn herberge, aber sie seien von Pontius zu Pilatus geschickt, und nirgends sei er zu Hause; zu Kölln müßten die Herren Präpositi den neuen Wein probieren und zu Berlin das Bernower Bier. Auch durften die Lieblingsfiguren der Zeit, die Teufel, nicht fehlen. Sie ritten von aller Gattung und in allerhand abschreckender Kleidung und neckten die Tugenden wie die Zuschauer um die Wette. Wenn sie an den Fenstern ihre lieben Bekannten und Blutsfreunde grüßten und sich erkundigten nach gewissen Heimlichkeiten, die aber in einer Stadt, wie Berlin und Kölln damals, männiglich bekannt waren, so wollte sich alles ausschütten vor Lachen.

Eine unförmlich dicke und große Gestalt, deren Schultern bis über die Fenster des ersten Stockwerks ragten, bewegte sich so schwerfällig daher, wie es bei einer Figur von Stangen und Leinwand nur sein konnte, die verschiedene darin steckende Personen mühsam regierten. Als sie näher kam, sah man, daß sie eigentlich zweilebig war; denn sie hatte alle Gliedmaßen doppelt; nur saßen sie in wunderlich verkehrter Ordnung und hinderten sich gegenseitig in ihren Verrichtungen. Zum Beispiel saß immer ein Bauch und ein Hinterteil zusammen, und die vier Füße gingen nach verschiedenen Richtungen, so daß sie bald vorwärts, bald rückwärts sich hätte bewegen müssen, wenn nicht ein gewaltsamer Impuls von dem Geiste drinnen sie fortriß, wohin er wollte. Daß dieser Geist in dem großen Kopfe saß, der auf dem Rumpfe wackelte, war schwer zu glauben, denn der

Kopf schien allein damit beschäftigt, in seinem weit aufgesperrten Munde alles zu verschlingen, was die vier Hände ihm immerwährend zustecken mußten. An den Farben und Wappenbildern des Ungetüms ließ sich für jeden erkennen, daß der Gliedermann die verschmolzene Stadt Berlin und Kölln vorstellte, und die Zureichungen, die er gierig verschlang, waren grob und deutlich. Auch die Kinder mußten den sehr anzüglichen Sinn verstehen.

Und wäre noch etwas zweifelhaft blieben, so erklärte es der Hanswurst, der die Puppe umsprang, ihr bis auf die Schultern kletterte und, was das Publikum meinte, ihm ins Ohr schrie – denn es war angenommen, daß der Gliedermann taub sei –, und dann verdolmetschte er dem Volke wieder mit ebenso lautem Geschrei das Grunzen der Puppe. Die Tugenden baten um Aufnahme bei der hochmächtigen Frau, aber der Hanswurst schrie ihnen als Antwort zu, sie hätte mit solchem landstreicherischen Gesindel nichts zu tun. Nun bemühten sich die Teufel um dieselbe Gunst anscheinend mit mehr Glück, denn sie nickte ihnen mit verdrehten Augen zu; aber plötzlich hob der Schalksnarr die ungeheure Hirnschale der Puppe in die Höhe, und siehe da, dieselben Teufel, die um Aufnahme bettelten, nickten schon daraus hervor. Die Teufel auf der Gasse waren darüber sehr ungehalten und schrien, das seien Betrüger, sie wären die echten. Hanswurst disputierte gelehrt mit ihnen und rief alle Bürger zu Zeugen, ob die im Leibe nicht die allerechtesten Teufel wären und seit langen Zeiten bei seiner lieben Herrschaft zu Hause.

Da folgte dem Zuge ein Prokurator, auf einem Stuhle hoch über den Köpfen getragen. Eine lange Pergamentrolle rollte aus seinen Händen, und dicke Folianten, angeblich voll Kaiserrecht und geistlichem, dienten ihm als Kissen. Er rief es nach allen Seiten aus, daß er als Kläger kommen und wolle auf Scheidung einer Ehe klagen, so nach göttlichem und menschlichem Rechte ungültig sei.

»Vor welchem Gerichte klaget Ihr dann, Herr Doctor canonicus?« fragte Hanswurst.

»Vor Schöffen, Richter und Rat, daß sie ein ordentlich Gericht hegen mögen«, antwortete der Doktor.

»Wo ist dann die ordentliche Wurst und die Speckseit, die Eier und Kuchen? Anders wird hüben und drüben der Spree kein ordentlich Gericht gehegt«, sagte Hanswurst.

»So lade ich sie vor Kaiser und Reich. – Wo sind Kaiser und Reich?«

»Die sitzen auf der langen Bank, Herr Doktor.«

»So will ich mich zu ihnen setzen.«

»Tut das ja nicht, Herr Doktor. Ihr bleibt dann auch sitzen.«

»So lade ich sie vor das heimliche Gericht.«

»Beileibe nicht, Herr Doktor. Da kehrt Ihr niemals wieder. Der Rat hat schon alle Stadtkassen vor sein heimlich Gericht laden, und ist noch kein Groschen zur Allgemeinheit zurückgekehrt.«

»So lade ich sie vor das geistliche Gericht«, sprach der Prokurator. »Wo ist dann das geistliche Gericht?«

Augenblicks sah man die Teufel auf ihren Pferden ein Taschenspielerkunststück bewerkstelligen, und es saßen nun, statt der Teufel, ehrbare Kapuzen mit Brevier und Rosenkranz quer über den Sätteln. Einer, dessen Mütze zwischen der des Bischofs und Papstes in der Mitte schwankte, wollte das Gericht hegen, als eine der alten Frauen mit Besenstielen behauptete, das wären keine Bischöfe und Kirchenfürsten, sondern insgesamt Beelzebubs. Die andern Hexen stimmten dem bei; jede wollte ihren besondern vom Blocksberg herauserkennen; wozu die frommen Väter Blicke des Bedauerns und Entsetzens machten, einige aber, die heiligen Geräte erhebend, alle Flüche der Liturgie gegen die besessenen Weiber schleuderten. Als der Lärm zunahm, verwandelten sich zwei Teufel hinter ihren Pferden in ehrbare Bürger und bezeugten auf ihren Bürgereid, daß ihre Kumpane keine Teufel seien, sondern fromme Diener der Kirche.

Der bunte Lärm nahm zu, wie der Zug sich fortwälzte. Die alten Weiber suchten den kanonischen Herren die Kapuzen abzuziehen, die Teufel setzten sich zur Wehr, und eine Katzbalgerei verschönerte den lustigen Ernst. Der Prokurator erklärte jetzt, ob dies des Satans oder des Papstes Kammerdiener wären, wolle er doch nun vor ihnen nicht mehr Klage anbringen, da sie sich ja in den Haaren lägen, wie die Herren auf der Langen Brücke.

»Vor wem willst du dann klagen?« rief Hanswurst.

»Vor der Gemeinheit beider Städte«, entgegnete der Prokurator, sich in seinem Sessel erhebend und den Arm hoch ausstreckend. »Da will ich Recht fordern und will Recht nehmen; denn da allein ist Recht zu Hause.«

Da war unendlicher Jubel. Das war der Haupt- und Glanzpunkt des Schauspiels. Die Mützen und Hüte der Gemeinheit, an die so glücklich appelliert war, flogen in die Lüfte, und Tücher und Fahnen weheten.

»Wie alt ist die Ehe, die du dann willst geschieden haben?« fragte Hanswurst, jetzt vermutlich im Namen der Gemeinheit.

»Einhundertundfünfunddreißig Jahre«, antwortete der Prokurator.

»Was für Ursachen hast du dafür? Verträget sich dann die Ehe nicht, oder sind sie zu nahe verwandt?«

»Sie sind so nahe verwandt, daß es eine Schande ist, und sind so uneins, daß es auch eine Schande ist.«

»Wie kann man dann das besser machen?« fragte Hanswurst.

»Wenn man ihnen einen andern Kopf aufsetzt. Denn der Kopf verschlingt alles, was die Glieder wirken und schaffen. Der Kopf denkt für sich und nimmt für sich ein und lässet den Gliedern nichts zukommen. Und wenn eins klaget und saget: das kam mir zu, so spricht der Kopf: das nahm das andere schon. Und kriegt keiner, was sein ist, denn es heißt allezeit: der andere hat's schon weg. Und ist darum immerweg Unfrieden. Darum frage ich die Richter: Sollen die beiden eins bleiben, oder sollen sie zwei werden?«

Das tausendstimmige Gericht gab die Antwort, welche man sich denken kann. Auch erschien bereits eine neue Puppe, ein hagerer langer Mann mit rotem Mantel, über dessen Schultern ein gewaltiges Schwert funkelte. Es war der Scharfrichter, der die Ehe trennen sollte. Doch verfuhr man auch in solchem Puppenspielgericht mit Billigkeit und forderte zuvor den Angeschuldigten auf, zu antworten und sich zu verteidigen. Die wandelnde ungefüge Puppe, welche bis da ihrem Ankläger immer den Rücken zugekehrt, wurde mit Mühe umgedreht, und das ungeschlachte, dumme Gesicht, das in einem fort den ungeheuren Mund aufsperrte, ohne ein Wort vorbringen zu können, erregte ungemeine Belustigung. Was man auch fragte, es grunzte, verdrehte die Augen und nickte und schüttelte, wie man es verlangte. Da es also alle Antworten gab, die man haben wollte, zur Ergötzung des Volkes Schwächen und Fehler eingestand und Fähigkeiten und Tugenden ableugnete, so erklärte es sich auch selbst für schuldig und willigte in seine Scheidung. Der große Stelzenmann hub sein Schwert auf und schwang es über der Puppe.

Die Zuschauer hatten sich inzwischen bedeutend vermehrt. Man war, als dieser Hauptaktus vorging, bis an den freien Platz gekommen, auf den Breite- und Brüderstraße mündet, und zu den mithergeströmten Zuschauern kamen noch die, so schon auf dem Platze um die Kirche waren und aus der Barbierstube des Meister Ferbitz die Faschingsneuigkeit mit ansehen wollten. Auch von drüben, über der Brücke, hatte die Neuigkeit Müßige angelockt. Der Scharfrichter hatte dem Ungetüm den vielbesprochenen Kopf abgeschlagen und die Puppe sich darauf in zwei Wesen gespalten, von denen einer jeden sofort zur großen Freude der Leute ein besonderer Kopf aufwuchs, und beide umarmten sich und tanzten miteinander. Der abgeschlagene Kopf rollte wie ein großer Kürbis auf dem Boden. Hanswurst hob ihn auf und zeigte, wie es ein hohles Ding gewesen, wovor man sich gefürchtet, und hielt ihm erbauliche Reden, wie er es sollen besser und gescheuter machen, wenn er hätte wollen festsitzen. Er fragte ihn, was er nun anfangen wolle. Und als der Kopf nicht antwortete, versetzte er ihm zur steigenden Belustigung des Volkes einen Backenstreich und fragte ihn, was er denn könne und wovon er leben wolle. Regieren? Raten? Richten? Wolle kratzen? Seife sieden? Ins Feld ziehen? Am Tore Wache sitzen? – Der arme Kopf konnte nichts; er war von seinem Leibe getrennt. – Hanswurst bot ihn nun aus, ob sich niemand seiner annehmen wolle. »Wenn er nichts kann, eins wird er doch können – schwimmen.« – »Die Wasserprobe an ihm probiert!« hieß es. »Schmeißt ihn in den Fluß!« – »In die Spree, in die Spree!«

Aber als Hanswurst den Kopf nach dem Ufer tragen wollte, war ein schwarzgekleideter Mann herangesprungen und riß ihm denselben zornig aus der Hand. In demselben Augenblick lief ein Gemurmel durch die Menge: »Der Bürgermeister!« Es war aber nicht Johannes Rathenow selbst, der dies tat, sondern der Stadtschreiber, der mit ihm kommen war, und konnte seinen Zorn nicht halten darob, daß man ein Bildwerk, wenn auch nur ein schlechter Puppenkopf, darauf die vereinigten Zeichen der Städte Berlin und Kölln, dergestalt verunglimpfte.

»Da sei Gott für«, rief er, »daß so schlechte Hände ein so gut Ding schädigen.«

»Der Kopf ist mein«, rief Hanswurst, welcher in seiner Verkappung die hohe Anwesenheit noch nicht merken mochte, und wollte ihn wiederhaben. »Der Richter sprach ihn mir zu.«

»Der Galgen, Schelm, ist dein«, rief der Stadtschreiber. »Und da steht dein Richter«, und er wies auf Herrn Johannes Rathenow.

Nun ward auch Herr Johannes sehr zornig und rief: »Ist's so, daß man achtet der beiden Städte Ehr und Wappen!«, und in strengem Tone hieß er sie auseinandergehen, wo er nicht Ahndung verhängen solle. Aber mochten ihn viele nicht gesehen und erkannt haben, denn er stand nicht höher als die andern und war nicht von überragender Körpergröße, oder sie hatten ihn erkannt, die aber, die das Spiel angeordnet, hatten nicht Lust, das Heft aus den Händen zu geben und, was so hübsch anfing, so ohne Schluß und Ende ausgehn zu lassen. Also drängten die von hinten die Vornstehenden vor, und es schrie von allerwärts: »Ins Wasser mit ihm! Probiert, ob er schwimmen kann, der gestrenge Herr.«

Da riß sich Herr Johannes in die Höh und schwang sich auf eine steinerne Bank am Eck und rief, daß man es bis ans Ende des Platzes hören mußte: »Ihr Bürger von Kölln und Berlin, Achtung vor Obrigkeit und Gesetz! Ich, Johannes Rathenow, erwählter Bürgermeister, heiße euch auseinandergehen auf der Stell, im Namen des Rates, der Richter und Schöffen beider Städte!«

Da ward es wohl auf einen Augenblick stille; doch hätte nicht so viel Zunder liegen müssen, daß der harte Ton nicht Funken schlug. »Wer hat ihn denn gewählt?« rief eine Stimme aus dem Volk. »Hast du ihn gewählt, Niclas? Oder du, Peter?« – Da erhob sich ein stilles Gelächter, wie es dazumal selten war, desto häufiger aber ward es in spätern Zeiten im Berliner Volk vernommen. Einige sahen sehr scheel und possierlich; nur nicht die, so Herrn Johannes zunächst standen, denn sein Blick war so zornig, seine Augen schossen solche grimmige Blitze, und seine Lippen waren so aufgeworfen, daß, die ihn ansahen, ihre Augen senkten vor Furcht und Bestürzung.

»Er kann drüben befehlen, hier gilt nicht bange machen.« Das ungefähr der Sinn des Murmelns von fern her, das in lautem Aufruhrschrei endigte. »Hier ist Kölln! – Hier sind wir Herren!«, und es gab aufgehobene Hände und freche Gesichter, von fern her wälzte es und tobte gegen den Punkt, wo der Bürgermeister stand. Der Ratsdiener hielt schützend das Amtszeichen vor seinem Herrn, und der Stadtschreiber fragte, ob er die Wachtmannschaft aufbieten und die Stadttrommel solle rühren lassen. Aber vorerst hatte die bedrohte Obrigkeit schon anderwärts und einen nähern Schutz gefunden.

Ein wohlbeleibter Bierschröter, der sich vorhin die Seiten halten mußte vor Lachen über das Possenspiel, und hatte es auch dadurch gezeigt, wie er's meinte, daß er nicht einmal die Mütze vor dem Bürgermeister abzog, da er ihm doch zunächst stand, der fand sich itzt gekränkt, denn er war von Berlin. Als zween Schusterburschen aus Kölln, die dem Zuge vorandrängten, oder sie wurden vorangeschoben, mit frechen Gebärden ihm und dem Bürgermeister zu nahe getreten waren, ohne ihn zu fragen, war's vielleicht auch mit einer herausfordernden Miene oder so etwas, was auf den alten Streit zwischen den Städten anspielte und kein berlinisch Blut ruhig mit ansieht, da faßte und duckte er mit seinen Riesenarmen den einen dermaßen gegen den andern, daß beide sich verwickelten, und sie stürzten übereinander. »Die Schuh mißt man an den Füßen, ihr Lümmel«, sprach er.

Die Menge prallte im ersten Augenblick zurück, aber nur wie man zu einem Kampfe Platz macht. Auch die Köllner hatten ihre Ajax und Hektor; man schrie ihm entgegen: »Berliner Bierfaß, unterstehst du dich, köllnische Kinder anzurühren!«

»Wer Pech anrührt, beschmiert sich«, erwiderte der Schröter. »Aber nur ran, wer Lust hat! Kann mich wieder waschen.«

Das Pech und die Hände waren nur zu bald an vielen Stellen in Berührung; aber ehe der Ernst ernsthaft werden konnte, fing man mit einem Male an, hell zu lachen; denn beide Puppen, die Berlin und Kölln vorstellten und vorhin eins waren, begannen sich auch zu schimpfen und zu schlagen; sie rissen sich die Pappstücken und Leinwandfetzen vom Leibe und schlugen sich die Wappen der Städte um die Köpfe, und dabei ward für die Eingeweihten der Spaß um so größer, denn der Kölln vorstellte, war ein Berliner Kind und umgekehrt der für Berlin ein wohlbekannt köllnisch Gesicht.

Während nun alles lachte, selbst wo man sich mit den Händen in den Haaren lag, hatte Herr Johannes Rathenow zum alleräußersten Ernst sich gesammelt. Er war vom Stein herabgesprungen, mitten in die Haufen hinein, und da wich man ehrerbietig vor ihm; und mit gerunzelter Stirn, mit drohendem, fast furchtbarem Blick und die Hand gehoben wiederholte er seinen Befehl – daß sie auf der Stelle auseinandergingen und den Mummenschanz fortwürfen. Ja, er hieß den Hanswurst einfangen, der sich Schimpfes und Hohnes gegen das Stadtregiment erfrecht; und es war zweifelhaft, ob man ihm nicht gehorsamt hätte, wenn der Hanswurst sich fangen lassen; der aber hatte sich inzwischen in der Menge verkrochen und war nicht zu finden. Aber statt seiner kam, von großem Anhang umgeben, den Meistern der Gewandschneiderinnung, deren einer die aufgesetzte Schrift vor sich trug, ein köllnischer Patrizier zum Vorschein. Mathis Blankenfelde war sein Name, und sahen wir ihn schon, den Ältermann von Kölln, ein Herr von ziemlicher Länge und zierlicher Kleidung, mit einem Weltmannsgesichte, der sich sehr verwundert zeigte, was denn hier vorgegangen, ob er es doch wissen mußte, und dabei sein Barett lüftete vor den Bürgern und einigen die Hände drückte, als wären sie nicht in offenem Widerstande gegen ihre Obrigkeit, sondern als wären hier zwei Parteien und sie stritten nur untereinander um etwas, das zweifelhaft war.

Er zuckte die Achseln, als er vernahm, daß man ihnen ihren bunten Maskenzug verarge, und redete gegen seinen Kollegen von einer harmlosen Lustigkeit, die man nicht so streng zu nehmen habe.

Da wies Herr Johannes auf den zerspaltenen Kopf mit den beiderseitigen Stadtwappen und fragte: ob das harmlos Spiel sei.

»Nun, ihr lieben Freunde«, wandte sich Herr Blankenfelde zu dem Volke, »werdet den Kopf schon wieder zurechtsetzen, wenn's not tut.«

Sie lachten und ließen Herrn Mathis Blankenfelde leben, der's mit den Bürgern gut meine.

»Ich aber will meinen grauen Kopf nicht mit Ehren

fürder auf diesen Schultern tragen, so ich den Unfug dulde«, brach Herr Johannes heraus.

»Daß sie den Fasching vor der Zeit feiern!«

»Torheit ist in aller Welt Torheit«, fuhr der Bürgermeister fort, »der Torheit ärgste aber die, wenn, die sich lieben und helfen sollen, sich Toren schelten und aufsässig sind denen, die sie schützen und schirmen.«

»Nun, hier in Kölln«, sprach Herr Blankenfelde, sich mit gar bedeutungsvoller Miene umschauend, »werden die Bürger sich wohl selbst schützen.«

Der Stadtschreiber rief entrüstet: »Herr! dulden wir's?«

Da fuhr es Herrn Johannes heraus: »Ihr wollt ein Ratmann und Ältermann sein und die Zwietracht nähren! So die ihnen ein Exempel sein sollen, mit Torheiten ihnen vorangehen, muß ja wohl der Toren Acker blühen.«

»Vorangehen!« rief lächelnd der Vorsitzer der Schneidergilde, denn das war Herr Blankenfelde, und schaute sich unter den Seinen um. »Nicht wahr, der Rat geht überall voran, und ihr bleibt immer zurück! So lautet ja wohl die Summa des Inhalts eurer Beschwerdeschrift an den Rat? – Nun übergebt sie doch Seiner Wohlweisheit, und ihr erspart euch den Weg bis zum Rathaus.«

»Was ist das?« sprach der Ratsschreiber, dem sie die Rolle hinhielten, und er blickte fragend den Bürgermeister an.

»Unsere Klagen!« schrien zehn Stimmen, und ein unbändiger Lärm entstand. »Unsere Klagen!« tobte es durch die Menge, und der strenge fragende Blick des Bürgermeisters mochte ihnen als Herausforderung gelten, was auf dem Pergamente stand, ihm im verworrenen Getös von Hunderten von Stimmen zuzuschreien. Es war wie ein Platzregen, und ein Wort machte das andere tot. Herr Johannes hätte zehn Ohren und noch zehnmal mehr Zungen haben müssen, hätte er alles hören wollen und drauf Antwort geben. Um ihn und aus den Fenstern schrie es ihn an und forderte Rechenschaft. Die Weiber waren ebenso laut als die Männer, und da wurde alles Vernarbte und alte Vergessene wieder aufgerissen.

Herrn Johannes' ruhige Haltung mochte die Menge nur noch mehr erbittern. Ein verwogen Gesicht drängte sich dicht an ihn:

»Und wer zahlt dem Henning Mollner?«

»Henning Mollner!« schrie es, das wurde itzt das Losungswort. Man ließ ihn leben, und Schimpfworte, so kräftig und ausdrucksvoll, als sie nur vor vierhundert Jahren möglich waren, dröhnten durch die Luft gegen die Geschlechter und den Rat und die Feinde der Gemeinheit. Hatte es doch den Anschein, so frech umdrängten sie ihn mit Fragen und Gebärden, als wolle man von ihm selbst das Geld fordern. Vergebens suchte itzt Herr Mathis Blankenfelde dazwischenzureden. Ihm war es auch nicht darum zu tun, daß das Übel so arg wurde. Sprach, der Rat werde sein Unrecht einsehen, man müsse ihm nur Zeit lassen, denn gut Ding wolle Weile.

Weil nun einige schrien: »Nichts von Weile, es hat genug geweilt.« – »Wenn man sie nicht kitzelt und preßt, rücken sie nicht raus.« Und: »Schmeißt den alten Rat zur Stadt naus, wir haben Rat genug bei uns.« Und: »Die Zünfte sollen aufs Rathaus!« Einige schrien sogar: »Macht den Henning Mollner zum Bürgermeister, und er wird gescheuter regieren!« Also während das und ähnliches die Menge schrie, überlief es dermaßen den Bürgermeister, daß er die Schrift der Gewandschneider vor allen in Stücke riß, und dabei rief er, daß es den Lärm übertönte:

»Also, wie ich das tue, wird dem Henning Mollner sein Recht werden.«

Und nun möchte es schlimm gestanden haben mit dem Bürgermeister, weil eine rasche Handlung allezeit die andere vorruft, und wenn die, welche mit dem Beispiel zur Mäßigung vorangehn sollen, das Exempel des Ungestüms geben, die, so nachfolgen, keine Grenzen mehr kennen. Es war Herr Johannes Rathenow von Person der Gemeinheit nicht so verhaßt als mehre andere der stolzen Herren, aber beliebt war er auch nicht. Wenn ihm auch keiner Druck und Beeinträchtigung vorwerfen konnte, wie anderen Häuptern von den Geschlechtern, so war es doch eben sein stolzer Blick und die Art, wie er grüßte, und daß er sich nur selten zeigte auf dem Schießanger, bei Hochzeiten und in der Faschingslust, was ihn fernhielt von der Bürger Herzen. Sie wußten alle, wie er zu Henning Mollner stand, und er, der sein Fürsprech sein sollte, hatte ihn hier öffentlich gelästert und die Schrift der Gewandschneider vor allem Volk zerrissen; und es war zu aller Zeit gefährlich, eine aufgebrachte Menge ins Angesicht zu verhöhnen. Der Beispiele hatte man aber aus den Städten in Sachsen und im Reich, wo in der Erhitzung der Parteien auf offner Straße Blut geflossen und Magistrate von den ergrimmten Bürgern erschlagen waren. Auch war es erst vor hundert Jahren geschehen, daß ihre Eltervãter den Bernower Abt sogar vor der Kirchtür erschlagen hatten und zerrissen und darauf verbrannt, um daß er sie beleidigt hatte; war's aber kaum ärger, was er getan, als was hier Herr Johannes vor aller Augen tat.

Weil nun aber die Schneider und Schuster und die Frauen an den Fenstern und das Volk ein gewaltig Geschrei anhuben – ja, man hörte: »In die Spree mit ihm!« rufen, schrie eine Stimme, die als ein Donner klang, der die Wolken zerreißt: »Aufruhr!«

Es war Herr Pawel Strobant, der mit höchst zornigen Augen und von Unwillen glühendem Gesichte sich durch die Menge Bahn brach. Seinen Degen hatte er aus der Scheide und schrie: »Will das Gesindel auch sprechen! Ist denn niemand da, der aufs Maul ihm schlägt.« Und dabei drängte er und stieß mit seinem Degenknauf und den Armen die, so um ihn standen, unsanft zurück; und es schien, als ob sein zornschnaubender Blick eben wie das Volk auch den Bürgermeister selbst traf, daß er es geduldet. Herr Strobant, der immer auffahrend und heftig war, konnte aber wagen, was der Bürgermeister nicht wagen dürfen; denn er hatte bei sich mehrere Herren aus Berlin, die auch in der Barbierstube gesessen; und sie hatten sich ihm angeschlossen, und noch sonst kräftige Männer, die ihren Mann standen und bewaffnet waren, wie es sich für gute Leute schickte. Und als er anfing zu schimpfen, wie es seine Art war, wenn er in Zorn geriet, auf was ihm in den Weg trat, und das waren wohlbekannte Gesichter von Köllner Handwerkern, so lachten und schimpften mit ihm, was von Berlinern da war, und der Bierschröter voran.

Die Köllnischen bezahlten alles redlich wieder und auf der Stelle, zumal als Herr Pawel, der sich in seinem Übermute sehr viel dünkte, sie köllnische Fischweiber schalt und fragte, was denn ihre Männer dazu sagen würden, wenn sie über das unnütze Gewäsch auf der Straße zu Hause die Suppe überkochen ließen. Da hieß es: »Die Suppe kocht schon; wir wollen sie den Berlinern zu kosten geben.« Und die Hände griffen in den festgetretenen Schnee und Schmutz.

»Steckt Euer Schelten ein, Herr Pawel Strobant!« rief Herr Mathis Blankenfelde, seinen Degen ziehend.

»Steckt Eure Schneiderelle ein!« entgegnete ihm Herr Pawel.

»Die Fischsuppe in Kölln könnt Euch versalzen werden!« rief der Köllner Ratsherr.

»Das Austrinken ist Euer, wir wollen sie umrühren«, schrie Herr Strobant.

»Wenn Ihr den Bettel einrührt, wird man Euch den Bettelvogt schicken«, erwiderte Herr Mathis.

»Bettel hin, Bettel her. 's ist alles Bettelgilde bei Euch.«

Nun ging es erst los. Vergebens rief der Bürgermeister hier- und dorthin Frieden. Die beiden Herren zankten sich, daß es eine Lust war, für die es hören konnten; aber der Lärm war viel zu groß. Und sie wurden von einem Ende des Platzes zum andern hin und her gestoßen und gedrängt; denn so strömte es von vielen Seiten. Der aufgebrachte Herr Mathis schrie, er wolle ihm beweisen, daß er edel Blut habe. Der wütende Herr Strobant schrie noch lauter: »Ihr Köllner seid durch die Bank wendische Bankerte. Was von deutschem Blut auf euch kam, schwamm durch eure Fischkasten fort, und nichts blieb zurück als der slawische Laich!« – Es war ein Glück, daß beide im Gedrang nicht aneinander konnten. Aber ihre Freunde halfen ihnen im Schimpfen; und was die Berliner Herren von Spott und Verachtung gegen die Bürger von sich gaben, das bekamen sie reichlich wieder, und alle Schimpfnamen, die auf die Geschlechter im Gange waren, wurden hervorgeholt, und es wetterte und hagelte von dem, was den Ohren wehe tat und das Blut erhitzte, als wäre es nicht im Februar, sondern im heißen August.

Neuntes Kapitel

Auf dem Söller über Meister Ferbitz' Badestube war es auch nicht leer, derweilen das, was wir erzählten, sich auf dem großen Platze darunter zutrug.

Es hatten einige von Anbeginn des Auflaufes demselben von dort zugeschaut; nicht daß sie hinaufgestiegen wären in Erwartung, was kommen werde, vielmehr schienen es Fremde, so der Zufall oder der schöne heitere Wintertag dahin gelockt, weil der Meister noch mit den Gästen unten in den Lauben beschäftigt war.

Einer, welcher der Vornehmere schien, hatte, in seinen Pelz tief eingehüllt, schon lange dort gesessen, die Arme verschränkt; und der scharfe, klare, aber ruhige Blick seines blauen Auges hatte die Gegenstände umher einen nach dem andern aufmerksam gemustert, derweil die beiden andern, der eine auf seinen Schemel hinter ihm gelehnt, der dritte unfern davon an dem Geländer standen.

Die Morgensonne beleuchtete recht anmutig die Türmchen und Giebel des großen Rathauses auf der Langen Brücke; die bunten geschnitzten Balkenköpfe und Stiele mit all den Bildwerken daran glänzten helle, und die Fähnlein darauf wehten in der Morgenluft.

»Ist's Euer Gnaden nicht zu luftig hier oben?« fragte der hinter ihm Stehende.

»Nichts von Gnaden hier«, sagte der Sitzende. »Auch ist mir's grad so luftig, als ich es wünsche. Das ist ein guter Platz, den sich der Barbier gewählt; nur etwas höher sollte es sein! Übersähe man doch beide Städte und meine liebe Spree dazu, welche sie verbindet und trennt. Zumal könnte man den Herren in den Ratssaal hineinschauen. – Nicht wahr, ein schönes Haus, was die reichen Bürger sich erbaut? –«

»Was schaust du wieder so verdrießlich, Konrad?« wandte er sich zu dem Junker hinter sich. – Denn Junker waren sie alle drei gewiß; man hatte es auf den ersten Blick weg, sie waren von anderm Guß als die Bürgerherren unten. – »Du vergleichst immer nur mit Franken; und darum will dir hier auch gar nichts gut und angenehm dünken.«

»Wahrhaftig«, entgegnete der Angeredete, »man tut hier besser, wenn man die Augen zudrückt, so kann man sich doch etwas vorstellen, was nicht da ist; denn was da ist, ist abscheulich und nicht zu ertragen.«

»Was hast du auszusetzen an dem zierlichen Rathaus?«

»Daß die kurfürstliche Fahne drauf nicht anders steckt als wie eine Borste am Stachelschwein, wie ein Weizenkorn unter einem Haufen, wie – was weiß ich's! Wie sich's nicht schickt und recht ist.«

Der Junker in dem Zobelpelz sah scharf darauf hin und wiegte bedächtig den Kopf. »Etwas höher könnte sie freilich stecken; es käme nur darauf an, daß man es den Herren vom Rate vorstellte.«

»Vorstellen!« rief der andere wie ungehalten. »Wenn's mir erlaubt würde, wollte ich auf das Dach klettern und sie auf die oberste Firste pflanzen und mich nicht drum kümmern, wenn ich beim Herunterklettern mit den Hakken den andern gespreizten Wischtüchern zu nahe käme. Blitz und Wetter! was sollen die Hansefarben dort!«

Der Junker auf dem Schemel winkte ihm Vorsicht zu. »Wir sind hier nicht unter uns, Konrad. Was fällt dir grade das so auf? Wenn wir aus der Burg zu Nürnberg auf die Stadt niederschauten, sahen wir da die kurfürstlichen Fahnen auf den spitzen Bürgerdächern? Das Stadtwappen ward uns ja auf jedem Pfahl gezeigt.«

»Was uns in Nürnberg mißfiel, soll's uns in Berlin gefallen?« entgegnete der Stehende. »Und was sind diese Krähennester, diese Maulwurfshügel und Ameisenhaufen gegen eine Reichsstadt! Schlammpfützen, Pfahlbauten, von ehegestern alles, mit Insekten darin, die nach dem Sand und Morast riechen, aus dem sie herauskrochen –«

Der Sitzende lächelte. »Unser Gelehrter dort mag dir das einmal anders erklären. Nicht, Johannes«, sagte er zu dem dritten, »die Bürger dieser Städte wollen keine Wenden sein? Sie rühmen sich deutscher Abkunft.«

Der Angeredete bejahte es schweigend, da er meinte, daß der Junker es nicht ernstlich mit der Frage auf eine gelehrte Erörterung abgesehen.

»Und wenn«, fuhr der erste fort, »so sind es die breitgetretenen, plumpen sächsischen Gesichter, diese Flamänder und Friesen, die das Wasser dort forttrieb, und hier suchten sie ihr Element im feuchten Schmutz wieder auf. Es war der rechte Mischmasch zu dem wendischen Gezücht. Plump, halsstarrig, faul, Trunkenbolde; ohne Schwung und Erhebung bleiben sie fest, wo sie sich hinsetzten. Wie sie jenseits der Elbe im fetten Lehm sich einnisteten, so hier in den Moorgründen, um dem Kote am nächsten zu bleiben, aus dem sie geknetet worden.«

»Wenn es nach dir ginge«, sprach lächelnd der im Pelze, »so setzten wir uns des ehesten allesamt zu Pferde und sagten der sauer erworbenen Mark Valet. Was unsere Brüder wohl dazu sprechen würden!«

»Ein Land ohne Berge ist kein Land für einen adligen

Sinn. Wo man sich nicht umschauen kann, wie mag man da zu Haus werden!«

»Nun, man *baut* sich Berge«, sprach der Sitzende und ließ dabei den Blick allmählich in den blauen, klaren Winterhimmel schweifen. »Der Platz hier, wie ich vorhin sagte, gefiele mir.«

Ein Raubvogel stieg grade in die Lüfte, und die Augen des Redenden schienen seinen Flug unwillkürlich zu verfolgen.

»Bis wo der hinsteigt«, bemerkte der Ritter hinter dem Stuhle, »baut Ihr doch keine Berge, und wenn Kaiser und Reich aus ihren Truhen beisteuerten. Was waren die Burgen dieser Herren hier, die sich Ritter nannten und Adel – Gott weiß, mit welchem Rechte? –, Wolfsgruben und Fuchsbauten.«

»In einem flachen Lande«, sagte der andere, »genügt eine mäßige Höhe, um viel zu überschauen. Man braucht nicht Alpen aufzutürmen, um von der Elbe bis zur Oder zu sehen. Gute Werkmeister und Maurer und Zimmerer, die Spree hat einen geduldigen Rücken und trägt Steine und Holz zu, als wir wollen, und in Monden und Jahren steht ein Berg da, wie – ich ihn will.«

Er war aufgestanden, indem er dieses sprach, und schaute noch einmal ringsum, als itzt Meister Ferbitz, der seiner andern Kunden ledig geworden, die kleine schmale Treppe hinaufgestolpert kam. Mutmaßlich mochte er vorhin seine Gäste nicht genauer in Augenschein genommen haben, denn wenn seinem Gesichte zu trauen, so erschrak er nun, als er die Herren von Kopf bis Fuß musterte, daß er nicht früher geeilt war, sie zu bedienen.

Es hätte nicht Meister Hansens Pfiffigkeit bedurft, um das einzige, was er abmerkte, aus ihrer Sprache zu entdecken, nämlich, daß die Herren aus dem Reiche waren. Denn sie redeten unter sich hochdeutsch. Es waren aber zur Zeit der ersten Hohenzollern so viele Ritter und Herren aus Franken und da herum in die Marken kommen, und der Hofhalt der Fürsten und ihre Verbindung mit den Burggrafen von Ansbach und Bayreuth führte noch jahraus, jahrein Fremde, so Kriegsleute als Geistliche, Kaufleute und Künstler, ins Land, daß die hochdeutsche Mundart an sich nichts Befremdendes war.

Also indem er sein Messer schliff, ohne viel klüger zu werden, murmelte er vielerlei über die Bärte hierzuland: »Wie Borsten, meine gnädigen Herren! – Bei allen Barbierwahrzeichen durchs ganze Heilige Römische Reich! Ich will lieber ein Stachelschwein rasieren als dieses Bürgervolk. – Scharten, nichts als Scharten; ich sage nicht zuviel, wenn jeder Bart durch die Bank mich ein Messer kostet. – Und wie die Bärte, so die Menschen. Nichts Geschmeidiges; das steht alles trotzig und borstig, gibt nicht nach und kommt nicht entgegen; ist dumm und will nicht klug werden; ist versessen auf was es hat und nimmt nichts an, was von außen kommt. Man mag's ihnen ins Land, man mag's ihnen ins Haus tragen, sie stellen's in den Winkel und bleiben beim alten.«

»Sind die Bärte anderwärts besser?« fragte der eine Junker.

Der Barbier fing, von seinen Wanderungen erzählend, an, Sachsen und Franken und Schwaben zu loben, ohne in seinem Lobe bei den Bärten zu bleiben; aber wo er auch anpochte, bei den schönen Mädchen, den stattlichen Rittern und prächtigen Herren, den fürstlichen Hofhaltungen und den reichen lustigen Städten, war's, als wenn er mit einem Fliegenwedel gegen stählerne Harnische schlug; er drang nicht durch, und es kam kein Funken raus.

»Bist du nicht von hier, daß es dir in dem Lande nicht gefällt?« fragte endlich der im Zobelpelz.

»Leider, gnädiger Herr, bin ich aus dem Bärenneste; aber ich müßte nicht gewandert sein«, und nun folgte die ganze Reisebeschreibung und die Namensliste der berühmten Städte aufs neue, »nicht gewandert müßte ich sein, wo feine Sitte und feine Menschen zu Haus sind, wenn ich nicht –«

»Als geleckter Bär zurückkam«, fiel ihm der Junker

hinter dem Stuhle ins Wort. »Nun zeigt er der ungeleckten Brut zu Haus seine Künste, und der feine Mann macht kein Glück damit.«

»Grade wie mein gnädigster Herr und Markgraf, der Kurfürst«, fiel Hans Ferbitz rasch ein. »Was zeigt der und seine fränkischen Ritter nicht alles diesem rohen Volke, und wie begreifen sie's, wie danken sie's, wie lohnen sie's ihm! Aber er sollte mich nur fragen, wie man mit ihnen umspringen muß.«

»Nun, wie denn?« fragte der in dem Zobelpelze.

Aber Hans Ferbitz hatte eben den Schaum im Becken fertig geschlagen und ging mit einer vollen Hand davon auf den Junker los, nicht anders denkend, als, weil er ruhig dasaß, daß er, seiner Dienste gewärtig, auch zuerst bedient sein wolle. Allein mit einer Bewegung der Hand und einem Blicke, der noch viel mehr sagte, wies ihn der Junker so zurück, daß der Barbier ordentlich erschrak und die Frage ihm fast im Munde erstarb, warum er denn gekommen.

»Nicht, um mich hier scheren zu lassen«, sagte der gestrenge Mann, und sein Mund verzog sich doch zum Lächeln. Die andern aber lachten laut auf, und Hans Ferbitz wußte zum ersten Male nicht, woran er war und was er mit seinem Schaume machen solle; denn die zwei andern Ritter schienen ebensowenig geneigt niederzusitzen.

Aber der Junker nickte ihm schelmisch zu, als muntere er ihn auf, seine Gefährten zu demselben Dienste einzuladen. »Frage sie nur, Meister; mag sein, daß sie Lust haben, die ich nicht spüre.«

»Steck dein schartiges Messer ein!« rief barsch der stolze Herr Konrad. »Die Bürger zu scheren, wie sich schickt, mag es gut sein; wenn wir's dazu brauchen, wollen wir dich rufen.«

Der dritte aber wandte ihm gar den Rücken und sah die Breite Straße hinunter. Hans Ferbitz war nicht ganz wohl zumute, denn niemanden ist wohl, wenn er nicht weiß, was er aus den Menschen machen soll, zumal wenn er sonst gewohnt ist, mit den Menschen zu machen, was ihm gefällt. Da nun mit den Bärten nichts anzufangen war, fuhr er rasch mit seinen Händen, ohne sie zuvor vom Schaum ganz losgemacht zu haben, in die Haare und fragte: »Das?«

Der Junker schüttelte den Kopf und sprang auf. »Geh mit deiner Kunst! Die Haare stehn mir schon genug zu Berge von dem, was ich hier hören mußte.«

Hans Ferbitz wußte noch viele Künste; aber hier, fühlte er, war keine davon angebracht. Denn die Herren waren nicht gekommen, um sich schröpfen, einen Zahn ausziehen, die Ader schneiden oder Leichdornen ausbohren zu lassen, sagte ihm die eine Kunst, die er mit dem meisten Vorteil übte, nämlich die: den Umständen auf den Zahn zu fühlen. Also wie er gar nicht wußte, was er sagen und tun und ob er stehen bleiben oder gehen solle, und seine Verlegenheit in einer tiefen Verbeugung zu verbergen suchte, waren die Herren zusammengetreten, und auf den Wink des Junkers im Zobelpelze, der itzt, da er stand, die andern fast um Kopfeslänge überragte, warf ihm der eine ein Silberstück in die Mütze.

Ob ihm das freilich mehr eintrug, als wenn er zehn Berliner Bürger barbiert hätte, dünkte er sich darum doch nicht reicher denn vorher, auch nicht größer; vielmehr ärmer und kleiner. Denn schon im Mittelalter galt das Bewußtsein für ein großes Gut; und Hans Ferbitz hatte hier das eingebüßt, daß er den Leuten über den Kopf wuchs, wenn ihre Schwächen ihm zu Füßen lagen. Diese ragten ihm über den Kopf, da sie entweder wirklich größer waren als er, oder sie verstanden's doch, ihre Schwächen vor ihm zu verbergen.

Da, als er im Begriff war fortzugehen, winkte ihm der große Ritter noch einmal zu.

»Du bliebst uns noch etwas schuldig?«

»Mit allem, was ich kann und habe, stehe ich solchen Herren allezeit zu Diensten«, antwortete er, sich tief verneigend.

»Wie würdest du mit den Bürgern umspringen, wenn du der Markgraf wärst?«

»Wie sie's verdienen«, entgegnete der Barbier mit einem schlauen Blicke auf den Fragesteller. Er sah sich aber zugleich vorsichtig um, ob ihn niemand aus der Bürgerschaft hören könne.

»Nun, was verdienen sie denn, Meister Bartscher?«

»Es steht geschrieben: was du säest, sollst du ernten. Also, wie ihre Taten sind, sollte auch ihr Lohn sein. Sind die Taten gut, müßte man sie beloben oder beschenken mit Gütern, Freiheiten und Rechten, wie die Fürsten vordem getan; sind sie schlecht, müßte man sie tadeln und strafen, je nachdem sie straffällig sind.«

Der ernsthafte Junker, der mit dem Namen Johannes angeredet worden, verzog hier zum ersten Male sein Gesicht zum Lachen. »Seht mir den Fuchs an, wieviel Löcher er sich läßt!«

»Trotziges Lumpengesindel!« brummte der Junker Konrad.

»Wenn ich Seine Kurfürstliche Gnaden der Markgraf wäre«, fuhr der Barbier itzt fort, nachdem er sich gesammelt und so viel zu wissen glaubte, daß er es hier mit Männern zu tun habe, die nicht von zu großer Liebe für Rat und Bürgerschaft entbrannt waren, »wenn ich Seine Kurfürstliche Gnaden wäre, so fragte ich die Ratmannen und die Gemeinen: ›Wer seid ihr, und wer bin ich?‹ Wenn sie dann nicht anders antworten könnten als: ›Wir sind die Diener, und Ihr seid der Herr!‹, so fragte ich zum zweiten Male: ›Wessen Wille muß geschehen, des Herren seiner oder der Diener ihrer?‹ Wenn sie dann nicht anders antworten könnten, als wie sich erwarten lässet: ›Des Herren seiner‹; so wäre nur zu ermitteln, was mein Wille wäre.«

»Vorangeht, daß du der Kurfürst wärst«, unterbrach ihn Herr Konrad.

»Der Kurfürst geht immer voran, Ihro Gestrengen. Sonder Zweifel will nun der Kurfürst, daß er immer vorangeht und die andern ihm nachkommen. Um das möglich zu machen, muß er aber größer sein als die andern, denn einen kleinen Mann sieht man nicht, zumal von weitem, wie es unserm Bürgermeister geht; weshalb die Leute so wenig Respekt vor ihm haben.«

Die Ritter lachten. »Wie muß es der Kurfürst machen, daß er größer wird?«

Der Barbier machte eine pfiffige Miene. »In Paris haben sie Mittel für alles; aber das ist zu fein für das Volk hier. Einen Kopf höher, das tut es nicht. Wenn er ihnen nicht über die Köpfe wächst wie der Turm von Babel, werden sie nimmer die Hüte vor ihm ziehen und fragen: was begehren Ihro Gnaden?«

»Also muß er auf den Turm von Sankt Marien steigen und den Bürgern zurufen: Schaut mich an und werdet verständig.«

»Oder er baut sich selber einen«, fiel der Barbier ein, und der Junker im Zobelpelz sah ihn wohlgefällig an.

»Davor bewahre der Herr das Heilige Römische Reich und dieses Land zumal, daß noch ein babylonischer Turm gebaut wird. Haben wir nicht genug der Sprachverwirrung?«, so rief Herr Johannes.

Aber der Junker im Zobelpelze sprach: »Ei was, muß es denn ein Turm von Babel werden! Der geriet nur darum nicht, weil die Völker ihn sich selbst bauten, zum Trotze gegen des Herren Gebot, der sie auseinandertrieb. Wenn ein Herr selbst ihn baute, auf starkem Grunde, langsam und fest und grade so hoch und groß, als es die Umstände fordern, wer weiß, ob das kein Turm der Eintracht würde.«

Und damit wäre die Unterhaltung zu Ende gewesen, denn der Junker hüllte sich fester in seinen Pelz, und seine Begleiter sahen dies als Aufforderung an, mit ihm den Platz zu verlassen, wenn sein Auge nicht noch, wie von den Ufern der Spree gefesselt, darauf verweilt hätte. Er schien die Entfernungen abzumessen; und wenn sein Blick jetzt in die Tiefe gerichtet war wie ein Senkblei, so erhob er ihn dann wieder senkrecht in die Höhe, als beschreibe er Linien und Kreise in der leeren Luft. Und dann wandte er sich nach den anderen Seiten zu, wo die Stadtmauer, wie schon beschrieben, in einem weiten, unförmlichen Bogen mit vielen kleinen Türmchen und überdeckten Wegen sich hinter der Kirche nach dem Werder und dem Wasser entlang, da wo itzt die Stechbahn ist, hinzog, um sich mit den Hintergebäuden der Straße der Schwarzen Brüder zu verbinden. Meister Ferbitz mochte wohl glauben, daß er einen vornehmen Baumeister vor sich habe, wie deren aus Italien und andern fernen Ländern an den Höfen der Fürsten lebten. Und dazu paßten auch die Fragen, die er an ihn richtete: wem dies und jenes Haus gehöre? ob dem Magistrat oder einzelnen Bürgern? was Grund und Boden gelte? wer hier den Wall zu erhalten und welche Zunft den und jenen Turm zu verteidigen habe? Worauf alles der Meister Antwort gab; aber mit mehr Respekt und Zurückhaltung, als sonst seine Art war.

Aber die Frage setzte ihn in Verwunderung: »Und was schlügst du deine Bude an, so ein Käufer sich fände?«

»Gestrenger Herr, die Bude ist nicht mein; es ist des hochweisen Rates Badestube. Und zahl ich ihm den Pachtschilling wie mein Vater und Großvater seliger, und ist die Gerechtigkeit ein Erblehn in meiner Familie.«

»So ich dir aber die Gerechtigkeit abkaufen wollte, möcht ich doch deinen Vorteil vorher wissen, daß der Handel nicht zu deinem Schaden ausschlägt.«

»Der gestrenge Herr will –«, fragte langsam der erstaunte Barbier, und seine kleinen Augen suchten den eigentlichen Sinn der Frage noch vergebens auszuforschen.

»Du hörst es ja, er will deine Badestube«, lachte kurz auf Herr Konrad.

Hans Ferbitz verneigte sich schlau und tief. »Zuviel Ehre, meine gnädigen Junker, aber die Stube nützte euch nichts. Die Bürger hierorts lieben es nicht, von vornehmen Herren barbiert zu werden.«

Die Ritter lachten.

»Auch gäb's der wohlweise Rat nimmermehr zu und die Bürgerschaft und Gemeinheit noch weniger«, fuhr der Barbier fort. »Seit und schon vor den Zeiten Markgraf Waldemars war der Ort hier zu Kölln an der Spree eine Badestube, und Rat und Gemeine beider Städte haben es konfirmiert, und seit Ludwig des Römers Zeiten hat meine Familie allhier die Bärte abgenommen, so von Berlinern als Köllnern, von Ratmannen, Handwerkern und gemeinen Leuten. Ja, wenn's blutige Köpfe und krause Sinne gab, hier kamen sie unter ein Messer, und die Eintracht machte sich wieder. Hier wurden die Köpfe zusammengesteckt, so vorher als nachher, und was auf dem Rathause schwarz aussah, sah hier oft rot aus, oft auch was da rot, hier schwarz. Denn die Herren, die zu Rat sitzen, lieben es unterweilen vor der Gemeinheit zu zanken, derweilen sie zu Haus sich ins Fäustchen lachen. Kann auch umgekehrt kommen, daß sie vor Volk und Leuten glatte Gesichter machen, aber wenn die Tür zugeschlagen, werden die Backen garstig rot und die süßen Worte Schimpfworte. In meiner Badestube aber, wenn sie in den stillen Winkeln sitzen, die Herren von den Geschlechtern, da schenken sie sich untereinander reinen Wein, und mancherlei, so auf dem Rathause Jahre dauerte, machen sie bei mir in einem Stündchen ab. Ich kann's mit Wahrheit sagen, in meiner Stube ist die Wahrheit zu Haus; und wie die Leute sonst sagen: Einer käme klüger vom Rathaus wieder, als er hinging; in Kölln und Berlin kann's heißen: Alle kommen klüger vom Hans Ferbitz nach Haus, als sie zu ihm gingen.«

»Du bist ein Köllnischer?«

Meister Hans machte ein sehr pfiffig Gesicht. »Was Ihr befehlt, gestrenger Herr. In meiner Badestube gibt es kein Kölln und Berlin.«

»Seht doch, was diese Bretterbude für Bedeutung hat!« sagte der Junker zu den Rittern. »Der Stein des Anstoßes und Ärgernisses, die Klügsten mußten ihn liegenlassen, weil er ihnen zu schwer war, er hat die Städte in Verzweiflung gebracht, ja Kaiser und Reich selbst, der ist hier gehoben. Da wird der Schelm freilich aufschlagen, wenn er den Preis macht.«

Hans Ferbitz zuckte mit einer Miene die Achseln, die zu dem Namen, den ihm der Junker gab, wohl paßte. »Den Preis werdet Ihr nicht zahlen, Herr.«

»Warum nicht?«

»Weil sich niemand ein Recht abkaufen läßt.«

»So meinst, daß deine Bretterbude ewig stehn wird, wo ein reicher Mann das schönste Haus baute!«

»Solange als rechts vom Spreefluß Berlin liegt und links Kölln, wird die Badestube an der Langen Brücke stehn, und wenn Hans Ferbitz nicht mehr lebt, so lebt doch sein Recht.«

Der Junker im Zobelpelz schaute sehr nachdenklich vor sich hin und dann auf den Herrn Johannes, der um vieles älter war denn er. »Ob man denn nicht ein Recht, wenn es alt wird und schädlich, so gut abtragen kann wie ein altes Haus, das den Einsturz droht!«

»Mit Vergunst, Gestrenger«, sagte da der Barbier. »Gesetzt, der Junker wollte ein schönes, großes neues Haus hier bauen, ein Kaufhaus oder ein Herrenhaus, mit Gewölben, Läden und Hallen oder mit Türmlein und hohen Erkern – und gewiß in beiden Städten gibt's keinen Fleck, so stattlich gelegen; aber die Herren dort«, er blinkte nach dem Rathaus hinüber, »ließen es doch nicht zu. Hans Ferbitz mit seiner kleinen Bude ist ihnen ein guter Nachbar, aber ein großer Herr könnte ihnen ins Fenster schauen und über die Spree was zuschrein, was ihnen nicht gefällt; er könnte auch – was weiß ich's. Aber ich weiß, mit großen Herren ist nicht gut Kirschen essen. Das sagen so die Bürger hier, wenn ein Ratsherr sich bei ihnen zu Gast bittet. Die Ratsherren sind große Herren, nämlich bei uns; aber draußen gibt's noch größere Herren, und wenn solch ein großer Herr sich mit ihnen zu Tische setzte, so möchten sie fürchten – ihre Bissen würden ihnen zu klein und schmal.«

Da hatte sich der vornehme Junker das Barett tiefer auf die Stirn gedrückt und wollte die Treppe hinunter, denn der Herr Johannes hatte ihm schon mehre Male zugewinkt; was seinen Grund darin hatte, daß er viel Volks die Breite Straße heraufkommen sah. Auch hatte der Junker es wohl gemerkt, aber gemeint, es werde nicht so bald herankommen; itzt aber drängten und stürzten sie, und aus allen Häusern streckten die Leute die Köpfe heraus und schrien und lachten und winkten dem Schauspiel, und aus allen Winkeln lief es zu. Da sprach Herr Johannes:

»Es ist höchste Zeit, Herr Junker, so wir noch über die Lange Brücke wollen; ich sehe sie auch schon aus Berlin in großen Haufen anziehen.«

Aber Meister Hans bemerkte ihnen, das sei schon zu spät; denn bis sie hinunterkämen, werde der ganze Platz voll sein und kein Durchkommens bis zur Brücke. Denn wenn es was Neues in Kölln auf den Straßen gebe, bleibe kein Berliner Kind in seinen vier Pfählen, der es nicht sehen wolle; wiewohl er nicht verschwören möchte, daß es die Köllner ebenso machten, wenn auf den Berliner Gassen sich was zutrüge. Doch sei hier nichts zu besorgen, vielmehr die beste Gelegenheit, mit anzuschauen, was es auch gebe, ein Schauspiel oder ein Raufspiel, wie denn aus dem ersten gewöhnlich das zweite würde. Wenn es aber, wie jetzt immer deutlicher der Anschein war, ein Faschingsspiel sei, das von den Zünften ausgehe, so werde es an Spaß und Lust und gutem Streit nicht fehlen, denn man munkele viel von einer Komödia, darin dem Rate übel mitgespielt werden solle, und niemand wisse, wo das enden könne, viele aber würden ihnen den Platz hier oben beneiden.

Also mußten die Herren oben auf dem Dache bleiben, denn es kam, wie Meister Ferbitz gesagt, und konnten alles mit ansehen und hören, was wir schon wissen; obschon sie alle, der Junker aber zumeist, nicht mit gutem Willen dableiben mochten. Dieser zumal hüllte sich noch tiefer in seinen Mantel und drückte noch tiefer die Mütze ins Gesicht und setzte sich so in eine Ecke, daß er alles mit ansehen, er selbst aber nicht wohl gesehen werden konnte. Doch blieben weder er noch seine Begleiter gleichgültig bei dem, was vorging. Vielmals zuckte es wie heller Unwillen über sein blasses, strenges Gesicht, und wie unwillkürlich streckte er oft die zusammengefaßte Hand aus.

Darauf aber, als der Lärmen immer zunahm und die Volkshaufen sich drängten und die Fäuste und Knüttel nicht weniger tätig waren denn die Kehlen und Mäuler und der Auflauf schon an die Bretterwände des Hauses anprallte und Mordgeschrei sich hören ließ, trat Herr Johannes an den Junker und sprach zu ihm ins Ohr:

»Ich riet Euch nicht zu dem Ritte, Herr! Wollte Gott, daß wir schon wieder zum Tor hinaus wären!«

Herr Konrad, der es mit angehört, lachte. »Meint Ihr, weil sie ihre Obrigkeiten nicht respektieren, daß sie auf niemand hören? Wär's mir nur erlaubt, ein Wort zu sprechen – Ihr solltet sehen, wie das zusammenfährt.«

Der Junker sah ihn scharf an und schüttelte den Kopf. »Das Wort wäre zu gut für den schlechten Lärm.«

Da rief einer unten, den sie gedrängt hatten, daß er sich am Pfosten der Laube halten mußte: »Im Namen unsers gnädigsten Herrn und Markgrafen, des Kurfürsten, haltet mindestens seinen Frieden!« Es war der Hauptmann vom Schloß zu Berlin am Kloster, ein alter Herr und guter Ritter, der über die Brücke kommen war, ohne zu wissen, was hier vorging.

Aber sie hörten ihn nicht. »Das sieht schlimm aus«, sprach Johannes und sah die beiden andern an. Da stürzte der Vetter des Herrn Mathis Blankenfelde, hart von einem Stück Holz gegen die Stirn getroffen, und sie blutete. Die von seiner Sippschaft schrien: »Das tat Pawel Strobants Knecht!« – »Schlagt ihnen die Knochen ein, so Herren wie Knechten!« – »Ins Wasser mit ihnen! Laßt keinen über die Brücke von den berlinischen Junkern!« – Es war ein Glück, daß Herr Johannes Rathenow, dem der Bierschröter mit seinen eisernen Fäusten Platz gemacht, schon auf der Brücken war; denn itzt hätten sie auch den Bürgermeister nicht mehr geachtet; so fuhren sie auf die von Berlin los und warfen und drängten sie gegen des Baders Haus, und ihnen war der Rückweg abgeschnitten.

»Ihr lieben Leute von Kölln und Berlin«, rief der Hauptmann mit noch lauterer Stimme, »seht doch für, was ihr tut! – Was ihr auch für Klage habt, das ist nicht Ort und Weise, es auszumachen. Was wird der Kurfürst, euer Herr, dazu sagen, der itzt in Spandow ist, zum Tagefahrten mit den Ständen –«

»Dort!« rief es. »Da oben!« – »Nieder mit den Junkern!«, und alle sahen auf das Dach der Bretterbude. Wer itzt in der Nähe gestanden und dem Junker im Zobelpelz ins Gesicht geschaut, hätte doch gemerkt, daß in ihm etwas vorging, was, wenn nicht Furcht, doch ein Gefühl war, was dem nahekam. Lag etwas so Mutiges und Festes in diesem Gesichte, das in seinen Furchen Zeugnis ablegte von andern größern Gefahren, so er schon erduldet, auch eine Würde, die man sich nicht vorm Spiegel gibt, vielmehr die Ernst und Höhe der Geburt oder nur ein Leben hervorbringt, das in großen Dingen verkehrte und in Wechselfällen des Glückes sich selbst geprüft hat. Aber auch Männer mit dem Stempel solcher Erfahrungen und dem Siegel solcher Würde auf dem Antlitz mögen von dem Augenblick überrascht werden. Denn der stärkste Geist ist doch untertan der Zeit und ihren Wechselfällen, und nur dadurch bewährt er sich, daß er nach dem Unfall sich wieder erhebt, daß er wohl besiegt, aber nicht überwunden werden kann. Aber wenn ein Schatten über das blasser gewordene Antlitz des Junkers lagerte, niemand sah es, denn die beiden Ritter drängten sich dicht vor ihn, die Hände an den Schwertgriffen, und ihre Augen schauten umher wie eine Löwin, die ihr Junges hütet, wenn die Jagd durch den Forst brüllt.

Eine Stimme schrie dicht in ihrer Nähe, daß der Aufruhr unten dagegen schwach war. Wie ein toller Gast und ein wütendes Heer hinter ihm, war nämlich Herr Pawel Strobant mit den Seinen die Treppe heraufgepoltert. Einige kamen auch über die Lauben herübergeklettert. – Die Haare hingen, von Schweiß und Blutstropfen naß, ihm ins rote Gesicht, und so stand er am Geländer und drohte mit der Faust, der Degen war ihm aus der Hand geschlagen oder gefallen.

»Nur herauf, ihr Rattenfänger und Fischweiber! Schmeißt eure faulen Äpfel, ihr armseligen Mausesteller; hier sind andere Äpfel! Herauf! herauf! Hier sind blutige Köpfe und zerbrochene Knochen wohlfeil, wenn ihr Blut habt in euren Fischleibern und Knochen zum Zerbrechen; aber ich meine, ihr habt nur Gräten in eurer schlotterichten Leinwandshaut. Ihr Schneiderböcke, ihr Pechdrähte, ihr Borsten von Besenbindern, ihr Ofensetzer, Lakenreißer und Beutelschneider! An die Geschlechter wollt ihr, an den Rat wollt ihr! Wenn ich der Rat wäre, eure Häuser ließe ich euch überm Kopf abbrechen; Hundehütten sind für euch genug. – An den Kurfürsten wollt ihr gehen? Mit euren Pechfingern und Tranwämsern? Mit dem Fußtritt wird er euch antworten, euch die Treppe hinunterschmeißen, so ihr euch untersteht, ohn eure Herren vor ihn zu treten. – Nichts seid ihr ohne uns. Das Pflaster, worauf wir treten, die Nullen, wenn wir zählen, der Reibestein, worauf wir unsere Messer wetzen. – Rechte wollt ihr? Her eure Rücken, wir wollen's draufschreiben, was euch recht ist. Euren Kurfürsten nennt ihr ihn; und wenn zehntausend Kurfürsten euch Brief und Siegel geben, daß ihr Rechte haben sollt, ihr bleibt doch nur die Sohle unter unsern Schuhen.«

Das schrie der rasende Pawel Strobant; aber nicht das zehnte Wort ward gehört. Denn die Wut überschreit sich selbst, und er stampfte auf den Boden, daß die Bretterbude wankte, und riß das Geländer ab, zu Waffen gegen die Stürmenden. Und nun, wer Besinnung hatte, dem ward bange; denn was wollten die paar in dem Hause und darum gegen die ergrimmte Menge? Drüben in Berlin sah man sie am Ufer stehen und drohen und ihren Brüdern Mut zuschreien; einige sprangen in die

Kähne, und ein Sturmglöcklein läutete schon. Auch die Kupferschmiede und Klempner, die es dort mit den Geschlechtern zumeist hielten, rannten mit Blechkappen und Harnischen und Spießen wie toll um und schworen, wenn den Berlinern ein Haar gekrümmt würde, sie wollten's mit Mord und Totschlag an denen von Kölln rächen.

Auch mochten die Verständigern hier das selbst nicht wünschen, daß des Barbiers Haus von ihren Leuten erstürmt würde; aber wenn ein Feuer brennt, wer löscht es durch vernünftigen Zuspruch; und solange der sinnlose Herr Pawel auf das Köllner Volk so schimpfte, wer konnte es vom Äußersten abhalten! Da sprach Herr Johannes:

»Was haben wir mit dem Streit zu schaffen, die wir Fremde sind; und geht uns nicht eines Sache noch des andern an! Wär nur ein guter Mann hier, der meinen Herrn, den Grafen, durch das Gedränge schaffte, es sollte ihm an gutem Lohn und Dank nicht fehlen.«

Dabei war sein Auge auf einen jungen Burschen gerichtet, der itzt dicht bei ihnen stand; sie hatten in der Unruhe nicht gemerkt, wo er hergekommen, ob mit Herrn Strobants Gesellen oder ob er von außen über die Lauben geklettert war. Doch war sein Gesicht nicht wild wie die, sondern eher ruhig, und seine klugen Augen sahen nicht erhitzt, sondern nur sehr neugierig sich um. Als der die Worte hörte, sagte er:

»Der Mann sollte ich wohl sein. Nur müssen sie erst auseinander.«

»Wenn du das machen kannst, Bursch«, sagte Herr Konrad, »kannst du dem Müller auch Wind machen.«

»Dazu gehört auch noch kein Hexenmeister«, sprach der Junge und legte sich mit einem absonderlichen Gesichte auf die Brüstung und die Finger an den Mund. Gleich darauf pfiff es dergestalt laut und schneidend und anhaltend, daß alles aufhorchte, wie als müßte es so sein. Das Pfeifen klang aber auch so drollig wie etwa eine schelmische Weise, daß viele, die noch eben sehr ernsthafte Gesichter machten, fast zum Lächeln geneigt waren. Nun mochte die Weise an irgendeinen lustigen Streich erinnern, den viele kannten; wenn aber auch nicht, so wirkt ja oft, wenn die Gemüter recht erhitzt sind und auf dem Punkt, wo sie nicht mehr aus und ein wissen, ein lustiges Wort oder ein witziger Einfall dermaßen, daß die lachen müssen, die noch eben tobten, und die Stimmung wird mit einem Male eine andere.

Es kam aber noch etwas anderes hinzu. Grade in dem Augenblick, wo der Schelm pfiff, hatte Herr Pawel Strobant den Mund aufgetan zu einem entsetzlichen Fluche, und grade da flog ein Stein, der nicht klein war, ihm in den offnen Mund, dergestalt daß es ihm ein paar Zähne kostete und er, der noch eben das allergrimmigste Gesicht gemacht, itzt das allerkläglichste von der Welt machte, was auf alle, die es sahen, eine wunderbare Wirkung hatte. Denn die noch eben fast so grimmig ausgeschaut als Herr Pawel, konnten nicht umhin, sie mußten lachen. Der Schlag war aber auch so stark, daß Herr Pawel zusammenfuhr, und wenn ihn nicht der junge Mann aufgefangen hätte, wär er zu Boden gestürzt. Dessen Miene, als ob er ihn bedauere, war hinwiederum aber auch von einer Art, daß man nicht ernst dabei bleiben konnte, und so war mit einem Male unter denen zunächst eine gar wunderbar lustige Stimmung.

Da schrien mehrere dem jungen Burschen zu: »Henning, bist du's?« – »Henning, was willst du?« – Und Henning hielt sich die Hand vorm Mund, als rufe er einem oder dem andern im Vertrauen etwas zu, und dann hob er die Arme beide in die Höh, als wär es etwas von Wichtigkeit. »Was ist's! Was gibt's! Was pfiffst du?«

»Ihr tausend Elementer!« rief er. »Wißt ihr nicht?«, und er zeigte über die Spree.

»Was! Was?«

»Die rote Hanne wird gebrannt und die Salome mit den langen Ohrlappen gepeitscht. Schnell! wer's mit ansehen will. Der Büttel ist schon vorm Spandower Tor.«

Und nun, wie wenn im April nach einem Platzregen

die Sonne plötzlich hell scheint, während doch die Dächer und Traufen und Gossen noch rauschen und die Straßen voll Wasser stehen und die dichten schwarzen Wolken schichten sich übereinander und stürzen fort, also brach ein Sonnenschein der Lustigkeit und Neugier in den Aufruhr und die tobenden Massen. Böses Blut war freilich noch da, eben wie die Wolken am Himmel, und es drängte und murrte und drohte, und neue Haufen traten mit grollenden Gesichtern aneinander; aber die zunächst gedroht, waren anderen Sinnes worden, und unter den übrigen war der Zusammenhang oder das geheime Band zerrissen, ohne das auch kein Straßenauflauf bestehen kann, wie zufällig der auch erscheine. Über die Lange Brücke aber sah man nicht die Berliner nach Kölln ziehen, sondern die Köllner nach Berlin; einige ruderten auch auf Kähnen ans andere Ufer, und es gab bald ein großes Gedränge in der Straße, welche itzt die Königsstraße heißt, und es ward immer dichter nach der Spandower Straße zu, denn wer gesunde Beine und Augen hatte, mochte sich's nicht entgehen lassen, mit anzusehen, wie der Büttel die Salome mit den langen Ohrlappen auspeitschte und die rote Hanne brannte. Und beide mußten Urfehde schwören.

Zehntes Kapitel

Ob die Berliner Herren es gewagt, sofort sich auf den Weg zu machen, nach Haus oder nach dem Spandower Tore, steht in den Chroniken nicht geschrieben; es ist aber mehr als wahrscheinlich, daß sie es nicht taten, weil es, wie man gleich hören wird, auf dem Platze noch keineswegs so ruhig war, daß sie sonder Gefährde und Beschimpfung sich öffentlich zeigen können. Vielmehr ist anzunehmen, daß sie sich um den verwundeten Herrn Strobant beflissen zeigten, dessen Zustand Hans Ferbitzens ganze Sorgfalt erforderte, und die ließ er ihm denn auch unten in der Badestube angedeihen, wie es sich für den Stand und den Reichtum eines so angesehenen Herren schickte, der auf so schändliche Weise zu Schaden gekommen.

Dagegen sahe man drei fremde Herren, die dem Ritterstande angehörten, in ihre Pelze wohlverhüllt und die Mützen tief ins Gesicht gedrückt, auf einem Umwege von der Badestube nach der Langen Brücke ihren Weg nehmen. Und sie begleitete ein Berliner Kind, das ließ sich's angelegen sein, sie durch die dichtesten Haufen zu führen, und ward dabei von manchem sehr verwundert angeschaut, von vielen aber freundlich gegrüßt. Auch schüttelten ihm einige die Hand, und andere lachten ihn an. Die aber nicht weichen wollten, stieß er mit den Ellenbogen und gab ihnen derbe Antworten, wenn sie ihn derb anließen.

»Ist das auch deine Sippschaft, Henning!« sagte einer. »Der Junge kann's doch nicht lassen, er muß obenhinaus.«

Dem gab er unversehens einen Stoß mit dem Bein, daß er sich nicht halten konnte und hinfiel, denn er war von starkem Körper und ungeschickt. »Ich will nur nicht unten liegenbleiben«, sprach der Bursch.

Als ihn einer trotzig fragte: »Wer sind denn die?« und ein Haufe, der noch sehr grimmig war, machte Miene, ihnen den Weg zu sperren, da antwortete er: »Die rote Hanne ist ihre Muhme und die Salome ihre Schwester. Sie möchten doch sehen, was Ehre ihrer Sippschaft wird.«

»Eine schöne Sippschaft!« lachten die andern nun und ließen sie durch, aber sie riefen ihm nach, was er denn für Lohn kriege für den Bütteldienst. »Sieh dich vor, Henning, es sind große Herren, die zahlen wie der Rat; und wie der zahlt, weißt du am besten.«

Henning pfiff über den Finger und murmelte für sich: »Kehre jeder vor seiner Tür, und was er findet, ist sein.«

Die Herren besorgten anfangs, ihnen werde des Burschen Dreistigkeit schlimme Dienste spielen; auch daß er allen so bekannt war wie ein bunter Hund, war ihnen unlieb, man konnte es ihnen ansehen; denn grade, was sie vermeiden wollten, daß die Leute sie ansahen, das ward dadurch erst recht zuwege gebracht. Aber hinwiederum mußte es ihnen lieb sein, denn ohne ihn wären sie nicht durchgekommen; so groß war noch überall das Gedränge, und die Bürger schimpften und schmähten in Berlin wie drüben in Kölln auf den Rat und die stolzen Herren, und, waren sie auch Fremde, so sah man's ihnen doch an ihren Kleidern an, sie gehörten zu dem Herrenstande, und wenn die Wut einmal losgelassen ist, will sie ihr Opfer haben und sucht es auch seitwärts ab, wenn's nicht vor ihr liegt.

Als sie nun an die Jüdengasse gekommen, und dort war mehr Platz – denn wer tritt gern in die Jüdengasse, wenn er nicht muß? –, meinte ihr Führer, er habe getan, was er versprochen, und die Herren meinten es auch. Auf den Wink des Junkers wollte Herr Konrad dem Burschen ein großes Geldstück geben; der aber lachte und sprach: »So war's auch nicht gemeint.«

Die beiden Begleiter dachten, es sei ihm nicht genug, und Herr Konrad runzelte die Stirn, da er meinte, es sei hinlänglich für den kurzen Dienst, obwohl er noch einmal die Hand in den Wams tat; aber der Junker im Zobelpelz hatte den Jungen schärfer ins Aug gefaßt und sprach mit einer Handbewegung gegen Herrn Konrad:

»Laßt das. 's ist wohl ein trotziger Bürgersohn, der keinen Lohn nehmen will von einem Fremden.«

»Warum nicht, wenn man was getan hat«, entgegnete Henning. »Wüßte aber nicht, was ich getan.«

Die beiden Ritter sahen sich einander an, während der Junker, und es schien nicht mit Mißbehagen, die kecke Miene des Jungen beobachtete.

»Einen Dienst hast du uns doch erwiesen, und man soll nicht von mir sagen, daß ich dem Drescher seinen Lohn entziehe. Also sprich dreist, kann ich dir helfen oder für dich etwas tun?«

Der Bursch machte eine pfiffige Miene. »Ihr, Herr, nein.«

»Nun, nun, nur nicht zu stolz«, sagte der andere, »Geld kann ausgehn und Mut klein werden.«

»Wenn Ihr die Salome noch sehn wollt, wie sie gepeitscht wird, macht rasch; die Hanne wird eben gebrannt, ich höre sie schreien«, rief der Bursch und machte Miene davonzulaufen, da ihm das Gespräch zu lange währte.

»Halt doch, Bursch«, sprach der Herr. »Hängen und brennen wirst du noch manchen sehen, denn es tut noch vielen not hierzulande; aber einem, der dir gut will, laufe nicht weg. Wie heißt du? Ich möchte dich doch wiederfinden, wenn ich dich brauche. Wo sucht man dich?«

»Fragt nur den ersten besten auf fünf Meilen in der Runde«, sprach der andere nicht ohne Stolz, »und er wird Euch zum Henning Mollner bringen.«

»Und mich willst du nicht suchen?«

»Was hätte ich denn mit Euch zu schaffen?«

»Nun, angeschrieben bleibt's dir.«

»Topp!« rief der andere. »Wenn ich einmal in Eurer Stadt im Gedränge bin, dann führt Ihr mich auch heraus.« Und damit rannte er fort, was er konnte, durch die Jüdengasse, bis er in einer der Quergäßlein verschwand. Aber so eilig er war, er mochte es nicht unterlassen, einem paar Judenfrauen, die im Fenster lagen, die Zunge herauszustrecken und etwas zuzurufen, davor sie erschrocken zurückfuhren, und einen alten Juden, der ihm an der Ecke entgegenkam, lief er um, daß er in den Rinnstein fiel, und kümmerte sich nicht, ihm wieder aufzuhelfen. Aber der Jude, als er sich aufrichtete, zog doch noch den roten Hut vor ihm und schaute ihm geruhig und ehrerbietig nach, solange Henning zu sehen war, ehe daß er über seine Hausschwelle trat. Das taten auch die andern alle, die an den Fenstern lagen und in den Türen standen. Die Alten sahen ihm mit Scheu und Furcht nach; manches schwarzhaarige Mädchen aber mit blinkenden Augen und gefärbter Wange. Die Furcht macht nicht so rot.

War überhaupt in der Gasse viel Leben, wenn es auch still war und kein Verkehr. Denn überall an den Türen und Fenstern drängten sich Köpfe, und die Nachbarn flüsterten sich in ihrer Sprache vieles zu, und die Augen flogen nach links und rechts, und große Angst und Besorgnis war überall sichtbar. Aber die Neugier war noch größer, als sie die drei stattlichen Herren mit herrlichen Pelzen und Baretten und schönen Degen durch ihre Gasse kommen sahen, und aller Augen waren nun auf sie gerichtet. Als sie itzt an der nächsten Quergasse zweifelhaft stehenblieben, fühlte der Junker sich am Pelz leis gezupft, und als er sich umwandte, war es der alte Jude, der mit entblößtem Haupte, fast bis zur Erde gebückt, hinter ihm stand und mit leiser Stimme sprach:

»Gnädigster, gestrenger Herr! als ich mich darf unterstehn, ein Wort zu sprechen, die Junker sind fremde zum alten Berlin. Das ist nur die Jüdengasse.«

»Hund von Jude, rühr ihm das Kleid nicht an!« fuhr Herr Konrad auf.

»War's doch, was ich wollte sagen«, fuhr der Hebräer fort. »Sie haben sich nur verirrt, die vornehmen Herrn, und durch das Gäßlein hier führt es schnell hinaus. Es hat sie noch keiner gesehn von den Berlinern; haben itzt auf anderes zu schaun als auf unsere schlechten Häuser.«

Aber als fühle der Junker sich durch die Warnung des Juden aufgefordert, ihrer nicht zu achten, erhob er den Kopf und schaute sich weit um, und der Anblick der Tausende von Köpfen an den Fenstern und auf den Dächern schien ihn zu befremden.

»Ist's ein Feiertag bei euch?«

»Was soll sein ein Tag der Furcht ein Tag der Feier, gnädigster, gestrenger Herr! Ziehen wir an seidene Kleider und Bänder und neue Pelzmützen, wenn wir sind in Angst, daß sie einbrechen in unsere Häuser und aufschlagen unsere Läden und uns treten mit Füßen!«

Ein strenger Blick des Junkers fragte deutlicher, als es seine Worte taten. Er meinte, der Zank zwischen den

Städten und Bürger und Rat habe mit den Juden nichts gemein.

»Wenn die schönen und großen Häuser in Feuer stehn, mein hochedler Herr«, entgegnete er, »werden die schlechten Hütten dazwischen dann nicht brennen? Es ist schlimme Zeit, wenn ist Streit in den Städten, für die armen Juden. Wenn die großen Herren und die Bürger sich schlagen, fallen ab die Beulen auf uns.«

»Es ist vorüber«, sagte der Junker und schien weitergehen zu wollen.

»Der Segen des Herrn begleite die vornehmen schönen Junker, und daß sie mögen kommen aus der Stadt ungefährdet und ungescholten, ungeschlagen und ungestochen! Aber was vorüber ist, das kommt wieder, die Städte werden nicht machen Friede und die Herren vom Rate es nicht vergessen, und die Gewerke und das Volk werden toben und lärmen, und büßen müssen's unsere Leute.«

»Jud, verschluck deine Litanei!« fuhr Herr Konrad dazwischen und wollte dem Junker um die Ecke folgen.

Aber in der kläglichen Miene und dem klugen Blicke des Alten mußte etwas liegen, was den Junker anzog. Also winkte er, daß der Jude ihm folgen solle, dieweil er langsamen Schrittes voranging. Und zum Erstaunen aller in der Jüdengasse folgte der alte Baruch dem vornehmen Herrn, und dieser richtete viele Fragen an ihn und hörte mit freundlichem Ernst seinen Antworten zu, die der Jude freilich mehr mit dem Kopf auf die Erde gebückt gab als zum großen Herrn aufgerichtet. Die zu seinem Hausstand gehörten, Weiber, Kinder und junge Bursche, sie waren alle vor die Schwelle getreten, als sie den Hausvater sahen mit dem fremden vornehmen Junker so vernehmlich sprechen; und itzt schlugen sie die Hände überm Kopf zusammen, vor großem Erstaunen, und gingen wieder ins Haus zurück, weil Baruch ihnen winkte, aber aus den Fenstern und um die Pfosten der Türe schauten sie ihm neugierig nach, und einer zupfte den andern zurück, daß er auch das Ungewöhnliche sehen könne. Die Ritter aber folgten mit lächelnder Miene den beiden, ohne die Juden umher nur eines Blickes zu würdigen.

»Wir haben Glück mit unsern Führern in dieser Stadt«, sagte Herr Konrad.

»Gewiß eine sehr ehrbare Kumpanei«, entgegnete Johannes.

»Und diese neuen Bekanntschaften, die er in der trotzigen Stadt macht, werden ihm von absonderlichem Nutzen sein«, fuhr der andere etwas höhnisch fort.

Aber der Junker schien nicht so zu denken, vielmehr horchte er aufmerksam auf alles, was ihm der Hebräer klagte.

»Ihr also haltet's mit dem Rate?«

»Was können *wir* halten, als was *uns* hält, denn wir sind schwach. Die gestrengen Herren sind stolz und hochfahrend, denn sie sind satt; aber wer satt ist, der nimmt nicht des armen Mannes Brot, weil ihn hungert, und nicht des armen Mannes Kleid, weil ihn friert. Sie lassen uns kriechen im Staube und spielen in der Sonne und gönnen uns, was sie nicht mögen, weil sie's haben besser. Aber die nicht sind satt und essen möchten an der Herren Tischen und sich kleiden in Sammet und Seide, die sehen uns an scheel und drohen uns, wenn wir finden im Staube ein Körnlein und die Sonne einmal warm scheint auf unsere Scheitel.«

»Doch rühmen sich diese Herren der Stadt«, sprach der Junker, »daß sie gerecht richten lassen und weise Leute das Urtel billigen, das ihre Schöffen finden. Um so mehr werden sie euch Recht finden lassen gegen das Volk, wenn das euch was anhaben will.«

»Die weisen Leute finden das Urtel, gnädiger Herr, aber was gefunden ist, bekommt es allemal der, der's hat verloren? – Ihr Gericht ist gerecht, rühmen sie, und die Leute sprechen es nach; und sie sind stolz und sehen hochmütig nieder auf die Gemeinen und sagen: was wollen die reden mit! Aber wenn die Gemeinen murren und drohen, dann schaun sie sich an, und einer flüstert's ins

Ohr dem andern, daß es gefährlich ist, Trotz bieten dem Gemeinwillen, und ihnen nichts bringt und hilft. Und sie zählen die schönen Rechte, die sie haben und die sie verlieren können, und um wen? – Um einen schlechten Jüden! Und das schwerste Recht, was fanden die Schöffen, geht verloren unter der Hand wie ein leichter Heller, und das gradeste Recht, grad wie eine Klinge von köllnischem Stahl, wird gebogen krumm wie ein Draht. Um des Friedens willen, heißt es, und das gemeine Wohl; ist aber der Herren eigen Wohl, daß sie nicht gestört werden im Nachmittagsschlaf und das Volk nicht schreit garstig vor ihren Fenstern, wenn sie die Pauken lassen schlagen und die Trompeten blasen bei ihren Tafeln. Unsere Väter haben gehabt hübsche Rechte und feine Sicherheit und guten Handel in den Städten, und es war alles gut gekauft mit Gold und Silber von den Herren, die sitzen am langen Tische. Aber ein Recht um das andere haben sie uns wieder genommen ab und das Geld doch nicht gegeben wieder; denn kamen vors Rathaus mit Fahnen und Musik die Zünfte und sprachen: das schadet uns, und wir sind gute Bürger, und sie sind schlechte Jüden. Drum dürfen wir kaufen kein Vieh und verkaufen kein Fleisch, als was die Fleischhauer nicht mögen, und dürfen nicht sitzen auf dem Markt, als bis der Wisch ist fort, und dürfen nicht umgehn aus unserer Straße und nicht sitzen vor unseren Türen und nicht rufen über unsere Schwelle einen christlichen Mann.«

»Und doch betet ihr, daß des Rates Recht bleibe«, sprach der Junker.

»Wir beten's Tag und Nacht, hoher Herr, denn was soll werden, wenn sein Regiment ist um! So die Zünfte kommen ans Regiment, wird's uns gehn besser? Und wenn sie nicht finden den Weg ins Regiment, den Weg in die Jüdengasse finden sie doch und toben und laufen und schreien und schmeißen die Fenster ein und schlagen die Läden entzwei und raufen am Bart uns und speien ins Angesicht uns, und unsere Weiber schreien vor Angst, daß es zerreißt die Gedärme. Wir haben gesehen böse Tage in Berlin, gnädiger Herr, und die bösen Tage werden kommen immer wieder, und die Kindeskinder von denen, die heut schreien in der Wiege, werden noch nicht sehen das Ende.«

»Das ist eine lange Voraussicht!« sprach der Junker, als er am Ende der kleinen Gasse stehnblieb, und ein Schatten langen Nachdenkens flog über seine hohe Stirn.

»Wir zittern auf unsern Dächern und verkriechen uns in unsern Kellern jedesmal, wenn das Volk tobt gegen den Rat, denn es kann nicht werden besser, es kann nur werden schlechter.«

»Es *muß* besser werden!« Ein Strahl des Unwillens und zugleich eines Willens, der in dem Augenblick in der Brust geboren wurde, zückte über das Gesicht des Junkers. »Es wird sich vieles in diesem Lande ändern, oder ich kenne nicht den Willen des Markgrafen.«

Der Jude blickte schlau, doch mit ungläubigem Lächeln zu dem Junker auf. »Der Segen des Herrn und unsere Gebete für den hohen Fürsten, aber es wird nicht werden besser. Ruhm seinen Waffen und Ehre allen seinen Taten, aber er wird's nicht machen besser.«

»Jud!« Der Junker blickte ihn halb verwundert, halb zornig an. Baruch fuhr im selben Tone fort:

»Er hat eiserne Zähne, sagen sie, und einen Willen, der ist grad wie ein Ritterschwert. Aber wer bricht Türme ab und dicke Mauern und reißt Bäume aus, die stehen Jahrhunderte, auch mit eisernen Zähnen, und wer kann gehen grade von einem Punkt zum andern, wenn im Lande alle Wege sind krumm!«

»Burgen genug haben die Markgrafen doch gebrochen«, sprach mit gerunzelter Stirn der Junker, »und die hohen Türme kleingemacht.«

»Da haben ihnen die Städte beigestanden alle im Lande«, erwiderte der Jude, »und die Schlösser sind worden zerstört; aber was half es? Die drin hausten, sind sie von der Erde verschwunden? – Ihre Häuser und Schlösser sind überall, an den Heerstraßen und in den Wäldern, und ihr Markt ist allerweges. Und wenn der Markgraf geändert seinen Sinn und will nun zerstören die Städte, wer steht ihm bei? Das Land etwa? Will er das, muß er rufen die aus den Wäldern und von den Heerstraßen, und sie werden auch kommen, aber wie heulende Wölfe; und wird er wollen sie loslassen, daß sie ihm fressen die Beute, die er will? – Das Regiment des Rates ist hart; der Herr lasse es uns ertragen. Vorm Regiment der Zünfte und der Gemeinen, er wolle uns davor bewahren gnädig! Daß der Markgraf, den Gott erhalte, setze den Fuß des Zornes auf den Nacken der Städte, der Herr wolle es wenden und unser sich erbarmen! Denn wir wissen, was da ist, aber wir wissen nicht, was da wird kommen.«

»Der Kurfürst hat noch niemand geschädigt, der ihm vertraute und recht tat«, sprach der Junker fast in aufgeregtem Tone.

»Dafür lohne ihn der Herr, der schuf Himmel und Erde, und lasse ihn ernten die Saat, die er gesäet; aber helfen wird er nicht uns. Des Fürsten Hand ist eine kräftige Hand, und sein Mund redet am lautesten; aber die Berge, die tausend Jahre standen vor ihm, stößt er damit nicht um, und die Stimme der Wolken überschreit er nicht. Sein Wille ist gut, aber er kann nicht machen, was krumm ist, grad, und dem Wurm, den sie treten mit den Füßen, kann er nicht sagen: steh auf und renne wie der Hirsch und fliege wie der Adler. Wie Balsam und Myrrhe ist sein Atem, und sein Blick ist Gnade, aber nur für die, so geboren sind, Gnade zu atmen und Huld; die leben im Schmutz und verkehren im Staube, trifft er nicht. Es haben's viele gnädige Herren und Fürsten gewollt gut mit uns, die Herren von Anhalt, der große Waldemar, seine hohe Wittib Agnes, auch der Bayer Ludwig, und was sie schenkten uns, war wie der Schlemihl, der kommt in des Armen Haus; er zehrt auf, was darin ist. Der Neid ward gefüttert mit den Brosamen, und das Haus wuchs nur, daß der Sturm seinen Giebel fasse und das Feuer Futter finde in seinen Sparren. Der Herr seines Volkes bewahre uns vor der Gnade, die nicht gehört uns. Sie leuchtet unsern Feinden wie eine Fackel, daß sie finden, was uns blieb! Weh uns, wenn einer uns Gutes will; wer uns wohlwill, der wende uns nicht zu seine Augen, er kehre uns seinen Rücken; und wer uns sinnt Liebes, der denke nicht an uns.«

Die Begleiter des Junkers mochten verwundert sein, wie er, der vorhin auf alles Augen gehabt, itzt stumm und in sich versunken ging und nicht einmal auf ihre Fragen hörte. Herr Konrad meinte, der alte Jude müsse ihn behext haben, Herr Johannes aber äußerte, er kenne das Gift, das in dem Herren wurme, seit er in diesem Lande sei, und des Juden Rede habe nur geweckt, was lange geschlummert. Sie unterhielten sich leis miteinander, warum Juden überall in einem christlichen Lande geduldet würden. Sprach Herr Konrad: »Sie glauben doch allein an den lebendigen Gott, den Schöpfer des Himmelreiches und Erdreiches, und halten nur den alten Bund und sind des neuen Widerstreiter, das ist der ganzen Christenheit, und haben Christum, den wahren Gott, zu dem unschuldigen Tode gebracht. Darum ist's doch wunderlich, daß man den Juden gestattet, unter Christen zu wohnen!*«

»Das hat vier Ursachen«, entgegnete Herr Johannes, »daß man sie unter Christenleuten leben läßt, so uns die alten Rechtslehrer aufbewahrt. Die erste ist, daß wir von ihnen den alten Bund haben und dadurch Zeugnis von Christus. Die andere, um der Altväter willen, von denen Christus den Anfang seiner Menschheit nahm, nämlich vom Geschlechte Jesse. Die dritte, um der Juden eignen Bekehrung willen; sintemalen sie noch vor dem strengen Gerichte Gottes bekehrt werden sollen. Die vierte, um des Gedächtnisses willen Jesu Christi. Denn sooft wir einen Juden sehen, ebensooft sollen wir der harten Marter in unserm Herzen gedenken, die er unsertwillen trug.«

* Darumme is dat *wunderlich*, dat man stadet di ioden bi der cristenheit tu wesene. Berliner Schöppenrecht.

»Ich weiß noch einen Grund«, sagte Herr Konrad nach einer Weil und lächelte.

»Und der ist?«

»Weil sie immer Geld haben, wenn man Geld braucht. Und wißt Ihr, ob die Burggrafen itzt in der Mark säßen, wenn der Hofjude Herrn Friedrich I. kein Geld gehabt! Der Pfandschilling war viel Geld.«

»So mögen wir uns freuen«, warf Herr Johannes ein, »daß der Hofjude Kaiser Sigismunds keins hatte: sonst hätte er das Land nicht verpfändet.«

Der Junker, der es gehört, sagte, indem er sich umwandte: »Und *müssen* wir uns denn freuen?«

Elftes Kapitel

Wenn die beiden Ritter auch eine Antwort darauf gehabt, der Junker ließ ihnen dazu keine Zeit, denn er bog rasch um, nicht nach der großen Herberge »Zum Hirschen«, wo ihre Pferde standen, sondern er ging die Gasse zum Grauen Kloster hinauf und hieß sie ihm folgen. Fast verwunderten sie sich, als er dem hohen Hause zuging, das ist der Markgrafen Haus, und einer blickte den andern an. »Was will er – so uns der Schloßhauptmann sähe!« – Aber er schritt an dem hohen und langen Gebäude – was mehr wie eine große Steinmasse denn wie eine fürstliche Residenz aussah und gegen die Gasse wie gegen einen Feind Stirn bot, weil seine Fenster und Hallen nach den freundlichern Höfen zugekehrt waren – rasch und ohne den Kopf dahin zu wenden vorüber und bog hinterm Kloster der Grauen Brüder da um, wo die alten Lindenbäume vor der Kirche stehen.

Hier erst mäßigte er den Schritt, und sein Auge schaute um sich auf das ehrwürdige Gebäude, auf die herrlichen Bäume, die auch in ihrem Winterkleide schön, mit den beeisten Zweigen und Ästen eine würdige Vorhalle des Tempels, dastanden, und er musterte die vielen Krüppel und Lahmen und Gebrechlichen, die auf der Schwelle des Portals und auf den Steinen unter den Linden saßen und standen und stumm ihre Hände ausstreckten nach denen, so zur Kirche gingen. Auf seinen Wink teilte Johannes reiche Almosen aus, und sie dankten laut den mildtätigen frommen Herren und erflehten des Himmels Segen auf ihren Ein- und Austritt in dieser Stadt; denn sie wußten alle, daß es Fremde waren. »Und daß sie bald wiederkehren möchten!« rief der eine, und ein anderer: »Und immerdar in unserer Stadt bleiben, denn so fromm und freigebig sind unsere stolzen Herren nicht.« Der Junker lächelte, da er auf der Schwelle vor der Pforte stand, und fragte den Johannes: »Und was meinst du, Johannes, zu dem Wunsche?«

Aber auch diesmal mußte Herr Johannes seine Antwort verschlucken, denn schon war der Junker barhäuptig in die Kirche getreten und wandelte gesenkten Hauptes unter den Betern daher, daß er sie nicht in ihrer Andacht störe. Die Kirche war aber dunkel, denn die Sonne hatte sich verzogen, und durch die bunten Fenster und grauen Schneewolken drang nur geringes Licht. Die Kerzen auf dem Altar, davor der Priester Messe las, erhellten auch nur wenig Raums umher. Dennoch suchte der Junker unter den Bildern an den Mauern, als kenne er sie, bis er eines fand, und davor blieb er stehen mit gekreuzten Armen.

Und war es gleich nicht der Ernst, wie ein Frommer vor einem Heiligenbilde kniet, war es doch ein Ernst, der seine Begleiter um mehrere Schritte zurückbleiben ließ. Sie flüsterten sich, am Pfeiler gelehnt, zu, welchen alten Krieger das Brustbild vorstellen möge, davor ihr Herr so sinnend stehe, als verrichte er seine Andacht. Der Sigrist, der es hörte, winkte ihnen beiseit in die Fensterbrüstung, wo sie keinen durch ihr Gespräch störten, und hub also an:

»Das ist weder ein Bild aus der alten Zeit, noch ist's ein alter Krieger, den die itzt Lebenden vergessen haben sollten. Vielmehr kannte ich ihn noch, als er frisch und rot war. Das sind just dreißig Jahr her, daß er durch

Berlin ritt und das Volk ihm zujauchzte und die Zünfte ihm mit klingendem Spiel folgten und die Herren vom Rat an der Langen Brücke ihm den Ehrenbecher reichten. Und wie sahen ihn die schmucken Bürgerdirnen an und die Frauen, so von unsern Herren als von den Gemeinen! Denn er war volle sechs Fuß hoch, und auf dem Pferde saß er, wie man's von unsern Rittern zulande nicht gewohnt war. Das gab hier Bankett über Bankett, daß es ihm selbst doch zuviel ward, denn er verlangte in die Schlacht, wo er denn doch früh genug hinkam. Und unter den Zünften war's ordentlich ein Streit und Wetteifer, wer unter ihm und ihm zunächst streiten sollte, wie sie heut unter keinem Edelmann und Herren fechten möchten. Sein Federbusch, der war zwei Fuß hoch, und die Rüstung war ganz mit Silber eingelegt; es war eine Freude, es zu sehen, und nun haben sie ihn doch schon vergessen. Sein Name war Hans von Hollach, ein Graf, wie es wenige gab im Reich.«

Die beiden Ritter richteten nun ihre Augen mit andern Blicken nach dem dunkeln Bilde. Der Sigrist aber fuhr fort:

»Bei Kremmen am Damm, wo manch Berliner Sohn eingescharrt liegt, traf ihn, dort unter der Schulter, eine pommersche Keule. Er kannte den bösen Boden nicht und hatte sich zu leicht vorgewagt. Die Städter wußten es wohl, aber sie waren alle voll Lust, es dem Landadel anzutun, und, wie verhext und trunken von dem Stolz und der Zuversicht des Grafen, folgten sie ihm ohne Widerrede und meinten, es müsse gehen. Im Gedränge dann bekam er noch eine Wunde dort auf der Schläfe, und nun hing er nur noch im Pferd, das ihn mit den andern zurücktrug. Wer dem jungen edeln Herrn, dessen Seele Gott gnädig sei, den letzten Stoß gab, niemand weiß es, und er konnt es nicht mehr sagen. Denn als sie ihn nach Berlin brachten, einige sagen, er war schon verblichen und ein Leichnam, die andern, er habe in unserer Stadt zum letzten Male geatmet. Das war ein Heulen und Klagen, und sie hatten in den Städten Grund genug, denn wie viele von den Ihren blieben da im Sumpf zurück, wie viele reiche Bürgersöhne waren gefangen von den havelländischen Herren, die sich nachmals tüchtig bezahlen ließen, und die zurückkamen, waren alle zerhauen und zerstochen. Durchs ganze Land war's ein Jammer. Denn wenn's solch ein Ritter und Feldherr wie der Hans von Hollach, der den Sieg in seiner Faust trug, mit dem Adel nicht ausmachte und wo alle Städte zugezogen waren, freiwillig, mit Mann und Roß, wer sollte's da! Und sie alle meinten, es stände mit des Burggrafen Sache recht schlecht und er werde es nimmer kriegen. Und die sonst stolz waren und hochfahrend, wie waren sie niedergeschlagen, und wie ließen sie im ganzen Lande die Köpfe hängen! Denn sie meinten, nun würde es mit dem Adel gar nicht auszuhalten sein. Aber es dauerte nur kurze Weil. Die Not, die allen gleich nahe war, ließ sie den Hader vergessen; denn sie lagen, die Städte, die Herren und die Gemeinen, sich dazumal wie itzt in den Haaren. An dem Tage, wo der hohe Herr Graf begraben wurde und sie hier die Seelenmesse für ihn lasen, denn er ist ohne Beichte und Absolution von hinnen gegangen, ich sehe es noch, wie alles auf den Knien lag und die Tränen den Weibern nur so aus den Augen stürzten und die Männer selbst sich halten mußten, daß die Augen trocken blieben. – Dazumal schüttelten sich, die Feinde waren, die Hände, und in der Kirche und davor traten sie zusammen und redeten, wie es recht ist und gut. Der Bürgermeister, Herr Matheus Rathenow, der Vater von dem itzigen, wie sprach der da, als sie den Grafen in die Gruft senkten! Worte waren's, die ein Herz von Stein rühren konnten. Man solle nicht im Aug haben, was man verloren, sondern was man noch verlieren könne. In solchen Zeiten müsse jeder brave Mann sich vergessen, für das Beste der Stadt und des Landes. Der sei nicht wert, ein Bürger zu heißen, der, weil der Nachbar ihm auf die Hacken trat, Zeter schreie, dieweil der Feind aller vor den Toren lache und alles, was Ordnung heiße und gute Sitte, unter seinen Fuß von Stahl zu treten drohe. Und vor las er ihnen die Schreiben des Kurfürsten, der dazumal noch Burggraf war und die Bürger ermahnte, auszuhalten, bis er selber komme ins Land, um die Übermütigen und Räuber zu züchtigen und die Friedensbrecher selbst zu brechen. Und was für Worte sprach er über den toten Grafen, der nicht um Hab und Gut und kleinliche Händel, der gekommen wäre aus seinem schönen Lande allein um der guten Sache willen; und an seinem Grabe, ihm zu Ehren sollten sie Eintracht geloben, das wäre dem Seligen dafür der schönste Lohn, daß er gefallen sei für der Städte Wohl, wo er kein Haus gehabt, kein Weib und Kind, nicht einmal das Recht, das der Jude hat und der Bettler, der darin geboren ist. Das wirkte denn auch, und die von den Geschlechtern, die sich nicht ansehn mochten, drückten sich die Hand; da versprachen die reichen Herren soviel aus dem Ihrigen zu rüsten, als sonst drei, sieben, zehn nicht zusammen taten. Die Zünfte wetteiferten, jede wollte es der andern zuvortun, nicht in eitlem Prunk und Rechthaberei, vielmehr in Geld und guten Diensten für die Stadt und das Allgemeine. Und das hat denn auch seine Früchte getragen, als der Markgraf Friedrich hochseligen Andenkens im Frühjahr drauf in die Mark kam, denn er fand die Städte in Stahl und Eisen vom Kopf bis zur Zeh, und die adligen Räuber flohen und zersprengten wie das Wild im Felde, wenn der Jagdzug bläst; aber sie suchten es auf in seinen Höhlen und Verstecken, und ihre Schlösser wurden gebrochen, und ihre Türme stürzten, und die Gräben wurden gefüllt, und die Burgverliese verschüttet, und das Herz aller Rechtschaffenen im Lande schlug wieder freier, und alles war voller Dank gegen den Himmel und den Markgrafen und die braven Bürger und die Städte, die ihr alles drangesetzt.«

Die beiden Ritter mochten nicht alles von der langen Rede des alten Sigristen vernommen haben, aus dessen Wärme sich leichtlich ergab, daß er nicht immer ein Mann des Wortes gewesen, sondern vordem einer der Tat, der wohl dazumal, als die Städte in Stahl und Eisen standen, nicht auf der Bärenhaut gelegen, noch hatte er auf dem Lotterbette seinen narbevollen Körper gepflegt. Die Ritter standen vielmehr gleich dem Junker dort mit gesenktem Haupt, in stummem Gebete für die Seelenruhe des toten Helden Johann von Hohenlohe ihre Hände faltend.

In dem alten Sigristen aber lebte die vergessene Zeit wieder auf, und er hub bitter an zu klagen, daß sie von den Lebenden vergessen sei, wobei er denn selbst vergaß, daß dies nicht der Ort dazu war, auch die Ritter ihm kaum ein Ohr schenkten. »Sie streiten um einen Strohwisch und einen Schatten, das junge übermütige Geschlecht, daß es ein Ärgernis ist und die Toten sich möchten im Grab umdrehen. Was sind das itzt für Helden, die feisten Bierbrauer und Schlächter und vor allem die übermütigen Schneiderherren! In einem Lederwams gingen sie dazumal, die Reichsten und Besten, und weil sie's waren, zog jeder doch den Hut vor ihnen; und heut reicht das Tuch nicht aus, sie müssen in Seide und Pelz oder gar in Sammet ihre Leiber hüllen. Und wenn ein Schnapphahn einmal nachts bis ans Tor reitet, schreien sie Zeter und Wehe und vergessen, wie dazumal kein ehrlicher Mann zehn Schritte bei Tage tun konnte, ohne daß ihm einer auflauerte und ihn schlug, auszog und fing. Aber so ist's, wenn der Mensch in Frieden sitzt und Ruhe, fühlt er's, wie ihn der Floh sticht. Dazumal, wo man sich seiner Haut wehren mußte alle Tage, wußte man nichts davon. Weil sie reich geworden, hüben und drüben, dünken sie sich was, und weggeblasen ist das Gedächtnis an das Elend und die Tage, wo jeder sein alles hingab und sich selber dazu, um sich Ruhe zu schaffen. Das war eine Zeit, und die kehrt nicht wieder, und die Toten stehen auch nicht wieder auf.«

»Amen! und Frieden ihrer Seele!« rief eine Stimme. Es war der Junker, der an ihnen vorüberging und langsam durch die dunkeln Hallen aus der Kirche schritt.

»Wohl Ritter aus dem Reiche!« murmelte der Sigrist ihnen nach. »Und vielleicht von der Verwandtschaft des seligen Grafen. Denn wer von hier kümmert sich noch um den toten Hans von Hollach und wo er begraben liegt und ob sein Grabstein plattgetreten wird und die Denktafel von den Würmern zerfressen! Laß nur zerfressen und zertreten, die Toten haben ja keine Stimme, um zu klagen, wie die Lebendigen! Auf den Gottesacker hängen sie ihre Windeln und Bettücher zum Trocknen, ob Grafen drunter schlafen oder Juden und Bettler, und die Gräber kann man niedertreten, wie man will; aber wenn ein Nachbar eine alte Schuhsohle auf des Nachbars Boden fallen läßt, die nicht dahin gehört, und eine Katze vom Dach fällt, da heben sie Zank an und möchten klagen bei Kaiser und Reich und sich würgen um einen Lumpen an der Hecke, den kein ehrlicher Mensch anrührt.«

Draußen sprach der Junker, dessen Gesicht noch um vieles ernster aussah als vordem, zu seinen Begleitern: »Das war das erste edle Blut, damit der junge Baum unserer Herrschaft in diesem Boden begossen ward. Wolle Gott und seine Heiligen, daß es das letzte sei!«

Die Ritter schwiegen, aber auf ihren Gesichtern stand vieles zu lesen. Die Gassen waren noch sehr belebt, und allerwärts besprachen die Leute die Vorfälle vom Morgen, und in jedem Haus und in jeder Familie mochte der Streit noch einmal durchgekämpft werden. So wilde Gesichter sah man allerwegen. Durch andere Gassen, als die sie gekommen, erreichten die Fremden ihre Herberge. Es war auch da großer Tumult auf dem Hofe, und es kostete Mühe, bis sie ihre Pferde durch die vielen Rüstwagen und Gespanne und Rosse aller Art vorgezogen erhielten. Der Wirt bedauerte sehr, daß sie nicht zum Mittagimbiß bleiben wollten, denn er habe auch nach fränkischer Art und Weise zukochen lassen, wie an des Kurfürsten eigner Tafel gekocht werde. »Wir kommen wohl einmal wieder«, sprach der Junker, als der Wirt ihm ehrerbietig den Steigbügel hielt. »Und wollen dann allerwärts auf fränkisch zukochen lassen«, murmelte Herr Konrad.

Aber es hatte Not, daß sie nur bis zum Spandower Tor kamen, denn von da strömte es zurück von allen, die dem Auspeitschen beigewohnt, und andere liefen noch neugierig hinaus. Als am Tore der Wärter nach Stand und Namen fragte, nannte sich der Junker: Graf Konrad von Knipprode, in Diensten des erlauchten Burggrafen Albrecht von Nürnberg, itzund abgesandt an den Hof seines durchlauchtigsten Bruders, des Kurfürsten Friedrich des Andern, und sie ritten nach Spandow zum Fürsten. Worauf der Torwärter ehrerbietig die großen Torflügel öffnete und auch die zween andern als sein Gefolge passieren ließ, ohne sie um ihre Namen zu fragen.

Als die eichenen Torflügel hinter ihnen zuschlugen, bäumte sich das Pferd des Junkers, daß er Mühe hatte, es zu regieren; aber sein Herr warf einen finstern Blick auf das verschlossene Tor zurück, das düster und trotzig aussah mit den vielen Eisennägeln, Riegeln und Stangen, damit die dicken Eichenbohlen beschlagen waren. Und ringsum an der Brüstung drüber starrten Balkenköpfe heraus, mit Eisenstacheln bespickt, und trotziger noch als die Tore drohten die beiden hohen Türme von roten, glatten Ziegelsteinen mit kunstreich gebrochenen Zinnen; und in die Mauerwände waren schräge Schilde von Sandstein eingekeilt mit den Wappen der verbündeten Städte und der Geschlechter der Stadt. Auch Männer sah man auf den Türen und den Mauerbrüstungen; doch waren's diesmal nur Neugierige. Aber ihre Federbüsche und Helmkappen mit den Spießen der Wächter, und was von Kriegswerkzeug umherstand, hatte doch ein sehr kriegerisch Ansehn; wie denn in jedweder Stadt dazumal nur die Lärmtrommel zu tönen und die Glocken zu stürmen brauchten, und es war eine Festung, auf allen Angriff wohl vorgesehen.

»Ist das nicht dasselbe Tor, wo mein Vater seliger –«, sprach der Junker; doch Herr Johannes faßte rasch die Zügel seines Rosses, das einen gefährlichen Sprung machte itzt, wo sie auf der Zugbrücke waren, und der tiefe Graben drunten, der in die Spree sein Wasser ergoß, hätte Reiter und Roß verschlingen mögen.

»Um Gott, gnädiger Herr, es ist's –«, rief Herr Johannes, ihm ins Wort fallend. »Aber hier ist keine Weil für uns.« Und er führte das Pferd über die Brücke durch das Weichhaus, während der Junker noch immer den finstern Blick auf das finstere Tor zurückwandte.

»Noch ist *dort* Weil für uns«, sprach Herr Konrad, links hinzeigend, wo viel Volks zusammen stand und in ihrer Mitte der Büttel, der sich mit seinen Gesellen, nachdem es geschehen, auf den Rückweg machte, derweil die Kinder und Weiber und mutwillige Bursche schreiend und zischend ihre grausame Kurzweil mit den abgestraften Weibern trieben. Also lenkten sie, nachdem die Brücke passiert, rasch rechts um in die Vorstadt von schlechten Häusern, wo das Gesindel neugierig die Köpfe nach den vornehmen Herren ausstreckte. Aber sie ritten rasch durch, und die Hufen ihrer Rosse bespritzten mit Schnee und Kot die Jungen, die ihnen Schimpfworte nachschrien. Und erst als sie weit hinaus waren, wo keine Häuser mehr standen, hielten sie inne, und es war, als atmeten sie alle drei auf, wie aus einer Gefahr entronnen. Es war trüber Himmel worden, und die Schneewolken drängten von Spandow herüber. Die Städte lagen dampfend ihnen zu Füßen, kein erfreulicher Anblick, wie es die ganze Natur umher nicht war. Die Spree in ihren Krümmungen dämmerte nur matt hinter der langen Reihe alter Weiden, die auf dem Damm sich erhoben. Ringsum trüb gefärbter Schnee und lange Streifen ungastlicher Kieferwaldungen, und nur sparsam am Horizont die Spitze eines Kirchturms, der verriet, wo in der weiten Umgegend ein Dorf war. Dagegen erhoben sich zahllose Schwärme von Krähen aus den kahlen Sträuchen und umschwirrten die einzelnen hohen Kiefern und ließen sich dann kreischend wieder auf die Schneefelder nieder, ungestört von der Gegenwart der Reiter.

»Der Herr sei gelobt und seine Heiligen«, sprach Herr

Johannes, »daß er uns so geschützt und geführt hat! Mein Rat war es nimmer.«

Der Junker, als er sich umwandte, ihm zu antworten, hatte ein ganz anderes Gesicht, als das wir in der Stadt gesehen; denn nicht allein, daß er einen andern Bart trug, kleiner und zierlicher denn der vorher Backen und Kinn umschattete, auch als er mit dem Sacktuch über das Gesicht gefahren, war die Farbe anders, heller denn vorhin geworden, ob man doch auch hätte behaupten können, es sei nun ein düstrerer Ausdruck darin, denn in dem feinen und edlen Gesichte traten nun um so mehr die Falten des Ernstes heraus, und die sinnenden Augen, darin viel zu lesen stand, glänzten dunkler auf der weißen Hautfarbe wie vorhin auf dem braunen Anhauch.

»Und was ist *deine* Meinung, Konrad?« sprach nun der Junker sehr ruhigen Tones, wie auch die andern sich über seine Verwandlung gar wenig verwunderten.

»Ich vermeine, gnädiger Herr, daß es der Mühe und Sorge sich nicht verlohnte. Denn was wir gesehen und gehört, wußten wir es nicht vordem schon?«

»Das Auge des Herrn sieht anders als das Auge der Diener«, entgegnete der Junker.

»Aber das Auge des Herrn«, fiel Johannes wieder ein, »ist ein Teil seines Antlitzes und sein Antlitz ein Teil seiner geheiligten Person. Und wie der Mensch sein Haupt vor allem schützt, weil von dem Haupte der ganze Körper abhängt und siecht, wenn der Kopf krank ist; also ist der Herr als das Haupt seines Landes gehalten, sich selbst zu wahren und schützen vor derlei Fährlichkeiten, die er andern überlassen muß. Und wie man nicht, wenn uns auf der Reise ein Stein im Wege liegt, mit dem Munde und den Zähnen ihn aufnimmt, sondern mit den Armen oder mit dem Fuße ihn fortstößt, also hat auch der Herr Glieder, die für ihn –«

»Hören und sehen?« fiel ihm der Junker ins Wort. »In Ehren die Glieder, lieber Johannes, denn welcher Kopf könnte bestehen, wenn ihm die Glieder nicht dienten was in keines Hand steht? Der Stein, den die schmutzige Hand wirft, kann das edelste Haupt treffen. Darum halte ich es für Fürwitz, zu wagen, was nicht an uns ist zu wagen, und selbst den Arm erheben, wo man den Schergen senden mag. Schaut nicht so scharf mich an, ich habe einen großen Fürsprech. Der durchlauchtigste Friedrich I., als er dieses Land vom Kaiser gewann, kannte es wohl und daß ihm nicht Ehre hier sei, selbst zu schaffen, bis die Ordnung wieder eingekehrt, wo ein Fürst erscheinen mag, ohne sich zu vergeben. Darum kam er nicht selber, sondern sendete seine Räte, Ritter und Feldherrn, daß sie vor ihm die Wege bahnten, die Gesetzlosen züchtigten und den Teppich der Ordnung hinbreiteten, darauf sein fürstlicher Fuß mit Ehren treten könne.«

Da rückte der Junker an seinem Barett und sprach: »Vor solchem Fürsprech Achtung und Ehrfurcht; und Frieden seiner Seele, die in Gott ruht!«

Aber als sie nun weiterritten, wandte sich der Junker zu Herrn Konrad: »Und du bist still! Das ist nicht deine Art.«

»Mag's die Luft sein, gnädiger Herr, oder der Krähengesang oder der Geruch der Stadt, der mir noch nicht aus der Nase will.«

»Riecht es in Nürnberg besser? Oder sind in Frankfurt und Bamberg keine engen Gassen?«

»Gnädigster Herr, die Lohgerber und Seifensieder und Fleischhauer stinken in aller Welt. Da es nun einmal ohne sie nicht abgehn kann, muß es Städte geben. Aber die in diesem Lande kommen mir wie die Windmühlen der Kinder vor, die sich immerfort drehen, aber sie machen kein Mehl. Ja, es dünkt mich wie Spott, diese Schmutznester Städte nennen; und ihrem Geschrei ein Ohr leihen ist mir, wie wenn einer aus dem Schwirren und Krächzen der Krähen die Natur der edlen Falken studieren will.«

»Da hat also Johannes in dir einen Bundesgenossen«, lächelte der Junker. »Die Falkenjagd ist eine schöne

Lustbarkeit. Aber die Jagden sind auf der Erde mannigfach verteilt. Wer fischen wollte auf den Bergen und Gemsen jagen in der Ebene, den würde man einen Toren heißen. Den Eber fangen und den Hirsch hetzen ist eine königliche Lust; aber wer dem Bär nachstellen und die Wölfe jagen muß, fühlt auch eine Lust, wenngleich die Weidmannskunst geringer davon denkt. Er fühlt die hohe Lust, das Land zu befreien. So sind die Aufgaben geteilt, Freund Konrad. Ich jagte auch lieber mit meinem Bruder im schönen Franken an den Rebenhügeln und dem sanft gekrümmten Main nach edlem Wild. – Es sollte nicht sein. Mein Vater stellte ihn dort als Jäger hin und mich hier. Ich habe nicht darüber gemurrt, ob doch einige mir zuraunen wollten: ›Er hat ungerecht geteilt. Du, der Ältere, dem das Beste zukommt, erhieltest den dürren, unfruchtbaren Boden, und er, der Jüngere, den fetten, reichen, der von selbst trägt; du sollst die saure Arbeit haben, und ihm gab er die süße Ernte.‹ Ich sprach bei mir: Wem er die Arbeit gab, dem gab er auch die Ehre; und wenn es mir gelingt, den dürren Boden fruchtbar zu machen, wer weiß, ob meine saure Ernte nicht süßer ist als seine leichtere. Darum hab ich nie mit Neid auf meinen Bruder gesehen und keinen Augenblick das Testament meines Vaters bedauert. Ich nahm mir vor, ein Jäger zu sein, ein Landmann und ein Gärtner, wie es sich schickt für das Revier, wo ich hingestellt bin. Ich wende nicht mehr mein Auge zurück nach den grünen Bergen und Auen, den lieblichen Bächen und den stolzen Felsburgen meiner Väter – hier ist mein Vaterland. Diese rauhe Luft ist mir itzt vaterländisch; ich werde jagen in diesen Kieferwäldern und pflügen und säen in diesem flüchtigen Sande, und wenn der Wind sie auch hundertmal verweht, ich werde wieder von neuem säen und will ausdauern, solange der Herr mir Kraft gibt.«

Da sprach Herr Johannes: »Amen!«, und sie ritten schweigend eine Weile mit'nander. Und darauf redeten sie von dem Leben und von den Taten des edlen Grafen

Johann von Hohenlohe, dem der Junker und Graf Konrad verwandt war, und beide waren seines Lobes voll, und Johannes stimmte willig darin ein, daß er ein Ritter gewesen seinerzeit wie wenige. Und nur bedauerte er, daß er fallen müssen, ohne zu siegen, und verbluten ohne Hoffnung, und sein Andenken sei vergessen, kaum daß sein Name verstümmelt unter diesem Volke fortlebe, für das er sein Herzblut vergossen.

»Vergessen!« rief Friedrich, und sein Auge leuchtete von wunderbarem Ernst. »War das keine schöne Grabtafel im Munde des alten Küsters; es hatte sie keiner ihm diktiert und keiner seiner Verwandten sie bestellt, und sie klang doch so herrlich als eine lateinische Inschrift, die wir mit Golde bezahlen. Oder murrst du, daß sie nur im dunkeln Winkel einer Kirche steht? Und ist er denn gefallen, ohne zu siegen! Ist nicht unsere Herrschaft der Sieg, den er mit seinem Heldentod erkaufte? – Er war eins der Saatkörnlein, die, früh in den verwilderten Boden geworfen, vom Unkraut erstickt wurden. Aber es war nicht verloren. Sein Blut düngte den Acker, und der Baum, den mein Vater darauf mit starker Hand pflanzte, ist er nicht aufgegangen?«

Sie schwiegen. Konrad sprach nach einer Weile: »Wir werden noch viel düngen müssen, daß er Wurzel schlägt im losen Sande.«

»Wie der Herr will«, sprach Friedrich. »Oder traust du mir die Kraft nicht zu, ihn zu halten?«

»Mehr noch trau ich Eurem Heldenarm zu«, rief Konrad mit einiger Wärme. »Viel kann ein reicher Mann. Das schlechteste irdene Gefäß kann ein Goldschmied mit Gold und Edelsteinen belegen, daß es kostbar aussieht und unschätzbar wird; aber niemand wird billigen, daß der Schmied Gold und Edelsteine und seine ganze Kunst auf einen schlechten Küchentopf verwendet; er kann bessere Stücke machen und leichter, wenn er in edlerm Metall arbeitet. Was kann aus diesen Sandbänken und Moortümpeln werden, die das Meer vergaß, als es in sein Bett zurücktrat?«

»Das weiß ich nicht«, sprach Friedrich. »Das aber weiß ich, daß welchem Mann sein Vater eine Erbschaft ließ, und sei sie noch so schlecht geordnet und verspreche wenig Ertrag, er muß sie hüten und pflegen; denn er empfing es von seinen Vätern nicht für sich, sondern für seine Kinder und Kindeskinder. Also handelt er nicht um seinetwillen, sondern als Verwalter, der Rechenschaft ablegen muß. Diese Marken wurden in alten Zeiten mit teurem germanischen Blute, mit dem Opfertode von tausend Märtyrern den Wäldern und ihren slawischen Bewohnern abgerungen und erkämpft für das Römische Reich Deutscher Nation, daß sie deutsch blieben, in unserer Zucht und Sitte. Dazu empfingen sie von dem Reiche, dessen gehorsame Kinder wir alle sind, die Markgrafen vor uns, als eingesetzte Verwalter; dazu empfing sie mein Vater, und mein Vater seliger ließ sie dazu mir. Und an mir ist's, nicht zu grübeln, ob der Boden die Mühe lohnt, gleich wie ein Vater, dem Gott Kinder gab, die Gebresten haben, nicht grübeln darf, warum sie nicht schön sind und grad gewachsen, daß sie Ritter würden, sondern er muß grad an ihnen tun und mit derselben Liebe sie pflegen, als wären sie wohlgetan und würden ihm Freude bringen und Ehre im Alter.«

Nun ritten sie, als der Abendwind kühl über die Heide strich und die Schneewolken sich in Flocken zu entladen anfingen, in rascherem Trabe weiter. Nur flüsterte Herr Konrad dem andern, als sie itzt die Türme und Mauern von Spandow im letzten gelben Abendschein vor sich flimmern sahen, zu: »Wenn er so redet vor den Ständen, wer weiß, ob er die Pommern nicht doch mit Gründen und den Adel mit Vernunft besiegt.«

Zwölftes Kapitel

»Um der Bosheit willen, so du hast begangen, darum bist du gnädiglich gezüchtigt. Des sollst du mit Rache nimmermehr im argen gedenken und fortan meiden die

Stadt, dir widerfahre dann von den Herren Gnade, so wahr dir helfe Gott und seine Heiligen!«

So hatte der Büttel den beiden unglückseligen Weibern vorgesprochen den Eid, und ihre Zunge hatte ihn nachgestammelt. Ihr Sinn wußte nichts davon. Blutend, in wilden Zückungen hatten sie sich aufgerichtet, um dem grausamen Gebote nachzukommen, das sie zwang, für den Schmerz zu danken, der ihren Leib durchbrannte. Itzt, als das letzte Wort über ihre Lippen war, sanken sie heulend wieder zusammen, und der Büttel drehte ihnen den Rücken.

Unter den vielen hundert Gesichtern, die da zusahen, war auch kein einziges mitleidiges. Als sie schrien, daß die Raben erschreckt davonflogen, hatten sie gelacht und Schimpfworte gerufen: »Ihnen geschieht schon recht.« Nur einer oder der andere verfolgte mit lüsternen Augen die Blutstriemen, wie sie den weißen Nacken der Jüngeren mit Purpur färbten, wenn die geflochtene Rute daraufschlug. Nur einer oder der andere wagte es, halblaut dem Nachbarn ins Ohr zuzuflüstern: »'s ist doch schade um das Weibsbild.« Als das glühende Eisen der Alten durch die Zähne fuhr und sie übermannt vom Schmerz zusammen, da schrie wohl auch alles mit ihr auf. Es war aber ein großes Jubelgeschrei, und sah man sie am Boden liegen, als wie ein abgedientes Pferd, das der Freiknecht niederstieß.

Der Ratsmann, Herr Trebuß, gähnte und hieß den Büttel sich fördern, daß sie heimkämen, ehe der Schnee losbräche. Er dachte an das Fest heut abend bei Herrn Thomas Wyns. Der Büttel aber nahm das glühende Eisen aus der Kohlenpfanne und schwang es zischend um seinen Kopf und fragte lachend, ob noch wer Lust hätte, gebrannt zu werden. Dann stieß er es in eine Pfütze, daß es laut zischte, und gab es mit der Pfanne seinem Knechte, es fortzutragen. Nachdem er nun noch einmal hinter sich gespien, daß ihm nichts anhafte von der Berührung der Ausgestoßenen, taten viele desgleichen, und dann wandten sich alle um und eilten nach der Stadt. Nur der Ratsdiener blieb um einige Schritt zurück, und als es die andern nicht sahen, warf er von unter dem Mantel verstohlen einen Beutel der einen an die Füße und schüttelte sich drauf am ganzen Leibe und spuckte auf die Hand, die den Beutel geworfen, und machte dann, was er konnte, unter die andern zu kommen.

Da stritt man im Nachhausegehen, ob die beiden würden liegenbleiben oder noch Kraft hätten, sich aufzurappeln vorm Dunkelwerden. Denn wenn die kalte Nacht über sie käme, wie sie waren, wund und bloß, schiene die Morgensonne nur auf zwei Leichname. Die meisten hielten dafür, er habe die Salome nicht so gestrichen, als sie verdient; möchten ihm wohl die jungen Herrn aus den Geschlechtern, die so manche Nacht mit ihr verjubelt, die Hand gedrückt haben. Dafür meinten andere, ein solches schwaches Weibsbild vertrage auch weniger. Die rote Hanne hatte ihr Teil voll bekommen. Nur verwunderten sich einige, wie der Büttel den Mut gehabt, die wendische Hexe so zu fassen. »Die Nacht ist keines Menschen Freund«, schmunzelte ein Altbüßergesell mit grauem Kopfe. »Doch solche Weiber leben da erst auf, man mag sie breitgeschlagen haben als eine Fliege an der Wand. Und wären alle ihre Glieder vom Rade gebrochen, ich sag euch, nachts, wenn ihre Stunde kommt und es knistert und pfeift in den Sträuchen, richten sie sich auf und tanzen, als wäre ihnen nicht soviel geschehen. Der Büttel mag sich vorsehen, glaubt mir, wenn es um Mitternacht mal durch den Schlot runterfährt. Die Hand verdorrt ihm eher, als daß die rote Hanne ihn vergißt.«

Einige waren der Meinung, wenn solche Weiber mit verbotenen Künsten ausgewiesen würden, sollte ein Geistlicher von Stadt wegen mit vors Tor ziehen und die Bannformel sprechen. »Wozu füttern wir denn die Pfaffen!«

Der Altbüßer sprach: »Weiber in den Sack gesteckt mit Katz, Hahn und Hund, einen Stein dran, ersäuft im

Spreekessel! das allein schützt ehrliche Bürger vor ihren Tücken. Aber die Herren vom Rat sind allzeit klüger.«

»Werden wohl ihren Grund dazu haben«, murmelten andere.

»Und was kümmert's euch«, sprach der Ratsknecht Andreas. »Alle Übertreter werden von ihnen gestraft. Wo hat je der Rat ein Auge zugedrückt? Seit die Städte zusammengespannt wurden, wie viele sind da gebrannt, gebrochen, vergraben und in der Kufe gebraten! Ihr Volks mögt in manchen Dingen recht haben, aber darin könnt ihr dem Rate nichts nachsagen. Wo einer nur die Hand anlegt und es steht ihm nicht zu, wie's geschrieben steht in den Büchern und es recht ist von alters her, wird er gepeitscht und gebrannt und ausgewiesen. Ich hab's gehört und gelesen in den alten Registern von den Übertretungen, daß ihrer mehr aus den Toren gewiesen sind und dürfen bei der Stadt Feindschaft nicht zurück, als itzo in Berlin und Kölln von Bürgern und Volk mittags seine Suppe kocht.«

Alle meinten, das müsse man dem Rat lassen, und billigten es. Nur einer fragte, wenn alle Städte in der Mark auch so viele auswiesen und ächteten, wo denn die Geächteten alle blieben.

»Was kümmert dich das?« antwortete Andreas. »Jeder sorge für sich und kehre vor seiner Tür.«

Alle waren längst innerhalb der Mauern, die schweren Torflügel waren eingeklungen, die eisernen Riegel vorgeschoben und der mächtige Schlüssel dem wachthabenden Ratmann überbracht. Auch die Fußtritte der Neugierigen im Sande entdeckte keiner mehr; eine lockere Schneedecke hatte den Erdboden gleichgemacht und die Türme und Dächer der Stadt weiß gefärbt. Es herrschte unheimliche tiefe Stille vor den Toren. Dem Wanderer, dem einsamen Reitersmann schlug das Herz höher, wenn er noch fern einer Stadt die Riegel rasseln hörte. Es war das Zeichen, daß die Ordnung sich abschloß. Mit dem Torschluß der Städte war der rohen Willkür draußen, wer ihr verfiel, preisgegeben. Raub und Mord mochten dicht unter den Toren frei ihr Werk treiben, die Bürger schützten nur sich; es waren seltene Ausnahmsfälle, daß das Tor sich wieder aufschloß, ein Pförtlein sich öffnete, um einen Verspäteten aufzunehmen. Nur anrüchiges Volk wohnte in den schlechten Hütten draußen; es mußte seinen Frieden geschlossen haben mit dem herrenlosen Gesindel, so nicht *die* Sicherheit sein Panier war, welche höchste Armut allein gewährt.

War es der Schnee, der in kalten Flocken auf ihre nackten Glieder tupfte, war es der rauhe Wind, der über ihren wunden Rücken fuhr, was die Alte aufweckte? Sie richtete den welken Leib in die Höhe, sie streifte die Haare vom Gesicht und vom Scheitel die weißen Flokken. Dann fuhr sie über die Stellen, die sie schmerzten, und wimmerte zusammen und barg in den Händen das Gesicht, Sprüche oder Flüche murmelnd. Ihre kleinen Augen leuchteten von unheimlichem Feuer, indes ihre Zähne knirschten, und die Blicke suchten die graudunkeln Massen der Stadt, aus denen itzt ein Licht um das andere auftauchte.

Ihre Unglücksgenossin lag noch bewußtlos am Boden, so wie sie hingesunken war nach dem Schwure. Die Alte streifte den Schnee, der vom Blute sich gefärbt, von ihrem Rücken und hob sie unterm Kinn auf und drückte mit ihren dürren Fingern das Fleisch, zu versuchen, ob die Kälte vom Frost sei oder vom Tode. »Sieh mir das feine Püppchen! Von solchen paar Streichen schon unmächtig und kalt. Freilich warst ein anderes Streicheln gewohnt, und im Krögel in der Badstube war's wärmer.« Sie schien sich zu bedenken, ob sie das elende Geschöpf liegenlasse und ihr die letzten Fetzen, die sie noch am Leibe trug, abstreife, denn die Kleidungsstücke der Gestraften verfielen als Erbteil dem Büttel – als ihr Luchsauge auf den Beutel fiel, der zu Füßen der Sünderin lag. Rasch danach greifend, ließ sie die Ohnmächtige zu Boden fallen. Die aber erwachte eben durch den Fall wieder zur Besinnung und stieß, als die Alte mit der Beute davonschleichen wollte, einen Schrei aus.

Das Weib sah abwechselnd auf das Geld und auf das Mädchen, das laut wimmernd sich erholte und zähnebebend vom Frost die paar Lumpen zusammenzog, und die deckten doch nicht ihre Blöße. »Was die Katz und das Eisen kopuliert«, murmelte sie, »die sollen zusammenhalten. Und wer noch Freunde hat, die so was uns zuwerfen, wenn wir ins Elend gehn, die winken uns auch wohl noch, wenn wir im Elend stecken.« Sie steckte das Geld in den zerlumpten Friesrock, den hatte ihr, glücklicher als der andern, der Büttel gelassen, und hockte sich neben ihre Leidensschwester.

Aber itzt zum Bewußtsein gekommen, raufte diese das Haar, warf sich nieder und barg wimmernd den Leib am Boden, als solle er ihr Wärme geben. Dann schrie sie um Erbarmen und streckte die nackten Arme gen Himmel, alle heilige Namen rufend, die ihr in den Sinn kamen.

»Die helfen dir nicht«, sprach die rote Hanne. »Die helfen nur den reichen und großen Leuten und den Bürgern, die warm sitzen. Wo kann unsereins ihnen Altäre bauen lassen in den großen Kirchen und die Priester bezahlen, daß sie beten und singen!«

»Die Heiligen sind doch für jedermann.«

»Ist nicht wahr. Hat jeder seine Kundschaft; und wer nicht zugehört und ihm nichts opfert, den schmeißt er zur Tür naus, wie der Kirchenknecht die armen Leute, wenn sie sich an die Stühle der reichen stellen. Wir können in der Heide beten.«

»Ich will beten«, sprach das Mädchen und versuchte umsonst, die fieberhaft zitternden Hände zu falten.

»Siehst du, es geht nicht. Hülfe dir auch nichts. Man kann nur in der Kirche beten, wenn die Kerzen geweiht sind. Hier hört's bloß der Wind. Der Wind hat kein Erbarmen.«

Die Elende schrie auf und warf sich mit dem Gesicht auf die Erde. »Ach, er schlug unbarmherzig.«

»Er schlug nicht anders, als die Herren es ihm geheißen. Wenn der gestrenge Herr Ratmann Trebuß nicht zum Essen gemußt, hätte er dich noch länger gestrichen.«

»Ich stehe nicht wieder auf.«

»Von so ein paar Streichen! Ach du liebes Blut! Die Rute mit dem Draht kitzelt ja nur. Wenn du erst das Eisen mal kosten wirst, wenn's so glutrot dir durch die Zähne fährt, da hört man die Engel im Himmel pfeifen. Und ist noch nicht das Schlimmste. Die roten Zangen kneifen ärger – und wen sie erst in der Kufe brennen –«

»Schlag die Arme zusammen, 's tut besser als beten«, rief das Weib, als sie das Mädchen mit dem Frostfieber kämpfen sah. Aber die Kraft fehlte ihr, die Arme sanken ihr am Leibe nieder. Da sprach die Alte: »Will versuchen, dich warm zu machen.« Sie drückte sie nieder und streckte sich über sie. »Weiß wohl, du hättest was Lieberes, um dich warm zu drücken, aber ein alt Weib ist doch besser als Schnee und Wind.«

»Wirst nicht davon ersticken«, fuhr sie ruhig fort, als das Mädchen unter ihr stöhnte. »Da gehört mehr Last zu als meine alten Knochen, um solch ein frisches Leben totzudrücken. Kenne den Ort wohl und könnte dir was erzählen aus alter Zeit. Hörst du's nicht unten wimmern? Wenn's ganz still ist, im Sommer in der Nacht, wenn das Gras schläft und die Sterne die Augen zudrükken, dann klopft's und seufzt. Ist meine Mutter. Ich war noch ein kleines Kind, da griffen sie meine Mutter. Das sächsische Volk sagte, sie hätte rote Augen und täte ihrem Vieh schaden. Wo sie an eine Tür klopfte, da scheuchten sie meine Mutter mit den Hunden fort. Sie mußte in der Heide schlafen und wie die Katze am Zaune. Nun spürte meine Mutter, als mal die Glocken läuteten in Sankt Nikolai und die Kerzen am Altar brannten und der Priester in Gold und Sammet davor knickste und sung, auch Lust hineinzugehen wie die andern und vom Leib des Herrn zu kosten wie die andern. Da murmelten die Bürger und das Volk: ›Was will das Bettelweib!‹ Und sie stießen und schrien: ›Das ist eine wendische Hexe!‹, und der Priester schnaubte vor Zorn und wies sie fort; denn der Herr Bürgermeister und die Ratmannen alle nahmen mit ihren Frauen und Kindern an dem Tage das Mahl des Herrn, und alle schön gebürstet und gekämmt, in Pelz und Sammet und feinen Spitzen. Und es war nicht recht von meiner Mutter, daß sie da in die Kirche kam; denn sie hatte nur Lumpen am Leib, und ihre Haut war gelb, und hatte sich nicht gewaschen. Aber wie sie so saß im dunkeln Winkel hinter dem Pfeiler und keiner sahe sie, da kamen so meiner Mutter Gedanken: Ich bin doch auch ein Christenmensch und getauft wie sie! Und als die Leute alle fort waren und der Priester auch und die Kerzen gelöscht und die Tore geschlossen, schlich sie heran und stahl eine Hostie aus dem Kästlein – nur für sich, bei allen Heiligen! nur für sich allein; sie wollte sie keinem gottlosen Juden verkaufen, daß er sie zerschnitt und verbrenne. Es war nicht recht von meiner Mutter. Die Hostien brennen im Leib wie höllisches Feuer, wenn keine Priesterhand sie dir reicht. – Nun kam's heraus, sie ward gegriffen, in den Turm geworfen – und sie mußte wohl gestehen, die Hostie brannte ja im Leibe, und sie werden's auch sonst verstanden haben, ihr den Mund zu öffnen. Auf der Langen Brücke, da saßen die Richter, und die weisen Leute standen um und brachen den weißen Stab über sie. Sie stritten viel. Die weisen Leute waren uneins, ob sie brennen müßte. Freilich hätte sie brennen müssen, aber da wäre die Hostie mit verbrannt in ihrem Leibe. Drum zogen sie raus hier vors Spandower Tor. Da ward eine Grube gegraben vor ihren Augen, und als sie so tief war wie ein Mensch und noch tiefer, stießen sie meine Mutter hinein, und mich hielt der Büttel bei der Hand, und ich mußt es zusehen, daß ich ein Exempel dran nähme, sagten sie. Meine Mutter schrie, und ich weinte, denn ich war ein Kind und wußte nicht, was Hostien stehlen sei. Und nun warfen sie Erde und Erde über sie, und sie schrie so gräßlich und bang und streckte die Hände aus, und wühlte und bat, daß es einen Stein erweichen mußte. Ich schrie auch, und sagte, das täte ja meiner Mutter weh; sie sollten nicht mehr Erde über sie werfen. Aber sie sagten, ich solle nur warten, sie werde bald nicht mehr schreien. Da bat sie so kläglich nur um eins noch, daß man ihr ihr Kind reiche und sie's noch einmal küsse. Das geschah – den Kuß fühle ich noch. Sie konnte mich nicht mehr ans Herz drücken, ihre Arme saßen schon fest. – Und dann, und dann – dann stampften sie mit den Füßen auf die lockre Erde, daß meine Mutter nicht raus könnte und wieder Hostien stehlen. – Meinst du, daß die Erde meine Mutter nicht drückte! Sie sagten alle: ›Nun ist dem Weibe recht geschehen.‹ Die Herrn Ratsherrn sprachen, sie könne von Gnade sagen, denn nach dem alten Rechte begrabe man Weibsbilder schon darum lebendig, daß sie nur einen Rock aus der Lade stahlen, und diese stahl gar den Leib des Herrn im Gotteshaus. Und alle schrien amen!«

Erwärmt von der Alten oder von der Vorstellung, die ihre Erzählung angeregt, fuhr das Mädchen jetzt auf, und auf ihren Knien, mit den Armen über dem Kopf, die Hände geballt, floß ein Strom von Verwünschungen und Flüchen von ihren Lippen. Der Mond war hinter dem zerfahrenen Schneegewölk vorgebrochen und beleuchtete ihre Gestalt. Ihre von Zorn und Schmerz verzerrten Gesichtszüge schien die andere mit stillem Vergnügen zu mustern.

»So ist's recht, Kind. Schimpf dich aus. Das macht leichter und wärmt.«

»O du Scheusal!« rief das Mädchen entsetzt, als jetzt auch ihre Augen auf die hagere Gestalt der Alten fielen. »Ich war guter Eltern Kind. Und mit dir mußten sie mich zusammenwerfen! Hättest du mich drinnen angerührt, ich hätte dir einen Fußtritt gegeben.«

»Weiß wohl, mein schmuckes Püppchen. Entsinnst dich noch, als du in dem gelben Eckstübchen wohntest, mit dem Fenstertürmlein hinaus auf die Spree? Und saßest mit deinen Galans im funkelnd roten Mieder, so zickzack ausgeschnitten, und die bunte Feder auf dem

Scharlachkäppchen und trankest süßen Wein und sungst mit deinen Liebsten. Da ging die rote Hanne vorbei, und du riefst zum Herrn Christoph: ›Schau das häßliche Weib!‹ Da spucktest du auf mich, und die feinen Herren lachten und freuten sich, daß du so lustig warst und guter Dinge. Ich dachte: laß gut sein. Ehe fünf Jahre um sind, liegst du auf dem Mist. Da werden deine Galane auch auf dich spucken. Siehst du, nun sind wir gleich.«

»Ich mit dir gleich!« fuhr das Mädchen auf. »Mit dir hab ich nichts gemein.«

»Doch, doch, Kind. Das Elend macht alle gleich. Wer in den Wald gejagt ist unter die Tiere, da hilft kein Hochmut; da gibt's keine Richter und Schöppen und Bücher, wer schlauer ist und stärker, der hat allein recht.«

»O ich bin verloren!« rief die Jüngere. »Laß mich sterben.«

Die Alte musterte sie lange mit ihren lauernden Augen, und ein Lächeln des Wohlgefallens zuckte um ihren zähnelosen Mund. »Ei! warum sterben wollen vor der Zeit? Der Tod kommt uns allen in den Weg gelaufen, wenn's soweit ist. Aber die Ware, die der Marktmeister vom einen Markt fortweist, findet auf dem andern noch immer Käufer. Nur der ist verloren, der sich selber aufgibt. Pocht das kleine Herz nicht lustig, und möchte's nicht den gestrengen Herrn wiedergeben, was sie dir gaben? Oder hast du aufrichtig gedankt, daß sie gnädiglich um deiner Bosheit willen dich gezüchtigt?«

»Könnt ich ihn zerreißen, mit den Füßen stampfen!«

»Wen denn?«

»Den Büttel. Ach, meine Schulter!«

»Warum denn den Büttel? Der war nur der Stock. Die jungen stolzen Herren küßten dir Hände und Füße und hoben dich auf ihren Armen; und warum lassen sie dich nun raustreiben vom Büttel, die Kleider vom Leibe reißen vor allem Volk und die weiße Haut blutrünstig schlagen? Hat einer nur für dich gebeten, um den du deine weichen Arme schlangst und ihn liebhattest? Ritt nur einer mit heraus und sprach: ›Die arme Salome tut mir leid!‹ Hinterm Fenstervorhang standen sie, als sie dich durch die Gassen stießen, und lachten sich ins Fäustchen und züschelten einer zum andern: ›Du, ich möchte wohl zusehn, wie sie die Salome peitschen!‹ Und was hast du getan? Hast du Berlin an vier Ecken angesteckt? Hast du die Brunnen in Kölln vergiftet? – Du hast ja nur gesprochen, was wahr ist. Ist's nicht deine Schwägerin, die hochmütige Jungfer Elsbeth?«

»Ach, das ist aus und vorbei!«

»Freilich mit dem jungen Herrn Christoph Rathenow ist's aus und vorbei. Er nahm dir die Ehre, dafür nahm der Tod ihn. In die Spree zog ihn die Nix runter bei Rummelsburg; sie sagen, er ertrank beim Baden. Auf seinen Bruder, den wilden Rudolf, legte sich nachts der Alp, bis er ihn erdrückte und schwach machte, daß er wie ein Schatten ging. Sie nennen's die Schwindsucht. Die Engel und die Heiligen stehen uns nicht bei; aber es gibt schon welche, die für die armen Leute sind. Stieß dich nicht der gestrenge Herr Johannes aus seinem Haus? Warum? Aus purer Gerechtigkeit: weil *sein Sohn* dir ein Unrecht getan, darum mußtest *du* auf die Straße und den kurzen Mantel umtun und die gelbe Kappe aufsetzen, daß die Buben dir nachschrien: Da geht eine, die an der Unehre sitzt! Dem jungen Herrn Christoph schrien sie nichts nach. – Hast du mal durchs Fenster geblickt ins Haus des Herrn Johannes, wie's itzt da aussieht? – Ich sage dir, er hänge dich mit goldnen Ketten über und über, wenn du ihm seine Söhne lebendig machtest. Hast du nachts gelauscht, wie er durch die Gänge geht und seufzt? Da horcht er träumen die Jungfer Elsbeth von Ketten und Spangen, und die Eule ächzt durchs Haus: ›Dir geschieht schon recht; du nagst an den Früchten deiner Gerechtigkeit.‹«

»Was hilft mir das!« stöhnte das Mädchen.

»Bist noch neu im Elend. Daß wir die sehen nagen am Herzeleid, die uns Herzeleid gemacht, das ist ein Schluck, wenn wir dursten, ein Knochen, der immer noch Fleisch gibt, wenn wir auch noch so oft dran nagten. Mich freut es, Kind, und das alte Herz schlägt lustig, daß Herr Johannes so einsam ist. Sein Vater Matheus ließ mich peitschen, und sein Großvater Albertus stand dabei, der trampelte mit seinen großen Füßen auf die lockere Erde, daß meine Mutter nicht raus konnte. Siehst du, Kind, es gibt ihrer schon, die auf die stillen Flüche der armen Leute horchen. Man muß nur auch für sie was tun. Umsonst ist der Tod. Wir können nicht armdicke Kerzen opfern wie die Reichen ihren Heiligen, aber was geben muß man ihnen.«

»Ich habe nichts zu geben.«

Ein widerwärtiges Lächeln zog um den verzerrten Mund der Alten. »Ei, hätte die rote Hanne, als sie noch jung war, das gehabt, was du noch hast! Solche weiße Zähne, solchen runden Nacken, so einen roten Mund – und die Augen! Die können noch manchen anblitzen, und die Haare will ich dir wieder kämmen in schöne Flechten und Locken, und Kräuter weiß ich und kann Salben kochen; die sollen die Haut wieder schmeidig machen und glänzend. Nun, Püppchen, friert dich noch? Hörst du sie nicht drinnen aufspielen und geigen – 's ist Bankett bei den gestrengen Herren. Hättest nicht Lust mitzutanzen? Trau auf die alte Hanne, du wirst noch tanzen in Berlin, du wirst pfeifen und spielen lassen, wie *du* Lust hast, und die strengen Herrn sollen tanzen.«

War es das unheimliche Flimmern ihrer Augen oder die süßen Vorstellungen ihrer Rede, was das Mädchen aufmerksam horchen ließ auf die geheimnisvollen Verheißungen der Alten? Auf den Schwingen des Windes kamen lustige Töne herüber von der Stadt, die das Weib mit halbgeöffnetem Munde gierig einschlürfte, und das Mädchen horchte ebenso.

»Hörst du, nun schwenken sie sich – das geht lustig her. – Nicht wahr, wärst gern drinnen?«

Das Mädchen war aufgestanden. »Ach, sie kennen mich ja alle und –«

»Peitschten dich wieder raus, meinst du. Wer weiß, Kind. 's zog mancher als ein Bettelmann aus und kam zurück als ein stolzer Reitersmann zu Pferd. Manchen wiesen sie aus einer Stadt, und da er wiederkam, zogen ihm die Ratsherren mit krummem Rücken entgegen und reichten ihm die Schlüssel. Sie sollen dich nicht wiedererkennen. Komm, komm –«

Sie zog sie an der Hand mit sich fort, denn aus der Ferne kam ein anderes Geräusch als die ab und zu vom Winde ihnen zugetragenen Geigentöne. Man hörte Hufschläge, und die schwarzen Schatten einiger Reiter streiften über die weißen Felder. »Brauchst dich nicht mehr zu fürchten«, sprach die rote Hanne, als sie das Mädchen in einen verwachsenen Graben gezogen, der sie verbergen konnte, wenn jemand des Weges zog, für den sie nicht sichtbar sein wollten. »Die Nacht ist keines Menschen Freund, so heißt's nur in der Stadt.«

»Man weiß doch nicht, wer kommt«, sprach Salome niederhuckend und wieder vor der Kälte geschützt, indem die Alte hinter ihr kniete und sie umschlang.

»Wer soll denn kommen, Närrchen! Hast du noch was am Leibe? Können sie dir noch was nehmen? Wer soweit ist, als wir beide, ist gut dran.«

»Was lugst du so groß?«

»Sie kommen hierher.«

»Duck dich unter, rote Hanne.«

»Freilich, hast recht. Sie könnten Reißaus nehmen. Ein alt Weib im Hagebusch, wenn der Mond scheint, sieht niemand gern.«

»Duck unter. Es könnte doch –«

»Der Leibhaftige sein und seine Gesellen. Ei, Liebchen, das ist ein Fürst; der will von unsereins gebeten sein, und hübsch manierlich. Nur bei reichen Leuten und Pfaffen kommt er ungerufen und geht ihnen um den Bart. Uns hat er ohnedem weg, das weiß er.«

»Kennst du sie?«

»Stellmeiser sind's nicht. Die zeigen sich nur noch selten aufm Roß. – Haben lange Sporen; also sind's gute Leute. Worauf mögen denn die ausschauen? – Sieh nur – suchen immer den Schatten – möchten nicht von der Mauer aus gesehen werden. Also mutig, Herzchen, sind gute Freunde. Die gerechten Herren in den Städten schicken uns jahraus, jahrein von ihnen zu, daß unsere Kumpanei größer wird. Wirst dich wundern, was für Leute bei uns sind, die brennen alle vor Lust, den Herren es wiederzugeben. – Sieh mir – sieh mir – wer wankt denn da wie eine Puppe aufm Roß zwischen beiden. So das nicht der Köpkin Zarnekow ist, straf mich der Henker!«

»Maria, Jesus, all ihr Heiligen, der!«

»Närrischer Wurm, was klapperst mit den Zähnen? Der wird dich schon warm machen.«

»Er hat geschworen, die Stadt in Brand zu stecken.«

»Kümmert's dich, Mäuschen? Er wird ihnen auch einheizen. Ist ein lieber Herr. Ließ mich mal mit den Hunden hetzen auf seinem Schloßhof. Hatte ein bißchen getrunken; wollte sich nur einen kleinen Spaß machen. Aber darnach ließ er mich verbinden, ich durft in seinem Stall bleiben, bis alles verharscht war, und ließ mich trinken, so viel ich mochte. Sind seitdem immer Freunde blieben. Ein guter Herr, sag ich dir, und haßt die Städtischen wie ein rechtschaffener Edelmann. Denn glaub's mir, unsereins hat nicht mehr Herzeleid von den stolzen Herren als die vornehmen Junker von ihnen.«

Als die Reiter itzt ihnen näher kamen und die Alte den Kopf vorsteckte, entweder um noch mehr zu entdecken oder sich dem guten Bekannten, der es wirklich war, zu erkennen zu geben, fühlte sie sich mit aller Kraft der Angst zurückgerissen. Das Mädchen beschwor sie, sie nicht zu verraten, und die rote Hanne fand bald Grund, die Vorsicht, wenn auch um anderen Zweckes willen, gutzuheißen.

Die Reiter, in grobe Kittel und Friesmäntel bis über die Ohren verhüllt, hielten hier an. Es waren ihrer drei, von denen aber nur zwei ihre Pferde regierten; denn der dritte, eine ungeschlachte Figur, hing mehr auf seinem Gaul, als daß er ritt; und augenscheinlich hatten die andern beiden viel Sorge und Mühe mit ihm, daß er nicht bei jedem Schritt herunterfiel. Aus dem Grunde auch mochten sie hier anhalten, denn es war eine Vertiefung im Boden und sie konnten, im Schatten stehend, nicht von den Mauertürmen aus gesehen werden. Der eine schlug nun vorsichtig seine Lederkappe vom Gesicht zurück, reckte das lange Gesicht mit der Adlernase in die Höh und schaute sich um, weithin nach der Stadt und nach den Feldern, und da ringsum nichts ihm zu Gesicht fiel, sprach er: »'s ist reine Luft hier, Wedigo. Laßt uns nun ratschlagen.«

Da gab der andere, der Wedigo genannt wurde, ein ältlicher wohlbeleibter Reiter, dem dritten einen derben Stoß in die Rippen. »Wach auf, Köpkin.«

Als Köpkin aber nur grunzte, lachte der erstere und sprach: »Der kommt nicht zu sich vor zwölf Stunden und mehr. Ihr ließet ihm zu rechtschaffen einschenken, derweil ich durch die Straßen lief.«

»Mußt ich nicht?« antwortete Wedigo. »Ich sage Euch, Busso, wenn ich ihn nicht runterkriegte unter den Tisch, er wär Euch nachgestürzt durch die Straßen und hätte gemeint, seine Klinge könnt es allein aufnehmen mit Berlin.«

»Wer weiß!« lachte Busso. »Sie waren ja drinnen nicht weniger toll und voll.«

»Die Pestilenz auch, Busso, solche Gelegenheit sich entgehen zu lassen!« sprach Wedigo, mit der Zunge schnalzend.

»Sie kommt uns besser wieder«, lachte Busso. »Was fangen wir aber mit dem Schwein an?«

»Bei Sankt Christophel!« sagte der andere, »wenn sie Schweine aus Berlin ausführten, es hätte uns nicht die Umstände gekostet, ihn zum Tor nauszuschaffen. Der Torwärter ließ ihn dafür passieren.«

»Wir haben noch fünf Stunden zu reiten«, fiel Busso ernst ein. »Die Nacht wird verflucht kalt, und ich spüre keine Lust, ihn länger so zu halten und selbst zu erfrieren.«

Wedigo schlug vor, ihn festzubinden auf das Pferd.

Aber als sie damit umgingen, sträubte sich der Trunkene mit dem letzten Viertel Bewußtsein, was ihm geblieben war, und im Ringen mit seinen Freunden stürzte er vom Pferde. Nun mußten auch sie fluchend herunter. Ihr Versuch, ihn wieder aufzuheben, scheiterte. Er wehrte sich nicht mehr, sondern schnarchte augenblicklich, als die Glieder sich auf dem sichern Boden zurechtgelegt hatten.

Busso stampfte mit dem Fuß. »Zehntausend Geier über dich! Es wäre besser gewesen, Ihr hättet ihn zu einer Dirne geschleppt. Da hätte er den Rausch ausgeschlafen und könnte sich dann selber salvieren.«

»Das Bett hier ist weißer«, antwortete der andere. »Wenn man ihn ein bißchen im Schnee wälzt, kommt er wohl zu sich.«

Aber auch das fruchtete nicht, und die Ritter ratschlagten zwischen Fluchen und Lachen, was zu tun sei.

»Ich dachte auch daran, als ich drinnen mit ihm allein war«, sagte Wedigo. »Aber trau einer den Dirnen! Wenn eine gewußt, was ihr für ein Schatz ins Haus kam, hätte sie wohl bare Münze dafür gewechselt. Insonders wenn die Katze ihr auf der andern Seite drohte. Sie schleppten ja eine heut hinaus; und durch die Bank kennen sie den Köpkin.«

Busso strich sich über die Stirn, und etwas von Lächeln fuhr über seine Lippen. »Der Schnee, dünkt mich, wäre die beste Dirne, um den Saufaus in ihren kühlen Armen zu lassen. Was meint Ihr, Herr Wedigo? Sie kühlt ab und plaudert nicht.«

Wedigo sah sich rundum und kratzte sich hinterm Ohr. »Kühlen wird sie ihn freilich und den Durst löschen auch. Ob sie ihn aber nicht so kühlt, daß er nie mehr dürstet! Es sieht nach mehr Schnee aus.«

»Blitz und Wetter! wir dürfen nicht länger warten, wenn Ihr wißt, was ich weiß –«

»Freilich. Dem Kurfürsten und seinen Leuten dürfen wir nicht begegnen. – Köpkin! Was hört er nicht, wenn ihn wackere Kumpane rufen. Köpkin Zarnekow!« schrie der Ritter. »Der Kurfürst hält Hof in Spandow, und Ihr liegt im Stadtbann.«

»Wollt Ihr die Hähne wachschreien, Wedigo«, fiel Busso ein, »und der Wache im Turm ein Signal geben, wo die Ellenreiter einen wackern Ritter greifen können? Ich sage Euch, laßt ihn sein Sach allein ausmachen.«

»Alle Blitz noch mal, die Nacht ist kalt.«

»Für uns ja, Wedigo, für ihn nicht. Wer ein Viertel Stückfaß hinter sich hat, merkt's nicht. Ja, ich meine, er hat so viel Wärme im Leibe, daß er mit seinem Atem den Schnee auf eine Viertelmeile schmilzt.«

»Wenn aber nicht?«

»So erfrieren *wir*, oder wenn nicht, greifen uns die kurfürstlichen Reiter, und man frägt uns im Turm von Spandow, was wir auf der Landstraße in Kumpanei mit Köpkin Zarnekow gesucht. Lüstet Euch so sehr, vor den lieben kurfürstlichen Räten Red und Antwort zu stehen? Hol der Teufel die grünen Tische!«

»Köpkin, wenn dir was zustößt, ich kann nicht dafür. Warum wachst du nicht auf!« sprach Herr Wedigo und schüttelte dem Betrunkenen die Hand.

»Und wenn ihm was zustößt, so geht ein Schnapphahn verloren, der seine Freunde schon manches liebe Mal in Verlegenheit gebracht«, sprach Herr Busso, schon mit einem Fuß im Steigbügel. »Nimmt er doch nie Vernunft an, und gut Wort ist an ihm verloren. Unserer Sach helfen nicht solche Hitzböcke, die nur ausschlagen und zustoßen.«

»Hilf dir selber, bei allen Geiern!« sprach Wedigo und schnallte den in Unordnung geratenen Sattel zurecht. »Ohn Vorsicht kommt heutzutage niemand durch. – Aber wenn ihm was zustieße, alle Wetter! und die von Berlin und Kölln fingen ihn, Christ Element! sie wären imstande und richteten seinen Leib. – Hört mal, Busso«, fuhr der Ritter nachdenklich fort, den Fuß aus dem Steigbügel setzend, »wenn sie ihn so – nun, krepiert fänden und Kopf über, Beine unter aufs Rad flöchten. Höll und Teufel, er bleibt doch ein Edelmann, und sollen unsere Kumpane sagen, wir hätten ihn in der Patsche sitzenlassen!«

Busso zog den Fuß vom Steigbügel zurück und versuchte noch einmal, diesmal mit dem Fuße, ja, selbst den großen Stachelsporen wandte er dazu an, den Schläfer aus seiner Ruhe aufzustören. »Köpkin! Dreihunderttausend Donnerwetter über dich, du bist ein Edelmann und sollst den Raben nicht zum Fraß dienen.«

Aber er hätte eher Funken aus dem Hirnschädel entlockt, als was er wollte. Köpkin wälzte sich, stieß unartikulierte Töne aus und versank nur in um so festern Schlaf da, wo er hingestoßen wurde.

»Vetter Wedigo!« sprach itzt Herr Busso mit einem nachdenklichen Gesichte, indes seine Augen deutlicher sprachen, als es sein Mund tat. »Die Raben sollen ihn nicht fressen und die Städte nicht judizieren, denn er ist ein Edelmann. Im übrigen, wenn er hier in Folgen des Soffs den Geist aufgibt, so, meine ich, hat unsere Sache noch keinen Geist verloren. Ja, ich meine, sie gewinnt, wie das gute Metall, wenn es die Schlacke abwirft. Ich von Person habe nichts gegen die Zarnekows, aber so ich bedenke, wie der und seine Vettern uns in Mißrede brachten durch ihr viehisches Leben, ihr Zusammenhalten mit allerlei Gesindel – wie ein räudiges Schaf und eine silberne Busennadel ihnen wert genug dünkten, drum Ehr und Leben dranzusetzen, wie sie gegen Ihre Kurfürstliche Gnaden in allen Schenken, vor allem Volk ihr lästerliches Maul nicht halten konnten, daß auf dem letzten Landtag –«

»In Brandenburg«, fiel Wedigo ein, »die Mauern widerklungen von Klagen gegen den Adel. Ich bitt Euch, haltet das Maul davon. Es sitzt mir noch in den Kaldaunen.«

»Schwerenot!« fuhr Herr Busso auf, »wir haben genug zu tragen an den Mienen der Tuchkratzer und den Schreibergesichtern aus Nürnberg. Man muß sich's leichter machen. Ich sage Euch, Vetter Wedigo, wir verlieren nicht allein nichts, wir gewinnen auch noch, wenn wir den Kerl loswerden.«

Wedigo sah sich ängstlich um.

»Ist nichts, Vetter. Die Krähen plaudern nicht. Doch bei Sankt Moritz, hol mich der und jener, wir führten unsere Sach besser, wenn ein Hexenschuß dem ins Genick führe, daß er nicht wieder aufstünde und der Läutpriester zöge am Glockenstrang, als lang er Lust hat.«

»Bei Wüstehainichen dazumal«, fuhr Wedigo fort, die Hand noch immer hinterm Ohr, »war er auch besoffen und schrie so früh auf, daß das Lumpenpack vor der Zeit stutzig ward und sich anschickte. Ich verlor meinen besten Knecht.«

»Ich sag's Euch ja, Vetter. 's ist 'ne Schande. Die Zeit ist schlimm, ein Rittersmann muß auf sich halten. Wo hält der auf sich? Alle Wetter, wenn so die feinen Fränkischen die Nase rümpfen und auf uns mit verzerrten Mäulern blicken. Das Eisen klirrt mir immer in der Scheide, aber beweis ihnen einer, daß wir nicht schlechter sind als sie, wenn solch ein Tolpatsch sich uns an den Arm hängt.«

»Er hatte es bei Wüstehainichen allein verdorben«, fiel Wedigo ein, »und als es zum Teilen kam, forderte er noch unverschämt!«

»Freilich, Vetter, und brambierte und schwur, er wolle sich von uns lossagen. Hätte er noch ein Schloß an seinem großen Maul hängen, daß man's zuschließen könnte, wenn's voll Weins ist! Aber dann läuft's über, und was noch so fein gesponnen, er ist imstande und plaudert's aus nach der dritten Kanne. Gute Leute laufen allezeit mit ihm Gefahr, ich sag es Euch, Vetter. Und wenn der Jähzorn in ihm brüllt, schlägt er auf Freund und Feind los. Wißt Ihr noch, wie er's mit Wedigo Rohr machte! Und mit wem macht er sich gemein um 'nen Pappenstiel! Ist das Ehre, ist das ein Edelmann, wenn er mit dem Tile Raubitz oder gar mit dem gelben Finkenmauser sich zusammentut, um nachts einzusteigen in einen wendischen Kretscham!«

Wedigo schlug die Arme zusammen. »'s wird immer kälter!«

»Der Schnee soll warm machen«, sprach Busso und wälzte den Schnarchenden mit einem Fußtritt in eine Vertiefung, indem er dann mit beiden Füßen und den Armen Schnee und welkes Laub über ihn häufte. Wedigo half nach einigem Zaudern.

»Aber judizieren sollen sie ihn nicht, spracht Ihr nicht so?«

»Die Raben sollen ihn nicht fressen«, antwortete Busso. »Wenn wir beim Katzenhaus vorbeisprengen, wo seine Leute liegen, sagen wir's ihnen, daß sie ihren Herrn abholen. Zwei Stunden ist's nur von hier. Wenn sie fix sind, haben sie ihn abgeholt, ehe es Morgen wird.«

Nachdem sie den Bewußtlosen mit einer tüchtigen Decke von Sträuchern, Blättern und Schnee zugedeckt, hielt es der ältere Ritter doch für angemessen, ein still Gebet über ihn zu sprechen, wogegen Busso nichts einzuwenden hatte und mit ihm die Hände faltete.

»Wenn er aber doch aufwachte!« sprach Wedigo.

»Dann ist's Gottes Wille!« sagte Busso.

Beide lüfteten die Hüte, neigten sich, wie man sich über einem Grabe neigt, und schwangen sich in die Sättel.

»Aber was wird er dazu sagen, Busso!«

»Vetter, es ist Gottes Will. Und wir haben getan, was an uns war, legten ihn so warm, als es ging, und daß die Städtischen ihn nicht finden. Ein Schelm tut mehr, als er kann.«

Es entspann sich noch ein Wortwechsel darüber, ob man Köpkins Pferd mitnehme oder es, an einem Strauch gebunden, zurücklasse. Busso war für das erstere, Wedigo verteidigte mit Eifer das andere. Ja, er erklärte, wenn man dem Köpkin das Mittel nehme, selbst fortzukommen, für den Fall, daß er erwache, so wolle er lieber bei ihm aushalten und ihn als treuer Kumpan gegen Schimpf und Schmach verteidigen.

»Daß Ihr ein Narr wärt, Vetter!« rief Busso. »Ein gutes Pferd soll man von seinem Herrn nicht trennen; aber ein gutes Pferd verrät auch nicht seinen Herrn. Wenn es geschieht, so ist es Euer und des Himmels Wille; der ist aber barmherziger; denn seht, es fängt an zu schneien, daß in einer Viertelstunde alle Spur fort ist.«

Nachdem die Ritter das Pferd im Kiefergebüsch angebunden und davongesprengt waren, rauschte die Alte aus ihrem Versteck. Ihr Gesicht grinste vor Freude, und sie zog das bebende Mädchen hervor, indem sie auf ihre erstarrten Finger hauchte.

»Bist noch verzagt? Willst noch sterben? – Ei, du mein Augapfel, wie gescheut es von dir war, daß du nicht losplatztest. Kommt das vom Beten etwa? – Arme Leute haben auch ihre Freunde. Was wir finden sollen, das legen sie uns am Kreuzweg hin.«

Mit der Eilfertigkeit einer Diebin, welche einen verborgenen Schatz aufwühlt, ehe ihn ein anderer findet, war nun die Alte dabei, den Verscharrten seiner Schneedecke zu entledigen, die doch jeden Augenblick sich wieder erneute. Sein Zustand hatte sich noch nicht verändert, er schnarchte tief und ließ mit sich geschehen, was man wollte. Sie zog ihm den schweren Mantel vom Leibe und dem Mädchen uneigennützig über die nackten Glieder. Auch die Mütze riß sie ihm ab und stülpte sie ihr auf den Kopf. Als aber Salome mit dem Leichtsinn ihrer Art jetzt auflachte über die Veränderung und über den betrunkenen Ritter sich lustig machte und ihn mit den Schimpfworten belegte, die sie in der Stadt gehört, wenn von ihm gesprochen ward, verwies sie es ernst der Dirne. Salome meinte, er höre es ja nicht; und wenn sie ihm auch sein Haar in Knoten bände und den Bart abschnitte, wozu sie in ihrem schnell erwachten Mutwillen Lust zu haben schien, würde er's doch nicht merken. So sie aber itzt angebe am Tore, wo der böse Ritter liege, und sie ihn fangen könnten, würde es ein gutes Stück Geld setzen.

»Hei, du Sausewind!« fuhr die Alte auf mit einem bösen Blicke. »Tun dir die Streiche nicht mehr weh, lüstet dich schon wieder nach dem Staupbesen? Was die Herren dir dafür zahlen, das hast du in drei Tagen verpraßt. Einen Schatz, sagten die Herren, einen Schatz hätten sie dir ins Haus getragen. Der Schatz ist mehr wert, mein Püppchen. Davon sollst du zehren, Tage und Wochen und, wenn du's gescheut anfängst, Monden und Jahre; und der roten Hanne soll auch was von abfallen. Ja, ja, Kind, trau ihr. Du bist für ihn, und er ist für dich. Will dich putzen und staffieren, daß er sein Aug nicht von dir lassen soll; sollst mit ihm reiten und jubilieren, und die schäbigen stolzen Herren sollen sich ein Ärger dran sehn. Frischauf, Püppchen, wirf dich ins Zeug, solcher Fang gelingt nicht alle Tage. Nicht alle Tage rettet unsereins solchen Ritter, der hier krepiert wäre wie ein Pferd, das stürzte, und sie lassen's liegen, und weiß nicht, wer ihn liegenließ; aber wir wissen's. Holla, aufs Pferd mit dem Schatz. Halt ihn warm; die rote Hanne kann nebenher laufen, für sie ist's gut genug.«

Die Dirne, in deren Art es nicht liegen mochte, weiter als über den nächsten Augenblick hinaus zu denken, sah verwundert zu, was die Alte vornahm, und ließ mit sich geschehen, was diese wollte. Als sie nun aber auf dem Gaule des Ritters saß und diesen vor sich tragen mußte, während das Weib den Zügel führte, brach sie in ein so lautes Gelächter aus, daß die Alte erschrak und, wer es mit angesehen und gehört, nicht meinen sollen, daß sie fast erlegen war einige Stunden früher unter den grausamsten Züchtigungen.

Die Wendin leitete das Pferd durch die Gesträuche rasch und sicher, und bald waren sie verschwunden und jede Spur von dem, was hier vorgefallen, unter dem Schnee, der Felder, Wege und die Kieferbüsche überdeckte.

Dreizehntes Kapitel

Das Fest, das Herr Thomas Wyns gab, war gar lustig, wenn's auf die Pfeifer ankam und Paukenschläger und Trompetenbläser, so auf den Treppen stunden. Es wirbelte bis zum Oderberger Tor, wenn sie aufschlugen; und das geschah allemal, wenn ein Ratmann die Treppe aufstieg. Und die Pfeifen und großen Geigen flöteten und strichen so süß, wenn die jungen Herren auftanzten mit den schönen Frauen, daß es durch die krummen Gassen wie Elfen-Musica in die Nacht tönte, und die Judenmädchen lauschten hinter ihren verschlossenen Fenstern, und das Herz schlug ihnen laut unterm Mieder. Das Fest war gar lustig, wenn man die schönen Weiber und rosigen Mägdlein ansah; so vieles bunten Schmucks entsannen sich nicht die ältesten Leute. Das strotzte von Sammet und Seide in allen Farben und goldnen Spangen und silbernen Schaumünzen um den Hals; und auch Perlen und Edelgesteine, kunstreich gefaßt, schimmerten am Busen und auf den Kappen, daß es eine Pracht war, es anzusehen. Und das Fest war lustig, wenn man die vielen Köpfe zählte, die sich in den Sälen drängten. Da fehlten sie von keiner Familie, die in den Rat kam. Aber das Fest war nicht lustig, wenn man die Gesichter der alten Herren betrachtete. Denn sie waren ernst, und einige schauten verdrießlich; und sie traten in den Winkeln zusammen und wiegten die Köpfe, und wenn sich zwei begegneten, so schüttelten sie sich nicht die Hände, als vordem es geschah, herzlich und mit Lachen; sondern es las jeder, was in dem Gesichte des andern stände.

Doch hatten ihre grämlichen Falten gar keinen Einfluß auf das junge Volk, zumal die Frauen und Mägdlein, auf deren Wangen die Rosen prangten. Der Gelegenheiten zu Tanz und Spiel waren dazumal wenig in Berlin, und ein Kindtaufen oder eine Hochzeit hätte keine versäumt, und so schwer die Kleider waren, es schlug doch selten darunter ein so frohes Herz und ein so lustiger Sinn.

Die Jungfrau Elsbeth Rathenow schritt unter ihnen wie eine Lilie, die das Morgenrot anhaucht; und schwebte sie auch nicht wie ein Abendwind, der über ein Blumenbeet streift, so tanzte sie doch so leicht über die Dielen des Rathauses, als das mit rindsledernen Schuhen möglich war, und in Steppröcken, wie solche damals Mode gewesen. Die jungen Herren lächelten wohlgefällig, wenn der Zipfel ihres Kleides sie berührte, und die Luft, die sie aufwehte, dünkte ihnen wie voll Moschus und süßen Gewürzes. Von den stolzen Jungfrauen dagegen zupfte wohl eine die Nachbarin und sprach: »Du, der sieht man's doch auch an, daß ihr Vater Bürgermeister ist.«

Unsere Chroniken sagen uns sehr wenig, wovon die Leute auf einem Ball sich unterhielten, als man in Berlin zählte vierzehnhundertzweiundvierzig Jahr seit der Geburt des Herrn. Doch weiß man, daß die Herren den jungen Fauen auch Artigkeiten sagten, als wie es jetzt geschieht; nur klangen sie anders. Und wo jetzt die Damen erröten würden, da lachten sie dazumal den Stutzern ins Gesicht und wollten sich oft ausschütten, wenn einer etwas recht Lustiges gesprochen hatte. Auch gab es schon dazumal alte Herren, die noch jung sein wollten und sehr zierlich die Beine spreizten und den Hals reckten, wenn sie ein Mägdlein zum Tanz führten, worüber denn die andern Mägdlein fein kicherten hinter ihrem Rücken. Und ebendesgleichen Jungfrauen, die schon über die Jahre hinaus waren und doch unter den Jahren scheinen wollten, worüber denn die Herren mit gar drolligen Gesichtern ihre Bemerkungen den jungen Mägdlein zuzüschelten, die dann ebendesgleichen drüber lachten.

Die älteren Frauen aber saßen in großer Würdigkeit um den schwarzen Ofen, angetan mit schweren weiten Kleidern, mit Puffen und Krausen und Pelzhauben, und sprachen sehr viel mit'nander; und noch mehr verfolgten sie mit ihren Augen ihre Töchter, wie sie tanzten, und machten frohe und ernsthafte Gesichter, je wie die Töchter mit einem tanzten, der ihnen gefiel oder nicht gefiel.

Allen aber gefiel es wenig, daß die Eheherren heut von nichts zu sprechen und denken wußten als dem Vorfall am Morgen, und meinten, es schicke sich wenig für Herren vom Rate, um das Geschrei der Leute auf der Gasse sich zu kümmern. Sie bedauerten sehr den wackern Herrn Pawel Strobant, der verwundet zu Haus liegen mußte; und desgleichen, daß der gute Herr Johannes Rathenow soviel Schimpf auf seinem Wege ausstehen müssen.

»Ja, ja, das kommt davon!« sagte die eine.

»Und wäre der Claus Eisenberg nicht gewesen, der Bierschröter«, sprach die andere, »es wäre ihm noch schlimmer gegangen.«

»'s ist eine arge Welt itzund!« sagte Frau Elsbeth Bergholzin und seufzte tief auf, und drei oder vier seufzten mit ihr.

»Das war doch sonst ganz anders!« sagte Frau Anna Rykin, Konrad Ryke, des Ratmanns, Ehegattin; und zählten die Ryke zu den allerreichsten Geschlechtern der Stadt Berlin, wie man es an den Goldknöpfen ihres Mieders und den Schaumünzen um ihren Hals sehen konnte.

»Und es wird immer schlimmer«, sprach Frau Eusebia Hoppenrade.

Darin stimmten ein fünf und sechs bei. Die eine erzählte, was vor fünfzig Jahren das Pfund Honig gegolten und wie das Jahr um Jahr aufgeschlagen hätte. Eine andere wußte, daß noch vor zwanzig Jahren kein Meisterweib sich unterstehen dürfen, silberne Flügelhauben zu tragen. Eine dritte meinte, die Martinigänse kämen immer magerer vom Lande, weil bei den Pachtern und kleinen Leuten keine Gottesfurcht sei. Jeder denke nur an sich und nicht an seiner Herrschaft Vorteil.

»Das wird ihnen wohl gelehrt«, meinte die Bergholzin,

»daß das Volk aufsässig wird und Gott und Obrigkeit nicht gehorsamt!«, wozu Frau Anna Rykin wohlbedächtig mit dem Kopf nickte und sprach:

»Welcherlei Saat wir aussäen, solcherlei Frucht ernten wir auch. Welcherlei Mann sich überhebt, der wundere sich nicht, wenn er strauchelt. Wer sich mit dem Volk einmal gemein macht, der kann nicht das andere Mal sagen: rühr mich nicht an.«

Da nickte die Bergholzin aus Kölln mit einem sehr schlauen Blick. »Als bei den Rykes das Regiment war in Berlin, stand es anders.«

»Wüßte mindestens nicht«, fuhr Frau Rykin fort, »daß die in Gott ruhenden Väter meines Eheherrn jemalen mit der Gemeinheit unter einer Decke gespielt, daß sie drum in Schmach und Schanden abdanken mußten und aus dem Tor ziehen und Gott danken, als auf ihr Fürbitten der Rat wieder Frieden mit ihnen schloß und sie heimkehren durften wie verlorene Söhne.«

Worauf das zielte, wußten alle, und sie sahen sich vorsichtig um, ob keiner von den Rathenows und ihren Freunden in der Nähe stund.

Frau Hoppenrade schlug die Hände über den Kopf. »Ja, das war eine gottlose Wirtschaft zu Tile Wardenbergs Zeiten.«

»Was mußten die Geschlechter ausstehen!« sprach eine andere.

»Des Tile Frau und des Albert Rathenow seine, als ich mir habe sagen lassen, trugen Röcke, wie keine Königin sie trägt.«

»Und zu ihren Banketts luden sie gemeine Bürgerfrauen«, fiel eine dritte ein.

»Daß so was die Männer dulden konnten! Aber so sind die Männer!«

»Sie mußten noch mehr dulden.«

»Nun, wir haben die Bescherung gesehen auf dem Neuen Markte«, fiel Frau Bergholzin ein. »Dessen entsinnen sich viele, die leben. Der Scharfrichter trug 'nen Scharlachmantel, und des Tile Sohn, wie er auf den

Sandhaufen niederkniete, war weiß wie ein Leichentuch.«

»Hochmut und Ungerechtigkeit dauern nimmer«, sprach die Hoppenrade.

»Aber Sünde erbt fort, und Kind und Kindeskind muß büßen für den Fehl der Eltern«, sagte mit Salbung Frau Anna Rykin. »Gott und seine Heiligen wissen's, wir haben gewiß nichts gegen die Rathenows. Denn der Vater Matheus hat sich wieder vertragen mit dem Rate und kam mit Ehren unter die Erde. Und auch der Herr Johannes ist kein schlechter Mann, und der Rat muß gewußt haben, was er tat, als er ihn zum Bürgermeister wählte, und der Rat hat's allein zu vertreten, was er getan, sagt mein Mann.«

»'s gab doch Geschlechter genug, deren Väter nicht den Frieden brachen mit der Stadt, die nicht ausziehn mußten mit Schimpf und Schande und nicht wiederkehren, ich weiß nicht wie«, sprach die Hoppenrade und warf sich in die Brust.

»Und nun hält er sich wohl zu gut für uns«, sprach die Bergholzin.

»Der gute Herr Wyns tut mir nur leid«, sagte eine andere. »Hätte sich's wohl nicht träumen lassen, daß es Seiner Wohlweisheit hier nicht gefallen würde.«

»Auf uns kann er warten, wenn er ein Bankett gibt«, rief Frau Bergholzin. »Wer wird zu ihm gehen, wenn er nicht zu uns kommt!«

»Schau mir einer«, sagte eine Matrone, »wie das junge Volk auf die Jungfer Elsbeth gafft. 's ist doch hübsch von Seiner Weisheit, daß er uns wenigstens die Tochter schickte; die ist gut genug für uns.«

»Ei was«, sprach Frau Hoppenrade, »das gnädige Fräulein wird sich auch schicken lassen! Der Vater muß ja nach ihrer Pfeife tanzen. Ist ein liebes Kind, ein schmukkes Kind; aber was zu arg ist, ist zu arg. Würde mir, wenn ich Herr Johannes wäre, das doch nicht gefallen lassen. Es bringt ihn ja um Ehr und Ansehn in Haus und Stadt.«

»Wer nicht im Haus das Regiment hat, wie mag er's in der Stadt führen«, sagte eine andere.

»Die Mutter war eine liebwerte Frau«, sagte Frau Rykin, »meine liebe Freundin. Gott habe sie selig.«

»Man kann wohl sagen, die nahm der Herr in seiner Gnade zu sich, daß sie das nicht mehr mit Augen sehen sollte!« setzte eine andere hinzu.

»Ja, ja!« sprach, den Blick zu Boden, die Hoppenrade. »Der Herr schlägt manchen mit Blindheit. Aber der alte Herr Schumm sieht doch sonst recht scharf.«

Die Bergholzin fügte dem hinzu: »Er hätte drüben in Kölln auch Töchter finden können. Die Lange Brücke wird auch nicht brechen, wenn sie die Mitgift der Jungfer nach Kölln fahren.«

»Nun, nun«, sprach Frau Anna Rykin und hob ihren Kopf um einige Zoll in die Höhe. »Was nicht an Geld, das kommt sonst mit. Wüßte doch in Kölln kein Haus, das sich's nicht zur Ehre rechnen sollte, wenn's in eine Ratsfamilie zum alten Berlin heiratet.«

Die Frauen aus Kölln verzogen ihre frommen Gesichter zu etwas bösen Mienen; aber den Rykes hatte noch niemand das Alter ihrer Familie streitig gemacht. Sie schwiegen oder versparten sich für eine andere Gelegenheit die Antwort, denn eben ließ Herr Dietrich Wyns Früchte, Eingemachtes und allerhand Süßigkeiten herumreichen und begleitete jede Schale mit ebenso süßen Worten, worauf die Matronen genötigt waren, auch Süßes zu antworten.

Und war die Einigkeit bald wiederhergestellt, denn alle Frauen, so aus Kölln als Berlin, darin waren sie einig, daß Herr Bartholomeus Schumm für seinen Sohn Melchior sich besser umsehn können, als er getan, und eine jede wußte etwas und dachte noch mehr. Aber als die holdselige Elsbeth, da der Tanz innehielt, wie es sittigen Jungfraun ziemt, nicht dablieb, wo die Herren waren, vielmehr sich unter die Matronen setzte, hätte man denken mögen, es sei einer jeden liebes Kind. So viel Artiges sagten sie ihr und fragten sie nach allem, wie es im Hause gehe, nach dem lieben Vater, der Muhme Gertraud; und gar schelmisch lächelte Frau Bergholzin, als sie fragte: ob es der Jungfrau nicht zu eng werde in dem kleinen Hause.

»Ja, ja, du Schelmenaug, in der Brüderstraße möchtest lieber wohnen als bei Sankt Nikolai im Winkel; mir hat's 'ne kluge Frau gesagt. Und ihr Vater sagt, er will sie drum gar nicht mehr liebhaben und aus Berlin weisen. Aber komme nur nach Kölln zu uns. Wir wollen dich liebhaben, so lieb wie du die Heiligen Drei Könige; besonders den Melchior. Hu, seht mir, wie das fromme Kind feuerrot wird.«

Auch als jetzt die Geiger und Pfeifer wieder zum Tanz aufspielten und, der Jungfer Elsbeth sehr willkommen, ihr Tänzer sie abholte, ehe sie antworten konnte, sie wußte nicht was – waren die Frauen noch eine Weile ihres Lobes voll.

»Und daß solch ein blutjunges Ding ins Gerede kommen sollte!« sprach Frau Hoppenrade mit einem ehrbaren Gesichte und schüttelte unwillig den Kopf. »Wir sind nicht freund mit den Rathenows und haben wahrhaftig Grund dazu, aber das ist schlecht von den Leuten, sage ich; denn was hat eine Jungfrau Köstlicheres als ihre Ehre? Ist zwar ein bißchen hochmütig – du lieber Gott, das muß sie wohl lernen; aber so unschuldig wie ein neugeboren Kind, darauf will ich das Abendmahl nehmen.«

Da steckten die Matronen die Köpfe zusammen, und man hörte Henning Mollners Namen züscheln, und sie zuckten die Achseln und sahen ehrbarlich zu Boden und dann sich wieder an.

»Es wäre doch abscheulich«, fuhr die Hoppenradin fort, »so das arme Kind des Vaters Schuld büßen müßte. Aber das kommt daher. Was mußte ein Patrizier ein zünftig Kind in sein Haus nehmen, nicht wie ein Gesinde, sondern als wär's sein eignes. Gleich und gleich, das schickt sich. Daher ist die Suppe eingerührt, und wer weiß, wer sie ausessen muß.«

Da aber erhob sich Frau Anna Rykin und schüttelte den Kopf. »Gleich und gleich schickt sich, es schickt sich aber auch, alldieweil wir Christen sind, daß wir mildtätig sind, und will nicht glauben, daß jemand meine in Gott ruhende Freundin Brigitte Rathenowin darum schilt, daß sie aus Christenpflicht und Mildtätigkeit eine Waise ins Haus nahm und sie aufzog, als wär's ihr eigen Kind. So wir die Frucht ernten, die wir säen, so wird das Haus darum Ehre haben und nicht Schande. Und Herr Johannes Rathenow soll darum nicht gescholten werden.«

Da schwiegen die andern, und Frau Rykin nickte recht holdselig und freundlich der Elsbeth Rathenow zu, wie sie bei ihr vorübertanzte.

In dem gewölbten Nebenzimmer aber, wo die Herren sich zurückgezogen, strahlten die Kerzen nicht so hell als im Bankettsaal. Waren ihre Gesichter doch auch nicht heller. Wer sie neulich schreien gehört im Haus auf der Langen Brücke, hätte sich verwundert, wie sie hier still nebeneinandersaßen, und ihre Stimme war nicht wie ein Gewitter, das über den Dächern brüllt, und die Fenster zittern; es war nur wie ein Donner, der fern abzieht in den Bergen. Er grollt, aber er schadet nicht mehr.

»Was will er von uns?« sprach einer.

»Sollten wir ihn begleiten wie die Henne ihre Küchlein«, sagte ein anderer. »Ihm, wenn er durch die Gassen geht, 'nen Schirm über den Kopf halten, daß kein Dachstein ihn trifft!«

»Und will er, daß der Rat ihm abbittet«, sprach jener, »was den Rat nichts angeht?«

»Nichts angeht!« fuhr ein dritter auf. »Seit Menschengedenken ist das nicht gehört.«

»Man wird noch mehr hören«, sagte ein vierter.

»Nichts angeht!« fuhr jener eifrig fort. »Wenn das Volk einen Ratmann totschlagen will, geht das den Rat nichts an?«

»*Will!*« fiel Herr Mathis Blankenfelde ein. »Wohl unterschieden! Es kam ja nicht dazu. Überdem bin ich der

Meinung, daß in solchen Zeiten Vorsicht not tut. Ein kluger Mann läßt geschehen sein, was geschehen ist. Wer scharf sieht, tut doch gut, wenn er zuweilen ein Auge zudrückt.«

Einer von Berlin murmelte zwischen den Zähnen: »Freilich ist's für Herrn Blankenfelde gut, daß der Rat das Auge zudrückt. Täte er's auf, müßte er den Köllner Ratsherrn verstricken, der auf offnem Markt das Schwert zog und der Stadt Frieden brach.«

Da fuhren einige Köllnische auf und wollten, was nur einen von ihnen anging, als Kränkung für sie alle aufnehmen. Aber Herr Konrad Ryke schüttelte seinen Kopf.

»Ich meine, es ist ein Schimpf, so gleich gilt für Köllner als Berliner, wenn der Bürgermeister beider Städte nicht kommen will, wo die Ratleute beider Städte sitzen!«

Herr Thomas Wyns schüttelte die Achseln. »Er hat melden lassen, er sei krank.«

»Und morgen im Rat schreit er euch, daß die Mauern schallen«, sprach Herr Trebuß.

»Aber«, sprach Tydecke von Aken, der Älteste unter den Anwesenden, »es ist unerhört, was heut geschah. Der Stadt Friede ist gebrochen, der Stadt Ehre ist gekränkt.«

»Laß ihn Klage anbringen!« rief einer.

»Er klagt ja nicht wider *sie*, er murrt mit *uns*«, sprach ein zweiter.

»In alten Zeiten«, fuhr der alte Tydecke fort, »hätte kein Ratmann ein Aug zugetan, noch seinen Kopf auf das Pfühl gelegt, bis denn daß solcher Schimpf gerächt war und gerichtet. In einem Ratmann wird der Rat, in einem Ältermann die Stadt und das gemeine Wesen gekränkt.«

»Das gemeine Wesen!« lachte Hans Heidecke. »Laß ihn sich Recht schaffen, laß ihn die Gilden verklagen; wir haben nichts dagegen.«

»Klagt uns etwa der Pawel Strobant an?« fiel ein anderer ein. »Dem ging es an Kopf und Kragen.«

»Überdem, werte Herren und lieben Freunde«, erhob sich Herr Mathis Blankenfelde, so leicht und mit so behaglicher Gebärde, als wie etwa, wenn heutzutage, wo sie vertraulich konferieren, ein Staatsmann aufsteht und, die Hände in den Seitentaschen, seine Freunde anredet, als hätte er sie selbst in der Tasche; »überdem, wir sind hier unter uns, und ich frage, was hat die Sache auf sich? Die Leute waren lustig, Fasching rückt an. Von der einen Seite kam der Mummenschanz, von der andern Seine Wohlweisheit. Der Mummenschanz sagte – was weiß ich, was er sagte; vermutlich, daß er nichts von Seiner Wohlweisheit wissen wolle. Seine Wohlweisheit hätten nun weise gehandelt, wenn sie dasselbe gedacht; denn was braucht ein Bürgermeister von Narren zu wissen? Da machten sie aber vor der Zeit Fasching; sie tauschten die Rollen: die Narren waren klug und merkten den Bürgermeister nicht, der Bürgermeister aber war nicht klug und merkte die Narren. Da kam, was nicht ausbleiben konnte.«

Herr Konrad Ryke sagte mit Nachdruck: »Ist *Eure* Ansicht, Herr von Blankenfelde.«

Der alte Tydecke stampfte mit dem Stocke auf den Boden. »Was dulden die Städte Narren in ihren Mauern!«

Und da sprach der alte Mann vieles, was recht erbaulich klang, gegen die fremde Sitte, so die Väter nicht gekannt, und sei sie herüberkommen mit den Fremden aus Bayern und Franken, und sei das nicht das einzige Übel, was man ihnen verdanke.

Herr Blankenfelde aber lachte. »Die alten Heiden haben eine Göttin gehabt, ward ich gelehrt, so in einer Büchse den Menschen alle Übel gebracht, und als sie einer aufmachte, flogen sie wie die Heuschrecken ins Land. Nun will ich's Herrn Tydecke nicht abstreiten, daß ein gut Teil davon noch in der Büchse war, als die Hochdeutschen ins Land kamen. Aber die Narrheit, ihr Herren, war vor alters bei uns als wie in jeder Stadt zu Haus, und wer sie auskehren will, der sehe für, ob er sich nicht selber im Kehricht findet.«

Und da sie eine Weile nachdenklich schwiegen, hub Herr Blankenfelde lächelnd an: »Rede niemand gern Böses nach, aber das steckt so im Blute. Habe mir erzählen lassen, sie saßen mal beinander, der Tile und Albertus, im kleinen Stübchen dort am Ratssaal, und hielten Rat so nach ihrer Weise bei süßem Wein. Und an der Spree war viel Lärm; es ward ein schlimmes Weib ersäuft, und das Volk lief zusammen. Da hub der Tile Wardenberg das Glas und sprach: ›Schwager Albertus, auf den Sack! Angestoßen!‹ – ›Welchen Sack?‹ fragte Albertus. – ›Einen‹, antwortete der Tile, ›darin wir unsere Feinde stecken!‹ – ›Der müßte sehr groß sein‹, sprach wieder Herr Albertus. – ›Nicht größer‹, antwortete Tile, ›als daß der Rat drin Platz hat.‹ Da wollten sich beide ausschütten vor Lachen, und der Rathenow sprach: ›Dem Leineweber, der solchen Sack uns webte, gäb ich meine einzige Tochter zum Weib.‹ – Dazumal riß der Sack, aber Leineweber gibt's noch und«, setzte er leiser hinzu, »Töchter auch, womit man sie bezahlt.«

Da lachten die alten Herren recht heimlich und innig, keiner aber sprach ein Wörtlein.

»Ihr, Herr Tydecke von Aken«, fuhr der Blankenfelder fort, »müßt es ja noch von Eurem Vater seliger wissen. Sie stießen auch nicht in die große Lärmtrompete und schrien's von Unserer Lieben Frauen Turm herunter: ›Wir wollen der Stadt Regiment umdrehen, das Unterste soll zuoberst kommen.‹ Aber was sie taten, das wissen wir alle.«

»Ja«, fiel Tydecke von Aken ein, »sechs Tage hatten beide die Schlüssel zum Kasten allein, und mein Vater, der Kämmerer war und noch jung, kam drum in arge Schuld, daß er sie ihnen gelassen. Und prahlten doch bei der Gemeinheit, sie wollten's nicht gestatten, daß man der Stadt Geld mit Mänteln aus dem Hause trage.«

»So ist's«, fielen mehrere Stimmen ein.

»Doch ist's nicht recht, ihr Herren, was gerichtet ist, wieder vorbringen«, sprach Herr Ryke. »Die Wardenberg haben mit ihrem Blut gebüßt –«

»Und mit den Rathenows hat die Stadt sich vertragen«, fiel Herr Blankenfelde ein. »Das sag ich ja auch. Nur denk ich dran, wie Kaiser Karl unsern Vätern gebot, daß sie die aus dem Rat stießen und nicht wieder wähleten. Und unsere Väter gehorsamten; dachten, nun sei's gerichtet und abgemacht. Aber sie steckten sich hinter die Gemeinheit. Versprachen ihnen, sie sollten ewiglich schoßfrei werden, wenn sie wieder zum Regiment kämen. Das gab ein Lärmen und Toben.«

»Weiß ich's doch auch von meiner Mutter«, sprach Herr Hoppenrade, »wie die Gewerke durch die Straßen zogen mit Fahnen und Trommeln.«

»Unsere Väter waren gewiß Männer, die nicht zückten, wenn der Feind vor ihnen stand«, fuhr Herr Blankenfelde fort. »An dem Tage wurden sie blaß. Wie das so drei Tage durch die Stadt getobt, und die Bäcker schlossen ihre Laden und die Schlächter die Scharnen, und die Knochenhauer zogen mit ihren Messern durch die Gassen, und das Volk stund ums Rathaus und schrie nach Brot und Fleisch, da gaben sie nach und kürten den Tile und Albertus aufs neue in den Rat.«

»Und sie wirtschafteten ärger denn je«, fiel Hans Heidecke ein.

»Herr Konrad Ryke hat ganz recht, das sind vergessene Dinge«, fuhr Mathis Blankenfelde fort, »und mir kommt nicht bei, was heut geschieht, mit damals zu vergleichen. Denn warum? Unser Bürgermeister ist ein strenger, ein rechtschaffener Mann, das muß die ganze Gemeinheit zugeben. Die Bürger sagen, er sei hoffärtig, er behält den Nacken zu steif, wenn er grüßt, und zu uns, spricht er nicht immer von des Rats uralten Rechten? – Nun, wer sich entsinnt, so machten's ja der Tile und Albertus zu Anfang auch.«

»Wenn man's gewußt, was nachher kam, man hätte sie nimmer gewählt«, sprach Herr Bergholz.

»Ja, so man immer wüßte, was nachher kommt!« fuhr jener fort. »Zuerst wenn er über die Gasse ging, ich meine der Tile, war's nur mit vieren, dann mit zehn, zuletzt folgten ihm fünfzig, und alles mußte ausweichen. Endlich, wenn's hieß: Der Tile und der Albertus kommen, dann zogen die Buben und die Gesellen hinterdrein und tobten und schlenkerten die Mützen, und wer des Weges kam und nicht stehnblieb und am Fenster lag und den Hut nicht zog, den schimpften sie und warfen mit Steinen.«

»Und nachmalen trank er im Ratkeller mit Hinz und Kunz!« fiel einer unwillig ein.

Herr Blankenfelde schüttelte sehr ehrbar den Kopf. »Bei der unbefleckten Jungfrau, wozu sich gute Leute verstehn, um der Herrschaft willen! Das weiß ich, ihr Herren und lieben Freunde, was wir auch haben – und mit Grunde haben – gegen unsern Johannes Rathenow, das täte er nicht, so wegwürfe er sich nimmer!«

»Er will ja mit uns auch nicht trinken«, lachte einer auf.

»Dünkt sich besser als wir«, ein anderer.

Herr Konrad Ryke war aufgesprungen. »Summa, ihr Herren, wir finden's nicht fein und gut, daß er grollt.«

»Und itzo grollt«, fiel ein anderer ein, »wo Rat und Bürgermeister zusammenhalten sollten.«

»Und itzt grad dem Mollner auszahlen will«, sprach Herr Blankenfelde, wie nur zu seinem Nachbar, aber es hörten es alle. »Denn böse Leute könnten meinen, er tue es nicht um den Mollner, sondern um sich.«

Man horchte auf.

»Mir und wem von uns käme solch ein Gedanke bei? Doch wenn sie hören, daß die Schuld des Mollner, die dreißig Jahre anstand, um die die Städte dreißig Jahr sich stritten, ich sage nicht, auf welcher Seite das Unrecht ist, aber dreißig Jahre zanken wir drum, und warum soll der Mollner morgen die siebenundvierzig Schock ausgezahlt haben, grade morgen?«

»Morgen?« fragten zehn Stimmen.

»Morgen in der Früh ist er beschieden. Will ihm rein auszahlen.«

»Aus dem Stadtkasten?« fuhren zehne auf.

»Ei, wer dächte das vom Johannes! Aus seinem eignen will er's bezahlen. Nun, hat er so viel übrig, warum nicht! Er ist's dem Henning schuldig, sagen sie. Immerhin, nur mein ich, es sei nicht die rechte Zeit, nicht rechter Schick grad itzt, nach solchem Tage – Wenn *wir* ihm morgen zahlten, meint ihr nicht, sie lachten sich ins Fäustchen, die Gewerke. Herrgott, was würden sie lästern. Doch was kümmert das Herrn Johannes. Er hat den Henning und seine Sippe hinter sich.«

Es hatte eingeschlagen.

»Wer möchte das von Johannes Rathenow denken!«

»Das sag ich ja auch. Ich denk es nicht; ich mein es nur. Versteht mich, ihr Herren von Berlin, ich als ein Köllnischer möcht es auch nicht meinen; denn was geht es mich an, ihr drüben müßt es besser wissen. Ich mein es auch nicht als Mathis Blankenfelde. Nur als gekürter Ratmann mein ich, der gute Leumund eines Bürgermeisters sei uns allen wert. Ja, ließe er ihn aufs Rathaus fordern bei hellem Tage und selbst ihm aufs Brett zahlen vor aller Augen, es wäre besser, mein ich, als heimlich.«

»Wollt Ihr's morgen im Rat vorbringen?« fragte Konrad Ryke.

»Ich! Behüte Gott, daß ich noch einen Stein in den Weg würfe. Das geht euch Herren von Berlin an. Nicht so, Herr Bartholomeus, wir mögen nicht neues Öl ins Feuer gießen; aber wir von Kölln verhandeln auch nicht mit unsern Gewerken.«

Was sehr dicke Leute zu jener Zeit, wo man noch nicht rauchte, in Männergesellschaft anfingen, nämlich mit ihren Gliedmaßen und dem Munde, wenn sie stundenlang im Armstuhl saßen und sonst nichts taten, berichten uns die Chroniken nicht. Aber wenn man 1442 schon geraucht hätte, würde Herr Bartholomeus Schumm jetzt den Rauch aus dem Munde geblasen und seitwärts gespuckt haben, als er ein gleichgültiges »Pah!« durch seine vollen aufgeworfenen Lippen stieß.

»Will der Johannes den Tuchkratzerjungen abzahlen, was schiert's euch?«

»Er will ihn los sein, meint unser Herr Bartholomeus«, sprach der Blankenfelder; »das sag ich ja auch. Gewiß nichts mehr; wenn nur die Leute nicht anderes munkelten.«

»Na, was munkeln sie denn?« fragte Herr Schumm, die ausgebreiteten Hände auf den mächtigen Knien, und er hielt es nicht der Mühe wert, die eine zu erheben, daß er sein Gähnen verberge.

»Gevatter und Nachbar«, sprach Herr Bergholz, »hoffentlich munkeln sie nicht, daß es Euch lieb ist, wenn die Rathenows mit Schustern und Schneidern Kumpanei stiften.«

»Pah!« stieß der reiche Mann abermals von sich, Luft schöpfend. »Meinethalben mit dem Bettelvogt, wenn sie Lust haben.«

»Soll der Euch zur Hochzeit Eures Melchior aufspielen?«

»Je mehr Musica, so besser.«

»Und der Junker mit der Kratzbürst mit der Jungfer Else tanzen?«

»Will er's drauf wagen, die Treppe nunterzufliegen, mag er kommen.« Herr Schumm stand hier auf, und es war, als ständen alle seine Geldsäcke mit ihm auf, einer über den andern getürmt, und schüttelten sich klirrend, und in seinen Augen, sonst von wenig Ausdruck, leuchtete etwas, das dem Glanz des Silbers oder sei es auch nur des Bleies, wenn es im Schmelztiegel glüht, ähnlich sah.

»Bei den elftausend Jungfrauen, ihr Herren, wenn Bartholomeus Schumm für seinen Sohn auf die Freite geht und ihm ein Weibsen gewählt hat, so meint er, ihre Sippe hat genug an seiner Freundschaft und braucht nicht unter den Tuchkratzern nach Anhang zu suchen, daß sie in Berlin fest steht. Im übrigen schiert's mich nicht. Das mein ich.«

Die Dielen unter ihren Füßen zitterten noch etwas, als der Ratmann von Kölln hinausgegangen, und die Herren sahen sich mit unterschiedlichen Blicken an; und es war eine Weile sehr still.

Am schwarzen Ofen gelehnt, stand ein Mann, mehr lang als dick; man sah's den gedrungenen Gliedern an, daß ofter der Harnisch drum geschnallt war als sie im geschlitzten Wams steckten; sein Gesicht war von der Sonne gebräunt und sein Bart kürzer zugestutzt als der andern. Auch trug er einen Knebelbart, der bis an die Backenknochen aufsprang. Es war ritterlich so die Gestalt als sein Blick, der nicht sehr vergnügt über die Versammelten hinschaute; denn die aufgeworfenen Lippen verzogen sich wohl bisweilen zu einem spöttischen Lächeln, derweilen die andern sprachen und er schwieg.

Zu dem trat itzt Hans Heidecke und sagte lächelnd: »'s ist was in seiner Art, das nach dem Bottich schmeckt. Nicht so, Ritter Britzke?«

»Bin mit der Art nicht bekannt«, antwortete der Ritter trocken.

Mathis Blankenfelde stritt mit Tydecke von Aken, wann die Schumms nach Kölln gekommen. Sie konnten nicht einig werden.

»Summa«, sagte der alte Tydecke, »die Schumms sind eingewandert von draußen und nicht seßhaft gewesen von Anbeginn.«

»Haben sich dafür itzt breit genug festgesetzt!« bemerkte jemand lächelnd und zeigte auf den Stuhl, den Herr Schumm verlassen; und man sah's in dem Polster, ein wie gewichtiger Mann Herr Bartholomeus war.

»Und wenn sie«, eiferte Herr Tydecke fort, »die Brüderstraße mit böhmischen Groschen pflastern und den Platz um Sankt Petrus dazu, unsere Väter haben sie nur aufgenommen.«

»Und ihre Geldsäcke«, brummte ein anderer.

»'s ist mancher gute Mann in dieser Stadt Mauern eingezogen«, sprach Mathis Blankenfelde und warf sich dabei in die Brust, »als die Mauern schon stunden, und Rat und Bürgermeister zogen mit Pfeifen und Musica ihm vors Haus und dankten ihm, daß er ein Bürger sein wolle drinnen, der draußen ein freier und adliger Mann war.«

Da nickten viele Herrn Blankenfelde zu, der seine Familie meinte.

»Und die Stadt hat, mein ich, nichts an Ansehn verloren, daß freie und gute Männer ihr Recht nahmen und ihren Namen in die Geschlechter schreiben ließen und ihre Wappen einhauen in die Tore«, sagte Otto Buch.

»Und die freien und guten Männer haben, mein ich, auch nichts verloren«, sagte Tydecke drauf, »daß wir sie aufnahmen in unsere alte Mauern, als sie sich draußen nicht schützen mochten vor den Räubern und dem Gesindel, wir, die wir von alters kamen mit den Fürsten von der Elbe und aus dem Sachsenlande und die sie einsetzten, Herren hier zu sein und Richter und Kirchen zu bauen und feste Mauern gegen die draußen.«

Otto von Buch und Tile von Bruck schauten den alten Mann grimmig an. »Euer Schild über der Tür mag gut sein, Herr Tydecke«, sprach Tile Bruck, »aber ist's der Mauerfraß oder das Moos drauf, ich kann den offnen Helm nicht sehen.«

Konrad Ryke trat zu rechter Zeit zwischen; denn viele Stirnen zogen sich kraus zusammen. »Sankt Petrus und Sankt Nikolas, davon schweigt wenigstens itzo. Der Wirrnis und der Irrungen, mein ich, sind genug. Wer naus will, der sei da draußen, was er Lust hat; drinnen hier sind wir Herren von den Geschlechtern, einer wie der andere, von wo wir kamen, und eins tut uns allen not – daß wir kopfoben bleiben, wo die Beine zum Himmel naus wollen«, setzte er mit gedämpfter Stimme hinzu, als itzo die willkommene Botschaft durch Trompeten im Saale gegeben ward, daß die Speisen aus der Küche sich dorthin in Bewegung setzten.

Wie sich nun alles auf die Beine machte, um noch den letzten Abtanz vorm Tischgehn mit anzuschauen, blieb der Ritter Britzke am Ofen und außer ihm ein anderer zurück, der auch etwas Soldatisches hatte, nach dem zugestutzten Bart zu schließen, ob er wohl sonst von Körper stattlicher gebaut war und in feineres Gewand gekleidet.

»Die Pestilenz über die Käsekrämer!« rief der Ritter

Britzke, indem er an den Tisch trat und eine volle Kanne durch die trockene Kehle stürzte, als sollte das Bier das, was er anhören müssen, fortschwemmen. »Streiten sich die Kerle über ihren Adel!«

»Wes Bier man trinkt, des Liedelein klingt; Ihr macht's umgekehrt, Britzke!« sagte der andere, der auch seine Kanne noch einmal füllte und mit Behagen an die Lippen brachte.

»Schwerenot, das spricht von Familien und Wappen und schabt Wolle und mißt nach der Elle!«

Er stampfte die leere Kanne auf die Tischplatte.

»Und Ihr seid in Diensten derer, die Wolle schaben, und als guter Hauptmann eingeschworen denen, so mit der Elle messen. Laßt sie's nicht hören, sie könnten Euch mit ihrer kürzesten Löhnung messen.«

»Ist's keine Schande, Ritter Ruthnik, für 'nen guten christlichen Ritter, sprecht!« Er strich mit der Hand den Knebelbart, und mit der andern geleitete er wohlgefällig von außen das Bier in den Magen hinunter.

»Daß Ihr der Stadt Brot esset und es nicht verdient. 's gibt heuer keinen Krieg.«

»Hol sie alle –«, sprach der Ritter Britzke und warf sich neben dem andern auf den Stuhl. »Ihr habt Euch schon einen hübschen städtischen Bauch gefressen. Da klingt Eure Sprache nach den Bratenwendern –«

»Sagt auch, ich habe mich hineingeheiratet.«

»Ritter und Bürger, pfui!« Der Ritter Britzke spuckte aus.

Herr Ruthnik schien das als keine Beleidigung für sich aufzunehmen, oder er kannte die Art des andern.

»Lüstet's Euch denn, Gevatter, so über die Maßen zurück nach Britzhöfel? Nach den kahlen Lehmwänden, wo die Wanzen drin Versteck spielten, daß ein Christenmensch keine Nacht schlafen konnte, und wenn Ihr einen Gast aufnahmt, war er am Morgen wie ein gesottener Krebs. Eigentlich solltet Ihr dem Burggrafen Dank wissen, daß er Euch von Euren eingefleischten Feinden losmachte, als er das Nest niederriß.«

»Hol sie alle!« wiederholte der Hauptmann.

»Oder lüstet Euch, wenn Ihr bei der Küche der Käsekrämer vorbeisteigt und die Ochsenrücken und Puter duften am Bratspieß, daß die Krähen oben auf dem Dache nach schnuppern, lüstet Euch da nach der Buchweizengrütze, die Euch die alte Base mit dem Pickelgesichte tagaus, tagein kochte, so Ihr nicht festtags einmal ein Schwein von der Straße mitbrachtet, das sich verirrt hatte? Oder lüstet Euch beim Bernower Bier und dem perlenden Malvasier nach dem dünnen Trank, den Ihr einmal der Base ins Gesicht goßt, weil er so sauer war als ihres? Ich sehe noch, wie Muhme Ursel aufkreischte – ein Blick war das, um alle Ketzer in die Hölle zu jagen.«

»'s ist keine rechte Kumpanei mehr beim Adel«, sagte der Ritter Britzke, auf den Tisch schlagend. »Jeder hält für sich, seit die Nürnberger im Land sind.«

»Sagt das nicht, Eitelwolf. Denn Eure Base war doch von so gutem altem Adel als eine hierzulande. Und sie hielt drauf so zu Euch mit ihren Fingern und Nägeln, daß Ihr sie nicht wieder loswerden konntet, und Ihr kabbeltet und wälztet Euch auf der Erde, daß der Tisch umschlug.«

»Dienen im Krieg ist nicht Schande. Aber ihnen Reverenz machen –«

»Ihrem Gelde, bedenkt das! So Euch der Dienst nicht behagt, kündigt. Lauft zum Nürnberger, sprecht: Habe mich nun anders besonnen, danke untertänigst für die Lektion, so Hochdero Vater seliger mir geben. Bin ganz zu Kreuz gekrochen, wünsche nicht anders als Kurfürstlichen Gnaden zu dienen, auch sonder Lohn, zu hungern, dursten, frieren, mir Beulen schlagen lassen und krepieren, bloß und allein, um Kurfürstlichen Gnaden gefällig zu sein, und hätte ich noch zehn Burgen, würde sie allesamt mit Vergnügen von meinem gnädigsten Herrn niederreißen, -schießen und -brennen lassen.«

Eitelwolf Britzke lachte höhnisch auf. »Sie sagen, es

könnte mal losgehn zwischen den Städten und dem Markgrafen.«

»Wenn's nicht besser geht als bei den Rittern, täten die Städte gescheuter, zu Haus zu bleiben«, sagte Ritter Ruthnik aufstehend. »Und noch was sag ich Euch im Vertraun, Gevatter. Laßt keine Schüssel vorübergehn, die sie Euch vorsetzen, und wenn sie Euch den Becher füllen, so trinkt ihn aus; denn Ihr wißt nicht, wie lange ihr Faß hält. Es gibt gar viele, die hungern, und die heute den Braten vorschneiden, könnten morgen vor der Tür auf die Knochen warten.«

»Ich gönn's ihnen«, sprach Ritter Britzke und zeigte in dem weit aufgerissenen Munde eine Reihe Zähne, die einem Wolfe Ehre gebracht.

»Wie! Wollt Ihr Euch dann mit den Schustern und Knochenhauern zu Tisch setzen?«

»Sie fürchten sich vor dem Henning Mollner. Der Junge gefällt mir«, sprach der von Britzke.

»Wenn die Gewerke aufs Kalbsfell schlagen und dem alten Regimente das Garaus spielen, meint Ihr, Gevatter, daß Euch das gefallen wird? Möchte der Ritter Eitelwolf Britzke lieber Hauptmann sein von den Gilden als von den Geschlechtern?«

»Wo's was zu tun gibt, da bin ich.«

Der Ritter Ruthnik machte ein ernsthaftes Gesicht. »Mir klingt's im Ohr, Gevatter, daß Euer Wunsch bald erfüllt wird. Hört doch, wie es draußen mäuschenstill ist, wenn die Musica hier schweigt; just wie der Rat heut morgen still war, als das Volk lärmte. 's ist aus mit der Harmonie zwischen ihnen, es stimmt nichts mehr –«

»Drauf und los!« rief der andere.

»Los, freilich, es wird vieles losgehn, was zusammenhielt. Wer aber soll's wieder zusammenbinden?«

»Gevatter Ruthnik, mir fällt was bei!«

»Ei der Tausend!«

»Nämlich was ich wünschte. Sie müßten sich einander auffressen, die Geschlechter und die Gewerke, Kölln und Berlin und die Städte und die Markgrafen. Holla!

das wäre ein Ausessen. Ein guter Mann könnte sich scheckig lachen.«

»Und was weiter?«

»Dann hätten wir Ruhe.«

»Ihr wollt ja keine Ruhe.«

»Blitz, wollten uns selbst schon was zu schaffen machen, wenn die Wege frei wären von den gnädigsten kurfürstlichen Reitern, die keinen ehrlichen Gesellen aufkommen lassen, und die markgräflich kaiserlichen hochnotpeinlichen Halsgerichte zum Teufel führen und die fetten Stadtratzen keine Mauern mehr fänden, in die sie die dicken Leiber quetschen, wenn ein guter Mann hinter ihnen drein ist!«

»Lieber Vetter und Gevatter Britzke!« sprach der andere, indem er ihn freundlich am Wams faßte, »ich will Euch dreierlei zu bedenken geben. Erstlich wenn's keine Städte gäbe, gäb's auch keine Kaufleute, und wenn keine Kaufleute, auch keine Warenzüge. Würdet dann viel Langeweile ausstehen am freien Wege. Zweitens bedenkt, und das sage ich Euch als guter Freund, daß Ihr geschworner Hauptmann seid, vor Rat und Stadt geschworen; darum denkt, was Ihr denkt, so wenig es auch ist, für Euch allein; und drittens, wenn wir noch lange hier plaudern, so lauft Ihr Gefahr, daß die Ratsherrn die besten Stücke für sich schneiden und Ihr von den Braten den Hundeteil bekommt. Wenn's mit ihrem Adel auch soso aussieht, werdet Ihr aber doch lieber mit den Herren essen als mit den Hunden.«

Vierzehntes Kapitel

Eine Stiege unter den Gemächern, welche so hell flimmerten, brannten nur ein paar dünne Lichter auf Drahtleuchtern; auch die Kienfackel an der Wand über dem Spundfaß warf nur ungewisse Schlaglichter in die Räume des Ratkellers. Der Jubel von oben dröhnte dagegen durch die dicken Gewölbe und machte bisweilen die

Bürger aufschrecken, die in den Winkeln, das Kinn auf den Armen und die Kanne vor sich, eifrige Rede wechselten.

Es ging sonst laut hier zu, lauter oft als oben, aber heut war es still. Man züschelte sich viel zu, und die Augen und die Fäuste, auf den Tisch getrumpft, begleiteten ausdrucksvoll die Reden; doch sah man's ihnen an, sie verhielten sich's, was sonst wohl jach rausbrach. Die Bürgerglocke hatte längst geschlagen, und einer entfernte sich itzt nach dem andern. Die meisten drückten sich die Hände; auch wohl dem Wirte, der, über das Faß gelehnt, den Gehenden zunickte, und bewegte sich nicht aus seiner Stellung. Seine Gesellschaft gehörte nicht zu den schlechtesten; aber sehr vergnügt, als es wohl zu sein pflegte und es eines gutes Wirtes Freude ist, sahen heut die wenigsten aus; und so schlichen sie auch fort.

Es waren nur noch ihrer zwei in einer Ecke sitzen blieben. Der eine war Bartz Kuhlemey, der Meister von den Knochenhauern. Der lachte etwas spöttisch auf und knipste mit den Fingern. »Ein lieber Mann, der Mathis Blankenfelde?«

»Weist mir einen von den Stolzen, der zu den Gemeinen so artig spricht«, entgegnete der andere, dem man's ansah, daß er kein Knochenhauer war, sondern ein Schneider. »Er grüßt und geht unter uns, als wären wir seinesgleichen.«

»Puh!« Bartz Kuhlemey blies die Luft von sich.

»In den Morgensprachen redet er von der Kehle weg und läßt so reden und hört jeden an, wie's in keiner Zunft sonst geschieht.«

»Er weiß, daß er Schneider vor sich hat.«

»Freilich, den Knochenhauern muß man aufs Fell brennen, daß sie's verstehn.«

»Wer wurde denn unmächtig, als Herr Johannes ein grimmig Gesicht schnitt?«

»Wer lief denn vor 'nem tollen Ochsen? Und wer war der Ochs dabei?«

Der Schlächtermeister lachte. »Was zanken, wir sind ja noch nicht im Rate.«

»Ich sage Euch, Meister«, fuhr der Schneider fort, »man muß, die uns freund sind, nicht vor den Kopf stoßen. Er meint es gut mit der Gemeinheit.«

»Will durch sie Erster Bürgermeister werden.«

»Aber mit Art muß man's anfangen.«

»Nichts mit Art!« trumpfte der Schlächter auf. »Mit Art haben wir's verdorben. Mit Art haben sie uns runtergebracht. Ich sage Euch, die Stolzen sind einer als der andere. Ihr könnt sie rot und grün und gelb ausfüttern, drinnen bleiben sie schwarz. Halt's Maul, Zademack, keiner von ihnen hat ein Herz für uns, sag ich dir. Wenn sie mit uns sich gemein machen, spielen sie Affe und Katze; mit unsern Pfoten holen sie aus dem Feuer, wornach sie lüstet. Weiter ist's nichts.«

Der Wirt, der dem Gespräche aus der Ferne aufmerksam zugehört, war jetzt, als ihn die Pflicht zu keinen andern Gästen rief, näher getreten. »Das ist schon recht, was Ihr sagt, Meister Kuhlemey. Allein es gab schon Männer unter ihnen – das Donnerwetter sollte dreinschlagen, wenn ihrer heut aufstünden wie damals!«

»Ja, jetzt ein Tile und ein Albertus!« seufzte Hans Zademack, der Schneider.

»Meint Ihr!« lachte höhnisch der Knochenhauer.

»Blitzelement! Der Gemeinheit fehlen nur, die sie führen«, sagte der Schneider.

»Wohin denn? Dahin, wo *sie* wollen. Sagt doch um aller Welt willen, was half's damals den Städten? Kamen unserer Väter Väter um einen Schritt weiter, daß der Tile vor 'nem Rotzbuben die Mütze zog und der Albertus Kegel schob mit den Reifschlägern? Das taten sie einen Tag in der Woche. Was denn die sechs andern? Sie lachten sich ins Fäustchen über die wohlfeile Komödia. Bitt Euch um aller Heiligen willen, was kam denn fürs gemeine Wohl raus, daß sie mit Gewerken und Volk ins Rathaus einbrachen und in Lade und Arche? Ließen sie uns drin? Ei bewahre, sie schoben uns höflichst raus, zogen die Mützen und sprachen: Wir danken euch, liebes Volk; schlugen dann die Türen dem lieben Volk vor der Nase zu und setzten sich hin, und nun gewirtschaftet, hast du nicht, siehst du nicht –«

Der Schneider rieb sich vor Vergnügen die Hände.

»Freilich klang's lustig«, fuhr Bartz Kuhlemey fort, »wie das aufgestockte Geld in den Händen der neuen Herren klimperte, das schöne Geld. Aber kam auch nur ein roter Heller zurück in unserer Väter Taschen?«

»Ihr Regiment war zu kurz.«

»Und wär's so lang gewesen, als wenn Ihr alle Eure Schneiderellen zusammenleimt, ich sag Euch, es wär in die Luft gegangen wie der Suppendampf, wenn Ihr den Löffel fortlegt. Und was war die Bescherung, als die Herren wiederkamen? Sie spannten uns noch ärger an, sie ließen sich mehr zahlen, sie rümpften die Nas noch höher. Und das ist allemal das Ende vom Liede, wenn ein großer Herr zu den kleinen sagt: Du bist mein lieber Freund.«

Der Wirt wiegte nachdenklich den Kopf, Hans Zademack schwieg.

»Bin Eurer Meinung auch, Meister Kuhlemey!« rief eine Stimme und, unvermerkt den Redenden, hatte sich ein vierter an den Tisch gesetzt, dessen der Leser sich noch erinnern wird, wenn er ihm in das gelbe Gesicht blickt und in die schielenden Augen, welche itzt aber von einem stechendern Glanze erleuchtet schienen, als da wir Baltzer Boytin zum ersten Male am Rathaus sahen.

»Art läßt nicht von Art«, pochte der Altmeister auf den Tisch. »Reden und schimpfen mag einer trotz uns, solange er mager ist, auf die Fetten; wenn er aber selbst ein Bäuchlein hat, setzt er sich zu den andern Bäuchen.«

»Ihr würdet's auch nicht anders tun, Meister«, sprach Baltzer Boytin. »Man sagt: Amt gibt Verstand; aber sie sagen auch: wer zum Amt kommt, vergißt die ihm dazu halfen. Nichts für ungut. Was Neues, ihr Meister?«

»Der Bürgermeister hat den Schnupfen«, sprach Bartz Kuhlemey.

»Nein, Ohrenreißen. Ihr habt ihm zu stark geschrien«, sagte der Wirt.

»Zum Ferbitz Hans ist geschickt, soll ihm ein Klistier geben«, setzte Hans Zademack hinzu.

Baltzer Boytin hatte mit ernsthaftem Gesichte das Barett etwas gelüftet, als der Bürgermeister genannt wurde. »Unpäßlich Seine Wohlweisheit. Das ist ein rechtes Unglück für die Stadt.«

Die andern suchten vergebens in Baltzers ernsthaften Mienen einen spöttischen Zug.

»Wenn das Oberhaupt einer Gemeinheit krank ist, so ist die Gemeine auch krank. 's steckt nicht viel Gesundes in den Rathenows. Sein Vater Matheus, mit dreiunddreißig Jahren schon eisgraues Haar. Lachte niemals. Sie sagen: aus Gewissensbissen, daß er seinen Vetter Martinus hinrichten ließ. Ja, ja, wenn der Matheus mit des Tile Sohn draußen zusammengehalten, es sähe itzt anders aus mit der Stadt; ich meine mit dem wohlweisen Rate. Waren begütert, hatten Spießgesellen die Menge, brauchten nur zu pfeifen, und das Gesindel in den Heiden flog ihnen zu wie die Motten ins Licht. Nun, die Ritter auf ihren Burgen hätten auch nicht scheel zugesehen, wenn die beiden mal in der Nacht vor Berlins Mauern stunden und am Morgen früh auf dem Neuen Markt Gericht hielten. Wo wären heut unsere Geschlechter!«

»Aber der Matheus kroch zu Kreuz«, sprach Bartz Kuhlemey, »basta, und es blieb beim alten Betteltanz und wird so bleiben – bis wir uns selbst helfen. Wasch du einen Mohren weiß, aber einen Herren kannst du nimmer zu einem Bürgerfreund machen.«

»Mein's auch. Indessen, ihr Meister, möchte wohl gelebt haben zu Tiles Tagen. 's war doch, was sie so nennen, ein Gaudium. Solch ein Sankt-Veits-Tanz, wo einem das Blut durch die Adern kitzelte und aus allen Fingern springen mochte vor Lust. So die stolzen Herren bescheiden an den Häusern schleichend, und unsereins in der Mitte. Holla, da wurden Blicke getauscht, die durch Mark und Nieren gingen. Glaubt mir, es fröstelt ihnen noch heut über den Leib, den Stolzen, wenn sie dran denken. *Sie* denken, es könnte ja wiederkommen; wer verbietet uns, daß *wir*'s auch denken?«

Baltzer Boytin blickte vor sich auf den Tisch. Alle schwiegen; aber die Tanzmusik schallte lauter; die schweren Sprünge der Tänzer dröhnten durch das Gewölbe, daß die Gläser auf dem Tische zitterten.

»Das geht ja lustig her!«

»Wenn *wir* erst über ihren Köpfen tanzen!« murmelte Hans Zademack.

»Wird auch kommen!« sagte jener mit schlauem Blicke. »Ich stand vorhin an der Tür und sah saure Gesichter. Ist auch ein Schimpf für die Herren –«

»Was?«

»Daß der Bürgermeister nicht unter ihnen ist. Hat's rein abgeschlagen.«

»Ist krank.«

»Wenn Brummen eine Krankheit ist! Er brummt über sie, und sie brummen, daß er brummt.«

Bartz Kuhlemey blies wieder Luft aus den dicken Bakken. »Haben sich schon ehe die Fäuste gewiesen! Pah! das schlägt und verträgt sich.«

Baltzer Boytins Augen glänzten recht boshaft. »Ich legte vorhin mein Ohr an die Tür, und ich sage euch, das Brummen kam tief her. Wenn man eine Trompete dran hielte, das gäbe einen Ton, wie neunhundert Schweine nicht grunzen; einen Ton, daß manches Haus um Sankt Nikolas, so itzt noch hoch steht, in den Boden stürzte – wie der Wardenberg ihres.«

Alle schwiegen, desto beredter sprachen die Augen; sie hatten sich verständigt, und die Köpfe rückten näher zusammen.

»Ich mag das steinerne Gesicht nicht!« sprach Bartz Kuhlemey.

»Es verkehrt sich nicht mit ihm«, sagte der Schneider.

»Ihr Meister«, sprach Baltzer mit leiser Stimme, »der Johannes ist die Seele vom Rat. Was sind sie ohne ihn!

Er ist's, der sie zusammenhält; der dem Rat Ansehn gibt nach außen. Heda! Wenn ihr ihn loskriegtet von den andern!«

Die Zuhörer schüttelten bei der Vorstellung ungläubig die Köpfe.

»Wenn eine Mauer gespalten ist, hält sie nach keiner Seite. Ich sage euch, der Riß ist so stark diesen Abend worden: wenn geschickte Leute sich dazwischenklemmen, schlägt sie morgen um. Ist das nichts?«

»Er hat unsere Schrift zerrissen, auf offnem Markte!« rief Hans Zademack.

»Das muß er büßen!« riefen die andern.

»Meinethalben. Geht hin; verklagt ihn beim Rat. Den Rat wird's freuen.«

»Er bricht nicht los!« sprach Bartz Kuhlemey aufstehend.

»Wenn *sie* aber losbrechen, wenn *sie* es vor den Rat bringen, daß er getan, was des Rates ist, wenn sie's ihm verbieten, daß er dem Henning Mollner nicht zahlen soll, meint ihr, daß er das verträgt?«

»Dem Henning will er auszahlen!« schrie Bartz auf.

»Will's, und der Rat wird's ihm verbieten; will's itzt, und der Rat sagt: itzt sollst du nicht. Du sollst dir keinen Anhang schaffen unter der Gemeinheit. Ja, ihr Herren, das wird der Rat ihm morgen zu wissen tun. Nun, und was wird Johannes tun? Wird das Barett ziehen, nicht wahr? und sich tief neigen und sprechen: Alles, wie meine gestrengen Herren vom Rate befehlen.«

»Alle zehntausend Teufel, der wird auffahren!«

»Bei des Henkers Bart, das klingt lustig!« rief der Wirt und ward ganz frisch wie die andern auch.

Sie stießen ihre Kannen zusammen; aber der Knochenhauer strich noch nachdenklich den Bart. »Meister und Brüder! 's klingt manches schön und ist doch nichts mehr als ein Klang, der verhallt, wenn der Wind umspringt.«

»Sehr richtig, ihr Herren«, fiel Baltzer Boytin ein. »Der Braten ist erst auf einer Seite geröstet, und ein gescheuter Mann läßt ihn auf beiden gar werden, bis er einschneidet. Nun, habt ihr Angst, daß er verbrennt?«

Der Nachtwächter stieß draußen, wie es seine Pflicht war, vor dem Rathaus ins Horn, und sein:

Bewahrt das Haus vor Feuer und Licht,
Auf daß der Stadt kein Schade geschicht!

tönte schrillend durch die Gewölbe. Baltzer richtete das Gesicht auf und musterte spöttisch die andern.

»Nun, wollt ihr die Wassereimer tragen und löschen? An Brunnen fehlt's nicht in den Gassen. – Wüßte freilich nicht, wer's euch dankte. Aber ein Feuer kann um sich greifen, meint ihr als fürsichtige Bürger.«

Hans Zademack schüttelte sein Bier in der Kanne. »Der Henning trug den Niclas Perwenitz auf seinen Schultern ins Rathaus. Der Johannes Rathenow ist nicht schwerer. Das gäbe 'nen Ausschlag.«

»Und die Bescherung davon?« fragte Bartz Kuhlemey. »Für die alten Herren ein neuer vom selben Stoff.«

Baltzer, als hätte er nicht darauf gehört, sprach vor sich hin: »Ich habe gelesen von den Republiken im Land Lombardia. Meint ihr, daß die Bürger da so lange warten als ihr? Oder daß die Geschlechter den Nacken weniger stolz tragen? Sie probieren, wie allüberall, was das Volk erträgt. Je geduldiger es ist, um so stärker drücken sie. Das sind Herren da, andere als unsere, die nicht wissen, wo sie her sind. Die essen auf Gold, und Ritter bedienen sie, Marmorpaläste haben sie, wo eine Wand kostet, was euer ganzes Rathaus nicht wert ist; und Fürsten und Herzöge nennen sie ihre Brüder, und ihre Söhne werden Kardinäle und Päpste; aber meint ihr, daß die Gewerke nur drei Jahr dulden, was ihr dreißig Jahr aussteht? Da braucht nur ein Funken zu fallen, und es lodert und brennt. Eine aufgeworfene Lippe, ein Seitenblick, den einer nicht verträgt: frisch ein Dolchstoß in die Rippen, nun ein Aufruhrgeschrei – die Welschen können euch schreien, daß die Brut aus den Vogelnestern fällt. Nun klettert einer auf ein Gitter. Mag er Hannes heißen oder Henning oder Mathis; sie fragen nicht danach, ob er das

Volk liebhat und was ihn treibt. Wenn er nur die Herren haßt. Ein blutiges Tuch, ein Fetzen, was es ist – ein Kruzifix, ein Dolch, ein Gesicht dazu, daß die Weiber in Ohnmacht fallen, ›Vergeltung! Rache!‹ ruft er, ›Freiheit! Nieder mit den Tyrannen!‹ Tausende schreien's mit und machen euch Augen, davor der Wurm sich verkriecht. Ehe ihr's euch verseht, ist die halbe Stadt auf den Beinen, die Fensterscheiben klirren, die Glocken läuten, ehe man sie rührt, denn die Luft selber bewegt sich vor Angst und Wut. Die Schemel rühren sich unter dem Schuster, die Bänke unter dem Schneider, die Messer am Gurt der Fleischhauer fahren von selbst aus der Scheide. Die Luft zuckt von blitzendem Stahl, der Wind ist lauter Pfeilspitzen, und ein Donnerwetter rollt über die Dächer. Gnade Gott, wo es einschlägt. – So tun's die im Land Italien. – Meine Zeche, Meister!« rief er, seinen Beutel vorziehend. »Wir sind ordentliche Bürger, zahlen, was man von uns fordert. Das bringt Ruhe und Freude. Laßt die Herren Herren sein, ihr seid gute Bürger, und wenn die von Magdeburg und Stendal und, wo sie im deutschen Reich rascheres Blut haben, fragen: ›Will denn die hundemäßige Geduld derer von Berlin nicht endlich reißen?‹, was kümmert's euch. Laßt sie lachen, ihr sitzt warm.«

Baltzer Boytins Rede hatte gewirkt. Nur verschieden auf den drei Gesichtern, die noch ernster wurden, als er fort war. Sie pflogen ein stilles Gespräch, und ihre Blicke deuteten noch oft auf den Platz, wo er gesessen. Es war ihm keiner hold, das konnte man sehen, aber seine Rede kitzelte ihr Ohr. Zwar schüttelte Bartz Kuhlemey ungläubig den Kopf, aber die Gründe der beiden mußten schwerhaltig sein, denn er fuhr nicht auf, wie seine Art war. Nun hing er sich den Mantel um und drückte die Pelzmütze ins Ohr. Dann schüttelte er ihnen die Hand.

»Gut Ding will Weile, aber ich halt's, ein gut Ding muß sich selber machen. Was braucht ein gut Ding schlechte Wege und böse Kumpanei? Laßt die Glocken läuten von Sankt Marien, Sankt Nikolas und Sankt Petrus, und wer's gut meint mit dem gemeinen Wesen, der streckt die Hände aus. Bei allen heiligen Märtyrern, zählt dann die Arme, und dann fragt euch, ob wir uns nicht selber genug sind. Warum wollen wir an die stolzen Herren? Weil *wir* wollen, was *sie* haben. Für *wen* wollen wir's? Für uns. Wer uns helfen will, warum will er's? Weil er's für *sich* will. Nun mein ich, ihr Freunde, so wir solche Helfershelfer gewollt, die uns vorm Mund wegschnappen, wonach wir greifen, die hätten wir ehedem auch haben können. Hätten nur zu pfeifen gebraucht in die Wälder; auf die Burgen rumschicken zu den Rittern; der Gemeinheit der Städte wären Bundesgenossen so dicke zugezogen, daß dem Rat blaß worden. Warum taten wir's nicht? Weil der Rat ein Stück ist von der Stadt und weil, was wir tun, wir um der gesamten Stadt willen tun, davon wir ein Teil sind. Ist das nun anders, he?«

»Was der Baltzer spricht, hat Schick und Ordnung«, sagte Hans Zademack.

»Schweigt mir von dem Safrangesicht!« fuhr der Schlächter auf. »Wenn ich einem ehrlich die Hand reiche, muß ich wissen, was er will. Was will denn der?«

»Just, was *wir* wollen«, lachte der Wirt.

»*Wir* wollen mit den Zünften in den Rat«, rief der Knochenhauer, mit der Hand auf die Brust schlagend. »*Wir* wollen sitzen auf den Bänken, wo *sie* itzt sitzen, und sprechen und raten und schalten und walten und Bürgermeister küren und Ältermänner, alldieweil es so vor alters war und sie es in andern Städten so tun; alldieweil wir ebenso gut sind als sie, und ihr Ansehn ist erschlichen und erkauft, wo unsere Väter die Augen zutaten. Und wir sind so freie und so deutsche Leute als sie und verstehn's so gut als sie, und sie waren vor alters kein Haarbreit mehr. Darum wollen wir's, wir Zünfte und Gilden und die vier Gewerke voran, wir wollen ins Rathaus. Aber die Bänke sind eng. Für *uns* wollen wir die Sitze und nicht für *andere.* Was scheren uns die Krämer, die nicht mehr zusammenhalten, der eine hält's mit dem Rat, der andere mit den Bürgern. Sind keine Innung mehr, und den Baltzer haben sie selbst ausgestoßen. Ist ein Roßtäuscher worden. Also was will der? Sich an den Rockzipfel halten der Rathenows? Ich stoß ihn mit dem Fuß von der Treppe, wenn er will, wo er nicht hingehört. Aber ihr seid kluge Leute, fürsichtige Rechenmeister. Holt euch Hülfe und Beistand aus allen Mausenestern, vertragt und wagt und klagt und zagt, und wenn's bricht aus, bleibt fein zu Haus, es könnte setzen Beulen, und das Heulen wäre dann an euch.«

Als der Knochenhauer mit einigem Ungestüm die Treppe hinaufgestiegen war, sprach Hans Zademack: »Sag ich's doch immer, ein Maul haben die Knochenhauer, als wollten sie die Stadt auffressen. Aber mit Vernunft ist ihnen nicht beizukommen.«

»Und paßt acht, wenn sie erst zu Rat sitzen«, entgegnete der Wirt, »da brechen die Bänke unter ihrem Übermut.«

»Konnten in ihrer Morgensprache heut nicht mal einen Schluß zustande bringen«, fuhr Hans Zademack fort. »Die müssen nicht vorn am Regiment sitzen.«

»Wäre auch der Stadt pures Unglück«, sprach der Wirt, »so eine Gilde über der andern säße.«

»Habt keine Sorge, dafür sorgen die andern drei«, antwortete ihm Hans Zademack.

Der Wirt kraute sich mit einem schielenden Blicke hinterm Ohr. »Ihr?«

»Wir und die Bäcker und die Schuster. Die Bäcker, weil sie den ältesten Brief haben, die Schuster, weil jedwed Gemeinwesen auf den Füßen stehen muß.«

»Und ihr Schneider«, sagte etwas spöttisch der Wirt, »alldieweil das Gemeinwesen was auf dem Leib haben muß und nicht nackend gehn darf, wie als wir noch wilde Männer waren.«

»Sagt lieber, weil wir's am feinsten einzufädeln wissen und die Sache zuschneiden, daß sie ein Schick hat und sich vor den Leuten sehen lassen mag«, lächelte Hans Zademack. »Jeder Faden kann ein Loch zunähen, und das schlechteste Stück Zeuch ist zu einem Rock gut, wenn man's recht zuschneidet. Darum, zu Ernst gesprochen, Gevatter, wartet ein kluger Mann ab, was ihm die Zeit bringt, und stößt nicht von sich, was ihm in den Weg getragen wird. Das Tuch, daraus die Geschlechter gewebt, ist stark Zeuch; die Fäden halten, wenn auch die Wolle ab ist. Darum von allen Seiten dran gerissen. Da hat der Baltzer recht. Daß kein Stück nachher in seiner Hand bleibt, das ist unsere Sorge. Laß sie sich jetzt reiben, die Geschlechter und Städte, den Bürgermeister und die Herren; eingeheizt und geholfen, geblasen und geschrien, bis das Zeuch mürbe ist. Dann braucht's kein Schlächterbeil; mit einer Schere schneidet man's durch.«

»Daß du dir von den Stücken einen Rock für dich flickst!« sprach der Kellerwirt, hinter dem Meister die Türe zuschlagend. »Ihr seid mir auch die Rechten. Werden wie die Kampfhähne sich spreizen, auf die Bänke springen und durch die Straßen ziehen; und wird's um kein Haar besser als bei den Stolzen, wenn die Gewerke drankommen.«

Aber als er den Riegel vorschieben wollte, polterte es draußen, und die Türe wurde mit Heftigkeit von mehreren kräftigen Armen zurückgestoßen. Vor dem Rathaus, wenn ein Patrizier darin ein Fest gab, pflegte es jederzeit lustig herzugehen; daher verwunderte sich der Meister auch nicht darüber, aber er hatte wenig Lust, die späten Gäste aufzunehmen, zumal nicht, die sich so anmeldeten. Aber es half ihm nichts, und wenn er auch all sein Gesinde zu Hülfe gerufen; so viele lustige Kerle in allerhand Mummereien, wenn man das so nennen konnte, waren hereingebrochen und nahmen lärmend Platz. Der eine hatte den Kragen weit über die Ohren, der andere ein Tuch um den Kopf, daß er wie ein ungläubiger Türkenhund aussah, ein paar auch das Hemd über den Kleidern, einer aber gar die Schellenkappe an, und alle mochten des süßen Weines in sich haben. Denn wie ernst auch der Wirt sie zurechtwies und fast bös wurde, als sie so wenig auf ihn achteten, taten sie doch nichts als lachen, und der eine setzte sich auf den Tisch, der andere warf sich auf die Bank, und der dritte schlang seinen Arm um den Wirt, als wär es sein bester Freund und Bruder, und fragte ihn:

»Was Neues in Berlin, Hans Zapfen?«

Der Wirt, der nun wohl sah, was es war, machte ein ernsthaft Gesicht und antwortete: »Es hat Narren geregnet.«

»Der Kuckuck ruft seinen eignen Namen«, sagte drauf einer und schlug ihm auf die Achsel.

»Wer sich selbst kitzelt, der lacht, wenn er will«, antwortete der Wirt, und nun erinnerte er sie, daß es nicht Zeit sei und an die strengen Gebote der Herren, daß er seinen Keller verschließe.

Da brüllten sie in großer Lustigkeit, und einer sprach: »Wir sind allhier auf Gebot der Herren.«

Und ein anderer: »Wir dienen dem Rat in seinen schlimmsten Nöten.«

Der Wirt sprach nun: »Ihr seht mir nach Schelmengesichtern aus und nicht nach Ratsdienern. Aber wenn ihr gute Leute seid, bringt einen ehrlichen Mann nicht um seine gute Nahrung.«

»Hört den Lügner an!« rief einer mit verstellter Stimme. »Wie oft haben wir ihm gute Nahrung gebracht, als wir seinen schlechten Wein austranken.«

»Dafür dank ich euch, wenn's wahr ist, und ihr mögt ein andermal wiederkommen, wenn's euch gefällt.«

»Uns gefällt es so bei dir, daß wir gleich bei dir bleiben.«

»Das gefällt mir von euch, aber da's den Herren vom Rat nicht gefällt, so macht euch auf die Beine, oder die Herren werden euch Beine machen.«

Da wollten sich alle wieder vor Lachen ausschütten, keiner aber rührte nur seinen Fuß.

»Die Herren sitzen oben zu Tisch, und wenn einer runterkommt, gibt's eine schwere Ladung, das versichre ich euch.«

»Das wissen wir, und darum sind wir hier«, antwortete einer sehr feierlich, und die andern taten wie vorhin, und auch der geredet hatte, konnte nicht ernst bleiben.

»Warum seid ihr hier?« fragte nun der Kellerhalter.

»Wir wollen den Rat austragen.«

»Das wird euch Schläge eintragen«, antwortete in demselben Tone der Wirt.

»Wir wollen ihn zu Grabe tragen«, fuhr von jenen einer fort.

»Da könnten euch die Raben ein Liedlein singen.«

»Was Raben! Die Hähne krähen«, rief ein anderer und fing an zu krähen wie die Hähne, wenn es Morgen ist, und alsbald war es, als wäre der Keller ein Hühnerstall, daß der Wirt selbst mitlachen mußte, ob er doch eigentlich sehr ernsthaft war und itzo auch neugierig, denn die Stimmen kamen ihm bekannt vor, und er mochte wohl ahnen, wer es war.

»Der Morgen ist noch nicht kommen, und ihr tätet gut, eure Schnäbel zu halten, sonst weckt ihr die, die schlafen.«

»Die lassen sich auch wecken!« rief der Schalksnarr und fing ein solches Kikeriki an, daß das vorhin gar nichts dagegen war und nun alles lachte, was es konnte, und der Wirt sich den Bauch halten mußte.

»Du Tausendelementsnarr«, ging er den Sänger an, »was hast du wieder vor? Sie sagen, du wärst gescheut worden. Aber die Narrenkappe hängt dir noch immer übers Gesicht.«

»Ebendarum, Gevatter Zapfen.«

»Sie munkeln, du hättest heut morgen in der Schellenjacke gesteckt, als sie auf der Straße die Puppe köpften. Nimm dich in acht.«

»Zapfen! Nimm du dich in acht. Schweigen verrät sich nicht. Plaudere nicht, was im Fasse steckt. Was du nicht weißt, macht dich nicht heiß.«

»Wären die verdammten Zapfen nicht, es wäre diesmal alles rausgelaufen«, rief ein anderer.

»Holla, ist's so bestellt«, sprach der Wirt und musterte die Gesellen, deren er itzt wohl die Mehrzahl erkennen mochte. »Habt ihr das Spiel von heut morgen nicht satt gekriegt? Wißt nicht:

Was Narren anfangen,
Macht Kluge nicht bangen.«

»Umgekehrt«, rief der Schalksnarr, der noch immer behaglich auf der Bank gestreckt lag:

»Was Narren einfädeln,
Müssen die Klugen aushäkeln.
Danach man ringt, einem gelingt.«

»Bei gutem Winde ist gut segeln«, sprach der Meister, »aber bei Lahmen lernt man hinken.«

»Bist du kahl, so bocke mit keinem Widder«, erwiderte der Schalksnarr. »Wer sich menget unter die Kleie, den fressen die Säue.«

»Weißt du, was die Alten sagten?« erwiderte der Wirt. »Ein weiser Narr sein wollen heißt Schnee im Ofen dürren. Wein im Feuer kühlen, das Meer ausbrennen und Hühnern die Schwänze aufbinden hat noch keinen Magern fett gemacht.«

»Weißt du, wer der schlechteste Wirt ist?« setzte jener drauf. »Der seine Gäste mit Worten speist. 's ist alle Tage Jagdtag, aber nicht alle Tage Fangtag; merk's dir, wenn du nach Witz auf die Jagd gehst.«

»Wenn ihr nach Weisheit jagt, wißt ihr, was ihr fangen werdet? Schlingen. Und wißt ihr, was der schwerste Gang ist? Der zum Galgen.«

»Wenn faule Pferde erst ziehen«, sagte der Narr, »alte Weiber tanzen, weiße Wolken regnen und Dummköpfe pfiffig reden, dann ist kein Aufhören. Wein her, Meister Grobschmied. Wenn du keine feine Nase hast, haben wir doch feine Zungen. Seht einmal«, wandte er sich zu den andern, »der Zapfen will alles wissen und weiß noch nicht mal, was die Glock geschlagen!«

»Wo die Glocke von Leder ist und der Klöppel ein Fuchsschwanz, da hört man den Klang nicht fern.«

»Richtig, Zapfen! Den Esel kennt man an den Ohren, am Gesichte den Mohren, an den Worten den Toren, den Topf am Klang, den Vogel am Gesang. Woran aber Leute, die den Rat, der nicht mehr gehen kann, auf ihren Schultern tragen werden?«

Da schoben jetzt ein paar von den Gesellen eine Trage vor die Tür, und einer probierte ein leeres Stückfaß, ob es sich rollen lasse, und der eine meinte, der dickste Ratsherr könne darin so bequem ausschlafen als im Rathaus. Da erst merkte der Kellerwirt, was es gelte, und lachte herzlich, denn er wußte, daß der gute Herr Thomas Wyns starke Leute bestellt, die seine Gäste, wenn ihnen was Menschliches zustieße, nach Haus schaffen sollten, und er mochte sich's denken, warum die lustigen Gesellen gekommen. Aber als ein guter Wirt, den nicht heiß macht, was er nicht weiß, schwieg er still und trug all den Wein auf, der von den frohen Gesellen gefordert ward, und sie tranken, als wär es Hochzeit bei einem reichen Manne und sie hätten's nicht zu bezahlen.

Da fielen denn auch die Kappen und Tücher nachgerade ab, und man erkannte manches frohe Gesicht von Bürgersöhnen, und sie erzählten lustige Geschichten von heut morgen und sonst und sangen und scherzten, und keiner blieb dem andern was schuldig, wenn er ihm eins versetzte. Nur der in der Schellenkappe legte sie nicht ab, und ob er schon so laut war als die andern, mochte er doch nicht ebensoviel trinken. Vielmehr schlich er itzt, als die andern in einem lauten Wortwechsel sein nicht achthatten, um den Pfeiler und wollte mit einem Satz auf die kleine Wendeltreppe, die ins Haus hinaufführte, als eine starke Hand ihn auf der Schulter faßte und zurückzog. Der Kellerwirt hob den Zeigefinger der andern Hand drohend in die Höhe.

»Mit Narreteidungen ist's nicht geschehen.«

»Wer kegeln will, muß aufsetzen«, antwortete der in der Schellenkappe.

»Du tust nicht recht, Henning.«

»Wer jedermann will recht tun, muß früh aufstehn.«

»Wenn der Scherz am besten ist, so soll man aufhören, sagt das Sprüchwort.«

»Esel und Treiber denken nicht eins«, war die Antwort, und der Bursch wollte ihm entlaufen, aber der Wirt hielt ihn fest.

»Ob du der Esel bist oder der Treiber, weiß man nicht. Bist du der Esel, so merk dir's, wenn dem zu wohl ist, geht er aufs Eis und bricht ein Bein. Bist du der Treiber, dann treib's nicht zu weit. Hast du was Ernstes vor, so kennst du deine Freunde.«

Henning sprach: »Wem's Glück wohlwill, dem kälbert ein Ochs.«

»Glück und Glas! Trau nicht auf das. Ihr habt Schabernack vor mit den Herren. Daß euch nicht die Finger brennen.«

»Ei behüte«, antwortete der Bursch mit seiner einfältig frommen Miene, die wir schon kennen. »Sie werden sie kühle legen, in Schnee oder auf den Mist.«

»Und dich werden sie ins Loch stecken.«

»Das ist ein schlimmer Fuchs, der nur ein Loch weiß.«

»Henning, wo willst du hin?«

»Oben zuschauen.«

Der Wirt erschrak, aber der Junge war lachend hinaufgesprungen. Er brummte nun zurückkehrend für sich: »Stroh im Schuh, Spindel im Sack und ein Herr in einem Haus gucken alleweg heraus. Aber aus dem guck's ein anderer raus, was drinsteckt, und 's ist übel kämmen, da kein Haar ist. Indessen«, setzte er, sich tröstend, hinzu, »Liebe, Husten, Rauch und Geld niemand auf die Läng bei sich hält« und ging seine andern Gäste bedienen, welche schon in der Lage waren, daß sie niemand vermißten, und sich mehr und mehr in die versetzten, wo es mißlich wird, andern, die schon darin sind, die Hülfe zu leisten, um derenwillen sie doch herkommen waren.

Fünfzehntes Kapitel

Wer da vorhin oben war und es itzt wiedersah, hätte schier es nicht wiedererkannt. Ich weiß nicht, das wievielste Faß schon angezapft war; aber der rosige Wein glühte auf allen Gesichtern, und was vordem in jedem glimmte, ein kleines Flämmchen, das loderte itzt auf, eine große Flamme. Und es brannten viele Flammen nebeneinander, von Freude und Zorn, und soviel Lärm und Lustigkeit, dessen entsannen sich die ältesten Leute nicht. Auch den Stadtpfeifern auf den Galerien mußte gut eingeschenkt sein; denn sie paukten und trompeteten, als wollten sie das Kalbfell zerschlagen; und Gläser und Schüsseln wurden auch zerschlagen, als es sich schickt, wo man froh ist, zu des Wirts, Herrn Thomas Wyns', großer Freude, der herumging mit seinen Freunden, von dem einen zum andern, und ihnen zusprach, noch wackerer zu trinken, daß das Fest ausgehe, wie es sich schickt unter guten Leuten und ihm eine Ehre sei.

Da tranken sie sich zu mit feinen, schönen Sprüchen und solchen, die so derb klangen, daß die Herren sich den Bauch hielten und die Fräulein das Sacktuch vors Gesicht; und man sah doch, wie sie lachten. Da kleideten sich die jungen Leute aus und legten sich allerhand lustigen Mummenschanz an, und so tanzten sie mit- und durcheinander, derweil die Alten noch zechten und sich nicht rühren mochten noch konnten von ihren Sitzen. Da ward sich auch manches Süße zugeflüstert zwischen Herren und Frauen, und ein verstohlenes Küßlein ward auch wohl geraubt. Aber wie es vordem gewesen, zu Kaiser Karl IV. Zeiten, daß Herren und Frauen gemischt untereinander bei Tafel saßen, diese arge Sitte war nicht mehr. Der Rat in allen Städten der Mark hatte durch ein Gesetz es verboten, und wie es züchtig und ehrbar ist, hatten bei Tafel die Herren auf der einen, die Frauen und Jungfrauen auf der andern Seite gesessen.

Nun aber ging es bunt durcheinander durch die Säle und um die Tafeln. Da tanzten Bären und Affen mit schönen Frauen, da sprangen Zwerge auf den Tischen, und Riesen erschreckten die Mägdlein. Aber am lustigsten sprang ein Narr um, und die Frauen ließen sich gern von ihm einen Spruch sagen und lachten wohlgefällig, wenn er ihnen was Hübsches sagte, aber noch mehr, wenn er ihnen etwas zuzüschelte von einer andern, was nicht hübsch war. So sprang er von einer zur andern, und wenn es wahr wäre, was er zu jeder gesagt, so wäre jede die Schönste von allen gewesen.

Die Jungfer Elsbeth Rathenowin, die vorhin als eine Lilie geprangt, wie wir sagten, glühte itzt wie eine Rose. Aber es mochte nur der schöne Abend sein, denn vom Malvasier hatte sie nur genippt, oder es waren die schönen Reden ihrer Tänzer, die ihr das Blut in die Wangen trieben. Nun aber verfolgte sie der Narr und sprach ihr solche Dinge zu, daß sie verwundert war und ihm lieber nicht mehr antwortete. Da redete er aber so Lustiges und machte dazu solche Gebärden, daß sie doch wieder lachen mußte.

»Schönes Frauenzimmer, du hast ein schönes Kleid an.«

»Narr, geh zu meinem Schneider, der wird's dir danken.«

»Um Himmels willen sprich nicht; das Kleid fällt dir sonst vom Leib.«

»Narren sind keine Hexenmeister.«

»Es heißt: Kein Kleid steht den Frauen besser an denn Schweigen. Wenn du also redest, rutscht dir dein bester Rock von den Hüften.«

»Weißt du noch mehr Gutes vom Schweigen?«

»Soviel du willst, schönes Frauenzimmer: Schweigen ist lohnbar. Schweigen ist für Unglück gut. Hör und schweig. Das meiste rede mit dir selber. Lerne schweigen, so kannst du am besten reden. Was dich nicht brennt, das blase nicht. Nötiger den Mund verwahren als die Kiste.«

Die Jungfrau hielt sich die Ohren zu. »Weißt du auch das: Könnt ein Narr schweigen, so wär er weise.«

»O schöne Bürgermeisterstochter, mit den Narren befaß dich ja nicht; du weißt nicht, was hinter ihnen steckt. Wenn du an einem Sommertag aufstehst mit der Sonne und deine Zunge gehen lässest wie eine Mühle und alle Sprüchwörter hersagst, die von ihnen handeln: wenn die Sonne ins Meer sinkt, bist du mit den Narren noch nicht fertig.«

»Gott schütz uns arme Frauen vor Narren.«

»Will dir ein Mittel sagen, wenn du einen zum Mann kriegst.«

»Einen Gotteslohn zum voraus, guter Narr.«

»Einem bösen Weib steuert niemand. Böses Weib ist böses Kleinod. Selten Wohl, allzeit Weh ist täglich Brot in der Eh. Schöne Weiber sind nichts als Zeitvertreiber. Weißt du, wie man böse Weiber los wird?«

»Nein, Narr.«

»Nimm ein Weib, so kommst du ihr ab.«

»Ich bin aber selbst ein Weib«, lachte Elsbeth. »Aber sage mir, Narr, gibt's denn so viel böse Weiber?«

»Nur eins, schönes Frauenzimmer.«

»Wie das?«

»Es ist nur *ein* bös Weib; aber jeder meint, er hat's.«

Jungfer Elsbeth lachte herzlich auf über den schelmischen Narren und dachte nach, wer es wohl sein könnte (denn seine Sprache klang ihr bekannt und auch wieder nicht bekannt). Aber sie hatte ihn bald wieder vergessen, als sie am Arm anderer Tänzer umherflog. Der Narr flog auch zu anderen.

Da stand ein rundliches Kind, recht hübsch und bunt geputzt, und Perlen und Steine schimmerten an seinem Latz und Blumen auf dem Kopf, fast zuviel für den Leib, der mehr in die Breite als in die Höhe geschossen war. Mit der sprach sehr eifrig die Frau Bergholzin, und was sie ihr sagte, dazu schmunzelte wohlgefällig die Jungfrau.

»Nun seh mir einer die Elsbeth Rathenowin an«, sprach sie, als die vorüberwalzte und dem hübschen Kinde fast auf den Fuß trat. »Ist's doch, als müßte der alles Platz machen.«

»Sie hat noch keinen Tanz ausgeschlagen«, sprach Eva Schumm.

»Ist mir das erhört!« sagte die Bergholzin. »Ich weiß nicht, was das junge Volk für einen Narren an ihr gefressen. Ich finde sie gar nicht so hübsch. Das heißt ja wie eine Bohnenstange in die Höh geschossen; zu meiner

Zeit hatte das junge Volk einen bessern Geschmack, und wer weiß, wie es heute wäre, wenn man keinen Bürgermeister zum Vater hätte.«

Da flüsterte von der andern Seite der Narr der schmucken Dirne ins Ohr: »Jungfer Eva, 'nen Gruß von Eurer Urgroßmutter. Ihr solltet die Ohren spitzen. Die mit Euch spricht, ist eine Freundin von ihr aus dem Paradies her.«

»Und schau mir einer das Halsband der Elsbeth an«, fuhr die Bergholzin fort. »Das kommt wohl aus der Brüderstraße vom Feinliebsten?«

»Daß ich nicht wüßte«, sagte Eva Schumm.

»Wo kann sie's herhaben? Hat der Vater doch keine Schätze in seinen Kisten und Laden. Maria Joseph, das glitzert, daß einem die Augen weh tun! Da kann man gut Gesetze machen, was andere Frauen tragen sollen, wenn man sein fein Töchterlein tragen läßt, was ihr gefällt.«

Der Narr flüsterte: »Jungfer Eva, weißt du, was die Flöhe taten, als deine Eltermutter die Äpfel stahl? – Sie husteten.« Aber Eva hörte es nicht.

»Na, ich sage doch«, fuhr die Bergholzin fort, »es geht jetzt in Berlin her wie – ich will gar nichts sagen. – Wenn meine Tochter einen Bräutigam hätte wie den Junker Melchior, die würde ja nicht tanzen, wenn der Allerliebste nicht bei ist; bis in die Fingerspitzen würde sie rot werden, wenn ein junger Herr vor sie träte.«

Eva drehte an ihren Brusthefteln. »Ach was! der Bruder Melchior wird sich auch nicht graue Haare grämen.«

»Was sollte er auch! Ist der Melchior doch ein Junker, wie sie mir noch einen zeigen sollen – ja, sucht mir nur zwölf Meilen in der Runde. Wo der anklopft, wird ihm aufgetan. Das wußte auch der alte Bürgermeister, der ist schlau wie ein Fuchs. – Schau, schau! wie das wieder blitzt an ihrem Halse; ob die Steine echt sind? – Was sie von Liebestränken reden, das glaube ich nicht – aber wie er den alten Schumm rumgekriegt hat, das möcht ich wohl wissen.«

Der Narr flüsterte: »Als Eva vom ersten Floh gebissen wurde, weißt du, was sie tat, Jungfer Eva? – Sie juckte sich.«

»Du liebe Güte, da vergaß ich ganz, daß ich zu Herrn Bartholomeus' Tochter spreche«, fuhr die Matrone fort. »Sie wird ehlängstens deine liebe Schwägerin, die beiden alten Herren werden schon wissen, warum sie sich den Kuppelpelz verdient, und dann zieht sie ins Haus in die Brüderstraße als schöne junge Frau und wird am Fenster sitzen, wo itzt die Jungfer Eva saß, und wird gnädig zunicken, wer draußen vorübergeht und den Hut abzieht. Na, Herzenskind, bis nicht bös, hast doch gemerkt, daß alles nur Spaß war. Heda, Jungfer Elsbeth«, rief sie halblaut der wieder Vorüberwalzenden zu, »schaut doch her. Euer schönes Jungfer Schwägerchen wirft Euch 'ne Kußhand zu.«

Der Narr flüsterte wieder, als Eva unwillig der Frau Bergholzin den Arm hielt: »Weißt du, was Evas erster Fehler war? Hätte Eva nicht gejuckt, als der erste Floh biß, sondern zugefaßt und geknackt, so gäb es itzo keine Flöhe mehr.«

»Sie will dich nicht sehen, Täubchen«, fuhr die Matrone fort. »Das ist Hochmut ein bißchen zu früh. Mich dünkt, sie könnte dir doch manches absehen, und ihr tät es keinen Schaden. Der Melchior wird was zu tun bekommen. I nun, der Melchior, das ist ein Sausewind.«

»Ja, freilich ist er das«, sprach Eva.

»So sind die Männer alle. Um das bißchen Gesicht! Herr Gott, er hätte ja können – doch das ist nun vorbei. Aber der alte Papa! Da wird fromm Evchen sich nun seiner annehmen müssen, denn die stolze Frau Schwiegertochter wird auch nicht am Herd stehen und ihm das Lieblingssüppchen kochen. Da sind die Hände zu fein und weiß. Vorm Spiegel ist hübscher stehen als vorm Feuer. Lieber Gott, das soll uns nicht kümmern, Evchen. 's hält mancherlei zusammen, und niemand weiß wie.«

»Weise Leute haben ihren Mund im Herzen«, flüsterte der Narr und eilte nach der Haupttafel, wo sehr viel Poltern und Lärm war, denn die Herren waren heftig aneinandergeraten, und die von Kölln und Berlin begleiteten ihre anzüglichen Reden, die einer dem andern zuschob, mit der Faust auf den Tisch; und es war gar nicht der Augenblick dafür, daß jetzt Herr Dietrich Wyns auf den Tisch sprang und in schöngemeinten Reden von der Eintracht der Städte sprach und das gute Regiment lobte und daß ein guter Christ und Bürger es gar nicht anders wünschen könne. Zwar leuchteten seine Scharlachhosen, wie er breitgespreizt auf dem Tische stand, wie zwei Fackeln, und auch die vielen Blumenkränze, die er über Arm und Schultern trug und auch um den Hals, waren prächtig anzuschauen; desgleichen waren die Reimsprüche zu Ehren beider Städte und des Regimentes, wie es ist, recht schön und erbaulich anzuhören. Aber alles das hatte nicht das rechte Schick, wie denn der Wein die Eigenschaft hat, bisweilen, was sich nicht schickt, zu schicken, bisweilen aber auch, was geschickt vorbedacht war, ins Ungeschick zu bringen. Denn einmal stand er breiter als grade nötig war, um fest zu stehen, dann schierten sich die Eifernden wenig um ihn, vielmehr sie stritten sich zwischen seinen Beinen durch, und das war nicht geeignet, daß es der Sache den Ernst gab, auf den das Spiel abgesehen war. Da ließ er leben die Geschlechter, je eines von hüben der Spree, dann eines von drüben, aber er – ein so feiner Mann – versprach sich nicht selten und lobte hier einen, wofür er nicht zu loben war, und ließ Kölln leben, wo es Berlin galt, und Berlin, wo Kölln. Und es gab Gelächter und Groll auch; denn viele nahmen, was nur der Wein tat, für böse Absicht.

Nun aber pries er in so schönen Reimen, daß es rührend war, die Tugend und die Schönheit der Frauen und Mägdelein beider Städte und ermahnte sie, wie sie walteten über den Hausfrieden, auch für den Stadtfrieden zu sorgen, und gab ihnen an, wie sie es zu machen hätten, ihren Männern und Söhnen und Brüdern den Kopf zu waschen, wenn dieselben Unfrieden hegten. Da lachten alle recht herzlich, und noch mehr, als nun Herr Dietrich alle Kränze und Blumen, die er um den Leib trug, herunternahm und ihnen zuwarf. Und zu gleicher Zeit wurden Blumen gestreut von den Galerien herab, und die Trompeter bliesen, und die Zinkenbläser und Paukenschläger stimmten ein zu Ehren der Allerschönsten, die Herr Dietrich hochleben ließ und die er aufforderte, mit ihm den Kehraus zu tanzen.

Und nun sprang er unter ungeheuerm Lärm und Gelächter vom Tisch, um der Allerschönsten den Arm zu reichen; und war es kein Zweifel nach dem, wie er vorhin in den Reimsprüchen sie beschrieben, daß Elsbeth Rathenow gemeint sei, wie sich das wohl verstand und schickte, auch wenn es noch Schönere gegeben, da sie des Bürgermeisters Tochter war. Aber vor den Augen des Stellvertreters unseres Wirtes, welcher selbst zu dick war, um beides zu tun, zu trinken und zu tanzen, drehte sich, als er nun heruntergesprungen, die Stube rundum, und wiewohl er grad auf Elsbeth Rathenow zuzugehen meinte, geriet er doch in schiefer Richtung auf Eva Schumm und hielt ihr mit einer so zierlichen Verbeugung, als er noch konnte, die Hand entgegen.

»Zugegriffen, Jungfer!« flüsterte es hinter ihr, und das Gesicht der Bergholzin lachte recht schadenfroh, da Eva etwas bestürzt anstand. Entweder merkte sie, daß es ein Irrtum war, oder sie erschrak vor dem wankenden Tritte und den glühenden Wangen des Herrn Dietrich.

»Vivat die Allerschönste!« schallte es, die Hände klatschten, die Mäuler lachten, die Trompeten schmetterten, und Eva schritt an, am Arme des Ratsherrn –

»Ach, Eva Schumm,
Das war mal dumm!«

flüsterte es durch die Luft, und der Ton traf grade ihr Ohr, und als sie blutrot aufschaute, standen sie vor Elsbeth Rathenow. Nun war es keinem ein Zweifel, weder Eva noch Herrn Dietrich, noch einem sonst, daß Elsbeth aufgefordert gewesen, und der Jungfrau Elsbeth am wenigsten, die plötzlich um einige Zoll höher wuchs und ihre großen Augen noch einmal so groß auftat vor Verwunderung, dieweil sich Evas Wimpern senkten und auch das Köpfchen. Und unwillkürlich, als müsse es so sein, hatte Eva Schumm den Arm des Herrn Dietrich losgelassen und Herr Dietrich den Arm der Bürgermeisterstochter gereicht.

Einen Augenblick war es mäuschenstill, und etwas von Schreck und Verwunderung glänzte auf allen Gesichtern. Dann aber brach ein Kichern und Gelächter aus, das stärker war als alle Musica im Saale. Eva Schumm stand da allein, wie eine Puppe in Stein gehauen, die Arme herunter und das Gesicht zu Boden, und das Gelächter schnitt ihr wie Messerstiche ins Herz.

»Ehre, dem Ehre gebührt«, summte des Narren Stimme.

»Das läßt du dir gefallen?« flüsterte die Bergholzin, und Evas Gesicht hob sich wieder, und ihr Auge traf das der Spielkameradin, die wirklich itzt am Arm des Ratsherrn hing, dem das Herz auch schlug, und er mochte so wenig wissen als Eva Schumm, wie ihm geschehen.

»Vorwärts! Vorwärts!« klatschte es, und die Musica ging wieder los; aber eine andere Musica erhob sich, denn Eva Schumm war keine Bildsäule mehr. Sie hielt sich die Rücken beider Hände ans Gesicht und weinte und schluchzte bitterlich.

»Das ist zu arg!« schrien zehn zugleich.

»Was haben sie dem Kinde getan?«

»Das ist ein Schimpf für Kölln!« schrie Herr Hoppenrade, der Ratmann von Kölln.

Es schrien noch viele, aber man hörte es nicht, der Lärm war zu arg und das Gedräng so, daß sie nicht tanzen konnten. Herr Dietrich, des Wirtes Bruder, dem der Schweiß von der Stirn in dicken Perlen rann, hatte nun auch die zweite Tänzerin losgelassen und war gar kläglich auf den Sessel hingesunken. Denn wie er auch des süßen Weines voll, er war dessen sich doch bewußt, daß zwei Frauen beleidigen und keiner recht tun schlimmer ist, als auf den Vorderbänken sitzen im Ratssaal, wenn die Köllner und Berliner aneinandergeraten. Paris von

Troja gab doch einer den Apfel; er aber ließ alle beide sitzen und hatte zuvor ihnen beiden Hoffnung gemacht. Dafür strafte ihn ein verächtlicher Blick der stolzen Jungfer Rathenow, die sich auf dem Hacken umdrehte und ihm den Rücken wies; und nie hatten die hübschen Züge der kleinen Eva sich so häßlich verzerrt, als wie sie ihn durch ihre Tränen bitterbös ansah.

Nun wäre es in der Art gewesen, daß die beiden Schwägerinnen sich mit kurzen spitzen Reden gestachelt hätten, denn vierhundert Jahre machen darin die Natur der Frauen nicht anders. Auch begegneten sich so ihre Blicke, und ihre feinen Lippen spitzten sich; zu einem feinen Spiel war es aber nicht mehr an der Zeit, wenn ein Berliner Bankett im Mittelalter zu Ende ging und die Schemel brachen und die Tische knackten und einer hinausgeführt wurde und der andere schon -getragen. Die Herren, die das, was hier vorfiel, noch sehen konnten, schwiegen anfangs; sie machten dafür desto seltsamere Gesichter, und einer blinzelte dem andern zu, und gaben sich Zeichen. Von den Frauen dagegen erhob es sich wie ein Sturmwind, der aus der Ferne kommt. Zuerst summt er nur dumpf, und man nimmt ihn nur wahr an seinen Wirkungen. Aber bald blitzte es und klatschte wie Hagel und Regengüsse und Wetterstrahlen, ein solch Geschrei, daß man sein eigen Wort nicht hörte.

»Begegnet man so denen von Kölln in Berlin!« – »Es ist für den Hochmut schon recht.« – »Wem's Glück zu wohlwill, den macht's zum Narren.« – »Wem zu wohl ist, der nehm sich eine Frau aus Kölln!« – »Leere Fässer geben großen Ton.« So schallte es hinüber und herüber, da flogen Spitznamen und Anzügliches wie Funken aus einer Rakete; aber das wenigste zündete, da Funken nicht zünden können, wo es schon brennt, und Tropfen im Meere so wenig gemerkt werden als, wo alle schreien, ein Wort mehr oder weniger.

Zwei bis drei Matronen aus Kölln rüttelten inzwischen an Herrn Bartholomeus Schumm. Vier Ratsherrn und noch fünf von den Geschlechtern waren vor ihm fortgetragen; er saß wie eine tausendjährige Eiche, die dem Sturme trotzt, dem kräftige Stämme neben ihr schon erlagen. Mit voller Kraft schwenkte er noch den Humpen, und sein ruhiges Antlitz im Purpurscheine strafte das Sprüchwort Lügen, daß der Volle den Nüchternen verrät.

»Es ist dem einen Hunde leid, daß der andere in die Küche läuft«, antwortete er auf die Anzettelungen der Nachbarinnen aus der Brüderstraße, die sich selbst heiser schrien, um ihn wachzuschreien.

»Herr Bartholomeus, liegt Euch die Ehre unserer Stadt nicht am Herzen, sorgt doch um Euer Kind.«

»Eure Tochter Eva –«

»Kriegt mein halbes Geld!« antwortete der Ratsherr, den Humpen vollends leerend.

»Sie ist beschimpft – sie haben sie sitzenlassen –«

»Die bleibt nicht sitzen«, lachte der Patrizier wohlgefällig.

»Die Wyns' haben ihr 'nen Hohn angetan – vor aller Welt – sie stecken mit den Rathenows unter einer Decke – das habt Ihr von Euren Rathenows – die denken nur an Euer Geld, nicht an Eure Ehre –«

»Ja, wäre der Herr Melchior hier; der nähme sich seiner Schwester an«, rief eine andere.

»Braucht sich keiner der Schumms anzunehmen!«

»Haben sie stehnlassen als eine ehrlose Dirne – stehnlassen vor allem Volk, um ihrer Jungfer Rathenowin die Ehr zu geben – Die Eva, Herr Bartholomeus, Eure Tochter, schluchzt und weint wie ein verlassen Kind –«

»Sie weint? – sie soll nicht weinen!«, und itzt stampfte seine Faust den Becher auf den Tisch, daß, wenn er Glas gewesen, die Splitter geflogen wären. Das Metall von kunstvoller Augsburger Arbeit bog sich unter dem Druck seiner Finger. Die Augen rollten seltsam wild unter den breiten buschigen Brauen, und er erhob sich aus dem Armsessel wie ein Auerochs, der wiederkäuend im Moor gelegen und nun, aufgescheucht von dem tobenden Jagdlärm, von dem Klaffen der Meute, von Pfeilen und Bolzen gekitzelt, die mächtigen Glieder aufrichtet, schüttelt und zornglühenden Auges den Feind sucht.

Da merkte man, daß jemand, der, wenn er sitzt, ein großer Mann ist, und jeder hält ihn dafür, wenn er seinen Platz verläßt, nicht mehr derselbe Mann ist, und jedes Kind merkt es. Der Köllner Ratsherr stand nicht mehr auf festen Füßen, also ging er auch noch weniger drauf. Einem vollen Manne soll ein geladener Wagen ausweichen, heißt es, und alles wich vor Herrn Bartholomeus Schumm, wie er sich Platz machte. Nur, wer mag das fordern von einem, der nicht minder geladen und dem Feste Ehre gebracht! Da, als er seine Eva sah, noch herzlich weinend, und der Zorn ihn durchglühte und er den Arm erhob und drohend etwas sprach, dessen Sinn man wohl faßte, aber die Worte nicht verstand, denn von Verständigung war nirgend mehr die Rede, stieß er auf einen andern. Herr Dietrich, der Ratsherr, hatte sich nämlich in seiner Zerknirschung aufgerichtet, und wie der Wein allerlei hervorbringt, so Zorn und Freude als Betrübnis und Wehmut, gedachte er der Kluft, so Berlin und Kölln trennet, und die Arme streckte er nach Herrn Bartholomeus aus, um ihn ans Herz zu ziehen. Dem war aber an dieser Brücke nichts gelegen, und er wollte sie mit seinen Armen fortstoßen. Wie es aber zu gehen pflegt, wenn einer etwas vermeiden will mit allen Kräften, so bringt er es grade zuwege. Herr Dietrich übersah, daß die Arme, die sich ihm entgegenstreckten, mit zwei Fäusten endeten, und zwischen durchschauend, umschlang er den Köllner Ratsherrn dermaßen, daß dieser nun auch nichts anderes tun konnte, als auch den andern umschlingen. Freilich tat er es, um ihn loszuwerden. Aber das war unmöglich, und da beide auf schwachen Füßen standen, glitten sie aus, und Berlin und Kölln stürzten beide zu Boden.

Nun muß das wohl gar lustig ausgesehen haben; denn selbst Herr Thomas Wyns, der Wirt, der erst zum Guten reden wollte und dann sie aufheben, mußte die Hände in die Seite stemmen und sich den Bauch halten, wie der schwere Herr Bartholomeus sich vergebens aufzurichten versuchte und mit der Faust auf den Boden schlug und die Augen vor Zorn ihm aus den Höhlen traten. Und wie Herr Dietrich, der viel dünner war, auf den Knien saß und mit den Händen sich auch auf den Boden stützte und ihn mit einem Gesicht angaffte, darin gar kein Ausdruck war, wenn nicht ein kläglicher von Schreck und Verwunderung. Seine Nase war sehr lang, und die Lippen hingen ihm herunter. Also war es wohl zu entschuldigen, daß auch die stolze Jungfer Elsbeth von Herzen über ein so lustiges Schauspiel auflachte; denn sie tat nur, was die andern taten, und je grimmiger der Köllner Herr ausschaute, und je heftiger er auf den Boden schlug, um so herzlicher mußte alles lachen.

Nur eine nicht. Eva Schumm, die noch bis da nicht gewußt, was tun in der großen Beschämung, die ihr widerfahren, als daß sie sich die Augen wischte, lachte nicht mit. Jetzt aber schlug ihr kleines Herz gegen den runden Busen, daß das Mieder sich hob, die Augen funkelten Zorn und Wut, und die Glieder zitterten, und itzt wußte sie's. Sie sprang auf Elsbeth Rathenow zu und riß sie, wie man es der Kleinen nicht zugetraut, an die Brustkrause. »Was lachst du über meinen Vater!«

Jungfer Elsbeth wurde nun ebenso leichenblaß, als Eva glutrot war, und wären die Frauen nicht dazwischengesprungen und die Herren auch und die Muhmen dazu, wer weiß, was noch geschehen wäre. Aber von dem, was nun noch geschah und gesprochen wurde, wußten am Morgen drauf die wenigsten etwas. Das drängte und suchte nach dem Ausgang, als wäre Feuer im Hause! Die Frauen schrien; man trat ihnen auf die Zehen. Die kleine erhitzte Eva mußten zwei Matronen niederhalten auf einem Stuhl. Was im Fasse ist, kommt heraus, heißt es, und sie mochte allen Groll auf die hochmütige, gottlose Elsbeth mit eins ausgießen. Da hielt Frau Bergholzin ihr lachend das Sacktuch vor den giftigen Mund, und andere Freundinnen suchten die Elsbeth fortzubringen. Sie sahen sich nicht mehr, aber sie riefen sich doch zu, was einem bei der Gelegenheit wohl in den Mund kommt. »Haben die Rathenows denn keine Freunde hier?« sprach die aufgebrachte Elsbeth, als Frau Heideckin, ihre Muhme und Ehrenhüterin heut, fast war es mit Gewalt, sie fortriß. Die Heideckin hing ihr den Pelzmantel um die Schultern und zückte die Achseln. »Freunde in der Not, Kind, gehen viel auf ein Lot.«

Über des Herrn Dietrich Beine war die Eva im Gedränge getreten, ohne an seine neuen Scharlachhosen von Brüsseler Tuch zu denken; ja, man will haben, ihre kleinen Füße hätten mit rechter Lust drauf getrampelt. Und wer mag's ihr verargen, sie mußte ihrem Vater beispringen. Einmal noch wurde Herr Bartholomeus aufgerichtet, und er hob sein kirschbraunes Gesicht hoch auf. »Die Bettelratzen, die Rathenows sollen mir wiederkommen!« Dann stürzte er wieder hin, ob ihn doch drei Männer zu halten suchten. Also mußten auch ihn die Männer draußen, die bestellt waren, aufladen, und es war recht traurig zu sehen, wie diese umsprangen mit den ehrenwerten Herren vom Rate; denn sie trugen sie nicht, als wären sie die Väter der Stadt, sondern wie ein Kalb oder ein Schwein, das die Knochenhauergesellen aus dem Schlachthause in die Scharnen tragen. Herr Thomas Wyns, der Wirt, saß an der Tür, denn er konnte nicht mehr stehen, und sagte jedem seiner Gäste was Artiges, wie es Herkommen ist: warum sie denn so früh aufbrächen und so wenig gegessen und getrunken, und er hoffe, daß sie es ihm zugut hielten, wenn die Nötigung schlecht war, und daß sie bald wieder bei ihm ansprächen.

Als er das auch zu Herrn Bartholomeus sagte, hob der den Kopf noch einmal und grunzte ihn an: »Hol dich der Geier, und alle berlinische Hungergesichter!« Herr Thomas hörte nichts, was ihm die Gäste antworteten; er hatte genug zu tun, sich zu sammeln, daß er einem jeden dasselbe sage.

Herr Mathis Blankenfelde aber sagte leis beim Hinausgehn zu Herrn Bergholz, indem sie dem guten Herrn

Schumm folgten und ihm den Kopf hielten, daß er nicht an das Geländer stoße: »Es war ein gar schöner Schmaus. Die Schumms und Rathenows sind auseinander.«

Sechzehntes Kapitel

Die Nacht war keine strenge Winternacht; aber kalt genug, um die rauchenden Köpfe abzukühlen. Als wir gehört, gab es dazumal noch keine Karossen zum alten Berlin, um von einem Ball nach Haus zu fahren. Die unbehülflichen langen Wagen, wer deren in seinem Hofschuppen stehen hatte, brauchten die reichen Familien nur zu Reisen aufs Land, nach ihren Meierhöfen und Besitzungen. Auch die sänftenartigen Kasten, von zwei Pferden getragen, das eine vor-, das andere hintergespannt, und sie ruhten auf Stangen, benutzte man selten. Die Gassen waren so eng und krumm, die Wege so kurz; und mit tüchtigen Schuhen erreichte auch der zarteste Fuß in einer schmutzigen Winternacht seine Schwelle.

Also darf es kein wundernehmen, daß man die Jungfer Elsbeth sah durch Schnee und Wetter nach der Nagelgasse zu Fuße wandern, ob sie doch des Bürgermeisters einzige Tochter war. Sie hatte, damit man keine Sorge trage, daß sie sich erkälte, etwas, davon überhaupt in den Chroniken wenig geschrieben steht, einen mit Pelz gefütterten Mantel um, der, um die Schultern eng, in vielen gesteppten Falten weit nach unten auslief, und auf dem Kopfe eine spitze Kappe, auch mit reichem Pelzwerk ausgeschlagen. Und neben ihr ging Frau Heideckin, ihre Muhme, nicht minder wohlverwahrt; und beide Frauen hatten sich die Röcke zusammengenommen und aufgehoben und sahen vor sich, nicht auf die Steine, denn Pflaster gab es noch selten, aber auf die Schmutzlöcher im Wege, daß sie nicht hineinträten; und ein Diener, der vor ihnen ging, leuchtete mit einem Lichte, das er an einem Stocke unter geöltem Papier trug, ihnen den Weg; denn Laternen, die über der Straße an Stricken hingen, gab es auch noch nicht. Wer in den Städten sehen wollte, mußte sich selber leuchten. Hinter ihnen gingen zwei Diener; der eine trug eine Hellebarde, der andere ein langes Schwert.

Also waren sie wohlbewahrt und -gehütet; aber die Nacht ist keines Menschen Freund und war es im Mittelalter noch weniger, wo zwischen Himmel und Erde so vieles sich umtrieb, was heut weder die Philosophie noch die Polizei duldet. Hölzerne Giebelhäuser mit Obergeschossen, die herüberragend die Straße verdunkeln, die Schilde an Balken vom Winde geschleudert, die weit auslaufenden Dachrinnen mit gähnenden Drachenköpfen, die knarrenden Wetterfahnen auf den Giebelfirsten; hie und da ein Steinbild an den Ecken, unter einem Baldachin oder in einer Blende ein Muttergottesbild, davor ein Lämpchen brannte – alles das und noch manches andere machte eine nächtliche Wanderung, zumal für Frauen, in Berlins Gassen nicht erquicklich. Um deshalb hasteten die beiden, was sie konnten, und es sprach keine zur andern, wie es doch sonst Sitte ist, wenn sie vom Ball kommen, außer sie warnten eine die andere, wo ein Loch war und wo ein großer Stein lag.

Und doch war es in dieser Nacht nicht ganz so still, als es wohl sonst war zwischen der Geisterstunde und dem ersten Hahnenschrei. Man hörte von allen Seiten den Lärm der Nachhauskehrenden vom Bankett, und die Nachtwächter hatten Streit mit den Angetrunkenen und Mutwilligen. Müßiges Volk war auch noch auf den Beinen, das ihnen folgte, wo sie einen guten Herrn in sein Haus trugen mit Fackeln und Spielleuten voran, je wie es nach eines jeden Stande und Vermögen sich schickte. Da war vor einer Tür in der Straße nach dem Oderberger Tore viel Aufhebens, und fast unanständig wurde der Lärmen. Sie hatten den edlen Ritter Herrn Britzke mit vieler Musica und sechs Fackeln dahin getragen, und er war so voll, daß er kein Glied rühren konnte; aber sein Wirt, der ein Schlossermeister war, wollte nicht auftun, weil er sich vor dem vielen Volk fürchtete. Er sprach aus dem

Fenster, den Ritter und Stadthauptmann Edeln möchte er schon aufnehmen, aber der bei ihm wohne und abends ausgegangen, habe auf zwei Beinen gestanden, den sie aber brächten, der könne ja nicht mal auf vieren gehn, und kenne er ihn nicht; um deshalb möchten sie ihn wieder ins Rathaus tragen oder auf die Torwacht, daß ihn morgens der Rat auslöse. Solches lose Wort verdroß alle, die es hörten, gar sehr; denn was konnte der Meister dem Ritter vorwerfen, daß er getrunken wie ein rechtschaffener Edelmann und an einem guten Orte und zu Ehren seines Wirtes! Auch ward der Schlossermeister anderntags von seinen Kumpanen darum gescholten und in eine Geldbuße genommen. Denn wie auch Bürger und Geschlechter aneinanderlagen, um das, was ehrbar ist, schicket es sich nicht, daß in einer guten Stadt einer den andern schilt.

Als die Frauen um die Ecke bogen, kam ihnen ein Winseln entgegen, als wenn einer sterben mußte. Unter dem Haus der Achen lag auf seiner Schwelle der alte Herr Tydecke und konnte nicht mehr die Treppe hinauf und war doch noch so bei sich, daß er nicht leiden wollte, daß sie ihn trügen. Seine Freunde und Sippe standen um ihn mit Lichtern und beklagten den alten Mann. Er aber richtete sich auf und sprach, sie sollten nicht um ihn klagen, vielmehr um die Stadt. Denn die guten Zeiten wären vorbei, und die Sittenverderbnis rücke an. Die Freunde sprachen einer zum andern, das sei wohl wahr; denn itzt möchten sie den Jungen sehen, der das vertrüge, was der alte Herr Tydecke. Und hätte gesessen bis auf die Letzt wie ein Fürst unter seinen Vasallen, und keiner hätte es ihm angemerkt, daß der Kopf schwer wurde. Auch gegangen sei er bis hier, nur von zweien untergefaßt, und erst auf der Schwelle seines eignen Hauses war er hingestürzt.

»Es sieht schlimm aus, ihr Freunde«, stöhnte der Alte, »so mit uns als den Städten insgemein; – wir halten nicht mehr zusammen – Einer steht ab vom andern. – So die Geschlechter nicht stark sind und einträchtig, wer ist dann stark, wer hält's? – Wenn um eine alte Mauer die Schlingpflanzen wuchern, sieht es eitel schön aus, doch ist's das Nest für Regen und Fäulnis, und die Wurzeln bohren in die Ritzen, und die Fugen der Steine gehen auseinander. – Dann haben die Mauerbrecher gut Spiel. Und so wird's kommen – Ihr Jungen, ja, ihr werdet's erleben – den Wein kochen sie nicht mehr mit Ingber, ist ihnen zu stark – das Bier, daß Gott erbarm, was sie heut brauen! Als wir zählten 1397 – beim großen Hansetag in Hamburg – ich war da für Berlin und Jasper Hakenberg für Kölln – mit 'nander saßen die Herren von allen Städten und tranken Rostocker Aussatz – sieben Stunden tranken die Herren und eine halbe zu Ehren ihrer Städte, wer das meiste könnte, und um neun trugen sie die von Lübeck fort und Brandenburg, um zehn die von Lüneburg und Magdeburg, um elf von Stralsund, von Wismar und Prenzlow – und das waren gute Leute, sag ich euch, es gibt solcher nicht mehr; und wer blieb sitzen am Tisch? – Jasper von Kölln und Tydecke von Berlin. Das gab Ehre, da schlug das Herz im Leib. – Brachten die von Hamburg morgens drauf uns eine feine Musica und silberne Ehrenbecher – ward's eingezeichnet in der Stadt Chronika zu ewiger Ehr für beide Städte und zu mancher Ärger – sage nicht wem! – Wo itzt zwei, wo einen finden in Kölln und Berlin, so die Herren schicken könnten zum Hansetag?«

»Er hat wohl recht«, murmelte es im Kreise.

»Ihr werdet zum längsten zur Hanse geschickt haben!« brummte die Stimme eines Mannes, der tief im Mantel verhüllt war. Es war Baltzer Boytin; doch kannte ihn keiner.

»Freilich! freilich!« leuchtete es in dem Alten auf, der es gehört, und seine Augen funkelten. »Zum längsten hat es mit uns gedauert! Fremdes und nichts als Fremdes im Land – so Fürsten und Herren, Handelsleute und Ware, fremde Sprache und fremder Wein, fremde Sitten und fremde Herzen. Sie verachten euer Bier und euer Mahl, euer Herkommen und eure Rechtsame – und wißt ihr, wer ihr Bundsgenoß ist?«

Da hielt Baltzer Boytin aufmerksam den Kopf hin und lüftete den Mantelzipfel, daß das Ohr frei wurde.

»Ist eure eigne Schlechtigkeit. Daß ihr euch ziehen lasset, als sie sich dehnen, daß ihr verachten lernt, was ihr sollet ehren. Ihr seid sassische Leute, und sie sind Franken; das tut nie gut bei 'nander. Die Franken schwanken und wanken; die Sassen halten fest. Wo haltet ihr fest an Ehr und Sitte, an Sprache und guter Gewohnheit? Eure Stiefeln riechen schon nach fränkischem Leder, eure Reden schmecken nach fränkischer Zunge. Es hat zum längsten gehalten die alte Zucht, also hielt zum längsten eure Macht und Ansehn. Eure Bürgermeister verredet ihr, euren Älterleuten seid ihr aufsässig, die alte Ordnung zaust ihr bei den Haaren, wie ungeratene Söhne, so ihren Vater hänseln. An dem Bande, dran die Städte hangen, zerrt ihr und reißet, bis es zur Schlinge wird, die ein anderer euch über den Kopf wirft. – Und so ist's, und so wird's kommen, zum längsten hat's gewährt, und es geht aus. – Eure Mauern werden in Schutt sinken, eure Freiheit wird betteln gehn, der Roland wird sein Schild auf den Rücken nehmen und auswandern, eure Kinder werden nicht wissen, was ihre Väter waren, und eure Enkel werden nicht verstehen die Sprache, die ihre Väter gesprochen. – So ist's, so wird's, der alte Tydecke sagt's.«

Mit einem hämischen Gelächter, das er jedoch für sich behielt, schlich Baltzer Boytin fort und in einiger Entfernung den beiden Frauenzimmern nach, indes seine Freunde den alten Herrn Tydecke nun hinauftrugen. Er hatte sich nüchtern gesprochen.

An der Rolandssäule, die am Eingang der Nagelgasse stand, nahm die Muhme von der Jungfrau Abschied. Die Heideckin litt es gern, was die Jungfrau sie bat, daß sie beide bewaffnete Diener und den Laternenträger mit sich nehme, denn ihr Weg nach der Stralower Straße war noch weit, und wer geht gern allein um die dunkeln Kirchenwinkel zur Nachtzeit. Es war nur ein paar Schritt bis zur Tür für die Jungfrau; aber die Heideckin wandte sich noch einmal um und sprach: »Will dich vorerst über die Schwelle gehn sehn, Kind. Der Vater Gestrengen könnte mir bös werden.«

»Ei, Muhme, sind's doch nur drei Schritt – geh du mit Gott.«

»Nicht so dreist, Kind. Unglück lauert auf allen Wegen. 's ist oft nur *ein* Schritt zum Grabe und *ein* Schritt zum Verderben; und der Böse geht mit einem Schritte weiter als der Gerechte mit tausend.«

Wie Elsbeth darüber lachte, fuhr es der Muhme unheimlich durch die Gebeine; denn wer lacht zu solcher Stunde und an der Kirchenmauer!

»Geh du mit Gott, sag ich, liebe Muhme Walburg«, wiederholte sie, »und laß mich gehn mit mir. Ich bin meines Vaters Kind, und der hier«, sprach sie, auf den steinernen Roland weisend, »ist meines Vaters Diener. So einer mir in den Weg träte, ruf ich ihn zu Hülfe.«

Das dünkte der Muhme wie eine Versündigung, daß die stolze Jungfrau den Roland ihres Vaters Diener nannte. Unter dem Pelze schlug sie ein Kreuz und wandte dem Mägdlein und der steinernen Bildsäule zugleich den Rücken, denn es war ihr, als müsse solche Herausforderung auf der Stelle gestraft werden. Aber wer konnte mit Elsbeth zurechtkommen, die recht sichtlich an der Säule stehenblieb, bis die Muhme um die Kirche verschwunden war, damit es nicht aussähe, als fürchte sie sich doch. Die Heideckin aber sprach für sich, als sie wieder in die Gasse gekommen, wo es heller wurde, denn solange sie im Schatten der Kirche war, sprach und dachte sie nichts als das Ave-Maria, das sie zwischen ihren zitternden Lippen murmelte: »Haben wohl recht, die Leute, wenn sie sagen, wer möchte in der Haut der Rathenows stecken! Denn, weiß der Himmel, in der Familie ist doch was, man weiß nicht was, aber es ist nicht wie bei andern Leuten. Mit dem Alten wird man nicht froh; sieht doch sein Gesicht aus wie der Roland selbst. Die Herren meinen, es wäre immer, als wollte er ihnen in die Seele schauen, und unsereins, wenn man das Glas an die Lippen tut, muß es nicht denken, man tat was Unrechtes, wenn er drauf sieht. Hat man ihn je gesehen bei 'ner Hochzeit oder 'ner Taufe, daß er dem Feste Ehre bringt? 's ist selbst, wenn er trinkt, sagt mein Schwager, als ob er ein Urteil schöpft, damit's ja nicht zuviel oder zuwenig wird. Und die Mutter, gewiß, es war eine liebe, fromme Frau, ich habe geweint, als sie so jählings starb, wie es rechtschaffen ist; aber es war doch auch etwas so in ihr – es war nicht so, wenn sie bei uns saß, als wenn sie recht zu uns gehörte. Man sprach nicht von der Leber weg. Es war einem, als müßte der Maler, der sie konterfeite, um ihren Kopf einen goldnen Schein streichen – und den lieben Heiligen alle Ehre im Himmel und auf Erden, aber wer möchte mit ihnen unter den Balken sitzen und sprechen, wie einem ums Herz ist! – Die Elsbeth, nein, den Schein hat sie nicht. 's ist meine liebe Pate, und wer wollte dem Kinde was Böses nachsagen! Aber Art schlägt nicht aus der Art. Als hätte sie doch eine Schneiderelle verschluckt. Und wenn sie sich auf den Hacken umdreht und so über die Schultern sieht – wo schaut mir eine so aus hüben und drüben! Es täte mir in der Seele leid; aber Hochmut kommt vor dem Fall. Man erfährt mehr Böses denn Gutes, und der Krug geht so lange zu Wasser, bis er bricht. Ein jeder ist sein selbst größter Feind – ich hörte es wohl munkeln, und zu Falle kommen sie auch, ja ganz gewiß. Ach, du Christus Jesus, es wäre doch schrecklich, wenn ich das noch erleben muß. Aber mit ansehen möcht ich es doch, ob sie dann noch den Kopf so hoch tragen und sich besser dünken als unsereins.«

Davon hörte Elsbeth nichts, und sie dachte noch weniger, daß die Muhme so etwas denken könnte. Denn so jeder wüßte, was der andere von ihm denkt, hätte wohl niemand Freunde, und wir ständen alle so allein und kalt in der Welt als der steinerne Roland, in dessen Gesicht itzt die Jungfer blickte; und sie schrak doch unwillkürlich zusammen, denn es war ihr, als wären es des Vaters Züge, der sie streng und traurig ansah, wie es wohl unterweilen geschah. Der Wind wehte über das Kirchendach und pfiff durch die Gewölbe, wo ihre Väter schliefen; vom Kopfe des Rolands fegte er den Schnee, der wie Silberlocken von eines Greises Haupt herabfiel. Ihr Herz pochte, und fast wünschte sie, daß die Muhme noch bei ihr wäre, wie trotzig sie auch eben die fortgewiesen. Also schlug sie den Mantel enger um und eilte an die Tür und griff nach dem Klopfer und schlug heftig an. Sie hätte was darum gegeben, daß sie schon zwischen ihren Pfühlen lag, und wußte doch nicht, was es war, das sie bang machte. Oben drehte sich langsam eine Tür in ihren verrosteten Angeln, und die Muhme Gertraud hustete, und langsam stieg sie die Stiegen herab und sang dabei ein traurig Liedlein. Da wurde Elsbeth fast ungeduldig. »Kannst du denn nicht schneller machen, Muhme Gertraud? Mich friert.«

»Zu seinem Unglück kommt jeder früh genug«, stöhnte die Muhme.

Elsbeth stampfte mit dem kleinen Fuße auf. »Ei was mußt von Unglück reden itzt! Ich bin müd und will zur Ruh.«

»Alles zu seiner Zeit«, antwortete die hohle Stimme. »Die zur Ruh möchten, läßt er warten, und die ihn nicht rufen, denen winkt er unversehens um die Eck.«

»Wer? – O so schließ doch auf.«

»Der Tod! Der Tod! Der wartet nimmer und läßt doch länger warten als die schläfrigste Pförtnerin.«

Der schwere Schlüssel knarrte in dem großen Schlosse, und Elsbeth preßte sich an die Tür; denn hinter sich hörte sie Geräusch, und es war ihr, als fliege der Schatten eines Mannes über die Straße. Als sie nun aber durch die kaum geöffnete Tür sich hastig drängen wollte, riß die Heftel, die ihren Mantel zusammenhielt, und er blieb draußen liegen, daß sie die Tür nicht zuschlagen konnte. Vor ihr stand mit der Lampe die alte Gertraud, ein Gesicht wie der leibhaftige Tod, der sein bräutlich geschmücktes Opfer angrinst. So musterte sie die Jungfrau von Kopf bis Fuß.

»Was schaust mich an, Muhme, als gehörte ich nicht ins Haus?«

»Pracht und Morgenglanz gehören auch nicht in dies Haus«, antwortete die Alte. Es war ihre Redeweise. Elsbeth erschrak darüber nicht mehr.

»Schläft der Vater?«

»Wenn ihn auch die Ratsherrn schlafen lassen; die Träume sind nicht so gefällig.«

»Du sollst nicht gegen meinen Vater sprechen«, sprach Elsbeth.

»Wer unterstände sich's, gegen den Sohn des Matheus zu sprechen! Nimm auf deinen Mantel. Meines Mannes Mantel lag just ebenso, als er niederkniete auf den Sandhaufen. Dann hing er sich die Kette ab vom Hals, daß sie nicht blutig würde – Herr Gott, wo ist deine Kette, Elsbeth?«

Elsbeth fühlte auf die Brust. Die Kette war fort. Sie warf den Mantel wieder hin; die Alte leuchtete. Vergebens tastete sie an Brust und Hals; sie war losgerissen, spurlos fort. »Mutter Gottes, gebenedeite Jungfrau, meine Kette! Wo ist meine Kette?«

Sie hob den Mantel in die Höh, umsonst; sie riß der Alten die Lampe aus der Hand, vergebens. Die Kette lag nicht auf Flur und Schwelle. Sie stieß die Tür auf, sie tappte, fühlte; alles vergebens.

»Eine schöne Kette«, murmelte Gertraud, »rotes, feines Gold aus Venedig und Steine und Perlen aus dem Morgenland!«

»Ach Gott, ach Gott, die Kette, meine Kette!«

»Deines Vaters Kette! Ja, ja – ist ihm lieber als sein Kind.«

»Liebe Muhme Gertraud! Ach, heilige Mutter Gottes!«

»Du wirst sie doch nicht verloren haben?«

»Nein, nein, ich habe sie nicht verloren, gewiß nicht. Es ist so dunkel.«

»Und die Kette blinkte so hell. Ja, ja, nach dem Tage kommt die Nacht. Sie geht ihm über alles. Hat sie keiner versetzt deiner Väter; wer weiß, was nun kommt. Der

Herren Freundschaft ist eine Wetterfahne. Wer spürt heute, woher der Wind morgen bläst und übermorgen?«

Elsbeth hörte nichts davon. Ohne Kälte und Schneeluft zu achten, rannte sie hinaus; die Alte folgte ihr, die Hand vor der Lampe. Es suchte aber noch ein Dritter mit, und als die Jungfrau jetzt die Hände über den Kopf schlug und Gertrauds Hände faßte und sprach: »Muhme! Muhme! Wer schafft mir meine Kette. Ach Gott, der Vater! Ich darf nicht so vor ihn!«, da sprach eine wohlbekannte Stimme: »Nun, der wird sich auch noch finden.«

Es war Henning Mollner.

»Henning, bist du's!« sprach die Jungfrau. »Ach, wie du mich erschreckt hast.« Sie reichte ihm die Hand und drückte sie. Das hätte sie wohl auch jedem andern Bekannten getan, der itzt ihr in der Not erschien. »Ach, Henning, lieber, guter Henning, weißt du – ich habe die Kette verloren, die schöne Kette – Ach, du kannst mir nicht helfen.«

»Ein Schelm verspricht mehr, als er kann«, sagte Henning, »aber ein Mann kann mehr als ein Schelm.«

Sie schluchzte bitterlich. »Ach, er hat sie mir auf die Seele gebunden. Er wollte sie mir nicht geben. Ich bat ihn und streichelte – bis er sie gab. Ach, Henning, es war recht unrecht von mir, ich kann ihm nicht wieder ins Auge sehen. Lieber Henning, komm, suche mit mir.«

»Elsbeth!« rief die Muhme mit aufgehobenem Finger, denn es hatte den Anschein, als wolle die ungestüme Jungfrau an der Hand des Burschen den ganzen langen Weg bis zum alten Rathaus zurückmachen. »Elsbeth, du weißt nicht, was du sprichst.«

»Ach, Muhme, du hast wohl recht«, schluchzte das schöne Kind fort. »Geh nur, Henning, leb wohl. Nein, geh nicht! Ach Gott, ich weiß nicht – Daß dich der Vater nicht sieht.«

»Ich will ja suchen gehn.«

»Du wirst sie auch nicht finden.«

»Wie du nun wieder redest, Elsbeth«, sprach Henning,

und es klang empfindlich ernst. Und schien's, als ob in dem Augenblick wieder die Zeit, wo beide Kinder waren, und nichts weiter auftauchte, und die Verhältnisse hatten keine Schranken zwischen ihnen aufgetürmt. »Wenn dir eine Taube fortflog und du weintest und hattest dich gar unglücklich, habe ich sie dir nicht immer wiedergebracht? Oder wenn dir einer einen Schabernack antat, hab ich's sitzenlassen, hab ich's nicht immer rausgebracht und ihn tüchtig abgestraft, wie er's verdiente? Wenn *du* auch anders worden bist, *ich* bin's nicht. Und so gute Augen wie einer in der Stadt habe ich auch, um zu sehen, wo was zu sehen ist, und einen Arm und eine Faust und Hände habe ich, um dir noch immer Recht zu schaffen, wenn dir einer unrecht tut.«

»Du lieber, guter Henning, sei nicht bös.«

»*Du* kannst nicht durch die Gassen laufen, Elsbeth. Bleib bei der Muhme, laß mich sehn. In die Erde kann's nicht versunken sein, und wenn's eine unnütze Hand griff, Wetter noch mal, die sollte lieber wünschen, daß sie brennendes Pech griff. Verlaß dich drauf.«

»Henning! Henning! goldner Henning – wenn du –« Sie hielt die bittend gefalteten Hände in die Höh, und ihr Auge blickte so süß und dankbar, daß der Junge schon darum über ein paar Mauern geklettert wäre.

»Was dann? –« fragte er. Aber plötzlich, wie sich selbst unterbrechend und strafend, schnellte er die Finger zusammen. Pfui! Das war's nicht, man soll sich nichts versprechen lassen, um zu tun, was recht ist. »Will dich auch nicht bitten, daß du wieder sein sollst, wie du sonst warst. Denn bist du's nicht von freien Stücken, was hilft's dir und mir. Aber – nun, davon schweig ich – wo hattest du zuletzt die Kette?«

Elsbeth senkte nachdenkend das Köpfchen. »Als ich den Mantel drinnen abnahm, da verhäkelte sie sich – dann beim Tanz mit Herrn Wilkin Hakeberg – ei freilich auch noch bei Tisch – auch noch wie Herr Dietrich – er sagte, sie blitze ihm ins Auge –«

»Freilich blitzte sie«, unterbrach Henning. »Nicht

Herrn Dietrich allein, den Frauen und Dirnen allen. Ach, Elsbeth, so du wüßtest, was sie von dir sprachen! Mir tat's in der Seele weh –«

»Woher weißt du's?«

»Die Stadt weiß es, und du allein weißt's nicht. Das kommt aber davon, wenn man sich mehr dünkt. So warst du sonst nicht – wo hast du's nun her? Elsbeth, ich möchte für dich durchs Feuer gehn, und wenn ich nichts von hätte, aber wenn du so hochmütig auf die Hacken trittst und den Kopf über die Schultern wirfst und einen nur halbwegs anblickst und meinst, es sei doch noch grade gut – siehst du, dann – nein, das wollt ich nicht sagen. Aber, Elsbeth, du bist mir so lieb wie mein Augapfel, nein, noch mehr, und es schneidet mir ins Herz, wenn sie mit den Fingern auf dich zeigen und von der hochmütigen Jungfrau züscheln – Allerliebste Elsbeth, wer sich das unterstände vor mir, ei, ich wollte ihn ja – Aber dir ins Herz es reden, das hab ich mir längst vorgenommen. Du warst immer stolz und wild, aber darum warst du mir um so lieber. Aber seit du Bürgermeisterstochter bist, sage, um aller lieben Heiligen willen, bist du darum was Besseres, als da du eines ehrlichen Mannes Kind warst und einer ehrlichen Frau Tochter? Anderwärts kann jeder ehrliche Bürger Bürgermeister werden, warum hier nicht? – Aber das ist's ja nicht, was ich sagen wollte. Liebe Elsbeth –«

Die Jungfrau hielt die Hand an die Augen.

»Weine nicht, Elsbeth, das Halsband schaff ich dir. Eh's Morgen ist, hast du's. Aber wer weiß, ob ich dich morgen wiedersehe. Bist ja eine Bürgermeisterstochter, und wenn du's hast und der Vater wieder gut ist, so lachst du mir ins Gesicht.«

»Henning!«

»Ja, ja, du lachst. Aber lache nur. Der Junker Melchior, das sage ich dir, der soll doch nicht lachen. So wahr ich Henning Mollner heiße, ob ich auch nur ein Raschmacher bin und er ist ein Patrizier. Ein schöner Patrizier! Ein Brauer ist er, ein Krämersohn. Ich messe mich mit ihm alle Tage, und was Freunde anlangt, laß ihn seine rufen und ich meine – wer hat mehr?«

»Henning, du hast Wein getrunken.«

»Wein spricht wahr. Warum er dich nicht heimführen soll? Weil er dich nicht liebt; weil du zehntausendmal zu gut bist für solchen Melchior. Hat er dich lieb, und kümmert er sich um dich? Weil du Bürgermeisterstochter bist, weil die Alten es gekuppelt haben, weil sie im Rat ihr Regiment zusammennähen möchten, darum. Und was kriegtest du mit dem Melchior? Einen – pfui! Daß ich ihm einen Fußtritt gäbe mit allen seinen Kisten, Kasten, Häusern, Kähnen und Zaunpfählen. Den Melchior laß du den andern; da schaun genug nach ihm aus, Mütter und Töchter. Hacken möchten sie auf dich – ist's nicht zum Lachen – neidisch auf den Melchior! Elsbeth, hätte ich eine Lunge wie der Wind, wenn er von Spandow kommt, und Feuer in der Brust, so viel als in allen Kalköfen brennt, ich wollte ihn anblasen. Ich hasse ihn, Elsbeth, weil er dich will. Eher sollen sie die Turmspitzen von Sankt Petrus und Sankt Nikolaus zusammenbinden als dich und ihn –«

»Henning, lieber Henning, du schüttelst mich ja wie die Eva Schumm.«

»Eva Schumm!« rief Henning, sie loslassend, und schlug sich gegen die Stirn. »Eva Schumm riß dich an die Brust –«

»Woher weißt du das?«

Henning sprang in die Höhe. »Juchheißa, die Eva Schumm! – Morgen hast du es wieder. Wann darf ich an dein Haus klopfen und das Halsband bringen?«

»Ach, lieber, lieber Henning, ich glaubte, du wärst rasend worden. Wann du willst; je eher, je besser.«

»Um Schlag sechs wird das Haus der Rathenows jedermann geöffnet, der ehrbar kommt«, sprach die Muhme. »Die Tochter Johannis hat nichts auf der Straße zu suchen, wenn junge Bursche suchen gehen.«

Damit trieb sie die Jungfrau über die Schwelle, die doch noch einmal nach dem tollen Jungen, der mit drei

Sätzen um die Ecke war, ausschaute und in ihrem Köpfchen vielerlei Gedanken ins Haus mitnahm, das Gertraud nun hinter ihr zuschlug; wer ihren Blick verstand und was die Muhme murmelte, hätte gewußt, daß auch sie dem kecken Burschen, der des Bürgermeisters Tochter so arge Dinge gesagt, mehr hold war, als es der strengen Hüterin einer mutterlosen Jungfrau ziemt.

Wer Henning durch die öden Straßen fliegen sah, hätte gemeint, er sei ein Dieb, dem die Häscher auf den Hacken sind. Er aber blieb vor dem alten Rathaus stehen, was Diebe nicht zu tun pflegen. Denn sie scheuen das Haus, wo in alten Zeiten Gericht gehalten wurde, ehe sie das neue Rathaus auf der Langen Brücke bauten, und noch hing damals, und es hängt bis auf den heutigen Tag, das Halseisen am Pfeiler nach der Spandower Gasse zu, und die Herren ließen hier manchen Mann am Kaak stehen und auspeitschen. Überdem, wer mochte stehlen in einem leeren Hause!

An der Schattenseite gegenüber blieb Henning stehen und schaute mit übergeschlagenen Armen auf die Fenster und maß die Höhe. Drinnen brannte kein Lämpchen mehr, und es war still wie in einem Totenhaus. Er schnalzte mit der Zunge und mochte mancherlei sinnen. Dann murmelte er für sich: »Morgen muß sie's, also muß ich's noch heute haben. Sie schlafen alle; weck sie der Teufel. Und wenn ich den Teufel spielte, die Schlüssel sind an den Ratsherrn abgeliefert. Der würde sie mir auch geben und ich ihn bitten! Wo keine Treppe ist, hilft eine Leiter, und wo die Schlüssel nicht zu Haus, stößt man die Fenster ein.«

»Tollkopf!« rief es hinter ihm, und Baltzer Boytins Hand berührte unsanft seine Schulter. »Hast du mich nicht außer Atem gesetzt. Wo stecktest du? Was sprachst du mit der Bürgermeisterstochter? Ich schnappte nur ein paar Worte weg.«

»Immer zuviel für dich«, murmelte Henning.

»Es wirkt, es zündet, Henning. Hättest du gehört, was ich in allen Kneipen und Kellern. Es wird wirken, es wird einschlagen. Die Herren sind fuchswild auf ihn, und das verstockte Volk fängt auch an einzusehen, was Johannes ihm sein kann. Nun ihn noch bearbeitet und – was willst du tun?« fragte Baltzer erstaunt, als Henning in den Winkel am Rathaus sprang, wo die Feuerleiter an die Wand gelehnt hing, und sie aus den Haken loshaspelte.

»Ihn bearbeiten helfen.«

»Junge, mit der Ratsleiter?«

»In der Not gilt alles.«

»Zum Schatz ins Fenster steigen?«

»Vielleicht.«

Zu seinem großen Erstaunen sah er aber den Burschen die Leiter an das Fenster des Rathauses selbst anlegen.

»Daß dich – Henning! – Junge! Willst du dir ein Halsband holen? Der Rat spaßt nicht.«

»Getroffen, ich hole ein Halsband.«

»Hast es bequemer hier«, antwortete Baltzer Boytin, indem er auf den Kaak deutete, wo die eiserne Halskette hing. »Aber ich bitte dich, sprich –«

»Ist nicht Zeit dazu«, antwortete Henning, schon mit einem Fuß auf der Leiter.

»Ich mache Lärm –«

»Da müßtest du andere Lungen haben, um die Berliner zu wecken.«

»Henning!« Er hielt ihn am Fuß fest. »Gnade Gottes, willst das beste Spiel verderben?«

»Gewinnen, Baltzer! Laß los.«

»Still! Es kommen Leute. Ich will schweigen. Gilt es was, Henning, ich will dir beistehn, treu beistehn, aber –«

»Du mir beistehn! Pack dich zum Henker und schrei, wenn du Lust hast.«

Damit stieß er den ungerufenen Helfer mit dem Fuße, daß die Leiter wankte und sein Fuß frei wurde. Während Baltzer zurückfuhr, war Henning mit der Schnelligkeit einer Katze oben, und das letzte, was Baltzer hörte, war das Klirren der Scheiben, die Henning einstieß. Dann machte er, daß er davonkam, denn wirklich kamen um die Ecke Leute, und der Ruf: »Diebe! Einbruch!« schallte durch die Nacht.

Herr Baltzer biß sich in die Lippen, als er in Sicherheit war, und fuhr mit der Hand über die Schulter, wo Hennings Fuß ihn gestoßen. »Der freundliche Druck bleibt dir für Gelegenheit angeschrieben!« murmelte er. »Indessen, wenn er zu Schaden käme, jetzt, das wäre schlimm. Wo Klugheit zuschanden geht, helfen Narren und Ochsen. Und wahrhaftig, dieser Bursch ist von Knochen und Blut, um ein Gespann zu Berge zu ziehen, auch wenn alle Patrizier damit zu Tale führen. Und zudem ein Narr«, setzte er hinzu, »der breite Schultern hat, drauf man die Schuld ladet, wenn es schiefgeht. Aber das Glück sitzt ihm im Genick.«

Diesmal aber ging es schief. Denn wiewohl wir alle wissen oder doch vermuten, weshalb die Feuerleiter in der späten Nachtstunde am alten Rathaus angelehnt stand, weshalb die Scheiben eingestoßen, das Fenster aufgedrückt und jemand eingestiegen war, so wußten es doch weder die Nachtwächter und Bürgerwachen, die herbeikamen, noch die Nachbaren, die die Scheiben klirren gehört und die Köpfe zum Fenster heraussteckten. Nun war aber das Einfangen eines Diebes, zumal was die römischen Juristen nennen in flagranti, die deutschen aber auf handhaftiger Tat, von je an ein höchst ergötzliches Schauspiel in Berlin, um das jung und alt aus den Häusern, Läden und Kellern stürzte und die Nase aus den Fenstern steckte, auch wenn der übrige Leib in einem Zustande war, wo man sich sonst lieber verbirgt. Also wenn man auch sonst lieber schlief als wachte, dadurch ließ man sich wecken, und es waren erst wenig Minuten verstrichen, seit die ersten, die ankamen, die angelehnte Leiter entdeckten, als auch schon die halbe Straße voll stand und die Nachtwächterhörner einen Lärm machten, davon die diesseits der Spree zur Hälfte aufwachen mußten, wenn auch keiner von denen, welche den Rausch vom Bankett ausschlafen mußten. Die Fenster klirrten, und das gab ein Gefrage, ein Rufen, ein Geschrei, davon die Hähne erweckt wurden und stimmten in den Lärm mit ein.

Mit Spießen und Stöcken, mit Hellebarden und Keulen, in Nachtmützen und Hemden lief es und tobte zusammen, und dieweil einige sich der Leiter bemächtigten, besetzten andere den Hof und die Hinterhäuser, ja, einige sah man mit Stangen auf den Nebendächern, daß der freche Dieb ja nicht entlaufe. Nun ward auch Rat geschafft, daß man die Schlüssel bekam; Kellerwirt und Ratsknecht mußten heraus, die Türen öffnen; ja, selbst auf den Turm stiegen sie, um zu läuten. »Fangt ihn, fangt ihn!« schrie es. Andreas, der Ratsknecht, schwor, seit er denken könne, sei ihm solche Frechheit noch nicht fürkommen. »Einzubrechen in das Rathaus!« – »Am Ende stehlen sie den Rat selbst fort!« sprach ein anderer. – »Das wäre noch nicht das schlimmste«, meinte ein dritter; aber alle meinten, für solche handhaftige Tat sei keine Strafe arg genug; und alle sahen doch aus wie Dachshunde, die klaffend und scharrend und mit offenen Rachen und hangender Zunge und glühenden Augen um das Loch stehen, daß der Dachs vorkommt.

Nur einem, dem Baltzer Boytin, pochte das Herz, der doch nicht umhin gekonnt, wieder zurückzukehren; und er stand, in seinen Mantel eingeschlungen, wo das Volk am dichtesten drängte. Und als droben die Schlösser knarrten und es rief: »Halt den Dieb!« – »Da ist er!« und plötzlich der das Fenster aufriß und wieder auf die Leiter wollte und zurückfuhr, als er die Menge sah, da murmelte er: »Schade doch um den Jungen!«, und bei sich dachte er: Wie wird er's anfangen?

»Laßt mich los, ich bin Henning Mollner!« schrie es, und da sie ihn erkannten, war die Verwunderung und der Schreck noch größer.

»Henning Mollner! – Henning Mollner eingebrochen! – Henning im Rathaus!«

Man sah es an den Mienen, daß er viel Freunde hatte;

sie senkten und schüttelten die Köpfe, und es war so still, als es vorhin laut gewesen.

»Eingebrochen?« rief er. »Ihr guten Freunde und dummen Leute, wie sollte ich denn anders ins Haus, wenn die Türen verschlossen sind und die für die Stadt wachen sollen, schnarchen? Da, seht mein Wams, hier am Ellenbogen ist's zerrissen, und da am Knie die Hose. Wer bezahlt mir den Schneider, der's flickt. Etwa die, die meinem Vater sein Lösegeld zahlten?«

Abermals schwieg es; da rief eine Stimme: »Henning, du träumst.«

»Freilich träumte ich; und dankt Gott und meinem Heiligen, daß ich träumte, oder habt ihr Lust, noch einmal das Interdikt zu kosten, wie eure Urgroßväter, als sie den Abt bei Sankt Marien totschlugen? Wahrhaftig, ich sage euch, sie hätten besser getan, den Bernowern all ihr Bier auszusaufen, als ihren Abt zu erschlagen.«

»Henning! was träumst du?«

»Was ich träumte! Dreimal, daß Gott erbarm, trat Sankt Nikolaus zu mir durchs Fenster und an mein schlechtes Bett und rüttelte mich. ›Henning, wach auf!‹ Zweimal drehte ich mich nach der Wand und sprach: ›Es ist nichts‹; aber beim dritten Mal rief er wie eine Trompete: ›Es ist wohl etwas; steh auf und rette die Stadt!‹ – ›Heiliger Sankt Nikolaus‹, sprach ich und rieb mir die Augen, ›dafür sind die Herren vom Rat; ich bin nur ein schlechter Raschmachergesell, und halten mich nicht einmal gut genug, ein Fähnlein zu führen.‹ – ›Die Herren vom Rat sind all besoffen‹, sprach der andere, ›flugs auf, in die Kleider, Gesell! Meiner Kirche ist ihr Schatz gestohlen und liegt vergraben im Ratsaal, wo sie geschwelgt und gepraßt; eile, Henning, ehe der Hahn kräht, oder wehe, wehe dieser Stadt, die ihr Bestes verkommen läßt.‹ – Kinder, wenn ihr den Druck gefühlt, wie der Heilige mich faßte, ich war braun und blau, ihr wärt auch aufgesprungen –«

Alles war noch stiller als vorhin. »Und –«, rief eine Stimme.

»Und ich gehorchte, denn war's nicht richtig, daß der Rat gezecht hat, und ist's nicht richtig, daß er auf Schätzen sitzt? Oder habt ihr sie hinter euch? Also, da Ratsherren und Knechte schnarchen, wer schließt mir die Tore und Türen auf? Ich reibe mir die Augen, da flimmert es hier im Saale. Die Leiter schaukelt; bin schon auf manche Leiter gestiegen, wo man mit Schädelbrechen zahlte; was hier nicht, wo's einen Schatz galt, und noch dazu 'nen teuren Kirchenschatz?«

»Der Henning ist im Traum ins Fenster stiegen!« rief es, halb Scherz, halb Verwunderung, halb Unglauben.

»Hast den Schatz gefunden?«

»Was werde ich nicht! Ein Heiliger wird doch nicht lügen!« rief Henning, die Hände über den Kopf zusammenschlagend. »Hätte ich nicht geträumt, da seht selbst zu, was der Stadt für Bescherung drohte! Heiliger Nikolas, daß du einen Raschmachergesellen zum Erretter deines Propstes in Berlin gewürdigt hast, wo so viel reiche Familien und stolze Herren dir Altäre bauen!«

Ein dumpfer Schrei der Verwunderung von drinnen sagte den draußen Stehenden, daß im Saale etwas gefunden sei, was dort die Aufmerksamkeit von dem kecken Henning mit einem Male abgezogen hatte. Und so war es. Wer die Treppen hinauf konnte, mochte sich davon überzeugen. Unter einem schweren, umgestürzten Tische zog man den ehrwürdigen Herrn Franz Steeger, Propst von Berlin, hervor, der daselbst gelegen, seit die Herren und Frauen den Saal verlassen, und vielleicht noch früher, und hätte da wohl liegen können bis nächsten Mittag, und niemand wußte davon; noch wußte er es selbst. Der Propst war ein runder freundlicher Mann, und alle bedauerten ihn und kreuzten und segneten sich, was der Stadt für ein Unglück widerfahren können, wenn der heilige Nikolaus nicht dem Henning Mollner im Traume erschienen wäre. Denn so ihn der Schlag gerührt unter dem umgestürzten Tische, hätte es unfehlbar von Brandenburg und Magdeburg oder gar von Rom her über Berlin geblitzt und gedonnert, die Glocken wären verstummt und die Kirchen geschlossen, und es hätte Zeit und Geld gekostet, bis die Toten wieder mit Sang und Klang zur Erde bestattet wären.

»So sorgt unser Rat für die Stadt!« – »Das ist der Herren Wirtschaft, die sich allein für weise halten und regieren können«, so murmelte man beim Nachhausegehen. »Wenn der Henning nun nicht gewesen wäre?« – »Wo ist Henning?« Der aber war fort, noch ehe vier starke Leute den ehrenwerten Propst Herrn Franz Steeger auf ihre Schultern luden, um ihn in die Propstei zu tragen in der Brüderstraße, wo sie auch noch lange pochen mußten und fast genötigt waren, wie Henning eine Leiter zu holen, denn seine Haushälterin wollte nicht öffnen und schalt noch überdies die Leute, die sie aus dem Schlaf geweckt, und den armen Propst noch ärger darum, daß er ihr Keifen und Schelten nicht hören konnte.

Zweites Buch

Erstes Kapitel

Nun vergingen wohl viele Tage in den Städten Berlin und Kölln, wo es regnete und schneite; und was der Regen und Schnee naß gemacht, das trocknete der Wind wieder. Und soviel Tropfen und Flocken aus den Wolken fielen, soviel Worte wurden gesprochen und gezüschelt in den Spinnstuben und Küchen, beim brennenden Kienspan und wenn der Sonnenstrahl auf die Gassen fiel, wo die Gewerksleute im Freien hämmerten und feilten und über die Arbeit hin Rede pflogen von Stadt und gemeinem Wesen. Wenn aber alle Tropfen, die eine Regenwolke ausschüttet, auf *einen* Fleck fielen, würden sie den Boden aufwühlen, und die Häuser würden sinken; aber sie fallen zerstreut, und die Bächlein verteilen sich, und eins rinnt hier- und das andere dorthin. Also desgleichen ist es mit den Worten.

Wer es toben hörte in den Gewerksstuben, in den Läden und Kellern, hätte gemeint, es sei morgen um den Rat geschehen. Da wollten sie ihn steinigen und da zerreißen, da ihn austreiben und da seine Häuser über dem Kopf anstecken. Aber wo der Sturm am lautesten, bläst er zum ehesten aus, und hinwiederum sind die stillsten Gewässer am tiefsten. So ward auch in den Hinterstübchen und den Winkeln der Keller des meisten Rat gepflogen, wo die Leute nur mit leiser Stimme sprachen und die Köpfe zusammensteckten.

Und wie die Zünfte untereinander verkehrten und tobten, so kochte es nicht minder unter den Geschlechtern. Es gab böse Zerwürfnisse bei jedem Mittagsschmaus, bei jedem Abendtrunk, und es war doch die Absicht gewesen, die Herren unter einen Hut zu bringen. Aber der Meister, der diesen Hut fertigte, war nicht in Berlin zu finden und in Kölln auch nicht, ob es doch der Biber, die ihre Felle hergaben zu den schönen Hüten, noch in unsern Landen gab. Die zusammengekommen waren als Freunde, gingen auseinander als Feinde, und wer den andern gelobt hatte vor den übrigen, daß er ihm helfe durchsetzen, was er wollte, der konnte ihm nachher nicht Schlimmes genug nachreden und vor ihm warnen, wenn sie in einem Dinge nicht eines Sinnes geworden.

Also sprechen die Chroniken aus jener Zeit. Aber es geschah vieles, wovon sie nicht sprechen, und noch mehreres wurde gedacht, und dasjenige grade, was den Funken in den Zunder warf, des gedenken sie gar nicht. Denn so ist es in der Welt, daß, was einen großen Ausgang hat, einen kleinen Anfang nimmt, und die es mit ansehen, achten es nicht; und wenn man nachsucht, was denn die Ursach war von dem Großen, leben die nicht mehr, die davon Zeugen waren. Auch verschlingen die großen Ereignisse die kleinen Ursachen, wie denn, wenn ein Haus in Flammen steht, es zu spät ist, den Ofen nachzusehen, da das Feuer ausbrach, und den Funken zu finden, der durch die Kacheln fiel.

Es war jener Tag, von dem wir schrieben, ein wichtiger für Berlin. Aber wer glaubt's, es steht in den Chroniken nichts zu lesen, als daß die rote Hanne gebrannt und die Salome gepeitscht wurde vor dem Tore, das nach Spandow führt. Nichts davon, wie der Bürgermeister, Herr Johannes Rathenow, zum Köllner Herrn Bartholomeus Schumm in die Brüderstraße ging und mit ihm verhandelte wegen der siebenundvierzig Schock Groschen, die er, auf sein Part, an den Henning Mollner zahlen wollte. Nichts auch steht davon geschrieben, wie er nach Hause ging über den Platz an der Langen Brücke und auf den Mummenschanz stieß und so arge Unbill erfuhr. Dies wohl hätte müssen niedergeschrieben werden; aber der Rat untersagte es dem Schreiber, aus den Ursachen, die wir nachher melden werden. Ebendesgleichen steht nichts da von dem Streit an der Bude des Meister Ferbitz, und wie Paweln Strobant ein Stein an den Kopf flog, daß er wochenlang daniederlag. Und wer die Fremden gewesen, die dazumal auf dem Söller beim Bartscher gesessen, es wußte es späterhin jedes Kind, aber in die Chronik kam es nicht; was wieder andern Grund hat. Auch haben sie nichts aufgeschrieben von dem Bankett bei Thomas Wyns, ob es doch da grade war, wo die Feindschaft gegen die Rathenows losbrach; noch auch von dem Streit zwischen des Bürgermeisters Tochter, der Elsbeth, und der Eva Schumm, der darum herkam, weil der Herr Dietrich Wyns die eine für die andere genommen und nachher beide sitzenließ, was nicht recht war, aber zu entschuldigen war's doch, denn er hatte des süßen Weines zuviel getrunken.

Es trifft sich, sagen die Weisen, daß sie in der Geschichte der Welt, seit sie erschaffen ward, das aufzeichneten, was nichts ist, und das fortließen, was etwas ist. Und so war es in Berlin auch von je an. Denn wo steht zu lesen, wer es gebaut hat und wer ihm Stadtrechte verlieh und noch vieles mehr, was zu wissen not täte, woraus Irrungen allerlei Art entsprungen sind? Aber wenn die Herren alles zugelassen hätten zu schreiben, was wahr ist und wirklich geschehen, was bekämen die zu lesen, die nachher kamen! Zumal von jenem Tage. Denn wo fand man morgens die meisten Herren vom Rate und die ehrsamen Ältermänner, die so froh gewesen und sich gütlich getan bei Herrn Thomas Wyns? Wie sahen sie alle bleich aus und stieräugig und regten sich nicht im Bett, und ihre Ehefrauen mußten ihnen dünne Suppen kochen von der Kamille, die auf dem Felde wächst; die tranken sie, und wie manchen mußte der Feldscher bluten lassen! Aber wie viele fand man gar nicht im Bett, vielmehr da, wo kein Ratmann hingehört. – – Wenn solches in der Chronik geschrieben stände, was möchten die Spötter, die nach uns kommen, von der Ehrbarkeit denken, die doch gewiß hier zu Hause war wie in einer deutschen Stadt; und konnte ein guter Bürger sich mit jedem woandersher messen, was ein rechtschaffenes Trinken war, und vertrug auch wohl noch mehr.

In der Ratssitzung am andern Tag sah es gar traurig

aus, wie wir noch vermelden werden; und wie viele fehlten da! Die Frauen der Herren, die konnten sich nun gar nicht zufriedengeben. Das war ein Laufen und Besuchen, und hinterm Ofen ward gezüschelt und, wenn sie gingen, auf dem Flur und die halbe Treppe hinunter! Die Hände schlugen sie über den Kopf und entsetzten sich, und doch waren manche recht froh; daß eine und die andere das Gesicht schelmisch verzog, wenn sie von dem und jenem erzählen konnte, wie er gefunden worden und wie sie ihn nach Hause gebracht, das wird von glaubhaften Zeugen auch als gewiß versichert.

Und es waren auf beiden Seiten der Spree wenige Frauen, welche nicht die Elsbeth Rathenow um ihren Hochmut schalten, und unter den Männern waren noch weniger, welche nicht schlimm redeten von ihrem Vater Johannes, und es ward alles wieder hervorgebracht, was die Geschlechter und die Städte gegen die Rathenows hatten. Ihre Freunde mußten schweigen, zumal da es aus den Barbierstuben verlautete, es sei nicht weit her mit seinem Kranksein, was vorschützend er nicht zu Herrn Thomas Wyns auf dessen Abendschmaus gekommen war. Und alle meinten, Herr Wyns sei schwer gekränkt und dürfe es nimmer vergessen. Es verlautete auch, daß, als am nächsten Morgen der Bürgermeister einen Vertrauten nach Kölln in die Brüderstraße geschickt, der an Herrn Bartholomeus Schumms Hause anklopfen sollen, der ehrenwerte Bürger mit der Nachtmütze auf dem Kopf selbst zum Fenster hinausgeblickt habe und gerufen: »Der Bartholomeus Schumm ist nicht zu Haus für Seine Wohlweisheit und was ihm anhängt.« Darauf schlug er lärmend das Fenster zu. Es hatten es Nachbarn mit eignen Augen gesehen und gehört; und wiewohl einige des Dafürhaltens waren, in Herrn Bartholomei Kopf habe wohl noch der Wein von gestern gespukt, nahmen es doch andere für etwas ganz anderes hin, und es waren ihrer viele, die sich darüber freuten. Und so sehr beschäftigte sie das, daß in den nächsten Ratssitzungen der Schreiber und Syndikus die Geschäfte fast allein abtun mußten. So wenig paßten die Ratsherren auf, und die immer so laut waren und keiner dem andern das Wort gönnten, mußten aufgerufen werden, daß sie ihre Stimmen abgäben; denn es hatte jeder mit seinem Nachbar zu sprechen. Und in diesen Tagen hätten die Gemeinen auf offener Gasse Rat pflegen mögen zum Untergang der Obrigkeit; es wäre ihnen nicht besser Zeit und Gelegenheit kommen. Auch schickte Kurfürst Friedrich der Andere grad itzt eine Botschaft an den Rat beider Städte durch des Landeshauptmanns ersten Schreiber, des Inhalts, daß er wissen wolle, was es sei, das so viel Lärm mache in den Städten, wovon viel Gerede sei im Lande, und keiner könne doch Rede stehen, was es sei. Also sollten sie Rede und Antwort darüber geben, die Ältermänner und Bürgermeister dem Landesherrn, wie es recht und schicklich ist. Aber auf die rechte Antwort hätte der gnädige Kurfürst lange warten können, wenn er nicht ohnedem besser gewußt, wie es stand. Denn die Herren vom Rate ließen das Schreiben auf dem Tische ruhen, und was sie durch ihren Schreiber dagegen vermeldeten, das war eben auch nur, wie man Worte schreibt, wo jeder draus lesen mag, was er Lust hat.

Schreiben ganz anderer Art wurden hingegen gewechselt zwischen dem Rat und dem Bürgermeister; denn dieser kam nicht ins Haus auf der Langen Brücken. Am ersten Tage, weil er noch krank sei, wie er vermelden ließ, oder, wie die ihm übelwollten vermeinten, weil er sich krank stelle. Darauf aber, weil sie ihm nicht gebührlich geschrieben hätten. Und er schrieb wieder, was den Rat sehr erzürnte. Das waren andere Briefe als der an den Kurfürsten; darin hatte jedes Wort einen Sinn, und jedes Kind wußte, was für einen, und noch mehr stand daneben zu lesen, wer's wollte. Und weil das Schreiben dazumal eine saure Arbeit war, so ließen sie's beim Mündlichen bewenden und ließen sich so arge Dinge einander sagen, daß die es überbrachten, kaum sich getrauten, es auszusprechen.

Doch das geschah freilich erst später, und im Gefolge

von dem, was wir noch zu erzählen haben; denn der Ärgernisse gab es dazumal so viele, daß man nicht weiß, wo man anfangen und wo man enden soll.

Wer aber an dem Morgen nach dem bunten Tag den Henning Mollner aus des Bürgermeisters Haus kommen gesehn, hätte den jungen Fant kaum wiedererkannt. So glühte ihm die Stirn, und die Augen leuchteten vor Freude, und wieviel Licht sie auch strahlten, er sah doch nur vor sich hin und die nicht, die nur um einen halben Schritt von ihm standen und ihn erkannten, ob er doch vermeinte, bis über die Ohren sich in den Mantel verhüllt zu haben. Aber es ist mit der Liebe wie mit dem Feuer, es schlägt überall durch und verrät sich selbst.

Aber zuvor geschah noch manches in dem Hause, was wohl nötig ist zur Verständigung des Folgenden, daß man es in Worte faßt, wenn überhaupt solcherlei sich in Worte fassen läßt, was wie Träume und lose Gedanken um das Hirn gaukelt. Es hält schwer, daß der Maler auf die Leinwand bringt den Rauch, der in allerhand Figuren aufkräuselt, und dann ist er fort, man weiß nicht wohin; und so hält es schwer auch für den, der der Feder mächtig, dergleichen in Wort und Rede zu bringen. Unsere Väter taten es nicht, weil dazumal das Papier teuer war und sie Siegel drückten unter alles Geschriebene, zum Zeichen, daß es wahr sei, und Zeugen mußten es beschwören. Aber itzo, wo das Papier wohlfeil und man kein Siegel mehr drunter drückt, schreibt man auch solches nieder, was keiner beschwört.

Die Jungfrau Elsbeth konnte in der Nacht kein Auge zutun, und wenn sie es versuchte, ach, was für erschreckliche Gestalten traten dann auf das Kind zu und ängsteten sie. Mehr als einmal war es ihr Vater, der durch die Türe kam und an ihr Bette und sie aufrüttelte und nach der Kette fragte. Dann zog sie den Kopf unter die Decke und schwitzte, daß sie fast erstickte, und doch klappten ihre Zähne. Nun hielt sie's nicht mehr aus; sie sprang auf und warf sich in die Kleider und dann nieder vor dem Marienbilde, das in der Blende hing. Inbrünstig, mit gefalteten Händen betete sie und bat die Heilige Jungfrau, daß sie auf sie niederschaue und ihr bitteres Leid sehe und – ihr die Kette wiederbringe. Nein, das trauete sie sich nicht zu beten; wie sollte die hochheilige Mutter Gottes sich selber bemühen um ein Stück eitlen Schmuckes! Sie bat wieder um Verzeihung, daß ein solch eitler Gedanke in ihr aufgestiegen. Aber den Henning Mollner solle sie ihr schicken, daß der die Kette suche, daß sie *dessen* Augen erleuchte und ihn zum Rechten führe. Ja, ja, sie möge bei dem Henning sein, bei dem lieben, guten Henning, er verdiene wohl den hochheilig mütterlichen Schutz, er sei so grundgut von Herzen, wenn er auch ein bißchen wild und auffahrend wäre und wenn auch nur eines Raschmachers Sohn, so möchten doch viele in den Geschlechtern wünschen, daß ihre Söhne auch so gerieten. Da erschöpfte sie sich in Lob und drückte die Hände so fest, und die Jungfrau mußte es wohl glauben, weil sie so eifrig bat; denn als Elsbeth die Augen aufschlug, lächelte die Königin auf eine Art, daß die Jungfrau fast erschrak. Hatte sie doch vielleicht zuviel gebeten und zuviel des Lobes gesagt. Mehr wenigstens, als ihr Vater oder irgendeiner sonst hören durfte. Aber wenn die Jungfrau Maria dem Henning helfen sollte, mußte sie doch das Beste von ihm wissen; und wenn es auch zuviel des Guten war, so ein kleiner Betrug war ja wohl erlaubt, wo es galt, ihren guten Vater zufriedenstellen.

Ach, die Nacht war so lang. Die Hähne wollten noch nicht krähen. Die Katzen auf den Dächern miauten abscheulich; es klang ihr, als wenn die Eva Schumm mit hundert Stimmen sie auslache. Und dann sprang sie auf sie los und riß sie an der Brust und schüttelte sie. Sie hatte itzt, wie gestern abend, keine Macht, die giftige Kleine zurückzustoßen. War es das Schuldbewußtsein? – Aber es war ja nicht deswegen, weil sie über den alten Herrn Bartholomeus gelacht, daß die Eva sie an der Brust gefaßt; es war ja nur der verhaltene Ärger über die widerfahrene Kränkung, was das Mädchen außer sich gebracht. Weil sie nicht die Schönste war, sondern Elsbeth, weil nicht sie gemeint war von Herrn Dietrich Wyns, sondern Elsbeth, weil Herr Dietrich sie stehngelassen und mit Elsbeth abgetanzt war, weil das Gelächter ihr gegolten, um deshalb war sie wie eine Katze an ihre Brust gesprungen. Und der Stolz hob sich in Elsbeths Brust; sie ward wieder um einen Zoll größer, obgleich es Nacht war und keiner es sah. »Ich bin doch die Schönste«, flüsterte es in der stillen Kammer. Da flammte das kleine Lämpchen unter dem Muttergottesbilde durch eine Zugluft, die es traf, hoch auf, und sie sah einen Blick der Heiligen – war er so ernst oder so zornig, oder was war er? – Er ging ihr durch Mark und Bein, und sie stürzte auf ihre Knie und umfaßte sie mit den Armen und drückte den Kopf hinein.

Ein heftiges Klingeln, das sich wiederholte, weckte sie auf. Es war so heftig, daß die kleinen Bilder an der Wand zitterten. Ihr war, als ob es Feuer riefe, und doch stand sie noch wie gelähmt und zitternd, als itzt die Tür aufging und die Muhme hineinrief: »Ist das ein Kind, das noch zaudert, wenn der Vater stirbt!«

»Der Vater stirbt!« Nun waren die bösen Gespenster fort. Sie stürzte hinaus und die Treppe hinunter, der Muhme nach, die schon vorauf im Zimmer war, und das ganze Haus war auch wach, und die Diener und Mägde rannten und liefen. In seinem Zimmer stand Herr Johannes Rathenow, an den Tisch gelehnt. Er war halb angezogen und in seinem Pelze, daß man sah, wie er die Nacht nicht im Bett gelegen haben mochte. Sein Gesicht war blaß und wie verstört, und es war augenscheinlich, daß er seine Kräfte wieder sammelte und, wie erwachend aus einem schweren Traume, die Gegenstände umher ansah, um des gewiß zu werden, daß er wache. »Es ist nichts, mein liebes Kind«, sprach er, als Elsbeth sich ihm zu Füßen geworfen, und er hob sie zu sich auf, »es ist nichts, mein Kind. Sei ruhig. Sie gehen schon fort.« Er winkte den Dienstleuten, befahl, daß sie sich stille hielten, und sank in den Armsessel. Elsbeth nahm Platz auf dem Bänklein zu seinen Füßen, derweil die Muhme über der Lehne hockte.

»Er atmet wieder frei. Gott sei's gedankt!« sprach Elsbeth.

Der Bürgermeister strich über die Stirn des Töchterchens, und seine Augen wurden klarer, die Runzeln seiner Stirn glätteten sich, als er in den lieblichen Zügen las und wie sie voll zärtlicher Besorgnis sein wartete und den Pelz um seine Lenden schlug.

»Ich habe doch noch dich«, sagte er. »*Du* wirst mich nicht verlassen.«

»Nimmermehr, Vater, lieber Vater, was denkst du! Du warst in einem bösen Traume.«

»War das ein Traum!« – Der alte Mann stierte wieder vor sich in die Luft. »Dann war's ein böser Traum, Elsbeth. Sie fielen da alle von mir ab, sie verließen mich alle. Sie starben und welkten hin wie dürre Zweige; der Wind bricht sie, und ich stand allein.«

»Du sollst, du wirst nicht allein stehen«, liebkoste Elsbeth.

»Wir sind alle große Sünder vor ihm, der ohne Sünden zum Vater ins Himmelreich ging. Aber was habe denn ich schwerer gesündigt als die andern –«

»O du bist der beste Vater und der beste Christ«, unterbrach ihn die Tochter, »und reiner wie du geht keiner in dieser Stadt zum Beichtstuhl.«

Es zückte häßlich über Muhme Gertrauds Lippen, aber sie schwieg.

»Ja, rein, das kann ich mir sagen, rein von bösem Willen, rein in guten Gedanken und Vorsätzen!«, so sprach der Bürgermeister und erhob sich wieder und schritt langsam das Zimmer auf und ab. – »Ich stehe jedem Rede und Antwort, wer sie von mir fordert.«

»Auch den bösen Geistern?« murmelte die Muhme.

»Zur Stadt Bestem habe ich gelebt. Was an mir, habe ich die Zucht gefördert und alte Sitte aufrechterhalten. Es kostete mich etwas –«

»Blut von deinem Blut!« rief die Alte; sie hielt die Stimme nicht mehr zurück.

»Blut von meinem Blut«, wiederholte der Bürgermeister, indem ein ernster, voller Blick sie traf; doch lag nichts von Zorn darin. »Ehre und Preis meinem Vater Matheus; und wann die harte Stunde käme, lieber Vater, so du erlebt und nicht gebangt, dein Sohn Johannes, so vertrau ich zu Gott, würde auch nicht bangen und standhaft sein und sprechen, als du getan.«

»Höre ihn nicht, heiliger Nikolaus, höre ihn nicht, heiliger Petrus! Er möchte sein Kind unters Richtbeil legen«, so stöhnte die Alte.

»Um Jesu willen, lieber Vater, was ist geschehen! Was mußt du noch so grausam sprechen? War's doch gewiß nur ein Alp. Du siehst, es steht alles wie sonst und ist nichts vorfallen.«

»Nichts?« fragte er mit einem finstern Blick auf die Maid, daß sie die Augen senkte, und sie glaubte, er wisse alles; seine Gedanken waren aber anderswo.

»Sie waren alle freundlich gegen mich und sprachen mir zu und erkundigten sich viel, wie es dir ginge.«

»Und hörtest du, was sie hinter deinem Rücken sprachen! – Ach, du liebes Kind, wie gern ließ ich dich bei deinen Spielen, und du brauchtest nichts zu wissen, wie die Welt im argen spielt. Aber so soll's nicht sein. – Sie fragten meinen Vater Matheus, warum er niemals lache. Wer kann lachen, so er sieht, daß die Gerechtigkeit der Welt ein Ärgernis ist! Ich kann auch nicht lachen; des ärgere ich sie. Ein Dorn bin ich ihnen im Auge. Meinen die Herren, die feinen Herren, ich solle mich mäßigen. Wäre von mir nicht klug gewesen, den Toren zu sagen, daß sie Toren, den Schurken, daß sie Schurken sind. Ließen mir gestern etliche sagen: hätte mich nicht einmischen sollen, was mich nichts anging, bedenken die Aufregung und mein Auge zudrücken. – Wozu haben sie mich zum Bürgermeister gekürt? Um zu schlafen oder um zu wachen? Solang ich's bin, will ich mein Aug auftun.«

Und er riß es auf und tat Schritte durchs Gemach, daß den Frauen bange ward.

»Lieber Vater, sie werden's auch noch einsehen, wie gut du bist und gerecht.«

»Wollen den Schimpf, den das Volk mir antat, nicht auf sich nehmen«, fuhr er fort. »Aber ich will ihnen ins Gesicht sehen, zu ihnen reden will ich ein gut berlinisch Wort. Möchten mich aus dem Rat haben, weil mein Rat herbe klingt. Aber die Rathenows sind einmal geborne Herren vom Rate, und läßt der Rat aus ihrem Namen sich nicht schneiden, ohne daß der Name wie ein Schild in Stücke fällt, das man überm Grabe zerbricht.«

Als der Herr so immer heftiger wurde, winkten die Muhme und die Tochter sich zu, wie sie es machten, daß sie ihn beschwichtigten; denn sie kannten seine Art. Es war nimmer gut, wenn er sich in Zorn redete. Da reichte ihm Gertraud ein kühles Tränklein, das sie bereitet, und Elsbeth mit süßen Schmeichelworten hing sich an seinen Arm, bis er wieder auf dem Ruhebette saß; und sie sagte ihm, das Rathaus sei auf der Langen Brücken, und dort säßen die Herren mit den Bärten und Ketten; hier aber sei ihres lieben Vaters Haus, wo der Vater mit seiner Tochter freundlich zuspräche.

Wie er sie so lieblich sprechen hörte, heiterte sich wohl sein finsteres Gesicht auf, und die bösen Geister mochten von ihm weichen. Doch aber suchte sein Auge noch ringsumher, und er hieß mehr Lichter anzünden, als wolle er sich gewiß überzeugen, daß dem so sei, wie die Tochter sagte.

Wie es nun ganz hell war, nickte er mit dem Kopfe und hielt die Hand auf dem Scheitel der lieben Tochter.

»Es war nur ein Traum, und Gott sei dafür gelobt. Da saßen sie an den Wänden und richteten, und ich, ich stand vor ihnen und mußte Rede und Antwort geben. *Ich*, der ich im Recht war, und *sie* im Unrecht! – Wer die Richter waren?« fuhr er wie sinnend fort. »Ich kannte sie nicht, und doch sollte ich sie kennen. Auf hohen Ledersesseln um den grünen Tisch saßen sie und forderten mein Recht mir ab. Wie ein Wandersmann die Kleider auszieht, wenn Räuber auf der Straße ihn anfallen, Stück für Stück mußte ich alles herausgeben. Und jedesmal rief der hohe Mann oben an der Tafel: ›Von Rechts wegen!‹, und sie alle nickten dazu.« Der Erzähler hielt sich die Stirn – »Von Rechts wegen! Wer kann mir von Rechts wegen mein Haus nehmen, meinen Hof, meine Felder! – Ich schwor, ich hob die Hand zu Gott und allen Heiligen, daß das mein sei. Wer schwört dagegen? Es konnte es keiner. Und das Gericht! Vor Gottes offener Sonne gehegt, und Fahnen mit Adlern rauschten in der Luft, und Herolde bliesen, und Ritter und Herren saßen darum; und das Volk sprach amen und pries den hohen Herrn um den gerechten Spruch.« Er hielt erschöpft inne.

»Hast vielleicht, weil du krank warst, nicht dein Abendgebet gesprochen vorm Einschlafen«, bemerkte Elsbeth. »Da haben die bösen Mächte Gewalt über die Seele, sagt der Pater Cyriak, und schicken arge Gedanken, die den Menschen versuchen.«

»Versuchen!« sagte der Alte nachdenklich und rieb die Stirn. »›Meinst du denn, daß dein Recht ewig ist? Ewig sind nur die Sterne!‹ sprach der Richter. – ›Aber mein Recht, Herr! mein Recht ist ewig.‹ Da legte er die Hand auf meine Schulter, und ich ward Staub.«

Der erste Hahn draußen krähte. Herrn Johannes überfuhr es fröstelnd. »Führe mich zum Bett, mein Kind. Will versuchen, den Schlaf nachzuholen, den mir der böse Traum kürzte. Und kommt er wieder« – er blieb wie vorhin stehen, mit den wesenlosen Bildern verkehrend – »und spricht wieder – antworten will ich ihm –«

»Ewig ist Gott allein«, fiel die Muhme ein, »und unsere Sünde, die er von uns nehmen wollte, und starb für uns den Tod der Sünder.«

»Amen!« sprach der Bürgermeister.

»Sonst ist nichts ewig, Johannes.«

Es trat eine lange Pause ein. Der kranke Mann sammelte seine Erinnerungen. Er suchte nach freudigen; die trüben mußten immer wiederkommen, die bösen Nachtbilder wollten nicht weichen. Die beiden Weiber saßen bang und schweigend, dieweil der Kranke phantasierte, still vor sich hin. Da schrie er plötzlich auf und richtete sich in die Höhe und streckte die Arme flehend aus.

»Die Kette ist mein, hoher Herr! Alles – nur die Kette nicht. Die Stadt – was soll ich sprechen, wenn die Stadt die Kette fordert – Kaiser Karl – der große Kaiser – Herr, es ist nicht recht, ein Herr nimmt nicht, was der andere gab.«

Sie weckten ihn, und er strich den Schweiß von der Stirn und sah sich wieder um und fühlte auf der Brust. Da rief er, daß man ihm seine Kette bringe. Gertraud ging an den Schrank von Ebenholz und brachte die schwere güldene Kette mit dem Schilde daran. Er hielt sie vor sich und ließ die Ringe durch die Hand spielen.

»*Die* Kette gehört der Stadt. Sie gibt sie mir und nimmt sie wieder. Die ist auch ewig. Und mögen sie alle Jahre ihren Bürgermeister auf den Gottesacker tragen, der Bürgermeister stirbt nicht. – Aber gib mir *meine* Kette, Elsbeth.«

Elsbeth und die Muhme blickten sich an.

»*Die* ist mein«, fuhr der Vater wild umschauend fort. »Kein Herr und Fürst, auch Kaiser und Reich nicht, können mir die nehmen. Und war's ein alberner dummer Traum, daß ich auch die hergeben sollte. Denn wo in der Christenheit ist ein Gericht, das mir abspricht, was mein ist. Die Kette, Elsbeth! Wenn ich sie sehe und mit den Händen fühle, werde ich wieder wach und gesund sein; gewiß, liebes Kind.«

Elsbeth schlug die Augen nieder. Ein ängstlicher Blick fiel auf die Muhme. Frau Gertraud sprach:

»Ei, Johannes, kaum mit Gottes Gnaden und der lieben Heiligen Beistand gesundet, und du verlangst schon nach eitlem Schmuck. Weil du an glitzerndes Gold dachtest, als du einschliefest, beschlichen dich die bösen Geister und sandten den Traum. Schlage die Gedanken aus dem Sinn und lege dich mit einem frommen Gebet aufs Ohr.«

»Ich verlange nicht nach eitlem Schmuck«, sprach Herr Johannes. »Was mein ist, will ich. Das ist kein böser Gedanke vor dem Herrn und seinen Heiligen. Was mein ist, will ich anschaun, will es anfassen und um mich fühlen. Des hab ich ein Recht. Um sein Recht ward noch keiner verdammt, aber um sein Unrecht.«

»Und wenn du schlafen gehst den Schlaf deiner Väter, nimmst du mit dir, Johannes, deinen Hof, der dein ist, deine Häuser, die dein sind, oder dein Geschmeide, das dein war? Sie bleiben oben zurück, und du hütest sie nicht, daß sie nicht aus Hand in Hand gehen, wie der will, der nach dir ihr Herr ist. Oder dein Recht, Johannes, und wär's von Kaiser und Reich verbrieft und es hingen drei Siegel daran in Schnüren und Bullen von Zedernholz, nimmst du es mit dir und kannst es weisen am Tor des Himmels, daß du herein kannst? Der am Tore steht mit dem Schlüssel, wird dir zurufen: ›Dein Recht ist von der Erden, das gilt hier nimmer. Hier ist ein ander Recht, und das Lösewort, das die Tore öffnet, heißt Gnade.‹ – Laß doch die Kette ruhen, Herr Johannes. Die Kette sind lauter Ringe von eitlem Gold, und jeder Ring bindet dich fester an die Erde, davon du doch mußt.«

»Wie der Herr will, der da spricht: Bis hier und nicht weiter«, entgegnete der Bürgermeister. »Aber bis er das spricht, bin ich Herr über das, was mein ist. Die Kette, Elsbeth!«

Elsbeth war aufgestanden, aber sie zitterte; und brachte, was sie antwortete, nur stotternd vor: »Ach, lieber Vater, hättest du gesehen, wie sie Augen machten zu dem schönen Halsband – sie sagten, es blende ihnen das Aug.«

»Deine Urgroßmutter blendete es auch«, sprach der Vater. »Kaiser Karl trug die Kette um seinen Hals. Da sagen sie, der Kaiser erlaubte sich, was nicht des Kaisers Recht ist. Seine Sitten waren aus der Fremde. Meine

Großmutter strafte ihn wie eine sittige Frau. Und es traf sich, daß sie ihm die Kette von der Brust riß. Sie erschrak auch nicht, als der Kaiser sie anfuhr: ›Weib, du vergriffst dich an des Kaisers Recht.‹ – ›Das ist *mein* Recht, Herr Kaiser‹, sprach sie trotzig, ›es ist Frauenrecht.‹ Kaiser Karl lachte, wie er sie so zornig sah, die Kette in der Hand, und sprach: ›Nun wohlan, wenn das *dein* Recht ist, so behalte es und hüte es, und zum Andenken an die mutige Bürgerin, die vor einem Kaiser ihr Recht schützte, bleibe und erbe es in deiner Familie fort.‹ – Und so hielten wir's. Gib mir das Band zurück, daß ich's verschließe.«

»Gleich, lieber Vater – morgen, wenn es Tag ist. Die Steine sind von dem Kerzendampf angelaufen, ich will sie abreiben und putzen, daß sie rein werden.«

»Die Kette, Elsbeth!« rief Herr Johannes und richtete sich auf, und die Muhme winkte ihr zu gehen, ehe der Verdacht, der in dem Kranken aufstieg, in ihrer Verlegenheit Nahrung schöpfe; oder auch, ehe die Angst vor dem Zorn des Vaters die Jungfrau zu einer Lüge treibe.

»Vor Gericht standest du, Johannes!« hub nun die Muhme an. »Ei, du gerechter Mann, nur gewohnt zu richten, selbst gerichtet! Und schuldig fanden sie dich, trotz allem deinem Rechte! Und verlangst doch nach einem goldnen Halsband! Was willst du mit dem Halsband? Verschließen dein Recht, daß es keiner stiehlt? Das Gold bestach deine Eltermutter nicht. Ihr gab der Herr Kraft. Aber dich bestach der Glanz. Ein Erbstück ward sie deines Hauses. – Weißt du, was sie vererbt? – Hochmut, Stolz und Neid. Du bist stolz, daß die Eltermutter tugendhaft war. Nicht ihre Tugend erbt in deinem Haus, sondern der Stolz auf ihre Tugend. Der wächst und wuchert und speist den Neid und die Abgunst. Hast das Band nun umgehängt dem Töchterlein, daß es glänze und gefalle und die Leute verwundert sich fragen: Wie kommen sie zu dem Geschmeide, die Rathenows? Freust du dich des, Johannes? – Hast du die Blicke gesehen, gehört ihr Züscheln? Du willst hoch mit ihr hinaus, aber die Grube ist tief, die du gräbst. – Freue dich, Johannes, wenn die Kette verlorenging.«

Wie man in einer Mühle nicht mehr auf das Geräusch der Räder hört, so pflegte man im Hause des Bürgermeisters nicht mehr auf die Unkenstimme der Muhme zu achten. Aber das letzte Wort weckte den Alten aus seinen düstern Sinnen.

»Verloren!« rief er. »Die Kette verloren!« und richtete sich vom Lager auf.

Gertraud sah die rote Ader, die über seine Stirne schwoll. Es war ein böses Zeichen. Sie trat ihm in den Weg, sie breitete die Arme aus, sie beugte und faßte sein Gewand.

»Johannes! bete und bitte, daß sie verloren ist. Heilige Jungfrau, was ist ein Halsband, und was ist eine Tochter?«

»Verloren!« wiederholte der Bürgermeister und maß mit einem durchbohrenden Blicke die Verwandte. »Verrücktes Weib, du lügst. Die Kette darf nicht verloren sein! Sie war mein Letztes. Sie darf nicht verloren sein, ich sag's.«

Es lag etwas in Herrn Johannes Rathenows Ton, das die Alte selbst schüchtern machte.

»Um Gottes und aller Heiligen willen, du bist krank, Johannes. Du hast noch Haus und Hof und Roß und Wagen und Meierhöfe, bist Ältermann der reichen Stadt, hast Freunde, die dich nicht verlassen –«

»Sie verlassen mich alle!« rief er. Damit riß er sich los aus ihren Händen und wollte nach der Tür. Aber er blieb stehen davor, als wie man eben stehenbleibt vor einer letzten Tür, die uns ein Etwas verschließt, was wir zu sehen fürchten. Herr Johannes sah leichenblaß aus. Das erste bleierne Morgengrau drang durch die kleinen, runden Fensterscheiben, die Hähne krähten, und die Hofhunde schlugen an. Er griff nach dem Schellenzuge, als er plötzlich innehielt, denn er hörte etwas, das er nicht erwartet hatte.

Zweites Kapitel

Die Töne draußen waren just das Widerspiel von dem, was hier drinnen vorging. Es klang wie Lachen und Weinen, aber ein Weinen aus Freude. Und das wiederholte sich immer stärker.

Als nun die Tür aufging, sahen auch seine Augen etwas, das er nicht erwartet. Lauter frohe, überraschte Gesichter. Die Mägde und Diener hatten Lichter gebracht, und der enge Flur war hell. Und in der Mitte stand seine Tochter Elsbeth und so neben ihr, daß es fast den Anschein hatte, als hielten sie sich mit dem Arm umschlungen, der junge Henning Mollner. Wer aber von beiden froher aussah, das wäre schwer zu entscheiden gewesen. Denn wenn eins froh war, so strahlte die Freude auf des andern Gesicht zurück, und wenn es von dem Widerscheine heller ward, so gab es dem andern wieder von dem Leuchten zurück. Und wenn die Freude überall schöner malt als irgendein Pinsel auf der Welt, so gibt es keinen schönern Spiegel dafür als vier schöne Augen, die sich ansehen. Und schönere mochte es in Berlin und Kölln nicht geben als die Elsbeth Rathenows und die Henning Mollners, des alten Mollners Sohn, der bei Kremmen gegen den Adel focht. Aber es war noch einer, dessen Gesicht froh wurde. Als wie eine Wolke, die noch eben Hagel gedroht und den Himmel verfinstert, und die Vögel fliegen ängstlich hin und her und wissen nicht wohin, denn es dräut und bricht überall aus, und der alte Wald schrecket selbst zusammen, und nun bricht sie mit einem Male da, wo sie am düstersten und geschwollen war, und die Sonne scheint hervor und säumt mit Purpur die grauen Massen, und es wird hell und heller, und ihr Licht dringt in den Wald und durch die Wipfel auf Laub und grünen Rasenteppich, und die Vögel fangen wieder an zu singen und setzen sich auf die Zweige, preisend den Herrn und seine Allmacht. So rötete die Freude das graue Gesicht des Ältermannes, da er im Scheine der Kerzen die Rubinen und das Gold an seiner Tochter Elsbeth Nacken flimmern sah. Er sah nur dies, und nicht den Arm des jungen Henning, den er um den Arm der Jungfrau schlang, und er hörte nichts als die Worte des freudestrahlenden Kindes: »Gefunden!«

Und da eilte Elsbeth ihm entgegen mit ausgebreiteten Armen. Aber nicht allein, denn dicht mit ihr kam Henning Mollner. Er konnte nicht anders, wenn er auch nicht gemocht; denn Elsbeth zog ihn, sie wußte es nicht. Es hatte aber sich die Kette, die er ihr um den Hals gehängt, in seine Krause festgenestelt, und er hätte sie denn müssen abreißen; sonst war er an sie gekettet.

Da wollte sie sprechen, aber Henning unterbrach sie; und als Henning sprechen wollte, unterbrach sie ihn. Dem Vater aber, so schien es, genügte, daß er die Rubinen und die Spangen vor sich sah, und es war kein Traum. Er sank wieder auf seinen Stuhl, aber nicht todesmatt, sondern wie einer, der nach einer beschwerlichen Wanderung sich ausruht, und ihm wird wohl. In der einen Hand faßte er die Kette und mit der andern Elsbeths Hand und sah freundlich ihr ins Gesicht.

»Lieber Vater«, hub sie an, »ich konnte – ich wußte nicht –«

»Freilich wußtest du nicht ihren Wert«, unterbrach er. »Wie schwer sie ist! – Und wöge sie leicht wie Flaumfedern, ich gäbe sie nicht hin um alle Schätze der Stadt Venetia. Frau Fides, deine Eltermutter, trug sie in Ehren, und war kein Weib in den Marken so schön und angesehn. Herr Albertus, mein Großvater, wie ritt er darin umher, einem König gleich! Er ließ von der Stadt, nicht von der Kette. Das will ich nicht loben, doch die Kette bewährte sich. Mein Vater Matheus, Gott habe ihn selig! verschloß sie in den Schrank. Ein strenger Mann; er fürchtete die Neider, trug drum kein Gold an seinem Leibe, er duldete auch keine lichte Farbe an seinem Gewand – aber die Kette, Frau Fides' Traum ging doch in Erfüllung.«

Wie er so vor sich redete und aufblickte, sah er den

Henning lächeln. War's darum, daß er so seltsam verstrickt war, und niemand wußte es, oder daß er den strengen und wortkargen Herrn Johannes noch niemals so mit sich selbst sprechen gehört, und er mochte denken, der Mann wird auch alt. Da fragte der Bürgermeister:

»Was macht denn der da?«

»Der Henning ist's«, sprach Elsbeth, »kennst du nicht mehr den Henning Mollner? Der Henning, der liebe, gute Henning, er brachte mir das Halsband wieder.«

»Das Halsband!« rief Herr Johannes. »War's denn fort?«

Nun stürzte und hastete sich Elsbeth, in kurzen Worten die Geschichte zu erzählen; aber da sie, wie es zu geschehen pflegt, wenn einer was Übles zu melden hat, mit dem glücklichen Ende anfing und immer wieder auf das zurückkam, wenn sie das schlimme Ende, nämlich den Anfang, anfaßte, so hätte Herr Johannes gar nichts von der Sache erfahren und wäre so klug gewesen als vorher; wenn nicht jetzt Henning selbst, den Hut manierlich in der Hand, Miene gemacht, dem Alten die Sache vorzutragen, wie sie war.

»Sprich du!« sagte Herr Johannes und wies auf ihn mit dem Finger.

Nun redete der Henning, obgleich nur eines Raschmachers Sohn, so verständig und bündig, daß ein Ratmann es nicht geschickter vortragen mögen. Erst, was voranging, und dann, was nachfolgte, daß es eine Lust war, es zu hören. Denn was schlimm war, darüber ging er leicht hin und wußte so zu erzählen, daß man es alles für gut nahm und es dem Wein zuschrieb, was der Haß getan. Und wäre Herr Johannes nicht krank gewesen, so hätte er selbst lächeln mögen, da der Henning beschrieb, wie alles kopfunter, kopfüber gegangen und wie der ehrenwerte Bartholomeus Schumm mit dem Dietrich Wyns auf der Diele gelegen. Und auch, was zwischen der Eva Schumm und der Elsbeth sich zugetragen, klang nicht so übel; und diese erfuhr hier zuerst, daß Eva es gewesen, die ihr die Kette vom Halse gerissen, als sie auf sie lossprang, darum daß Elsbeth über ihren Vater gelacht. Und keine von beiden wußte es, daß die Kette da abgefallen war, und es war ein Wunder, daß sie nicht zertreten war unter allen den Füßen.

»Aber, Henning«, fuhr Elsbeth auf, »wie weißt du das alles? Du warst doch nicht dabei?«

Henning lächelte. »Mein kleiner Finger hat mir's gesagt.«

»Du bist ein Narr«, sprach Herr Johannes.

»Und die Narren sind überall«, entgegnete rasch der Bursch, und Herrn Johannes mißfiel die Antwort nicht, und seine Tochter dachte an den Narren, der beim Bankett um sie sprang, und ward hochrot. Nun sprach sie: »Vater, verzeihst du mir?«, und als er freundlich nickte, wollte sie vor ihm niederknien, und siehe da, Henning kniete mit ihr.

»Was will der Junge?« sagte der Vater. »Dir hab ich doch nichts zu verzeihen. Denn so ich dich auch als Stadtältermann strafen müßte, daß du bei Nachtzeit ins Rathaus stiegst, muß ich dir ja noch ein Dankschreiben fertigen lassen, daß du den hochwürdigen Herrn Propst Steeger vom Ersticken rettetest.«

»Ich kann nicht anders«, entgegnete Henning. »Muß doch tun, was die Jungfer will. Ihr seht's ja; sie hat mich festgebunden.«

Da erst merkte der Bürgermeister, was es war, und lachte laut auf. Und Elsbeth, die es nun auch sah, wurde hochrot; aber ob es ihr der Vater auch hieß, sie konnte oder mochte sich nicht losmachen. Und Henning meinte, es sei auch nicht an ihm, wenn eine Jungfrau ihn gebunden, daß er sich losreiße.

»So muß ich es wohl tun«, sprach Herr Johannes, und er löste die Kette so von der Halskrause des Burschen als von Elsbeths Nacken und wog und beschaute sie mit einer Lust, daß die Tochter drob wundernahm, und dann verschloß er sie in die geheimste Lade des Schrankes und steckte den Schlüssel zu sich.

Und wirklich hatte ihn keiner seit langem so froh und heiter gesehen, was auch den Henning Mollner wundernahm, der doch so lange als Kind im Hause gelebt; und war es, als hätte er das Kranksein mit dem bösen Traume abgeschüttelt. Nun sprach er von allerhand Dingen und unterhielt sich mit den jungen Leuten über das Bankett und fragte nach vielem und lachte herzlich, zumal darüber, wie Henning beschrieb, daß er den dicken Propst unter dem Tisch gefunden, und er hatte mit dem Kopf gelegen wie ein armer Sünder, dem das Richtbeil auf dem Nacken schwebt. Da er den Henning aber fragte, wie es mit seinem Traume und dem heiligen Nikolaus stände, senkte der schelmisch den Kopf.

»Wohlweisheit, Träume sind Schäume! sagt mein Oheim, der Schlachtermeister. Er hat nimmer bemerkt, daß ein Vieh, wenn es gesund ist, träumt.«

»Träume sind Schäume!« wiederholte Herr Johannes wie vergnügt, und bei sich murmelte er: »Ich war krank; und der Traum war eine Lüge.«

Nun wollte Henning gehen, wie es sich schickte, denn was hatte er in des Bürgermeisters Haus noch zu tun? Aber als er Urlaub nahm, sah ihn der Herr groß und freundlich an.

»Ich meine, Henning, du bleibst. Wir sahen uns lange nicht und hätten doch mancherlei mit 'nander zu reden. – Nun, weißt du nicht was?« fuhr er fort, als der Junge ihn ehrerbietig ansah, aber als wisse er nichts.

»Wohlweisheit, die letzte Pön, als ich den Spittelweibern die Röcke zusammennähte, hab ich schon abgebüßt, es sind fünf Jahre her.«

»Wir reden von andern Dingen.«

»Von dem falschen Feuerlärm; das sind viereinhalb Jahr her, und ich saß drei Tage im Stock.«

»Die Sache, die ich meine, ist noch nicht ausgetragen, ob doch schon lange her.«

»Wohlweisheit! ich warf den Juden nicht in des Brauers Bottichfaß. Der Jude ist freiwillig hineingesprungen. Es haben's gute Leute beschworen.«

Der Bürgermeister mußte in einer sehr gnädigen Laune sein. Denn er strafte auch nicht mit einem bösen Blick den Burschen, aus dessen unschuldigem Gesichte freilich nicht jeder den Schelm heraussah. Vielmehr wandte er sich um, damit Henning nicht sehe, was auf seinem vorging und sich nimmermehr für einen Bürgermeister geschickt hätte, und dann setzte er sich mit einem so ernsthaften Gesichte, als es ihm möglich war.

»Als der Jude im Bottich zappelte und schrie, schworen doch viele Leute, nur der Henning Mollner könne das stiften«, sagte Herr Johannes.

»Nachher vor Gericht, Wohlweisheit, schworen sie anders.«

»Und der arme Jude ward noch dazu aus der Stadt verbannt.«

»Wohlweisheit, daran sah man recht die Weisheit der Richter. Was konnte der Jude im Bottich anders suchen als Bier. Wer sucht, das nicht sein ist, stiehlt, und wer stiehlt, kann von Gnade sagen, wenn sie ihn nur aus der Stadt weisen. Alles von Rechts wegen, sagt der wohlweise Rat.«

»Henning! Wir sahen uns lange nicht. Laß mich einmal wieder zu dir reden wie ehemals. Will itzt nicht der Bürgermeister sein, sondern der Johannes Rathenow, deines Vaters Freund, der dich als ein Kind aufzog und liebte. So sprich auch du zu mir. Du bist stark und groß worden, und mit jedem Jahre wirst du um eins älter. Sie sprechen viel von dir in der Stadt. Die tollen Hörner, sagen sie, hättest du nun abgelaufen. Und wo sie noch vorgucken, stecke was anderes dahinter. Weiß es nicht und mag's nicht glauben. Aber du hast Freunde, Anhang. Freundschaft und Gewalt verleiten, und mancher Mann strauchelte und kam zu argem Fall, der da vermeinte, durch die Freunde hochzusteigen.«

Henning verschlang die Hände über seinem Barett auf der Brust. »So ging's meinem Vater seliger auch. Was hatte der nicht auf seine Freunde gebaut!«

»Und er soll nicht auf Sand gebaut haben!« sprach der

Bürgermeister und schüttelte den Kopf. Aber es gibt Freunde zwoerlei Art, als wie es Tag und Nacht gibt. Solche, die man sehen lassen kann, und man freut sich, an ihrer Seite durch die Straßen zu spazieren; und die Leute weisen auf uns und sprechen: Ei, schaut mir, er geht mit dem Herrn, und der Herr spricht freundlich mit ihm. Aber es gibt auch Freunde, Henning, die man nicht gern sehen läßt, wo guter Leute Kind rot wird, wenn sie uns auf der Straße grüßen, und man eilt, daß man vorbeikommt. Solche laute Gesellen, die nachts in den Kellern und vorm Tore zechen, daß ein guter Mann weit des Weges geht, um nicht zu treten, wo ihr Fuß eine Spur ließ. Solche, die durch die Gassen lärmen, die Eimer von den Brunnen schneiden und Katzen dranbinden, Stricke über die Straßen spannen, daß der verspätete Wandersmann fällt, die Zank anfangen mit den Wächtern und ehrsamen Bürgern, die Feuerlärm rufen. Sie haben ein Maul weit wie ein Scheunentor, wo Aufruhr ist; aber wie die Maus verkriechen sie sich und haben überall Löcher, wenn die Obrigkeit dreinschlägt.«

Henning horchte mit ehrerbietiger Aufmerksamkeit, sprach aber kein Wort drein.

»Diese Freunde«, fuhr Herr Johannes fort, »haben alle Säcke voll Mut, wenn es Tolles gilt; kein Zaunpfahl stickt ihnen zu fest, und keine Mauer ist ihnen zu hoch. Keine schönere Lust, als mit dem Büttel und den Scharwächtern anbinden. Sie wagen auch noch mehr. Sie nekken Reisende, und ist ihnen Spaß, wenn einer zuviel auf Wagen und Pferd lud, mit ihm zu teilen. Henning, das sind gefährliche Freunde. Hinter einem kecken Manne sind sie ein Schweif, der kein Ende nimmt, aber wenn er sie vor sich will, da sind sie wie der Schatten, den einer zwischen sich und die Sonne stellen möchte. Sie sind nicht zu finden und zu greifen.«

Henning schwieg noch immer wie vorhin.

»Das Herz schwebt ihnen auf der Zunge«, fuhr Herr Johannes fort; »den Turm Sankt Peters mit Sankt Nikolaus' austauschen ist ihnen, wenn man sie reden hört, ein klein Ding; und schon manch Kind guter Leute ward von ihnen beschwatzt. Dachte wunders was durch sie zu werden und endete am Galgen oder in der Heide, wo die Vogelfreien ihr Haus haben; der Schnee schneit hinein, und der Wind weht durch. Du hast ein hübsches Haus, Henning, zum alten Berlin. 's ist warm, und Vater und Vaters Vater starben drin als ehrliche Leute und wurden auf den Kirchhof getragen mit Sang und Klang.«

»Gott habe sie selig!« sprach Henning, sich bekreuzigend.

»Kein Hahn, Henning, fliegt über seinen Zaun. Sie dachten nicht drüber hinaus, als was sie waren, gute Bürgersleute; drum ging's ihnen wohl, und die Leute lobten sie bei ihren Lebzeiten –«

»Und haben sie itzo vergessen«, murmelte Henning.

»Du bist ein schmucker Gesell, halte dich zu deinesgleichen, und dir kann's nicht fehlen. In den Zünften hat's wackre, hübsche Töchter mit einem guten Stücke Geldes. Klopfe sittig an, und sie werden rufen: Herein! Du wirst ein Bürger und Meister, der sich kann sehen lassen, kann sein dereinst ein Altmeister, dessen Wort in der Stadt etwas gilt.«

Itzt erst hatte sich die Miene des Burschen verändert. Der fromme Zug war fort; die Augen blitzten schelmisch, und die Lippen warfen sich etwas spitz auf. Aber sonst stand er wie vorhin.

»Mir fehlt noch was.«

»Was denn, du Hans Niegenug? Das Sitzfleisch fehlt dir, wie du schon als ein Bub auf alle Bäume mußtest und über alle Zäune. Hättest dich mögen wie ein Ball schlagen über die Häuser, und ging dir doch nicht weit genug. Nun bist du kein Bub mehr. Meinst, weil du einmal das Schwert geführt, deine Hände wären zu gut für die Kratzbürst und die Elle? Jedweder gute Bürger muß das Schwertführen verstehen; aber verstanden, Herr, nur für seine Stadt, nicht für sich. Das ist des Adels Sache und der Herren; die sind für sich, der Bürger ist nur für seine Stadt und nichts ohne seine Stadt. Ist ein Ring in einer Kette. Schließt die Kette, so ist er gut Ding; draus los, und er ist nichts wert. Laß dein Schwert an der Mauer hängen bei der Rüstung und schau alle Sonnabend zu, daß es nicht rostet, auf daß es blank ist, wenn die Stadt dein bedarf und dich ruft. Sonst aber zieh es nicht, denn es ist ein scharf Ding und hat zwei Schneiden. Mit der einen trifft man den Feind, mit der andern sich selbst. Was fehlt dir noch? Hast eine schöne Nahrung, einen Hof draußen und Wiesen in deinem Dorf, daß ein Edelmann dich drum neidet. Was fehlt dir noch, Hans Nimmersatt?«

»Siebenundvierzig Schock Groschen ist der Stock. Was der Zins austrägt, hab ich noch nicht gerechnet.«

»Bläst aus *dem* Loch der Wind! Das wollen wir stopfen«, sprach der Bürgermeister aufstehend.

»Es ist ein alt Loch, gestrenger Herr. Seit dreißig Jahren hat's der Wind noch größer macht.«

»Es soll gestopft werden, sag ich dir, Henning; mit was Stoff es auch ist«, setzte er für sich hinzu und schritt durch das Zimmer.

Da blickte Henning auf die Jungfrau Elsbeth, die am Fenster stand und mit den Fingern an den Scheiben malte. Sie wurde rot, und auch der Henning sah itzt anders aus als vorher.

»Das soll nicht mehr sein«, fuhr Herr Johannes fort. »Das alte Lied soll ausspielen. Du wirst ausgezahlt werden, mein Wort darauf als Bürgermeister, du sollst auf Heller und Pfennig bezahlt werden. Am Montag nach Estomihi komm wieder, und hier auf dem Tische sollen sie liegen, die siebenundvierzig Schock; kein Groschen daran fehlen. – Nun, Gesell, blickst du auf den Tisch, weil er leer ist? Mein Wort liegt drauf.«

»Eures, Herr! Aber der Rat?«

»Als Johannes Rathenow, meines Vaters Matheus Sohn, geb ich dir das Wort. Und nun heiß ich dir, kraft meines Amtes, keinen Laut der Klage mehr gegen die Stadt! Ich vertrete sie und was sie schuldig ist; und so wahr ein Gott im Himmel ist und seine Heiligen uns beschützen, dir soll dein Recht werden, als ich auf Recht hoffe.«

Da machte der Junge eine Bewegung, als möchte er etwas dawidersagen; Herr Johannes merkte es.

»Willst noch mehr von mir und dem Rat?«

»Weniger von Euch, das heißt nichts; und mehr vom Rat, das heißt alles.«

»Du wirst nehmen und nicht fragen, wer gibt. Der wohlweise Rat –«

»Gibt nichts!« fiel Henning keck ein. »Herr Johannes Rathenow«, sprach er mit einem Male mit düsterer Stimme. »Glück auf, wenn Ihr mit dem Rat anbindet; aber habt Ihr auch eine starke Stimme, der Rat schreit stärker, es sind ihrer viele, und Ihr seid nur einer. Und wer am stärksten schreit, wird überall am besten gehört. Doch wenn Ihr mir's befehlt, laß ich meine Freunde schreien, und was gilt's, des Rats Stimme, und wären ihrer zehnmal mehr, nicht lauter soll's klingen als das Glöcklein am Spittel, das die alten Weiber ruft, wenn die Glocken von Kölln und Berlin Feuer stürmen.«

»Henning!« sprach der alte Herr mit drohender Miene. »Will's nicht gehört haben, daß du dem Rat mit Aufruhr drohst, und der Bürgermeister steht dabei. Verstanden, Herr! Der Bürgermeister hat es nicht gehört. Aber käm's ihm zu Ohren, er vergäße, was Dienst der Henning Vater dem Johannes in Liebe tat. Verstanden, *er* läßt nicht seine Gesellen schreien, *er* läßt nicht Sturm läuten; Brand und Unwetter schlüge auf seinen Kopf. Verstanden?«

Und nachdem er noch einige heftige Schritte getan, blieb er vor ihm stehen und legte die Hand halb als ein Vater, halb als ein Bürgermeister dem Jungen auf die Schulter. »Tu's mir zulieb, Henning, höre auf mich und nicht auf deine Gesellen. Das tut nicht gut, der Obrigkeit widerspenstig sein, die Gewalt über uns hat. Ist wider Kaiserrecht und Gottesrecht. Die das Schwert gezückt gegen ihre Herren, haben sich noch immer selbst geschnitten. Die Fehde angesagt ihrer Stadt und deren

Bürger waren, wie der Nickel Kuro und Erich Falke, sind mit Schanden umkommen, und spricht niemand gut von ihnen. Was brächt es dir für Ehr und Ansehn, so du die Sturmglocke läutest und auf die Fleischerscharnen sprängst? Und käme dein Leib auch nicht aufs Rad, in der Stadt Chronika stände dein Name als Empörer, und das läse Kind auf Kind. Dein Nam ist ehrlich, laß ihn ehrlich bleiben; denn ehrlich währt am längsten.«

Hier meldete Elsbeth, daß der Ratsknecht Andreas aufs Haus zugeschritten käme, und mochte dem hübschen Kinde das Gespräch zu lang dünken, das es nichts anging.

»Also am Montag um diese Stund kommst du wieder«, sprach Herr Johannes und nickte ihm freundlich.

Nun mußte Henning fort, ob er itzo wohl gern noch geblieben wäre und noch mancherlei gesprochen hätte, und auch Elsbeth nickte ihm freundlich zu. Den Andreas, den Ratsknecht, hätte er beinahe umgerannt auf der Treppe; und der verwunderte sich auch nicht wenig, den Henning Mollner im Haus des Bürgermeisters zu finden, wo er seit Jahren nicht hingekommen. Aber wäre auch Nachdenken seine Sache gewesen, wozu er nicht vereidet war, er hätte itzo dazu keine Zeit gehabt, wo ihm ein sauer Geschäft oblag; und wußte er noch kaum, als er die Klinke in der Hand hielt, wie er's vorbringen sollte. Denn war er doch nicht eingeschworen zu dienen zweien Herren, sintemalen Rat und Bürgermeister eins waren und was ihm der Rat bis da befohlen, ihm durch den Bürgermeister ausgerichtet worden; nun aber sollte er im Auftrage des Rates sprechen zum Bürgermeister oder seine Herren teilen. Und es verwirrte sich das in seinem Kopfe, was, wie die Sachen standen, wohl natürlich war; denn er ehrte und achtete, wie es eines Knechtes Pflicht ist, den Bürgermeister, der ihm immer freundlich gewesen und gewogen.

»So früh schon, Andreas!« sprach Herr Johannes. »Erwartete ich den Rat doch erst um die zehnte Stunde nach der schweren Sitzung gestern.«

»Das ist's alleben, Gestrenger, der sitzt schon.«

»Wer ist denn so versessen auf der Stadt Wohl?« antwortete ihr Ältester, noch immer in guter Laune.

»Der Herr von Blankenfelde war der erste, mit ihm die Bergholze und die Hoppenrades und was da um die Ecke sitzt, der Herr weiß ja –«

»Vertragen die von Kölln also doch mehr!«

»Na, was das anlangt, Gestrengen. Sie sehn gar grimmig blaß aus, zumal der Herr Hoppenrade, und die Augen stehn ihnen auch noch so. Mußten sich jeder führen lassen.«

»Nun lassen sie mich rufen, daß ich ihnen unter die Arme greife?«

»Ja und nein, Gestrenger. Das ist, wie man's nimmt. Sonst läßt doch der Bürgermeister den Ratmann rufen, so säumig ist, und will ihm 's Kapitel lesen. Heut just umgekehrt. Traut ich doch meinen Ohren nicht, als sie mir's bestellten. Und dazu schnitten sie ein Gesicht! Aber mit der alten Ordnung, sag ich ja, ist's aus.«

»Was haben sie dir bestellt?«

»Verlaub, Gestrengen! Ich sei dem Rate eingeschworen, sagen sie, also müßt ich sprechen, was der Rat spricht, und so sprech ich's denn auch. Und das ist's.«

»Was sollst du mir vermelden?«

Der Ratsknecht warf sich, wie es bei solcher Meldung sich schickt, in die Brust, ob er doch vor dem Regierenden Bürgermeister stand. Aber eben darum tat er es. »Vermelden soll ich von dem wohlweisen versammelten Rate, der da zur Zeit sitzt 'sonder seinen gekürten Bürgermeister, unter Vorsprache seines Ältermannes, des Konsuls von Kölln, derzeiten des wohlehrsamen Herrn Mathis von Blankenfelde, wie der Rat mißfällig vernommen habe mancherlei Beschwerde –«

»Der Rat! Wer ist der Rat ohne mich!« fuhr Herr Johannes dazwischen, und seine großen Augen leuchteten dem Knechte ins Gesicht. »Der Rat ist nichts ohne seinen Meister, der ihm vorsitzt.«

»Es sei denn zu Zeiten der Not und gemeiner Fährlichkeit«, entgegnete der Diener mit minder feierlicher Stimme; aber er sprach doch noch mit den Worten des Rates. – »Zu Zeiten, wo das gemeine Wesen in Fährlichkeit gerät, war es Brauch, daß der Rat auch sonder Bürgermeister zusammensitzt und sich bespricht; und sitzt und spricht dann vor, wer der Würdigste ist und nächste. Als wie es gehalten ward zu den Zeiten Tile Wardenbergs und des Albertus Rathenow, lassen sie dir vermelden, wo der Rat sich für sich besprach und bei sich Hülfe suchte, sintemalen bei dem Bürgermeister und Ältesten die nicht zu finden war.«

Es überfuhr Herrn Johannes, und er biß sich in die Lippen. Darauf aber antwortete er mit Ruhe: »Das war, als ich mich recht entsinne, auf Geheiß unsers hochwürdigen Herrn und Kaisers, Herrn Sigismunds, dem Gott seinen ewigen Frieden schenke, daß der Rat sich zusammentat ohne seinen Meister. Welcher Kaiser und hohe Herr hat denn über Nacht nach Berlin geschickt, und durch welches Tor ist der Bote kommen, daß ich nichts weiß und keine Meldung habe, daß der Rat notwendigerweis sitzen gehn mußte? Oder was ist vorfallen seit gestern, daß sie um der Stadt Not aus den Betten krochen, und möchte man sonst bei hellem Tag bisweilen die Sturmglocken läuten, daß man sie zusammenkriegt.«

In ganz anderm Tone als vorhin antwortete Andreas und machte den Kopf klein: »Gestrenger, es sind ihrer auch nur blutwenig. Des Herrn von Blankenfelde Sippschaft. Die andern schlafen auch noch. Denn es ging gestern scharf her im alten Rathaus.«

»Und was läßt mir, seinem Bürgermeister, vermelden der sehr wohlweise Rat, der itzo auf den Bänken sitzt?«

»Wie er mißfällig vernommen habe mancherlei Beschwerde«, fuhr der Knecht wie vorhin fort, »so die Zünfte und die Gemeinheit gegen Herrn Johannes Rathenow vorzubringen hätten –«

»Hätten!« unterbrach Herr Johannes. »Also haben sich noch nicht beschwert! Der weise Rat riecht, was Rauch und Gestank kommen wird!«

»Als sich das nicht zieme, daß der Bürgermeister, der ohne den Rat nichts ist, für sich allein verkehre und unterhandle, was des Rates und ihrer gemeinsame Aufgabe sei. Als er zu verhandeln gedenke für sich mit dem Henning Mollner, des alten Mollners Sohn –«

»Wahrhaftig, er denkt's!« unterbrach Herr Johannes.

»So der Stadt Rechten vergebe und Einsicht fordere, Überlegung und Einigung.«

»In dreißig Jahren ward die Einsicht nicht reif, und sieht's ein Kind ein!«

»Als aber, und dies vor allem, der Bürgermeister sich unterfangen, die Bittschrift, so ihm die ehrsame Innung der Gewandschneider geziementlich überreicht, daß er sie an den Rat abgebe, nicht abgegeben, vielmehr auf offener Straße zerrissen und dadurch Anlaß gewesen von Hader, Geschrei und Aufruhr, und sei Blut geflossen; als um deswillen gewärtige der Rat, daß Herr Johannes Rathenow vor ihm erscheine auf der Stelle und vorbringe, was er zu seiner Rechtfertigung wisse, daß es der Rat überschlage und dann ein Urteil finde, wie es recht ist.«

Die rote Ader des Herrn Johannes schwoll ihm da auf der Stirn, so mächtig als die Elsbeth es noch nie gesehen, und auch die Gertraud entsann sich dessen kaum. Beide zitterten sehr, und der Ratsknecht Andreas, der's um kein Botenlohn getan hätte, was er doch tun mußte, senkte den Kopf; er mochte seinen Herrn nicht ansehn.

»Sag du dem Rate – nein, dem Mathis Blankenfelde und seiner Sippe, der Hans Rathenow wird nicht kommen und nichts vorbringen. Auseinanderjagen wird er den Rat, der ohn ihn sitzt und ohn Recht und Gewissen spricht« – und da hatte er gefaßt einen Sessel und warf ihn so zu Boden, wie man's dem alten Manne nicht zugetraut, und war noch überdem krank gewesen. Der Sessel krachte in allen Fugen, und wär er nicht von starkem Eichenholz gewesen, er wäre zerbrochen, so ungestüm warf ihn Herr Johannes Rathenow.

Und nun schritt er wie grimmig durchs Gemach. »Mich vorfordern, mich zur Rechenschaft ziehen, die mich sitzenlassen und mir kein Recht gewähren. Aufruhr ich angeregt! Heiliger Nikolaus! Da sollen sie mir Rede stehen. Die Schneider *geziementlich* ihre Bittschrift überreicht! Empörung, offener Aufruhr war's! Sag du dem Mathis und den Seinen, ich will sie noch einmal zerreißen, in tausend kleine Stücke. Wehe der Obrigkeit, die eine Bittschrift annimmt, die ihr so gereicht wird. Leib und Leben setzt ich aufs Spiel; das tat ich für sie, für des Rats Ehre; und wollen mich zur Rechenschaft ziehen. Sag du –«

Da sprang Elsbeth heran und umfaßte den Vater, und auch Gertraud trat bittend zu, und der Andreas schaute sehr trüb. »Du bist noch krank, Vater«, sprach Elsbeth.

Er mußte es fühlen und schwieg einen Augenblick.

»Wenn die andern Herren versammelt sind, kommt auch wohl ein anderer Schluß«, murmelte der betrübte Andreas.

»Heut so und morgen so. Jetzt dies und dann jenes!« sagte Herr Johannes, »das ist's ja, was uns in Unehr bringt und Schaden. Wir fördern nichts und setzen nichts durch. Ich aber will unter sie treten –«

»Vater! Vater! Nicht heut. Es spukt in ihnen der süße Wein noch.«

»Sag ihnen, Andreas, sie sollen sich aufs Ohr legen – ausschlafen sollen sie. Hörst du, ich, ihr Bürgermeister, laß es ihnen sagen. Wenn sie auf graden Füßen stehen, werde ich kommen und zu ihnen sprechen, wie's not tut, sprechen werde ich – Nein, sag's ihnen gleich: ich werde ihnen nicht Rechenschaft stehen, ich werde nicht tun, was sie heißen, sondern was ich vor Gott, Stadt und Rat verantworten kann. Und sag ihnen auch das noch: ich werde mit dem Henning Mollner verhandeln, als es mir beliebt, und ihm auszahlen auf Heller und Pfennig, was die Städte ihm schulden, so wahr Sankt Nikolas unsere Stadt behütet. Sag's ihnen – basta – nun geh!«

Der Knecht Andreas konnte schon zehnmal ins Rathaus auf der Langen Brücke gegangen sein, als Herr Johannes noch immer im Zimmer auf und ab ging und viel mit sich sprach, und es gärte und kochte in dem alten Herrn. Darauf rief er seinen Diener Hans Dames und sandte ihn mit Aufträgen, die er ihm ins Ohr sagte, nach Kölln in die Brüderstraße. Alsdann schickte er auch die Frauen fort und setzte sich an den Schrank, wo er viele heimliche Laden vorzog und Papiere herausnahm und Zahlen überrechnete und Zahlen schrieb.

Dann blieb er eine Weile sitzen, den Kopf im Arme, und seine Miene war sehr nachdenklich. »Siebenundvierzig Schock Groschen!« wiederholte er. »Das wäre vordem meinen Vätern ein kleines gewesen, und heut könnte ich's nicht machen ohne den Bartholomeus Schumm! Die Höfe bei Bernow noch wüste aus dem Hussitenkrieg, die Ställe bei Buckow abgebrannt; und die letzte Ernte schlecht!« – Er blätterte in einem andern Kasten. »Da sind ja noch die alten Rechnungen, als ich des Henning Güter verwaltete. 50 – 60 – 80! Was für Schock Groschen die abwarfen und sind nicht schlechter worden unter meiner Hand. Die Hussiten kamen nicht dahin. Ist der Raschmacherbursch doch heut reicher als der Bürgermeister! – Ist nicht gut, wenn das Volk reicher ist als die Herren.«

Und er brütete vor sich hin. »Ein guter Junge; machte dem Herrenstande Ehre! – Das ist nun nichts. Wer nicht zum Herrn geboren ist, der wird kein Herr! – Aber wer ein Herr war, kann der zum Knechte werden?« – Seine Gedanken mußten immer trüber werden, so viel Falten legten sich auf seine Stirn. Da kam er an die Kaste mit der Kette, und das Auge leuchtete wieder auf. »Die blieb mir doch. Ein Blendwerk der Hölle war's, und das Recht der Rathenows wird bestehen!«

Drittes Kapitel

Wenn die Sonne nicht am Himmel scheint, so heißt man das einen grauen Tag; und an solchem Tage ist nicht gut was vornehmen, wenn man mit dem linken

Fuß zuerst aus dem Bette fuhr. Denn wenn das erste Ding, was man vornimmt, mißlingt, so pflegt alles andere darnach auch fehlzuschlagen.

Sie wußten es freilich selber nicht, aber die meisten Herren vom Rate mußten an dem Tage den linken Fuß zuerst rausgebracht haben, denn es wollte nichts passen und nichts sich schicken. Die Dinge, die sonst feststanden, gingen ihnen rundum, und was grade war, schien ihnen schief; und so grau es draußen war, so grau sah es in ihnen aus.

Unter den wenigen, die Herr Mathis von Blankenfelde zur Morgensitzung vereinigt, war gleich ein Zank los, die Chronik sagt nicht warum, und der Konsul von Kölln hatte Mühe, daß er durchsetzte, was er im Sinne trug.

Das Unglück, was den Herrn Propst Steeger betroffen, das war noch, was sie alle zumeist anregte; mehr als die Nachricht, daß in der Nacht ein Bürger und Handelsmann von Schnapphähnen in der Spandower Heide geworfen worden. Er war noch mit knapper Not davonkommen und bis ans Tor; aber was er mit sich führte, war verloren, und hatten sie ihn kaum ins Tor eingelassen. Itzo stand er draußen und wollte Klage führen vorm Rate, daß sie ihm abhülfen und Reisige hinausschickten, derweil es noch an der Zeit war. Aber der konnte gut warten; war's nur ein kleiner Mann und hatte keinen Freund unter den Herren drinnen. Wen er auch ansprach, der reinging, der sah ihn wohl mitleidig an und zuckte die Achseln und sprach: »'s ist eine schlimme Zeit!« Oder es sprach einer: »Lieber Mann, hilf dir selber. Du hast ja starke Knochen.« Oder es sagte ein dritter: »Warum bist du bei Nachtzeit vorm Tor? Die Nacht ist keines Menschen Freund.«

Aber der Propst, Herr Franz Steeger, war ein guter Mann und mit allen Freund und auch Blutsfreund mit den meisten. Einen liebern Mann bei Tische und beim Weinkruge gab es in beiden Städten nicht; er fehlte bei keiner Hochzeit und keinem Kindelbier und wußt es da mit den besten Trinkern aufzunehmen, und seine Geschichtlein, die er erzählte, kitzelten alt und jung. Des Ovidii »Kunst zu lieben« wußt er in hochdeutsche Reime zu setzen, daß es ein wahrer Ohrenschmaus war, ihn anzuhören; und was er erzählte, er wußt es immer zu guter Zeit und mit rechtem Schick anzubringen. Als Beichtvater da lief ihm alles zu, so die Weibsen als die Männer, und wo er konnte, da sprach er los, und seine Pönitenzen, die er auflegte, waren auch nicht schwer. Er vermeinte, wenn man von der schweren Zeit sprach, als das Interdikt über Berlin schwebte und sie den Bernower Abt, den Nikolaus, an Unserer Lieben Frauen Kirche zunächst dem Neuen Markte zerrissen und darauf verbrannt, daß sie auch was Gescheuteres hätten tun mögen, beide, so der Abt als die Berliner. Denn was hätte es so dem einen als dem andern gefrommt? Der eine sei früher ins Himmelreich kommen, was ihm schon zu gönnen; aber die Bernower Pfründe sei auch kein Hundeloch gewesen, und es habe sich hübsch warm drin sitzen lassen. Er hätte ruhig warten können aufs Himmelreich; und der heiligen Märtyrer habe es schon so viele, daß einer mehr es auch nicht tue. Unter vertrauten Freunden im engen Kämmerlein sagte er auch wohl: es sei dumm Zeug mit dem Märtyrtum in itziger Zeit und zumal in hiesigen Landen. Denn sei wohl der Nikolaus um seinen schmerzhaften Tod zum Heiligen gemacht worden wie der Nepomuk zu Prag, den Kaiser Wenzel nur von der Brücken stoßen ließ, und gleich ward er ein Heiliger! Rom sei weit, und Freunde dort kosteten Geld; und wenn man auch zehnmal verdiene, ein Heiliger zu sein, und kein Geld nach Rom schicke, so würde man's nicht. Darum sei's besser, sich hier zu vertragen, fünf einmal grade und Rom Rom sein zu lassen. Die fünf Löchlein am steinernen Kreuz vor der Marienkirche, daran die Ewige Lampe hangt, die brennen muß zum Angedenken des Bernower Abts, und die Bürger dürfen sie nicht ausgehn lassen, lohnten nicht die Schmerzen, die ein Märtyrer ausstehen muß. – Und einen Magen hatte der Propst wie keiner diesseits und jenseits der Spree. Er konnte noch soviel heut getrunken haben, morgen war er wieder auf der Stelle und trank trotz einem. Er beschämte manchen Edelmann. Und das war bekannt.

Darum war große Bestürzung, und sie war gerecht, daß grade dem das zutreffen mußte. Und wäre nicht der Tisch ihm aufs Genick fallen, was er bei Thomas Wyns getrunken, er hätte es verwunden. Nun lobte einer um den andern seine guten Eigenschaften, und ward eine Abgesandtschaft an ihn verordnet, ihn zu trösten, und seine Haushälterin, daß sie ihn wohl pflege und gut halte. Und auch an den Hans Ferbitz ward geschickt, daß er Tag und Nacht ihm zu Diensten sei; und solle beides auf der Stadt Kosten geschehen.

Das war gut und billig, denn der Propst verdiente es um die Stadt; er hatte oft zum Frieden geredet und die Händel suchten, auseinandergebracht. Aber nun trat Herr Konrad Ryke ein und erzählte, daß viel Lärmens auf den Gassen sei. Denn der Handelsmann, der in der Früh ausgezogen war, und der Rat hatte ihn noch nicht angehört, laufe schreiend umher und klage über das Unrecht und daß die taub seien, die ihn hören sollten und schützen. Und Herr Konrad sagte, es sei des Rates Pflicht, ihn zu hören und zu tun, was seines Amtes wäre. Da wurde auch in der Versammlung großer Lärm; einige waren dafür, andere dagegen. Was sei der Mann so früh seines Weges gezogen, sagten diese. Man könne keine Laternen vors Tor hängen, und die Nacht sei zum Schlafen; die Wächter seien für die Stadt und nicht, daß sie in Winternächten über Land zögen und auf die Sträuche klopften. Es war aber der fürnehmste Grund, warum sie so sprachen, daß der Handelsmann, der Hans Makeprang hieß, keine Fürsprecher hatte. Denn er war nicht von den reichen Makeprangs bei Sankt Gertraud, die so viel Renten bei der Stadt hatten, er war nur ein Hurensohn. Darum achteten viele seiner nicht; wär es ein Krämer gewesen von den großen und die zu einer Gilde hielten, hätten sie anders gesprochen. Jedennoch sagten die meisten, man solle ihn hören; was dem begegne, könne auch andern begegnen. Aber als sie ihn riefen, war er nicht mehr vor der Tür. Nun sollte der Ritter Ruthnik kommen, der Stadthauptmann; aber der schlief noch, und der andere, der Ritter Britzke, war nirgends in der Stadt zu finden. Sein Heiliger weiß, wo der die Nacht zugebracht; ist auch nachgehends nicht ans Tageslicht kommen.

Nun war es auf einmal Herr Blankenfelde, der zum eifrigsten sprach und solche Vernachlässigung rügte; er schob es aber alles dem Bürgermeister in die Schuh, der nicht zugegen sei. Und hatte es, wenn man ihn so reden hörte, guten Klang. Da kam itzt der Ratsknecht Andreas zurück und vermeldete, was ihm Herr Johannes aufgetragen. Sagt' er's auch in Worten nicht ganz so hart und stark, als der kranke Herr in seinem Gemach gesprochen, so gab er's doch wieder, daß es traf, und mochte selbst seine Lust daran haben, es den Herren gut einzugeben. Da war es doch, als ob die Feuerwerker Pulver ausgestreut und ein Funken fliegt darauf, ehe daß die Mine fertig ist, und es flackte, blitzte und loderte. Wer kann alles das niederschreiben, was da gesprochen wurde!

Herr Bergholz sagte: »Das kommt davon, so man einem Manne zuviel merken läßt, was er gilt. So man einem Hund immer Fleisch gibt, will er kein Brot fressen.«

Herr Konrad Ryke aber: »So man nur das Schild der Rathenows in der Mauer etwas niedriger gehängt hätte, als die Stadt sich mit dem Matheus wieder vertrug! Denn, bei Gottes Sohn, ich meine, es war von ihr genug, daß sie es wieder aufnahm.«

Andere sprachen noch ärger.

Dem Ratsschreiber, der ein wackerer Mann war, ging das schwer an, was er hören mußte gegen den Bürgermeister; und erhob sich keiner, der es auf sich nahm und wider sie spräche. An ihm war's nicht. Und waren auf fünf immer vier seine Feinde. Herr Konrad Ryke hätte wohl sprechen können, denn er war ein Ehrenmann, und viele erwarteten es; aber er war auch ein hochmütiger Mann und mochte es nicht vertragen, wenn sie die Rathenows lobten. Das Wappen der Ryke war älter an den Mauern und im Rathause.

Zu ihm trat, während die andern um Herrn Bergholz darüber stritten, welche Antwort man dem Bürgermeister zurücksende, itzt der Herr von Blankenfelde und sprach vertraulich, als wären sie dicke Freunde: »Sagt mir, Herr Ryke, um Gottes Erbarmen, was soll nun daraus werden! Läßt man das hingehn, wie steht's mit dem Gemeinwohl? Und wenn wir's rügen, so schreien sie, wir täten's aus Feindschaft gegen die Rathenows. *Ich* gewiß nicht, und *Ihr* auch nicht. Aber wohin führt das? Er will uns verbieten, für der Stadt Wohl zu ratschlagen, und kommt doch selbst nicht. Ist das zu rechtfertigen?«

»Er ist krank«, brummte Herr Konrad Ryke vor sich.

»Ich will's ihm glauben, so's ihm Vergnügen macht«, lächelte recht boshaft Herr Mathis. »Aber ob die Herrn 's ihm glauben werden! Hochmut ist eine schwere Krankheit. Daß uns die Heiligen davor bewahren! Wer möcht ihm seine Verdienste abstreiten. Aber Verdienste können ausgehn als wie der Reichtum, wenn nichts hinzukommt; und der Bettelstolz ist nicht so lächerlich, als so einer sich noch groß dünkt und ist doch inzwischen klein worden. Aber 's ist ein Erbstück in der Familie. Der Albertus – verzeih's mir Gott, daß ich an den denke und ihn mit unserm Johannes vergleiche – der überhob sich in Macht und Ansehn. Und wie *er* in Untugend und Übermut, so wollte der Matheus allein gerecht und tugendhaft sein. – Und der Johannes will allein Verstand und Kraft von Gott haben, das Regiment zu führen.«

Herr Ryke nickte mit dem Kopfe.

Da fuhr er fort: »Unter uns gesprochen, Herr Ryke: 's ist nicht umsonst, daß er gestern abend den Rat öffentlich beschimpfte und nicht kam, nicht umsonst, daß er heut krank ist, nicht umsonst, daß er den Raschmacher bezahlen will und der Ratsknecht den Henning bei ihm im Haus fand; nicht umsonst, daß er dem Rat Antwort schickt, wie man Zigeuner abweist. – Er will neuen Anhang. Uns läßt er fahren.«

Der Ratsschreiber verlas itzo das Schreiben, so ihm die Bergholzischen und der Hoppenrade in die Feder diktiert an den Bürgermeister. Daß er sich nicht unterstehen solle, bei des Rates Feindschaft, dem Henning Mollner auszuzahlen, und noch viel mehr des Argen, was nachfolgte. Es klang so, als es verlesen ward, daß der Ratsschreiber selber innehielt, und es schwieg alles. Keiner sprach ein Wort, Herr Konrad Ryke schüttelte den Kopf, und aller Gesichter wandten sich unwillkürlich nach der Bank, wo Herr Johannes Rathenow sonst saß. Ja, hätte er itzt dort gesessen und sich erhoben, es hätte keiner mögen einen solchen Brief schreiben und verlesen. Manche hielten es für ein schlimm Ding, itzo auch mit dem Bürgermeister zu brechen, wo der Rat so blank stand mit den Zünften und der Gemeinheit. Einige auch dachten an das, was neulich auf den Bänken hier der Niclas Perwenitz aus Brandenburg gesprochen und was Schweres alles der Stadt und ihren Verbündeten drohe. Jene beruhigte der Herr von Blankenfelde.

»Die Zünfte sind nicht so bös, als wir meinen, ihr Herren. Laßt den Zügel einmal loser einem bissigen Roß, das man scharf hielt, und es geht euch sanfter, als ihr vermeint. Wer hat's denn mit den Zünften verdorben? Wer schaut sie mit essigsaurem Gesichte an, als wollt er sie alle zerreißen, und lüftet kaum die Kappe, wenn ein Meister grüßt? Wer weist ihre Forderungen allezeit zurück? – Ich sage nicht, daß ihre Forderungen gerecht sind, ich sage nur, es ist unklug, ihnen den Daumen aufs Aug drücken, wo man mit einem Händedruck, mit einem freundlichen Worte mehr ausrichtete. Wer zerriß ihre Bittschrift an uns, den Rat, ehe wir sie gelesen?«

Da lief eine Nachricht von Mund zu Mund. Herr Bartholomeus Schumm war nicht in den Rat gekommen; es hatte es auch keiner erwartet, der ihn gestern sah. Doch nun verlautete es, wie er den Boten, den ihm der

Bürgermeister zugesandt, mit schnöder Antwort von der Tür gewiesen. Das war etwas, was gestern noch keiner für möglich hielt. Die Brücke zwischen den Gewaltigen von Kölln und Berlin war gebrochen; das Bündnis zwischen Reichtum und Macht, das viele gefürchtet, alle mit Neid angesehen, zerrissen. Herr Schumm war nicht der Mann, der mit sich spaßen ließ, und Johannes nicht der, welcher solche Abweisung in Glimpf hinnahm. Über Herrn Blankenfeldes Gesicht leuchtete es; doch verbarg er's schnell. Aber nun trumpften sie auf, des Johannes Feinde. Und der Sturm wurde erst gar groß, da grad itzt einer kam, der beim Bürgermeister angesprochen, und durch den ließ er hineinsagen, wie er, der Johannes, des wundernehmen müsse, daß der Rat der Klage des Handelsmanns kein Ohr geliehen, da er sich doch um Dinge kümmere, die ihn nichts angingen.

Gotteswunder! wie sich da alles überschrie. Das sei doch zuviel, sagten auch die Stillen, daß er kommandieren wolle den Rat von seinem Hause aus. So könne es ein Fürst zu seinen Vasallen tun und ein Herr zu denen, die ihm gehören, aber nicht ein gekürter Bürgermeister in einer Freien Stadt zu denen, die ihn gekürt.

So etwas sei unerhört, sagte Herr Bergholz; aber Herr Mathis Blankenfelde meinte, der Stadt Chronika melde von Exempeln, und man brauche nicht bis in die Zeiten der Heiden zurückzugehn.

Da kam noch einer vom Rate, der sich verspätet hatte, und war in Schweiß und außer Atem. Er hatte aber nicht durchgekonnt vor dem Gedränge in den Gassen; und war's kaum abgegangen, ohne daß sie ihn beschimpft hatten. Denn allerwegen waren sie aus den Häusern getreten, die Bürger und Leute, und hatten die Arbeit ruhenlassen, um den Hans Makeprang zu hören, der wie toll umherlief. Und er erzählte, was ihm begegnet, an allen Ecken, und schrie wie eine Trompete über himmelschreiendes Unrecht, und schimpfte auf den Rat und das Regiment, und weinte und streckte die Hände um Hülfe aus.

»Das hört man ja alle Tage«, sagte Herr Hoppenrade gähnend.

»Versichr Euch, Herr Hoppenrade«, sagte der Ratmann, »mir wurde da heiß wie einem gesottenen Krebs. Das Faß mußt ihm aus dem Boden geschlagen sein; denn es lief ihm nur so von den Lippen, und Worte sprach er, so wir zeitlebens nicht gehört. Und nun das Volk, das die Reden verschlang! Ich wünschte mich zehn Meilen fort. Endlich rief er, wenn kein Mensch ihm beistände, so wüßt er, wo Hülfe sei, beim gnädigsten Kurfürsten, der zu Spandow sitzt, der keine Räuber dulde in seinen Landen.«

Hier ging ein leises Lächeln durch die Versammlung.

»Lacht nur, ihr Herren«, fuhr der Erzählende fort. »Aus denen herum lachten auch ein, zwei und drei. Aber der Mensch schrie: ›Lacht nur, ihr stolzen Herren, die Räuber werd ich nicht verklagen, sondern die Herren, die geschworen sind, uns zu schützen, und lieber schlafen, saufen und sich raufen um des Kaisers Bart. Ich weiß etwas, der hohe Herr wird mich gnädig hören, er wird gern sein Ohr auftun, er wartet nur, er will kommen, eure Gerechtsame euch nehmen, die ihr nur braucht, das gemeine Volk zu drücken.‹«

»Was will der Mensch?« rief Hans Mewes aus. »Er ist nur ein Bankert. Keine Gilde nimmt ihn auf.«

»Die von den Gilden waren's auch nicht, die schrien«, fuhr jener fort. »Das herrenlose Volk machte den Lärmen. Doch bei der Drohung sahen sie sich alle gar wunderbar an. Nun redete er noch von der Leber weg gegen alten und neuen Rat, und es klang, wie er das Regiment schilderte, als wären wir alte Töpfe, die in einer Rumpelkammer zusammengeworfen sind. Und es müßte einer mit dem Besen kommen, der reinfegte. Und der würde nicht zu lange auf sich warten lassen. Vielmehr, wie er mit dem Adel den Kehraus getanzt, werde er es mit den Städten und den Geschlechtern auch tun.«

Hier nun war es still geworden, und einige horchten aufmerksamer zu.

Mathis Blankenfelde sprach: »Das hat der Hans Makeprang nicht von sich. Er ist ein einfältiger Mensch.«

»Desto schlimmer«, fiel Konrad Ryke ein, »wenn andere hinterstecken, 's ist übel, daß es zu dem Aufheben kam. Man hätte beizeiten dazu tun müssen.«

»Man sollte ihn vors Gericht fordern!« rief einer.

»Fordert ihn nur vor«, sagte der Erzähler. »Wenn ihr den Jubel gehört, würden euch die Gedanken vergehn. Er schrie: ›Ich weiß einen Reichen, gegen den eure Reichen Bettler, einen Großen, gegen den eure Großen kleine Leute sind. Der, wenn er den kleinen Finger aufhebt, kann uns besser schützen als alle Familien und Geschlechter in allen Städten der Marken. Das ist unser gnädiger Kurfürst.‹ – Lieben Freunde, es war ein arges Stück da, und wär es nicht vor Hans Rathenows Hause gewesen, wer weiß, was draus worden.«

»Vor Hans Rathenows Hause!«

»Dahin hatte sich's gezogen, und konnte keiner vor und zurück; ich mußte also mit. Wie's gekommen, das weiß ich nicht, ob sie ihn rausriefen oder ob er von selbst vor dem Lärmen kam. Im Flure stand er und redete mit dem Makeprang und den andern, die für ihn itzt schrien und lamentierten. Was es war, das weiß ich nicht. Ich stand zu entfernt. Aber er soll gesagt haben, wenn er nicht krank wäre und zu Rat säße, sollte es anders sein. Drauf haben sie dem Makeprang, der blaß war und nur so schlotterte an allen Gliedern vor Wut und Hunger auch, und die Haare fielen ihm so von der Stirn ins Gesicht, einen Stuhl hingesetzt in den Flur und ihm ein Weißbrot gegeben und ein Glas Wein –«

»Dem Bankert! Der Bürgermeister!« rief es verwundert.

»Und der Mensch warf sich auf den Stuhl und schimpfte, sage ich euch, und fluchte nach wie vor und noch ärger, wie einer, der einen Schluck Wein auf nüchternen Magen nimmt: Das hülfe ihm einen Quark zu seinem Verlornen. Nun weiß ich wieder nicht, was Herr Rathenow sprach und wie er ihm zuredete; aber es ging an einer andern Ecken los, nämlich um den Roland. Ich hörte wohl des Henning Mollners Stimme; und was er sagte, dazu jauchzten die andern. Und das Ende vom Lied war, daß er mit seinen Gesellen ausziehn wollte, um dem Makeprang sein Recht zu schaffen. Er stellte sich auf den Fuß vom Roland und schwenkte sein Tuch und rief: ›Wer ein wackerer Junge ist, kommt mit.‹ Da flogen die Mützen, und gab's einen Lärm; ihr müßt es hier gehört haben. Sie hoben ihn auf ihre Schultern und schrien: ›Der Henning soll unser Roland sein! Der wird nicht dastehen als ein Steinbild und tut nichts.‹ Und nun tobte es und zog fort, und was Reden sie auf uns losließen, das mag ich nicht noch einmal sagen.«

»Und der Bürgermeister?« fragte Herr Blankenfelde.

»Den sah ich nicht mehr.«

»Er war wieder krank geworden, zu rechter Zeit!« sprach Herr Bergholz.

»Sie sagten, er hätte gemeint, man solle den Henning lassen. Irgendwer müsse doch in einer Stadt sein, der zum Recht verhülfe. Kann sein, daß sie's auch nur so sagten, damit der Haufe es glaubt. Aber zweien von seinen Knechten hat er erlaubt mitzuziehn.«

Herr Blankenfelde verzog süßsauer sein Gesicht und knipste mit den Fingern, als es sich wohl in keiner Ratsversammlung schickt.

»Drauf ward ich fortgedrängt, dicht beim Rathenowschen Hause vorbei, und ich sah nur, wie die Fenster alle voll waren, und die Jungfer Elsbeth sah raus mit einem gar fröhlichen Gesichte und nickte dem Henning zu. Drauf wurde etwas Luft, und ich eilte mich, daß ich herkam.«

Eine augenblickliche Stille trat in der Versammlung ein, nur unterbrochen von dem fernen Getobe und Wogen der Haufen in den Berliner Gassen. In Kölln drüben war es still.

»Sankt Petrus!« rief ein Köllner Herr, »bei uns wäre das nicht geschehen.«

»Er tut's zum Hohne dem Rat, und wir dulden's!« ein anderer.

»Noch wär es Zeit, ihm's zu untersagen«, meinte ein dritter. »Den Weibel ihm nachgeschickt, daß er sich nicht unterfängt ohne des Rats Erlaubnis.«

Aber die Mehrzahl schüttelte die Köpfe. »Wir haben des kein Recht«, sagte ein älterer Ratmann. »So einer ausziehn will auf eigne Hand, zu seinem Frommen und Schaden, wer darf's ihm wehren?«

Dem stimmte Konrad Ryke bei.

»Und wohlgemerkt, ihr Herren, es wäre auch nicht klug von uns«, sagte Mathis Blankenfelde. »Sie steinigten den Weibel, wie es steht; und keiner von uns möchte ruhig nach Haus kommen. Laßt den Burschen ziehen, und gewärtigen wir«, setzte er leiser hinzu, »ob sie ihn mit blutigem Kopf nach Hause schicken.«

Und nun traf es sich, daß sie alle mit einem Male gehen wollten, und es war heut auch nichts mehr zu beraten. Einige mochten's tun aus Besorgnis vor dem, wohin Herr Blankenfelde gewinkt; andere, weil sie müde waren; aber die Mehrzahl war nicht müde und nicht besorgt. Sie wollten den Auszug des Henning Mollner und seiner Leute mit ansehn. Denn es hatte ein Schauspiel auf den Gassen, was für eines es auch sei, zu jenen Zeiten etwas, dem man nicht leicht widerstand. Es trieb manchen, es zu sehen, und wenn's ihm an Kopf und Kragen ging. Ward auch der und jener, der sich gut versteckt hielt, auf die Art vorgelockt und büßte sein Leben um eitel Neugier ein. Aber predige du den Toren, daß sie sollen weise sein; und unterm Galgen ward mancher zum Diebe. Das ist des bösen Feindes Macht, daß er seinen Köder auswirft mitten unter die Guten; und was das unvernünftige Vieh liegenläßt, danach greift der Mensch in seiner Torheit. Ließe sich davon vieles sprechen, aber würde kein Ende nehmen. Hätten auch die Herren Gescheuteres tun können, als dem Aufzug nachlaufen, der ihnen doch wahrhaftig nicht zur Ehre gereichte; und war da nicht viel mehr zu holen als Schimpf.

Blieben von allen nur die drei zurück: nebst Herrn Blankenfelde der Bergholz und Hoppenrade. Wäre noch

Bartholomeus Schumm dagewesen, so waren die Herren von Kölln, so die Macht hatten in ihrer Stadt, beisammen.

»Was nun, ihr Herren und Freunde?« sprach der Blankenfelder. »Der alte Fuchs, wer hätte das gedacht, schlägt wirklich um! Und das ist das Schlimmste, was er tun konnte; nämlich für uns. Schimpft auf den Rat und hält's mit dem Volke. Hans Rathenow und das Volk! Ist's nicht zum Dummwerden?«

Die andern beiden lachten aus voller Brust.

»Laß ihn dem Henning auszahlen. Von Kölln kriegt er's nicht wieder«, sprach Herr Hoppenrade.

»Und, Gott sei's gelobt, von Berlin auch nicht«, setzte Herr Bergholz hinzu.

»Mit seiner Tugend geht's auf die Neige«, sprach Herr Blankenfelde. »Aber mit seiner Macht! Sankt Christoph und all ihr Heiligen, denkt doch: Hans Rathenow und die Zünfte eins und der Henning und sein Anhang dazu in der schweren Zeit!«

»Ihr habt die Suppe eingebrockt, eßt sie nun aus«, sprach Herr Hoppenrade. »Ihr verredetet ihn gestern und heut, wo er nicht dran dachte; nun ward dem so. Man muß den Teufel nicht an die Wand malen.«

»Glaube, Ihr habt recht!« entgegnete Herr Blankenfelde aufstehend.

»Aber mutig!« setzte jener hinzu. »Die Suppe eß ich mit euch.«

»Wir haben die Schumms auf unserer Seite«, sagte Herr Bergholz. »Die Schumms und die Rathenows auseinander. Wollt ihr mehr noch von zwei Tagen?«

Viertes Kapitel

Auf seinem Hofe, unfern vom Oderberger Tor, stand Baltzer Boytin und hieß die Knechte die Pferde, die in ansehnlicher Zahl umherstanden, wieder in die Ställe führen. Die Knechte brummten, und ein älterer meinte:

»Wenn er so mir nichts, dir nichts die besten Rosse auf die Schindjagd gibt, was soll denn aus dem Geschäft werden! Die Tiere, wenn *die* sie wiederbringen, gehn ja vors Luder. Kein ehrlicher Christ kauft sie; und wenn wir noch so bürsten und färben und teuren Pfeffer in die Kerben klemmen. Und's waren Prachtrosse aus Mecklenburg. Ein Fürst brauchte sich ihrer nicht zu schämen.«

Ein zweiter nickte ihm verstohlen zu. »Ich diene ihm länger als du. Aber das wäre nicht das erste Mal, daß seine Wirtschaft auf den Hund kommt.«

Ein dritter sagte: »Und ihr seht doch nicht, daß er selber nur vom Pferde auf den Esel kam. Er hat itzo mehr Rosse denn jemals und sitzt im Warmen.«

»Der Pferdehandel, wie er itzt geht, trägt's wahrhaftig nicht ein«, brummte der erstere, und der zweite sprach:

»Und wo er seine liegenden Gründe hat, weiß auch kein Seel.«

»Schiert euch das!« fuhr der dritte fort. »Kriegt ihr euren Lohn darum weniger? Oder ist der Brei dünner und das Fleisch magerer? Wessen Brot ich esse, dessen Lied ich singe. Unser Meister ist keiner von den gewöhnlichen. Wo er seine Mühlen hat und wo er seinen Wind herkriegt, was geht's uns an, wenn seine Säcke nur voll sind. Andere färben und ölen und streichen ihre schlechten Mähren, daß sie für gut aussehn beim Verkauf; unser Herr gibt bisweilen gute Rosse für schlechtes Geld. Wißt ihr, ob er nicht mehr damit gewinnt als solch ein jämmerlicher Roßtäuscher, der sich über die Grenzen stiehlt und in den Vorstädten einliegt? Heda, woher sind seine Ställe voll? Er versteht's, sag ich euch. Er ist pfiffiger als einer. Er hört das Gras wachsen und weiß, wohin die Vögel fliegen.«

Die Knechte krauten sich hinterm Ohr und taten ihre Schuldigkeit. Der Herr war von ihnen gefürchtet, aber nicht geliebt. Das sah man, wie sie vor ihm zurücktraten, als er über den Hof nach einer hölzernen Stiege ging, die auf die Stadtmauer führte. Denn der Hof des Roßtäuschers lag dicht an derselben, und begrenzte ihn die Mauer, doch so, daß ein freier Verbindungsweg für die Stadtleute durch die zwei großen Torwege seines Hofes führte. Auf die Stadtmauer, die viel höher war als itzo und ein tüchtig Bollwerk gegen den Feind – und ist Berlin in alten Zeiten niemals, als die Chroniken recht berichten, von einem Feinde eingenommen worden –, war jedem erlaubt zu steigen, der ein Bürger war; denn er war ein geborner und geschworner Soldat, der seinen Platz auf der Mauer hatte, wann es den Feind galt.

Herr Baltzer Boytin stieg auf einen der Warttürme, darauf man weit hinaussehen konnte über den Graben, der noch ist, ins Land und über die Straße; der Turm aber steht nicht mehr. Die Straße ging über die Stadt Bernow nach Oderberg, so eine berühmte Stadt war und ein Hafen und Stapelplatz und landesherrliche Niederlage. Aber hatten die Berliner seit den Zeiten Waldemars und noch früher dort Freiheit durch Brief und Siegel vom Markgrafen. Brauchten nicht niederzulegen ihre Waren, die sie auf den Oderkähnen hatten, noch Zoll zu zahlen; sondern konnten frei weiterschiffen, ob gen Stettin oder so sie von Stettin kamen. Ging viel märkischen Weines dort vorüber, über Pommerland, zu den Kassuben und Dänen, nach Nordland und zu den Griechen und Reußen, die dem moskowitischen Zar dienen. Aber die Schiffer dazumalen, ob ich die gleich auch nicht loben mag, bohrten den Wein unterwegs nicht an und kochten und fälschten ihn. Das taten die Herren von der Kaufgilde selbst, so in Berlin als auch in Stettin; da nun zumalen; und haben die Stettiner von alters her den Ruhm, daß sie tüchtige Weinmacher waren. Und ward zu jedem ordentlichen Wein, bis man ihn auf hübschen Tafeln trinken mochte, viel Süßholz und Honig und noch viel mehr Ingber und allerhand kostbare Würzeneien zugetan und zusammen gekocht und gebraut. Die Würzeneien kamen ehedem aus Asia über das Land der moskowitischen Griechen; seit den Tartarn aber, die Gott verdamme und in ihre ewige Heimat schicke, das ist der Tartarus, seitdem kamen sie über Venetia und die Schneeberge, über Salzburgen und Nürenberg und dann die Elbe hinunter zu uns ins Land, was nicht nach Hamburg ging.

Aber auf die Oderberger Straße schaute diesmal nicht der Baltzer Boytin, ob er doch dahin vielen Verkehr hatte, auch zweimal bankbrüchig worden, daß ihn die Stettiner einstecken wollten, und hätten vielleicht kurzen Prozeß mit ihm gemacht; aber er entfloh. Sondern er schaute auf den Landweg, der links durch die Heide abbiegt nach der Straße nach Spandow zu. Denn dieses Weges, ob es schon ein Umweg, war Henning und sein Anhang gezogen. Sie wollten, ob sie die noch fänden, die Raubgesellen von der Seiten suchen und greifen; denn über die Spree konnten sie doch nicht geritten sein, wo Eis ging; also hofften sie, sie zu fangen zwischen Spree und Havel, wenn sie den Wald tüchtig durchritten. Denn ließ sich doch nicht vermuten, daß solche Schnapphähne in Spandow eingeritten wären, wo der gnädige Kurfürst grade hofhielt; und anders gab's keine Brücke.

Da hinaus also schaute Baltzer und sah dem Zuge nach, der bald im Dickicht der Kiefern verschwand, bald wieder vortauchte, wo sie lichter wurden. Endlich aber verschwand er ganz hinter den großen Bäumen. Es wirbelte kein Staub auf, da die lockere Erde von leichtem Frost überzogen war. Auch sagte ihm nicht der Schall, wohin sie sich wendeten, denn der Anführer hatte allen, sobald sie das Tor verlassen, geheißen, sich, was an ihnen, ruhig zu halten. Nur wo die Krähen aufflogen im tiefen Walde, konnte Herr Baltzer wahrnehmen, wohin die Richtung ging. Doch auch das hörte auf.

Mit grinsendem Gesichte lehnte sich der Roßtäuscher, den Kopf auf dem Ellenbogen, an die Zinne. Es war, wie wir sagten, ein grauer Tag, und die Wolken schwitzten einen feuchten Nebel, und unsereinem würde es durch die Haut gefröstelt haben. Das tat einem von damals nichts. Sein häßlich Gesicht hielt er sogar frei in die

Luft, und der geöffnete Mund, der die gelben, unregelmäßigen Zähne frei wies, schlürfte die nasse Luft ein, ohne daß er nachgehends darum von Verkühlung gesprochen und eine Kolika gespürt. Er stierte weit über die Gegend, und dann verfolgten seine Augen wieder den Flug der Krähen in der Luft. Auch manchen Reiher und Adler, der sich über dem Kiefermeer erhob und wirbelnde Kreise zog. Zunächst unter ihm, und doch noch eine gute Strecke entfernt, lag ein sehr alter, hoher Turm. Der war viereckigt, und an jeder Ecke schoß ein rundes Türmlein, das hinausgebaut war, in die Höhe, und oben hatte er ein spitzes Kegeldach von gemauerten Steinen. Das war der feste Turm von dem Hofe Wedding, der zum alten Berlin gehört, seit ihn Markgraf Otto der Stadt um ihre treuen Dienste geschenkt; und war's der äußerste feste Punkt, den die von Berlin außer ihrer Stadt hatten. Er war von der Stadt aus besetzt, und oben saß ein Wächter, der ausschauen mußte, wenn er nicht schlief. Aber er hatte schwer ausschauen, denn war ringsum finsterer Wald, und Hügelzüge liefen durch. Darum konnte auch Baltzer nach der Seite nicht weit blicken; und war der Kirchturm von Reinickendorf das hinterste, was er sah.

Aber doch schien es, als wenn seine kleinen grauen Augen durch den Wald sahen und hindurch die schwarzen Wolken, die in der Ferne ihre Bäuche an den Kieferwipfeln schlitzten. Mußte er wohl die Gegend kennen, denn er regte oft unwillkürlich den Arm und brummte etwas und zeigte mit den Fingern, als wie wenn er mit einem spräche und ihm Anweisung gäbe, wie er's machen sollte. Und es war ganz still ringsum; denn itzt war's Mittag in der Stadt, und die Bürger saßen an ihren Tischen oder sprachen das Nachgebet. Nur dann und wann ließ sich in weiter Ferne ein Hifthorn vernehmen wie von einem verlornen Jagdzug; aber es verhallte wieder.

Auf der Mauer unten kam ein Mann mit einem Spieß gegangen. Es war der die Wacht hatte, und Baltzer erkannte den Schneider Zademack. Der schaute auch ihn, und sie grüßten sich.

»Was Neues, Gevatter?« rief er ihm hinunter.

»Das möcht ich von Euch wissen«, antwortete der, »Ihr schaut ja da weiter.«

»Es kommt drauf an. Die Luft ist trüb. Steigt rauf, Gevatter, ob Ihr was seht.«

Der Schneider stieg hinauf. Er konnte oben so gut Wacht halten als auf der Mauer.

»Nun, seht Ihr was vor Euch?« lachte Baltzer.

»'s ist alles grau.«

»Nein, seht Ihr da und da und da!« Er zeigte auf die weite Landesstrecke hin, davon wir oben sprachen und wo nichts war als der große Wald; und er lag schwarz und trüb und feucht vor ihnen. »Da geht die Sonne feuerrot auf.«

»Nach Spandow zu?«

»Meinethalben.«

»Meister Baltzer, Ihr faselt«, und sah ihn der Schneider groß an. »*Jetzt* ist erst Nachmittag, und *dort* ist Abend.«

»Ich sage Euch aber doch, da geht's rot auf. Feuerrot über Berlin, brannstig rot über das alte Regiment. Wenn der Junge zurückkommt und bringt ein paar Räuber am Strick, meint Ihr nicht, daß das ein Einzug wird, wogegen der Auszug nichts war? Wenn vorhin schon den Herren die Zähne klapperten, wie wird's dann, he! Wer wird die Räuber hängen? Der Rat etwa? Element, wenn das die Bürger zulassen! Wir retteten der Stadt Ehre, wir sind die Herren!«

»Um einen Bankert so viel Aufhebens!«

»Und wenn's ein Jude wär! – Es war ihre Schuldigkeit, und sie haben sie nicht getan. Wir setzten unser Leben dran, unser ist der Lohn.«

Der Schneider würgte nachdenkend an der Vorstellung, so der andere angeregt. »Sie brechen doch nicht los.«

Baltzer Boytin schaute ihm eine Weile grinsend ins

Gesicht. »Ich glaube auch. Sie sind alle Schneider«, murmelte er vor sich hin.

Hans Zademack kreuzte die Arme über dem Spieß, auf den er sich lehnte. Dann sprach er, und es war eine gute Weil vergangen, wo sie beide geschwiegen: »Der Henning ist ein kecker Bursch, und wo er losschlägt, trifft's. Aber dazu taugt er nicht. Ihm fehlt das Blut. Wenn keiner an die Spitze tritt, der Vorfahren hat, bleibt's in alle Ewigkeit beim alten.«

Ein vielsagend schelmisch Lächeln breitete sich über Baltzers Gesicht aus. »Nun, Euer Herr von Blankenfelde vielleicht.«

»Geht mir mit dem. Seit gestern sprang er um. Soll heut im Rat, wo er vorsaß, die Nase hochgestreckt haben. Der will nicht uns, der will nur Kölln und sich.«

»Soso. Ihr meintet gestern im Ratskeller –«

»Einer taugt sowenig als der andere.«

»Das ist schlimm, Meister, sehr schlimm. In zwo so großen Städten keiner, der was taugt. Sollte keiner sein, der die Sache ins rechte Schick bringt?«

»Ihr spracht gestern vom Rathenow, vom Hannes, mein ich. Ich lieb ihn nicht; aber wenn ihn die Herren hassen, darum haß ich ihn nicht mehr. Er ist Bürgermeister, und die vom Rat müßten ihm gehorsamen.«

»Das sag ich ja auch«, antwortete der Roßkamm.

»Und wenn sie's nicht tun, Blitzelement, so wird er doch –«

»Was wird er, Gevatter?«

»Reden.«

»Kann sein.«

»Das Donnerwetter ihnen über den Hals schicken.«

»Vielleicht. Wenn's aber nicht einschlägt? Er ist wohl der Enkel von dem Albertus, aber auch der Sohn von dem Matheus. Und allemal ist er ein Patrizier.«

»Wer ist der Mann vom Volke, der's kann!« sprach Hans Zademack.

»Da habt Ihr wieder recht. Wüßte keinen im Volke. Mancher, der's jetzt gut meint; aber wer steht uns dafür, wenn er zum Regiment kommt, daß er's dann noch gut meint? Mancher Mann möchte von ganzem Herzen den alten Kram zertreten, den Sauerteig zum Fenster nauswerfen und das Dach vom alten Rathaus abdecken, damit reine Luft wird; aber, du lieber Gott, es gehört doch ein Kopf dazu, der's wieder zudeckt und einrichtet. Und mancher, der jetzt die Herren aus dem Grunde haßt, wer weiß, wenn er selbst einer ist, ob er's dann nicht ebenso macht und das Volk haßt wie itzo die Herren. – Bringt mich auf einen, Gevatter. Der Henning Mollner, sagt Ihr selbst, ist ein Wildfang.«

»Gott beschütz uns davor. Da würde nichts Kluges. Wer sollte vor *dem* Respekt haben!«

»Der Wirt zum Ratskeller hat den Kopf auf dem rechten Fleck. Er haßt aus voller Seele die Geschlechter; aber weil er klug ist, merken's wenige.«

»Der!« fuhr Meister Zademack auf. »Der Weinzapfer, der Bierschenk! I, da wollte ich ja eher, den Sack auf dem Rücken, aus Berlin wandern, als daß solch unzünftiges Gesindel nur auf die Ratsbänke käme.«

»Was sagt Ihr denn zum Bartz Kuhlemey? Der als Bürgermeister würde sich Ansehn zu geben wissen.«

»Ja, wenn wir Vieh wären! Ist ein guter Ochsentreiber und kann schreien wie drei Bullen. Das fehlte noch zur allgemeinen Not, daß die Knochenhauer zu Rat säßen.«

»Da habt Ihr gewiß recht«, entgegnete der Roßtäuscher, »ob ich schon meine, wer mit dem Vieh umzugehn weiß, der lernt auch das Volk traktieren. Wie steht's in Eurer Gilde? Wäre da keiner von den reichen Tuchherren?«

»Nichts da. Die Herren möchten sich auch mehr dünken, die das Tuch reißen, als die es weben und zu Gewändern verschneiden. Von denen um Gottes willen keiner! Und überhaupt, unsere Gilde in Ehren, aber ich möchte davon keinen am Regiment sehen. Warum? Es dächte jeder: ich bin ebensogut.«

»Mit vollem Rechte«, sprach Baltzer Boytin. »Und was gilt's, bei den andern Gilden denken sie ebenso! Die

Bäcker, die Schuster, die Messerschmiede, wo ist da ein Meister, der so vorzüglicher wäre vor den übrigen, daß die es anerkennten. Und gesetzt, ein Schuster würde Bürgermeister, Herrgott, will ich denn einen Bürgermeister haben, der mir die Schuh versohlt?«

»Behüte Gott!« sagte der Schneidermeister.

»Nun, laßt uns einmal weitersuchen«, sprach der Roßkamm. »Von den Geschlechtern also keiner, und die Unzünftigen ebensowenig.«

»Das fehlte noch«, sagte der Schneider. »Den Zünften gehören die Städte; denn sie sind, als in einer Uhr, das Werk; da greift ein Rad in das andere, und das ist das Leben und der Atem. Was außer dem Werk, das ist nur Nebenwerk. Und mag's schön, mag's häßlich sein, darauf kommt es nicht an, sondern daß die Räder gut sind; das macht eine gute Uhr.«

»Sehr richtig«, sprach der Roßkamm. »Aber einer muß doch sein, der sie alle acht Tag aufzieht, sonst bleibt sie stehn; und wär's die beste Uhr, die sie in Flandern machen oder in Nürnberg; und so das keiner sein darf, der *unter* den Zünften ist, noch einer *aus* den Zünften, so muß es doch einer sein, der *über* den Zünften ist.«

»Kein Patrizier!«

»Das versteht sich. Von außerhalb muß also der Mann gesucht werden, der unserer Not abhilft. Es gäbe da unterm Adel wohl manchen Ritter.«

»Einen Wolf in den Schafstall!«

»Bei den Welschen, wo ich war, wie Ihr, werter Meister, wißt; und die Bürger sind dort so eifersüchtig auf ihre Rechte als wer nur sonst, dort lassen sie auch keinen aus ihrer Stadt zum Regiment. Drum nehmen sie ihre Gewaltigen, die zum Rechten sehn müssen und dort Podestas heißen, aus der Fremde. Versteht Ihr, ein Fremder. Das ist ein ander Ding als einer, den wir sahen, wie ihm die Mutter mit dem Tüchlein die Nas wischte. Was schiert's einen Fremden, ob Hinz oder Kunz den Wisch aufsteckt; ein Fremder ist nicht verschwistert mit denen von Kölln und Berlin; der riecht nicht nach Gevatterschaften. Er hat das Auge frei und schaut sich um, was der Stadt zum Besten und gerecht ist.«

»Aber der Stadt Beutel gefällt dem Fremden so gut als unsern Herren und Gevattern.«

»Ei, versteht sich«, erwiderte der Roßtäuscher, »das müßte ein Fremder sein, so reich, daß unserer Säckel ein Bettel ihm wären, einer, so hochstehend, daß unsere kleinen Zwiste ihm nicht ans Knie reichten.«

»Aber er müßte ein Herz für die Stadt haben.«

»Versteht sich, ein großes Herz und ein großes Auge. Was ist eine Stadt für sich allein? Es müßte viele Städte umfassen.«

»Wie der märkische Bund.«

»Ganz richtig; nur sagt selbst, Gevatter, was hilft uns der Städtebund, wie er ist? Auf dem Pergament steht's freilich, daß eine Stadt beispringen soll der andern. Aber wann kommt's dazu? Ist nicht eine neidisch auf die andere? Gibt's nicht allezeit Ausflüchte, wenn sie ausziehn sollen? Ja, die Städte sind wohl gut, aber die Geschlechter, die drin herrschen! Die Bürger möchten sich beispringen, aber da hat einer im Rat mit *dem* Feindschaft und möcht es wieder mit *dem* nicht verderben. – Sankt Christoph, vor unsern Mauern zogen sie einen armen Schlucker aus. Was half ihm der Städtebund? – Es muß einer *über* dem Städtebund stehen, der das Kommando führt, ohn Haß und Feindschaft und Eigennutz –«

»Und ein Herz muß er für unsere Freiheiten haben.«

»Freilich!« antwortete der Roßtäuscher mit einem ernsthaft haftenden Blicke auf den Gewandschneider. »Eure teuren, schönen Freiheiten muß er ins Aug fassen. Und das wird er auch; sie leuchten ja durchs ganze Land. Nur schade, daß, wenn einer den Fuß über die Mauer setzt, die Strauchdiebe ihn fangen. Und will einer so frei sein, das Maul aufzutun, wie die Herren mit der Stadt Säckel wirtschaften, dann sperren sie's ihm und werfen ihn in den Stock. Und wenn einer sein Korn mahlen läßt, so streichen ihm die Müllermeister die Metze mit dem Streichbrett, wie's den Herren, deren die Mühlen sind, gefällt. Die Mühlen gehörten ehedem dem gnädigen Landesherrn. Da wurden sie anders verwaltet. Da hatte kein Bürger über die Müllermeister zu klagen.«

»Das muß anders werden.«

»Anders, das sag ich auch. Rühmen sich der Stadt Rechte und Freiheiten, die sie den alten Landesherren abgetrotzt, die Herren vom Regiment! Ja, wer hat sie denn, wer wärmt sich dran, wer trinkt und ißt davon? Die Patrizier. Habt Ihr etwas, hab ich etwas davon? Hat ein ehrlicher Bürger was davon, daß sie uns das Geld prägen und der Abfall fällt in ihre Taschen, daß sie richten und den Blutbann haben? Und wen richten sie? Uns. Und wie? Das weiß der Himmel. Als ich Kind war, hab ich alte Leute sprechen hören von den alten Zeiten, als alle die Rechte noch bei den Landesherren waren. Meint Ihr, daß es da schlimmer war? Gott bewahre; das Volk wurde nicht halb so gedrückt. Die Fürsten waren reich und großmütig. Die schenkten mit vollen Händen; und so einer nicht zahlen konnte, so erließen sie's ihm. – Wißt Ihr heut von einem Erlaß? Unsere, die scharren und schlagen ja zusammen, wo es noch was gibt. Das letzte Scherflein der Witwe, her damit! Das nennen sie Recht.«

»Wißt Ihr einen Fremden, der's besser machte?« sprach der Gewandschneider.

»Ich weiß einen«, antwortete Baltzer Boytin aufstehend. »Davon läßt sich aber hier nicht reden. Kommt zu mir in mein warmes Stüblein über dem Stall dort, so Eure Wache um ist. Da hört uns niemand, und will Euch Dinge erzählen, die Euch das Herz froh machen sollen – wenn Ihr ein kluger und verschwiegener Mann seid«, setzte er leis mit einem nachdrücklichen Blicke hinzu.

Fünftes Kapitel

Es war der Zug berlinischer Burschen, so Henning Mollner, des alten Mollners Sohn, anführte, als wir oben sagten, zwar durch das Oderberger Tor hinausgesprengt, aber nicht auf der graden Straßen, sondern sobald sie über der Brücken waren, hatten sie sich links geschlagen, in den Wald hinein, der da anfängt. Aber dort war er noch nicht dicht; es waren viele nackte Sandhügel, und dazwischen lagen Wassertümpel und Moräste mit grünem Wiesewachs und Schilf, und alte Weiden wuchsen zu Füßen der Hügel.

Der große Kiefernwald, von dem itzo nur noch ein Stücklein übrigblieben und die Jungfernheide heißt, fing erst jenseit des kleinen Flüßleins an, so, von Bernow kommend, am Hofe Wedding vorbeifließt, wo es in einen Graben geleitet war, der das alte Schloß umspülte und unterhalb der Stadt Berlin in die Spree fällt. Von da ab ward der Wald sehr dicht und finster, und war's niemand geraten, daß er sich allein hineinwagte. Der Wald aber war ein groß Dreieck. Gegen Mittag von Berlin nach Spandow schnitt ihn die Spree ab und ihre Wiesen, und der Weg zwischen den beiden Städten führte winters und zur nassen Zeit durch den Wald selbst. Gegen Abend begrenzte ihn die Havel, die viele und große Buchten, die zu Seen wurden, hineinschnitt. Dann ist die Straße, die vom alten Berlin gen Bötzow führt (Oranienburg), die dritte und längste Seite; aber die schneidet den Wald nicht streng ab, denn er geht über sie fort und gen Morgen in den Barnim hinein, wo es noch viele Wälder hatte.

Über das Flüßlein, das die Panke genannt wird und sommerszeit von schönen, großen Laubbäumen umschattet ist, führte nur eine schmale Brücke, wo je nur ein Mann zu Roß hinüber konnte. Und so unscheinbar das Wasser fließt, möcht es doch keinen Reitersmann geraten haben, so die Gegend nicht genau kennt, daß er durchsetzte. Denn ist gar tief an etlichen Stellen und der Boden an beiden Seiten unsicher. Ist schon manch Berliner Kind beim Baden darin ertrunken. Wer sollt's glauben, der das Flüßlein ansieht; meint man: halte den Fuß vor, und dann hört' es auf zu fließen.

Darum ließ auch Henning seine Leute, die ihm folgten, hier halten und stellte sich an die Brücke, derweil sie einer um den andern hinüberritten, und dauerte das lang genug, da es an die zweihundert waren, die ihm sich angeschlossen; nicht zwar alle zu Roß, denn es war mancher Bub darunter, der nie den Fuß in einen Steigbügel getan, aber es juckte ihn doch mitzulaufen auf den Spaß, wenn's auch Beulen gab. Wo der Henning voran war, da gab's etwas. Das war lustig anzuschaun, wie sie sich gewappnet hatten; was das Glück jedem gab und gute Nachbarn. Der hatte eine Pickelhaube und jener einen Küraß, der ging barhäuptig, hatte aber ein Paar alte Schienen um die Arme; der lief barfuß in Holzpantoffeln, hob aber einen gewaltigen Schild. Es waren ihrer aber schon etliche, die waren gewappnet, als wenn es in ein heißes Treffen ging, Pickelhauben auf dem Kopf und Brustharnische umgeschnallt; die von den Kupferschmieden, die doch allezeit was voraushaben wollten, hatten schwere Schienen um Arm' und Beine getan, als gälte es keinen Schnapphahn im Busch aufjagen, vielmehr ein Turnier oder eine Prinzessin einholen. Muß es doch allüberall närrische Leute geben, warum nicht zum alten Berlin? Die von den Knochenhauern, ein paar kecke Gesellen, waren noch zum besten armiert, wie es sich zur Gelegenheit schickte; Lederwämser trugen sie um, die schon manchen Streich aufhielten, und kurze Spieße, und scharfe Messer an der Seiten. In summa, konnte die Schar auch kein festes Schloß stürmen, ihrer genug waren's doch, um ein Rudel Raubgesindels, und wären's auch über hundert, aus dem Versteck zu treiben.

Während die also über das Brücklein ihren Weg zogen und sich drüben aufstellten, wie es der Anführer geheißen, und es dauerte eine gute Weil, rief der Henning den Hans Makeprang an sich, der auf einer alten Mähre saß, wie sie ihm der Baltzer aus Gnaden gegeben; Henning aber ritt ein herrlich hohes Roß, es war ein Rappe, das beste Tier, das der Roßtäuscher in seinem Stalle hatte. Überhaupt, die beiden zusammen zu sehen, das war ein lustig Bild davon, wie es verschieden in der Welt ausgeteilt ist. Der Henning mit einem Panzerhemd umgetan, das wie Sammet um seine starken Glieder schloß, und auf dem Kopf eine leuchtende Pickelhaube, und das Gesicht und die Glieder strahlten und hüpften ordentlich vor Lust an dem, was nun kommen sollte. Und sein Aug schaute allerwegen hin, und es entging ihm nichts in der Luft und im Walde; und er kannte jeden einzelnen, wie er übers Wasser kam; und sein Roß, das auch vor Lust sich bäumte, regierte er mit den Lenden, derweil sein Arm mit dem Morgenstern spielte, der wie eine leichte Ballkugel ihm in der Hand schwebte. Und wie er stolz und aufgerichtet im Sattel saß, so krumm und gedrückt saß der arme Hans Makeprang und schaute überall mißtrauisch hin. Die linke Backe war blutrünstig von einer Schmarre, die ihm der Räuber versetzt mit seinem Stahlhandschuhe. Sonst war er breitschultrig und klein, der es wohl mit einem oder zweien aufnahm, die nicht besser waren als er selbst. Itzo schlotterte er aber an allen Gliedmaßen, und sein Gesicht, das niemalen so gewesen, daß ein Mägdlein es mit Lust ansah, schaute nun so, daß mancher gern davonlief. So bös und furchtsam schielte er; und wer verargt's ihm, denn die Gesellen, die auszogen, wie sie sagten, für sein Recht, höhnten ihn; und wußte er, wenn sie den Karren wiederkriegten, ob sie's ihm wiedergaben oder was jeder nehmen würde für sich. Und weil er sich unterweilen die Schmarre mit dem Ärmel wischte und damit übers Gesicht fuhr, so war das ganz rotgefleckt und sah aus wie eine Blutwurst. Seine Kleider waren aufgerissen. Und wie der Mann, so die Mähre. Lieber Gott, es gibt doch viel Elend auf der Welt.

Und Henning war's am wenigsten, der sich sein erbarmt hätte; denn er tat mehr, er zog aus, um ihm sein Gut wiederzuschaffen. Darum hatte er ein Recht, daß er ihn aufzog.

»Nun, du Sohn von einer Mutter, der keinen Vater hat, schämst du dich, daß so viel gute Christen, deren Väter im Kirchenbuch stehen, um deine Lumpen ihren Mittagsschlaf vergessen? Seit der Bär über Berlin brummt, ist das nicht fürkommen, daß zweihundert ehrliche Söhne um einen Bankert auszogen!«

Hans Makeprang verzog sein häßlich Gesicht noch grimmiger. »Krieg ich sie –«

»Was dann, Hans?«

»An Haut und Haar soll's ihnen gehn.«

»Zieh ihnen das Fell ab und dir über, so sagt man vielleicht, du steckst in einer bessern Haut, als man dachte. Aber sie sagen, du betrügst die Leute auf dem Lande wie ein Jude, und in der Stadt verkaufst du Katzenhäute für Hasenfelle. Vielleicht waren die Kerle, die du Räuber schiltst, vom Femgerichte und mit einem Strick dir nachgeschickt. Schade, daß sie nur dein besser Teil fingen und dich der Stadt ließen. Es hätte ihr einen Strick gespart.«

»Herr! Mit der Feme ist nicht zu spaßen«, brummte Hans Makeprang.

»Hans, was schaust du wie eine Gans? Der Himmel ist den Gänsen nicht erbaut.«

»Den Gottlosen auch nicht.«

»Das wirst du freilich am besten wissen, wenn dir Sankt Peter am Himmelstor 'nen Fußtritt gibt. Bete, bete, Hans, mit deiner Seele ist's so schlecht bestellt als mit deinem Wams. 's hat überall Löcher.«

»Wenn der Wolf die Gänse beten lehrt, frißt er sie fürs Lehrgeld«, brummte der ingrimmige Mann und sah verwundert, wonach denn Henning im Himmel schaute. Da riß der ihm plötzlich die Armbrust, die Hans am Sattel führte, fort, spannte sie mit einem Ruck, legte den Bolzen drauf und richtete gen Himmel.

»Was will der Henning?« rief es. Da knallte schon die

Armbrust, und der Bolzen zischte in die Lüfte, und dort kreischte es und schlug, und ein mächtiger Raubvogel, dergleichen man selten in diesen Gegenden sieht, kam herunter. Zuerst flatterte er noch mit ausgespreizten Flügeln, während die hellen Blutstropfen niederfielen auf den glatten Schnee, und es sah schrecklich aus der Kampf zwischen Leben und Tod in den Lüften, und seine Augen glühten; dann, als die Kraft ausging, stürzte er immer schneller und schneller und schoß zu Boden.

So hoch war der Vogel, daß viele ihn gar nicht gesehen, und Henning war nicht dazu vom Roß gestiegen, sondern hatte es festgehalten mit den Lenden, daß es sich nicht rührte, als er zielte. Und so gezielt hatte er, daß der Bolzen in den Hals gegangen. Als sie das sahen, konnten sie aber ihren Jubel nicht zurückhalten. Einige klopften dem Henning, der itzt aus dem Sattel sprang, auf die Schultern, und ein anderer sprach zum Krämer:

»Hans Bankert, du kannst von Glück sagen. Das ist ein Zeichen. Nun treffen wir deine Raubvögel auch.«

»Ach was! Nichts weiter ist's«, rief Henning, »ich brauch einen Federbusch; denn ich bin euer Anführer«, und damit sprang er auf das Tier zu. Das war aber noch nicht tot; sondern es schlug gegen ihn mit seinem krummen, langen Schnabel, daß ihm die Hand blutete, und seine Augen rollten schrecklich in Todeswut. Da mußte der Junge mit dem Fuß es niedertreten, und auch da wehrte es sich noch erschrecklich; es war ein starkes Tier.

»Wollen doch fertig werden mit dir wie noch mit manchem andern«, sprach er und riß ihm nun den Flügel aus, und nachdem er ihn geschwenkt, daß er das Blut aussprütze, steckte er ihn als Federbusch auf die Stahlhaube. Ein Tröpflein Blutes war ihm auf die Wange gespritzt. Nun erst sah Henning schreckhaft aus. Er schwang sich wieder aufs Roß und sprengte nun rechts und links und teilte seine Leute, wie er sie kannte und brauchen wollte. Die besten Reiter und die am leichtesten waren in Leder und auf schnellen Rossen hatte er gleich anfangs, es mochten etliche sechzig sein, voraufgeschickt auf die Straße gen Bötzow und einen rüstigen Mann ihnen zum Anführer gegeben. Sie sollten achthaben auf alles und wer des Weges käme befragen, auf daß die Schnapphähne nicht über den Weg kämen. Denn er wollte sie einschließen in dem Walde, und deshalb sollten sie in den Hütten an der Straße und wo ein Kreuzweg darüberging Leute in die Büsche legen und sich mit Pfeifen und andern Zeichen verständigen.

Nachdem das aber geschehen, musterte er die andern; und die schwer Geharnischten und die barfüßigen Buben, ihrer hundert zusammen, die verteilte er in den Wald so, daß sie sich an der Spree hinziehen mußten gen Spandow und von da ab die Heide Schritt um Schritt durchstreifen, und was sie Verdächtiges fänden, das sollten sie nach Mitternacht treiben, wo es den Reitern, die gen Bötzow voraufgeschickt waren, oder ihm selber in die Hände fiele. Da er nun die Mehrzahl seiner Leute von sich geschickt und ihnen nachschaute, hub er mit einem Male den Finger gegen Hansen Makeprang, den Krämer.

»Hans! Diese hundert gute Bursche steck ich zu deinem Frommen in die Heide. Hast du schlecht Spiel mit uns oder loses Wort gesprochen, so gnade dir Gott! Ist nur ein Wort falsch und kommt einer zu Schaden, weil du uns mit Arglist verlockt, so klopf ich beim nächsten Tümpel das Eis, das drüber ist, mit deinem Schädel entzwei. Der Henning spaßt nimmer mit einem Schuft.«

»Ich will küssen die Knochen aller heiligen Märtyrer«, rief der Krämer, »das ist wahr.«

»Schwör auch beim Blut von Wilsnack –«

»Ich schwöre beim Blute von Wilsnack, daß all dem so ist, als ich gesagt.«

Nun der Krämer auf das heilige Blut von Wilsnack geschworen, war aller Verdacht fort; Henning setzte sich ruhig in den Sattel, kneipte den Hans ins Ohr und sprach: »Nun Hans, auf die Fährte, und rieche gut.«

Es mochten ihrer noch an zwanzig und dreißig sein,

die den beiden folgten, so von den liebsten Kumpanen des Henning, Leute, auf die er sich verlassen konnte. Mit denen ritt er seitwärts in den Wald. Und er hieß sie Augen haben links und rechts und auf den Sand und das Gras, wo Geleise gingen und Spuren waren von Menschenfüßen oder Tieren. Auch die Ohren hieß er sie spitzen; und daß sie selbst kein Geräusch gäben und anderes hörten, ritt er fast immer im Sande. Und hier und dort ließ er einen Trupp zurück, und sie sollten stets achthaben, daß sie auf seinen Ruf ihm beisprängen. Und nun endlich waren nur noch zwei bei ihm außer Hansen Makeprang. Der mochte sich zu fürchten anfangen. »Henning, was habt Ihr die besten Leute von Euch getan, meine die gut Geharnischten. Die stehn unten an den Seen und beim Fluß, und hier, wo's Gefahr gibt, habt Ihr nur zween in Lederkollern.«

Da lachte Henning. »Bist ein Kaufmann, aber kein Hauptmann, Hans. Die Kerls in den Ritterharnischen, die laufen zuerst, wenn's heiß wird. Ist der Kupferschmiede ihr Mut wie 'ner Vogelscheuche ihrer, sie machen viel Lärm und lassen's an sich kommen.«

»Täte auch hier in den Sträuchen solche rasselnde Eisenpuppe nimmer gut«, sprach ein anderer.

»Könnten uns die Sperlinge scheuchen, die Blechkasten«, lachte Henning weiter. »Aber ohne Bangen, Hans; meine Freunde hier im Lederwams, die sind gut und holen dich dreimal ein, wenn du auskratzen willst.«

Sie mochten schon über Spandow hinaus sein, das ist nach Mitternacht zu, und hatten noch nichts funden, was sie auf die Spur brächte. Die paar Holzschläger, so sie antrafen, hatten auch nichts gesehen; waren arme Wenden aus Reinickendorf und da herum. Denen ist aber nicht zu trauen, denn so sie auch die Räuber sehen, so drücken sie die Augen zu und machen, daß sie fortkommen. Denn was hilft's ihnen, das Angeben und Zeugen, wenn's die Herren von der Stadt fordern? Die Herren sitzen hinter ihren dicken Mauern, aber sie kommen ihnen nicht zu Hülfe, wenn die Freien nachts dem kleinen Mann das Haus über dem Kopf anstecken aus Rache. Und das ist noch das geringste; denn ein Haus baut man morgen wieder: der Lehm ist vor der Tür und der Wald auch. Aber wenn sie den Schädel einschlagen, wer leimt ihn wieder zusammen, und wenn sie das Schwein aus dem Stall treiben, wer bringt's dem Bauern wieder?

Also ritten sie itzt durch eine tiefe lockere Sandfläche, an deren Ende der Weg sich teilte. Da sagte der Anführer:

»Hier ist Zeit, Hans, was dort nicht war, daß du uns die Geschichte ganz erzählst, wie du angefallen wardst und wie die Schnapphähne ausschauten. Und alles, versteht sich, aufs heilige Blut von Wilsnack.«

»Das ist kurz abgemacht, so lang das Lied auch ist«, brummte Hans Makeprang. »Ich zog in Früh aus mit meinem Karrn; denn in der Nacht, meint ich, wo doch itzo keiner des Wegs zieht, werden die Schnapphähne auch nicht auf sein.«

»Da ging deine Klugheit zum ersten Mal fehl«, fiel Henning ein.

»Aber weil der Mond aufging und die Straße hell war, dachte ich, 's ist geratener, du biegst in den Wald ein, wo's duster ist. Wer wird da in einer Februarnacht liegen, wo nichts zu holen ist!«

»Da ging sie zum zweiten Male fehl, Hans.«

»Also trieb ich den Gaul in den Holzweg. Wenn's Tag würde, wollte ich wieder nach Spandow einlenken.«

»Da warst du also auf dem Holzwege.«

»Ich kannte den Wald wohl genau, aber ich muß zu weit links mich gehalten haben; denn nun war ich nicht mehr auf dem Holzwege.«

»Du bliebst doch auf dem Holzwege«, unterbrach Henning.

»Nein, ich kam beim großen Pletzensee raus. Der Mond glitzerte so kalt auf dem halbgefrornen Wasser, und es sah mir gleich recht grauslich aus. Da stolperte der Gaul über eine große Wurzel, und nun wußt ich, was die Glocke geschlagen hat. Kreuzte mich und sprach drei Aves; aber 's war zu spät.«

»Sagte dir immer, Hans, hättest früher sollen beten lernen.«

»An dem See ist's nicht geheuer. Wenn Eis darauf liegt und der Wind geht, seufzt's abscheulich. Und so itzt auch, und die Schatten der großen Kiefern nickten auf dem Spiegel. Wie ich auch den Gaul antrieb, der kam nicht aus dem Schritt.«

»Weil du ihm keinen Hafer gibst, wenn du ihn nicht stehlen kannst.«

»Ach, Herr, da habt Ihr unrecht«, sagte Hans Makeprang. »Grade gestohlener Hafer, der bringt das Vieh auf die Beine, aber –«

»Am Pletzensee stiehlt man keinen.«

»Es war zwischen vier und fünf – Schlag vier hatte ich noch deutlich von Unser Lieben Frauen Kirchen gehört –, da hörte ich plötzlich Pferdehufen hinter mir und zweie, die fluchten. Ging's mir durch Mark und Bein. Hätte mich in den Wald drücken mögen; aber mit einem Karren und Gaul, wo nimmt ein Vieh Vernunft an! Und sie trafen mich noch auf der lichten Stelle am See. Es waren ihrer zwei, wie ich sagte. Die Rosse waren schon gut, und waren sie bis über die Ohren in steifen Frieskitteln. Schon atmete ich wieder auf, denn sie waren in heftigem Gespräch und sprengten im Trabe an mir vorüber, als merkten sie mich nicht über das, was sie mit'nander stritten.«

»Über was stritten sie?«

»Du lieber Gott, in der Angst, wer hört da zu! Und was kann das auch sein, was solch niederträchtiges Raubgesindel mit'nander spricht. Wozu ist denn das Donnerwetter oben, wenn es nicht niederschlägt auf solche Menschenschinder, solche blutrünstige Hunde.«

»Es ist ja Winter; das Donnerwetter ist für den Sommer.«

»Solche Pestilenzschufte, solche höllischen Kehlabschneider, solche jüdische Würgengel.«

»Hans! Tu ihnen nicht unrecht. Christen werden's gewesen sein, und besser getauft als du –«

»O daß sie im Taufbecken ersoffen wären! Da wär doch noch Gerechtigkeit unterm Himmel. Christen, freilich waren's Christen; sie sprachen vom Köpkin Zarnekow; dessen entsinne ich mich jetzt. O die erbarmungslosen, höllischen Hunde!«

»Vom Zarnekow! Ei, sieh da!« rief Henning. »So sind's am Ende Herren vom Adel. Hans, nimm dich in acht, daß du die nicht Juden schiltst. Aber weiter! Sie kehrten nun wieder.«

»Waren schon im Walde, und sah nichts mehr von ihnen, hörte nur ihre Schwerterscheiden klirren und kreuzte mich wie einer, der vom Alp aufwacht, als sie plötzlich haltmachten und leis mit'nander sprachen. Sie stritten auch da wieder; der eine mochte wohl nicht auf der Stelle dran. Aber mit einem Male lachten sie beide auf, und das schnitt mir wie Höllengelächter in die Brust; denn nun machten sie kehrt und trabten auf mich los. ›Du Lumpenhund!‹ schrie der eine, der Längere, ›wie kannst du dich unterstehen, durch den Wald zu reiten, und fragst uns nicht um Erlaubnis.‹ – Eh ich noch einen Laut vorbringe, ist der andere auch schon heran, der Dicke nämlich –«

»Also einer war lang und der andere dick?«

»Und der schrie: ›Weißt nicht, daß uns der Wald gehört? Du Hund von einem Juden. Verdientest, daß man dir das Leder vom Leib zöge, weil du keinen Respekt hast.‹ Ich hatte nun die Sprache verloren und wußte nicht, was ich tat, da ich das Pferd peitschte. Da kriegt ich einen Schlag mit dem Stock über die Mütze.«

»Daß dir Hören und Sehen verging.«

»Nein, da erwachte ich erst und wußte, wie es war. Der Lange schrie dabei: ›Die Frechheit geht doch über Maß‹, und der Dicke wollte sich ausschütten vor Lachen. Ich lag nun auf den Knien, beinah unterm Pferd und umfaßte des Gauls Schenkel, als sei's mein Heiliger. Nun forderte der Lange von mir, daß ich die Matten aufschneide, daß sie sähen, was drein sei. Da schoß mir's zu Kopf, und das Blut, war's mir, als müsse es das Herz sprengen; ich sprang auf und warf mich drauf. ›Das ist mein; 's hat keiner ein Recht zu!‹«

»Da ist dir was recht Dummes zu Kopf schossen.«

»›Will der Racker auch reden!‹ schrie nun der Lange, und eh ich's mich versah, gab er's mir mit dem Stahlhandschuh auf die Backen, daß ich fortflog gegen einen Baumstamm und liegenblieb, ich weiß nicht wie lang.«

»Die wußten's, wie man mit dir reden muß«, sagte Henning. »Nicht mal ein Schwert gezogen! Das waren feine Leute.«

»Als ich nun aufwachte«, fuhr der Krämer fort, »war's mir doch, als hört ich schon die Engel im Himmel pfeifen. Das schmerzte wie Höllenbrand, und es war Frost kommen, und die Räder meiner Karre knarrten, sie stießen und hieben auf den Gaul, und der eine Räuber lachte immerfort – O ihr Heiligen im Himmelreich, wie mir da zumut war! Ich raffte mich auf, ich schrie, weiß nicht mehr was, ich stürzte ihnen nach und klammerte mich ans Rad. Hätten mich rädern können; wäre nicht schlimmer worden, als es war. Da rief der eine: ›Was quäkt die Kröte noch?‹ und der andere: ›Spitzbub von 'nem Bauerlümmel, was hast dich hier anzuhängen! Die Mähr zieht schwer genug ohne dich.‹ – ›Herren!‹ schrie ich, ›gnädige Herren! Um Gottes Erbarmen willen, das ist mein, mein einzig Hab, mein Seel und Gut.‹ – ›Du Rabenaas!‹ schrien sie nun beide, ›du wendischer Hund, wie kannst du sagen, was unser ist, wär dein.‹ Und mit den Sporen nun mir in den Nacken und in die Seite.«

»Brave Leute!« rief Henning, »keine blanke Waffe gebraucht.«

»Aber ich«, fuhr der Ingrimmige fort. »Waffen hatte ich nicht, aber ein Stein lag am Wege; der traf den Langen ans Kinn, daß er auf dem Roß taumelte, und ich wette, bis Palmsonntag ist er geschunden.«

»Und sie legten dir nicht das Handwerk?«

»Freilich schimpfte und spuckte der Lange und drehte sein Roß nach mir, aber ich war zwischen den Bäumen und schimpfte wieder und schleuderte Stöcke und

Steine. ›Kröte, ich häng dich an deinen Gedärmen auf!‹ rief er und war vom Pferd, und der Dicke auch. Der rief: ›Den Hund muß man stumm machen. In den See mit ihm; die Pletzen kriegten lange kein Fleisch.‹ – ›Er soll zum längsten gebellt haben‹, schrien sie beide und hinter mir drein. Ja, zu Roß, ihr Rabenmäuler, ihr Kirchenräuber, ihr satanische Buschklepper, die Gott in alle Ewigkeit verdamme, wenn eines ehrlichen Mannes Gebet was gilt, da wär's gangen. Eine Viertelstunde hinter mir drein; mir wurde heiß. Sie hätten mich gespießt, aber ich warf ihnen noch manchen Stein in den Weg. Und mein Schreien, das schreckte sie auf die Letzt.«

»Und sie zogen ab, da sie zu schwere Stiefeln zur Hasenjagd hatten.«

Hätte er das fröhliche Lächeln auf des Jünglings Wangen in seinem Ingrimm bemerkt, der Krämer, hätte er doch schwerlich erraten, um was es war. Henning freute sich. Denn das waren keine gemeinen Schnapphähne, die nirgends ein Obdach haben als den Graben am Wege und die Kneipe, wo der Zigeuner und Jude verkehrt. Es mußten edle Leute sein, die um solchen gemeinen Kerl keine scharfe Waffe ziehen. Also, wenn er sie finge und in die Stadt brächte, zween Edelleute, die er auf Raub gefangen, was mußte das ihm mehr Ruhm bringen und Ehre der Stadt, als wären's zwei vom Gesindel, die man hängt, wo man sie fängt, und fragt niemand danach. Ihre Gesellen mögen sie danach abschneiden und einscharren, wo's ihnen gefällt; das hat auch nichts auf sich.

Nun fragte Henning noch mancherlei: wie die beiden ausgesehen, wes Farbe ihr Rock und wie ihre Sprache geklungen, worauf alles der Krämer nur wenig antworten konnte. Denn so einer einen Schneider durchprügelt, fühlt der auch nicht, wie fein des andern Tuch ist, sondern wie hart sein Stock; und bei Nachtzeit obendrein. Wie aber Henning fragte: ob er sich getraute, sie wiederzuerkennen bei Tageslicht und zu schwören drauf, knirschte der Makeprang mit den Zähnen.

»Ich will schwören.«

»Du, schwör dir keinen Meineid an den Hals.«

»'s wird viel geschworen auf der Welt, was nicht wahr ist und niemals wahr wird, was kommt's da auf ein bißchen Falschheit an bei solchen niederträchtigen, gottverdammten Habichtskrallen. Mit Teer müßt man sie alle bestreichen und anzünden, daß sie, lebendige Höllenbrände, dem Satan in den Rachen laufen.«

Der Krämer schimpfte noch eine Weil sich aus, als sie nun dem Wald wieder nahe kamen. Henning sah immer nur auf den Boden hin.

»Hans! wir finden die Spur nicht. Was fängst an, wenn deine Lumpen zum Teufel sind?«

Der Handelsmann verzog sein häßliches Gesicht dermaßen, daß jeder, der's sah, doch an den dachte, den kein guter Christ nennt und des Namen doch Henning eben anführte. So breit ward sein Mund von dem häßlichen Gelächter, und die Backen schwollen, und die kleinen Augen traten glänzend raus.

»Was anfangen, Herr! – Wann ehrlich Verdienst aus ist, fangt der andere an. Die sie aus der Stadt ausweisen, wo gehn sie hin? Keine andere Stadt nimmt sie auf. Die Heide ist breit.«

»So!« rief Henning. »Also auf gradem Wege zu den gottverdammten Habichtskrallen?«

»Die sind auch nicht so schlimm, als Ihr meint. Weiß ihrer, die dreimal des Jahrs zum Abendmahl gehn, und mancher schenkt vor die Marienbilder Kerzen so groß, daß ein Graf sich schämen könnte. Der eine, er diente drüben bei den Stellmeisern, nachher trieb er's auf eigne Hand im Mecklenburgischen, der schenkte der Muttergottes in Wilsnack 'nen Rock, rot und mit goldenen Blumen, der hätte einem Markgrafen Ehre gebracht. Voriges Jahr haben sie ihn in Rostock gehängt. Hätten auch säuberlicher mit ihm umspringen mögen, denn er war ein guter Christ. Wer dran mußte, daß er ihn umbrachte, damit er ihn nicht verriet, den ließ er vorerst zehn Minuten beten. Darüber ward der arme Schelm griffen. Neun Juden hat er in seinem Leben aus der Welt geschickt, die ließ er nicht erst beten. Es war eine rechtschaffne Seele, nicht wie viele. Hab manches Gläslein mit ihm getrunken; er bezahlte immer gut, wenn ihm die Sachen gefielen, und handelte nicht, wie das Volk in der Stadt.«

»Hast wohl schon ehelängst Bekanntschaften da draußen?«

»Wie könnt ich sonst durchs Land ziehen mit meinem einen Pferd! Ja, der Städte ihr Geleite, das man bezahlen muß, ein Hufeisen ist's, das nicht festsitzt; es hilft nichts, und das Roß wird wund. – Bekanntschaften hab ich schon noch ihrer genug, bei denen vom Hohen Flemming, drüben bei den Salzwedelschen, bei den Freien im Barnim auch, auch da im Spreewald. Das bißchen Naß und Kalt zur Winterszeit abgerechnet, leben manche besser als das Volk in den Städten. Wild immer vollauf; ein Schwein, ein Schaf, eine Kuh, das darf auch keine Woche fehlen. Und was Achtung haben die Bauern vor ihnen! Wie vor 'nem Edelmann bleiben sie stehn und ziehen die Mützen; und wenn einer in ein Haus tritt, da fliegen die Weiber und Kinder, ihm's Gläslein vollzuschenken. Er kann ruhig auf der Bank schlafen hinterm Ofen, wenn's Haus einsam liegt.«

»Dich grämt's wohl, daß du nicht längst ein Schnapphahn wurdest?«

»Wär ich's nur längst worden – aber man muß auch da früh kommen.«

»Da flögst du längst schon in den Lüften, die Vögel hätten dich vom Galgen gestohlen. Aber, Hans, wenn du auf so guten Wegen bist, wär's ja am gescheutesten, so wir die Schnapphähne laufenließen. Wir griffen dich und brächten dich ein. Mein Seel, der Stadt würde viel gespart, und du kämst auch schneller ans Ziel.«

Das höhnische Gelächter der Leute schreckte den Krämer auf. Es klang gar ernst, was Henning zuletzt sprach, und er sah mit großen Blicken sich um; aber dann sagte er ruhiger, und die Augen schielten boshaft: »Ihr werdet's doch nicht tun, Herr Henning Mollner. Denn so Ihr jeden fangen und richten wolltet, der einmal der

Stadt Schaden tun wird, dann müßtet Ihr manchen Mann hängen, der itzt stolzer zu Roß sitzt als der arme Hans Makeprang.«

Nun waren sie am Walde, wo der Weg sich teilte. Da sprang einer vom Roß und suchte am Boden, wo noch lockerer Schnee lag, und mit einem Male schnalzte er mit der Zungen und hob den Finger. Hatte eine Spur funden, Huftritte, die in den Wald neingingen, und die vier folgten ihnen, und hatte jeder Luchsaugen und tat, was an ihm, daß es still abging. Nur Hans Makeprang schüttelte den Kopf; er sah wohl Pferd und Menschen im Sand, aber nicht die Radspur seines Karrens.

Und die Spur hatte sie nicht getäuscht. Als sie durchs Gestrüpp brachen, wo die Kiefern sich lichteten, und lag vor ihnen ein freier Platz ein weniges tiefer, da standen drüben zweie, und unfern von ihnen waren zween Pferde angekoppelt. Sie hatten weite Mäntel um von dichtem Zeuch und Kappen auf, die mit Pelzwerk ausgeschlagen waren. Der eine hielt eine Armbrust, und der andere einen kurzen Spieß, wie er gut ist im Walde. Trugen auch tüchtiges Seitengewehr; und waren's Männer, denen man's auf den ersten Blick ansah, sie fürchteten sich nicht. Der eine war groß gewachsen, und der andere kleiner und ging mehr in die Breite.

Als Henning die sah, konnte er sich doch selbst nicht halten vor Lust; jauchzte auf und alle mit ihm, wie die Jäger, wenn sie den Hirsch vor sich haben; und brachen durch die Büsche alle vier. Die zwei, wie sie's sahen und hörten, wollten zu den Pferden. Das war nun aber zu spät.

Der Anführer schrie: »Nicht von der Stelle, ihr gebt uns denn Rechenschaft!«

Der Größere wandte da zornig den Kopf um, und seine Augen leuchteten groß und bös, indem er den Spieß aufhob. »Wem?«

»Davon wird nachher die Red sein. Erst sollt ihr mir sagen, wer *ihr* seid«, antwortete Henning und schwenkte den Morgenstern lustig zur Seiten. Seine Leute waren auch nicht faul, und wär's jetzt den Herren unmöglich gewesen zu entwischen; so hatten sie sich gestellt.

»Gesell! Zwischen uns ist ein Unterschied!« sprach der Kleinere, mit seiner Armbrust etwas vortretend, als wolle er den andern schützen.

»Ihr seid zwei, und wir sind vier«, rief dagegen Henning, »ihr zu Fuß und wir zu Roß, und was mehr ist, wir sind ehrliche Leute, und was ihr seid – das steht euch nicht auf der Stirn geschrieben –« setzte er forschend hinzu.

»So!« sprach der Ältere, und war's fast, als ob ein Lächeln über seine hohe freie Stirn flog. »Und wofür hältst du uns denn?«

»Mein kleiner Finger sagt mir, daß ich ein paar ausgemachte Beutelschneider vor mir habe.«

Da sprang der zweite, der Kleinere, drohend vor, schleuderte die Armbrust fort und zog das Schwert. »Hund, das sollst du mir büßen!«

»Ruhig!« rief der Große mit gebietender Stimme. »Man muß sich mit den Leuten doch zuvor verständigen. Sind vielleicht gute Leute, die ein gutes Wort annehmen.«

Henning pfiff über die Lippen. »Fangt ihr mir so an! Ei, seht doch. Zuvörderst, ihr Ritter von der Nacht, dreht eure Taschen um und klopft eure Säcke aus. Dann wollen wir sehn, ob wir uns verstehen.«

Jetzt trat der Größere um einen Schritt zurück, denn auch er meinte, er habe es mit Beutelschneidern zu tun, und der Zorn über die Keckheit färbte sein blasses Gesicht hochrot.

»Gnädiger Herr«, sprach der andere, »als ich recht sehe, kenn ich von den Leuten. Sind von den mutwilligen Gesellen zum alten Berlin, die sich in den Schenken und auf den Straßen so viel rausnehmen, darüber mancher Ehrenmann schon geklagt hat.«

»Mich dünkt, den einen kenn ich auch«, sprach für sich der andere.

»Sollt noch mehr über uns klagen«, rief Henning. »So

wahr ich Henning Mollner heiße und ihr seid, die wir suchen.«

»Wen sucht ihr?« fragte der Hohe.

»Ein paar, die Sporen tragen, just wie ihr, die das Tageslicht scheuen, darum reiten sie des Nachts aus. Ihr seid ja auch wohl über Nacht geritten? Die einem ehrlichen Kerl das Seine fortreißen, wenn's ihnen in den Weg kommt. Ihr ließt es auch nicht liegen. Sagen, der Wald ist ihre und könnten Zoll nehmen, wie's ihnen beliebt; nehmen aber lieber alles, wenn man's ihnen nicht geben will. Nickst du? Ist der Wald dein? Holla, Herrn, ein paar Strauchdiebe such ich, die den Mann hier nachts plünderten, rein auszogen am Pletzensee, ein Paar niederträchtiges Raubgesindel, die ich auffinden will, und wenn sie noch so heilige Gesichter machen, und der eine war lang wie du, und der andere dick wie du.«

»Das ist zu arg!« schrie des großen Mannes kleinerer Begleiter. »Weißt du Hund von einem Bürgersohn, mit wem du sprichst? Runter vom Pferd und –«

»Halt!« unterbrach ihn ein strenger Blick des Begleiters, in dem viel lag. »Er weiß es nicht; sonst würde er anders sprechen.«

»Aber, Herr, der Gedanke allein –«

»Daß ein paar Ritter nachts einem Krämer auflauern, ist derzuland hier so vermessen, Herr Otto Schliefen? Der Mann ward beraubt, wir sind zwei Ritter, er traf uns allein in diesem Walde, wo die Tat geschah. Das sind Verdachtgründe genug, und es fehlt nur zweierlei, ein Zeuge, der uns bezüchtigt, und – das Recht des Burschen, danach zu fragen. He da, Herr Ritter mit dem Geierflügel, wo ist dein Zeuge?«

Henning, der doch etwas betroffen war, auf was Art der Ritter so ruhig blieb, und ihm kam's itzt vor, er müßt ihn schon gesehen haben, der sprach zu Hans Makeprang: »Sind's die?« Und Hans Makeprang schrie: »Ja, die sind's!« Denn er hatte keinen Augenblick gezweifelt, und war's ihm schon viel zu langes Gerede. Wie er so kochte in Wut, wär er am liebsten auf der Stelle gegen die zwei losgesprengt und hätte sie niedergeritten, und das wollten die andern itzt auch tun, aber nun rief Henning ihnen auch ein Halt zu, das so gebieterisch klang als des Ritters seines.

»Wir sind unser vier, und können die uns nicht entkommen, aber die Sache muß noch ausgemacht werden. Runter vom Gaul, Hans, sieh dir die Herren an, von allen Seiten, und dann mach's mit dir aus, ob du schwören kannst, ohne grad um Meineid an den Galgen zu kommen.«

»Gericht über uns halten!« rief Otto Schliefen in äußerster Entrüstung, und das Schwert flammte in seinen Händen. »Bei den elftausend heiligen Jungfrauen, das geht doch über den Glauben. Das ist zuviel, Herr! Ich duld es nimmer.«

»Das Recht des Stärkern!« lächelte der Herr, an eine Kiefer gelehnt. »Das ist das älteste Recht und gilt in aller Welt. – Zurück!« rief er aber plötzlich, und es war eine Stimme und ein Blick, davor sie alle, sie wußten's nicht wie, erschraken, zumeist aber Hans Makeprang, denn ihm galt es. Er hatte sich nämlich herangeschlichen an die Herren, um sie zu beäugeln oder, man konnt's ihm zutrauen, ihnen hinterrücks eins zu geben. Aber so prallte der Hans Ungeschick zurück, daß er stolperte und überschlug lang auf die Erde. Seine eigenen Kumpane mußten lachen.

»Genug der Kurzweil!« rief der Herr mit stolzem Tone. »Ich will's nicht mehr. Wir sind Ritter, als du siehst, vom Hof des Kurfürsten aus Spandow, auf der Jagd von den andern abkommen. Das Otto von Schliefen, des Markgrafen Freund und des alten Marschalls Otto Schliefen Sohn; ich bin Friedrich von Tangermünde. Unser Ritterwort hier dafür, im Angesicht Gottes und seiner Heiligen Dreieinigkeit, daß wir nicht den Mann da nachts anfielen, noch von denen wissen, die es taten. Das ist genug, bei Gott genug, und wärst du kein so junges Blut, es wäre schon allzuviel. – Zurück nochmals, denn stoß ich in dies Horn, so sind in einer Minute fünfzig Reiter hier, die dich um dein Erkühnen züchtigen. Darum zurück! 's ist gut gemeint!«

Der Ritter hielt sein Jagdhorn, bracht es aber nicht an den Mund. Auch Henning hielt still, wo er vorhin gehalten, und er war nun überzeugt, daß die zweie nicht den Hans Makeprang ausgezogen, sondern andere waren. Aber drohen ließ er sich nicht.

»Hoho, Herr Junker Friedrich von Tangermünde, den ich nicht kenne«, rief er, »wenn Euer krumm Horn da fünfzig ruft, so ruft das grade hier, wenn ich hineinblase, an die zweihundert. Die sind auf den Beinen. Und ich hab auch nicht soviel Furcht vor Euren fünfzigen. Aber ich glaub Euch aufs Wort, denn Euer Kinn ist ungeschunden.«

Ehe noch der Herr wissen konnte, was das bedeute, rief Hans Makeprang von der Erde, wo er noch immer lag: »Die sind's doch nicht.«

Henning war vom Roß gestiegen, denn er mochte dem Ritter nun auch zeigen, daß er sich nicht fürchte und ihm vertraue. Der Ritter bewegte sich nicht, auch tat er, als hätte der Krämer das nicht für ihn gesprochen. Er winkte vielmehr dem Herrn Otto Schliefen, daß er die Pferde heranhole. Aber Henning lachte laut auf, und die andern lachten mit ihm, als er den Makeprang gefragt: woher er's denn nun wisse und vorher anders, und der geantwortet: »An ihren Sporen. Die tragen Rädersporen, aber die sie mir in die Seiten stießen, das waren Stachelsporen.«

»Herr Junker von Tangermünde«, sprach Henning, »der Mann nimmt seine Anklage zurück. Ihr seid nun frei und könnt des Weges ziehen vor uns, wo Euch beliebt.«

Da schaute ihn der Ritter, der itzt im Sattel saß, und Henning stand vor ihm, an. Es war etwas von Zorn in dem Blick, aber doch auch flog wieder ein Lächeln über die Lippen. »Also auf *des* Mannes Klage wollte man uns fahen; und auf *des* Mannes Zeugnis läßt man uns wieder frei. Was meinst du dazu, Otto?«

Bevor der antworten konnte, und er saß auch schon im Sattel, und hätte er gewiß ein böses Wort gesprochen, nahm Henning das Wort:

»Herr Ritter, so Eure Ehre dadurch geschädigt ist, daß der Mann falsch Zeugnis wider Euch ablegte, und Ihr's befehlt, so tun wir mit ihm, als ihm recht ist. Dort ist eine Pfütze, wir könnten ihn *ein* Mal, auch so's Euch recht ist, *drei* Mal untertauchen. Dann wird er wohl besser sehen. Das Wasser ist frisch und treibt ihm den Schlaf aus den Augen.«

»Der Mann«, sagte der Ritter, »ist noch krank und im Fieber von dem, was er litt. Ihm darf man's nicht zurechnen, so er falsch zugriff. Aber den Richtern, so auf das Zeugnis eines, der blind ist vor Wut und Leidenschaft, selber blind handelten. Darum so will ich mit Euch rechten und fragen, wer Euch das Recht gab, uns hier anzuhalten.«

»Wer?« fuhr Henning verwundert auf. »Strauchdiebe fielen den an und nahmen ihm sein alles.«

»Das ist bös. Und wenn der Mann sich selbst Recht geschafft gegen die Räuber, als sie's taten, so war's sein Recht. Aber wer bist du, und wer schickt dich aus, die Räuber zu fahen? Bist du ein kurfürstlicher Diener?«

Henning lachte laut.

»Oder ein Freibote der Feme?«

»Nicht mit Wissen, Herr Junker. Die nehmen nur Adlige.«

»So schickte dich der Rat aus von beiden Städten?«

»Der!« sagte Henning mit komischer Miene. »Ach Gott, der weiß sich selber nicht zu raten.«

»Nun fürwahr«, sprach der Ritter, »wer schickte dich denn aus und gab dir Gewalt über die zweihundert?«

»Ei, ich mir selber, Herr, und die guten Leute, so mir folgten.«

»Und wer bist du?«

»Meinen Namen nannt ich Euch schon eh; und meines Zeichens bin ich ein Raschmacher.«

Herr Otto Schliefen gab auf seinem Pferd sichtliche

Zeichen des Unwillens und der Ungeduld, aber er schwieg; denn der andere Ritter blieb so ernst und gelassen denn vorher.

»Rasch bist du, Gesell, das seh ich, und machst ab, was dich nichts angeht«, sprach dieser.

»Bei meinem Heiligen!« entgegnete Henning. »Wer nicht rasch zur Hand ist, kann zu Haus bleiben. Die Herren vom Rate sollt ich zuvor um Erlaubnis bitten! Die zerren sich und zanken, ob die Bratwurst mit dem dikken Ende nach Kölln zu liegen soll oder nach Berlin; aber ob einer, der nicht zu den Familien gehört, splitterfasernackt ausgezogen wird, das schiert sie nicht soviel.«

»Dennoch forderte Ordnung und Recht, daß du zuvor Vollmacht von ihnen nahmst.«

»*Die* Ordnung, Herr Junker, gilt nicht hierzulande. Wer sich nicht selber hilft, dem wird nicht geholfen.«

Der Ritter schwieg einen Augenblick. – »Aber sie könnten dich als Friedensbrecher fordern. Du griffst ein in ihr Recht.«

»Was weiß da drinnen einer, was sein Recht ist. Jeder meint, alles, was *er* tut, ist recht, und was die andern tun, unrecht!«

Der Ritter nickte seinem Begleiter zu. »Hörst du, Otto!«

»Und zudem, Herr Junker, wenn Henning Mollner die Herren vom Rate zufrieden läßt, die lassen ihn zufrieden.«

»Du griffst aber«, fuhr der Ritter ernst fort, »noch in das Recht eines Höheren ein. Das Schwert, das richtet, ist des Landesherrn; an dem Kurfürsten und seinen Dienern ist es, die Übeltäter verfolgen. Der Grund ist sein hier. Hüte dich, daß er dich nicht fahen läßt und richten, weil du in sein landesherrlich Recht eingriffst.«

»Der Kurfürst!« rief Henning erstaunt. »Was geht denn den der Hans Makeprang und sein Karren an! Und was schiert's den, so ich, Henning Mollner, die Räuber fange, die Hansen schlugen. Ja, wären's von des Kurfürsten Leuten, das wäre was anderes. So der Kurfürst nicht dulden will, daß wir die Strauchdiebe auf seinem Grund und Boden fangen gehn, so muß er sie selbst fangen. Das gefiele mir. Aber, Herr Junker, ohne Sorgen, der Kurfürst hat an anderes zu denken als solche Kleinigkeiten. Der fängt und schlägt sich mit den Mecklenburgern, der handelt mit Kaiser und Reich, und was ihm sonst gefällt; uns aber läßt er die Strauchdiebe und Räuber; und wenn's nichts weiter ist, so kein Bangen für den Henning Mollner; der fürchtet sich so wenig vorm Kurfürsten als vorm Rat von Berlin.«

»Würdest du das dem Kurfürsten selbst ins Gesicht sagen?«

»Warum nicht? Was des Kaisers ist, ist des Kaisers, und was mein ist, mein. Der Kurfürst mag seinen Leuten befehlen; aber ich hab nichts von ihm zu Lehn. Das ist auch schlimme Rede von Euch, wißt Ihr's, Junker. Der Kurfürst, als ich's mir habe sagen lassen, möchte die Räuber auch gern fangen; aber sein Arm ist nicht lang genug. Nun, so einer seinen eignen Arm an des Kurfürsten seinen ansetzt, so mein ich, 's wird ihm auch nicht unrecht sein. Nichts für ungut, Herr Junker, das mein ich vom Kurfürsten.«

Der Ritter wandte sich auf seinem Pferde etwas um und lächelte zu Otto Schliefen; dann sprach er: »Nun, freut es mich, daß du den Kurfürsten so gut kennst. Wär's doch möglich, daß du ihn heut noch im Walde träfst, da er hier auf der Jagd ist. Aber, Gesell, nimm dich in acht, daß du nicht gar den Landesherrn für den Dieb greifst, den du suchest.«

Dann wandte sich der Herr und wollte fortreiten. Aber plötzlich kehrte er um und sprach: »Hätt ich doch bald vergessen, daß du Räuber aufsuchst, und muß mich am Ende bei dir entschuldigen, daß ich dich so lange auf falscher Fährte aufhielt. Mag's doch aber sein, daß ich dir helfen kann. Also, wenn's dir recht ist, sag mir in Bälde, wie es mit der Sache steht!«

Da erzählte Henning, der nun auch wieder zu Roß saß, alles, was er wußte, wie sie den Hans Makeprang in der Nacht angefallen und ausgeplündert, wie er mit den zweihundert Berlinern ausgezogen und wie er sie verteilt hatte und gestellt und sie zu fahen hoffte, wenn er sie noch im Walde antreffe.

Zu dem nickte der Ritter wohlgefällig, denn er billigte im Sinn, was Henning getan, und sprach bei sich: »Der hat getan wie ein fürsichtiger Feldherr.«

Dann sagte er aber laut: »Nun, Gesell, ans Werk. Ich reite zum Kurfürsten, und wenn er hört, welch andere Jagd in der Heide los ist, wer weiß, ob er nicht selbst dazu blasen läßt.«

Sechstes Kapitel

Wo der große See, den die Havel bei Spandow bildet, gegen Morgen und Mitternacht weit in den Wald einschneidet, umgrenzten ihn sandige Höhen, mit hohen, knorrigen Kiefern bewachsen. In einer der Buchten, von früheren Winterströmen gerissen, die aber schon dazumal auch nicht ein kleines Bächlein zurückgelassen, sah es so wüst und wild aus, daß man sie heut nicht wiedererkennen würde. Die Wände waren schroffer, von Lehmschichten und den tausendfach verschlungenen Wurzeln zusammengehalten; die hat nun Schnee und Regen längst heruntergespült, die alten Bäume sind gefällt, die Wurzeln, gefault und vertrocknet, hielten nicht mehr die Erdschichten zusammen, und die Winterwässer schlämmten Sand und Kies und Lehm dem See zu. Wo ein jäher Grund war, da ist itzt nur eine schwache Senkung; spärlich sind die Seiten mit Gras und Heidekraut überwachsen, und die Kieferbüsche auf dem gelokkerten Boden streben nicht mehr zu himmelhohen Stämmen empor. Dazumal wucherte mannshohes Farrenkraut aus dem Boden, ein Versteck den Blindschleichen und Schlangen und allerhand giftigem Gewürm; aber auch dem Geächteten und Räuber, der in jedem Walde, bis ihn die Hunde aufstöberten, eine zeitweilige Freistätte fand. Wo jetzt trockene Tiefen sind, trichterförmig eingehend in die Erde, nur das hellere Grün am Boden als an den sonneverbrannten Wänden verrät den ehemaligen Wassergrund; da waren tiefe stehende Gewässer die Zucht von Schlangen und Getieren, so jetzt verschwunden, und hohes Schilf umkränzte sie; ein unfehlbares Versteck den Verfolgten, für viele, die sich unvorsichtig zu weit wagten, ein ewiges. Diese Moore und Wassertümpel allüberall; daher fanden bewaffnete Flüchtlinge in den Wäldern stets eine natürliche Festung, aus der nur Hunger und Übermacht sie vertrieb. Und die Tritte des Verfolgers verriet das hohe Laub am Boden, das keine Harke fortkehrte, der übermooste Reisig, die gebrochenen modernden Stämme. Schuhhoch versank der schwere Fuß in den tieferen Gegenden der Heiden, und das Lauscherohr des Verfolgten hörte ihn von weitem.

Auch lagen in jenen Zeiten auf allen Äckern und in den Heiden umher noch eine Masse mächtiger Feldsteine bis zu mannshohen Granitgeschieben, angeschwemmte Trümmer von den Gebirgen des Nordens aus urweltlichen Erdstürmen.

Auch in dem Grunde am See lagen noch mehre. Zweie übermanneshoch standen sich so gegenüber, daß man von fern sie für eins hielt. Und wenn man nahe kam, schwor man auch darauf, daß sie eins gewesen. Entweder hatte der Sturz von einer Höhe, die nicht mehr da war, oder der Blitz sie gespalten, und mit den beiden graden Wänden, die zueinander gehörten, bildeten sie eine enge Gasse. Das war ein rechter Schlupfwinkel für solche, die der Menschen Augen und mehr die der Gerechtigkeit flohen. Und nun, wenn's Winter ist und der Winter sein grauestes Kleid übergezogen hat, und die Wolken, finsterer, wo sie über ein finsteres Land ziehen, und genährt vom Atem seiner Sümpfe, sich schwer niederlassen auf die Täler und Hügel, und eine kalte feuchte Luft dein Antlitz giftig anhaucht, und die Krähen über dir in den knorrigen, weitverzackten Ästen der alten roten Kiefer sich niedersetzen und wieder aufrauschen, unheimliche Gäste, böse Nachbarn, schlimme Vorbedeutungen, und es seufzt der See, den du aus der Schlucht siehst, dumpf und unheilvoll, das Schilf beugt sich, und ein kalter Wind kommt schrillend über die Eisfläche, und du bist heimatlos und dem Gesetz verfallen. –

Die beiden, die heut hier saßen, sahen verstört aus; und sie fuhren auf bei jedem Geräusch und blickten einer den andern an. Sie hockten, jeder mit dem Rücken gegen eine Felswand, so sich schützend vor dem schneidenden Winde, und jeder hatte das Wächteramt, hinauszuschaun nach der einen Öffnung. Zwei Pferde, abgemagert, aber tüchtige Renner, scharrten, noch etwas tiefer im Grunde, nach frischen Gräsern unter dem Schnee. Sie waren frei, und mußten die Herren ihnen trauen können. Ein dritter Gaul, der gar kläglich und geschunden und zerschlagen aussah, war noch angespannt an einem Karren, der zerbrochen dalag, und die Waren, die darauf geladen, waren halb herausgefallen und lagen zerstreut umher, allerhand bunter Plunder.

»Verdammt!« rief unterweilen der eine, und der andere wiederholte es. Sie hatten mit Mühe ein kleines Feuer angezündet und Steine ringsum getürmt, daß es der Wind nicht verlösche; und einer um den andern schlich heran, sich zu wärmen. Aber sie beide fuhren dazu, wenn es zu verlöschen drohte, und desgleichen, wenn die Flamme zu hoch aufprasselte, aus Furcht, daß sie sie verraten könnte. Das hatte nun wohl gute Wege, denn die Steinwände waren hoch, und die schweren Wolken drückten den Rauch nieder, und der Rauch ward Wolke.

Da stampfte der eine, als ihm der Rauch in die Augen flog, auf die Erde und knirschte mit den Zähnen. »Wedigo! 's ist ein Hundeleben!«

»Daß sie der Geier alle holte!« antwortete der.

»Dreimalhunderttausendmal, die Markgrafen, die Hunde, die Jagdhörner!« trumpfte Busso drauf. »Daß uns der Halunke grad heute in den Weg laufen mußte!«

»Ich sagte es gleich, Busso!«

»Himmeltausendkreuzelement! Um die Bescherung seinen guten Namen, seine Ehre und – wer weiß was!« Busso fühlte um seinen Hals.

»Der Eiserne spaßt nimmer«, fiel Wedigo ein, derweil Busso mit seinem stählernen Fuß recht ingrimmsch in die ausgestreuten Waren trampelte und verächtlich sie fortschleuderte.

»Solcher Plunder! Hosenlatze, Hauben, Blumenbänder für das Süßherzchen eines Bauerlümmels! Darum, Sankt Mauritius! – Ich fluche nicht gern, Wedigo, aber so soll doch das heilige Kreuzdonnerwetter mit neuntausend Schwefelflammen dreinfahren! Komm, hilf mir! Ins Feuer die Lumpen! Mich ekelt's, das Zeug zu sehen –«

»Dich wird noch mehr ekeln, wenn du's riechst. Laß sein, Busso. Der Rauch erstickte uns, und es hilft nichts. Was geschehn, läßt sich nicht ungeschehn machen.«

Busso warf sich wieder hin und biß in die Lippen. »Das ist's ja eben. Widerfuhr mir je so was im Leben! Fünfunddreißig Jahre und ein halbes. Hab mich zusammengenommen, wie 'ne Schnecke, die sich in ihr Haus verschließt, wie der Igel, der sich aufrollt, diese zwei Jahr über, seit der Eiserne Herr ist! Was für Gelegenheiten ließ ich vorüber: einen Warenzug der Frankfurter, so hoch bepackt, sechs Wagen, das Wasser lief einem im Mund zusammen; mit zwölf Gewappneten ich auf der Höhe, und die ... kerle zitternd, daß ich das Zähneklappern hörte. Hätten auf den ersten Anlauf Reißaus genommen. Ordentlich, als ob es mir der liebe Gott in die Hände spielte. Mein Vetter Gebhard kriegte den Koller. Was hilft mir's, daß ich nein sagte – und nun muß solcher Bettlerranzen uns verführen, Lumpen, nicht wert, daß ein Edelmann drauf hofiert –«

»Ich war nicht dafür, Busso. Ihr habt mich überredet.«

»Der Teufel war's, ich nicht. Das ist des Bösen Macht, er legt da einem ehrlichen Kerl Fallstricke, wo er's am wenigsten erwartet. O es war niederträchtig, hundsföttisch, dumm! Solchen Elendsjäger, solchen Spitalfuchs anrühren. Wedigo, und wenn wir glücklich durchkommen, der Gedanke allein verfolgt mich durch mein Leben. Das ist ein Schamgefühl, das keine Beichte abtut, keine Absolution reinwäscht, an so was meine guten, ehrlichen Hände gelegt! So in einem Augenblick verspielt, was man jahrelang gesammelt! – An dem verdammten See ist's nie richtig. Die wendischen Heiden sollen, als unsere Vorfahren kamen, ihre Götzenbilder darin versenkt haben. Nachts spuken die. Ein guter Mann geht nicht gern vorüber. Der Teufel, sag ich dir, der leibhaftige Teufel hat uns verführt.«

»Dann sprach der Teufel aus dir, Busso. Es klang aber ganz vernünftig, was du sagtest.«

»Weiß es wohl. Es juckte in den Fingern und ruckte bis in die Fußspitzen, daß der Gauch so mir nichts, dir nichts an uns vorüberziehen sollte, ohne Geleit, ohne Wehr und Waffen, im Walde um Mitternacht, und keine Seele sah es, recht zum Hohn für uns, eine Aufforderung auf Schimpf und Glimpf. Man kam sich selbst jämmerlich vor, ein miserabler Wicht, wenn man's zuließ. Aber so spielt die Hölle mit rechtschaffnen Leuten.«

»Hättst ihm stärker auf den Hirnschädel klopfen sollen.«

»Mochte meine Hand nicht besudeln. Aber kommt er mir wieder ins Gehege! – Um solchen Schubbejack Männer wie wir, und grad itzt – o es ist zum Zerplatzen!«

Wedigo lehnte stöhnend den Kopf in die Hand. »Zu spät, Busso. Die Nürnberger hängen keinen, sie hätten ihn denn vorher gefangen.«

»Itzt, wo es losgehn wird«, fuhr Busso in seiner Selbstklage fort, »eine ganz andere Jagd, mordio, wo wir unsere Rüden hetzen wollten gegen die Käsekrämer, wo der Tag erscheint, da ein ehrlich adlig Herz vor Lust zappelt, da muß das passieren! Wodurch hab ich das verdient? frag ich. Zween Jahre nicht die Hand gerührt. Der Markgraf nickte mir freundlich zu, zog mich zu Rate. Auch mit den fränkischen Rittern, den hochnäsigen, hatt ich mich gestellt. Ließ nichts an mich kommen, gab ihnen alles wieder. Sie hatten Respekt. Und nun um solche Lumperei alles verdorben.«

»Merk's dir, Busso, es tut nicht gut, anders scheinen wollen, als man ist. Mancher von Unsern hat's dir verdacht. Unser Rücken ist grad, und ihrer ist krumm. Unser Gesicht, wie's der liebe Gott gemacht hat, ihres, wie die Fürsten wollen. Und weißt du, warum wir in der Patsche sitzen?«

»Halt 's Maul, wenn du nicht weißt, wie wir rauskommen.«

»Weil wir den Köpkin im Stiche ließen. Das ist der Teufel, der uns im Nacken stach.«

»Still von dem!«

»Der, wenn er bei uns war, hätte sich nicht zu vornehm gedünkt; hätte dem Halunken eins ins Genick geben, daß er das Aufstehn vergessen. Einen Stein um den Kopf, in den See rein, kein Hahn hätte gekräht. Weil wir gute Kameradschaft brachen, darum geschieht's uns. Der Zarnekow ist itzo salviert, wir stecken in der Pfütze.«

»'s ist was Hexerei dabei«, fuhr Busso nach einer Weile fort. »Lasse es mir nicht abstreiten. Kennen wir nicht den Wald auß' und innen und müssen uns bei dem bißchen Schneewirbel gleich anfangs in die Irre reiten. Hätten schon vorm Hahnenschrei über Tegel hinaus sein können und waren, als es vom Turm vier schlug, erst dort am verfluchten Pletzensee. Dann die Geschichte, und aufs neue verirrt. Fünf Stunden die Kreuz und Quere in der Heide – und nun, als wir raus wollen, kommt uns die kurfürstliche Jagd entgegen. Hätte auch an einem andern Tag jagen können.«

»Vor den Hexen hab ich allen Respekt«, entgegnete Wedigo, »seit ich mal als Bub einer nachlief mit den andern Buben vom Dorf, und wir zischten und schmissen sie mit Steinen und Kot. Die Knechte und Leute kamen dann auch dazu, und da's der Junker tat, so meinten sie, das sei gute Gelegenheit. Richteten das alte Weib so zu, daß sie liegenblieb und drei Tage darauf eingescharrt wurde. Aber den Blick des Weibes vergeß ich mein Lebtag nicht, den sie mir aus ihren roten Augen zuwarf. Nächste Woche darauf kamen die Blattern ins Dorf. Starben siebzehn Kinder, und ich wär auch draufgangen, wär meine Mutter seliger nicht barfuß nach Heiligengrab gepilgert. Aber das hier war keine Hexerei, Busso. Der schwere Karren war's, das lahme Vieh, das wir treiben mußten, als wären wir Schinderknechte.«

»Schande über Schande!« rief Herr Busso. »Wenn das einer vom Hof mit angesehn. Will auch nie wieder auf Fang ausgehn, das schwör ich bei der hochgebenedeiten Jungfrau, wenn ich nicht wenigstens einen Knecht bei mir hab.«

»Der hätte die Mähre auch nicht schneller getrieben.«

»Wärst du nur früher auf den Einfall kommen, das Pack aufzuschneiden. Mit dem Plunder uns zu schleppen, zwei Ritter, all ihr heiligen Fürbitter, 's ist zuviel.«

»Und nichts im Magen«, sprach Wedigo, »seit zwanzig Stunden. Und oben die verfluchten Krähen, die allerwegs was finden. Spotten unser.«

»Ist mein Magen weniger leer als deiner? Aber die Schande, die Schande ist's, die nagt mehr.«

Der ältere und beleibtere Gefährte raffte sich plötzlich, wie von einem Gedanken aus seiner stumpferen Ruhe gerüttelt, auf und machte sich an den umgeworfenen Karren. Seine Ahnung hatte ihn nicht getäuscht, und jubelnd hielt er ein Stück Brot in die Höhe, das er unterm Sitz gefunden. Es war ein altes Stück Gerstenbrot und die schon angenagte Keule eines Hammels; aber die Ritter sahen nicht drauf, wie es war, sondern es war etwas, und fielen mit Heißhunger darüber her, und alle verdrießliche Gedanken verschlangen sie mit den Bissen Fleisch, als lange davon an dem Knochen war.

Wedigo warf sich wieder hin. Er konnte es doch nicht anders machen. Aber Busso starrte eine Weile auf ein Etwas, das ihn beim Essen wohl hätte stören können, wenn's in seinem Temperament gelegen, daß so was ihn störte. Das arme Tier, so geschunden und gedrückt halb unter dem umgestürzten Karren auf den Knien lag, hustete und stöhnte, und das Blut floß ihm aus hundert Wunden, und die Zunge lechzte, und das matte Auge schaute umher, wer es erlöse. Das wäre unrecht, zu meinen, daß Herrn Busso ein Gefühl beschlichen, so wir itzt Mitleid nennen. Es war ihm nur, wie vieles, auch das verdrießlich. Das sterbende Tier war ihm zu nahe, und er konnte nicht fortrücken, und das Tier auch nicht, wenn er auch den Sporen noch so oft ihm in den Leib bohrte.

»Wer schafft uns die Bestie fort?« fragte er mit einem Blick auf den Kumpan, der die Arme gähnend über dem Kopf streckte.

»Was geht mich die Bestie an.«

»Das Tier kann uns verraten, wenn die Hunde nahe sind. Noch rauchend Blut wittert die Meute am ehesten. Man müßte ihm einen Gnadenstoß geben.«

»Ruf den Schinderknecht, Busso.«

»Höll und Teufel, es muß doch geschehn. Das Vieh krepiert zu langsam. Was meinst du?«

»Ich meine nichts.«

»Ich aber meine, Wedigo, Not kennt kein Gebot. Einer von uns, oder wir beide.«

»Ich!« fuhr der andere auf. »Gebenedeite Jungfrau Maria, mir das! Dem Halunken, der uns verführte, hätte ich eins versetzt mit meinem guten Schwerte und mich nicht geschämt. Denn das Schwert ist zum Schlagen, und weiß ich im Gefecht, ob der Kopf, den es trifft, ehrlos ist oder nicht? Aber Luder rühr ich nicht an. Was des Schinders ist, dazu ist ehrlicher Stahl zu gut.«

Busso war ärgerlich aufgesprungen. »Will's tun; gib mir deine Klinge.«

Wedigo aber riß seinen Degen an sich und deckte den Griff mit beiden Händen. »Busso! Bist du rasend? Will sie eher zerbrechen als dazu hergeben.«

Busso stieß einen Fluch aus, der aber nicht zu Worten wurde. Dann riß er schnell sein Schwert aus der Scheide. »Not kennt kein Gebot. Es kommt in *einen* Topf der Schande.«

Wedigo schauderte zusammen, als der Ritter das wohltätige Mordwerk mit kräftiger Hand und wenigen Streichen vollbrachte. Das arme Tier sank nieder, und seine langen Leiden waren in wenigen Sekunden geendet. Ein Strom Blutes färbte den Boden und rann bis an das Feuer, das davon zuerst zischend aufprasselte, dann in einen qualmigen Dampf sich auflöste und verlöschte. Wedigo wollte aufspringen, aber in dem Augenblick hörte er etwas, das ihn regungslos am Boden fesselte. Horntöne und untermischtes Hundegebell. Und Busso hörte es und lehnte sich blaß an die Steinwand.

»Wisch das Blut von der Klinge«, wisperte ihm Wedigo zu, »Gott sei mit uns.«

»Und der Teufel ist schon da«, sagte Busso.

»Denkst du an Widerstand?«

»– Das wäre albern«, erwiderte nach einigem Besinnen Busso und wischte das Blut an dem Moos des Steines ab. »Ob es doch nicht ausgemacht ist, mein lieber Vetter, ob wir nicht gescheuter täten, unser Leben so teuer es geht zu verkaufen als wie fromme Schafe uns zu ergeben, um auf der Leiter den Himmelsweg hinanzusteigen, so uns Seine Kurfürstlichen Gnaden weisen wird.«

»Gott der Barmherzigkeit! Er wird doch nicht? Christliche Edelleute!«

»Dem eisernen Gesichte trau ich's zu.«

»Um solchen Bettel, um solchen hundsföttischen Lumpenkerl. Nicht drei Gulden wert.«

»Er warf, als Kurprinz noch, einen Edelmann in den Turm, der gar nichts getan; nur einen Juden hatt er erschlagen, der ihn betrogen.«

»I so muß doch die Welt untergehn!« stöhnte Wedigo, aber er horchte mit Vergnügen, wie der Jagdlärm, nachdem er sich bis auf einen gewissen Punkt genähert, wieder abging und endlich verhallte. Auch Busso hatte gehorcht.

»Untergehn wird die Welt nun wohl nicht so bald, mein lieber Vetter«, sprach er, wieder vortretend, indem er sich auf sein Schwert stützte. »Es wird nur einige Stöße geben, und wer nicht fest steht, sehe sich vor. Und wenn *ein* Ding wankt, muß man sich ans *andere* halten. Unsere Schlösser von Ziegeln, Lehm und Balken sind geborsten. Die Faule Grete brummte zu stark. Aber die Fürsten baun ihre Schlösser aus anderen Stoffen. Da muß der Adel suchen, wie er sich untersiedelt.«

»Element noch einmal! Und unsere Freiheit!«

»Ein kluger Mann wird immer frei bleiben.«

»Niederträchtige Knechte!«

»Es wird noch immer Knechte geben *unter* uns. Und wer weiß«, brummte er mit einem höhnischen Lächeln, »ob wir nicht sehr vornehme Knechte bekommen, so wir's geschickt anfangen. An der Straße liegen muß man freilich nicht; aber die reich gewordenen Käsekrämer, diese aufgeschwemmten Stadtpilze sollen uns doch zollen. Fein, fein aber, mein Vetter, muß man's einfädeln.«

»Fädle es fein ein«, unterbrach den Selbstredner der ältere Ritter unwillig, »daß wir hier loskommen. Wenn wir am Stricke baumeln, hilft uns das nicht mehr.«

»Wir sind eingeschlossen –«

»Das ist ein altes Lied.«

»Die kurfürstlichen Jäger streifen von Spandow bis gen Bötzow. Über die Havel ist nicht zu kommen. Nirgends ein Kahn als in Tegel, wo der Hof tafelt. Von der andern Seite die Berliner Brut, als uns der Ziegelstreicher sagte. Die ganze Länge der Spree nur ein Treiben, item auf der Straße nach Bötzow. Aufstöbern werden sie uns also hier, der Beweis liegt da. Also bleibt uns nur die Wahl: versuchen durchzubrechen. Verdammt schwer, und zu zweien noch dazu! Oder auf die Bäume klettern, aufs Geratewohl, und die Nacht abwarten. Spürst du dazu Lust?«

»Ich auf einen Baum! Was denkst du, Busso.«

»Besser auf 'nen Baum steigen als auf die Leiter.«

»Und unsere Rosse mitnehmen?«

»Ja, die Rosse. Hast recht, die verrieten uns. Meinen Hengst kennt jedes Kind. Also fürs Durchbrechen stimmst du? Auf deine Verantwortung. Du bist der Ältere, also der Gescheutere. Nur bedenke auch, mein Pferd und ich sind schneller. Du bist ein tapferer Mann, aber damals auf der Flucht bei Angermünde konntest du nicht mitkommen.«

»Was durchbrechen! Purer Unsinn.«

»Und zumal zu zweien. Das gescheuteste noch, wenn einer von uns es versucht. Er wagt seine Haut, sieht, wie es steht und wo ein Loch ist. Geht einer drauf, ist doch der andere salviert, und wer weiß, wie er ihm nachgehends hilft. Laß uns losen, Wedigo.«

Wedigo wußte nicht eigentlich, wozu er losen sollte, als der andere die Steinchen in der Kappe schüttelte. Aber als er hineingreifen wollte, fiel dem Kumpane noch etwas ein:

»Wir trennen uns, Vetter. Und wie zusammenhalten bisweilen not tut zu guten Dingen, so zu andern Zeiten, daß sich Freunde scheiden. Dann kann's auch nötig werden, daß keiner den andern kennt. Wohlverstanden, Wedigo, wenn ich gefangen werde, nützt mir's nicht, daß du mitgefangen wirst. Und muß ich hangen, was hilft's mir, daß du mitbaumelst? Sorg du für mein Weib, dann –«

»Christus Jesus, sprich nicht so!«

»Freilich ist's noch ein Trost für einen ehrlichen Kerl, wenn er einen Freund hinterläßt, der sich kümmert um die Seinen und, wenn sie ihn schimpfen, den Leuten sagt, daß er ein braver Mann war. Bei Gott, Wedigo, wenn ich dich überlebte, ich tät es. Würd auch tun, was an mir ist, den Schuften, die dich verrieten, es einzutränken, und, kannst dich drauf verlassen, meinen letzten Groschen gäb ich für Seelenmessen. Aber das Ding hat noch eine andere Seite. Gesetzt, sie fangen mich, wenn ich herumspioniere. Würde in den Turm geschmissen, vor den grünen Tisch zitiert, sie fragten mich des langen und breiten. Was kann da ein Freund tun, der frei ist! Wenn sie Verdacht hätten, denn wir sind Vettern, so wüßte keiner etwas vom andern, das wär die erste Bedingung. Nun laß uns losen, aber zuerst schwören, einer dem andern, daß er ihn nicht verrät, nicht kennt, nichts weiß von ihm. Also schwören wir –«

»Aber der Halunke schwört, daß wir unser zwei waren.«

»Was schwört nicht solch ein Hund! Freilich waren's zwei; aber der andere ist fortgelaufen, irgendwer, ein schlechter Gesell, ein Schnapphahn von der Straße, der dich verführt hat, wollte sagen mich. Schimpf auf ihn, nenn aber mich nicht, wollte sagen, ich werde dich nicht nennen. Hier ist mein Rosenkranz, eingesegnet in Wilsnack. Darauf wollen wir schwören.«

Wedigo schwor, wie Busso wollte, und loste, wie Busso wollte, ohne eigentlich beides zu begreifen, warum es war. Das Los traf ihn. Er schaute sehr verblüfft den andern an und kraute sich hinter dem Ohr. Er wußte doch gar nicht, was er eigentlich sollte.

»Nun mach Anstalt, lieber Vetter. Du wirst's am besten wissen –«

»Nichts weiß ich«, fuhr Wedigo auf. »Wie soll ich mich durchschleichen, bei meinem Leibe!«

»Das ist freilich wahr. Ich bin dünner; meiner Statur sind viele. Aber ein Los soll man nicht tauschen, durch das Los spricht Gott. Ein schweres Stück bleibt es, und wenn sie mich fangen – was würde dich das gereuen.«

»Kreuzelement! das ist doch eine verfluchte Zeit. Wenn man's nur allein mit dem Bürgerpack zu tun hätte!«

»Das sag ich ja auch. Aber wenn gute Edelleute einem nicht beistehn dürfen. Nun, wenn dir der Kurfürst begegnet, wirst du mit ihm ein adlig Wort zu reden wissen.«

»Nein, nein und dreitausendmal nein. Mach du's aus, ich bleibe hier.«

»– Vetter, ich lasse dich ungern«, sagte nach einer Weile Herr Busso und schüttelte ihm die Hand, »aber da du's willst – ein Wort ein Mann – ich gehe. Denk an den Schwur und bete für mich.«

Woran Wedigo dachte und ob er im stillen betete, als

Herr Busso leis sein Pferd bestiegen und durch die Schlucht nach dem Strande zu geritten war, steht in keiner Chronik geschrieben. Er war auch kein Mann, der das Denken liebte, und überließ es gern andern. Ausgestreckt lag er da, die Hände unterm Kopf, und schaute in den Himmel und den Krähen zu, die in verdrießlicher Nähe über ihm flatterten, und das brachte ihn auf den ersten Gedanken: daß nämlich solch ein Vieh es besser hat als in gewissen Lagen ein Edelmann vom reinsten Blute. Dann fragte er sich, womit *er* das verdient? Denn er war im Grunde ein gutmütiger Mann, der keinem etwas zuleide tat, der ihn nicht reizte oder ihm nicht in den Weg lief. Wenn er einem aufgelauert, so hatte es immer einen Grund. Entweder *er* hatte ihm abgesagt oder ein guter Freund, oder der Kaufmann gehörte zu einer Stadt, die es mit einem seiner Freunde verdorben; oder es war irgend sonstwas vor alters geschehen, was nun vergolten werden mußte. Also glaubte er sich immer im Rechte und begriff schwer, wer ein Recht haben sollte, ihm in sein Recht zu greifen. Hier war es freilich etwas anders. Aber er fragte sich: wie hatte ein solcher armseliger Wicht überhaupt ein Recht? Und war's nicht eine bare Herausforderung, mir nichts, dir nichts durch den Wald seinen Karren zu treiben, wo zwei Ritter ritten, ohne sie um ihren Schutz anzusprechen! – Und warum pochte ihm doch hörbar das Herz, als der Wind abermals Waldhorntöne zutrug, und es kam immer näher? Was Beten anlangt, so betete Wedigo an den Tagen und Stunden, wo es ihm sein Priester geheißen; aber nie sonst und nie ein Wort mehr, als er auswendig gelernt. Aber außer dem Priester lehrt auch die Not beten. So klammerte er itzt die Hände zusammen, und alle Gebete, die er wußte, und alle Heiligen rief er, die er kannte. Er klagte den Teufel an und den Busso, daß sie ihn verführt, er hätte zuerst gar nicht dran gewollt. Den heiligen Ritter Mauritius flehte er an, ihn, einen Ritter, um solchen gemeinen Kerl nicht verderben zu lassen, und zum heiligen Ritter Georg, daß er doch, um der Ehre der

Ritterschaft willen, einen aus seinem Orden vor dem Strick bewahre. Auch zum heiligen Martin wollte er beten, aber unwillkürlich ließ er die Hände los; denn er entsann sich schnell, daß der heilige Ritter, als ihm ein Lumpenkerl begegnete, noch armseliger als jener, das Schwert zog, nicht um ihn zu schlagen, sondern er schnitt damit seinen eignen Mantel in zwei Teile und reichte die eine Hälfte dem Nackten.

Ach, die Waldhorntöne, sonst so herzerfrischend in der grünen Heide, wenn es hügelauf, hügelab geht, wie schrecklich klangen sie heute, wie Zetertrompeten zum Jüngsten Gerichte. Und dazwischen aus weiterer Ferne das lange Horn derer zum alten Berlin. Und noch schrecklicher das Heulen und Klaffen der Hunde, hier und dort, links und rechts, Wirklichkeit und Widerhall. Er hatte auch einmal die Hunde gehetzt auf einen, und war ein lustiger Tag für ihn und seine Kumpane wesen, des er sich gern erinnerte, wie der Kerl gesprungen und gestürzt und geschrien und sich gewälzt, und sie galoppierten hinterdrein und knallten die Peitschen und hetzten die Bestien. Der Kerl hatte es verdient, den Braten samt dem Spieß aus der Burgküche gestohlen. Itzo fühlte Herr Wedigo, wie dem Kerl damals zumut war. Er hatte es auch verdient. Und immer näher schmetterte es und hallte wider, hier rufend, dort lockend und antwortend, das schrille Pfeifen, das Rossewiehern. Wie sie sich zuriefen, die Jäger, und lachten! Und immer stärker das Geheul und Klaffen der Rüden vom Wald, vom See. Das dürre Laub raschelte, er hörte ihre Sprünge, wie die Meute hineinbrach und wieder heraus, jetzt ganz dicht hinter ihm, nein, vor ihm. Da stand ein Tier auf der Höhe, mit funkelnden Augen, weit aufgerissenem Rachen, die Zunge heraus, und eine Reihe Zähne, um einen Eber zu erwürgen, glänzten ihm entgegen, ein Hund, groß und stark, um allein ihn niederzureißen. Und nun schlug er an, und sein Ruf dröhnte durch die Kiefern, und im nächsten Augenblick züngelten zehn giftige Mäuler ihm entgegen.

Siebentes Kapitel

Durch die Heide aber ritt ein stattlicher Herr inmitten vieler andern Reiter. Seine Kleidung war kaum so schmuck als der Begleiter ihre, aber um Kopfeslänge überragte er die meisten, und hielt sich auch keiner so stolz als er. War es derselbe, den Henning dort, weiter unten gegen die Städte zu, angetroffen und hätte ihn bald als Strauchdieb gegriffen. So irrt sich auch der Klügste.

»Kurfürstliche Gnaden!« sprach ein Ritter im Jägerkleide, »dort links ab, gegen den See zu, stöbern die Hunde. Scheint es dort verdächtig.«

»Nun sollen uns die Diebe zu Gott nicht entgehen«, antwortete der gnädige Kurfürst, Herr Friedrich der Andere.

»Ist auch eine Frechheit sondergleichen«, sprach einer vom Hofe, »einen Straßenraub im Walde, wo tags drauf Euer Gnaden jagen wollten.«

»Einen Tag nachher«, sagte der Fürst mit einem seltsamen Blick, »wär es wohl schicklicher gewesen?«

Dann wandte sich der gnädige Herr zu einem Ritter um, der links hinter ihm ritt und ganz außer Atem schien, und wir kennen ihn auch schon. Er war kaum angezogen, als es sich für einen Junker schickt, der zu Hofe reitet, und auch nicht einmal auf der Jagd. Sein dunkel Wams war nicht gebürstet. Auf der Kappe trug er aber einen Busch Habichtsfedern. Sah man ihm's an, daß er sie erst vor kurzem draufgesteckt. Die Kappe trug er aber so unterm Kinn zugebunden, daß man davon nichts sah, sondern nur den Mund. Wenn's der Kälte wegen war, weshalb hatte er dann keinen Mantel um? Den hielt er überm Sattel gehängt. Soviel Respekt forderte der gnädige Kurfürst auch nicht von seinen Mannen; zumal auf der Jagd in Winterszeiten.

Also redete er zu dem: »Herr Voß, Ihr kommt sehr spät zu unserer Jagd? Und von woher, da ich Euch doch nicht in Spandow wahrnahm, als wir auszogen; und erscheint Ihr ja hier wie aus dem Himmel geschneit?«

»Gnädigster Herr!« erwiderte der Ritter, sich verneigend, »ich war auch nicht in Spandow. Vielmehr als ich aus dem Havelländischen kam und zu Dürotz von der großen Jagd vernahm, so Dero Gnaden auf heut bestimmt, eilte ich, was ich konnte, an den Fluß, ohne Spandow zu berühren, fand dort einen Kahn, der mich und mein Roß übersetzte, und war es der lustige Hörnerschall, der mich so glücklich auf nächstem Wege in meines gnädigsten Kurfürsten huldreichste Nähe führte.«

»Und Ihr kommt zu einer Jagd von anderer Art.«

»Was mein gnädigster Herr und Fürst unternimmt, das möge zum Besten ausschlagen. Ob es mich doch schier wundert, die edle Weidmannslust mit einem Treiben vertauscht zu sehen, so Ew. Gnaden füglicher einem Hegereiter überließen.«

»Hat der Fürst nicht allerwärts die hohe Jagd?«

Die märkischen Herren im Gefolge antworteten nur durch ein Gemurmel, denn sie wollten's nicht alle einräumen, daß der Fürst sie hätte; und gab's darum in der Folgezeit böse Händel, und ward noch später viel Papier darüber verschrieben; und nutzt' es den Herren doch nichts, der Arm der Fürsten ist stärker.

»Er hat sie, ihr Herren!« fuhr Herr Friedrich mit starker Stimme fort. »Und gibt's eine höhere Jagd als auf Übertreter des Gesetzes und solche, so Rechte greifen, die nicht ihre sind?«

Da verzogen sich manche Stirnen kraus, und nur wenige antworteten, wie es sich bei Hofe schickt, wenn der Fürst seine Meinung sagt und will, daß die andern auch meinen sollen, was er meint. Der vorige Ritter aber sprach:

»Gott erhalte meinen Herrn, und möge sein hohes Recht allen einleuchten, die itzo noch im dunkeln sind!«

»Ihr tragt einen seltsamen Federbusch, Herr Busso«, fuhr nach einer Weile der Kurfürst fort. »Sieht er doch so frisch aus als unsers jungen Berliner Hauptmanns seiner.«

»Da ich mein Gepäck auf dem Wege nach Spandow zurückließ, muß ich mich bei Ew. Kurfürstlichen Gnaden entschuldigen, wenn ich erscheine, wie ich bin. Ein Habicht, den ich drüben schoß, mußte mir die Feder geben.«

»Mir wär's lieb, so Ihr allzeit erschient, als Ihr seid, und niemals anders«, sprach der Kurfürst, und das galt dem einen und vielen noch, wer sich's merken wollte.

Da erhob sich itzo aus der Gegend, wohin der Jäger gedeutet, ein großer Lärm. Die Hunde bellten doch fast so arg, daß man sein eigen Wort nicht hörte, und die Leute schrien und jauchzten, und die Hörner, die einen Augenblick geschwiegen, stießen nun lockend und rufend, daß es war, als wenn der ganze Wald lebte. Nun schrien sie allerhand häßliche und gemeine Worte, die es nicht gut ist wieder aufs Papier bringen, und es rief: »Da ist er!« und »Wir haben ihn!«

Und war's ein solch Gedränge nach dem Platz zu, daß selbst der Kurfürst zuerst nicht heran konnte, um zu sehen, wen sie gefangen. Endlich machten sie Platz, und stand in der Mitte, die Hände auf den Rücken gebunden, ein Mann, der nicht mehr jung war, aber recht dick. Auf dem Kopfe hatte er eine Glatze und sah betrübt, ja fast erschrocken aus; denn es war wohl kläglich für einen Edelmann, daß ihm die Hunde Wams und Hosen zerrissen hatten, und das Blut leckte heraus, und die Hunderte um ihn höhnten ihn und lachten und machten schreckliche Gebärden. Die Hunde hielten nun zwar die Jäger an der Leine; sie hätten den armen Mann zerrissen, aber vor ihm stand und lag und sprang einer, der toller war als ein Hund, und sah so blutig und wild aus, daß man ihn auch hätte mögen an eine Kette legen. Der schlug mit den Armen um sich und ballte die Fäuste und grinste mit den Zähnen. Und aus dem Munde platzten wie ein Raketenfeuer solche Schmähworte vor, daß einem wirblig zumut wurde. Und alles gegen den Mann, dem die Hände auf den Rücken gebunden waren und der mit den Zähnen die Lippen biß. Und auf den Baum zeigte er, an dem der Ritter stand, und hielt ihm eine Schlinge unters Kinn und zog sie zusammen und löste sie wieder. Damit wollte er ihm zeigen, was sein warte. War's Hans Makeprang, der Krämer, den sie im Walde am Pletzensee ausgezogen, und der Gebundene war der Ritter Wedigo.

Weiß aber nicht, ob's dem Wedigo nicht lieber war, als der Hans Makeprang vor ihm schrie und sprang als ein wild Tier im Käficht und ihm ins Gesicht spuckte, denn itzt, wo der Kreis sich öffnete und der Markgraf vor ihm zu Roß hielt und ihn anschaute ernst und kalt. Wenn ihm vorher das Blut zu Herzen stieg und in die Wangen sprützte, so sank es itzo in die Fußspitzen, und er war kalt wie ein Leichnam.

Es dauerte so eine Weil; und war's ihm, als ob die großen Augen des Fürsten wie ein Bohr, den der Zimmerer in einen Balken läßt, immer tiefer und tiefer in die Brust ihm gingen. Konnte sich nicht rühren und auch nicht die Augen niederschlagen; mußte ihn ansehn, den Schrecklichen.

»Du also?« sprach der Kurfürst nach einer Weile.

Und wenn einer ihm Säcke mit Goldes gegeben, er konnte da nicht nein sagen. Aber ja konnte er auch nicht sagen, denn die Zunge war ihm eingetrocknet im Gaumen. Er nickte aber mit dem Kopfe.

Nun fuhr Hans Makeprang los als wie ein Trunkener, dem alles von der Zunge läuft und kann nichts zurückbehalten: »Ja, der ist's, der gottvergessene Gaudieb, der heidnische Schinder und Menschenschlächter! Willst du's leugnen? Christ, Jesus, Maria, Muttergottes und all ihr heiligen Fürbitter, er war's! Hier faßt' er mich im Genick, hier stieß er mir den Sporn in die Weichen – das sind seine Sporen, Stachelsporen, ich schwör's beim heiligen Blut von Zehdenick und von Wilsnack! Willst du's leugnen? Ach, Erbarmen mit einem armen Handelsmann! Bis auf den Heller alles ehrlich bezahlt. Da, da liegt's, in den Kot getreten – Die Raben sollen's dir vergelten! Ich will ihm die Leiter halten. Gerechtigkeit, allergnädigste Herren! Und meinen Gaul haben sie erstochen; kostete mich ein Schock Groschen, so wahr ich Hans Makeprang heiße.«

»Hund, still! Der gnädige Herr spricht. Hörst du nicht!« schrie ihm ein Jägermeister, es war ein Kleist, von denen da überm Wasser, ins Ohr und riß den Rasenden gewaltsam zurück.

»Du also brachst meinen Landfrieden?« sagte der Markgraf. »Ich kenne dich wohl. Hast was für dich zu sprechen? Sprich –«

»Herr!« Die Knie schlotterten ihm; er hätte wohl niederknien mögen, so war ihm zumut, aber er konnt's nicht.

»Ich kenne dich wohl«, fuhr der Herr fort. »Du wurdest als Bub gefangen mit deinem Vater bei Nauen, als mein erlauchter Vater, der Markgraf, den Gott selig habe, des Quitzow Räuberbande vertrieb. Du schworst mit deinem Vater, als man dich losgab, den Frieden zu halten und der schändlichen Räubereien dich zu enthalten. Vergessen das?«

Herr Wedigo schwieg wie vorher.

»War der Mann dein Feind? Lagst du in Fehde mit ihm? Hattest ihm abgesagt? – Herrgott, mein Erlöser und Heiland!« fuhr der Kurfürst itzt auf, »das ist zu arg. Ein Edelmann und mein Vasall, ein Mann, der es hat, wie ein niederträchtiger Strauchdieb nachts einem armen Gesellen auflauern, ihm den Hals abschneiden um zween Pfennige! Gott der Gerechtigkeit, sind wir in einem christlichen Lande, zween Stunden von meiner Hauptstadt und meiner Festung; in meiner fürstlichen Nähe das! Ihr Herren umher, ihr alten Edelleute und wackern Vasallen, ihr Ritter, die in mancher Schlacht mit mir euer edel Blut versprützet gegen den Pommer und Mecklenburger, und ihr edlen Landesverteidiger, die ihr mit mir als Kurprinz euer Herzblut dran setztet, als wir den wilden Hussiten bei Bernow züchtigten und schirmten unsere reichen Städte und schützten unser armes Land, ihr Herren, sprecht für den Schlucker dort. Ihr seht, die Sprache versagt ihm. Redet *ihr* für ihn. Es wird doch ein Sachwalter für ihn sein, wo er so viele Verwandte hat.«

Und der Blick, den der Herr umherwarf, war gar zornig; und viele senkten die Häupter. Keiner sprach.

»Wie! so viele Blutsfreundschaft und gute Freunde und kein Anwalt! Du sein Schwäher, du sein Ohm, sein Vetter, und keiner etwas für ihn! – Verabscheut ihr so über alle Maßen sein schändliches, gemeines Verbrechen, daß euch der Laut im Munde erstarrt? – Was freu ich mich, in einem Land zu herrschen, wo so rechtliche Gesinnung ist; in der Mitte von Rittern und Vasallen, die den Straßenraub aus Grund der Seele hassen! – Dauert mich doch fast der arme Teufel, der das nicht erwartet. – Nicht so? Du hast auf viele Fürsprecher gerechnet! Mancher, der itzt schweigt, hätte dir vor seiner Bekehrung die Hand gedrückt, mit dir gelacht und gezecht, auch geteilt. Nun stehst du allein da, die Zeiten wurden anders. Such dir bessere Freunde.«

»Unterm Galgen hört die Freundschaft auf«, sprach ein Ritter, der sich sehr stattlich trug, in Sammet und kostbaren Pelzen. Sein Gesicht war voll und freundlich, und er schwenkte sein Roß mit reichen Decken zu dem Kurfürsten, nicht wie ein Vasall, sondern als wär er seinesgleichen. War's Herzog Erich von Stettin, Herzog zu Pommern-Stettin und Herr von Wolgast. – »Was meint nun Euer Liebden«, sprach der und streichelte sich den Bart. »Der Kerl hat bekannt. Wenn wir schnell judizierten? Der Baum da ist stark, der Ast hoch genug, und das schwarze Federvieh in den Wipfeln wartet schon.«

Da zückte es durch aller Gesichter, wie der Pommer das sagte, und Herrn Busso entfuhr es: »Er ist ein Edelmann –«

»Und ohne ordentlich gehegtes Gericht!« rief der alte Herr Johannes, der seinen Herrn gestern nach Berlin begleitet.

»Ei was, wir hegen's hier«, sagte der Pommerherzog. »Es gibt was für die Augen.«

»Ohne Vorladung!« sprach der Kanzler.

»Er steht ja schon da. Und wenn's die gelehrten Richter nicht wollen, so sind unter den vielen Rittern hier doch sicherlich einige ›Wissende‹. Hegt ein Femgericht. Das geht schneller.«

»Recht und Ordnung, Herr!« traten mehrere bittend vor zu ihrem Kurfürsten.

»Wir sind auf der Jagd, ihr Herren«, lachte der Pommer. »Und Jagdrecht ist, daß man's im Wald abtut. Man tut dem Wolf, wie ihm recht, fragt aber nicht, ob's ihm bequem ist.«

»Recht und Gericht!« riefen die Ritter von allen Seiten.

»Ihm soll Recht werden«, antwortete der Kurfürst mit starker Stimme, und sein Gesicht schaute ernst. »Mein lieber Vetter von Stettin«, wandte er sich zu diesem, »Ihr seht, wie mein Adel Recht und Ordnung liebt, also soll's geschehn, wie hierzulande Brauch ist. Die Kieferbäume stehn aber nicht allhier«, setzte er leiser hinzu, »um unsere Edelleute daran zu hängen.«

»Hätt's wenigstens gern gesehen«, brummte der Pommerherzog in den Bart, »wenn wir die Meute auf ihn losließen. Das wär doch kein Gericht, sondern eine Jagdlustbarkeit.«

»In deutschen Landen, Herr Herzog«, sprach Busso, »hetzt man nicht Edelleute mit Hunden.«

»Ihr hetzt nur die Bauern mit«, erwiderte ihm der Herzog. »Nichts für ungut. Das ist so unterschiedlich in den Ländern.«

Da unterbrach sie der Kurfürst, indem er den Wedigo noch einmal anredete: »Eines guten Gerichts Anfang ist eine gute Untersuchung. Als ich recht gehört, warst du nicht allein, als du den Mann niederwarfst.«

Wedigo antwortete ein deutliches: »Nein!«

»Wer war dein Kumpan? Und wo ist er?«

»Gnädigster Herr! Er ist fort.«

»Ließ er dich im Stich? Und dir die ganze Bescherung auf dem Hals? Im Turm zu Spandow sind zwei Quartiere. Eins ist luftig, wie es sich für Ritter schickt, die grad Wort geben, das andere unter der Erd, und die Havel sickert hinein. Da legt man geschlossen die Übertreter, so trotzig sind und nicht Rede geben. Wer war dein Kumpan, Wedigo?«

»Er war – ich kannt ihn nicht. – Ihr sollt ihn nicht finden, Herr!«

»Wer war dein Kumpan, Wedigo?«

»Was kümmert Euch, gnädiger Herr, der? War's wohl einer, der keinen Namen hat; denn wär's ein Ritter, er ließ doch seinen Freund nicht in Not allein.«

»Wer war dein Kumpan? *Du* hättst den Mann nicht angefallen ohn ihn. Wer hat dich angeregt und ließ dich im Stich, als die Not kam? Ich rate dir gut, nenn ihn.«

»Mag er sich selber nennen. Mich, Herr, führt in den Turm. Kenn ihn ja schon von ehedem.«

Und als der Wedigo nun abgeführt wurde, schaute der Kurfürst sich im Kreise um und sprach: »Wahrhaftig, ihr meine lieben Herren und guten Vasallen, ich wünsche dem von euch Glück, der den Wedigo Lüderitz zum Freunde hat. Er ist ein wahrer Freund.«

Der Wedigo ward gen Spandow von vier Bewaffneten abgeführt; der gnädige Herr mit den Rittern und dem Gefolge aber ritten hinunter nach dem See zu und an dem Ufer fort, dahin, wo das wendische Fischerdorf liegt, so Tegel heißt. Dem Hans Makeprang aber hatte der Herr das ledige Pferd des Wedigo gelassen, daß er's statt seines erstochenen Gauls vor den Karren spanne. Gewann er dabei viel, und noch den Sattel obendrein, und lachte in sich, ob er doch noch immer fluchte, als er den Karren auflud. Von den Rittern aber schaute mancher grimmig darüber und schüttelte den Kopf. Denn ein edles Ritterpferd vor eines Hausierers Karren zu spannen dünkte sie unrecht, und der Wedigo mußte zu Fuß nach Spandow! »Daß dir's wohl bekomme!« rief ihm mancher im Vorbeireiten zu. Herr Busso aber lachte.

»Was soll's ihm nicht bekommen! Fürstengunst ist Sonnenschein. Wohl dem, der sich gut zu legen weiß und den andern den Schatten läßt!«

Hans Makeprang aber war ein pfiffiger Mann, wenn er auch sonst ungestüm war und fast toll; er kannte die Herren. Darum hastete er sich, daß sie ihn nicht allein hier träfen, und peitschte dann sein Pferd, wie es ein so edel Tier nicht gewohnt war, daß er mit dem Jagdtroß hinunterkam; und bei Tegel kam er grade zur rechten Zeit an, als die Herren tafelten, was, wie man denken kann, viel Volks aus der Gegend und von weitem her angelockt hatte. Denen erzählte er nachher so schreckliche Dinge vor, was er gelitten, und wie der gnädige Kurfürst sich seiner angenommen, und wie der Wedigo gefaßt worden und in Ketten abgeschleppt und auf die Folter gelegt und gerädert werden würde, und noch manche Raubritter mehr, daß den armen Leuten das Wasser im Munde zusammenlief. Und seine Bänder und Latze Herpries er über die Maßen, wie der Markgraf und der Herzog von Stettin und der Fürst von Anhalt, der auch dabei war, sie gelobt und gesagt, sie glaubten es wohl, daß man darum einen Handelsmann auf offner Straße anfalle, und sei in allen Städten der Marken nichts Ähnliches auf den Krambuden. Das Tüchlein hatte der Wedigo um den Hals geschlungen und der gnädige Herr mit eigner Hand ihm abgerissen, um die Glasperlenschnur hatte der Pommerherzog gefeilscht und die Schürze der von Anhalt gern für sein Liebchen gekauft. Da griff denn alles staunend zu, und bevor die Tafel aufgehoben, hatte Hans Makeprang seinen ganzen Kram an die Landleute vertan und hübsch Geld in der Tasche. Ehe denn es Nacht wurde, setzte er sich in der Stille auf sein Roß, ließ den Karren im Stich und jagte nordwärts über Bötzow gen Lenzen. Hat er nachgehends das Roß des Wedigo, das ihm der Kurfürst geschenkt, an gute Ritter an der mecklenburgischen Grenze verkauft, die damit nachts manchen Ritt taten, der sich wohl verlohnte. Denn das Pferd verstand es; wußte wie ein Fuchs den

Kopf zu ducken und wie eine Katze durch die Gräben zu schleichen. Auch über Eis ging es und schwamm mit einem geharnischten Mann über die Elbe. War der Junker von Oertzen, der es nachmalen von Heinrich Bülow annahm um eine Schuld, so erfreut darüber, daß er dem Hans Makeprang noch einen halben Gulden schenkte, wofür der ihm manche gute Kundschaft nachwies; denn Hans hatte Bekanntschaften überall, verkehrte auch mit den Zigeunern und Herbergsvätern und wußte immer voraus, wo ein Fuhrmann kam, der besser geladen hatte als er damals. Und war's das Gescheuteste, was Hans tun konnte. In der Mark auf den Straßen hätte er sich nicht wieder sehn lassen dürfen. Der Kurfürst hätte ihm auch nichts geholfen, wenn ihm einer auf den Kopf schlug oder bei den Beinen hing.

Und wo Hans Makeprangs Karren gestanden, da ward bald darauf eine große Mahlzeit gehalten. Keines Menschen Aug sah es; es tut's auch nicht gut, derlei mit Augen sehen. War doch der Himmel schon grau von den Wolken, nun aber ward er schwarz. Die roten Kieferbäume schüttelten ihre Äste, und von jedem stieg eine Krähe auf, und sie kreisten schreiend in den Lüften, dann stieg es wie Nacht herab auf die alten Steine, und wie Fliegen einen süßen Fleck bedeckten sie mit ihren schwarzen Fittichen das tote Pferd. Aber es rauschte wieder in den Lüften, und auf den hohen Kiefern schaukelten sich andere Vögel mit krummen Schnäbeln, und schreiend blickten sie hinab auf das gemeine Geflügel. Waren's Habichte und Weiher vom See. Und von den Ästen ließen sie sich auf die Felsblöcke herab, und die Krähen wurden ängstlich und flatterten auf und ab. Aber derweil die stritten, und die Krähen, die davongeflogen, kamen immer wieder und gönnten den Habichten kaum das leckere Mahl, da erschienen zwei dunkle Punkte in höchster Luft; die zogen umher in großen Kreisen, und immer enger wurden sie, je näher sie kamen. Ängstlich flatterten die Krähen, und die Habichte schauten auf und kreischten und wollten doch nicht von ihrem Fraß.

Da schossen, mit ausgebreiteten Flügeln, daß sie ein Lamm umspannten, und zornfunkelnden Augen und gebogenen mächtigen Schnäbeln, zween Adler herab. War es, als stürze aus den Wolken ein Mondstein nieder, zischend und glühend, und wo er hinfällt, fliegt Staub und Funke und Dampf auf. So schossen sie nieder auf das Aas, mit ihren Flügeln schlagend, daß das Gras wehte und der lockere Schnee aufflog, und ihre Krallen griffen in den Leib, daß es war, als rüttele sich noch einmal das tote Tier und versuche aufzustehen. Die Krähen flogen schreiend davon, daß es der Luft weh tat, und das andere Raubgevögel kreischte und flatterte auf und kam wieder und wagte sich doch nicht heran. Es war ein Getös und ein Krieg in den Lüften, alles um ein Aas. Aber als die Nacht einbrach und die Vögel unter den Ästen und in den hohlen Stämmen ihr Lager gesucht und die Adler gesättigt aufstiegen und mit Raubstücken ihre fernen Nester suchten, da schlichen die Füchse heran und beuteten, was die Adler gelassen. Doch nicht lange, denn aus den Tiefen des Waldes heulte es unheimlich, daß alles schwieg, was lebendig war, und in wilden Sätzen rauschte es durch das dürre Laub; die Füchse schlichen davon, denn die Wölfe kamen und zerrissen mit gräßlichem Geheul, was die Habichte und Adler und Füchse gelassen. Als der Morgen graute, war von Hans Makeprangs Pferd nichts übrig als zerstückt und abgenagt Gebein. Sie hatten es hierhin und dorthin geschleppt.

Da wo der See am tiefsten hineinspült ins Land und stehen anmutige Höhen umher, von Grünholz überwachsen, gar lieblich anzuschauen in der Maienzeit und wenn der Flieder blüht, da ward auch eine Mahlzeit gehalten. Und es ging auch laut her, und die Lüfte dröhnten, aber nicht von häßlichem Vogelgeschrei, sondern von Trompeten und Pauken und lockenden Waldhorntönen und frohem Becherklang. War's ein Weidmannsfest, wie es oft in diesen Heiden von den edeln Fürsten gehalten ward. Da stand freilich kein Schloß und kein

Haus, um so hohe Gäste zu herbergen; die paar Fischerhütten mit ihren wettergeworfenen, bemoosten Schilfdächern sahen nur aus wie Erdhügel, und ein hochgewachsener deutscher Ritter hätte durch keines Tür eintreten mögen, ohne sich zu bücken, als es sich für einen Ritter nicht schickt. Die vier Winde hatten freies Spiel, und stand auch kein Turm da, der sie auffing und fortschickte. Aber da, wo die Höhen sich senken und eine weite Bucht bilden gegen den See, hatten die Jägermeister unter sechs hohen Bäumen Teppiche ausgespannt, daß es ein gar lustiges Zelt war, und darunter waren Tafeln aufgestellt und Bänke geschlagen; nicht so zierlich freilich, wie sie ein Nürnberger fertigt, aber darauf kam's den Herren auch nicht an, die hungrig waren von der Jagd, wenn nur die Tische gut bestellt waren. Und daran fehlte es wahrhaftig nicht; mußte doch der Pommerherzog bewirtet werden, dem's zu Ehren war, und der Herr Fürst von Anhalt, der verstand's auch, was Essen und Trinken heißt, und in der Weidkunst und was da recht ist suchte er seinesgleichen. Die Tische brachen doch fast von den Braten, so der Wald geliefert, und von den Fischen, die der See gegeben, und der kurfürstliche Küchenmeister Herr Ulrich Czeuschel hatte sein Bestes getan, um die Pasteten und was sonst recht schmackhaft fertigen zu lassen, ob er doch meinte, er verstünd es noch besser, wenn feine Leute da wären. Aber für die Pommern und Märker und nach einer Jagd sei es schon gut genug. Und sein gnädigster Kurfürst sei ein sehr trefflicher Mann und auch sehr gescheut, aber was das Essen anlange, so sei er doch nur in Tangermünde geboren. Ja, wär's sein durchlauchtiger Bruder, Herzog Albrecht, den sie Achilles nannten, der habe darin mehr Wissenschaft, und wolle er ihm anrichten, so er einmal in die Mark käme, eine Tafel, daß er doch nicht glauben sollte in der Sandbüchse zu sein des Heiligen Römischen Reiches. War's auch eine seltsame Küche, darin Herr Czeuschel mußte braten lassen und kochen. Sie hatten Löcher in die Lehmwände gegraben, und da brannten die Feuer und glimmten die Kohlen, und die Kessel hingen darüber, und die Spieße drehten sich, und war der Rauchfang der große Himmel. Das war ein Bratengeruch im Walde, daß man's eine Viertelmeile weit roch, und glaubten die armen Leute im Himmel zu sein. Ward auch nachgehend unter sie ausgeteilt, was überblieb. Denn der gnädige Kurfürst hatte befohlen, es solle nichts mitgenommen werden nach Spandow, was nicht gegessen worden. Wie sauer es auch manchem ward, der treiben mußte und im Wasser stehen und die Netze halten, nun hätten sie gewünscht, es wäre alle Tage Jagd.

Braucht sich auch keiner zu fürchten, daß die Herren Frost hatten, da sie im Freien tafelten. War's gleich Februar, so war's doch dazumal anders als itzo, wenn nicht mit der Witterung, doch mit den Menschen. Hatten alle Pelze an, und wenn sie doch fror, so hatte der gnädige Kurfürst durch zween Dinge Fürsorge getragen. Einmal so brannten ringsum Feuer, die sahen gar prächtig aus, zumal als es dunkel ward. Aber viel mehr Feuer gaben die schönen Weine aus Hungarn und Griechenland, die alle zu Kahn herübergeschickt waren aus Spandow; aber sie wachsen nicht da. Wenn man den Kellermeister fragte, wieviel da getrunken worden, er wollt es nicht sagen. Und der Kurfürst selber erschrak, denn dem sagt' er es nachher. »Gerechter Gott, wieviel Maß kommt denn da auf einen?« fragte der Herr, der selber nicht viel trank. »Gnädigster Herr«, antwortete der Kellermeister, »zuvörderst muß man abziehn, was der Pommerherzog trank, und der Herr von Anhalt tat's kaum minder; dann kommt auf jeden doch noch soviel nicht raus, als ein guter Märker vertragen kann.« Da lächelte der gnädige Herr und sprach: »Ein andermal magst du dem Herzog noch mehr einschenken, denn Pommern ist es wert.«

Wie sich die Herrschaften bei Tisch gar anmutig unterhielten, davon könnte viel gesagt werden, wenn's in den Chroniken stände. Wes das Herz voll ist, davon muß der Mund über, und der Wein löset die Zunge. Aber doch sprach nicht jeder alles, was er dachte. Einmal die

Ritter nicht, weil die Fürsten zugegen waren. Und dann wieder die Fürsten nicht, weil die Ritter da waren. Doch stand der Tisch, daran die Fürsten saßen und etliche ihrer Getreuesten, um einiges höher als die andern Tische, auf Brettern, so daß sie die andern überschauen und, so es ihnen gefiel, unter sich reden konnten, was denn auch geschah, und zumal über die letzten Abenteuer, da sie statt eines Hirschen einen Raubritter gefangen.

»Werden dann Euer Liebden ihn hängen lassen?« sprach Herr Erich von Stettin.

Der gnädige Kurfürst, der über seine Jahre ernst war, denn er war noch ein junger Herr und sah doch viel älter aus, blickte still vor sich hin. »Lieber Vetter von Pommern«, sprach er leis, »das war ein ärgerlicher Vorfall.«

»Doch nicht der erste der Art, so Euer Liebden vorkam«, entgegnete Herzog Erich. »Und so wie Euer Vater seliger nicht viel Sprünge machte mit denen Puttlitz und Quitzow, die ich eigentlich loben müßte, denn wir waren freund mit ihnen, was zaudert Ihr itzo, *einen* springen zu lassen. Ist's doch klares Recht.«

»Einen!« sagte der Kurfürst. »Ach, Vetter, so ich nach klarem Recht tun müßte, da verginge kein Monat im Jahr, wo ich nicht zween richten müßte. Schaut Euch doch da unten um und sagt mir, wer es nicht verdiente! Muß ich doch immer das Aug auf haben und die Hand frei, denn wo ich den Rücken kehre –«

»Denkt jeder an die Zeit, wo noch keine Markgrafen im Land waren«, lachte der von Stettin. »Aber Ihr bleibt im Lande –«

»Ich bleibe«, sprach der Kurfürst mit fester Stimme, und als tränk er sich zu ein Gelübde, hob er den Becher und leerte ihn.

»Wär auch Euer Vater seliger, Herr Friedrich I., allzeit hiergeblieben, es säh schon heut anders aus. Er war der Mann.«

»Friede den Toten!« sprach der Kurfürst. »Es hat jedweder Mann seine Aufgabe, und daß er die löse, ist sein

Leben nicht zu lang und zu kostbar. Mein großer Vater hatte größere Aufgaben dort im Reich, und er hat sie gelöst als ein Mann, und in sein Grab nahm er den Segen seines Kaisers und der deutschen Nation. Wes Segen ich mitnehmen werde, mein lieber Vetter, das weiß ich nicht; dennoch aber weiß ich, daß ich ringen will und kämpfen will als er, die Aufgab, so mir die Vorsehung gestellt, zu lösen.«

»Den Adel«, sprach der Pommerherzog und duckte mit der geballten Hand unter den Tisch, als wenn er einen beim Nacken unterstauche; aber es geschah in der Stille, und lachte er dazu recht schelmisch.

»Ich glaubte, mit *der* Aufgab seien wir fertig«, seufzte der Herr.

»Glaubt's ja nicht, Vetter. Euer Vater seliger mähte; aber Ihr und Kindeskinder werdet noch reiche Ährenlese haben. Wir kennen sie ja in Stettin, Eure Herren und Ritter, wenn Ihr sie vertriebt, und kamen zu uns. Sagten, sie wären im Elend, aber Herrgott, die trugen den Nacken so steif; meinten fast, uns noch eine Ehr zu erzeigen, daß sie an unserer fürstlichen Tafel saßen.«

Kurfürst Friedrich legte die Hand auf den Tisch und sprach, derweil er mit ernstem Blick die Herren unten maß: »Solang ich mein Aug auf habe, lieber Vetter, sollen sie mir und Euch die Ehr erzeigen, den Nacken so vor uns zu beugen, als es sich schickt für Vasallen, so vor ihrem Lehnsherrn stehen.«

»Ich bin's denen nicht«, sagte der Pommer.

»Ihr seid ein Fürst und sie – doch genug davon! Vetter, der Vorfall verdrießt mich, heut grade. Wünschte, wir hätten nicht hier gejagt. Im Grunewald heut und morgen hier.«

»Wenn Ihr's nicht sehen wollen, hättet ja nur absehn brauchen.«

»Der Fürst darf ein Aug zudrücken, aber blind sein darf er nicht. Der Wedigo Lüderitz ist noch keiner von den Schlimmsten. Er hat gebüßt und wird im Turm büßen, doch zum Ärgsten ist nicht die Zeit.«

»Kann's nit leugnen, hätt ihn gern baumeln sehen.«

»Ihr sollt, denke ich, etwas anderes sehen. Diese Städte, ich liebe die Städte, aber ihr Übermut ist's, der die Geduld herausfordert.«

»Sie schlugen doch Eurem Vater wacker mit.«

»Sie taten's, Vetter. Aber alles, was Berlin tat und Kölln, ist's nicht auf eins verwirkt, da sie meinem Vater das Tor vor der Nase zuschlugen? Gerechter Gott, dem ersten Fürsten seiner Zeit, dem Rat des Reiches, dem Friedensstifter in Deutschland, dem Hort der Kirche und ihrer Prälaten, dem großen Feldherrn, dem Retter des Reiches gegen die böhmischen Ketzer, diese Krämer! Was sie für uns taten, dadurch ist's verwirkt, und daß wir zwanzig Jahr die Unbill ungerächt hinnehmen mußten, dadurch ist der Zins zum Stock worden.«

»Hineinlassen müssen meine mich schon ins alte Stettin«, lachte Herzog Erich auf. »Denn ich wohne ja drinnen, und hol sie alle der Teufel, wenn sie's nicht wollten. Gösse ihnen von meiner Burg herab ein paar Tonnen brennend Teer in ihre Schlote, daß den Frauen ihre Suppe anbrennen sollte. Aber, Vetter, Dickköpfe sind meine guten Bürger wie Eure. Das prustet auf und dünkt sich, weil sie die Oder haben und mit den Rostokkern und Stralsundern und Greifswaldern in den Meeren schiffen; und weil sie großes Maul haben bei den Schneekönigen da oben, meinen sie, gegen ihre Fürsten hätten sie's auch. Möchte mich manches Mal krank ärgern, was das fordert und verlangt; Jesus Maria, weil sie Deutsche sind, möchten sie auf ihren Kopf, den Gott ihnen gab, noch einen setzen. Auf allen Landtagen, was muß man hören, jetzt die und dann die. Weil meine erlauchten Väter ihnen Rechte gaben, ich meine den Deutschen, so meinen sie, es käme ihnen alles zu, und nun wieder die Klage von den alten Pommerschen, die meinen, sie wären zurückgedrängt und zurückgesetzt. Mag auch sein. Was kann ich dafür. Ich halt's nicht aus, wenn das losgeht. Ich laufe naus. Mag sich der Kanzler mit ihnen streiten. Aber prächtige Leute sind meine Bürger doch, der Wein, Vetter, den sie mir raufschicken alle Quartale in die Burg, Wetter noch mal, ich sage nichts gegen Euren, aber für einen pommerschen Magen, Ihr müßt mal zu mir kommen.«

Der Kurfürst schien mit vorgebeugtem Kopfe sehr aufmerksam zugehört zu haben, aber das letzte, was Herr Erich sagte, mußt er überhört haben. »Ganz recht, Vetter, Ihr traft den Punkt. Daß sie auf den Meeren schiffen, Kriegsfahrzeuge halten, Bündnisse haben mit den Seestädten, das ist der Kopf des Übels. Wer den träfe! Was soll's? Eure sind Pommern und meine Bürger Märker. Niemand kann zween Herren dienen. Dem Hansebund und seinem Fürsten. Wollen sie *unsern* Schutz, so müssen sie *uns* gehorchen.«

»Der Albrecht Glinde sagt's auch, mein Bürgermeister«, unterbrach Herr Erich. »Aber die andern sagen«, fügte er lächelnd hinzu, »ich sollte ihm nicht trauen. Er sei brandenburgisch, und was er spräche, spräch er zu Eurem Vorteil, Vetter. Nun, das wird alles ausgemacht heuer in Wittstock. Darum heut kein Kopfbrechen.«

»In Wittstock ja! Angestoßen, Vetter, auf gute Einigung dort unter den Fürsten!« fuhr rasch der Kurfürst fort, der das Gespräch, so schien es, nicht gern wieder auf den Albrecht Glinde brachte. »Bei unserm Herrn und Heiland, ich versichr es Euch, die Fürsten müssen zusammenhalten, die Fürsten Bündnisse schließen, die Fürsten einer dem andern beispringen. Denn sie sind die Kette, die das Gemeinwohl zusammenhält. Sie müssen größer werden und mächtiger in diesen nordischen Küstenländern, sie die Kräfte zusammenfassen und aufspeichern, sonst zergeht und zerfällt hier das Heilige Römische Reich Deutscher Nation.«

Und dann fuhr er fort, als Herr Erich darauf den vollen Becher wieder leerte: »Die Städte tun's nicht, und ihre Bündnisse auch nicht. Sind gute Werkstätten, wo ein reicher Mann arbeiten läßt, und können Segen bringen über Reiche und Länder, so sie fleißig sind und Ordnung halten. Aber eine Stadt sind viele Köpfe, und ist keiner darunter, der weiter schaut und höher sieht. Sieht jeder nur des Nachbars Mauer und keiner über die Dächer fort. Was sollen uns noch ihre Bündnisse? Da die Fürsten außer Landes waren und schwach, mocht es hingehen, sie schützten sich untereinander. Aber wie schützt sich ein Blinder und ein Lahmer? Dafür sind die Landesherren. Die sehen weiter und haben immer stärkern Arm. Warum aber soll eine Stadt, die mein ist, und ich bin ihr Schirmherr, Bündnisse schließen mit andern Städten, die auch mein sind? Ich bin das Band, das sie bindet, und sehe, was jeder fehlt und jede zuviel hat. Weg mit den Bündnissen. Was aber, frage ich, sollen Bündnisse der Städte, die mein sind, mit Städten, die nicht mein sind, die zum Reich gehören und anderen Herren? Das taugt nicht, Herr Vetter. Ist eine Kette, so hin und her zieht und den Arm mir bindet, und weiß niemand, wo er hingehört. Die Kette zerreiß ich.«

»Sie ist verflucht lang«, sagte Herzog Erich, der einen andern Becher füllte und leerte.

»Was ist eine Kette, so man ein Glied erst ausbrach? Stücke sind's. Mag die Hanse ein großes bleiben, ich gönn es ihr. Meine Städte reiß ich los.«

Herr Johannes, der Kanzler, nickte dem Kurfürsten mit einem Blicke auf den Pommerherzog zu. Er meinte wohl, dem Herrn von Stettin sei der Wein lieber als die Rede. Auch mochte er fürchten, der Eifer spreche zu laut in seinem Herrn und einer oder der andere könne es hören, der es nicht hören sollte.

Da stieß der Herzog aber selber dem Kurfürsten den Becher entgegen. »Auf Wittstock! Und daß wir uns da gut vertragen. Vertragen, Vetter, aber Pommern ist frei. Gute Freundschaft, aber kein Lehnsband gebunden. Die Städte laß ich Euch, da reißt oder bindet, wie's Euch gefällt. In Wittstock das übrige. Vetter, Euer Wein ist doch gut.«

Herr Friedrich lächelte. »In Wittstock also das Weitere. Wer weiß, wenn die andern Rat bringen, bring ich schon – mehr.«

»Wie's Euch gefällt. Der Wein ist kostbar. Laßt uns anstoßen.«

»Auf alle guten Vorsätze!« sprach der Fürst von Anhalt.

»Ei, das nachher«, sagte der Pommer. »Zuerst und vor allem auf Euer Liebden wertes Ehgemahl, so uns drüben von Spandow aus zuschaut.«

Da stießen sie an und lachten herzlich; denn wiewohl man den Turm und die Burg überm See sieht, ist's doch eine Meile und darüber entfernt, und hätte die Kurfürstin gar besondere Augen haben müssen. Möglich doch, daß sie die Feuer sah, als es dunkler ward.

»Ihr habt der edeln Frau einen schönen Braten vorausgeschickt«, lachte Herr Erich, dessen Stirne immer roter glühte, und seine Zunge löste sich auch. »Ist das Brauch hierzuland? Bei uns schickt man den Frauen, was man den Räubern nahm, aber nicht die Räuber selber.«

Und er erzählte lustige Geschichten von Jagden und andern Abenteuern aus Pommern, wo es gut war, daß keine sittige Frau zuhörte. Und der Tisch ward ihm zu klein; denn nun rief er auch hinüber an die untern Tische, wo die Ritter saßen, und ward es sehr laut und die Lustigkeit allgemein. Kurfürst Friedrich lachte wohl auch mit, aber wie einer, der im Grunde ernst ist und es nur tut um seiner Freunde willen, oder wie einer, der blaß ist und sich schminkt. Man sieht es doch durch.

»Sie haben des keinen Sinn!« sprach er zu seinem Kanzler beiseiten. »So die Fürsten selber nicht wissen, was ihnen obliegt, das ist schlimm Ding. Und wie sollen wir's tun, daß die Bürger es fassen, was ein Fürst ist.«

»Gnädigster Herr«, entgegnete ihm ebenso leis der Kanzler, »so jeder Fürst im deutschen Reiche ein Fürst sein wollte, als Ihr es meint, da gäb es doch *keinen Fürsten*, wie Ihr wollt. Es wären so viele als Köpfe in einer großen Stadt. Es sind viel Glieder an einem Körper, aber es ist nur *ein* Haupt. Also auch müssen viele zu Gliedern werden, die itzt sich Häupter dünken und es nicht sind, damit eines *das* Haupt wird.«

»Das ist der Kaiser«, sprach vor sich hinblickend der Kurfürst.

»*Das* Haupt geht wandeln und gehört itzo nicht mehr zum Körper. *Der* Kaiser sitzt im Reich, und ehedem schaute er nach Rom und itzo, daß sie ihn nicht fortstoßen. In unsern Gegenden, wo die Sonne am Himmel nur trübe scheint, hatte auch die Sonne der Majestas nur trüben Schein. Einer Majestas, so zu ihnen gehört, die sie versteht und kennt und liebt, bedürfen diese Gegenden: daß sie nicht gottverlassen bleiben, wie die Spötter im Reiche sprechen, muß ein eingeborner Fürst diese Majestas um sein Haupt weben.«

Als der Kurfürst schwieg, setzte der Kanzler hinzu: »Wünsch ich doch fast als guter Märker und Euer Gnaden treuer Vasall wenig, daß die von Mecklenburg und Pommern solche Fürsten seien«, und dann sprach er noch vieles über den großen Fürstentag zu Wittstock, wo ausgemacht werden sollte und vertragen der alte Streit wegen der Erbfolge und der Lehnbarkeit, so die Brandenburger ansprachen; aber die Fürsten widerstritten es. »Um deshalb«, schloß der Kanzler, »bleib ich des Dafürhaltens, daß bei den Verhandlungen unsere erste Sorge die sei, die Pommern und Mecklenburger uns zu gewinnen, und alsdann erst –«

»Nein, Johannes«, unterbrach der Kurfürst und stand auf. »Erst Herr im eignen Lande, dann was Gott will weiter. Wer andere heilen will, sehe erst für, daß er selbst gesund sei.«

Sie hätten auch lauter mit'nander reden können, als es war. Die andern hätten sie nicht gehört. Nun war's wieder ein Toben und Tumult und Rufen und Drängen, und wollten einige noch gar nicht vom Tisch fort, da schon die Jägerknechte die Tische abbrachen. Im Gedränge ersah da der Kurfürst einen, der gar groß verwundert zugeschaut, und der Herr entsann sich, wer es war, und hätte er ihn schon früher zu sich winken können, weiß nicht, weshalb er's nicht getan. Große Herren geben niemand Rechenschaft.

»Nun, Herr Junker mit der blutigen Feder, als ich mich recht entsinne, Henning Mollner geheißen, hab ich mein Wort gelöst? Der Kurfürst hat lassen blasen. Wenn ich dich auf falsche Fährte brachte, ist's wieder gutgemacht?«

»Habt ihm aber den Räuber vor der Nas fortgefangen«, sagte der von Anhalt. »Was soll der Junge nun nach Berlin bringen? Der hat wohl gehofft, mit Pfeifen und Trompeten einzuziehen, den Raubritter am Stricke hinter sich.«

»Wahrhaftig, da habt Ihr recht, Vetter. Und ich raubte dem armen Gesellen –«

»Vielleicht den schönsten Dank seines Feinliebchen«, fiel der von Anhalt ein.

»Hast du eins?« fragte der Kurfürst, und alle Herren vom Hofe lachten recht herzlich, als der Junge wie verlegen dastand, was doch sonst seine Art nicht war, und hochrot ward und nichts vorbringen konnte.

»Der und kein Schatz!« rief der von Anhalt.

»So will ich dir in Spandow etwas schenken, das du ihr verehren sollst«, sagte der Kurfürst. »Denn dahin sollst du uns begleiten, daß ich meinem lieben Ehegemahl einen zeige, der strenger ist gegen die Diebe als er und ihn selber beinahe hätte fahen lassen als einen. Ist's nicht zu arg, ihr Herren?«

Da lachten alle herzlich.

»Sag deinem Schatz dann«, fuhr der gütige Herr fort, »du hättest den Markgrafen für einen Strauchdieb griffen, und er hätte sich damit gelöst.«

Und darauf setzten sich die guten Herren in die Kähne, die sie gen Spandow rudern sollten. Einige setzten sich nicht, sondern die legten die andern hin. So auch den Herren von Stettin, den sie mit Pelzen ganz überdeckten, und merkt' er es nicht, auch fror er nicht. Er wachte erst auf, als sie ihn ins Bett gebracht in der Burg zu Spandow. Es war aber ein gar lustiger Anblick die vier Kähne auf dem großen See, alle mit Fackeln und Pfeifern, die gar lieblich bliesen, daß es von den Waldhöhen widertönte. Und die vom Ufer riefen ihnen eins ums andere ein Lebehoch nach und warfen die Bretter und Stangen und viel Reisig in die Feuer, daß es himmelhoch flammte und die auf den Kähnen weithin sehen konnten. Als sie auf der Mitte des Sees waren und die von dem Turm in Spandow sie erschauen konnten, brannten sie das große Feldstück ab, das sie dort auf dem Walle hatten. War's von einem Italiener gegossen und brummte erschrecklich. Dreimal geschah das, und dann hub eine Pfeiferbande zu spielen und zu trommeln an, und das dauerte, bis die Herrschaften den Fuß ans Land setzten und der Kurfürst und seine Gäste in die Burg traten.

Achtes Kapitel

Es war am Abende des Sonntags Estomihi, und der Sturm heulte und stieß und trieb Wirbel von Schnee durch die Jüdengasse. Man hätte keinen Hund vors Tor geschickt, und saß hinterm warmen Ofen, wer ihn heizen konnte. Gott sei's gelobt, für die armen Leute! Es hatte dazumalen noch viel Wald rund um Berlin; und den Herren, die sonst streng waren, kam's auch auf einen Stamm mehr nicht an, den die Elenden sich nachts ins Haus schleiften, damit sie morgens warm säßen. Auch in der Jüdengasse knackten die Öfen und rauchten die Schornsteine, und die Schicksels rösteten und brieten, daß es durch die Häuser lieblich duftete; und die Frauen zupften und verlasen, wie es sich für Hausfrauen schickt, und riefen und schalten mitunter; aber die Dirnen kicherten und taten doch, was sie Lust hatten.

In keinem Haus aber waren die Läden so fest geschlossen als dort am Eck, wo Joel Baruch wohnte; sie hatten mit Moos die Ritzen verstopft und Strohdecken drüber gehängt, sei's gegen den Wind oder gegen die neugierigen Leute. Am Balken der niedrigen Decke hing eine Ampel, die ein schönes Licht ins Gemach warf; aber noch heller brannte und prasselte das Feuer aus dem großen Ofen, darum die Familie saß, die Matrone und noch ein oder zwei ältere Frauen und an drei oder vier Dirnen von weißer Haut und roten Backen und rabenschwarzem Haar und Augen wie die Kohlen. Und ein vier oder fünf Vettern mit auch solchem Haar und auch solchen Augen saßen und standen darum und scherzten mit den Mädchen und sagten ihnen so viel süße und lustige Dinge, daß die Schicksels in einem Lachen blieben. Wer die Burschen am Tage gesehen, wie sie barfuß und zerlumpt, ein paar Hasenfelle oder was es war auf dem Rücken, durch die Gassen schlichen, blaß und wie verhungert, und sie wichen jedem, der ihnen entgegenkam, um drei Schritt aus und blieben stehen und zogen die Mützen: wer sie da sah und itzt wiedergesehen, der hätte sie doch kaum für dieselben gehalten. So ganz anders leuchteten ihre Augen und trugen sie sich, und man sich auch nichts von Blässe und Elend auf ihren Backen. War's nun der Feuerschein, der sie rötete, oder die schmucken Dirnen, die bei ihnen saßen, oder was es sonst war.

Das ging wie ein Raketenfeuer, und verschluckte ein Wort das andere, und alles, was wir schon wissen und auch nicht wissen, erzählten die Vettern ihren hübschen Muhmen. Und was ganz besonders war, denn wer hätte es den Jungen zugetraut, itzt sprach einer und hatte sich, als wäre er der Bürgermeister, und nun einer als wie der Herr von Blankenfelde, und ein dritter polterte wie der Pawel Strobant auf des Bartschers Bude und fiel dann mit einem gar entsetzlichen Gesichte um, als hätte ihn ein Stein ins Maul getroffen. Auch den Henning Mollner ahmte einer nach, und schien's, als ob die kecke Miene des Jungen und wie er sich trug und pfiff ihm selber so wohl gefiel, daß er gar nicht von los konnte. Und die schmucken Muhmen schauten voll Seelenfreude zu und baten ihn immer wieder, daß der Vetter es noch einmal mache. Auch ergötzte sie's über die Maßen, zu hören, was witzige und spitzige Reden der Narr zu den

Weibsen beim großen Bankett Thomas Wynsens gesprochen, und der Narr war kein anderer als der Henning, der sich eingeschlichen. Und dann die Geschichte, wie die Else und die Eva sich in den Haaren gelegen und wie Henning auf der Leiter ins Rathaus gestiegen, um der Elsbeth das verlorne Halsband wiederzubringen, und fast gegriffen wäre als ein Dieb und nur davongekommen, weil er den dicken Propst unterm Tisch gefunden.

So lustig erzählten die Vettern, und so hübsch machten sie nach in Miene und Sprache die vornehmen Herren, daß die Schicksels die ganze Nacht gern zugehört hätten; und doch mußten sie's ganz in der Stille und fast heimlich treiben, denn Joel Baruch saß in seinem Kaftan vor seinem Schreibeschrank und schrieb und rechnete und zählte, mit der Brille auf der Nase, und bisweilen, so sie zu laut wurden, hielt die Mutter den Finger an den Mund und wies auf ihn; bisweilen wandte er auch selbst den Kopf ernst um und strafte sie um ihre Torheit.

»Was ist denn los heute«, sprach er, sein groß Buch zuschlagend, »daß ihr geht geputzt, als es sich nicht schickt für die Kinder ihrer Väter? Ist der Sabbat der Christen und nicht unser.«

»Sieht's doch keiner«, sagte die Mutter, und die Dirnen drückten sich am Ofen zusammen und lächelten schlau. Wußten sie, daß sie an der Mutter eine Fürsprecherin hatten.

»Ist es nicht gut«, fuhr der Alte fort, »so die Kinder ihrer Väter antun die Kleider der Gojim und halten ihre Feste. Keine Mauer ist so dick, sie hat ihre Löcher und Spalten, und so keines Christen Auge durchsieht, schaut es doch der Herr über Israel, der gesprochen hat zu unsern Vätern: ›Du sollst keine Götter haben neben mir.‹«

Da fuhr ein fürchterlicher Windstoß durch den Schlot, daß die Funken in die Stube flogen und das Feuer herausschlug, und es heulte gräßlich über die Dächer und auf der Gasse, und eine Lade schlug auf und ein Fenster, und der Schnee stürzte nur so herein. Das Heulen und Pfeifen dauerte noch eine gute Weile, als wenn die Erde untergehn sollte. Die Judenmädchen erschraken, und die Buben wurden auch blaß. Die Mutter hatte die Hände gefaltet, und das tat Joel Baruch auch und fiel auf die Knie; vorher aber hatte er das Fenster und die Lade geschlossen und eine eiserne Stange davorgeschoben.

Und wie es nun ganz still geworden, und alle beteten ihr Sturmgebet, hörte man es leis an die Tür pochen. Die Bürgerglocke hatte längst geschlagen, auch in ihrer Straße durften dann die Juden nicht mehr ausgehen, und wer mochte auch draußen sein bei einem so schrecklichen Wetter. Alle horchten auf, und es pochte noch einmal, schwach, aber deutlich.

»Tu nicht auf, Joel«, sprach zitternd die Hausfrau, als Baruch aufsprang. Aber er schloß nur die Lade seines Schrankes, und seine Ohren spitzten sich, und seine Augen folgten den Schatten, so die Ampel warf.

»Nicht auf, Vater!« sprachen die Dirnen. »Es sind Verfolger.« – »So pochen die Femrichter, daß der Gott Israels uns schütze!« rief ein anderer; und die Base wimmerte: »So klopft der Schlemihl an ein Haus.«

Baruch schüttelte den Kopf. »Die Femrichter klopfen nicht an des Jüden Haus, und die Verfolger schleichen nicht wie der Iltis an den Taubenschlag, und der Schlemihl klopft nicht an und bittet um Einlaß; er ist da wie der Wurm in der Birne, und man sieht ihn erst, wenn er hinausgeht. Tu auf, Rahel, und führe den Fremden ein.«

Da schraken alle zusammen und standen um den Hausherrn und baten ihn und beschworen ihn, daß er nicht auftun lasse zu seinem und ihrem Unglück. Er aber wies sie mit der Hand fort. »Hört ihr nicht, zum dritten Male. Tu auf, Rahel, schnell.«

Nun baten sie ihn, daß er selbst hinausgehe mit ihnen allen und sie Lichter in die Hand nähmen und Stöcke und Stangen. Er aber hieß sie schnell gehen hinauf in ihre Kammern, und sie sollten sie wohl verschließen und stille bleiben und nicht das Ohr an die Türe legen.

»Wer kommt in des Jüden Haus geschlichen? Nicht der ihm will anhaben ein Leid, noch der will gesehen werden und gehört von den Leuten; sondern der von dem Jüden etwas will, und will's heimlich haben, daß er's verberge vor seinem eigenen Schatten.« So sprach er zur Frau, als die Mägde und Bursche und die älteren Frauen hinaufgeschickt waren die steile enge Stiege. Und dann brummte er vor sich: »Wer die Gäste, die so kommen uns, scheucht mit Lärmen und Licht, der treibt den Verdienst von der Tür, denn bei Sonnenlichte führt keine Straße in des Jüden Haus.«

Rahel, sein Weib, hatte furchtsam die Tür geöffnet und faßte den Mann am Arm, der draußen stand, ganz naß und beschneit als ein steinern Bild, und führte ihn durch den dunkeln Gang, ohn ein Wort zu sprechen, bis wo Baruch stand unter der hellen Stubentür. Darauf huschte sie ebenso stille fort, und Baruch verneigte sich tief vor dem Fremden, den er doch nicht sehen konnte, wer es war; denn ganz eingehüllt war er in seinen Mantel, und ging die Kappe bis übers Gesicht. Und so führte er ihn schweigend in die Stube und schloß dann die Türe.

Der Fremde war ans Feuer getreten, daß er den Schnee von sich schüttele und sich wärme, aber das Gesicht zeigte er nicht dem Juden. Auch als der, tief gebückt, ihn fragte, ob er nicht den Mantel wolle von sich tun, wehrte er es ab. Da schlich Baruch näher und flüsterte: »Herr, dessen Fuß meine Schwelle ehrt und den ich wieder in Demut ehre, als ihm gebührt, die Türe ist verschlossen, die Läden sind fest, hier sieht dich kein Aug und hört dich kein Ohr als des alten Baruch.« Der Herr verbarg noch das Gesicht im Mantel. »Kennst du mich?«

»Ich kenne Euch«, antwortete Baruch, »aber ich will Euch nicht mehr kennen, so Ihr seid aus meiner Tür. Fortblasen will ich den Staub von der Diele, daß niemand Euern Fußtritt schaut, und kehren den Schnee, wo Ihr hintretet, und schlachten will ich den Hahn, der

Euch anschreit. Des Baruch Haus ist ein Grab für was er hört und sein Gedächtnis ein Sieb, wenn er die Christenherren wiedersieht, die sind gekommen zu ihm.«

Der Fremde warf nun den Mantel fort, und Baruch beugte sich nicht tiefer als vorhin, da itzt vor ihm stand der Bürgermeister von Berlin, Herr Johannes Rathenow.

»Dünkt's dich Wunder, mich in deinem Haus zu sehen?«

»Herr, es ist *dein* Haus, so du gebietest.«

»Mein Haus!« sprach Herr Rathenow und schaute sich fröstelnd um. Er war nicht krank, aber sein Gesicht war blasser, und der Unmut stand finster auf seiner Stirn.

»Was soll ein schlechter Jüd sich wundern, Herr. Er hat kein Recht, sich zu wundern noch sich zu freuen. Was seine hohen Herren wollen, das ist er, und was sie wollen, daß er tun soll, das tut er.«

Er holte aus dem Winkel einen Armstuhl. Als Herr Johannes ablehnend sich fortwandte, sprach er:

»Auf diesem Stuhle, gestrenger Herr, könnt Ihr Euch niederlassen sonder Schimpf und Fährlichkeit. Es saß schon drauf mancher Herr, dem's auch nicht ansehen die Leute, daß er klopfte an eines Jüden Haus. Beim Gott meiner Väter, es saß noch drauf kein Jüd.«

Während er das sprach, hätte man wohl ein Lächeln auf seiner Stirn lesen mögen; und nun riß er den Überzug hastig von dem braunen Leder und schob den Stuhl in die Mitte der Stuben und schlich selber in die dunkle Ecke scheu zurück, derweilen Herr Johannes sich drauf setzte; denn was ist schlimmer: auf eines Juden Stuhl sitzen oder unter seiner niedrigen Decke auf und ab gehen? Den Kopf im Arm saß er wohl Minuten so, manches sinnend, und man sah es dem Herrn an, es war ihm schwer anzufangen.

»Weißt du, warum ich dich aufsuche?«

»Weil es sich nicht schicken würde für einen Gewaltigen in beiden Städten, so der Jude käme über seine Schwelle. Würden doch fragen die Leute: warum hat er rufen lassen den Juden?«

»Baruch, du weißt es.«

»Wird's doch nicht sein darum, daß der Rat den Juden verbieten läßt, das Vieh aufzukaufen. Dürfen wir doch schon nichts kaufen, als was die Knochenhauer nicht mögen. Wird's auch nicht sein wegen der Steuer, denn da schickt der Rat den Büttel und nicht den Bürgermeister; noch wird es sein –«

»Genug, Baruch, du bist reich –«

»Herr meiner Väter, ich und reich! Ja, wären nicht gewesen die Stricke und Verfolgungen, die Hunde und die Scheiterhaufen unter dem Bayer Ludwig, der der Römer hieß! Meinen Großvater verbrannten sie, und meine Großmutter erdrosselten sie mit einem Schuhdraht. Gott meiner Väter, sie hatten ja selber all ihre Kinder an der Pest verloren und sollten doch die Brunnen haben vergiftet und die Pest gebracht ins Land. Nur *einen* Sohn brachten die Verwandten nachts durch die Wälder. Das war mein Vater. Und seit der wiederkam –«

»Sind viel fette Jahre ins Land gangen, und eure magern Kühe haben sich wieder stark gefressen. Schweig, Jude! Das Volk murmelt –«

»Die weisen Herren vom Rate werden nicht horchen auf das Brummen der Hornisse.«

»So ihr vernünftig seid und gebt, was man mit Rechten von euch fordert, und euch nicht überhebt, als eure Väter getan. Darum kamen die Stricke und Verfolgungen, und die bösen Zeiten können wiederkommen. – Baruch, du bist reich –«

»Gestrengster, gnädigster Herr! Wenn ich hungere und darbe und zusammenhalte, was ich mit Schweiß und Sorgen erworben, denn mag es sein, daß andere ärmer sind als der alte Baruch.«

»Als der Rat die vielen Renten kaufte, botest du ihm vierhundert Mark. Still, wozu des vielen Geschwätzes, darum ich nicht hier bin. Ich bedarf einer Summe, du sollst Sicherheit haben und Zinsen nehmen als ein Jude. Wenn du zu schweigen weißt«, setzte er mit leiserer

Stimme hinzu, »und, bis der Hahn schreit, das Geld schaffest.«

Baruch murmelte vor sich, indem er mit den Fingern zählte: »Bis der Hahn kräht, das ist viel, gnädigster Herr!«

»Was ist viel?«

»Siebenundvierzig Schock Groschen!«

»Jud!« entfuhr es des Bürgermeisters Lippen, und er richtete sich verwundert auf. »Was hast du mit siebenundvierzig Schock Groschen?«

»Darum Ihr kommt in mein schlechtes Haus.« Baruch richtete sich nicht auf; er stand so demütig als vorhin im Winkel, aber seine kleinen Augen schielten auf den Herrn, der den Kopf wieder im Arm sinken ließ, daß der andere nicht sehe, wie er betroffen war.

»So ungefähr, ein vierzig, fünfzig!«

»Fünfzig! Das ist viel!« Und er sah ihn immer schlauer an. »Auch siebenundvierzig sind viel; zuviel für einen, der sie schuldig ist und nicht hat; aber viel zuviel für einen, der sie zahlen will und sie nicht schuldig ist. Anderswo zahlt der Rat die Schulden, die seines Meisters sind, aber nicht der Bürgermeister die Schulden, die des Rates sind.«

Da sah der Bürgermeister, daß Baruch mehr wußte, als er wissen sollte. Ein zorniger Blick fuhr ihn an, und er sprach: »Schweig! An dir ist's nicht, des Rates Beschlüsse mäkeln.«

»Wer möchte sich unterfangen des, gestrenger Herr! Leben wir doch nur in seiner Gnade Atem, und wo der Atem stockt, leben wir nicht. Aber siebenundvierzig Schock Groschen in den schweren Zeiten! Und morgen schon will der Mollner das Geld! Ei, der könnte auch noch warten, der junge Herr, wenn der gestrenge Bürgermeister bürgt dafür.«

»Kurz, Baruch; deine Forderungen!«

»Ich! fordern von einem stolzen Herrn, und von dem Meister, der ist über die stolzen Herren! – Sonst ein so feiner Herr, so aufs Wort und großmütig, der Herr

Schumm aus der Brüderstraße. Sitzt auf Geldsäcken. Und um siebenundvierzig Schock Groschen einen alten Freund im Stich lassen!«

War's dem Bürgermeister der sauerste Weg gewesen, in seinem ganzen Leben der schwerste, in des Jüden Haus, den um Geld zu bitten, des Hand er nicht anrühren mochte; itzo, da er drinnen war, kam ihm der Stuhl vor, in dem er saß, wie der Schemel, darauf der arme Sünder den Richter vor sich hört.

»Baruch! Ich *brauche* das Geld.«

»Geld! Wenn ich gedenke des großmütigen Herrn Albertus! Der ein Herr war der Herrlichkeit und hatte Pferde in seinem Stall siebenundvierzig; und um siebenundvierzig Schock Groschen der Enkel ins Haus des Jüden! O du Herr der Gerechtigkeit! Und haben denn keine Freunde mehr die Rathenows? Das drängte ja vordem – Freilich – freilich! Der Rat ehegestern, wer hätte gedacht das?«

»Was! Jude!« Herr Johannes rüttelte auf seinem Stuhl.

»Aber die Herren Wyns, die reichen Herren Wyns«, fuhr Baruch fort. »Leihen wohl auch nur aus auf gute Pfänder; aber so reich, solche schöne Meierhöfe um Frankfurt und im fetten Oderbruch, und ihre Speicher und Kähne voll kostbarer Sachen, und sind den Rathenows Freunde blieben. Nicht einmal siebenundvierzig Schock Groschen einem Freunde!«

»Elender! Woher das!« rief der Bürgermeister und sprang entsetzt auf; die Röte war fort von seinem Gesicht, und sein Auge starrte auf den Alten, wie einer ein Gespenst anstiert. Wie konnte der Jude wissen, was heut morgen in einer verschlossenen Kammer unter vier Augen verhandelt war! – Herr Johannes hatte, seit wir ihn krank sahen und dann wieder gesunden, viel Herzeleid erfahren. Stützen, auf die er baute, waren geknickt, Freunde abgefallen. Wie hatte er zornglühend dem Boten des Rates geantwortet, der ihm das Schreiben überbrachte, darin geschrieben stand, daß er dem Henning nicht zahlen solle bei des Rates Achtung. »Ich will und werde ihm zahlen, und so der Rat beider Städte sich auf den Kopf stellt.« – Und darauf war sein Bote zurückgekommen, den er nach der Brüderstraße gesandt, und jedes Kind wußte, was Bartholomeus Schumm aus dem Fenster geschrien, den Rathenows zum ewigen Schimpf. Ach, es war noch vieles geschehen, wer aber kann alles erzählen. Es gab ein Hin- und Hermelden und -schreiben und böses Blut; und geschäftige Leute liefen hin und her; die alles wiedererzählten, was einer vom andern gesagt, aber es kam nie so zum dritten und vierten, wie es vom ersten zum zweiten ging. Herr Johannes war wohl nicht der Mann, der auf die hörte, so immer böse Nachrede haben und ihre Nächsten verunglimpfen; aber wenn einer so erhitzt ist und Böses denkt, der leiht wohl auch den bösen Zungen einmal das Ohr. Da mochte er manchem, der's gut mit ihm meinte, vor den Kopf gestoßen haben, und das vergibt keiner, der meint, daß er im Recht ist. Und er lächelte auch wohl nicht unzufrieden, wenn sie ihm Nachricht brachten, wie in der Stadt in den Kellern und Stuben der Rat gescholten würde, um seiner Störrigkeit halber, und daß sie ihn, den Johannes, lobten und ihn loben ließen. Aber was ihm gefiel, das mißfiel wieder denen im Rate; und manche, die ihm sonst gut waren, waren itzt darum gegen ihn und kamen nicht in sein Haus.

Waren die Gebrüder Wyns, die's mit niemand gern verdarben, noch die einzigen, die Gutes hin und her trugen und zum Frieden redeten. Aber was konnten sie tun, und was mochten sie tun! Der Herr Dietrich dachte nur an schmucke Frauen und wie er sich die Halskrause zustecke, daß alle Welt ihn bewundere. Wenn er lang im Rate saß, schlief er ein. Der Herr Thomas war ein feiner Mann; aber er ließ sich immer mehr sagen, als er sagte, und drang nicht durch. Wenn ihm die im Rat vom Widerpart der Rathenows sagten, daß er's auf sich nehmen müsse als argen Schimpf, daß Herr Johannes nicht zu seinem Bankett gekommen, so glaubte er's. Ging er aber wieder zum Bürgermeister, so kriegte der ihn bald herum und stachelte ihn und redete ihm so heiß ein, daß er so und so zum Rate sprechen müsse. Aber wenn er hinkam auf die Lange Brücke, dann sprach er nicht so. Entweder hatte er's vergessen, oder es kam anders raus, denn er ließ sich einschüchtern. Dieweil aber nun der Tag heranrückte, wo er dem Henning auszahlen wollte und sein Wort eingesetzt hatte, so suchte Herr Johannes den Thomas Wyns auf und lag ihn an, so schwer's ihm ward, um ein Anlehn dazu. Da wußte Herr Wyns nicht vor schönen Worten, was er alles sagen sollte, Liebes und Gutes und wie gern er's täte, wenn er nur könne, aber wie Herr Johannes selber wisse, schwimme jetzund seine ganze Barschaft auf der Oder. Und stand ihm der helle Angstschweiß auf der Stirn. Denn er fürchtete sich vor dem Rate, da er wußte, wozu Herr Johannes es brauchen wolle, und hatte der auch, als ein offener Mann, kein Hehl gehabt. Hätte wohl auch Herr Johannes dem Thomas die Hölle heiß machen können, denn er war ein Mann, der sprechen konnte, wo es galt, und vor seinem Blick fürchteten sich viele, und er hätte rausgerückt. Aber ihn jammerte des Mannes, wie er so blaß vor ihm stund, und der Ärger schwoll ihm so zu Halse, daß er auch kein Silblein darum mehr verlieren mochte. Darum ging er auf der Stelle fort, ob doch Herr Thomas vor Freundlichkeit und süßen Redensarten vergehen wollte und sich wand und ihn die Treppen hinunter bis ans Haustor begleitete, und noch drei Schritte darüber. Aber der Bürgermeister sah sich nicht mehr um. Da hatte Herr Wyns die Achseln gezückt und bei sich gesprochen: »Ein Mann, die Gerechtigkeit selber, aber wie will er auf *die* Art sich Freunde machen?« – Trug er ihm aber keinen Groll im Herzen, denn Herr Thomas war sanften und guten Gemütes.

Wie itzo der Bürgermeister aufgesprungen war und den Juden durchbohrend anblickte, und es war doch Furcht und Scheu im Blick, wie etwa der Löwe die Schlange anblickt, die mit ihren kleinen Augen ihn anzüngelt. Mit einem Tritt zermalmt er das Tier, aber wo er hintritt, ist sie schon fort, und das Auge blickt von woanders her. Der Jude krummte zusammen, aber sein Auge blitzte noch heller denn vorher.

»Der Wurm, gnädigster Herr, den des Menschen Fuß tritt, duckt sich, daß er eine Höhle finde, und die kleine Maus hat Löcher in den Mauern der Königsschlösser. Was tut es den Fürsten, die drin wohnen, so die kleine Maus horcht, was die Herren sprechen; das Volk hört es ja nicht.«

»Jude! Du weißt mehr, als du wissen dürftest. Es sei! Der dir die Ehre antut, in dein Haus zu treten, der Meister über diese reiche und große Stadt, ist in Not, verlassen von seinen Freunden, gebunden durch sein Ehrenwort, das er lösen muß bis morgen. Nun hörst du, du hast einen vor dir, in dessen Gegenwart du zitterst, einen, dem es einen Wink kostet, und du wirst gestäupt, durch des Büttels Fuß aus dem Tor gestoßen, er kann niederreißen lassen dein Haus und Weh über dich bringen auf Kind und Kindeskind. Und der eine, hörst du, bittet dich, er muß dich bitten, seine Freunde haben ihn zu den Juden geschickt.«

»Soll ich aus Furcht zahlen, Herr, daß Ihr winket, daß ich gestäupt werde und der Büttel mich mit dem Fuß stößt vors Tor, daß Ihr niederreißet mein Haus und Weh über mich bringt auf Kind und Kindeskind?«

»Nein!« rief Johannes Rathenow. »Beim gerechten Gott, nein, ich drohe dir nicht.«

»Soll ich zahlen, weil ich fühle für Eure Not? Was hat ein Jüd zu fühlen, und so ich fühlte, Ihr spucktet drauf.«

»Du sollst nicht fürchten und nicht fühlen, du sollst rechnen. Zinsen nimm, soviel dir erlaubt ist, und ist's dir nicht genug, nimm doppelt, dreifach. Meine Ehre ist verpfändet, es ist nichts zu teuer, um Johannes Rathenows Ehre zu lösen.«

Hier zog Herr Johannes ein untersiegelt Pergamentblatt aus dem Wams und warf es auf den Tisch. »Lies das, und wenn dir die Sicherheit, die ich dir biete, genügt, schreibe ein deine Bedingungen, dafür ist Platz gelassen.«

Baruch lehnte sich über den Tisch und setzte die Brille fester auf.

Lange überlas er die Schrift, und wenn der Bürgermeister glaubte, er sei fertig, fing er wieder von vorn an. Nun sah er zwar sehr freundlich aus, aber sein Husten klang häßlich.

»Ich dächte, gestrenger Herr, Ihr versuchtet's, den Henning noch zu bitten um Aufschub. Er wird sich lassen erbitten, gewiß, so *Ihr* bittet. Habe das Geld nicht im Haus.«

»Auch auf die Sicherheit!«

Baruch küßte den Schein. »Pures Gold, gestrenger Herr, mehr als siebenundzwanzigfacher Wert. Das halbe Buckow, ganz Osdorf, Gott meiner Väter, und das Freigut in Mere mit der hohen und niedern Gerichtsbarkeit. Und was noch mehr als mehr ist, das Wort des Herrn von Rathenow. Aber bar Geld ist rar worden. Der hochgnädigste Kurfürst fordert Schoß und Beeden und nimmt Summen auf, wo er kann.«

Der Herr wollte nach dem Mantel greifen; aber er besann sich wieder.

»Gnädigster Herr! So der Rat eines Jüden wert ist vor den Ohren der Weisheit, vergönnt dem Baruch ein Wort.«

»Sprich!«

»Der Henning Mollner ist reich. Nicht ist's ihm zu tun ums Geld, er will doch nur sein Recht. Wie mancher Mann gibt sein Recht hin und nimmt dafür Geld. Käm's doch nur auf einen Handel an. Ich unterstünde mich ihn zu machen, und bei Gott, ich tät es um wenig. Was gibt mir der Herr, und ich bring ihm ein Scheinchen, unterschrieben von des Mollners Hand, daß er das Geld hat empfangen vom Herrn Johannes und überläßt dem Herrn Johannes seine Rechte an den Rat. – Und wer den Henning und seine Freunde hinter sich hat und ist dazu Bürgermeister, ei, der setzt wohl mehr durch gegen die stolzen Herren als siebenundvierzig Schock. Sie müssen, sie müssen –«

»Ist dein Handel Zwietracht anschüren? Hüte dich. Verrat und Aufruhr führen zur Richtstätte.«

»Freilich, den gemeinen Mann. Auch wohl einen stolzen Herrn, so er steht allein. Aber wenn ein ganzer Rat aufsteht gegen seinen gekürten Herrn und Meister, dann nennen sie's keinen Verrat. – Lieber gestrenger Herr«, sprach der Jude und rückte ihm näher, »Eurer Freunde auf der Langen Brücke sind wenig, Eurer Feinde viel. Euer Recht ist ein starker und großer Baum vor dem Himmel, die Gemeinen möchten auch gern darunter Schatten suchen. Aber wenn Eure Feinde über Nacht die Wurzeln durchsägen, fällt der Baum, wann die Sonne aufgeht. Haltet Euch fest an den Henning, er hält Euch –«

»Wurm!« fuhr ihn der Bürgermeister an.

»Die Würmer haben Augen unter der Erde; sie sehen und hören die Schaufeln der Minierer, und mancher Turm, wo die Leute heute noch lachen und ruhig sich schlafen legen, die Würmer wissen, er stürzt morgen über ihre Köpfe ein. Die Würmer haben ihr Haus darunter, und das stürzt mit ein. Sie möchten gern in Ruhe sitzen. – Die Herren von Blankenfelde, von Bergholz, die Hoppenrade und Garnekofer sind itzo Herren im Rate. Kennt der gestrenge Herr die Klageakte, so sie heut abend aufgesetzt in geheimer Sitzung? Die Türen waren verschlossen, und nur eine Lampe brannte; es sah aus als ein Femgericht, und alle waren einig, alle –«

Herr Johannes hielt sich an der Stuhllehne, und wär's nicht festes Eichenholz gewesen, er hätte seine Hand eingedrückt. Sein Gesicht wurde blaß und wieder rot.

»*Was* klagen sie mich an! – Vor *wem* klagen sie?« – Das entfuhr seinen gepreßten Lippen, aber gleich darauf schämte er sich, daß er vor dem Juden so etwas sprach. »Ich bin hier, Joel Baruch, um ein Darlehn. Deine Bedingungen will ich hören. Dünkt mein Pfand dir sicher?«

Baruch lächelte demütig, indem er das Papier mit der Hand überstreifte. »Seid Ihr sicher, wenn Euch einer den Mond zum Pfand setzt? Und wär er eitel Gold, Ihr könnt ja nicht hinauf. Was soll der Jüd mit Meierhöfen und Dörfern? Darf er Herr sein, wo er zu schlecht ist zum Bauer? Was soll er mit dem Lehn und der Gerichtsbarkeit? Ist er doch nur gut, um gerichtet zu werden. Gebt das den Rittern und Fürsten, lieber Herr, die können's brauchen. Für den Jüden ist's der Mond.« – Er gab ihm unterwürfig das Papier zurück.

»Herrgott und mein Heiland, der's mir verzeihe, daß ich ihn anrufe unter eines Ungläubigen Dach! Mein Haus, mein Hof, meine Ehre sind dir die nicht genug?«

»Genug, Herr! solange Ihr sie habt. Aber wenn morgen der Rat seine Hand dran legt, seine Siegel drauf drückt und Euch verstrickt in Bande – wird mir der Rat wiedergeben die siebenundvierzig Schock?«

»Ich will dem Rate –«

»Die Stirne weisen, Herr! Gewiß, das hofft das Volk. Aber auch dem gnädigen Kurfürsten? So der hereinbricht mit Roß und Mann und die Städte mit seiner starken Hand faßt und schüttelt, und so er ihnen nimmt das Regiment und vertreibt die Gewaltigen, und die Herren jetzt sind, Knechte werden, und so er nimmt den Geschlechtern ihre Lehen – wird der hohe Kurfürst bezahlen den armen Jüden, der darauf lieh?« –

»Der Kurfürst, was soll der Kurfürst hier?«

»War in der Stadt, am Tage, wo sie des Ferbitz Bude stürmten. War in der Stadt und saß auch auf der Bude und sah alles.«

»In der Stadt!« rief Herr Johannes. »Der Kurfürst! Was wollte er!«

»Glaubt Ihr, daß er hier war, um den Mummenschanz zu sehen, oder hat er dazu genickt, daß sein Fähnlein aufm Rathaus unterm Schornstein hängt? – Was hält er so lange Hof in Spandow, und die Fürsten kommen zu ihm aus Mecklenburg, aus Anhalt und Pommern, und strotzt sein Hofhalt von Rittern, die er gestraft hat und nicht gern sieht! – Die Glocken summen gar wunderbar. Was geht's mich an! Dem armen Jüden wird er nicht nehmen seine Lumpen.«

»Johannes Rathenow nicht sicher einem Juden!« murmelte der Bürgermeister, der das nur halb gehört. Es war auch zuviel in einer Stunde. Er griff rasch in die Brusttaschen und legte ein Futteral auf den Tisch. »Sieh das dir an!« Und bei sich sprach er: »Ich wußte es ja; der Traum log nicht.«

Als Baruch mit großer Emsigkeit das saffiane Futteral, mit Golde gestickt, geöffnet, überglänzte es sein blaß Gesicht, und die Hand zitterte, wie er die schweren Goldringe und die funkelnden Rubinen durch die Hand gleiten ließ. »Wieviel wollt Ihr, gestrenger Herr, darauf?«

»Siebenundvierzig Schock!«

»Siebenundvierzig nur. Echt venezianisch Gold. Gäbe auch fünfzehn mehr drauf.«

»Genügt dir das Pfand?«

»Es genügt. Das ist Euer, das kann der Markgraf nicht nehmen.«

»So zahle.«

Da ging Baruch an seine Kasten und schloß auf und zog heraus und schob wieder ein. Er rechnete an den Fingern und schüttelte den Kopf. »Wären der gestrenge Herr nur um sieben Stunden gekommen früher. Schade, ich krieg's nicht mehr zusammen.«

»Vor sieben Stunden –«

»Mußt ich, so wahr Gott lebt, dem Marcus Henoch geben, was ich hatte bar. Die köllnischen Herren brauchten's grade eilig. Aber nur Geduld bis morgen früh, gnädigster Herr, der Hahn soll nicht gekräht haben drei Mal.«

»Was brauchten die köllnischen Herren so eilig Geld?«

»Für ihre Leute, Herr, die sie von ihren Dörfern holen lassen in aller Eil; sind schon etliche hundert drüben, untergebracht, als es geht, in den Schenken und Speichern. Die müssen doch auch bewaffnet werden und wollen bezahlt sein.«

»Wofür?«

»Wenn's schlimm ginge morgen. Sie sollen die Kirchtürme besetzen, damit die Bürger nicht Sturm läuten.«

»Sturm läuten! Wozu?«

»Wenn sie den Bürgermeister absetzen und die Klageakte ihm ans Haus nageln.«

»Die Klageakte!«

»Aber die siebenundvierzig Schock sollt Ihr haben, gestrenger Herr, so wahr der Gott meiner Väter ist über mir, haben, ehe die Frühstückglocke schlägt. Da ist eine Verschreibung des Baltzer Boytin, der Mann ist itzt sicher. Sind's auch grad siebenundvierzig Schock. Morgen mit der Frühmette fällig. Nehmt sie, gestrenger Herr, ist wie gemünztes Gold. Der Boytin wollte schon heute zahlen. Morgen löst er Euch das Gold, 's ist gut Geld, ohne Angst, Wohlweisheit, Ihr werdet das Geld brauchen; es wird ein schlimmer Tag werden.«

Da schwirrte es dem Johannes um den Kopf, als sei er in eines Zauberers Klause und der läßt allerhand verwirrende Bilder um ihn gaukeln. Als wäre er nicht mehr er selbst, der freie und mächtige Johannes, dessen Wort galt als Siegel und Schrift und vor dessen Blick die Gewaltigen zitterten; als wäre er ein Gefangener und ein Leibeigner, verstrickt in tausend Bande, die er nicht sah, und nun sah er sie, da der Zauberer eines nach dem anderen vorrief. Er wollte die Verschreibung, die ihm der Jude gegeben statt Geldes, fortwerfen, aber er konnte es nicht, er hielt sie so fest, und seine Hand zitterte, und der Kopf tat ihm weh zum Zerspringen. Da eilte er, daß er hinauskam, denn ihm war schwindlig, ob es doch draußen gräßlich heulte und der Schnee schuhhoch fiel.

»Ihr tut wohl dran, daß Ihr eilt nach Haus. Denn wer weiß, was dort vorfiel. Sprechen sie doch auch davon, Euch bei der Feme zu verklagen wegen des alten Tydecke.«

»Des Tydecke von Achen! Was soll der!«

»Starb diesen Abend.«

»Mein letzter Freund im Rate!«

»Ja, ja, die Unbilden, so den Ratherren widerfuhren neulich beim Nachhausegehn, schieben sie Euch auch in die Schuh. – Ist ein feines Netzchen, wie die Herren es aneinanderreihen und beweisen. Werdet Euch verwundern. Habt Ihr auch die Kette wieder eingesteckt? Ihr gebt sie morgen dem Baltzer, wenn er das Geld bringt.«

Herr Johannes hatte sie nicht eingesteckt. Sie lag noch auf dem Tische; aber er forderte sie nicht wieder; er hüllte sich fest in den Mantel, und ohne ein Wort zu sprechen, verschwand er im Schneegestöber.

»Eine hübsche Nacht für uns!« murmelte Baruch, nachdem er ihm eine Weile nachgeschaut. Dann schob er mit dem Fuße den dicken Schnee fort, so eingedrungen war derweilen, und schloß leise die Tür und festigte sie mit Riegel und Schloß. Ein Lächeln von anderer Art als vorhin schwebte über sein Gesicht, und er trug sich höher, den Kopf aufrecht, als er nun in das Gemach trat, und sein Auge schaute sich um nach dem Platze, wo sein Gast gestanden und gegangen war. Und so stolz ging Baruch umher als der Bürgermeister traurig und gedrückt. Mit dem Fuße stieß er den Polsterstuhl, darauf jener gesessen, in den Winkel und griff mit der Hand nach dem Schmuck, nicht wie vorhin gierig und lechzend nach dem Gefunkel des Goldes und der Rubinen, sondern mit einem übermütigen satten Lächeln, wie ein Kornhändler, der beim Sacke steht, die Weizenkörner durch seine Hand gleiten läßt. Er spielt nur damit.

»Weiß ich recht gut, was ihm wert ist das Halsband«, sprach er. »Und er gab es doch. Ei, ei, und ließ es mir auch sonder Verschreibung. Dahin gekommen, Herr Johannes, dahin gesunken deines Hauses Stolz! Hier, da, beinahe auf den Knien, der Sohn des Matheus, der Enkel des Albertus! Gott meiner Väter, hätte das mein Vater gesehen, den der Matheus werfen ließ sechs Wochen ins finstere Loch, hätte mein Großvater Isaak den Enkel des Albertus so gesehen! Gott Israels!« Da warf Baruch sich auf die Diele, und halb betete er, halb sprach er für sich: »Der Albertus mit den blutrauchenden Händen, Gott Israels, wie er die Folter spannen ließ dir, Vater meines Vaters. Die andern Richter riefen: ›Nun ist's genug, er hält's nicht aus.‹ Und der Albertus lachte. ›Ei, noch immer ein bißchen mehr! Ein Jude hat ein zähes Leben.‹ – Hast du gesehen, Geist meines Großvaters Isaak, wie der Enkel des Albertus auf der Folter lag. Und dein Enkel hat sie gespannt lang und scharf; er hat auch gerufen: ›Noch immer ein bißchen mehr!‹«

Neuntes Kapitel

So war Herr Johannes Rathenow noch nimmer in sein eigen Haus gekehrt als in der Nacht. War er an den Zäunen entlanggeschlichen und durch das Hinterpförtlein eingetreten, daß ihn keiner sähe.

»Und ich bin doch im Recht!« sprach er, auf sein Ruhebett gelehnt, und kam kein Schlaf ihn an. Er zog die Kleider auch nicht aus. Und wenn ihm einmal die Augenlider zufielen, sprang er rasch wieder auf; denn die Bilder im Traume waren noch schlimmer. Dann horchte er auf das Rascheln der Maus und auf die Katze, die über die Dächer sprang. War ihm doch fast die Musica des Sturms, der die Wetterfahnen drehte und die Schilder über den Türen hin und her schlug, lieber als die Stille, die darauf eintrat. Denn wenn die Glocken anschlugen, wartete er, daß sie läuten sollten, und wenn eine Fackel vorüberging, sah er den Brand über die Dächer schlagen.

Ehe noch der erste Hahn krähte, zog er an der Schelle, und bald darauf stand die Jungfer Elsbeth vor seinem Lager. Der Vater, der sich doch immer freute, wenn das liebe Kind frisch und holdselig vor ihn trat und geschmückt, wie es einem Fräulein ziemte, heut sah er nichts von dem, auch nicht, wie ihr Antlitz so blühend strahlte von einer Freude, als seines grau war und voll Falten. Niederknien hieß er sie, und dann sprach er:

»Du bist nunmehr achtzehn Jahre, meine liebe Tochter, und über die Jahre hinaus so an Gesundheit und Kraft deines Leibes als an Witz und Verstand. Bist desgleichen itzo mein einzig Kind, seit deine Brüder der Gott, der Himmel und Erden schuf, in seinen unbegreiflichen Schlüssen von uns rief. Also ruht auf dir allein des Vaters Sorge und des Vaters Hoffnung, und du mußt ihm tragen helfen beides. Hätte gern dich noch spielen lassen als ein Kind, herzlich gern, liebe Elsbeth; aber was hülf es dir, so der Blitz einschlägt und trifft deinen Vater, und du stehst da, eine unerfahrene Waise unter Gräbern und Trümmern, was dir ein Garten dünkte mit Blümlein und Vogelsang. – Ich höre auch Vögel singen, aber es sind nicht Finken und Nachtigallen, es sind die Raben und Krähen, die Nachteulen und die Sturmvögel, die über den grauen Wolken nach Atzung schauen. Ja, liebes Kind, das Unwetter ist am Himmel, und es zieht nicht vorüber, es hat denn eingeschlagen. – Wir sind ein altes Haus, aber die Mauern haben Risse, in den Grundfesten ist der Stock; wir sind ein alter Stamm, aber er schoß zu hoch gen Himmel und hat sich übertragen, und sind mehr dürre Äste dran denn blühende. – Du weißt, wie dein Urgroßvater fehlging. Er war ein Mann von hohem Sinn und großen Gaben, aber er überhob sich selber. Schlimmer noch, er überhob sich über die Gerechtigkeit. Und das soll keiner; kein Mensch soll die Hand strecken über das hinaus, was recht ist. Er kam um in der Fremde. Mein Vater Matheus und ich, wir haben gerungen und gekämpft, den bösen Makel auszulöschen. Gott, was hat es uns gekostet! Umsonst. Was wir wollten und unternahmen für gemeines Bestes, sie nahmen's nicht hin, wie es gegeben war, sie argwöhnten, es sei anderes hinter dem Schilde; sie flüsterten: wer weiß warum? Es ist die Sippe des Albertus. So, Kind, erbt des Vaters Fehl auf Kind und Kindeskind fort. – Es gibt auch einige, die sagen, mein Vater Matheus tat unrecht, daß er seinen Schwager richten ließ auf dem Neuen Markte. Er tat nicht unrecht vor Gott und der Stadt; denen war er geschworen. Ob er vor sich unrecht tat, wer weiß das!« – setzte Herr Johannes mit gedämpfter Stimme hinzu. »Manches Mal, liebes Kind, züngeln die bösen Geister, wenn der Schlaf mich nachts fliehet, mir zu: Dich lässet nicht schlafen deines Vater Matheus' Wimmern und Ächzen in den ewigen Flammen! – Wer macht ungeschehen das Geschehene! Das ist der Herr, und wir sind arme Kinder des Staubes. – Doch das war es nicht, warum ich zu dir spreche. Sie hassen uns, weil ich das Aug nicht zudrücken mag, bin ihnen ein Stein der Ärgernis, daran ihre Schwäche sich stößt. Den Stein möchten sie forthaben, stürzen wollen sie mich und verderben –«

»Sie werden es nicht«, sprach die Jungfrau. »O Vater, lieber Vater, verliere nicht den Mut. Du weißt nicht –«

»Alles weiß ich, aber den Mut, nein, den sollen sie mir lassen. Mut vor allem, was mir ins Aug tritt. Aber was man nicht sehen kann! – Als ich vorüberging an dem Platze, wo der Wardenberge Haus stand, stöhnte es aus den Kellern, der Wind sprach hundert Stimmen. Es geht zu Ende mit unserm Hause wie mit ihrem.«

Das war es gar nicht, was die Jungfrau zu hören vermutet.

»Sie werden deinen Vater anklagen, sie werden ihn richten.«

»Lieber Vater! Heilige Muttergottes, was redest du?«

»*Ein* Stern mag täuschen, der Sterne viele, die dasselbe sagen, reden wahr. ›Solange die Kette in deinem Hause bleibt, wird deines Hauses Recht bestehen‹, das sprach die Stimme zu deiner Eltermutter Fides; und hat die Stimme noch getäuscht?«

»Aber du hast sie ja wieder.«

»Ich habe sie nicht mehr«, sprach Herr Johannes. »Doch davon genug, mein Kind. Es gehen arge Dinge vor. Der ganze Rat ist wider mich, all, die meine Freunde waren, sind es nicht mehr. Sie toben wie ein unruhig Meer und bohren wie Maulwürfe. Anklagen werden sie mich, verstricken, absetzen, ins Gefängnis werfen. Der Weg zum Neuen Markt ist von dort nicht weit – Liebes Kind, was wird dann aus dir, ich habe keinen Freund.«

»Doch, du hast einen!« – rief Elsbeth und sprang auf und tat die Hände zusammen, und dann fiel sie dem Vater um den Hals, daß er schier verwundert war und nicht wußte, was es sollte. »Du hast einen Freund, du hast viele Freunde, der Henning ist in der Stadt, er wird gleich hier sein, er war gestern hier – o Vater, was hast du für Freunde – der Kurfürst, der Kanzler – die großen Herren. O was mußtest du gestern nicht zu Hause sein, als der Henning kam; er konnte es gar nicht abwarten.«

»Der auch so ungestüm!«

»Von Spandow kam er, von des Markgrafen Hofgelage. Ach, Vater, was hat er gesehen und gehört! Mit den vornehmsten Herren und Rittern ist er in einer Stub gestanden, und sie haben alle mit ihm gesprochen, und freundlich, und Ringelrennen hat er mit angesehn, und der Markgraf hat mit ihm geredet und ihn seinen muntern Henning genannt.«

»Darum blieb der Bursch so lange fort.«

»Freilich, und wir ängsteten uns so, als die Leute rückkamen ohne ihn. O Vater, du kennst ihn aber gar nicht wieder, so schaut er aus. Er kann stundenlang von erzählen, von der Herrlichkeit, von den Fahnen und Teppichen, und wie drei Edelknechte die Schleppe tragen der schönen Frau Markgräfin, und wie die Edelfräulein ihr die Kissen bringen, wenn sie sich niedersetzt, und mit Posaunen und Trompeten wird alle Tag zu Mittag geblasen, nicht wie bei uns nur zu großen Hochzeiten. Und Edelknaben tragen die Schüsseln auf, und wie die ausgeschmückt sind als Türme, Schlösser und Wälder, das ist gar lieblich zu hören. Und nach der Tafel spendet der gnädige Herr was überblieb an die Armen und Preßhaften und läßt auch klein Geld auswerfen aus den Fenstern.«

»Da hat der Henning denn auch ein Schaustück abbekommen«, sprach der Vater, der inzwischen aufgestanden war und, es schien, nicht sehr neugierig auf die Freudenausbrüche der Tochter gehört. Denn er kramte am Schreibtisch und sah auch zum Fenster hinaus.

»Freilich! Weißt du das schon! Aber es ist kein Schaustück«, sprach Elsbeth und nestelte auf ihrer Brust. »Es ist echtes Gold – sieh nur, Vater.«

»Was der Henning für Glück hat!« sprach Herr Johannes fast noch im selben Tone, und er blickte nur halb auf das Kettlein und sah nicht, wie rot die Jungfer wurde, denn er schaute auch zum Fenster hinaus und sah etliche Männer im Gespräch die Nagelgasse heraufkommen, auf sein Haus los. Denn nun war es Tag, wenngleich ein grauer Wintertag. »Wofür bekam er das?«

»Für –« Elsbeth stockte. »Sie sagten – er sagte – der gnädige Herr Kurfürst sagte – ich sollte es haben.«

»Dir hat's der Kurfürst geschickt?«

»Nein, nicht ausdrücklich mir«, fiel Elsbeth rasch ein. »Der gnädige Herr Kurfürst kennt mich ja nicht. Aber zum Henning hat er gesagt, und der Henning hat es mir wiedergesagt, der gnädige Kurfürst sagte, das Kettlein solle er der bringen, die –«

Itzo hätte wohl Herr Johannes aufmerksamer zugehört, wennschon um andern Grund, so nicht draußen ein Geräusch auf der Treppen gewesen und es gleich an die Tür gepocht hätte. Und was er auf der Gassen gesehen, das ließ ihn erwarten, was kam, und sein Herz schlug vernehmlich.

»Das ist zu arg« – »Es geht zu weit« – »Wir dulden's nimmer!« So rief es und polterte vor der Tür, unterschiedliche Stimmen, und über die Gassen, um die Ekken ward es auch laut, und sie schlugen die Fenster auf und riefen hinaus: was es gebe.

»Der Bürgermeister muß uns helfen«, so schrie eine rauhe Stimme, und darauf traten in die Stuben etliche vier und fünf von den Bürgern. Waren dabei Baltzer Boytin, der Roßtäuscher, und Hans Zademack, der Gewandschneider, und Hans Kleinsmedt, der war von den Schuhmachern. Auch von den Knochenhauern war einer dabei und einer von den Bäckern, der hielt eine Rolle in der Hand mit einem Siegel, das herunterhing, und schauten alle wild und erzürnt.

»Wir dulden's nicht!« rief der von den Knochenhauern.

»Was, ihr Meister?« trat ihnen Herr Johannes entgegen.

Da wollten alle vier und fünf zugleich antworten, aber Hans Zademack machte sich Wort:

»Es ist zu arg, ist nicht erhört, was sich der Rat herausnimmt. Die Tore uns verschlossen, uns, den Bürgern. Sind die Tore da, daß man sie schließt und das Fallgitter niederläßt für die Butenmenschen, so uns feind sind und wir nicht mögen; aber nimmer für die, so drinnen wohnen und sie gebaut haben. Unser ist die Stadt, die Mauern und Tore, daß wir ziehen können hinaus und herein, als uns beliebt.«

»Es sei denn«, unterbrach der Bürgermeister, »daß ihr's durch Übertretung habt verwirkt.«

»Ist, was unser Recht ist, Übertretung?« fuhr Hans Zademack fort und wies auf die Rolle. »Wir von den vier Gewerken haben, als da in der Stadt keine Hülfe ist für uns, unsere Beschwerden niederschreiben lassen wider den Rat, der da kein Rat ist, sondern ein Unrat, denn er tut wider der Stadt Satzungen und Gottes Gebot und verkehrt die Ordnungen, da er die Ordnung halten soll. Als darum, da uns keiner hilft, der uns helfen sollte in den Mauern, wollen die Gewerke hinausgehen und haben uns vier gekürt als ihre Verordneten, daß wir außer den Mauern Hülfe suchen, als vordem unsere Väter getan, bei dem Herrn, der nicht über die Stadt allein gesetzt ist, sondern er ist über das ganze Land und soll zuschaun zum Rechten allüberall. Als wir nun itzt in der Früh ausreiten wollen und der gute Herr Baltzer Boytin will uns das Geleite geben mit den Seinen bis Spandow, wo der gnädige Markgraf hofhält, da lassen sie uns nicht zum Tor naus.«

»Sie lassen uns nicht zum Tor raus«, riefen die andern. »Wiesen uns die Äxte und lachten und höhnten.«

»Wer?«

»Des Rats seine Gesellen!« rief Zademack. »Ihre

Knechte und Leibeignen haben sie an die Tore gestellt mit Spießen und Keulen. Raufer, schlechte Kerle, Wenden, kassubische Gesichter. Ist das recht, ist das erhört an guten Bürgern!«

»Mord und Totschlag!« rief der Knochenhauer. »So Ihr das hingehen laßt, so seid Ihr kein Bürgermeister. So wir das dulden, sind wir nicht Bürger mehr. Das ist ein Schimpf und eine Schande!«

»Sie läuten die Sturmglocken, und es geschieht was!«

Herr Johannes ließ sich den Mantel umgeben und setzte sein Barett auf, denn er hatte mit Verwunderung zugehört. »Ich bin doch noch Bürgermeister.«

»Zeigt's ihnen, Herr, bei Gott, es ist hohe Zeit, daß Ihr's ihnen zeigt. Sie munkeln, Ihr wärt's am längsten gewesen.«

»Reden will ich noch ein Wort mit ihnen, solang ich's bin.«

»Und wir wollen Euch nachschreien, daß es ihnen in die Ohren gellt!« rief der Knochenhauer.

»Die Glocken sollen's ihnen noch besser in die Ohren läuten«, rief Hans Kleinsmedt. »Auf ihre Köpfe komm es, Blut und Brand!«

Vergebens winkte ihm Herr Baltzer, daß er zu heftig war. Der Bürgermeister hatte es auch gehört und hielt inne.

»Ihr seid im Recht, und das ist unerhörte Eigenmacht. Aber der Rat ist Rat, und nur im Rate widerlegt man Unrecht. Ihr wollt zum Markgrafen, und das ist euer Recht. Zeigt mir eure Schrift –«

Hans Kleinsmedt zog sie zurück und lächelte, und alle lachten, aber am höhnischsten hinter dem Rücken des Bürgermeisters der Roßtäuscher.

»Mit Verlaub«, sprach Hans Zademack, »uns hat Herr Mathis Blankenfelde gestern abend ansagen lassen, wir hätten nichts mit Eurer Wohlweisheit zu verkehren und sollten Euch nicht unsere Schrift vorweisen, bei des Rates Achtung. – Ihr könntet sie noch einmal zerreißen«, setzte er leiser hinzu.

»Mathis Blankenfelde!« rief Herr Johannes. »Ließ er das euch sagen?«

»Und noch mehr anderes, gestrenger Herr«, trat itzt Baltzer Boytin vor, »was sich für uns nicht schickt, daß wir's Euch wiedersagen. Denn für uns seid Ihr noch die Obrigkeit, so Gewalt hat über uns. Uns schiert nicht, was der Rat meint und spricht wider Euch, der nicht unser Rat ist, sondern sein eigner. – Nein, Herr Johannes Rathenow«, setzte er hinzu, »das ist nicht mehr zu dulden; und wenn's zum Ärgsten kommt, komme es über den, der die Hände in den Schoß legte. Von Euch als Bürgermeister fordern wir in Sitte und Gebührlichkeit, daß Ihr das Tor uns aufschließen laßt; denn noch heut will die Bürgerschaft ihre Klage anbringen bei dem gnädigen Herren. Der wird uns ein Ohr leihen, wenn andere taub sind.«

Herr Johannes hätte auch taub sein müssen, so er das Geschrei draußen nicht vernommen, denn allerwegen in der Stadt ward es laut. Und itzt hörte man's unter den Dienstleuten im Haus heulen und schreien, und herein stürzte die Muhme Gertraud und rang die Hände. »Hab ich's nicht gesagt, Herr Johannes, es kommt, es kommt! Sie halten itzo Rat, die Herren, sie setzen dich ab. Der Ausrufer im Scharlachrock ruft es aus an allen Ecken, du bist verstrickt, Johannes. Ach, Christ Jesus, ich hab's gesagt!«

»Zur Langen Brücken!« rief Herr Johannes und schellte an der großen Glocken, die all sein Ingesinde zusammenrief. »Die Sonntagswämser an! Die Degen und Hellebarden! Den Stab voran! Bin noch Bürgermeister und will ein Wort mit ihnen reden.«

»Gnädiger Herr!« flüsterte Baltzer Boytin ihm zu. »So Ihr's vergönnt, ich hätte noch ein besonder Geschäft mit Euch vorher. Die Summe führ ich bei mir, um die Verschreibung zu lösen. Es ist die Stunde.«

»Auf der Langen Brücken«, nickte ihm der Bürgermeister zu. »Es soll alles offen und klar geschehen.«

Und da er vor seine Tür trat, zornig als er war, zogen

sie die Mützen und winkten mit den Tüchern, und einer schrie ihm das zu, der andere das; denn es war bald ruchbar worden, daß er nach dem Rathaus ziehe, mit den Herren ein Wort zu reden. Die Nachbarn nickten ihm aus den Fenstern und schalten gegen die Köllnischen. Was Wunders, es wohnen ja Berliner um Sankt Nikolas! Da rief einer: »Es tut nimmer gut, so die köllnischen Großmäuler am Ruder sind.« Ein anderer aber: »Es tut nimmer gut, so die Herren einer Stadt das Regiment über die andere führen.« Und ein dritter meinte: »Es tut auch nimmer gut, so man Öl und Wasser mengt. Denn wie man's auch schüttelt, es wird nicht eins, es bleibt zwei, und das Öl ist oben und das Wasser unten.« – Und aus allen Häusern lief's dem Bürgermeister zu, ihm ein ordentlich Geleit zu geben, daß Jungfer Elsbeth oben am Fenster, die zuerst voller Angst war, nun frohen Sinnes ward. Noch mehr aber ward sie's, da sie unter den Leuten den Henning sah. Der ritt auf einem Roß und hatte einen scharlachnen Rock an, ausgeschlitzt und gepufft mit Seiden, und auf seiner Kappen trug er eine Feder; war's die des Raubvogels, aber er hatte sie hübsch zustutzen und vom Goldschmiede sauber fassen lassen. Sah er schier wie ein Ritter aus. Er hatte wohl Geldes genug, um das zu tun, wunderten sich aber doch die Leute und munkelten allerhand. Herr Johannes sah ihn nicht, denn Henning war weit hinter ihm, und war's ein arges Gedränge, und das nahm immer überhand, je weiter sie kamen.

War's aber am Mühlendamm, denn dieses Weges zogen sie, wo die Gasse gar schmal wird, und sie konnten gar nicht durch. Denn hier hielt der Ratsschreier und verlas die Klage, die der Rat aufgesetzt wider den Bürgermeister, und die sie hörten, wunderten sich und erschraken sehr, und etliche Ratsherren, die mit waren, um sie dem Johannes ins Haus zu tragen, und ihn vorzuladen vor den Rat, nickten bei jedem Punkte und erklärten, daß dem so sei und wie es gekommen. Da sank vielen der Mut, und die auch sonst mehr des Johannes

Freunde waren als des Rates, ließen den Kopf sinken und meinten, es sei schlimmer, als sie gedacht.

Nämlich war der erste Punkt: daß er die Bitt- und Beschwerdeschrift, so die ehrsame Gewandschneiderinnung an den Rat, alten und neuen, aufgesetzt und ihm zuhanden übergeben, nicht nur schnöde von sich gewiesen; auch dann nicht, als es seine Pflicht gewesen, sie dem Rate übergeben, vielmehr auf offnem Markt in kleine Stücke gerissen, so dem Rat zu großer Gefährde als der ehrsamen Innung und den andern Gilden zum Schimpf.

Item daß, wie itzt durch guter Leute Aussagen erwiesen, der Köpkin Zarnekow in der Stadt gewesen, der doch der Stadt böser Feind sei, und hätte die Obrigkeit, die darübergesetzt ist, ein Aug aufhaben müssen; habe sie's aber zugedrückt und ihn nicht fangen lassen, und sei der Zarnekow, der Stadt zum Schaden, wieder hinauskommen mit etlichen seiner Spießgesellen.

Item sei der gnädige Markgraf, Kurfürst Friedrich der Andere, mit etlichen seiner Herren an dem Tage, wo das geschehen, in der Stadt gewesen, wie itzo auch erweislich worden, und habe der Bürgermeister, an welchem es ist, sich zu erkundigen und zu schauen, so fürnehme Fremde in der Stadt Weichbild kämen, auch da das Aug zugedrückt, habe der Rat also dem hohen Herrn keinen Ehrentrunk senden können, als es sich schickt, was der Stadt zum unverwindlichen Schaden gereichen möge.

Item so habe er sich am selben Tage krank vermelden lassen, wo die Herren zusammenkamen zum Bankett bei Thomas Wynsen, allein darum, daß sie's nicht billigen mögen, wie er da auf dem Markte die Schrift zerrissen und Anlaß gegeben zu Aufruhr und bösem Gerede; und sei nicht krank gewesen, nur sei's Ärger und Hochmut, und habe er um deswillen durch viele Tage sich nicht sehen lassen im Rathaus, was der Stadt und gemeinem Besten zu großem Schaden gereicht.

Item hätten etliche böse Buben in der Nacht nach dem Feste mehrere ehrbare Herren, so sich überladen, unter dem Fürgeben, sie nach Haus zu führen, hier- und dorthin getragen, was sich nicht sagen lasse, zu großem Ärgernis aller und Schaden vieler. Denn so mancher huste noch und müsse das Siechbett hüten; sei aber der ehrenwerte Herr Tydecke von Aken, die Zierde der Stadt und der beste Bürgerfreund, so krank worden, daß er gestern des Todes verblichen. Und so zwar nicht ermittelt, wer die bösen Buben waren, wisse es doch jedermann, und mit wem sie zusammenhingen und ihm gehorchten, und der verkehre itzo im Haus des Bürgermeisters, ob er doch sonst nicht hineinkommen dürfen, was überall in den Familien groß Ärgernis gegeben, und müsse es ermittelt werden.

Item habe der Rat dem Johannes Rathenow sagen lassen, daß er nicht Recht habe, um sich allein mit dem Henning Mollner zu verhandeln wegen seiner Forderung an die Stadt; sintemalen das ein alter Streit sei von wegen beider Städte Rechten, und dürfe kein einzelner aus beiden Städten, und sei er auch Bürgermeister, dem Rechte etwas vergeben; habe der Johannes drauf geantwortet, daß er sich darum nicht kehre. Habe der Rat nachmalen ihm geboten, daß er die siebenundvierzig Schock Groschen nicht zahle, und habe er wieder erklärt, daß er doch zahlen werde; was Drohung sei, Ungehorsam und Verrat.

Item habe er in des Rates Rechte eingegriffen von wegen des Hans Makeprang, den sie vorm Tore niedergeworfen, und sei es an dem Rat gewesen in seiner Weisheit, daß er tue, was nötig war, und hätte das auch getan, als es in der Ordnung ist; habe aber der Bürgermeister, nachdem er eine trotzige Meldung in den Rat geschickt, dem er vorsitzen solle, aber nicht Befehle geben, dem vorgegriffen und vor dem Volke geklagt über den Rat, dessen Ansehn er doch vertreten solle und es nicht schelten. Habe eigenmächtig den Gemeinen geraten, sich selber Recht zu schaffen und dem Henning Mollner zu folgen, und dazu von seinen Knechten gegeben und Waffenstücke aus seiner Rüstkammer; was Aufreizung sei zu Ungehorsam und Selbsthülfe. Denn so die dem Volke vorangehen sollten in guten Werken und Gehorsam gegen die Obrigkeit, selbst dagegen täten, sei das ein übel Beispiel, und komme es auf dessen Kopf, der es verwirkt.

Item und schließlich, ob sich darohne schon noch viel Punkte der Beschwerde fänden, sei aus alledem und noch vielem mehr ersichtlich, wie der Bürgermeister des Sinnes sei, vom Rate ganz abzufallen und sich an die Gemeinen zu hängen gleichwie zu den Zeiten seines Großvaters, des Albertus, und des Tile Wardenberg, woraus den Geschlechtern und der Stadt Wesen dazumalen ein unverwindlicher Schade erwachsen. Darum allein treibe er die Auszahlung an den Henning Mollner und wolle ihm zahlen wider des Rates Gebot und habe ihn, dem er vordem das Haus verboten, wieder in das Haus gezogen und lasse sich rühmen durch ihn und seine Gesellen in den Weinkellern und Trinkstuben, wo die vom Rate verhöhnt würden, und es seien die Gassen und Winkel voll lästerlicher Rede und aufrührerischem Geschrei, dazu der Bürgermeister schweige und es gern höre. Also sei des Rates Pflicht und aller guten Bürger, dem Unwesen zu steuern und, was an ihnen, zu tun, den Gehorsam herzustellen und alte Ordnung, als bei der die Stadt geblühet und gediehen und Recht geschehen sei von alters her.

So lautete die Klage, was die Hauptsache war, aber sie war noch mit vielen Worten umwebt, daß es nicht jeder aus dem Volk verstünde, und verlas auch der Ratsschreier nicht alles mit lauter Stimme, vielmehr ging er, auf den Wink des Ratsherrn neben ihm, schneller über die Punkte weg von dem Anhang, den der Bürgermeister sich im Volke gemacht, und verlas sie undeutlich. Einer aber, der eben aus seiner Haustüren getreten, hatte alles gehört. Es war Pawel Strobant, des Haus am Mühlendamm stand; und war seine Kopfwunde inzwischen geheilt, ob er schon etwas entstellt aussah. Er war nie schön.

Der sprang itzt mit einem Male von seiner Hausschwellen in den Kreis, und weg hatte er dem Schreier das Papier aus der Hand geschnappt, ehe sich der's versah.

»Wozu soll der Wisch sein?« rief er.

»Eine Klage ist es, Herr Pawel Strobant!« rief der Ratmann Marcus Trebuß, der dabeistand. »Angeschlagen soll er werden an das Haus des Bürgermeisters, so der sich weigert, ihn zu nehmen.«

»Ich weiß den Wisch besser zu brauchen«, entgegnete Herr Pawel und hatte das Papier zerknüllt, daß es wie ein Ball in seiner Hand war. Alle, die es sahen, erstaunten, und sie schwiegen, einige vor Schreck und einige vor Freude.

»Herr Pawel Strobant, wißt Ihr, was Ihr tut?« rief Herr Trebuß.

»Bin bei Sinnen, lieber Gevatter.«

»Her die Schrift, daß Gott erbarm! Wir haben keine Kopei. Ihr vergreift Euch an des Rates Ansehn.«

»Was! sieht so der Rat aus!« rief Herr Pawel und hielt das zerknüllte Papier in die Höh. »Ist das Respekt, solchen Wisch in des Bürgermeisters Haus zu tragen? Zurück, ihr Herren, schreibt eine bessere Kopei! Die mag für Kölln gut sein, für Berlin ist sie zu schlecht.«

Da wollte Herr Trebuß das Papier ihm weghaschen, aber der Pawel war größer und hielt es hoch in die Lüfte. »Schaut, schaut, ihr guten Freunde von Berlin, was die Weisheit von Kölln ausgeheckt! Mit dem Wisch wollen sie uns unsern Bürgermeister absetzen. Nicht wahr, um einen von der köllnschen Mache heranzubringen? Schmiert eure Schuh allein, euer Tran riecht zu schlecht.«

Vergebens haspelte der kleine Herr Trebuß, das Papier wieder zu erwischen, und vergebens winkte er seinen Begleitern, daß sie ihm hülfen. Es war Herr Pawel Strobant einer, mit dem niemand ohne Not anband.

»Ihr schürt Empörung, Herr Strobant!«

»Empörung? *Ihr* seid der Ausbund von Empörern, ihr vom Rate.«

»Ihr seid selbst ein Ratmann!«

»Hat man mich um Rat gefragt? Wer ist euer Rat? Ehren Mathis' Sippe, Blankenfelder Speichellecker, köllnische Pilze! Ihr wollt ratschlagen zu beider Städte Frommen? Hinter unserm Rücken, bei Nacht und Nebel? Hintern Zaun mit euren Ratschlägen, wissen uns selbst zu raten! Über der Spree wohnen auch Leute. Zurück! Zurück! habt umsonst euch auf den Weg gemacht. Zurück, oder der Pawel Strobant leuchtet euch. Ist mir so was erlebt! Mit solchem Wisch will man uns den Bürgermeister nehmen! Warum nicht gar den Marienturm. Respekt für Alt-Berlin! Seht, so respektier ich Kölln.«

Und damit zerriß er die Klage in tausend kleine Stücke und streute sie in die Luft.

»Empörung! Empörung!« rief Herr Trebuß und die um ihn. Ja, er hatte gut schreien. Da riefen tausend Kehlen um ihn her auch »Empörung!«, aber sie meinten's anders, und noch manches Schmähliche gegen die Köllner. Die Mühlen auf dem Mühlendamm machen doch sonst einen Lärm, daß man sein eigen Wort nicht hört, und so ist's von je gewesen und wird bleiben, solange als die Mühlen da sind; aber heute hörte man sie so wenig als das Bächlein, das durch die Felsen rauscht, wenn ein Sturm in den Bergen wütet und die himmelhohen Bäume wirft, daß sie sich beugen und brechen. So strömte, stürzte und schrie es von allen Seiten.

»Platz! Platz! Für den Bürgermeister!« hieß es, und der Strom drängte gegen Sankt Peter zu. »Hans Rathenow soll leben!« rief es, und Hans Rathenow lebte bis in die grauen Wolken.

»Macht euch auf eure Beine, gute Freunde von Kölln!« rief Herr Pawel. »Ehre, dem Ehre gebührt, ihr seht, unsere Nachbarn wollen sich's nicht nehmen lassen, wollen euch den ersten Besuch machen. Seht auf eure Hacken, daß wir sie nicht abtreten.«

Der Andrang war unwiderstehlich. Die Köllner wurden getrieben, und halb Berlin strömte über den Mühlendamm, daß die Fischweiber drüben beinahe in ihre

Kasten geworfen wurden, und nun ging's durch die Breite Straße, recht zum Trotz den reichen Köllner Herren, die dort wohnten, unter ihren Fenstern fort nach der Langen Brücke zu.

Könnten viele fragen, warum es denn nicht den nähern Weg ging durch die Gasse, die zum Oderberger Tor führt, gradzu nach dem Rathaus auf der Langen Brücken? Muß wohl seinen Grund gehabt haben. –

Herr Johannes, wie er inmitten der Seinen einherschritt, sah recht stattlich als ein Bürgermeister aus, und schien's auch selbst zu fühlen und zu mögen, daß die andern es ihm ansahen. Und das Volk und die jungen Gesellen, so ihm nachliefen: das blitzte von Waffen und Fahnen, daß es nicht wie ein schlimmer, sondern wie ein Tag der Ehren war für den alten Herrn, der um einen Kopf höher ging als sonst und wer ihm begegnete gnädig zunickte.

Zehntes Kapitel

»Bin hier! Will Rede stehn auf all die Punkte und schönen Articula. Heraus damit, ihr Herren! Heraus, sag ich, bin der Mann, so auf alles Antwort gibt, wenn's nur deutlich gesprochen wird«; so sprach Herr Johannes Rathenow und pochte mit der Hand, darauf ein dicker Büffelhandschuh saß, auf den Tisch. »Habt mich angeklagt, wollt mich verstricken und absetzen. Hier will ich euch Antwort geben, wie sie euch gefällt. Hier ist's Schick und Ordnung. Bin nicht mehr krank, ich bin gesund, ihr sollt es merken.«

Wie eine Kriegstrompete auch *den* oft mutig stimmt, so es von Natur nicht ist, und der anfangs lieber kehrtgemacht, darnachmalen, wenn es heiß wird, am wackersten mit einhaut, so wird oft einer hitzig durch die Hitzigen um ihn. Herr Johannes war ein ganz anderer, der in die Rathaustüren einbrach, als der vorhin die Treppen in seinem Haus hinunterstieg. Zornig war er da auch, aber es war ein stiller Zorn; nun war er laut geworden durch den Lärm um ihn, und was vorhin kochte, das brodelte nun über. Was Wunders, wo Pawel Strobant das große Wort führte, der immer wie ein toller Ochs unter die Leute stürzt. Und war der Pawel bis da der einzige von den Herren, die ihm beistunden; und wie mancher hohe Herr, der gerecht ist und gern seinen eignen Weg ginge, muß gehn, wie sein Anhang will, sonst verliert er ihn. Ist es mit aller Macht in der Welt ein schlimm Ding. Die, so scheinen vor den Leuten, es müßte der Berg eben werden, worauf sie treten, und die Uhr müßte soviel Stunden schlagen, als sie wollen, grade *die* Herren sind oftmalen am wenigsten frei. Aber wer sieht's, wo sie der Floh sticht und der Stein im Schuh drückt und der ihm die Schleppe hält, ihn zieht, als er will?

Aber wer verdenkt's auch dem Herrn Johannes, daß er in den Schuß kam, so man alles das erwägt, was vorangegangen und noch itzt geschah, ihn zu reizen. So hatte der Rat noch keinen Bürgermeister aufgezogen. Und da sollte einer ruhig bleiben, wie es von allen Ecken ihm zulief und zujauchzte; aber die, so seine Gegner waren, darum immer wütender wurden und alles antaten, ihm weh zu tun. Denn es war wie ein Feuer durch die Stadt gelaufen, daß er käme. Und an der Ecke, wo's nach der Brücken umbiegt, hatte einer einen Topf aus dem Fenster gossen, ihn recht zu kränken. Fehlte wenig, daß sie das Haus gestürmt hätten und es kurz und klein gemacht. Im Rathause selber hatte es verschiedene Meinungen gegeben. Etliche, wie es in Berlin so laut wurde und es hieß, daß der Bürgermeister komme mit großem Zuge, hatten die Sitzung wollen aufbrechen und davongehen. Denn mit dem Volke ist nicht spaßen, das seine Herren nicht liebt. Aber die Färber und Leineweber, die alle in Kölln wohnen, und zumalen um und unter dem Rathaus, die hielten's mit den köllnischen Herren, denn sie wollten eine Innung werden und hofften's durchzusetzen durch die köllnischen Herren, daß sie den Brief bekämen; die von Berlin aber waren dagegen. Darum hielten sie um das Rathaus und auf den Treppen und schrien den Herren zu, sie sollten sich nicht bange machen lassen. Waren's gleich nur Leineweber und Färber, so waren ihrer doch viele, und die meisten hatten Waffen. Das gab den Mutigen unter den Ratmannen auch Mut, und die ihn auch noch nicht hatten, mußten doch bleiben, denn wie hätten sie itzt nach der Brüderstraße und der Breiten kommen sollen, von wo alles herströmte. Und so hatten die Färber die Treppen und den Flur besetzt, daß der Bürgermeister ohne seine Freunde nicht durchgekommen wäre. Aber Pawel Strobant machte sich Luft, und was der nicht tat, das tat der Henning. Da wurde mancher Mutter Sohn gequetscht gegen die Geländer; eins brach auch, und ein Leineweber flog zum Fenster hinaus, fiel aber nicht hart. Er mußte mehr Spott aushalten, als ihm lieb war.

Aber in den Saal war nicht allein der Bürgermeister und Herr Pawel eingedrungen; wer hinein konnte, der war mit drinnen. Sie hatten draußen keinen Platz. Die köllnischen Herren sahen zumeist sehr bleich aus und schwiegen zuerst. Wer es konnte, drückte sich in die Ecke, und die sonst immer voran waren, waren itzt mäuschenstill.

»Nun, ihr Herren, ich will mit euch reden!« rief Herr Johannes.

Da ermannte sich Herr Mathis Blankenfelde, er saß aber so hinterm Tisch, daß ihm keiner so leicht beikam, ob ihn der Pawel Strobant von drüben gleich mit grimmigen Augen maß. »Wer sind die mit dir, Johannes Rathenow?« sprach er. »Sind das deine Ratleute?«

»Wer seid denn Ihr!« fuhr Pawel auf. »Wer kürte Euch?«

»Ruhe! Ordnung!« riefen viele.

Herrn Johannes' büffellederne Hand lag noch auf dem Tisch. »Ich steh euch Rede, ihr Herren, bei meinem Heiligen. Aber so euch die Zunge stockt, will *ich* fragen: Wer schloß die Tore unsern Mitbürgern? Wer die Tore sonder des Bürgermeisters Geheiß? Wer rief bewaffnete

Gesellen in die Mauern, so nicht Bürgerschaft und Bauerschaft haben? Wer tat das der Gemeinheit zum Ärgernis und der Stadt zum Schmach?«

Da brüllten ein fünfzig und sechzig, die mit eingedrungen, das nach. Und am lautesten Henning Mollner; der stand oben aufm Fenster und lehnte sich auf ein Holzgesims und lachte, was er konnte, den Köllnischen ins Gesicht. Meinen auch einige, er hätte ihnen häßliche Gesichter geschnitten.

»Verfahrt doch, ihr Herren! Die Sach muß ausgetragen werden!« rief der Bürgermeister. »Wes zeiht ihr mich? Ich las noch nicht die Schrift.«

»Ist nicht bis Berlin kommen, die schöne Schrift!« rief Pawel Strobant. »War köllnisch geschrieben. Das vergiftet eine Ratze.«

Das war zuviel für einige köllnische Herren. »Auswärts klingt köllnische Schrift wie bar Geld; aber eine Berliner Schrift kann wandern als ein böser Schilling, bis der Jude sie nimmt.« Das sprach einer zum andern, und war's nicht überlaut gesprochen; aber ein schlimmes Wort klingt überall wider und hallt lange nach.

Konrad Ryke erhob sich und gab's ihnen tüchtig wieder; was er aber sprach, hörte man nicht vorm Lärm. Auch schauten alle itzt gar verwundert auf das Ende des Tisches, wo Baltzer Boytin aus seinem Säckel Geld aufzählte. Und nun rief Herr Johannes den Henning Mollner heran und sprach mit lauter Stimme, und alle hörten es, denn es ward stille.

»Als ich vernommen von der Klage, so die Herren haben wider mich, und habe das Schriftlein noch nicht gesehen, wollen sie mir's untersagen, daß ich dir zahle die siebenundvierzig Schock Groschen, darum du der Stadt anhängig bist. Item so ich zahle, wollen sie's mir rechnen als Übertretung und Verrat. Die Schuld ist gut und gerecht, dafür haben's gehalten weise Leute vor alters und itzt, und haftet auf beiden Städten, sintemalen dein Vater gestritten hat zu beider Frommen und darum gefangen ward und mußte gelöst werden. Weil die Schuld gut ist und gerecht, darum zahle ich sie dir, Henning Mollner. Streiche ein das Geld und gib quitt die Städte. Du hast dein Recht.«

Da ging ein Murmeln durch den Saal, und bei den Zuschauern, da ward's ein lauter Jubel und lief wie ein Funken auf verbranntem Papier über die Treppen und Flure hinaus, und draußen ward's ein Jubelgeschrei, und sie ließen den Bürgermeister leben und den Henning, daß den meisten Köllnischen schlimm zumute ward. Herr Johannes aber wandte sich nun zu den Herren, und er sprach so, mit Augen, die wie eines Löwen groß waren:

»Hab's getan, ihr Herren! Hier stehn hundert Zeugen und mehr, hab's getan, daß ihr Grund habt und Beweis für eure Klage. Hab's getan, ob ihr's mir verbieten ließet oder erlaubtet, hab's getan, nicht um des Rates willen, sondern um des Rechtes willen. Ob der Rat bestehen wird mit Unrecht, das weiß Gott im Himmel, aber Recht wird bestehen zu Recht, solange die Welt steht.«

Da bebten ordentlich vor Jubel die Wände; aber Herr Johannes hatte noch nicht ausgeredet.

»Wißt ihr, warum ich's hab getan? Ihr schreit: um des Anhangs willen, so ich mir schaffen will. Ja, habt recht, will meinen Anhang haben; aber das sollen sein meine guten Taten, die vor den Menschen mich zieren und vor Gott mich begleiten. Ist besser als ein Rat, der heut das rät und morgen jenes. Warum ich's tat? – Nicht um meinetwillen, um euretwillen. Daß die Leute nicht sagen, es habe der Rat von Berlin und Kölln durch dreißig Jahr seine Schuldigkeit verschleppt, und im einunddreißigsten tat er ein Unrecht. Euch zuliebe, ihr Herren von Kölln, daß sie euch nicht züchtigen eines Bundbruches darum, weil ihr teilhaben wollt an unsern Ernten, aber nicht an unsern Schäden und euch, die ihr unter euern Geldsäcken schwitzt, weigert, die Hand in den Säckel zu tun, wo es ein Schock Groschen gilt. Euch und gemeiner Stadt Besten zuliebe, zu Ehren des alten Bundes, so unsere Väter gestiftet, hab ich's getan. Rühme mich dessen und werfe die Klage zurück auf euch, auf euch köllnische Herren, die ihr durch dreißig Jahre widerbellt habt gegen die Gerechtigkeit und, um siebenundvierzig Schock Groschen zu sparen, einen Riß getan in unsere Mauern, den hundert Schock und zweihundert Schock, der um tausend Schock nicht zu bessern ist. Gott besser's!«

Da nickten alle Berliner Herren, auch die nicht mit den Rathenows hielten, und einige stellten sich zu ihm, die schon sonst seine Freunde waren, denn wer Partei haben will, die zu ihm hält, der muß zur Zeit ein tüchtig Wort sprechen, und wär's auch nicht gehauen und gestochen, so's nur haut und sticht; aber nicht muß er acht Tage hinterm Ofen liegen und maulen, wie der Johannes getan. Das hilft nichts; und hätte einer auch die gerechteste Sache. Dadurch hatten's die Blankenfeldes und Bergholze durchgesetzt, daß sie itzt obenauf waren, und waren doch sonst auch nicht beliebt. Aber, all ihr Heiligen! wie zündete das bei den Köllnern; so war's ihnen noch nicht gegeben. Den sie verklagt hatten, der verklagte sie nun.

Herr Mathis Blankenfelde sprang auf den Tisch. Wollte wohl zeigen, daß er Mut hatte; aber seine Rede, das war, wie ein Anwalt spricht vor den Gerichten, wo römisch Recht gilt, es schwindelte einem der Kopf vor den vielen Worten und schönen Sätzen, aber zum Herzen ging's nicht. Sprach rührend von der Eintracht, so nötig sei zu jedem Gemeinwesen, und daß, wer gebieten wolle, vor allem lernen müsse gehorchen, gleichwie wer gewinnen wolle, erst geben müsse und verlieren, damit er gewinne. Endete alles mit feinen Spitzen gegen den Bürgermeister. Sprach dann jämmerlich, fast daß ihm die Tränen im Aug standen, von der Not des Volkes, und wie der besser für sorge, so sich erkundige in den Gewerksläden und sonstwo im stillen, als der mit großem Aufzuge und Geschrei durch die Gassen schreite und allerlei Volkes hinter sich herzöge; und redete dann von dem Nutzen und der Löblichkeit der Gewerke, daß, wer ihn nicht kannte, ihn für einen rechten Bürgerfreund gehalten, insonderheit aber der guten Leineweber und wackern Färber, die immer Freunde gewesen des Rates und der Ordnung, sittsam und züchtig, und ihren Schoß ordentlich gezahlt und ihre Dienste getan, wie es guten Bürgern ziemt, und dennoch weigerten sich einige, so er nicht nennen wolle, ihnen Briefe zu geben, als andere Gewerke sie längst, er wolle nicht sagen mit Unrecht, besäßen. Das aber halte ein Gemeinwesen zusammen, daß man nicht *ein* Gewerk begünstige, sondern alle auf gleiche Weise, und nicht eins durch die Tat und das andere nur durch Hoffnungen nähre.

Ist zweifelhaft, ob eine so feine Rede, wie die Dinge standen, klug war; denn wer sieht, wenn ein Haus vor uns brennt, wie hübsch es gebaut war, und so's uns einer noch so genau schildert; und wer sich prügelt, der hört nicht drauf, so ihm einer die schönste Predigt über die Eintracht hält. Aber wer weiß, wo das hinauslief, denn Herr Mathis war ein schlauer Mann; doch zum Ende kam's nicht, denn Hans Zademack, der Gewandschneider, fuhr dazwischen, und grade zu den Färbern gewendet, sprach er:

»Glaub du dem Fuchs, so er von Treu und Glauben schwatzt. Wir wissen's besser. Ihr Gevatter Färbersleute und Leineweber, hängt euch nicht an seinen Schweif, er läßt euch los, wenn ihr in der Pfütze sitzt. Wer hat uns die Tore gesperrt, daß wir unser Anliegen bringen an unsern gnädigsten Herrn und Kurfürsten?«

»Wer hat uns die Tore gesperrt?« brüllten die Gemeinen; und nun muß man's den köllnischen Herren lassen, sie waren nicht eingeschüchtert. Mag sein, wie dem Johannes die Hitze kam, so wuchs ihre auch. Ein Stück Eis, das man in einen siedenden Grapen tut, bleibt nicht Eis. Es kocht mit. Da riefen alle mit eins: »*Wir* haben euch die Tore gesperrt!«

Wer konnte nun noch auf seinem Platze sitzen. Da stiegen sie auf Tisch und Bänke, wollte jeder einen Kopf höher sein als der andere.

»Des klag ich *euch* an, der Eigenmacht und des Verrates!« rief Herr Johannes durch den Lärm durch.

»Er ist verstrickt«, riefen die Köllnischen.

»Er ist nicht mehr Bürgermeister.«

»Wird euch doch meistern«, schrie Pawel Strobant.

»Des klag ich euch an«, wiederholte Herr Johannes.

»Vor wem? Hier ist dein Gericht.«

»Vor Gott und euch selbst, vor dem wahren Rate, dem alten und neuen und den Sechzehnmännern beider Städte.«

»Die sind *wir* –«

So laut sie riefen, doch waren's ihrer nur wenige.

»Ihr!« schrie Pawel Strobant, und seine Stimme allein klang voller als aller Köllnischen zusammengenommen. »Der Rat wollt ihr sein. Eine Schweineschneiderherberge, aber nicht der Rat!«

»Item klag ich euch an«, drang Herrn Johannes' Stimme durch, »daß ihr in unsere Freie und gute Stadt, wo keiner bewaffnet Eintritt hat, auch der Markgraf nicht, einließet heimlicherweis eure Leute, die euch untertänig sind, aber nicht der Stadt; einließet bei Nacht und Nebel mit Wehr und Waffen und sie verstecktet und itzo an die Türme gestellt und die Tore, nicht zur Stadt Nutzen, sondern zu eurem. Des klag ich euch an des Verrates an der Stadt. Das gemeine Wesen macht ihr zu eurem, und das ist arge Übertretung.«

»Johannes hat recht!« rief Herr Konrad Ryke, der bis da geschwiegen. Nun traten noch einige von den Berlinern, die schüchtern gewesen, und sie hatten sie überschrien, zum Bürgermeister. Schade nur, daß ihrer so wenig waren; hätte sonst können noch in Ordnung was durchgesetzt werden. Aber von nun an ging's wie in Polen auf dem Reichstag. Das sah sich an, als wollte einer den andern auffressen, und schrie sich ins Gesicht, und keiner verstand des andern Worte, und zeigte sich die Fäuste.

Noch einmal, ehe sie aufbrachen, machte Herr Mathis Blankenfelde sich Luft, daß doch einige ihn verstanden:

»Ihr seid hier mehr, und wir sind weniger. Wir weichen auf den Bänken, aber nicht in unsern Rechten. Wählt euch einen Rat, als euch lieb ist, aus Kesselflickern und Hurensöhnen, der Teig ist gehorsam, wenn der Stempel grob ist. Macht den Raschmacher zum Bürgermeister und den Roßkamm zum Kämmerer. Uns verschlägt's nichts. Brecht auch meinethalben die Lange Brücke ab; wir sind mit unserm End zufrieden. Der Bettel bleibt zurück.«

»Du köllnisch Lästermaul!« rief es, und Herr Pawel Strobant, der auf dem großen Tische umsprang, daß er krachte, schrie: »Eine Zimmersäge her! Wollen den großen Tisch zerschneiden. Den Köllnern ihr Teil auf den Rücken.«

»Laßt euch nur wieder am Narrenseil ziehen von des Albertus Sippe!« rief Herr Bergholz.

»Bindet ihm das Schandmaul!« riefen etliche Berliner.

»Eures wird bald genug schiefstehen«, sprach der Hoppenrade. »Aber wenn's euch sauer schmeckt, kommt nicht auf den Bettel zu uns. Unser Bettelvogt hat einen dicken Stock.«

»Zu euch auf den Bettel!« erwiderten die andern. »Da müßte doch vorerst des Spittelvogts Frau keine Lumpen mehr haben.«

»Wir ziehen ab –«, hub Herr Bergholz an.

»Und wundert euch dazu; wir wundern uns nicht«, fiel Pawel Strobant ein. »Es stank so nach Fischen, nun wird die Luft rein.«

»Bis es donnern und einschlagen wird.«

»Von Kölln aus, ach, du lieber Gott! Kreucht in eurer Frauen Unterröcke und steckt die Nas unters Bett, dann hört ihr die Sturmglocken von Sankt Nikolas und Sankt Marien nicht.«

»Die Glocken sollen von anderwärts schlagen«, sprach der Hoppenrade.

Und der Blankenfelder fiel ein: »Und sie werden euch ins Ohr summen, daß alle Baumwolle, so ihr reinsteckt, euch rausfallen soll. Nutzt die Zeit, wo wir euch leeren

Tisch machten, es wird nicht lange dauern. Als wie zu den Zeiten unserer Eltervāter. Wir werden ihn rufen, und er ist nicht fern, der da hilft und Ordnung bringt. Zu Spandow sitzt er und wird richten.«

Und die Köllnischen alle erhoben sich drohend, aber die Berliner schrien auch gut: »Wie ihr pfeift, wird euch gepfiffen werden.« Und andere: »Der Krug geht zu Wasser, bis er bricht.« Aber verstand keiner mehr ein Wort, bis die Köllnischen alle, Mann für Mann, raus waren.

Herr Johannes war hingesunken auf den Lehnstuhl, so für den ersten Bürgermeister vorm Tische stand, und sein Kopf senkte sich. Er war sehr müde. Da saß er wie ein Sieger, denn der Feind hatte das Schlachtfeld geräumt; aber mancher Sieger, so den Platz behält nach einer harten Schlacht, sieht doch aus als ein Geschlagener. Käme das Tedeum zu schwach heraus. Und wer war denn auch bei ihm? Die paar Berliner Herren, die geblieben, es waren recht gute Leute drunter, aber wer von ihnen holte das Feuer aus dem Ofen! Konrad Ryke war fort, nicht mit den Köllnischen, aber er war doch fort. Die beiden Wyns sprachen mit Herrn Otto Buch und noch etlichen, aber zu einer Schlußnahme, wie sollte es mit denen kommen! Der Pawel war immer gut, wo es drauflosging, aber wo man sich verständigen sollte, da taugte er nichts. Und itzt war er hinterdrein den Herren, die abzogen, und wetterte und fluchte zu den Leuten. Waren nie einander grün, die Blankenfelde und die Strobants, aber den Stein, der ihm da auf Ferbitzens Bude ins Maul flog und ihm zween Zähne kostete, konnte Pawel zeitlebens ihnen nicht vergessen.

Wer die hitzigen Leute kennt von beiden Seiten, und versessen auf ihrem Rechte, der könnte sich noch wundern, daß es so abging. Einige wollen meinen, es sei, weil der Henning Mollner sich zurückhielt. Dafür wußten sie unterschiedliche Gründe. Meinten die, er wolle nun den vornehmen Mann spielen und es mit dem Bürgermeister halten; andere aber sagten, seit er das Geld eingestrichen, habe er ganz anders ausgeschaut denn vorhin, gar nicht vergnügt etwa und zufrieden; sondern just itzo, als fehlte ihm etwas, da er doch das hatte, was ihm fehlte. Denn nun hatte er keinen Grund mehr zu klagen, und das, warum dreißig Jahre gebohrt und gebrummt war, war nun aus.

Aber, was auch der Henning vermochte unter den Gemeinen zum alten Berlin, zumal den Jungen, denen jeder Streit eine Herzensfreude ist, was hatte er Einfluß bei den Köllnischen, so den Herren als den Gemeinen! War er doch mit den Färbern mehr als einmal arg zusammengekommen, und sie lauerten ihm auf den Dienst, seit er Pfingsten vor fünf Jahren mit seinen Gesellen ihren Altmeister eingewickelt hatte in ein Stück blau Tuch, als wär er ein Wickelkind. Der Meister war beinah erstickt, denn die gottlosen Buben hatten ihn auf dem Anger hin und her gerollt, summa eine Viertelstunde, und war er blau am ganzen Leibe, und das Stück Tuch war zerrissen. Seitdem, wo sich die Färber und die Raschmacher trafen, mußten sie aneinander, und die Leute sagten, das gehe schon nicht anders, die beiden Gewerke müßten sich in die Hände arbeiten.

Wie dem nun sei, mit und ohne Henning wären die beiden Parteien nicht so gut auseinanderkommen, wenn nicht jede noch was im Sinn gehabt und der andern ohnedem was zugedacht hätte. Es war nicht das Schlachtfeld hier, und sie waren nur so zusammengetroffen von ohngefähr und hatten die Waffen nicht bei sich, damit sie die andern unterkriegen wollten.

Da flüsterte der Ratsschreiber, das war ein treuer Mann, dem Bürgermeister ins Ohr: »Was nun anfangen?«

»So kann's nicht bleiben, bei Gott, so darf's nicht bleiben!« rief der Herr und sprang auf. »Ein Mittler tut uns not, sonst zerreißt das Band.«

»Und ein starker«, sprach der Herr von Gröben; der war ein Edelmann vom Lande und hatte sich jüngst zum alten Berlin angekauft und die Bürgerschaft genommen. War ein stattlicher Herr und auch letzt in den Rat gekoren; mischte sich aber nicht in die Streitigkeiten, denn er liebte den Frieden und war ein frommer Mann.

»Mit Vergunst«, sprach Baltzer Boytin, »wenn die Herren in den Städten sich in den Haaren liegen, richten's die Städte unter sich nicht aus. Das sieht alles mit Vettern- und Blutsfreundsaugen. Ein höherer Mann gehört dazu. Das meinen die vier Gewerke –«

»Und die Herren von Kölln desgleichen«, sprach einer, der hereintrat. »Als ich eben sicher vernehme, wollen sie auch eine Schrift aufsetzen in der Bergholz Hause, so noch heut nach Spandow soll.«

»Und wie die eingerichtet sein wird, kann ein Blinder sehn, und ein Tauber hört's«, sprach Herr Otto Buch.

»Man muß ihrer Anklage zuvorkommen.«

Da breitete Hans Zademack die Rolle aus, und Baltzer Boytin sprach: »So die Herren vom Rat und Seine Wohlweisheit vergönnen, lesen die Meister die Klageschrift der vier Gewerke, so uns die Köllnischen heut morgen verhindert nach Spandow zu tragen.«

Und Hans Zademack las. Das klang alles ganz schön, und war's allen längst bekannt, was die vier Gewerke und die gemeine Bürgerschaft von dem Rate forderte; aber es mußt ein geschickter Schreiber es aufs Papier geschrieben haben, denn so fein und wohlgesetzt und rührend klang alles und so in schöner Ordnung, daß auch ein Ratmann daran keinen Ärger genommen. Und desgleichen waren die Trübsale und Scheelungen, daran die Stadt litt, so kläglich und dringend drin verschrieben, daß es das Herz rührte. Und wäre gar nicht abzusehen, wie der Zwieträchtigkeit und Scheelung und gemeinem Elend abzuhelfen, es sei denn, daß der gnädigste Markgraf sich der Sachen erbarme und durch gerechte Richter das Recht finden lasse und es setze, wie es immerdar gehalten würde. Aber trau einer einem Fuchs und einem Schreiber! Stand so vieles dazwischen geschrieben, was nimmermehr der Bürgermeister gutgeheißen; aber das war mit Worten gesetzt, daß man's im Lesen nicht sogleich merkte, und Hans Zademack ging rasch darüber weg, gleich als wie der Ratsschreier vorhin mit der Klage des Rates vor den Bürgern tat. Denn wo hätte Hans Rathenow eine Schrift unterschrieben, darin alles Übels Wurzel auf den Hochmut der Geschlechter ward geschoben und gesagt, ehe denn nicht die Bürgerschaft aus ihresgleichen in den Rat kürte und die Zünfte dort säßen, sei kein Ende dem Unding. Und es seien die Familien allein hüben und drüben, so den alten Streit und Haß nährten und gemeine Bürgerschaft, die es doch nichts anginge, darein verstrickten. Und werde der Zwist von den Herren nicht aus ihrem Säckel bezahlt, sondern aus dem gemeinen Kasten; und lasse sich gut streiten, wo ein Dritter zahlen müsse, wie man's von den Anwalten wisse vor den römischen Gerichten, für die ein Rechtstreit nicht lang genug sein könne. Alles das und noch viel mehr hörte der Bürgermeister nicht, denn Hans Zademack ging, als ich sagte, schnell darüber weg oder verschluckte es; und nur das hub er mit lauter Stimme vor, was Ungebührliches an diesem Tag sich zugetragen, und wie in der Schmach, so ihr Bürgermeister von denen Herren aus Kölln erfahren, Stadt und Bürgerschaft gekränkt und kein Recht in beiden Städten zu holen sei, ehe denn nicht die Köllnischen darum zurechtgewiesen.

Nun standen die vier Abgeordneten der Gewerke vor dem Bürgermeister, um Urlaub zu nehmen zu ihrem Ritt nach Spandow, und da keiner sonsten zugegen war, hieß er dem Henning, daß er ihnen freies Tor mache und das Geleit gebe bis an der Stadt Weichbild.

»Haben sie nun des Vollmacht«, sprach Baltzer Boytin, »daß sie vor Seiner Gnaden reden, nicht um ihrer Rechtsamen allein, sondern auch von wegen der Stadt Berlin? Denn der Fürst könnte fragen: Von wem seid ihr geschickt? Ich sehe nur die Siegel darunter und die Schriften der vier Gewerke. Hält denn der Rat zu Berlin und sein Bürgermeister es mit dem von Kölln?«

»Wo ist denn der Rat von Berlin!« sprach Herr Johannes und schaute sich verdrießlich um.

»Bis wir die einzelnen mahnen und sie kommen, daß ein gültiger Beschluß gefaßt werde, wird es zu spät«, sagte der Ratsschreiber.

»In solchen Fällen, als uns berichtet ist von alters«, sprach Baltzer Boytin, »vertritt, der das Haupt ist, den Leib, was besser ist, als daß der Leib für das Haupt spricht.«

»Zu Gott, dem ist so«, sagte der Herr von Gröben. »Zwietracht zu wenden ist allerwegen ein Gott löblich Geschäft –«

»Es ist nicht so, als es sollte«, fiel Herr Johannes ein, und ihm war's nicht lieb, als er um sich, außer den paar Herren, nur die von den Gemeinen und ihre Sprecher sah. »So jedweder zuerst dächte, was er *soll*, und dann erst, was er *darf*, es stünde besser um unser Gemeinwesen.«

»Das ist gut gesprochen«, sagte der von Gröben, »und als es sich ziemt für ein christlich Oberhaupt. So Ihr aber meint, Herr Johannes, will auch ich mitreiten mit den Gewerken und ein Wort sprechen mit dem gnädigen Herrn. Soll es dem alten Berlin, das ich liebe, nicht zum Schaden gereichen; denn der Kurfürst ist mir zugetan noch von Zeiten seines Vaters seliger, wo ich oft zum Frieden riet, und mancher Ritter dankt's mir überdem, daß ich mein Fürwort einlegte.«

»Der hohe Fürst kann's nur gnädig aufnehmen, so der Herr von Gröben ein Wort für uns einlegt«, sprach Baltzer Boytin, und man hätte wohl ein arglistig Lächeln um seinen Mund wahrnehmen mögen. »Was weiß ein schlichter Bürgersmann zu sprechen vor Fürsten, als es sich schickt, und er möchte uns fortweisen ohnedem oder gar nicht vorlassen. Was kümmert ihn unser Streit!«

Herr Johannes schüttelte des Gröben Hand. Ihm war aber nicht wohl zumut. Da ward es abermals draußen laut, und man hörte von drüben von der Spree her Trompeten und sonst Musica, und es kam Nachricht, wie voller Mutes die köllnischen Herren wären und die Gewerke drüben ließen zusammentreten und zu ihnen redeten; und die Herren machten sich gemein mit den Bürgern und ließen ihnen in ihren Fluren einschenken und tränken ihnen zu. Und allerwegen wäre die Rede von der Trennung der Städte, und das sei allein das Mittel, daß man loskäme von dem Übermut der Berliner. Dadurch und die schönen Reden hatten schon viele von den Zünften sich breitschlagen lassen, das Schreiben zu unterzeichnen, was sie an den Markgrafen aufgesetzt, und es sei voll böser Klagen.

»So wird es Zeit«, rief Otto Buch, »daß auch wir vor ihn treten.« Der Herr von Buch war nicht gut zu sprechen auf die köllnischen Herren, die's dem Ritteradel zuvortaten an Reichtum und sich ihm gleich dünkten.

»Was an uns liegt, so wollen wir dort sein vor ihnen«, sprach Hans Zademack.

»Aber des Bürgermeisters Wort muß in unsere Waagschale, sonst schlägt die Berliner in die Höh und die köllnische sinkt«, sprach einer, und alle meinten dasselbe. Thomas Wyns und sein Bruder Dietrich redeten ihm zu und auch der Herr von Gröben. Ungern tat es Herr Johannes, und die Feder zitterte ihm in der Hand. Hörte er lieber Klagen an und entschied nach dem Rechte, als daß er klagte.

»Weiß Gott, was ich da getan!« rief er vor sich, als er geschrieben seinen Namen und die Feder niederwarf.

»Ihr habt getan, was Ihr nicht anders konntet«, sprach Otto Buch. »Denn ein Meister muß stehn zu den Seinen. Die Gewerke sind nicht allein in einer Stadt, es hängt eins mit dem andern zusammen; und wer sich ihr verschrieb und ihr Bürgerrecht nahm, der muß mit ihr Freud und Leid dulden –«

»Als es kommt von oben«, fiel der von Gröben ein.

Als die Abgeordneten durch die Straße ritten und zum Tor hinaus, schauten ihnen die Bürger aus den Fenstern neugierig nach und dachten bei sich, was wohl draus werden wird. Aber als der Bürgermeister aus dem Rathaus in sein Haus zog, war es wie ein Freudenfest und ein großer Siegeszug. Pfeifer und Geiger gingen ihm vorauf, und etliche Fähnlein der Gewerke weheten, und aus allen Fenstern rief es seinen Namen und jauchzte ihm zu und ließ die Tücher flattern. Wie schweren Herzens Herr Johannes auch war, da ward ihm doch froh. Und zumal als die schöne Jungfer Elsbeth an der Haustür ihn empfing und die Spielleute noch lange vor seiner Tür musizierten. Er reichte auch dem Henning die Hand und bat ihn, daß er wiederkomme auf den Abend.

Elftes Kapitel

So laut es an dem Tag gewesen, so still ward es an dem folgenden; und an dem, der darauf folgte, noch stiller. Unsere Elterväter, die in den Wäldern lebten, ratschlagten abends beim Trunke, und im Rausche faßten sie Entschlüsse; aber morgens darauf überlegten sie's noch einmal, und dann kam es wohl, daß sie umgekehrt taten, als sie beschlossen hatten. Denn was am Abende rot war, es kommt wohl, daß es am Morgen schwarz scheint. Schämte sich mancher, und mancher mochte es auch bereuen; denn so das zur Kunde kam der andern Städte, was mußt es da für heillos Gerede geben zuungunsten der beiden; die andern waren ihnen auch nicht so übermäßig grün. Berlin und Kölln waren die reichsten worden in den Marken, und die es vordem gewesen und es nicht mehr waren, sahen dazu auch nicht froh. Und was hatten sie gewonnen? Das fragten sich die klugen Leute. Das Rathaus auf der Langen Brücken stand leer, und wenn die Berlinischen zur einen Tür eingingen, gingen die Köllnischen zur andern hinaus, und so umgekehrt. Eins sprach jeder zum andern: »So kann's nicht bleiben.« Aber wie's werden sollte, das wußte keiner.

Am zweiten Tag drauf aber sah es aus, als wenn beide Städte begraben würden; so läuteten die Glocken von früh an, und was auf den Beinen war, ging in Schwarz. Tydecke von Achen, der Alte, ward beigesetzt in der

Gruft seiner Väter. War's doch, als ob alles in Sack und Asche trauerte und in der Trauer um den einen Toten Buße täte um das, was sie alle gegeneinander und wider sich selbst gesündigt. Der Himmel selber hatte einen Trauerflor umgehängt. Kein Sonnenstrahl brach durch das Grau. Und war's, als ob sie's wiedergutmachen wollten durch die Ehre gegen einen Toten, was sie an den Lebendigen verbrochen. Bei dem Leichenzug fehlte auch keiner von den Herren; da gingen, wer hätte es vorgestern geglaubt, Berliner und Köllner nebeneinander einträchtiglich und schauten zu Boden, keiner aber sah den andern an. Der Propst Steeger, Gott sei Dank, er hatte sich wohl in etwas erholt, aber die Leichenrede hielt er doch nicht. War die Luft ihm noch zu rauh, auch gemahnte es den lieben Herren zu schmerzlich an den Abend, wo beide so froh gewesen, und der alte Tydecke vertrug's nicht, er aber war noch davongekommen mit Gottes Hülfe und des heiligen Nikolaus, der dem Henning Mollner im Traum erschienen und ihn gerufen, daß er ihn unterm Tisch vorhole. Doch fehlte es nicht an Sang und Klang; die Schüler aus allen Kirchen und die Brüder aus allen Klöstern und die Priesterschaft, wer frei war, gingen mit, barhäuptig alle, in Chorhemden mit Lichtern und Weihkesseln, und ein Kapuziner sprach die Leichenrede so erbaulich und rührend, daß die Weiber alle in Tränen zerflossen. Aber auch die Männer griff es ans Herz, wo er von der christlichen Eintracht redete, und wie der Selige mit seiner eheliebsten Frau lange darin gelebt, daran sich andere ein Exempel nehmen könnten, die zwar nicht Eheleute wären, aber doch zusammenhingen so, daß eines nichts wäre ohne das andere. Und dann sprach er von der Eintracht, durch die ein jeder Mensch allein lebe, nämlich die zwischen Seele und Leib, und wo die gelöset, da lebe der Mensch nicht mehr, wobei es denn auch feine Anspielungen gab auf die Städte; nur daß die Zuhörer uneins waren, ob er mit der Seele Berlin und mit dem Leibe Kölln gemeint oder umgekehrt.

Darüber stritten sie denn beim Nachhausgehen und noch zu Haus und auch am nächsten Tage noch, zumal die Frauen, und gab es gar heftige Auftritte, und wenn die Männer schon uneins waren um andere Dinge, so wurden es die Frauen darum; denn die Berlinerinnen wie die Köllnerinnen wollten die Seele sein, und die anderen sollten der Leib sein. Die Männer, als gesagt ist, hatten an anderes zu denken, denn es befremdete sie hüben wie drüben sehr, daß ihre Verordneten noch nicht aus Spandow heimgekehrt, noch sonst Nachricht von dorther gekommen war. Aber es hatte die beiden Nächte stark geschneit, und lag der Schnee fußhoch in der Heide. Im Volke aber murmelte es, die Tore von Spandow seien verschlossen, und werde keiner ausgelassen, um zu sagen, was drinnen bei Hof vorgehe.

Das aber war falsch, denn an demselben Abende kam ein Bote des Weges von Spandow her geritten, wie dick auch der Schnee lag; aber als er sich dem Spandower Tore so näherte, daß sie ihn von den Türmen hätten sehen müssen, bog er linksum in den Wald und hielt sich in den Gründen nach der Panke zu, dergestalt daß er den Wächtern auf der Mauer wie dem auf dem Wedding unsichtbar blieb. Nachdem er so herumgeschwenkt, ritt er auf die Oderberger Straße und von da ans Oderberger Tor. Dort kam er grade noch vorm Torschluß und gab an, daß er von der Uckermark komme und Botschaft hätte an Herrn Bartholomeus Schumm von dessen Sohne, dem Melchior. Da er nun eingelassen war, ritt er aber nicht nach der Brüderstraßen; vielmehr, als er über die Lange Brücke gekommen, schwenkte er durch die Breite Straße um und kehrte über den Mühlendamm nach Berlin zurück, wo er die Richtung nach der Stralower Straße einschlug. War's ein seltsamer Umweg, durch ganz Berlin zu reiten und noch über die Spree nach Kölln, um über die andere Brücke dahin zurückzukehren, und noch dazu für einen Reiter, der von Frost und Müdigkeit starrte. Als er durch die Stralower Straße ritt, war es schon dunkel, und nun bog er linksum hinter den alten Mauern und eilte sich nach der markgräflichen Burg, die, als bekannt ist, neben dem Grauen Kloster lag. Als er da anpochte und Einlaß forderte, sagte er, daß er von Teltow komme und Dringendes vom Hauptmann zu Mittenwalde zu vermelden habe. Aber als er eingelassen und die Wacht ihn beim Fackelschein erkannte, erschrak sie sehr, daß sie nicht feiner mit ihm umgangen und ihn so lange draußen warten lassen und ausgefragt hatte. Denn es war ein vornehmer Ritter aus des Markgrafen Gefolge, und er hastete nun die Treppen zum Schloßhauptmann hinauf, mit dem er sich einschloß und viele Stunden geheim sprach.

Ward überhaupt an dem Abende viel geheim gesprochen und geflüstert in den Kellern und Stuben und bei den Badern. Da saß in seinem Zimmer Bartz Kuhlemey und stützte den Kopf auf die Hand, und seitwärts vor ihm am Ofen stand einer, den sein Weib nicht gewohnt war, daß sie ihn dort sah. Warf ihm auch oft, wenn sie ab und zu ging, Blicke zu, wie so eben ein Weib einen Mann anblickt, den sie nicht gern sieht bei ihrem Manne. Unsere, die wissen das in Manier zu bringen; aber als man zählte vierzehnhundert und etliche Jahr, meinten sie, sie hätten das nicht nötig. Sie war ein tüchtig Weib, als es sich für einen Meister schickte, wie Bartz Kuhlemey war; aber er war Meister im Hause und nicht sie. Darum, als sie's gar deutlich merken ließ, wie ihr der Gast zuwider sei, denn sie schlug die Türe mit dem Fuß hinter sich zu, wenn sie kam, und drehte ihm immer den Rücken, und wenn sie die zinnernen Krüge ansah, ob sie voll waren, so konnte der Gast lange warten, bis sie seinen wieder füllte, da sie doch nicht schnell genug springen konnte, wenn der Bartz seinen leer aufstieß. Darum also sprach der Meister itzt:

»Weib, schier dich naus.«

»Hast ja noch nicht gessen«, sprach sie; denn vor ihm stand eine große Schüssel mit Schinken und ein Teller dabei mit frischen Würsten, und in einer andern Schüssel rauchte ein dicker Hirsebrei, summa ein gar herrlicher Anblick für einen Hungrigen; und Bartz Kuhlemey aß tüchtig drein, wenn er nicht den Kopf in die Hand stützte, und er aß ganz allein, denn für die Frau und die Kinder und das Gesinde war in der Küche daneben gedeckt. Dort stand nur eine große Schüssel mit Wassersuppen und daneben ein Stück magerer Speck. Das kam wohl vor, daß ein Meister, der sich was wußte, in seinem Gemach für sich allein auftragen ließ, und die andern saßen am Feuer beisammen; das mehrte die Achtung, die sie vor ihm haben mußten. Geschah's aber nur des Abends; zu Mittag saß er vor am langen Tische und teilte aus und sprach das Gebet, es hätte sich nicht anders geschickt. Aber daß er auch dem Gaste nichts anbot und daß der am Feuer stehen mußte und zusehen, mußte einen andern Grund haben. Vielleicht hatte der schon gegessen und keine Lust mehr; möglich auch, daß Bartz Kuhlemey ihn nicht zum Essen nötigen mochte, wie er ihn nicht zum Sitzen nötigte. So etwas von Stolz und Hohn lag in des Knochenhauers Gesichte. Mochte er ihn auch genötigt haben, denn welcher Mann war damals nicht gastfrei, aber es war eine Art, daß der andere lieber dankte als aß. Trinken aber mußte er, denn welcher deutsche Mann ließ einen anderen in sein Haus und konnte trinken, weil der dürstete?

»Hast noch nicht aufgessen«, sprach das Weib.

»Brauch keins, das zuschaut«, sprach er und schaute sie durch die Brauen ärgerlich an.

»Was steht denn der da!« antwortete sie.

»Der steht da, und der soll da stehn«, sprach Kuhlemey mit einem Blick auf den Gast; der war auch grad nicht holdselig für ihn. »Kurzum raus, sag ich dir!«, und er schlug auf den Tisch.

»Will nicht rausgehn«, sprach das Weib und hielt mit einem gar seltsamen Blick die eine Hand in die Hüfte.

»Frau –«, rief Bartz, aber er mäßigte die Stimme wieder. »Hab ein Geschäft mit ihm. Laß uns in Ruh.«

»Willst Roßfleisch verkaufen? Ich sage dir –«

»Nichts sollst du sagen; schweigen sollst du.«

»Ich sag dir aber doch, Bartz, es tut nicht gut, deine Geschäfte, deine heimlichen mein ich. Handel und Gewerbe leidet's nicht, es nimmt Schaden, sag ich dir. Was hast du mit ihm unter vier Ohren, das dein angetraut Weib nicht hören darf? Ist er dein Blutsfreund, ist er deines Gewerks; nichts ist er, er ist ein Roßtäuscher, und du bist ein Knochenhauer.«

»Schweig!« sprach nochmals der Hausherr, und man sah's ihm an, wie er sich mäßigte.

»Will aber nicht schweigen«, fuhr sie fort. »Das gefällt mir nicht im Haus, Bartz. Jedes Mannes Haus ist sein eignes, und was sein Gewerk ist, das ist sein Brot. Du treibst es draußen itzund; in den Läden treibst du dich um, in den Kellern und auf den Gassen. Was schaffst du damit fürs Haus? Nichts! Wenn ich nicht hinter den Gesellen wäre, die Gesellen wären nicht hinter der Arbeit.«

»Nun werd ich hinter dir sein.«

»Tu's nur. Will dir doch sagen, was ich denke: Was deines Amtes nicht ist, da laß den Fürwitz. Laß du die Stadt sorgen für die Stadt, und du sorge für dein Haus. Fleisch essen müssen die Leute, ob die Herren oder die Gemeinen zu Rat sitzen –«

»Aber nicht, wenn die Ochsen sitzen«, warf der Meister ein, »keiner frißt sich selber.«

»Und die das beste Fleisch schlachten, haben den besten Verdienst«, fuhr die Meisterin fort. »Die sich um des Kaisers Bart kümmern und die Augen woanders haben, wenn der Ochsenhändler ihnen Vieh anschmiert, die kommen um ihren Verdienst. Ja, ja, Bartz, ich will dir die Wahrheit sagen, wenn du auch Augen machst als ein Ochs, will sie dir ins Gemüt reden, grade vor dem, o vor zehntausend will ich's sagen. Nichts kommt raus als dein Ungeschick und dein Unglück. Hat noch keiner Seide gesponnen, der sich auf den Markt stellte und 's Maul auftat, die Herren werden immer Herren bleiben, aber viele hat der Büttel gegriffen und zum Tor rausgebracht, und da können sie in der Heide die Fleischtöpfe suchen und den warmen Ofen; und so wird's dir auch gehn.«

»Und so wird's *dir* gehn –«, sprach Bartz Kuhlemey. Und nun folgte etwas, was zu jenen Zeiten wohl nicht selten vorkam und in unsern auch dann und wann. Die Meisterfrau war ein starkes Weib, als wir sagten, er aber war noch stärker. Sie hob nicht die Hand gegen ihn, aber ihren Mund hielt sie nicht. Nein, es ging noch ärger los, grade derweil es geschah, als wie »du Dummkopf!« – »Bleib du doch bei deinen Ochsen; die verstehst du, aber nicht das Regiment.« Worauf er: »Will dir's zeigen, wie ich das Regiment versteh.« Und der Fremde am Ofen kümmerte ihn gar nicht, wie er sein Hausrecht brauchte; und war das Ende vom Lied, daß sie nach etlichen Minuten, denn leicht machte sie's ihm auch nicht, sie hielt sich an Tisch und Schrank, aber zuletzt flog sie hinaus, und er warf die Tür hinter ihr zu. Aber ob es schon eine dicke Eichentür war, so ein halb Schock Schimpfworte drangen doch noch durch, die sie ihm nachrief.

Da sprach eine Magd, die an der Tür gestanden. Daß sie gehorcht, kann man nicht sagen, denn man konnte den Streit bis unterm obersten Dache hören. Sie sprach: »Ist's auch unrecht vom Meister, daß er sich um solcherlei Dinge kümmert, so ihn nichts angehn. Sagen's unsere Kunden doch auch schon, und das Gewerb leidet, wo die Gesellen tun, was ihnen gefällt. Wie hat er sich beim letzten Markt mit den Schweinen aus Buchholz anführen lassen!«

Aber das hatte die arme Dirne kaum gesagt, als die breite Hand der Meisterin zweimal ihr auf den Backen lag, und sie fuhr drei Schritt zurück, daß sie zu Boden gestürzt wäre, hätte sie sich nicht an der Wand gehalten.

»Unverschämte Dirne, was untersteht Sie sich! Was mein lieber Herr und Meister tut, ist wohlgetan, und daß ich's nicht noch einmal höre, daß Sie ihr Schandmaul auftut, sonst fliegt Sie zur Tür naus auf Nimmerwiederkehr. Verstanden! Mein Herr ist ihr Herr, und was er will, das geschieht, und was er spricht, das ist recht. Sonst hat keiner ein Wort zu reden im Haus.«

Drinnen im Zimmer lächelte wohl der Gast, als der Meister die Tür zugeschlagen, und Bartz merkte es. »Wollt Ihr mir was sagen?«

»Nichts Neues, Meister. Jeder weiß zum besten, wo ihn der Schuh drückt.«

Da stellte sich der Knochenhauer vor ihn, mit beiden Daumen im Latz. »Herr Baltzer Boytin, wo Euch der Schuh drückt, das weiß ich nicht. Wo mich aber der Finger juckt, das weiß ich. Ist's, wo einer über mein Weib reden will. Die ist eine so kreuzbrave Frau, so fleißig und geschickt und treu als eine im Römischen Reich; und wer was anderes meint, und wenn er's auch nicht sagt und nur die Lippen zuckt, den wollt ich zurechtweisen und in die Richte schütteln, daß ihm alles in seinem Leibe, und die Gedanken dazu, der Quer säßen. Verstanden, Herr Baltzer Boytin!«

Der Gast hatte es verstanden und stand ruhig am Ofen, die Hände hinter sich an den Kacheln. In den Augen hätte man's wohl noch können fortblitzen sehen. Der Meister inzwischen setzte sich wieder an den Tisch, und zuerst leerte er die Kanne Bernower Bieres auf einen Zug, dann machte er sich an den Schinken und tat solche Schnitte hinein, daß man sah, wie's auch einem so starken Mann ans Zeug geht, wenn er sein Weib zur Schuldigkeit führen muß. Nachdem er so ein fünf Minuten mit großer Lust und Gemächlichkeit gearbeitet, knöpfte er das Wams auf und lehnte sich wieder als vorhin auf die Hand, und die Finger fuhren durch die Haare, als suchten sie nach Gedanken, und dann sprach er:

»Baltzer, mir gefällt's nicht.«

»Die gebratenen Tauben kommen uns nicht in den Mund geflogen«, antwortete der.

Wieder stierte der Meister als vorhin auf den Tisch, wo außer und neben der Schüssel noch etwas lag, so wie ein Stück Papier aussah, darauf mehreres verschrieben stand. Nun muß man wissen, daß Bartz Kuhlemey Geschriebenes lesen konnte; aber es ward ihm nicht leicht, und es waren mehrere Sätze, mit Nummern davor.

»Tauben ist kein Fleisch«, sprach er nach einer Weil.

»Ein gebratener Ochs ist freilich was anderes. Bei der Krönung Kaiser Friedrichs, sage ich Euch, briet dort ein Ochs am Spieß, daß einem das Wasser im Munde zusammenlief. Die Fleischhauer aus zehn Städten sagten, so was wäre ihnen noch nicht fürkommen. So was kommt in den Städten auch nicht für; die Herren von den Geschlechtern werden sich hüten, den Bürgern Ochsen zu braten. Darin, muß man nun sagen, sind die Fürsten großmütig.«

Mit einem schlauen Blicke schaute da Bartz Kuhlemey zu seinem Gaste in die Höh. – »Nicht wahr, um einen gebratenen Ochsen seine Rechte und Freiheiten verkaufen! Das gefiele mir –«

»Wer redet davon. Ob sich's doch fragt: Wozu lebt der Mensch? Ob, sich mit dem Wind zu schlagen? Oder um Ochsenfleisch zu essen? Die Knochenhauer mindestens müßten doch fürs letztere sein. – Aber wir waren beim zweiten Punkt.«

»Ist also«, buchstabierte der Meister in der Schrift weiter – »ist also Seiner Gnaden bestimmter Wille, daß fortan in den Städten die Zünfte so gut in den Rat gekürt werden als zeither die Geschlechter; sollen gut sein und fähig zu allen Ämtern, als Kämmerer, Schloßmeister, Ältermänner und Bürgermeister.«

»Klingt Euch das nicht?«

»Kling, klang! Erst muß ich's sehen«, sprach Bartz. »In den Statuten, so die alten Fürsten geschrieben, und ihre Siegel sind drunter, steht's auch so. Aber wie steht's in der Wirklichkeit?«

»Kommt daher, Meister, daß die Gewerke, meine unsere Väter und Väterväter, Schlafmützen aufsetzten und ließen mit sich spielen. Wir wollen aber nicht mit uns spielen lassen, und unser Freund, der uns hilft, ist vor der Tür. Mit ihm setzen wir's dann fest, als es sein soll, wie es uns gefällt.«

»Und *ihm* doch auch!« fiel Bartz Kuhlemey ein.

»Nun sagt mal, warum soll's ihm denn nicht gefallen?« sprach Baltzer Boytin in einem vertraulichern Tone und rückte einen Stuhl an den Tisch.

»Ein Fürst und ein Bürgersmann!«

»Ich meine, die können bequemer mit'nander gehn als ein Fürst und ein Edelmann oder ein Edelmann und ein Bürger. Zwischen denen ist's so schichtig, daß sie sich nicht mit den Ellenbogen zu stoßen brauchen. Was kümmert's einen Fürsten, ob ein Knochenhauer zehn Pferd im Stall hat und wie ein Edelmann auf die Freite reitet. Was den Edelmann verdrießt, dem Fürsten ist es recht; ihm ist's lieb, je reicher seine Bürger sind. Er bleibt doch reicher. Was kümmert's den Fürsten, ob ein Schuhmacher Bürgermeister ist oder ein Patrizier! Er will doch nicht selbst Bürgermeister werden noch seine Söhne und Vettern es werden lassen, noch seine Töchter an einen vom Rat verheiraten. Der Fürst ist als die Sterne am Himmel; die beneiden uns nicht, sie lassen's ruhig gehn, als es uns gefällt.«

»Bis sie mal dreinhageln und -schneien.«

»Haben wir davon ein Exemplum, Gevatter? Waren nicht die von Anhalt, des Bären Albrecht Brut, die besten Bürgerfreunde? Beschenkten sie nicht die Städte mit Freiheiten und Privilegien; gaben sie uns nicht Güter und Rechte, daß es der Ritterschaft ein Dorn im Aug wurde! Und taten die Bayern, die drauf kamen, anders, und dann die Lützelburger? Was hat Kaiser Karl, dessen Andenken die Heiligen segnen, dem märkischen Lande und seinen Städten Gutes getan. Ihr seid ein kluger Mann, Bartz, was hätten die Nürnberger davon, so sie anders täten? Waren wir nicht ihre guten Freunde, als sie ins Land kamen und der ganze Adel fuhr wider sie auf wie zehntausend Stachelschweine. Wir ließen unsere Brücken nieder und öffneten ihnen unsere Tore, wir wärmten sie und nährten sie, wir zogen in hellen Haufen mit ihnen, wir zogen ihre schweren Feldstücke durch unsern Sand vor die Raubnester und kletterten durch die Breschen und hieben für sie Licht und Luft durch die Borsten des Stachelschweins. Wir waren ihre natürlichen Bundesgenossen und sie unsere. Das vergißt sich nicht.«

»Das waren andere Zeiten.«

»Richtig, Gevatter. Itzo ist der Adel wider uns. Meine nicht die paar, die unsern Gütern auf der Straße auflauern; der gesamte Adel ist scheelsüchtig gegen die reichen Städte, aus Haß. Er flickt uns an, wo er's vermag. Wir brauchen Freundschaft. Tun's die Städte unter sich? Pah, auf dem Pergamente steht der Städtebund. Im Land ist er ein Wind; weht da, wo kein Widerstand ist. Wir brauchen gute, mächtige Freunde, das ist die Herrschaft.«

Bartz Kuhlemey stampfte die leere Kanne auf den Tisch, worauf seine Frau augenblicks erschien und sie aufs neue füllte.

»Die Sache gefällt mir doch nicht«, sprach er nach einem herzhaften Trunke.

»Wie Ihr wollt. Einen freien Bürger kann man zu nichts zwingen. Gehabt Euch wohl, Gevatter!«

»Wo wollt Ihr hin?«

»Zu den Schuhmachern, auf die Herberg.«

»Bleibt. Was die Schuster wagen, das tut ein Knochenhauer auch allemal.«

»Nun, es sind doch tüchtige Leute unter ihnen. Besonders die Altbüßer. Denen hüpft's ordentlich im Leib, die stolzen Herren zu versohlen auf ihre Art.«

»Noch eins, Baltzer: Dem Markgrafen kann's doch gleich sein, ob ich und du und der Zademack oder wer's ist im Rat sitzt oder ob die Geschlechter sitzen bleiben. Was ist ihm denn so darum zu tun, daß *wir* ans Regiment kommen?«

»Ihr seid ein kluger Mann, Bartz. Jeder liebt sich selbst zuerst und zumeist, und ich will nicht schwören, was der

Markgraf täte, so wir beide, er an der einen Seite und wir Bürger zur andern, an der Speckseite zögen. Aber er ist auch ein kluger Herr. Er kennt dich so gut als mich, er kennt jeden von uns, eben als die Sonne auf jedwed Ding scheint, weil sie so hoch ist; wir meinen aber, sie sähe nur die Giebel und Kirchtürme an. – Nun sagt mal, wer sind denn diese stolzen Herren, unsere gnädigen Gebieter? Aus was Erz sind sie gossen, aus was Stein gehauen? Sind's Bäume oder sind's Pilze? Alte Bäume fällen kostet viel Mühe, man muß bis an die Wurzeln gehen; Pilze stößt man mit den Hacken fort. Wie aber nun, wenn der Markgraf sorgte, daß aus den Pilzen Bäume würden! – Sattle doch deinen Gaul und reite frühmorgens aus, und wenn du abends ankommst zur Herberg, sei's gen Mitternacht oder Mittag, du wirst noch immer ein Dorf finden, einen Hof, einen Acker, der einem berlinischen Herren Schoß zahlt. Und ihre vollen Kähne auf Spree und Havel, auf der Oder und sogar auf der Elbe! Die Schumms, die Ryke, die Brakow, die Wyns und die andern, sind sie nicht so reich, daß jeder von ihnen zehn Edelleute in die Tasche steckt! Haben Lehngüter wie ein Freiherr, ziehen Schoß und Pächte; könnte sich mancher damit eine Stadt kaufen und einem Fürsten es gleichtun. *Die*, Meister, sind es, die der Markgraf nicht im Regiment will, die's ihm gleichtun möchten an Stolz und Hoffart und reicher sich dünken als er, der ihr Herr ist. Reich ist er nicht, das wissen wir alle. Er kennt diese Bürgerherren von Nürnberg her. Dort im Reiche haben sie Wurzel geschossen, diese Patrizier, sitzen auf Tonnen Goldes, sind verbrüdert und verschwägert mit Herren und Fürsten, mit Kaiser und Reich, führen Wappen mit Schilden und Diener mit bunten Röcken und verheiraten ihre Fräulein an Grafen- und Fürstenkinder. Möchte mancher, der ein Zimmetkrämer war, sich ein Fürstentum lösen. Die fürchtet er.«

Als Bartz Kuhlemey schwieg, fuhr er fort: »Wir sind noch nicht soweit, aber könnten dahin kommen. Sitzt manchem noch der Mehlstaub auf dem Rock, und die

Elle guckt ihm aus dem Ärmel. Aber an Lust fehlt's uns wahrhaftig nicht, und wer kann's ihnen wehren! *Wir* doch nicht! Kaiser Friedrich ist kein Kaiser Wenzel. Gold aber findet überall seinen Weg. Hätte die Zucht wie unter den Bayern und Lützelburgern fortgewährt, wer weiß, ob die Herren von Berlin und Kölln nicht schon Reichsfreie wären; wir könnten den gnädigen Herren die Schleppe küssen und uns bedanken, daß sie uns regieren. Da grade mußte des Markgrafen Herr Vater ins Land kommen, und er faßte die Sache anders an als die vor ihm. Der Adel wollte auch reichsfrei werden. Nun, der ist es nicht geworden. Und unter diesem – unsere Stadtjunker werden's auch nicht werden.«

Bartz schnalzte mit der Zunge und stieß das Messer in den Tisch.

»Ihr gebt mir recht. Werden sollen sie's nicht, es kommt nur drauf an, wer die Ehr und den Vorteil davonträgt. Ob wir *und* der Markgraf oder der Markgraf allein. Allein darum handelt sich's. Nun, ich sehe, Ihr seid schläfrig, Gott befohlen!«

»Nicht doch, bleibt.«

»Mit dem Adel ist er draußen fertig worden, ich meine sein Vater. Nun aber hat der Adel, der keine Schlösser mehr hat, anfangen, in die Städte zu kriechen, wo es sich warm sitzt. Zählen auch schon eine hübsche Zahl Familien hier, die Buch, Ruthnik, Gröben, Blankenfelde. Lassen sich schon gefallen, mit unsern Patriziern das Regiment zu teilen, damit wir noch besser regiert werden. *Wir* lassen's uns auch gefallen, nicht wahr? Aber der Markgraf nicht – Würden ihm solche Wespennester und Mauselöcher noch lieber sein als die zerstörten! – Wird's Rindfleisch aufschlagen, Gevatter?«

»Die Nieren tun mir weh. Aber grad so, das gefällt mir doch nicht. Es schmeckt so nach –«

»Hochverrat am hohen Rate«, fiel Baltzer ruhig ein. »Irgendwo hinaus muß es doch. Wollt Ihr vorerst noch eine Bittschrift an den Rat versuchen: möchten doch in sich gehn, Vernunft annehmen, aus gutem Herzen uns geben, was sie uns nahmen mit bösem. Wer weiß, bei Gott ist kein Ding unmöglich.«

»Die Pestilenz über sie! Losschlagen will ich –«

Ein heiseres widerwärtiges Gelächter machte aus des Gastes Brust sich Luft, und sein Mund verzog sich so breit, wie seine Augen klein wurden. »Ihr und losschlagen! Wann denn? – Wenn's zum Jüngsten Gericht läutet. Märkisch Blut und losschlagen, ehe die Herren es befehlen! Sagt mir, daß die Spree nach Köpnick fließt, und ich will's glauben, aber nicht, daß die Zünfte was durchsetzen. Ihr seid keine Welsche. Ward nichts draus zu den Zeiten der Wardenberge, warum heut? Heda! Dreimal haben sie angesetzt seit Mariä Reinigung, vor Ferbitz' Bude floß schon Blut, ehegestern war die ganze Stadt auf den Beinen, das Rathaus zitterte, die Glocken dröhnten, Gott bewahre! Zerbrich du deine Knochen, aber es bricht nicht los.«

»Es soll brechen!« Bartz trumpfte mit der Faust auf den Tisch.

»Das haben schon viele gesagt und, wenn die Stunde schlug, sich salviert.«

»Morgen schon um zehn Uhr?« Bartz hatte wieder das Gesicht auf den Ellenbogen gestützt.

»Punkt zehn vorm Tor. Der Kurfürst läßt nicht auf sich warten.«

»Die werden Gesichter schneiden.«

»Mein's auch, Gevatter; aber mehr frohe als betrübte.«

»Warum grad aber hier! Er könnte sie ja nach Spandow rufen lassen.«

»Muß wohl so Lust haben. Die Schuhmacher in Alt- und Neu-Brandenburg werden sich auch nicht freuen. Das Gewerk hier soll die Lieferung bekommen für den ganzen Hof.«

»Und, sagt noch mal deutlich, das Rindvieh aus Mecklenburg –«

»Sollt Ihr zollfrei, was ein berlinischer und köllnischer Knochenhauer ist, von der Grenze haben bis in Euer Weichbild. Wie's da geschrieben steht.«

»Das holsteinische auch?«

»Ei nun, wenn die Knochenhauer ihm 's Tor öffnen, gibt er auch wohl die Holsteiner frei. Schlag zehn Uhr werden die Hörner blasen und die Harnische rasseln. Der Rat wird blasse Gesichter machen. Was gilt's, ihre Hoffart fährt ihnen in die Schuh, und die Ratmannen von Kölln und Berlin laufen um die Wette, die Schlüssel zu holen, und wer zuerst kommt, mahlt zuerst.«

»Sie sollen's nicht«, sprach der Meister und reichte dem Roßtäuscher über den Tisch die Hand. Es geschah mit Widerstreben, aber er reichte sie ihm als ein Mann. »Die Knochenhauer sollen die ersten sein, mein Wort darauf.«

Nun war Bartz aufgestanden und an den Ofen getreten, und da flüsterten beide noch vieles miteinander, wie zwei, die sich nun ganz verstehen, und die geschraubten Worte blieben fort.

»Auf den Henning habt Ihr gerechnet, Meister«, sagte Baltzer. »Wer hat nicht auf *den* gerechnet! Aber so sind die Menschen. Trau du auf einen! Die siebenundvierzig Schock Groschen, was war das für ein Stock, solang sie nicht gezahlt waren. Nun, ausgezahlt, ist's ein Quark. Was hat er davon!«

»Ich habe den Jungen liebgehabt. Ich hab ihn auch noch lieb, meiner Schwester Kind!«

»Kein Laster steckt so an denn Hoffart. Ich sag's Euch, Meister, wenn die Ratleute klug wären, so gäbe es viele Hennings. Das wird so herangelockt mit Zuckerbissen und Streicheln, und um einen Pappenstiel gibt einer sein schönes gutes Recht hin. Danken wir unsern Heiligen, daß wir mehr Schumms haben als Rathenows.«

»Doch! doch!« rief der Knochenhauer, »ich hoffe noch auf ihn; der Junge wird sein Blut nicht vergessen.«

– »Ich hoffe auch«, sagte Baltzer nach einigem Sinnen. »Schön wär's gewesen, so der Henning die Lärmtrommel schlug und seine Gesellen das Tor sprengten. – Wenn's fehlschlug, war's ein Jungenstreich, die Zünfte konnten's von sich weisen. Er hatte es zu verantworten; würde sich ausgeredet haben. Und ging's zum Schlimmsten, er ging' ein paar Jahr in die Fremde. Der findet sich überall.«

»Ist meiner Schwester Kind, Baltzer.«

»Der Herr Johannes Rathenow wird ihn nun nicht im Stich lassen. Ist ja zum zweiten Male als ein Kind im Hause.«

»Kreuz und Wetter! redet mir davon nicht.«

»Die Leute reden desto mehr. Er sitzt morgens und abends da, spricht lustige, süße Dinge, weiß zu erzählen Gott weiß was von seinen Jagden und seinen Streichen und vom Hofe des Kurfürsten, spielt auf dem Brett mit der Jungfer Elsbeth, und der alte Herr lächelt dazu. Das ist hübsch vom alten Herrn, klug wollt ich sagen. Ja, klug sind die Rathenows.«

»Himmel und Hölle! es wird nichts draus.«

»Das mein ich auch, Meister Kuhlemey. Eine Rathenow und ein zünftig Kind! Aber er ist ein feiner Mann, hält die Speckseite an einer Schnur unversehens immer höher, immer höher. Der arme Henning nur tut mir leid. So gut er springen kann, die Speckseit greift er nicht.«

»Und ich will's dem Jungen eingeben.«

»Beileibe nicht jetzt. Ist ja unschuldig Spiel. Heut brauchen wir den Rathenow, und wer weiß morgen, wozu uns der Henning hilft. Nachher, nachher, Gevatter, ist noch immer Zeit. Kein guter Mann wirft heut ein Messer fort, mit dem er noch schneiden kann, wenn er auch voraussieht, daß es morgen ihm nichts mehr nutzt. – Und«, setzte er hinzu, »wir haben beide heut anderes zu tun und keine Zeit zu verlieren.«

Bartz Kuhlemey nickte stumm. Beide griffen nach ihren Mänteln und gingen in der Stille die Treppe hinunter. Ihr Weg teilte sich bald, nachdem sie noch viel an der Ecke die Köpfe zusammengesteckt.

Zwölftes Kapitel

Die Gassen, durch welche Baltzer streifte, waren dunkel. Nur aus wenigen Fenstern der überragenden Giebelgeschosse flimmerte Licht, ein mattes Licht. Es war ein eigner Anblick, eine mittelalterliche Stadt am stillen düstern Abend; die tausend Ecken, Winkel, Türmchen, Bogen, von den herausschießenden Strahlen seltsam erleuchtet, wunderbar und schreckhaft, heimlich und unheimlich zugleich. Lauter Laterna-magica-Bilder, aus den kleinen und großen Fenstern auf den Mauern drüben spielend. Und nun erlosch eines nach dem andern, die Mauern wurden finster, die schwarzen Schatten traten unförmlicher heraus; hier ein heiserer Abendgesang, dort ein vielstimmig Gebet, und hier wieder hörte man schon das Schnarchen eines ehrsamen Bürgers durch die dünnen Fachwerkmauern. Um die Ecke schallte das Horn des Nachtwächters, und sein Abgesang wetteiferte an Mißtönen mit dem Geheul der Katzen, das auf den steilen Dächern laut wurde. Die Schwärmer, die taumelnd und singend aus den Kellern kamen, wichen ihm aus.

Heute waren keine Schwärmer auf den Gassen. Aber auch Baltzer wich ihm aus. Was hatte ein ehrbarer Mann nach zehn Uhr auf den Straßen zu suchen, wenn es kein Gelag gegeben und kein Fackelträger ihm vorleuchtete. Baltzer hatte viel Geschäfte abgetan, durch viele Pförtchen war er eingegangen und wie ein Dieb oder ein Verliebter wieder hinausgeschlichen. Nun wand er sich durch die engen Gäßlein und Winkel um Sankt Nikolas' alter Kirche nach dem Oderberger Tor zu, wo sein Haus stand. Da fiel ein heller Lichtschein aus einem der alten Häuser auf den Platz, und in dem Lichte bewegte sich ein Schatten. Rasch war er hinter den Roland getreten, daß man ihn nicht sähe, denn er wollte nicht gesehen sein. Es war das Haus des Bürgermeisters, und aus dessen hellen Mittelfenstern fiel der Schein auf den Platz und das steinerne Standbild. »Der kann auch nicht schlafen«, murmelte Baltzer, »und weiß doch nicht, was morgen über ihn kommt.« Aber der Schatten im Licht war des Bürgermeisters selbst, der sich ans Fenster lehnte und hinausschaute auf den öden Platz. Darum blieb Baltzer still hinter dem steinernen Manne stehen, denn jede Bewegung mußte ihn verraten.

Der helle Schein im Zimmer kam vom Nachttisch, der annoch gedeckt stand, ob die daran gespeist, doch meist schon aufgestanden waren, und die hohen Lehnstühle standen leer. Zween silberne Armleuchter brannten auf dem Tische und breiteten ein gar wunderliebliches Licht über das niedrige Gemach und die Schüsseln, Teller und Pokale, verlassen da in einer Unordnung, als sie der Maler liebt. Rotbäckige Äpfel und Birnen in bunten Schalen, ein angeschnittener, wunderlich geformter Kuchen auf der Silberschüssel, die hohen Trinkgläser, der Ehrenpokal der Familie und die weitbäuchigen Flaschen. Mußte es ein Abend gewesen sein im Haus der Rathenows, wo wieder einmal ein heiterer Strahl durch die blinden trüben Fenster schien.

Nur zween Herren saßen noch und schenkten sich ein aus dem Fläschchen Malvasier, das zwischen ihnen stand, und schlürften wohlgefällig das süße Feuer, indem ihre Augen sich itzt begegneten, itzt bei der Gruppe am Ofen verweilten. Die beiden Trinkenden waren der Wirt, Herr Johannes Rathenow, und Herr Thomas Wyns. Vorm Ofen saßen Schön Elsbeth und der Henning Mollner. Sie knackten Nüsse um die Wette und warfen die Schalen ins Feuer und freuten sich, wenn sie knallten und die Funken sprangen, davor sie zurückschreckten, und eins lachte das andere aus, wenn ihm ein Funken aufs Kleid fiel und konnte ihn nicht finden; der andere half dann, und es gab viel Kurzweil, die auch die alten Herren belustigte. Auf der Bank am Ofen aber saß die Muhme Gertraud und ein anderer Mann von gesetzten Jahren. Er war ein weitläufiger Blutsfreund, ein stiller Mann, der zu Tisch geladen ward, so einer fehlte. Sonst war er nichts.

Die alten Herren mußten schon viel gesprochen haben, aber der Wein hatte sie nicht heiß gemacht. Von vergangenen Zeiten, von ehemaligem Glücke. Herr Wyns hatte viel Erbauliches gesprochen, daß niemand den Mut sinken lassen müsse; aus kleinen Dingen entstände oft Großes; was man mit dem Fuße fortwürfe, das sei oft ein Schatz. Läßt sich gut predigen, so man im vollen sitzt, hatte Herr Johannes gedacht. Aber er mußte schweigen, denn Herr Wyns hatte ihm heut morgen nach der Bestattung des alten Tydecke das Geld selbst ins Haus getragen, was er ihm dazumal abschlug, als er ihn darum bat, um den Henning zu befriedigen, und er mußte beim Juden Baruch, so schwer's ihm ward, die goldne Kette versetzen. Warum tut heut einer aus freien Stücken, was er gestern abschlug, und ward um Gottes willen darum gebeten? Voluntas hominum variabilis, sagt der Lateiner. Vielleicht rührte ihn des Kapuziners Rede, vielleicht waren die Umstände anders. Die Köllner waren aus dem Rathaus vor dem Johannes gewichen; die Anklage war zerrissen, von der sprach keiner mehr. Es gab andere Klagen. Und Herr Johannes! Hatte er das Geld nun freudig genommen? Nein, der Thomas Wyns hatte es ihm aufdringen müssen. Voluntas hominum variabilis. Was er von dem Juden genommen und dem Roßtäuscher, itzt war's ihm zuwider, es von dem ehrenwerten Herrn Wyns zu nehmen, der nicht einmal eine Verschreibung forderte. Bis in die Schlummerstunde hatte er das Geld liegenlassen, wo es Herr Wyns hingelegt; dann aber war der Dames, sein Diener, damit in die Jüdengasse geschickt und hatte ihm die Kette wiedergebracht. War's denn dieselbe Kette, ungeschädigt? So mit zweifelhaften Blicken hatte er sie in die Hand genommen, als habe der Jude daran gefeilt und die Steine vertauscht. Das war nicht geschehen. Und war's doch nicht dieselbe Kette mehr. Sie war versetzt, in eines Juden Hand gewesen!

Das und noch mehr war Herrn Thomas Wyns itzt beim Glase Malvasier vertraut worden. Wer wenig

Freunde hat, und die Stunde ist da, wo er sein Herz ausschütten muß, der spricht auch ins Rohr hinein als wie König Midas vor alters. Und so war's heut abend dem Johannes zumute. So wehmütig und bang, und doch auch froh, als müsse er sein Testament machen. Heut hätte er kein hart Wort gesprochen, kein scharf Urteil unterzeichnet. Und Thomas Wyns, wenngleich ein schwacher Mann, war kein böser Mann. Er nahm's wie ein Testament und drückte dem Bürgermeister die Hand und sprach ihm Mut zu: »Ein Traum, ein Traum, Herr Johannes. Nun ist's vorbei. Habt es wieder, und es ist, wie es war.«

»Es wird nichts wieder, wie es gewesen ist.«

»Der Traum ist erfüllt, Johannes. Was drüber, ist vom Übel; meine die unnötigen Sorgen.«

»Aber was werden wird!«

»Was wird denn werden! Wir haben gelebt, und unsere Kinder werden leben, und deren Kinder, bis das Jüngste Gericht kommt. Das ist aber noch fern. Weiß nicht, wieviel Jahre mir der Pater sagte. Wir erleben's nicht mehr.«

»Aber wie die Welt im Großen dereinst untergeht, ist jedwedem Ding seine Zeit gemessen, für kleines Ding kleine Zeit, und bleibt nichts bei dem, wo es war, es wandelt alles, als wie der Reichtum. Die reich waren, werden arm, und die arm waren, werden reich.«

»Ja, ja, man muß das Seine beisammenhalten«, sprach Herr Wyns.

»Am Recht muß man halten, Herr Thomas! Das allein darf nicht vergehen. Oder kann das auch blühn und welken als wie eine Staude und ein Baum! – Ist mir so in Sinn kommen, als ich neulich durch ein wendisch Dorf ritt, und saß mir im Weg ein alter Bauer, recht trotzig. Dem gab mein Reitknecht einen Schlag mit der Gerte, daß er mir Platz mache. Brummte der Alte und sprach, er hätte soviel Recht als ich in der Sonne zu sitzen. Mein Knecht wollte ihm zu Leibe; der Alte aber war sehr schwach, und mich jammerte es, ein steinern häßlich

Gesicht. Ich wehrte es: ›Bleib du in der Sonne‹, sprach ich, ›die scheint auch aufs Ungeziefer. Das Land ist unser. Gehörte das Dorf dem Herrn von Biberstein, der mir freund ist.‹ Da grinste der Alte und brummte: ›War meiner Väter und Eures nicht.‹ Erfuhr nachgehends durch den von Biberstein, daß in dem Dorfe viele wohnten, so sich Nachkommen rühmten der alten Krole und Herren, die frei hier saßen und Land und Leute hatten. Seht, Thomas, da kam mir's so in Sinn: die waren auch in ihrem Rechte, und wo ist's heute?«

»Pah! Das waren Heiden, Barbaren, Slawen, was weiß ich. Wir sind Deutsche, Sachsen; uns haben's die Herren verliehen.«

»Die hatten freilich keine Briefe und Siegel!«

»Nichts hatten sie, waren Hunde.«

»Wie aber, wenn wieder ein ander Volk käme, die uns auch jagten, als unsere Väter die Wenden, und austrieben aus unserm Gut und Rechte?«

»Dafür ist Kaiser und Reich, und was geschrieben steht, ist geschrieben.«

»Die Schrift könnte nichts auslöschen! Das ist, was mir oft durch den Kopf geht. Ein Brand zerstört Archen und alle Urkunden drin, Krieg kommt ins Land, die Leute vergessen's. Und ward nicht mancher Brief zurückgenommen, daran noch so schwere Siegel hingen. Wie, wenn der Markgraf selber –«

»Hannes, Ihr träumt noch. Was will der Markgraf uns –«

»Ausgleichen unsern Streit. Aber mancher Richter nimmt soviel Bezahlung, daß die Parteien nachher wünschen, sie hätten gar nicht gestritten.«

»Pah! Wer wird's ihm geben! *Wir* oder die *Köllner*? Ihr seid noch verstört, noch krank. Trinkt, der Malvasier treibt Euch die Grillen fort. – Der Markgraf mit seinen Räten schwitzt itzo, wie er die Sache angreifen soll. Er frägt die Abgeordneten aus, hin und her, erst diese, dann jene. Möchte es mit keinem von beiden verderben. Du lieber Gott, was hätt er auch davon!«

»Mag sein – und mag auch nicht sein.« Schien's, als hätten beide getauscht. Es kommt wohl, daß einer, der nicht mutig ist, es wird; und dann fliegt er über die Gefahr kühner als der Beherzte, so die Dinge und den Widerstand ins Auge faßt und prüfend jeden Schritt tut.

»Und wollt Ihr was Neues wissen? Die Herren in Kölln, als ich mir sagen ließ von unsern Frauen, reiben sich die Hände und lassen die Nasen hängen. Ist nicht so bei ihnen, als es sollte. Herr Bartholomeus Schumm hat nicht mit unterschrieben die Klage, noch ist er zu einer ihrer Versammlungen kommen. Man weiß es nicht warum, ob's Eigensinn ist, ob er für sich was will besonders, oder tut ihm der Bruch mit Euch leid? Kurz, er brummt und spielt den Vornehmen. Sie überlaufen seine Tür, die Bergholze und Hoppenrade, und der Mathis selbst ist dreimal vergebens hingangen. Er antwortet, sie sollten ihn in Ruhe lassen; das sei nur altes Gestänk wieder aufgerührt. Nun, ist das gutes Neues, Herr Johannes? Was sind die Köllner ohne die Schumms? – Wette drauf, sie gäben itzt klein bei. Aber holla, ihr Herren, itzt ist's zu spät.«

»Nun ist's zu spät«, sagte Herr Rathenow in Gedanken versunken, und ebenso in Gedanken stand er vor seinem Gaste auf, was sich doch für einen Wirt nicht schickt. Aber Thomas Wyns nahm's ihm nicht übel. Er sah, der Mann war noch schwach von seiner Krankheit, und darum ging nichts Frohes bei ihm ein. Er schüttelte ihm die Hand zum Abschied, denn der Wächter blies die zehnte Stunde. »Legt Euch schlafen, Johannes, Eure Kette habt Ihr wieder, und niemand wird sie Euch nehmen, und keine böse Träume, Mann; denn mein kleiner Finger sagt mir, morgen wird's anders, und besser auch.«

Dann nahm Herr Wyns, als ein feiner Mann, auch von der Jungfrau Elsbeth Abschied und küßte ihr sittig die Stirn und nickte der Muhme zu; gegen den Henning aber hub er schelmisch den Finger. »Du, Gesell, dir ging's zu gut in Spandow. Hast mit Fürsten und Grafen verkehrt und Edelfrauen; sieh mir einer den Pilz an, dem wir am End nicht mehr fürnehm genug sind. Aber merk dir ein Sprüchlein:

Der Schuster, so da bleibt bei seinem Leisten,
Pechdraht heißt er, aber hat Kunden die meisten.«

Und auf der Treppe ganz unten, wohin Herr Johannes ihn geleitet, hub er auch zu *dem* bedenklich den Finger und flüsterte: »Wohin soll's führen, Gevatter? Der Hahn flattert nicht bis auf Sankt Nikolas' Kirchspitz; aber er schreit sie an.«

Der Bürgermeister wiegte zuversichtlich den Kopf in der Krause. »Dafür laß ich die Elsbeth sorgen; sie ist des Johannes Kind. Aber so er dermaleinst eine ehrsame Bürgerstochter heiratet, will ich ihm eine Hochzeit ausrichten, davon die Stadt sprechen soll. Ich war sein Vormund.«

Und so sah er auch aus, als er wieder oben in der Stuben dem Treiben der beiden zuschaute. Sie neckten sich, wie sie als Kinder getan, und Elsbeth zog den Jungen auf, daß er gar nicht müd werde, von den schönen Frauen zu sprechen, die er am Hofe gesehen. »Vater, ich sage dir, sie haben's dem Henning in Spandow angetan. Kein Mädchen in der Stadt kommt ihm mehr schön für, und er ist verliebt in ein Ritterfräulein. Weiß nur noch nicht, in welche von beiden. Denn so er von der Eva Holzendorf spricht, wird sein ganz Gesicht rot, aber meint er die Adelheid Pfuel, da blitzt es auf, und er kann nicht Worte finden, wie schön sie ist. Hüte dich, Henning, so es die Mädchen in der Stadt erfahren!«

Herr Johannes legte die Hand auf Hennings Schulter. »Ei, Töchterlein, was Töriges redest du dem Burschen nach! Der Henning ist ein kluger Junge, hat Antworten auf die Fragen des Kurfürsten gegeben, als es sich schickt und ihm und uns Ehre bringt. Und ist so vernünftig, daß er nicht über seinen Stand hinausschaut. Nicht wahr, Henning, du weißt, daß gleich und gleich sich schickt und wer nach den Sternen schaut, stolpert und fällt. Du loses Maul, verrede mir meinen Henning nicht, wir sind wieder gute Freunde. Er ist kein Tor, in kein Edelfräulein verliebt. Was sollte ein Fräulein in sein Haus? Da braucht er andere Arme, die zur Wirtschaft sehn und zugreifen, derweilen er draußen – Staatsgeschäfte treibt. Der Markgraf ist sein Freund, wer weiß, wozu ihn der braucht! Darum müssen wir ihn warmhalten, hörst du, Elsbeth; er kann ein gut Wort für uns einlegen, der Henning.«

Das war Spott, aber ein freundlicher, und wie Herr Johannes es sprach, beleidigte es den Burschen nicht; zumal als er ihm itzt herzlich die Hand schüttelte und sprach: »Nun geh, 's ist Schlafenszeit, und nächster Tage weiß ich was Gutes für dich. Ich bin noch Bürgermeister, und wenn dann noch dein Herz danach steht – nun, für heut genug. Komm nächstens wieder – frag morgen wieder an. Wer weiß –«

»Ich sag doch«, sprach Henning, »'s gibt nur einen Hans Rathenow!« Und er drückte kräftig die Hand wieder und dann herzlich Elsbeths Hand, und ein Blick dabei, so treuherzig, daß man dem Jungen gut sein mußte, und dann nickte er noch der Muhme Gertraud und rannte die Treppe hinunter, nicht wie einer, der vorm Kurfürsten gestanden und so klug ihm geantwortet, daß es dem ganzen Hofe gefiel, sondern wie der tolle Henning, den jeder kannte. Unten an der Treppe schrie er noch hinauf: »Komme morgen wieder.«

Die Jungfer Elsbeth sah vor sich auf die Dielen und auf das Feuer, das da spielte. »Vater! Kann der Fürst einen, dem er gut ist, zum Edelmann machen?«

Es war unwillkürlich gesprochen; aber als beide sich ansahen, waren doch beide betroffen. Elsbeth ward hochrot, oder war's nur der Widerschein vom Feuer? Aber der Vater war fast erschreckt von dem Gedanken; und ein Gedanke rief den andern auf. »Elsbeth!« rief er und schwieg eine Weile. »Es ist jeder, wozu er geboren ward, und ist nicht mehr und nicht minder. Der Fürst ist Fürst. Kann ich ein Fürst werden?«

»Aber sie sagen doch, die Schumms waren vor alters auch nur Bierbrauer.«

»Das ist nicht an uns zu urteilen, was die Väter unserer Väter geurteilt haben. Die haben sie aufgenommen als Geschlechter in die Stadt und sie zu Ratmannen gekürt, und das sind sie. An uns ist's nicht zu entscheiden, ob die Väter recht getan, nur darauf haben wir zu sehen, daß *wir* recht tun.«

Und darauf führte er sie an die Wand, wo die Stammtafel hing seiner Familie, ein langer großer Baum; ach, mit wieviel Blättern und Ästen in alter Zeit, und itzt waren nur noch zween Schilde, daran kein Kreuz verzeichnet war und ein obiit und Jahr und Tag dazu. Und mit Stolz zeigte er ihr die Männer, die sich hervorgetan und einen Namen gemacht in der Geschichte der Städte, seinen Vater Matheus, der den märkischen Städtebund gestiftet, den Gerhard, der Bürgermeister war unter dem großen Waldemar, als Kölln und Berlin durch sein Werk und seine kluge Rede beim Markgrafen die Hände verschlangen und eine Stadt wurden. Auch den Balthasar, unter dessen Konsulat, wie die Urkunden sagen, die steinerne Mauer erbaut wurde um das alte Berlin. Auch den alten Dietrich, einen Mann von Eisen, auf des Schultern Albrecht der Bär seinen Arm legte, da er müde ward in der Schlacht vom Niedermetzeln, und sprach zu ihm: »Du sollst mein Pfeiler sein, und ich will dein Schild sein.« Der saß, ein freier Mann, in dem Ort, so jetzt die Stadt Rathenow ist, und zog erst später unter den Ottos in das alte Berlin, wo er ein Bürger ward. Die Tafel führte bis zurück in die sächsischen Wälder, und waren die Rathenows, auch ehe sie den Namen führten von dem wendischen Orte, freie Männer gewesen, Herren über Land und Leute und gewaltig in den Schlachten und hold und treu ihren Herzogen, aber nicht untertänig.

»Gedenke deiner Väter«, sprach er, »und daß du ein Fräulein bist, so frei und gut als eine in diesen Marken. Unser Geschlecht geht aus, aber es soll mit Ehren ausgehn.«

»Und zweifelst du daran, Vater!« sprach die Jungfrau; und der stolze Blick, mit dem sie ihn ruhig und fest ansah, scheuchte mit einem Male die Wolken fort, die sich auf seiner Stirn gelagert.

»Ich zweifle nicht, mein Kind.«

»Ich bin eine Rathenow und will's nicht vergessen. Doch auf was hast du dem Henning Hoffnung gemacht?«

»Was an mir ist, und ich dringe durch, so soll er das Fähnlein tragen der Stadt. Er verdient es.«

Als Herr Johannes der Tochter seinen Segen gegeben und sie hinaufgeschlüpft war in ihre Schlafkammer, trat Gertraud vor ihn hin. »Johannes! Johannes! Für wen arbeitest du, und für wen sorgst du? Die Toten brauchen dein nicht, die haben andere Ehre im Himmelreich. Wenn du dein Aug schließest, ist dein Stamm aus, und neue Stämme sprießen auf. Was willst du mitgeben deiner Tochter den Fluch deiner Väter? Reiß sie los davon, sei ein guter Vater und freue dich, wenn sie frei wird. Knüpfe sie an das junge Reis, das hochschießen wird und Früchte tragen; aber nicht an ein altes, wo der Wurm ist und Fäulnis. Johannes, Johannes, ich sage dir, du wirst den jungen Stamm brauchen und dich drauf stützen, denn worauf du stehst, ist Eitelkeit und Ungerechtigkeit vor dem Herrn. Es bricht. Nicht das Fähnlein gib ihm, wenn er morgen klopft, gib ihm dein Kind. Bändige, Johannes, den Hochmut, denn der Richter klopft an dein Tor.«

Da nun der gute Herr Johannes Rathenow zu seinem Fenster hinausschaute, falteten sich seine Hände, wie ein frommer Mann tut, wenn er allein ist, und sann nach über, was ihm begegnet im Leben, was Gott ihm geschickt und genommen und wie sich alles so wunderbarlich getroffen. Da war's ihm, als ob eine ungeheure Last auf seiner Brust ruhe, schwerer und größer als Sankt Nikolas' Kirche, die schwarz vor ihm sich in die Wolken türmte. Und der Himmel weitete sich immer mehr und mehr, aber schwarz, und die Kirche wuchs, eine dunkle

Masse, da hinein, und schier brach ihm das Herz, und der Atem stockte. Und es war ihm, als bete er in tiefster Seele zu dem Heiligen und dem Gott, der über den himmlischen Heerscharen thront, daß er die Last von ihm nehme. So hatte er nie gebetet; auch wurden es itzt nicht Worte, nur stumme Gedanken waren's, die wie ein leiser Blutstrom durch seine Adern rieselten, und ihm war wohl und weich zumute. Wer gab's ihm ein? Der Johannes Rathenow nicht, der so vor die Bürger trat und so vor dem Rate sprach, der vor Gefahr nimmer das Aug abwandte. Der war nie weich gestimmt. In ihm sprach ein anderer. Aber wie's so recht innerlich in ihm betete, da wuchs auch der Roland vor ihm in den Himmel, mit dem Schild und Schwert und dem ungestalten, steinernen Angesicht. War's schon häßlich, da es klein ist; da oben, groß, ward's ein gräulicher verwitterter Steinklumpen, keine menschlichen Züge dran, und es trat hohnlachend zwischen ihn und den Herrn und seine Engel. »Hannes, was willst du bei dem? Ich bin das Recht, ich dein Heiliger, zu dem du beten mußt. Die andern hören's nicht.« – Zu dem steinernen Grauengesicht konnte er nicht beten. Er drückte die Augen fest zu. – »O Herr und Heiland, der du um unserer Sünden willen gestorben bist, scheuche das Gespenst, das mir den Weg zum Throne deines Vaters vertritt, um der Fürbitten willen deines heiligen Apostels Nikolaus!« – Da schrumpfte der steinerne Mann sichtlich zusammen, und da Johannes die Augen aufschlug, war er so klein denn vorhin, und es rauschte – und er entfloh in das dunkle Gäßlein. Herr Johannes schlug ein Kreuz vor der Brust, und er atmete tief auf – er hatte es gesehen, deutlich, einen Eid konnte er ablegen, ob doch der Roland itzo wieder als vorhin dastand, ruhig und klein, aber es war nicht das tote Steinbild, das ihn erschreckte.

Johannes Rathenow war ein Mann, der auch um Mitternacht über einen Kirchhof ging. Und vor jedem Gespenst, das ihm in den Weg trat, hätte er ein Kreuz geschlagen und ihm dann ins Angesicht geschaut. Aber es kam ihm nicht vor, denn die Geister lieben mehr Nervenschwache als Nervenstarke heimzusuchen. Aber lebe da einer in dem alten Hause, im Winkel um Sankt Nikolas, wo die Mittagssonne kaum auf die Steine scheint und die alten Mauern feucht sind, lebe da einer lange Jahre beisammen mit der alten ächzenden Wahrsagerin, der Gertraud, einsam wie er und brütend über seinen Kummer und die Verredung der Menschen, da wird wohl auch der Stärkste schwach und sieht Gesichter. Noch auf seinem letzten Lager hat Johannes Rathenow geschworen, daß er den Roland sich bewegen sah und um die Ecke huschen, in die Nagelgasse hinein. Und er hat nicht erfahren, daß es nicht der Roland war; sondern der Baltzer Boytin war es, der hinter dem Bilde stand, und ihm graute endlich, und er machte, daß er fortkam. Baltzer, der hat es nie ausgesagt; denn was brauchten's die Leute zu wissen, daß er da gelauscht hatte.

Kaum, daß Herr Johannes unter seinen Kissen lag, und er eilte, daß er dahin kam, als die Hausglocke heftig schellte; aber er richtete sich nicht auf, sondern vergrub sich unter der Decke, denn so die bösen Geister einmal angefangen ihr Spiel zu treiben, dann hören sie so bald nicht auf, die armen Erdenkinder zu necken, und er tat als ein vernünftiger Mann, daß er nicht aufstand und nicht horchte, sondern sein Ave-Maria betete, bis es wieder still ward und er einschlief.

Dreizehntes Kapitel

Das war die Nacht vom Sonntag Reminiszere auf den Montag drauf, und war's der vierundzwanzigste Februar des Jahres 1442 nach Geburt unsers Herrn und Heilandes.

Wüßte nicht, daß dies eine Nacht sei, wo die Geister absonderliche Macht haben. Auch war das Klingeln kein Spuk, noch taten's mutwillige Buben; denn so das dazumal schon zum alten Berlin vorgekommen wäre, was itzo, allen sei's geklagt, zum neuen Berlin allnächtlich vorkommt, mindestens sagen die Chroniken nichts davon, und hatten auch die meisten Häuser keine Glocken, sondern eiserne Klopfer: so würde doch kein Bub sich's unterstanden haben, dergleichen Kurzweil an des Johannes Haus zu treiben. Man schilt wohl auf den Bürgermeister und hat ihm, wenn's Volk hitzig war, Steine an den Kopf geworfen, aber ihn so bübisch zu necken, das traute sich keiner. Auch daß man eine Katze an die Klingelschnur band, wie die losen Buben itzo tun, und es klingelt die ganze Nacht durch, und die Leute wissen nicht, was es ist, das wagte doch keiner. Wär das vor den Schultheiß kommen, den Taugenichts hätten sie peitschen lassen, daß ihm das Wiedertun versalzen wäre.

Nein, es war ein Eilbote, der so scharf an der Glocke zog. Kam aus Alt-Brandenburg, aber war durch den Teltow geritten, denn über Spandow die grade Straße konnte er nicht nach Berlin kommen, was seinen Grund hat, hatte also einen großen Umweg machen müssen und sein Roß schier zu Tode geritten. Er ließ es draußen bei Sankt Gertraud am Tor, das nach dem Teltow führt, stehen und war, weiß Gott wie, ins Tor hineinkommen. Denn die köllnischen Herren waren doch sonst nicht so gefällig, daß sie die Botschaften durchließen bei Nachtzeit, so nach Berlin gingen. Das Schreiben, so er brachte, war von Niclas Perwenitz, dem Brandenburger Ratsherrn, und hatte er's ihm auf die Seele gebunden, daß er's noch am Sonntag dem Berliner Ältermann bringe. Aber ist's jederzeit schlimm, wenn eine Obrigkeit sich vor Gespenstern fürchtet. Hätte Herr Johannes sich nicht unters Überdeck verkrochen, als es so laut schellte, sondern wär selbst aufgesprungen und hätte sich erkundigt, was es war, und noch in der Nacht den Brief erbrochen, so wäre vielleicht manches anders kommen; er war der Mann dazu, wenn es schlimm ging, zum Rechten zu sehn und zu tun, was not war. Aber nachher war's zu spät, und die Dinge wuchsen ihm über den Kopf.

Muhme Gertraud, die für sich die Nacht zum Tag

macht und mit ihren Schlüsseln und dem Gebetbüchlein noch immer treppauf, treppab wackelt, wenn alles im Hause längst schläft, die öffnete dem Boten die Tür und nahm ihm das Schreiben ab. Der Mann sagte wohl alles, was ihm aufgetragen war vom Herrn Perwenitz, und wollte es dem Bürgermeister selbst einhändigen, aber er war an die Rechte gekommen, die tut, was sie will, oder sie sagt, was der Geist ihr eingibt. Schön versprach sie's, dem Herren das Brieflein auf der Stelle zu bringen, aber den Boten ließ sie nicht über die Schwelle; sie schlug ihm die Tür vor der Nas zu und hieß ihn morgen wiederkommen, sein Botenlohn zu holen. Daß er draußen schimpfte und fluchte, war ihr ganz gleichgültig. Auch daß er sagte, mit Luft speise man in einem ordentlichen Hause keinen Boten ab, der zwölf Meilen geritten und mehr, und lasse ihn nicht auf den Steinen schlafen. Sie schrie ihm raus, bei Nacht klopfe man an kein ordentlich Haus, und ein Bote, den man einlassen soll, müsse bei Tage kommen. Der Bote fluchte noch lang, bis er sich eine Herberg suchte; sie aber murrte ebensolang und besah das Schreiben von allen Seiten, als sie die Treppe wieder hinaufstieg.

»Was wird's sein!« sprach sie für sich. »Eitel Irdisches von Stolz und Hochmut! Der Johannes schläft itzt, und da ist Gott bei ihm; und wann er aufwacht, ist Zeit genug, daß er's liest.«

Das sagte ihr der Geist. Hätte aber Herr Johannes noch gewacht, dann hätte sie's ihm doch gegeben, aber als sie die Tür leis aufmachte, schlief er fest, und sie legte ihm das Schreiben auf den Tisch. Ja, hätte sie gewußt, wie der Herr am Morgen, als er aufstand und das Brieflein fand und es las, gezittert, er, der starke Mann, und wie voll Zorn dann seine Adern schwollen und er an der Glocke riß, als wäre Feuer, und sich in die Kleider warf und schrie und befahl und Boten aussandte, sie hätte doch nicht dem Geist gehorcht, sondern getan, was sie dem Boten versprochen.

Nun traf es sich aber unglücklich, daß Herr Johannes

an dem Morgen später aufstand denn gewöhnlich. Es war nämlich ein starker Nebel am Himmel und war trüb im Zimmer. Da war hohe Zeit, und konnte er nicht einmal die Muhme schelten, wie sie es verdiente, so viel Nötiges war zu tun, und kaum, daß er in den Kleidern war, ohne sein Morgensüpplein, ja ohne daß er von der Tochter Abschied nahm, die auch erst von dem Geräusch erweckt wurde, stürzte er fort und in einer Hast über die Straßen, wie es sich für keinen Bürgermeister schickt. Zuerst zu Konrad Ryken, der nahe wohnte, und war Herr Johannes seit zwanzig Jahren und darüber nicht in dessen Haus kommen, und jetzt trat er ein ungemeldet, dann zu den Wyns, den Heidecken, Gott weiß, wo alles er anklopfte und an den Glocken riß, und die Herren waren so erstaunt als er. Dann erst rannte er nach der Langen Brücke; aber nicht allein. Es waren schon viele gute Herren um ihn, so ihn begleiteten. Auch nach Kölln hatte er geschickt, selbst zu denen, die seine Feinde waren. Die drüben mußten's aber auch schon wissen. Das Rathaus war schon voll, und die Gassen auch und die Brücke, und er mußte sich durcharbeiten. Aber heut war es anders als neulich. Es war ein stiller Aufruhr und viel ängstliche Gesichter. »Kinder, wie Gott will!« rief er. »Aber laßt den Rat durch. Ohn den Rat sind wir alle verloren.«

»Was ist's? Was ist's?« rief auch Elsbeth, als sie nun wie ein Reh schnell die Treppen hinuntergesprungen kam, aber der Vater war schon fort.

»Weiß es nicht, Kind. 's ist außer dem Hause was.«

»Und mir nicht guten Morgen gewünscht.«

»Ei, soll der Vater dem Kind zuvorkommen? Nun, nun, 's wird nicht so schlimm sein, höre da schon den Henning die Treppe heraufkommen. Er singt.«

Und war's wirklich, als ob der Singvogel, der den Morgen anruft, ihm noch auf den Lippen saß, so trat der Junge ein; und sein Gesicht, das war ein Spott dem grauen Tag und dem feuchten Februarnebel. Glänzten seine Augen wie Maiensonne auf Wiesengrün, und sein

Gang und wie er sich trug, als hätte er Flügel, um in die Luft zu steigen.

»Grüß dich Gott, Schön Elsbeth.«

»Dich wieder!« sprach sie und schüttelte ihm die Hand.

Und da überhört' er's ganz, der törige Junge, daß sie ihm sagte, der Vater sei schon fort, und ihn fragte, was es in der Stadt gebe. Er, der allzeit voran ist, wo es Lärm gibt, wußte heut nichts davon, daß es laut ward, hatte nichts gesehn von den Leuten, die ihm auf den Gassen entgegenkamen, und die ihn fragten, hatte er nicht gehört. Mußte ihn Elsbeth itzt bei der Hand ans Fenster ziehen, wie die Leute um die Buden standen und hin und her liefen, und einige Krämer schlossen ihre Buden, gleich als wie sie tun, wo sie einen Auflauf fürchten.

»Was schiert's mich«, sprach er lachend und schaute ihr ins große blaue Auge, daß sie ihres senkte. »Bin darum nicht kommen.«

»Warum kamst du?« fragte sie und schlug ihre Augen kaum wieder auf.

»Ich komme, weil dein Vater mich beschied«, sagte er und lachte wieder so recht innig, daß es ihr fast bang wurde. So hatte sie ihn noch nicht gesehn. »Will mir was Gutes sagen, dein Vater.«

Ach, du armer Junge! dachte die Jungfrau.

Und es ward immer lauter draußen, Haufen Volkes zogen nach der Langen Brücke; andere entgegen, es wogte und wühlte; sie schrien und holten Waffen, die Kramleute alle schlossen ihre Läden. Die Muhme an dem Eckfenster schlug die Hände über den Kopf. Einige sprachen von Feinden vorm Tor, andere vom Kurfürsten.

»Der Kurfürst!« rief Elsbeth. »Was soll der Kurfürst!«

»Der Kurfürst ist ein herrlicher Mann«, sagte Henning, »er ist aber auch ein guter Mann. Was gilt's, so ich ihn bäte, er wäre mein Brautbitter.«

Die Jungfrau sah ihn ängstlich, aber mit Teilnahme an. »Henning, wie du redest! – Haben die Leute doch recht, die meinen, sie hätten dir was in den Kopf gesetzt in Spandow? Du bist mein lieber Jugendfreund, Henning, gewiß, es tut mir um dich leid, wenn du dir was einbildest. Aber du bist auch ein gescheuter Junge. Geh mir, der Kurfürst dein Brautbitter! Da müßte wenigstens eine Grafentochter deine Braut sein.«

»Mag keine Grafentochter! Können mir alle Grafentöchter verhext werden. Ich will ein Kind aus der Stadt, ein prächtig Kind, mit blauen Augen und blonden Locken wie du. Trägt die Nas etwas hoch wie du. Ei, das lieb ich, des Henning Frau soll nicht zu Boden sehn. Ich lieb sie von ganzer Seele und aus ganzem Herzen, und so hab ich sie geliebt, als ich noch so klein war und sie so klein –«

»Narr!« sagte Elsbeth, aber es klang nicht bös. »Die kenn ich auch, die mag dich aber nimmer.«

»Was gilt's! Schlag ein, sie will mich.«

»Henning! Was willst du?«

»Die Hand.«

»Nimmermehr.«

»Und die muß ich haben, die werd ich haben.«

»Herr Gott, wie die Leute draußen stürmen, höre doch.«

»Laß sie stürmen; in mir stürmt's auch. Ich möchte mich auf ein Roß setzen, das Flügel hat, und über die Mauern setzen, ich möchte so groß werden wie der Roland und mit dem Kopf die Decke einstoßen. Zurufen möcht ich allem Volk: Was streitet ihr um 'nen Haderwisch; ich bin glücklich. Fassen möcht ich die Spitze von Sankt Nikolas und die von Sankt Peter mit der andern Hand und wie zwei Reiser zusammenbiegen.«

»Henning, du rasest.«

»Rase nicht, habe dich ja vor mir. Der Vater, der Vater, nun kommt er nicht bald –«

»Sie stürzen nach den Glocken, was ist's? – Der Vater ist fort.«

»Bin bei dir. Weißt du, wieviel Freunde ich habe? Wenn ich pfeife, kommen sie in Scharen, und wollte sehen, wer dir und mir was anhätte. Bin aber nicht mehr der tolle Henning Mollner, bin itzt ein vernünftiger Mann, ganz geheilt, o du sollst Wunder an mir erleben. Soll alles sein, was ich tue und rede, für dich. Will dir und dem Vater Ehre bringen und mir auch. Und wer weiß, wenn der Markgraf will – Wie eine Königin sollst du in meinem Haus gehalten sein; mein Haus, o denke nicht an das kleine alte mit der engen Tür, baue eins auf meinem Platz in der Stralower Straße, das soll sich mit jedem messen um Sankt Marien, ein Tor soll's haben mit zween Pfeilern und zween Heiligen davor, in Holz geschnitten, und du sollst hineingeführt werden mit Pfeifen und Geigen, mit Sang und Klang.«

»Armer Henning!«

»Nichts arm. Bin reich, viel reicher, als ich dachte. Hab's gestern nacht überschlagen; was kümmerte mich 's Rechnen bis da! Aber nun, nun soll das anders sein. Hans Rathenows Tochter soll sich nicht zu schämen haben. Will nicht mehr in die Keller gehn, nicht hinter allen Aufzügen sein, nicht die Schellenkappe tragen, nicht schreien und pfeifen, ein Bürger will ich werden, ein ordentlicher guter Bürger, um meines schönen, lieben, herrlichen Gemahls willen.«

Da faßte sich die Jungfrau, und ihre Brust hob sich. Sie schaute ihn ernst an, aber es war im Stolze auch Teilnahme.

»Henning, das geht nicht.«

»Liebst mich nicht?«

»Hab dich geliebt recht sehr und liebe dich noch, denn du bist gut, und gönne dir alles, alles Gute; will auch, wenn du eine Jungfrau findest, die dein wert ist und dir gleich, sie lieben und schmücken und, willst du's, ihre Brautjungfer sein –«

»Aber – Elsbeth, allerliebste, allerbeste Elsbeth –«

Sie schüttelte den Kopf. »Geh nach Haus, guter Henning, und mach dich nicht närrisch vor den Leuten.«

Er fuhr mit beiden Händen über den Kopf, als wollte er sich die Ohren öffnen, um zu hören, was ihm nicht möglich schien, oder um sich die Sinne zu stärken für etwas, das zu stark war. Eine Glocke, die sprang, das hätte nicht so geklungen.

»Else – wenn mir das ein anderer sagte – du hast's auch nicht gesagt, du sollst, du darfst es nicht gesagt haben. Ich will's nicht gehört haben. O sprich noch einmal.«

»Es ist so, Henning.«

»Warum? – Es darf nicht so sein. Warum närrisch! All ihr Heiligen! Ich habe auch Augen, ich habe Ohren. Ich sah es ja, ich hörte es ja, was dein Vater sprach. Hast *du* gelogen, als du mir nicktest, mir die Hand drücktest? Log *er*, als er mir die Hand schüttelte, als er mich her beschied, je eher, desto besser. Wollt er mich aufziehn, mich, meines Vaters Sohn, der ihn am Kremmer Damm – nein, wer das vom Johannes sagt, ist sein Feind. Der ist ein Ehrenmann –«

»Er ist dir gut, herzlich gut. Und er beschied dich, weil er tun will, was an ihm ist, daß sie dir der Stadt Fähnlein in die Hand geben, weil er meint, daß du's wert bist.«

»Das Fähnlein!« rief Henning. »Die kalte Stange statt der warmen Hand. Das kann der Schmidt Tydecke auch halten, der Metzger Beerbom so gut als ich. Das Fähnlein war's, Heiliger Christ! Das Fähnlein mag ich nicht, nun gar nicht. Dich, Elsbeth, will ich, dein bin ich auch wert. Gewiß und wahrhaftig. Es kann niemand so mit ganzer Seele dich liebhaben als wie ich. Bin ich dein nicht wert? Zeig mir einen, der's mehr ist. Bin guter Eltern Kind, kein Bankert ist in meiner Familie, als weit wir rechnen, hab Haus und Hof und Leute, brauch nicht die Hand zu rühren, wenn ich nicht will. O du solltest – ach Gott, ich weiß nicht was! – Sieh, Elsbeth, war's nicht um dich, ich wär längst hinaus aus diesen Mauern. Sind mir zu eng, zu schmutzig, zu dunkel. Haben schlechtere Leute als ich ihr Glück gemacht in der Welt. Im Reich brauchen sie Leute. Ward mancher ein Hauptmann und Obrist, der keine Schilde vor sich hat. Ist das schlechter, als dess' Väter den Bottich rührten? Du, du allein hast mich hier gekettet, daß ich hierblieb und nichts bin. Du ganz allein. Herzallerliebste Elsbeth, was hab ich dir getan?«

Die Jungfrau, die so hoch vor ihm stand, mußte sich doch da eine Träne aus dem Aug wischen.

»Ach Gott, wenn's doch anders wäre!«

»Ist's nicht anders worden? Der liebe Gott und die Heiligen selber haben's so gefügt. Ist nicht dein Vater auseinander mit den Schumms? Weißt du, Elsbeth, das hat mich auch gar nicht bang gemacht. Du und der Melchior, das ging gar nicht an. Nein, nimmermehr. Und bin ich so schlecht für deinen Vater! Kann ich ihm nicht helfen? Weißt du, wie er steht zur Stadt? Hast du's gehört? Wo sind seine Freunde? Weg wie der Wind, weil's mit dem Reichtum aus ist. Ich, o ich wollte, die Rathenows sollten wieder zu Ehren kommen – so hoch, so groß, daß die stolzen Herren vor ihnen –«

Da, wie sich Henning mit dem Hut auf die Brust schlug, denn er war wie außer sich, kam die Jungfrau, die vorhin, wie er so herzinnig sprach, nicht wußte, wie ihr geschah, wieder zu sich.

»Henning Mollner! Mein Vater hat Freunde, die sind mehr wert als deine, und braucht Johannes Rathenow deren nicht, um in Ehren zu stehn.«

»Elsbeth, Heiliger Christ im Himmelreich, sprich nicht so. – Wer sind seine Freunde? Nenne sie, ob eines Herz so treu schlägt als meines.«

Da zeigte sie auf die Wand, wo alte Bilder hingen, und auf die Stammtafel. »Das sind seine Freunde. Die Herren von Rathenow, eine alte edle Familie, die hat nie aus der Art geschlagen.« Und nun griff sie, es war Stolz und es war auch etwas Besseres, seine Hand und schaute ihn groß an. »Es schickt sich nicht, Henning, gewiß und wahrhaftig, es schickt sich nicht. Geh und arbeite und bleibe gut, aber ein zünftig Kind kann nimmer in die Geschlechter heiraten. Ich bin eine Rathenow.«

»Nimmer, nimmer?« rief er und drehte und knüllte seinen Hut. Er zitterte, und sein Aug war naß.

»Der liebe Gott hat's so gemacht.«

»Der liebe Gott, Elsbeth! Elsbeth! Was hat der liebe Gott mit den Zünften und den Geschlechtern zu tun.«

»Geh zu Haus, Henning«, sprach sie, den Kopf abgewandt, »schnell zu Haus, eh der Vater kommt, eh er's hört.«

»Er soll's hören!« rief Henning außer sich, und dem mutigen Jungen schlug das Herz wie ein Hammer in der Mühle, die Stube tanzte um ihn einen Ringeltanz, vor den Augen war's ihm schwarz und blau; die Glocken stürmten, er hörte sie nicht.

»Gebenedeite Jungfrau, hörst du nicht, Henning! Aufruhr! Brand! Die Stadt geht unter.«

»Laß die Stadt untergehn! Es sind Zünfte und Geschlechter.«

Aber etwas hörte er itzt, einen lauten Schrei der Angst, den Elsbeth ausstieß, als sie nach der Tür blickte.

»Henning, ich sagt es dir ja«, sprach sie und verschlang die Hände.

»Was soll ich nicht hören!« rief eine Stimme, und Johannes Rathenow, der Bürgermeister, stand vor ihnen. Das war wohl ein Anblick, der einen andern erschreckt hätte. Glühend rot sein Gesicht, die Adern geschwollen, tiefe Zornesfalten auf der Stirn und Feuer in den Augen und um den Mund Entschlüsse spielend.

Da beide schwiegen, rief er: »Töriger Junge, ich *hab's* gehört und will's doch nicht gehört haben. Ist dazu itzt Zeit? – Hinaus, wer die Stadt liebt!«

Henning hatte nur Worte gehört, nicht den Sinn. Von Liebe hatte er gehört. »Johannes!« sprach er und hob die Hände bittend. »Vater Johannes, du hast mich liebgehabt, ob ich ein zünftig Kind war. Herrgott, das ist nicht dein Wille, was die Jungfrau sprach.«

»Gut, daß sie wie mein Kind sprach. Bist du ein Mann, deines Vaters Sohn! Wie ein Weib betteln und zittern!

Liebesgewäsch, indes Feindesharnisch vor den Mauern klirrt! Kann ich's ändern, daß sie ein Fräulein ist und du ein Raschmacher!«

»Ich zittre nicht, Johannes; bin kein Weib. Kannst du's nicht ändern? Kann nicht leben ohne die Elsbeth. Ich muß sie haben.«

»Mußt, mußt! Herr, Junge, Narr! Willst Eisen fressen und den Mond herunterholen.«

»Sag's noch einmal, Johannes.«

»Sage dir: Ehe nicht da der Roland von seinem Gestell springt und durch die Stadt spazieret, kriegst du mein Kind nicht. So wahr ich meiner Väter Sohn bin. Verstanden!«

Henning stand selbst so steinern wie der Roland da. Aber doch sah er noch einmal auf die Elsbeth hinüber, und es flüsterte von den Lippen ein: »Auch du?«

Und da sie sprach – es sollte freundlich klingen, aber es raspelte als eine scharfe Säge durch sein Herz: »Sei ein Mann, Henning, der Stein geht niemals fort« –, da schüttelte er sich, als wollte er zeigen, daß er nicht Stein war, er faßte mit den Armen die Luft, ein Blick voll Zorn, Verlangen, Haß, Liebe auf die Jungfrau, ein zweiter auf den Vater, und dann stürzte er fort.

Aber ehe das geschah, nämlich daß der Bürgermeister in sein Haus zurückkehrte, war vieles vorgegangen, das wir im nächsten Kapitel erzählen wollen.

Vierzehntes Kapitel

Als gesagt, so war das Rathaus schon voller Leute und die Herren im Saal, als der Bürgermeister sich Platz machte mit seinen Freunden. Die wußten alle, was es galt, und so ernsthafte Gesichter haben sich selten angeschaut. Und zu ihrer Ehre muß man's sagen, heut war es nicht wie ein Reichtag in Polen. Sie schrien nicht, daß einer dem andern das Wort nehme; vielmehr wo einer sprach, schwiegen die andern und drängten hinzu und steckten die Köpfe zusammen. Sah es doch fast aus, als sei der Rat teuer im Rathaus.

Auf dem Treppenabsatz, es waren nur noch ein paar Stufen bis oben, da stand Herr Bartholomeus Schumm; er verschnaufte. Denn er war fast gerannt, und die Treppe war steil. Halb saß er, halb lehnte er auf einem Gesims, die Hände vor sich gestützt auf dem Goldknopf seines Stockes, und der dicke Schweiß lief ihm von der Stirn. Itzt aber, als Herr Johannes heraufkam, sah er ihn eine Weil an, und dann nahm er die rechte Hand vom Stocke und hielt sie ihm hin.

»Gott grüß dich, Hannes!«

»Bartholomeus, grüß dich Gott. Freut's mich, dich zu sehen«, entgegnete Herr Rathenow.

Und beide schauten sich eine Weil ins Aug, bis der Bürgermeister sagte: »Glaubte, wir sollten uns nicht wiedersehen. Aber Not bricht Eisen und kittet Freundschaften, so gebrochen waren.«

»Pah!« sprach Herr Bartholomeus. »Wüßte nichts, was gebrochen war. Daß die Weibsen beim Tanz sich in die Haare kriegten, was schiert das Männer.«

»Dank! Dank Euch«, sprach Herr Johannes. »Dachte, 's hätte Euch was gestochen.«

»Mich! So ein Floh mich sticht, faß ich ihn, so eine Laus mich beißt, knack ich sie, und so eine Wanze mich ankreucht, werf ich sie in den Topf. Wer sonst könnte den Bartholomeus Schumm stechen!«

Da schauten sich beide an, fast lächelnd, und drückten sich fester die Hand, und so stiegen sie selbander die Stufen hinauf. Die es sahen, freuten sich. Und auch Herr Mathis Blankenfelde, der oben an der Tür stand, er freute sich grad nicht, aber ihm war's nicht unlieb. Denn seine Stadt liebt doch ein jeder, wenn er auch tückisch ist und neidisch und krumme Wege geht.

»Das wird ein schwerer Tag werden«, sprach Herr Johannes, als sie hinaufstiegen.

Der Schumm brummte was in den Bart.

»Er hat eiserne Zähne«, sprach der Bürgermeister.

»Kirchenmäuse!« brummte der Köllner Ratsherr. »Wollen unsere Speicher ihnen schließen.«

Und als sie eintraten, die beiden Herren, stunden alle auf und machten ihnen Platz, und gleich als wäre er nicht verstrickt worden und die Anklage gegen ihn gar nicht geschrieben und als hätten sie vergessen, was neulich am Montag nach Estomihi hier geschehen, ließen sie ihn zu seinem Platz, und es war still, daß man eine Nadel hätte fallen hören, als er anhub:

»Gott und seine Heiligen seien mit uns und unsern Städten, ihr wißt's!«

Nun riefen einige: »Wir wissen's!« Andere: »Sprecht! Redet!«, und nun ward es laut.

Und der Bürgermeister verlas den Brief, so ihm Niclas Perwenitz aus Brandenburg in der Hast geschrieben, darin er den Städten vermeldete, wie der Markgraf und Kurfürst, nachdem er die Klagen gehört der einen wie der andern, der Berliner und der Köllner, der Gewerke und der Ratmannen, mit seinen Rittern, Räten und Herren im geheim viel gesprochen und beratschlagt und darauf gesprochen, er wolle das Wesen nicht länger dulden, und solle es biegen oder brechen, und wolle er zerreißen das Band, das die trotzigen Städte zusammenhalte, und ihnen das Regiment nehmen, das sie nicht zu führen verstünden als zum gemeinen Schaden. Und habe er die Tore schließen lassen von Spandow, daß keiner die Nachricht austrüge, denn er wolle kommen mit seinen Mannen und Reisigen und als Landesherr die Schlüssel fordern, und daß sie ihm das Tor öffneten, so die Starrköpfe vor seinem Vater zugeschlagen. Und alle Ritter hätten dazu gejauchzt und alle Räte gesprochen, es sei recht, und alle Fürsten, die bei ihm seien zum Hoflager, hätten ihm die Hand gedrückt und sich gefreut, als ging es zum Türkenzug. Von einem vertrauten Mann am Hofe hatte es heimlich Niclas Perwenitz erfahren und alsbald geschrieben und einen Schnellreiter gesandt, daß die Botschaft noch zum Rechten treffe. Denn Montag nach Reminiszere, habe der Kurfürst geschworen, wolle er reiten vor die Stadt und den Harnisch nicht von den Gliedern tun, bis sie ihm geöffnet und die Schlüssel gebracht.

Auslesen konnte der Bürgermeister den Brief nicht, denn es überschrie ihn von allen Seiten. Hier Unwillen und Zorn, da Furcht und Schrecken. Und war beides geteilt hüben und drüben, nicht mehr, daß die Spree die Grenze machte. Unter den Mutigen war nun natürlich obenan Pawel Strobant. Der war schon erschienen mit einem Küraß um den Leib und ein eisern Hemd drüber, eine Stahlhaube auf dem Kopf und ein langes Schwert an der Seite. Eigentlich schickte sich's nicht, so in den Rat zu kommen; wer aber fragte heut danach! Er zückte das Schwert, und wieder ließ er's in die Scheide fallen.

»So mag er verdorren im Harnisch!« schrie er, als die Drohung verlesen ward.

Und das schrien viele ihm nach. Andere riefen: »Hört ihn nicht. Er ist doch Landesherr!« und meinten, die Stadt sei nicht vorbereitet auf eine Belagerung.

»Und braucht er uns zu belagern«, rief ein reicher Handelsherr aus Kölln, »da unsere Waren zu Schiff und Achse draußen sind! Er braucht nur die Hand daraufzulegen, so hat er uns.«

»Wir aber«, rief Pawel, »legen hier unsere Hand auf Euch, und dann hat *er* Euch noch nicht, *wir* haben Euch.«

»Still! Friede! Ruhig!« Seine eignen Freunde suchten ihn zu beschwichtigen. Pawel aber konnte doch nie den Mund halten. Auf die Köllner schimpfte er, sie seien schuld daran, denn sie hätten den Markgrafen gerufen.

»Wer hat ihn zuerst beschickt!« sprach Herr Hoppenrade. »Die Gewerke, die ihr hätschelt und ihnen das Wort redet.«

»Ihr!« schrien die meisten Köllner, »ihr ließt sie klagen, ihr schicktet Herren mit, ihr habt uns verklagt.«

Da schlug Herr Johannes mit dem Stabe auf den Tisch, und die um ihn halfen ihm, und von allen Seiten rief es zur Ruhe, und man riß die Heftigen zurück und ließ sie nicht mehr zu Worte kommen.

»All ihr heiligen Schutzpatrone! Einen Augenblick nur, ihr Herren, hört mich an; dann urteilt! Es gilt heut nicht den Wundarzt Joris, nicht die Turmuhr und die Pfennige im Säckel, es gilt die Stadt, es gilt beider Städte Wohl – ihr alles gilt's, ihr Recht, ihre Freiheit, ihr Dasein. Bei Gott dem Allmächtigen, zu Worten ist nicht Zeit, zu Streit noch minder.«

Und da nun alle aufmerksam hörten, trat er einen Schritt vor; und sie drängten sich um ihn.

»Wo Feuer brennt, springt wer zunächst aufs Dach und fragt nicht, ob's Freund oder Feindes Haus ist, denn ein Brand im Nachbarhaus brennt auch mich. Wenn die Fluten durch die Deiche brechen, schaufelt Freund und Feind Arm an Arm, und wer an der Weide hängt, fragt nicht, so ein Boot kommt, wem's gehört; er springt hinein. Ihr von Kölln habt mich angeklagt. Wohlan, die Städte müssen heut *ein* Haupt haben, oder sie sind nicht mehr eins, sie sind zwei und dann nichts. Gilt eure Anklag, es sei! Dann wählt einen andern Ältermann, und ich, Johannes Rathenow, schwöre hier vor altem und neuem Rate und vor den Geistern unserer Väter, so vor uns saßen: gehorsamen will ich ihm als wie der unterste Knecht. Sprecht! Sprecht! Aber schnell. Der Seiger geht fort, während ihr Atem schöpft.«

»Ich weiß nichts von der Anklag«, sprach Herr Bartholomeus Schumm.

Ein Gemurmel ging durch den Saal. Keiner sprach ein Wort.

»Item sie ist nicht da; und der Johannes ist Bürgermeister, als er's war«, sprach Herr Schumm; und das war genug. Denn wer, wenn die Schumms mit den Rathenows waren, hätte sie angeklagt. Von allen Seiten aber rief es: »Es muß etwas geschehen! – Nichts von den alten Streitigkeiten!«

Und nun leuchtete ganz anders Herrn Johannes' Gesicht. Auf seinen Sessel gelehnt, sprach er: »Ist schon geschehen, was an mir war. Mit Willen und Vollbord der Städte hab ich die Gewerke entboten an die Tore und an die Mauern, habe sichre Leute an die Türme geschickt, daß sie die Glocken läuten, wenn's not ist, habe das Rüsthaus zum alten Berlin öffnen lassen und den Zeugmeister gestellt, daß er austeile. Oder weigert ihr mir den Vollbord und wollt euch unterwerfen, da sei Gott für, so sprecht!«

Und da, wie aus einer Stimme, rief es: »Da sei Gott für! Keine Unterwerfung!« Aber es riefen's doch nicht alle mit. Es klang nur so. Wer schweigt, des Stimme wird nicht gehört. Aber doch kommt's, daß die schweigen, oft am lautesten sprechen. Es kommt ihre Zeit auch.

Aber die Lauten und Mutigen überschrien sich, Köllner und Berliner: »Keine Unterwerfung!«

»Zu den Waffen! Zu den Waffen! Er soll die Städte kennenlernen.«

»Wir sind die alten!«

Konrad Ryke schüttelte den Kopf. »Wir sind nicht die alten«, sprach er leis. »Gott sei's geklagt. Wären wir die, hätten wir nicht gehadert, sondern uns fürgesehen. Er hat Kundschafter in den Mauern und weiß, wo die Risse sind.«

»Und laß ihn mit zehntausend Augen sehn«, sprach Pawel Strobant, »wenn ihr Männer seid, soll er nur sehn seine eigne Schand.«

Und sein Anhang rief es mit ihm, und war wieder große Verwirrung, denn an der Tür war einer, der etwas meldete, und dort drängten sie sich um ihn, und vergebens hob der Bürgermeister beide Arme hoch. Er fragte, was er antworten solle von der Mauer, so der Markgraf die Schlüssel fordere. Herrn Johannes' Feinde schrien: »Antworte ihm, was er will, der ihn gerufen hat.« Da schrien die vor der Tür: »Hört ihr nicht! Im alten Hof und im Haus in der Klosterstraße rüsten sie.« – »Feinde in den Mauern!« schrie es, und itzo läuteten die Glocken von Unserer Lieben Frauen Kirche, und die von Sankt Nikolas antworteten und bald auch drüben aus Kölln die von Sankt Peter. Nun war's zum Reden zu spät. Das trieb durcheinander als eine Herde, in die der Wolf gefahren, die Schafe rennen hin und her, die Hunde klaffen, und die Schäfer stürzen mit ihren Haken und Knütteln und wissen nicht wo.

»Nach dem Grauen Kloster! Nach dem alten Hofe!« schrie der Bürgermeister, und vor ihm stand der Ritter Ruthnik und nickte ernst mit dem Kopfe, derweil draußen der Ritter Britzke die Lärmtrommel schlagen ließ. »Bei Eurem Kopfe, daß keiner von den Markgräflichen herauskommt!«

»Und *mein* Kopf dazu«, schrie Pawel Strobant. »Die Kupferschmiede und Hufschmiede sollen eine Mauer vor ihre Mauern ziehn, daß sie drin ersticken.« Wär's auf ihn ankommen, er hätte den alten Hof und des Markgrafen Haus gestürmt, woraus viel Unglück beiden Städten hätte erwachsen können.

Ja, wäre nicht Johannes Rathenow gewesen und Konrad Ryke und der Bartholomeus Schumm und noch einige, da wär es noch bunter hergangen. Der eine wollte das und der andere das, und sah man's recht, daß es ihnen kam wie ein Blitz aus heiterm Himmel. Die ordneten an, wie die Stadt solle verteidigt werden, und dachten nicht, daß in der Stadt selbst der ärgste Feind war, das ist ihre Uneinigkeit und der Bürger Unzufriedenheit und noch sonst manches, darüber man lieber schweigt.

Und hätten die Herren, so wir oben nannten, nicht selbst Hand angelegt und überall zum Rechten gesehn, wer weiß, ob noch das geschehen wäre, denn so war der Ratsherr, der das Amt hatte und über das Tor sein mußte, wenn Not ist, gar nicht im Rat, auch nicht in der Stadt, er war auf den Markt nach Frankfurt. Und Worte hatten alle und wollten guten Rat geben; aber beim Tun haperte es überall, und als die Mehrzahl hinausstürzte, um jeder an seinem Platz zu sein, aber an einem Platz waren zwei und drei, und anderwärts war der Rat teuer, nämlich gar keiner da. Auch waren etliche zurückgeblieben, so noch die Köpfe zusammensteckten und für sich besonders ratschlagen wollten, gleich als wie die Weiber, wenn etwas durchgegangen und beschlossen ist – und man ist, Gott sei Dank, froh, daß es soweit kam –, doch wieder das und dies meinen und wieder von vorn anfangen, als wäre nichts geschehn; Gott sei's geklagt, aber es ist so.

Herr Mathis Blankenfelde hatte wohl vorhin getan, als ob ihm der Stadt Wohl im Halse brenne, und geschrien und befohlen. Nun aber der Bürgermeister fort war, und das war der Augenblick, wo er zu Haus ansprach, als wir vorhin erfahren, machte er ein ganz ander Gesicht zu den Herren, die noch im Saal waren. Das war Herr Bergholz – der Hoppenrade war fortgegangen und tat seine Schuldigkeit – und Herr Otto Buch und die Gebrüder Wyns und noch einer und der andere.

»Bei alledem«, sagte er, die Achseln zückend, »was wollen wir tun, wenn es ernst wird? Unstreitbar sind wir im Rechte, und ich tadle auch gar nicht den Johannes. Behüte, es ist lobenswert und wacker. Aber wer im besten Recht ist und kann's nicht durchsetzen, der tut nicht recht, wenn er darauf besteht, denn er kann noch mehr verlieren, als er hat.«

»Wir sollten ihm also die Tore öffnen?« sprach Thomas Wyns.

»Behüte, daß ich das sage, wo der Rat anders beschloß. Aber er bleibt der Markgraf, der Herr des ganzen Landes, und wer sind wir?«

»Sehr recht gesprochen«, sagte Otto Buch.

»Unterwerfung ist ein häßlich Wort«, sprach einer.

»Das sag ich auch. Aber Empörung ist item ein häßlich Wort. Verstanden, nur immer für den, der verliert. Wer da Gewißheit hat zu gewinnen, der ist im Recht. Haben wir die?«

Herrn Thomas Wyns sah man die Angst an – seine schönen Kähne, die Weinberge und das neue Vorwerk im Barnim, mit Ziegelsteinen gedeckt, seine Ställe bei Strausberg.

»Sankt Mauritius! Es wär schrecklich, so der Markgraf an uns als Feind handelte.«

»Und auf wen müßten wir uns stützen?« fuhr Herr Blankenfelde leiser fort und schaute vorsichtig sich um. »In wessen Hand sind wir gegeben? Kann der Rat auf die Mauern ziehen, sind unsere Söhne genug, um sie zu besetzen? Wenn uns die Dörfer abgeschnitten sind, woher unsere Leute ziehen? Wir sind in den Händen der Gewerke. Was sie tun und wollen, das müssen wir, was sie vorschreiben, wird Gesetz. Da seht die Schuhmacher den Kupferschmieden nachziehen, die Lohgerber, die Färber! Wenn die Schlächter auf diesen Bänken sitzen werden, großer Gott, ich weiß nicht, ob das schlimmer ist, als wenn der Markgraf seine Räte hersetzt.«

»Und von wem«, sprach Otto Buch, »tragt ihr eure Güter zum Lehn? Vom Markgrafen. Und wer ist hinter dem Markgrafen? Die Fürsten insgesamt und Kaiser und Reich. Ihr habt's gesehen und wir haben's empfunden, was es heißt, wenn der Schwächere sich gegen den Stärkern auflehnt, auch wenn er im Recht ist. Waren wir vom Adel minder im Recht als ihr? Ihr lieben Herren, es kommt die Zeit an einen jeden, und wer mächtig ist, stößt auf einen, der mächtiger ist, und dann ist's mit seiner Macht aus. Dann ist nicht mehr die Red vom Recht, sondern von der Weisheit, und der ist der Weiseste, so nachgibt, wo es sich schickt und Zeit ist. Der zu spät kommt, den stellt man hinter die Tür.«

Als die Herren aufmerksam horchten und einer etwas erwidern wollte, wurden sie durch ein Getös unterbrochen, von außen; aber es klang hell in den Saal, und alle wußten, was es war, und die Gesichter entfärbten sich.

Fünfzehntes Kapitel

An dem Tage lag, als wir schon sagten, ein dicker Nebel über den Städten; um so grauslicher klangen die Sturmglocken von den Türmen, die man nicht sah, und die

Trommeln wirbelten. Wo ein Gemeinwesen untergehn soll, da sind nicht allein die Leute mit Blindheit geschlagen, daß sie dem Verderben in die offenen Arme rennen, auch die Natur selber läßt die Erde zittern und verfinstert den Himmel, um den Sinn der verkehrten Menschen ganz zu verwirren. So ging es in Jerusalem und in Babylon und in Troja vor alters, und in Berlin sollt es ebenso gehn. Die Trojaner sahen auch nicht, was im Bauche des Pferdes steckte, sie gafften das Roß an aus eitel Neugier; und wär solch ein Pferd gewesen, die Berliner hätten's auch getan. Darum mußte untergehn der gute König Priamus und sein ganzes erlauchtes Haus und die Stadt Troja, die so reich und groß war, und ihre Männer und Frauen, ja die unmündigen Kinder auch wurden fortgeschleppt und verkauft in die Gefangenschaft. Und alles, weil sie einmal blind waren und verkehrten Sinnes. Ist's ein herzbrechender Gedanke, daß nichts, was mächtig und schön war, bestehen kann in die Ewigkeit, sondern es muß Staub werden. So ging denn auch Berlin unter und Kölln, das mächtig hätte werden können als wie Lübeck und Nürnberg und Venedig.

Wie das untereinander trieb, die Bewaffneten und die Wehrlosen, die Männer und Frauen, die Alten und die Kinder. Denn alle wollten wissen, was es gab; nahm jeglicher dazumal teil an dem, was die Stadt anging. Denn keiner, so die Stadt verordnet, war geschworen, daß er den Mund hielte. Hätten's unsere Väter für pure Torheit geachtet, so was zu verlangen. Warum verordne ich denn einen, daß er für mich spricht, als ich muß auch wissen, daß er für mich spricht und was er spricht. Setz ich einen, daß er mein Anwalt sei, und er braucht mir nicht Rede zu stehen, sondern er kann tun und sprechen und schalten und walten mit Meinem, als wär es sein und ich nicht da auf der Welt, wär ich dumm; und besser wär's, ich nähme gar keinen Anwalt und ließe die Sachen gehn, als es will. Nein, unsere Väter waren wohl ein bißchen laut und grob und jähzornig. Lieber Gott, sie hatten's wohl not. Mit Zuckerworten und wie ein französischer Tanzmeister ausschreiten, damit tat es sich dazumalen nicht.

Die Stadt ist in Gefahr, das sah man auf allen Gesichtern. Auch wußten die mehrsten itzt vom Markgrafen; aber was der eigentlich wollte, das wußten die wenigsten. Was kümmerte sie der Markgraf? Der war ja Landesherr und nicht Stadtherr; und sie waren nicht vom Land, sondern von der Stadt. Darum hatten die Eifrigen von den Geschlechtern auch gut predigen unter den Leuten und hatten des Eindrucks nicht entbehrt. Auch die mehrsten unter den Gewerken sahen das ein: sie mußten für die Stadt stehen; und wär's zum Sturm kommen, dann hätte es wohl blutige Schädel gesetzt, und an dem Tage gewiß wäre der Herr nicht reinkommen.

Wie denn jeder seine Leute bearbeitete, als er sie kannte und was ihm grade in den Sinn kam, so sprach einer an der Eck: »Hat der Rat, den ihr euch feind nennt, eine Burg inmitten der Stadt? Hat er eine Burg sich gebaut, oder haben unsere Geschlechter Kastelle und Häuser mit Türmen und Gittern, darin sie sich verkriechen und die Bürger daraus befehden? Sie wohnen unter euch; hier ist der Schmied und da der Knochenhauer des Patriziers Nachbar und haben gemeinschaftliche Mauern und Zäune; und habe nie klagen gehört, daß der Knochenhauer litt oder der Schmied, daß der Patrizier neben ihm wohnt. Umgekehrt, der Patrizier muß den Amboß hören und darf's nicht hindern, und riechen muß er den Unschlitt, und wenn der Metzger die Gedärme bratet, darf der nicht die Nas rümpfen. Glaubt ihr, wenn ihr tauscht den Markgrafen für die Patrizier, daß er ein so guter Nachbar ist oder seine Hauptleute oder seine Ritter? Ja, die feinen Nasen aus Franken werden euer Lichtsieden riechen, euer Fettausbraten, eure Gerberjauche! Auf einen großen Hofhalt freuen sich einige, als ich höre. Ich weiß von Städten, wo die freien Bürger sich auch freuten und den Fürsten darum baten, zu ihnen zu ziehen. Geht mal dahin und fragt, wo ihre Freiheit ist.

Die Schmiede haben sie hinter die Mauern gewiesen, die Schlächter in die Winkel am Graben; die Lohgerber, die Seifensieder mußten von Haus und Hof und weit weg, denn die Nasen bei Hofe vertrugen den Gestank nicht. Und da gefiel dem Fürsten ein Haus nicht, versperrte ihm die Aussicht; das mußte eingerissen werden; und wie die Bürger künftig bauen sollten und ihre Häuser anstreichen, das ward ihnen vorgeschrieben. Und mußten ihre Gassen mit Steinen pflastern. Fällt's ihnen am Ende gar ein, die Steine sollen glatt sein, und muß sie der Steinmetz schleifen! Hier durften sie nicht mehr die Schweinekoben vor den Türen haben. Denkt euch doch das! Dort gar sollten sie nicht mehr vor den Türen Feuer machen, keinen Kessel hämmern und Schuh flikken. Man befahl ihnen, die großen Schilde einzuziehen vor den Türen, die Wettertraufen abzunehmen; und noch weit mehr. Man bedeutete sie, nicht auf einmal, sondern nachgerade, daß sie nichts in der Stadt zu sagen hätten, sondern der Fürst und der Hof. Der ließ anlegen prächtige Häuser, Brücken, schöne Brunnen, Türme; aber Schoß mußten sie zahlen nach wie vor. Gott weiß, wo er geblieben. Bei den Patriziern gewiß nicht, die sie vordem angeklagt, daß sie der Stadt Kasten angriffen. Denn der Fürst hatte seine Kämmeriere darüber gesetzt, daß sie die Schlüssel zu sich steckten. Und geklagt hatten die Bürger ehedem, daß die Patrizier keine Rechenschaft legten als sich selbst und ihren Gevattern. Ja, wo blieb itzo die Rechenschaft! Es sollte mal einer danach fragen in der fürstlichen Kammer. Sie setzten ihn in die Wache und klagten ihn an um Hochverrat. In summa: die Bürger, schöne Häuser haben sie, aber nicht wie *sie* wollten, sondern wie der Fürst wollte, und von ihren Patriziern werden sie nicht geplagt und nicht regiert, aber den Mund dürfen sie nicht auftun, und wenn sie auf der Straße gehn, treten sie nicht auf wie ihr, fest und sicher; denn der Boden ist nicht ihre, sondern des Fürsten. Und die Luft, die sie einschlucken, ist nicht ihre, sondern des Fürsten. Das hat man sie gelehrt in den Schulen, und sie glauben's. Und nochmals in summa: sie, die ihre Patrizier anklagten und verjagten, weil die in ihre Rechte griffen, wie sie sagten, die haben itzt gar keine Rechte und sind nicht freie Bürger, sondern wohnen aus Gnad und Barmherzigkeit in der Stadt, so ihre Väter gebaut und darin geherrscht.«

Wer die Rede hielt, steht nicht in der Chronik, auch nicht was, die sie hörten, dazu sagten und was Wirkung sie machte. Mochten's auch die wenigsten ganz gehört haben; denn wer hört auf Reden, wenn die Sturmglokken läuten! Wo Pawel Strobant war und Konrad Ryke und der Bürgermeister und noch einige von den Eifrigen, da waren die Streitigkeiten vergessen, und sie brannten vor Lust, auf die Mauern zu steigen. Mochten manche von den Gewerken vergessen, daß sie's gewesen, die an den Markgrafen geschrieben. Die Lohgerber und die Färber, die Weber und auch die Bäcker, die doch mit nach Spandow geschickt, die schrien und ließen die Stadt und den Rat leben!

Ja, wäre nur nicht der Nebel gewesen, daß keiner den andern sah. Und wäre Einigkeit unter dem Rate gewesen, daß einer dem andern in die Hand arbeitete, dann hätte ihr Regiment noch lange währen können. Und hätten sie den Pawel Strobant nicht in die Klostergasse geschickt, wo er nichts tun konnte als aufpassen, und blieb fern vom Spandower Tor. Der hätte da stehen müssen, und der Kurfürst wäre wohl nicht hineinkommen. Aber so hatten die Knochenhauer sich dahin gemacht; das waren aber auch die einzigen, die sich verstanden, denn die Schneider, die immer einig waren, wo es nur reden gilt, die hatten jetzt das Herz in den Hosen und ließen sich einschüchtern durch solche Reden als die oben, und die Schuhmacher, die waren abgeschnitten von ihren Kumpanen und konnten nicht durch, wie auch Baltzer Boytin sich Mühe gab, zu ihnen durchzudringen und sie zu rufen. Er konnte doch auch vom Tor und den Knochenhauern sich nicht zu weit entfernen.

»Sind unser hier zu wenig«, flüsterte Bartz Kuhlemey

dem Baltzer dort unterm Schwibbogen zu. »Das ist all *ein* Schrei!«

»Habt ihr nicht auch Kehlen?«

»Aber sind trocken. Die vom Rat haben zu trinken geben.«

Baltzer knirschte: »Daß wir den Henning nicht haben!«

»Daß ihr euch nicht besser vorgesehen habt!« gab's ihm Bartz wieder. »An allen Ecken müßtet ihr Schreier haben, daß die vom Rat nicht durchdringen.«

Baltzer Boytin verzog zu einem hämischen Lächeln sein Gesicht. »Kurier du die Kreatur, wie sie ist! Lieber Meister, manches Mal komm ich so auf den Gedanken, 's ist eitel Ding mit all unserm Rechnen und Fürsehn. Wer das Geld sucht, findet's nicht, aber dem Laffen läuft's ins Maul. Der Esel wirft seine Last nicht ab, und wenn der Treiber ihn noch so prügelt; aber vorm Schreck kriegt er den Schuß und schmeißt Mann und Pack ab. Der Zufall tut das meiste in den Dingen, und mein kleiner Zeh juckt mich. 's wird diesmal auch so gehen.«

Und kaum daß er das gesprochen, als es wie durch die Wolken schütterte, schmetterte und riß. Die Nebel zitterten, die Fähnlein wehten, die Schilde schwankten, denn fünfzig Trompeten schmetterten draußen und klangen wider an den Mauern und Türmen und hallten rückwärts gegen den Wald, und Schall und Widerhall mischten und kreuzten sich, und war's ein Wirrwarr und Lärm, der allen ins Herz schnitt hüben und drüben der Mauer, und die Krähen flatterten in die Lüfte und die Habichte um die Türme. Und nun das Rossegetrampel auf dem festgetretenen Schnee, wie wenn eine Herde von vielen hundert vor dem Wolfe jagt; und nun das Klirren von Erz und Eisen, von Rüstzeug und Harnischen und das Wiehern von tausend Rossen. Und wie als von der Erschütterung der Trompeten und des Hufschlags und des Wieherns und des Stahls und der Ringe brach der Nebel itzt, und hier ein Riß und dort ein Riß, und man sah's funkeln von hellglänzendem Stahl, von bunten Federn und Fähnlein, und der Nebel zerfloß immer mehr und lagerte um die Kiefern, und die Sonne brach vor und flimmerte wider von dem Stahlmeer und schien auf die Dächer Berlins, als wolle sie noch einmal Abschied nehmen von der Freien Stadt.

Seit Berlin und Kölln Mauern von Stein haben, ein so gerüstet Heer stand noch nicht vor diesen Mauern. Denn als Waldemar, der Falsche, einrückte, kamen ihm die Ratmannen bis Tempelhof entgegen und holten ihn ein, vom Berge herüber, mit Pfeifen und Geigen und buntem Zeug, und waren's die Bürger selbst, die so einzogen, nicht Feinde. Und von den Hussiten, als die im Lande sengten und brennten, kamen nur kleine Trupps bis ans Oderberger Tor. Wurden mit einem Pfeilregen zurückgeschickt. Und in alten Zeiten, zu der Bayern Herrschaft, als der Lebuser die Polen und die heidnischen Litauer ins Land rief, Gott sei's geklagt, die wagten sich auch nicht an so große Städte. Die mordeten und plünderten und brannten auf dem flachen Lande; und dazumalen sind so viele adlige Familien in die Stadt gezogen, und sind ihre Wappenschilde eingehauen in die Mauern. Aber itzo: sechshundert geharnischte Ritter, in Stahl von Kopf bis Fuß, und item ihre Rosse, und Roß und Mann mit hohen Reiherbüschen und über die Rosse prächtige Decken und über die Harnische Wappenröcke und Kettenhemden, die hielten vor dem Spandower Tor. Und hundert Fähnlein wehten über den Köpfen, und die fünfzig Trompeter in bunten Röcken bliesen in ihre Stücke, als sollten ihre Lungen platzen. Und zu den sechshundert Rittern noch viele hundert Knechte und was zum Troß gehörte. Und die Rosse, die bäumten sich vor Stolz. War's ein schöner Anblick, wer sich da freuen konnte. Und inmitten der Ritter der Markgraf und Kurfürst auf einem weißen Rosse mit Fürsten und Herren und Grafen und Prälaten um sich. Was gäbe mancher darum, wenn er so etwas sehen könnte!

»Schau, die Störche sind auf dem Nest«, rief ein Ritter

dem andern zu, als er Bürger mit Piken und Hauben auf den Mauern sah.

Da sie um etliche Schritte dem Tore nahe waren, hielten die Ritter, und der Kurfürst, der hoch zu Roß saß, wandte den Kopf um. »Es ist geschlossen«, sprach er, und sein Blick forschte umher unter dem Gefolge und verweilte bei den Herren aus der Stadt und den Bürgern, die weder bewaffnet noch geschmückt als die Ritter, vielmehr mit sehr nachdenklichen Gesichtern und die Augen zu Boden dicht hinter ihm ritten. »Ihr Herren und Meister, man lud mich ein zum Richten, wie, und das Tor nicht geöffnet!«

Die Meister von den Gewerken schwiegen und blickten kaum auf; so voll Hoheit und Zorn war sein Aug.

»Gnädigster Herr«, sprach der eine von den Köllner Herren, »da wir in den schweren Zeiten nicht wissen, wer uns freund ist oder feind, halten wir die Tore vor männiglich geschlossen, bis daß er uns kundgibt, er ist unser Freund.«

»Soll mich also anmelden!« sprach der Kurfürst, und sein Aug leuchtete sonderbarlich.

Da sprengte auf seinen Wink einer seiner Hauptleute bis auf die Brücke am Tor und zween Drometer mit ihm. Die stießen wieder ins Horn, und er rief mit lauter Stimme:

»Ihr Ratmannen und Bürger unserer lieben Städte Berlin und Kölln! Herr Friedrich der Andere, euer gnädigster Landesherr, der Markgraf von Brandenburg ist und Kurfürst des Heiligen Römischen Reichs, läßt euch seinen Gruß entbieten und vermelden, daß er kommen ist, als ihr ihn gebeten, euren Streit zu schlichten, und er steht vor euren Toren.«

Darauf ward alles still, die Rosse schnaubten nicht, und einen Augenblick rasselten auch nicht die Harnische, aber drinnen murmelte es und tobte, wie wenn das Meer gegen Mauern brandet. Die Blicke der Herren begegneten sich fragend, und dann wandten sie die Augen wieder auf die Mauern. Nur der Markgraf bewegte sich nicht. Wie ein in Erz gegossen Ritterbild saß er aufrecht zu Roß und schaute mit finsterm Ernste auf die eisenbeschlagenen Torflügel. Da flüsterte ein Ritter, war's der Graf von Knipprode, ihm zu: »Als ich sagte, nicht Schlüssel, Äxte werden die Tore schließen.«

»Da sei Gott für«, entgegnete der Herr kopfschüttelnd und wies auf die Mauer, wo drei Ratsherren itzo erschienen. In ihrer Mitte Konrad Ryke, der trat an die Brüstung vor und lehnte sich über.

»Des freuen die Städte sich von Herzen sehr, daß unser gnädigster Herr und Markgraf, den Gott erhalte, ist kommen auf Bitte etlicher unter uns, um zu vermitteln unter uns, was streitig ist; und fragen die Ratmannen ehrbarlich durch mich an, ob wir vom Rate hinauskommen sollen und ihm fürtragen unsere Sache demütiglich, als es sich schickt, oder ob der hohe Herr selber geruhen will, mit seinen Räten einzureiten in unser Tor, als wo dann der Rat es wird aufschließen lassen, um den Fürsten und was seine Dienerschaft ist und die Räte, so er namhaft macht, einzulassen.«

»Heiliger Christ im Himmelreich!« schrie der Herr von Voß auf. »Uns am Tor abzählen wie die Schafe!«

»Dein Herr und Markgraf heischt und befiehlt von euch, als ihr seid seine Untertanen«, fuhr der Hauptmann mit noch stärkerer Stimme fort, »daß ihr sonder Zögerung aufschließt eure Tore vor ihm, der euer Herr ist, und er wird einreiten lassen, wen er will, und draußen lassen, wen er will.«

Da entgegnete Konrad Ryke: »Heil und Segen unserm gnädigen Herrn und ein langes Leben; und Gott schütze sein Recht! Aber das ist nicht sein Recht, vielmehr ist's unseres, einzulassen mit Mann und Roß niemand, denn den der Rat will und ihn gerufen hat.«

Da tummelten die Ritter, die zunächst standen, ihre Rosse, und hundert Flüche und Drohungen stießen sie aus. Einige sprengten auf die Brücke und hoben die Fäuste drohend in die Höhe.

»Aufgemacht!« schrie einer und stieß den Speerschaft

gegen das Tor. »Aufgemacht!« rief ein anderer, »wir alle sind die Räte, so euch richten wollen!« – »Aufgemacht«, ein dritter, »denn 's ist kalt. Wir wollen euch einheizen.« –

»Die Schlüssel!« schrie der Marschall. »Die Schlüssel her, und auf den Knien Abbitte getan, daß ihr euren Herrn warten lasset. –«

»Vor eurem Lausenest warten!« fiel der junge Pfuel ein.

»Die Schlüssel sind des Rates und nicht des Fürsten«, sagte der Ryke.

»Und deine Knochen des Schinders«, schrien dreie.

»Aufgemacht, ehe ich fünf zähle, oder bei allen Märtyrern –«, rief der Marschall Wilhelm Voß.

»So Ihr uns, bis Ihr fünf zählt, Beweis gegeben, daß der Markgraf das Öffnungsrecht hat, werden wir Euch das Tor geöffnet haben, wenn Ihr fünf ausgezählt.«

Da sprengte Otto Pfuel der Jüngere noch näher und schwang die Streitaxt, so er in der Hand hielt, als wär's ein Federball, und zwischen den Zähnen knirscht' es ihm, und sein Maul riß er weit auf. »Beweis willst du, du Käsekrämer, du Hund, den Beweis dir an den räudigen Kopf!«, und er schleuderte die Streitaxt in die Höh; und es hätte wenig gefehlt, sie wäre dem ehrbaren Herrn Konrad an die Stirn geflogen. Aber sie schlug nur gegen die Brüstung und schlug ein gut Stück von dem Stein ab, daß die Splitter umherflogen, und alles auf der Mauer fuhr zurück. Die Axt flog in den Graben zurück.

Nun war der Lärm groß, drinnen wie draußen. Die Glocken hörte man nicht mehr vor dem Geschrei. Zehn Lanzenschafte stießen zugleich an die Torflügel. »Aufgemacht, ihr drinnen! Hat der Landesherr keine Freunde in der Stadt?«

– Der Kurfürst aber, wer den ansah, mochte sich verwundern. War sonst doch ein rühriger Herr; sprach wenig und dachte mehr. Aber wo's not tat, fehlte er nie. Saß aber itzt noch immer als das Steinbild zu Roß, den Leib nur etwas übergeneigt, und die Augen, als sähen sie einen Geist. Ohne die Starrsucht, ja, da hätte er wohl mitgesprochen und seine Herren zurechtgewiesen, denn unnütz Schimpfen liebte er nicht.

Drinnen schwang auch einer ein Beil, aber es war ein blutig Metzgerbeil. Klaus Martinecke stand auf dem Eckstein und sprühte den Leuten das Feuer in die Adern, wie Baltzer Boytin den Bartz Kuhlemey dazu gefordert, der aber mocht es nicht. Klaus war ein Faselhans und versoffen und machte schlechte Würste, und mit seinem Weib prügelte er sich alle Tage, daß es den Nachbarn ein Ärgernis war, und darum ging es schlecht mit seiner Nahrung. Aber wenn er getrunken hatte und man ließ ihn los in der Morgensprache, dann war er als ein Eichhörnchen in seinem Rade oder als ein Tiger in seinem Käficht. Der schrie's mit seiner gellenden Stimme den Knochenhauern und den andern zu, daß sie Esel wären und Narren, wenn sie itzo die Gelegenheit verstreichen ließen und dem Rat glaubten und seinen Märchen und den Markgrafen, der ihnen zu helfen da sei, draußen ließen.

»O ihr lieben, grauen, grünen, gelben Esel! Wollt ihr in alle Ewigkeit Stockfische bleiben? Wollt ihr euch aufbinden lassen in alle Ewigkeit ihre Märchen? Die Wurst mit Judenfleisch, wer hat sie gesotten? Die Teerbutte, wer hat sie euch angeschmiert? Der mit eurer Dummheit Wucher trieb und eure Augen euch um ein Finkenaug abkaufte. Vor der Brücken steht einer mit dem Schwert des Herrn. Wollt euch noch mal das alte Märlein aufbinden lassen, daß die Herren eure Väter sind, noch mal euch beschwatzen, daß ihr gegen euch selbst wütet! Das Märlein stinkt. Riecht ihr's nicht? Mord und Brand, nicht gefackelt. Jetzt, Brüder, nicht gefackelt. Unser Recht steht vorm Tor, schließt's ihm auf. Brecht die Stangen! Nieder mit ihnen!«

»Nieder mit den Stangen! Auf das Tor! Es lebe der Kurfürst, es lebe die Gemeinheit!« Ein paar hundert Stimmen riefen es, und Bartz Kuhlemey schrie:

»Der Markgraf hat geschworen, die Städte sollen

gleich werden dem Erdboden, Salz will er draufstreuen, wenn ihr ihn nicht hört. Ein Narr, der den Freund draußen läßt und den Feind verschließt. Auf die Tore!«

»Auf die Tore! Die Schlüssel her! Fort mit dem Rate!«

Ja, die Knochenhauer sind tüchtige Leute, und ihre Ellenbogen und Fäuste, wer kommt gern mit denen zusammen! Aber sie hätten's doch nicht gemacht. War zu dichter Gedrang ums Tor. Sie konnten nicht durch. Waren auch zu viel Unschlüssige. Da schrie eine Stimme, die alle kannten: »Aufgemacht!«, und wie ein Rasender, so sah der Henning aus, als er sich durchdrängte. Seine Augen rollten, sein Gesicht war blaß; auf dem Kopf trug er keine Mütz, das Haar fiel ihm herunter wie eines, der ertrunken war. Sein großer Leib zitterte, und die ihn gern hatten, erschraken, wie sie ihn so sahen. Als er am Stein vorbeikam, riß er dem Klaus Martinecke das Beil aus der Hand. »Das Beil ist zum Hacken, nicht zum Reden!« und schwang's über dem Kopfe. Und wie ihm nun alles wich, das mag jeder glauben.

»Um Gott, was ist das!« rief Herr Hoppenrade. »Ritter Ruthnik, mit Euren Lanzenknechten vor, schnell ans Tor! Er sprengt es.«

»Henning!« schrie der Bürgermeister.

Man hörte einige krachende Schläge, Eisen fiel, Riegel rasselten. Schrei der Angst und Wut, des Jubels und der Verzweiflung! »Es lebe der Markgraf! Nieder mit dem alten Rate! Hoch die Gewerke! Die Allgemeinheit!«

Die Torflügel rasselten; Helme und Harnische blitzten durch und Roßköpfe, es wogte und drängte zurück. Wer da stand, wurde fortgerissen.

»Hier ist nicht gut weilen. Es ist zu spät. Fort, Herr Johannes Rathenow!« Der Hoppenrade riß den Bürgermeister mit sich fort in die Quergasse. Konrad Ryke folgte ihnen händeringend. Seine Backe blutete. »Es ist aus.«

Sechzehntes Kapitel

Soviel Trompeter hatten nie durch Berlins Gassen geschmettert. Die Fenster zitterten. Der Stahlglanz leuchtete hinauf bis an die Dächer. Da war kein Aug, das das nicht sehen wollte. Und sahen die meisten doch nur einen Strom von bunten Federn.

Es war geschehen. Da war kein Widerstand mehr, alles gaffte nur. »Der Markgraf zieht ein.« – »Der Markgraf ist gar zornig.« – »Der Markgraf ist gar gütig.« Das lief durch die Keller, Zimmer und Dächer. Die jungen Mütter hoben die Säuglinge, den Herrn ihnen zu zeigen, und die alten Mütterlein ließen sich führen und aus dem Großvaterstuhl tragen. »Der Herr wird das Regiment ihnen nehmen, den stolzen Herren!« – »Hochmut hat ein Bein gebrochen!« – »Der gnädige, große Herr!« – »Nun wird's den armen Leuten auch einmal gut gehn.«

Da gafften sie nicht mehr an den Ecken stumm ihn an, es schrie ihn an und ließ ihn leben, und die Mützen und Hüte flogen in die Lüfte, und die Jungen liefen um sein Pferd und ihm vorauf. Brauchte nicht Silbermünze streuen zu lassen. Aus den Fenstern und von den Dächern schrie es: »Es lebe unser gnädiger Kurfürst!« – »Weg mit dem alten Rate!« Und als er auf den weitern Platz kam, wo die Spandower Gasse in die mündet, so nach Oderberg führt, da standen viele von den verbundenen Gewerken, und auch alte und ehrbare Bürger drunter. Die machten einen Lärm und schwenkten Fahnen und Bänder, und ein paar mit weißen Haaren hielten ihm sein Roß und sprachen von dem Druck der Patrizier und erzählten von den alten Zeiten, als wie solche Leute erzählen, wo es anders gewesen und die Geschlechter noch nicht die Macht gehabt und die von den Gewerken auch im Rate gesessen, und wie die Landesherren da den Städten gnädig gewesen wären und ihnen Freiheiten und Privilegien geschenkt, und dann hob einer ein Kind in die Höhe, wie es sich auch fürchtete vor dem Pferde und seinem Busch und dem rasselnden Eisen, und zeigte ihm den Kurfürsten und sprach und rief: es solle sich ihn anschauen, den guten Herrn und gnädigen Fürsten; der werde die gute, alte Zeit wiederbringen. Und da rief alles mit ihm, und sie wehten mit Tüchern, und den Frauen traten Freudentränen ins Aug.

Der Fürst blickte ernst und hold das Kindlein an und sprach: »So ihr meine guten Untertanen und Bürger sein wollt, als ihr es waret den alten Fürsten, werde auch ich zu euch sein, als die alten Fürsten waren, und will euch schenken meine Huld und was euch not tut. Und daß kein Streit und Hader unter euch sei, dafür will ich der Arzt sein; und heilen die Wunden, die euch Zwietracht schlug; und ihr sollt meine lieben Berliner und Köllner sein, wenn ihr mir vertraut und zu mir seid folgsam und gehorsam wie das Kindlein zu seinem Vater.«

Aber da er's streicheln wollte, erschrak das Kind vor seinem Eisenhandschuh und schrie und sträubte sich. Er konnt es nicht fassen. Aber die Bürger schrien und jubelten, und die Frauen weinten immer lauter.

Zwischen dem alten Rathaus von Berlin und dem neuen der beiden Städte kamen dem Fürsten die Ratsherrn entgegen. Schrien nicht und trugen nicht die Köpfe hoch; waren auch ihrer nicht viel. Vor ihnen ging her Mathis Blankenfelde, der Ältermann von Kölln. Der trug auf einem roten Sammetkissen die goldenen Schlüssel der Stadt; und sank vor dem Herrn auf ein Knie und reichte ihm die Schlüssel dar und sprach: »Wollest uns sein ein gnädiger Herr!«

Da ließ ihn der Fürst eine Weil knien und schaute ihn ernst an, bis er sprach: »Ihr kommt sehr spät.«

Und der Herzog von Pommern sprach: »Sonst schickte sich's, daß sie die Schlüssel tragen vors Tor und nicht bringen, wenn man schon drin ist.«

Der von Anhalt lachte. »War's wohl zu groß Gedrang, und sie konnten nicht durch.«

»Ihr seht ja, meine gnädige Herren«, sprach Busso

Voß, »sie zittern und sind ganz blaß vor Freude. Kam's ihnen zu unverhofft.«

»Ist das der *ganze* Rat?« sprach der Kurfürst, als er sie überzählte und ihrer so wenig fand.

»Die, so es gut mit der Stadt und treu mit ihrem gnädigen Herren meinen«, antwortete der Blankenfelder.

»Und wo sind die andern?« fragte der Markgraf.

»Wir waren uneins seit lange, als dir wird kund sein, hoher Herr.«

»Ihr habt mir die Kunde geschickt, und da ihr uneins seid, werd ich euch trennen, daß ihr zufrieden werdet.«

»Meines Herren Wille ist Weisheit«, sprach der von Blankenfelde, »und wir werden drauf horchen.«

»Und achten, hoffe ich!« sprach der Fürst. »Wo ist der Bürgermeister von Berlin. Ich sehe den Johannes Rathenow nicht.«

»Wir vom Rate hatten ihn angeklagt und verstrickt, alldieweil er eigenmächtig verfahren. So auch hat er auf der Mauer gestanden und mit etlichen die Bürger aufgeregt, dir das Tor zu schließen.«

»Und wo standest du?«

»Wir ratschlagten im Hause auf der Brücken – wie wir den Zorn unseres gnädigen Herren abwendeten, den ohne unsere Schuld böse Leute auf unsere Städte luden.«

»Und habt lange geratschlagt«, sprach der Fürst mit einem sehr ernsten Blicke. »So lange, bis ich im Tor war.«

Dann nahm er die Schlüssel und gab sie seinem Kanzler und winkte dem Rate aufzustehen; und der ganze Zug ritt nun durch die Gasse; vor der Herberg »Zum Hirschen« vorbei nach der Langen Brücken. Da war es still, so viel ihrer dort standen, denn die übrigen vom Rat und den Geschlechtern hatten sich versammelt, und auch der Propst von Kölln und die fürnehmsten Priester und die Altmeister der Gewerke. Sie zogen ihre Hüte und neigten sich, keiner aber rief etwas. Und der Kurfürst musterte sie alle, grüßte sie aber nicht. Aber er stieg vom

Roß und winkte, und mit ihm traten die Herren und Fürsten und Räte in das Haus und stiegen die Treppen hinauf in den Saal, und wer vom Rate da war, folgte, es war ihnen so geheißen. Da stand der Kurfürst inmitten des Saales – er setzte sich nicht auf den Lehnstuhl, den sie ihm reichten, er lehnte sich auf sein großes Schwert und sprach:

»Ihr habt mich gerufen. Ich bin da. Ihr habt mich als Schiedsrichter gerufen, und ich werde euch scheiden. Ihr habt mir eure Schlüssel ausgeliefert; also ich bin Herr eurer Stadt. Zween Herren in einer taugen nicht. Der Rat ist von Stund an nicht mehr Rat, und der sein Haupt war, ist nicht mehr sein Haupt. Johannes Rathenow, der du Bürgermeister warst der beiden Städte, tritt vor deinen Herren!«

Da trat Johannes vor und neigte sich, aber er sprach kein Wort. Wie ihn der Fürst maß, vom Kopf bis Fuß mit einem stolzen und fast zornigen Blicke, er veränderte doch keine Miene und sah ihm wieder scharf ins Gesicht.

»Man sagt mir, du habest die Stadt aufgewiegelt und die Bürger zum Widerstand gegen ihren Herren.«

»Gnädigster Markgraf, ich tat, als ich tun mußte, da ich rechtmäßig gekürter Bürgermeister der Städte bin.«

»Wie tatest du?« fuhr ihn der Herr strenger an und stieß mit dem Schwert auf. Vermeinte, ihn zu erschrekken.

»Ich tat, wie Ihr getan hättet an meiner Stelle«, sprach Johannes mit dreister Stimme, daß alle erschraken, und die Blankenfeldische Sippe schaute neugierig und hämisch lächelnd auf den Fürsten, wie er vor Zorn entbrennen würde. Und es leuchtete auch sonderbarlich über die hohe Stirne, und er sah ihn noch stolzer an als vorhin, aber im Aug war nichts Böses.

»Johannes Rathenow!« sprach er nach einer Weil. »Du bist nicht mehr Bürgermeister und trägst die Kette noch um den Hals. Gib die Kette zurück, willst du nicht gerichtet werden um Hochverrat.«

Und Johannes faßte an die Kette. Da erst zitterte die Hand, und er ward blaß.

»Auf die Knie!« riefen die Herren. Und er kniete nieder und überreichte dem Fürsten die Bürgermeisterkette. Bei sich sprach er: »Nun ging es in Erfüllung!« Und er stand da wie ein Gerichteter, seine Freunde flohen von ihm; seine Feinde sahen ihn schadenfroh an.

Und nun machten sich breit an den Tischen die fürstlichen Räte mit großen Rollen Papiers, mit Dintenfässern und Federn, und voran saß der Kanzler, Herr Johannes, und vernahm die Ratsherren und die Altmeister und die Sprecher der Gewerke und wies sie einzeln an die Räte und Schreiber, die mußten aufschreiben jedes Aussage und noch mehr. Da wurde an dem Tage soviel geschrieben, als nicht geschrieben ist in beiden Städten, seit sie gebaut worden. Und von da ab kam das Schreiben nach Berlin.

Und alle, nachdem sie ihre Namen druntergesetzt und mit ihnen getagefahrtet worden, wurden bedeutet, daß sie tages darauf wiederkämen, und dann konnten sie gehen. Der Kurfürst und die Fürsten und die Ritter schrieben aber nicht mit. Sie standen an den Fenstern, und ward ihnen aus dem Ratskeller und aus der Küche »Zum Hirschen« und aus denen der Patrizier zum Frühstück vorgesetzt, was nur war aufzutreiben an Wildbret und Braten und edlen Weinen. Tranken und aßen auch gehörig und lachten noch mehr und stießen die Becher gegeneinander mit Wünschen, die gar manches Ohr in der Stadt verletzten.

Der Markgraf aber war ans Fenster getreten mit dem von Anhalt und wies ihm über die Spree den Platz, wo am Wasser des Ferbitz Hans Bude stand. »Dort, Vetter, will ich mein Schloß bauen.«

»Und soll's heißen Zwing-Berlin oder Zwing-Kölln?«

»Den Namen mag es sich selber schaffen.«

»Ist aber nicht hoch da, kein Berg, Vetter.«

»Da will ich's bauen, daß es ein Berg wird, und, ein

Fels, soll stehen für alle Zeiten. Denn ich liebe diese Städte, Vetter«; und er lächelte, und der von Anhalt wußte nicht, was er meinte.

Es war tages darauf, am 26. Februar 1442 gegen Mittag oder etwas früher, wo alles, was Beine hatte, nach dem Rathause lief; aber kamen doch die wenigsten von den Gemeinen an. Denn wo nur ein Plätzlein war auf der Langen Brücke, da hielten die Ritter und die Richter und die Prälaten; ach Gott, wer konnte sie alle nennen, so die Urkund anhören mußten und aus freien Stücken kamen, sie zu hören. Wer ein Herz hatte für die Stadt, der hätte sich lieber verschließen sollen in sein Kämmerlein und trauern in Sack und Asche und die Vorhänge zuziehen. Aber so sind die Menschen, und zumal die in Berlin. Wär es der Großtürke gewesen und hätte durch den Herold ausschreien lassen, wie sie ihre Frauen und Töchter in sein Harem liefern sollten, und von den Männern sollte der zehnte in die Sklaverei, sie wären doch gelaufen kommen und hätten die Dächer abgedeckt um zu horchen, und auf die Masten der Kähne in der Spree wären sie gestiegen, ihren Schimpf zu hören. Ist doch immer was Neues.

Also las nun vom Söller des Rathauses Herr Johannes, der Kanzler, die Urkunde vor, und um ihn und an den Fenstern standen der Kurfürst und seine Freunde und die Fürnehmsten aus den Städten.

»Wir Bürgermeister, Ratmannen, Viergewerke und ganze Gemeine der Städte Berlin und Kölln bekennen vor uns und allen unsern Nachkommen offenbar mit diesem gegenwärtigen Briefe gegen alle, die ihn sehen und lesen hören, und tun kund, daß wir, die Viergewerke und ganze Gemeine, scheelhaftig oder zwieträchtig gewesen sind mit den ehrsamen Bürgermeistern und Ratmannen, die den Ratsstuhl beider Städte besetzt haben, seit die genannten beiden Städte mit einem einträchtigen Rate vereinigt gewesen sein; davon wir uns beider Städte Schaden und Verderb besorget haben, und haben derselben Zwietracht und Scheelung mit den genannten alten Bürgermeistern und Ratmannen uns so wohl und gütlich nicht vereinigen mögen, als wohl not gewesen wäre. Dieselbe Sache haben wir darum mit Eintracht und gutem Rate an den erlauchten, hochgebornen Fürsten und Herrn, Herrn Friederich Markgrafen von Brandenburg, des Heiligen Römischen Reiches Erzkämmerer und Burggrafen zu Nürnberg, unsern gnädigen, lieben Herren gebracht und haben ihn beten, so die einen als die andern, uns gnädiglich zu vertragen. Und haben wir ihm auch die Schlüssel aller Tore von beiden Städten, Berlin und Kölln, übergeantwortet und haben ihn gebeten, die Herrschaft der beiden Städte nach ihrer Notdurft zu bestellen und *auch einen andern Rat zu kiesen und zu setzen* nach Willen und Gewalt seiner Gnaden. – Als unseren rechten, natürlichen Erbherren haben wir ihn mit demütigem Fleiße angerufen und gebeten, daß Seine Gnaden mit Ihren Räten die Sache überwägen, die Gebrechen und Scheelungen gnädiglich erkennen und genannte beide Städte, seiner Herrschaft zu Ehren und Nutzen in den obengenannten Städten, zum Frommen und um Vermeidung größeren Schadens und Unwillens wegen, die davon kommen möchten, *eine jede mit gesondertem Rate* versorgen wolle, so daß ein Rat zu Berlin und der andere zu Kölln gekoren, bestätigt und die Briefe jeglicher Stadt besonders, als oft das nötig wäre, ohne Gift und Gabe gegeben würden. Und haben Seine Gnaden gebeten, eine gute, gewöhnliche Weise zu setzen und zu bestätigen, wie sich alsdann eine jegliche Stadt mit Verwandlung und Gesetzung ihres Rates nun und für ewige Zeiten nachmal halten solle, damit man sich vor Zwietracht, Unwillen und vor Schaden bewahren möge. Welcher Weise also Seiner Gnaden über uns bestimmen werden, das haben wir ihm und seinen Erben zugesagt, zu halten daran ewiglich und ohne Widerspruch ihm zu folgen. Solche unsere anliegende Not hat auf unsere demütige Bitte der gnädige Herr erkannt und hat von Seiner und Seines Bruders besonderer Gnade und mit unser aller Wissenschaft, Vollbord und gutem Willen von unsern Mitbürgern zu Bürgermeistern und Ratmannen ernannt die, so unten genannt werden, und hat allen Einwohnern der beiden Städte ernstlich geheißen und geboten, daß jegliche denen, so für sie gekoren oder nachmalen gekoren werden, gehorsam seien und bleiben, also daß eine jegliche Stadt von den benannten beiden Städten ihren besonderen Rat nun *und für ewige Zeiten* haben und behalten solle.«

Und so ging die Verschreibung fort; und war's, wer möchte es glauben, totenstille, derweilen der Kanzler sie verlas. Und die Urkund war sehr lang; deshalb nehmen wir nur heraus, was noch darin stand und wichtig ist. Als:

So die also vom Kurfürsten eingesetzten Ratmannen und Bürgermeister *ein Jahr* »nach ihrem Eide und ihrem besten Vermögen« regieret hätten, dann solle ein jeder Rat – zu Berlin besonders und zu Kölln auch besonders – »andere fromme, biedere Leute, *sonderlich aus den Viergewerken und aus den gemeinen Bürgern*« für das nächstfolgende Jahr zu Bürgermeistern und Ratmannen kiesen, und zwar »nach guter Vernunft und nach ihren Eiden«.

Sollten aber die Räte *keine Vettern und Freunde kiesen** und setzen, was der Stadt zur Gefährde gereichen möchte.

Die neu Gekornen aber sollten sie dem gnädigen Herren oder dessen oberstem Hauptmann in der Neuen Mark, falls der Markgraf nicht im Lande wäre, vorstellen und bitten, daß er sie bestätige, sei es mündlich oder schriftlich.

Wenn die Gekornen aber zu sotanen Sachen der Herrschaft »nicht nütz oder bequem wären«, könne die Herrschaft sie ändern und andere dafür einsetzen nach ihrem Willen, und habe Rat und Bürgerschaft dagegen keinen Widerspruch und kein gekorner Rat Recht und Gültigkeit, bis daß er bestätigt worden.

* Keynen befründen Rath nicht kesen oder setten.

Die Gekornen und Bestätigten aber sollten sich des Rates unterwinden und die Einwohner ihrer Städte nach ihrem Vermögen und nach Redlichkeit regieren und ihnen vorstehn, auch solle ein jeglicher Rat in jeglicher Stadt besonders, nach Ablauf des Jahres oder wenn es not tut, dem Rate, der nach ihm gekoren, und den Vierwerkmeistern, die dazu geschickt worden, redliche Rechnung tun und pflegen von allem Einnehmen und Ausgeben.

Item sollten alle Verschreibungen und Bündnisse, so die genannten alten Bürgermeister und Ratmannen und alle ihre Vorfahren, so inner- als außerhalb der Marken, geschrieben oder geschlossen, fortan und für ewig aus sein und keine Kraft und Macht mehr haben.

Und die Bürgermeister, Ratmannen, Viergewerke und die ganze Gemeine der beiden Städte und alle ihre Einwohner und deren Nachkommen verpflichten sich für ewige Zeiten, keine Bündnisse zu schließen und keinen Aufstand zu machen, es sei denn mit Willen oder Vollmacht ihrer Herrschaft.

Und alles das verpflichteten sie sich durch Unterschrift und Siegel unverbrüchlich zu halten; und so lautete der Schluß der Urkunde:

»Des zu Urkund haben wir beider Städte Siegel und auch wir Viergewerke unseres jeglichen Gewerkes Siegel aus beiden Städten Berlin und Kölln mit Wissenschaft, Eintracht und gutem Willen unserer ganzen Gemeinde an diesen Brief hängen lassen, den wir unserm genannten, gnädigen, lieben Herrn einträchtiglich mit gutem Rate gegeben haben, der da gegeben und geschrieben ist zu Berlin nach Gottes Geburt vierzehnhundert Jahr und darnach im zweiundvierzigsten Jahre am nächsten Montage nach dem Sonntag, als man in den heiligen Kirchen singet Reminiscere in der Fasten.«

Als Zeugen standen dabei und hingen ihre Siegel an Herr Erich, Herzog zu Stettin, zu Pommern und der Wenden Herzog und Herr zu Wolgast, Herr Albrecht, Fürst zu Anhalt und Graf von Askanien, Herr Nickel

Tyrbach, Meister des Sankt Johannisordens in der Mark, Herr Peter Klytz, Propst zu Brandenburg, auch Herr Franz Steeger, der gute Propst von Berlin, der war wiederhergestellt; dann der Ritter Hans von Waldow, Wilhelm Voß, unseres Herren Marschalk, Heintze Kracht, Seiner Gnaden Erster Kanzler, Jürgen von Walenfels, Seiner Gnaden Kammermeister, Otto von Schliefen der Alte, Mathias von Bredow der Alte, Heyne Pfuel und der junge Otto von Schliefen und noch viel andere fromme, lobenswerte Leute.

Und da es verlesen war, war es noch stiller. Keine Hand rührte sich. Keiner ließ den Kurfürsten leben. Die von der Stadt senkten die Häupter, die Herren und Ritter blickten recht bös; nur der Markgraf schaute ernst, aber nicht finster über sie alle, als lese er, was in jedes Seele geschrieben stand.

Darauf verlas der Kanzler die Ratmannen und Bürgermeister, so für beide Städte der gnädige Herr selber ernannt. Waren's Namen, die kaum bis itzo fürkommen sind, also waren's wohl stille Leute, so sich um ihr Haus mehr gekümmert als um das gemeine Wesen. Solche sind der Herrschaft lieb. Zu Ratmannen für Kölln ernannte er den Hans Lange, Hans von Grymene, Jacob Ottens, Clawes Kölre und Andreas Warbeken, und zum Bürgermeister setzte er Jacob Tydecke, der war ein Schmied. Darob ärgerte sich Herr Mathis Blankenfelde nicht wenig. Kam's aber noch ärger.

Und zu Ratmannen für Berlin den Bartholomeus Pletze, Palme Schulten, Clawes Schulten, Heinrich von Walsleben, Matheus Arndes, Caspar Mewes, Hans Hadewig, Nickel Falkenberg, Hans Francke und Jacob Heinze, meistens von den Gewerken. Augustin Volker, der war ein Lakenmacher, ward Zweiter Bürgermeister; aber wie verwunderten sich alle, als er den Ersten Bürgermeister nannte; das war Johannes Rathenow.

»Knie nieder, Johannes!« sprach der Markgraf, es war nämlich im Saal, und alle Fenster standen offen, und als der niederkniete, hing ihm der Fürst die güldene Kette wieder um. »Stehe nun wieder auf als Bürgermeister, und als du der Stadt treu gedient, diene auch treu dem Herren, der über sie ist.«

Wer möcht es glauben, wenn es nicht in der Chronik stände und in der Urkunde auch, und ist noch da mit allen Siegeln. Den Johannes Rathenow ernannte der Kurfürst zum Bürgermeister, und er schwur in seine Hände den Eid. Des Mathis Blankenfelde Gesicht wurde doch wie eine Quitte gelb.

Und zur fürstlichen Tafel lud er auf den Tag den Johannes, dessen Gesicht darum nicht anders ward. Er war sehr ernst, und sah man's, daß viel drin vorging. Und da die Trompeter bliesen, daß sie zurückritten nach des Markgrafen Hause, wandte sich Herr Friedrich zum Johannes:

»Wo aber ist unser Henning Mollner? Er ist dein Freund.«

»Er ist nicht mein Freund, gnädigster Herr!«

»Er sprach gut von dir.«

»Das ich nicht wiedersagen kann.«

»Du hast ein schön Töchterlein, Johannes.«

»Das ich aber lieber ins Frauenkloster nach Spandow schicke als einem gebe, der seine Stadt verriet.«

Da zückte es fast voll Zorn über des Fürsten Stirn, aber er faßte sich wieder. »Wo ist der Henning, Bürgermeister?« sprach er streng.

»Als ich höre, ist er auf sein Roß stiegen und gangen ins Elend. Und hat gut getan.«

»Warum gut?«

»Weil, so er nicht gangen wäre ins Elend, wir ihn schickten ins Elend.«

»Johannes Rathenow!«

»Den habt Ihr gekürt zum Bürgermeister der Stadt Berlin, gnädigster Herr! und hat Euch geschworen in Eure fürstliche Hand, nach seinem Vermögen und nach Redlichkeit zu regieren. Darum so schickt er den, der wider des Rates Gebot die Tore öffnete, aus der Stadt und ins Elend. So wahr mir Gott helfe!«

»Und Euer Herr und Markgraf?«

»Der kann richten über mich, als ich über den Henning richte.«

Der Herr schaute ihn gar groß an und wiegte den Kopf. Dann sprach er, als wäre gar nichts gewesen:

»Nun, Johannes, die Suppe wartet. Aber der Henning, so du ihn aus der Stadt jagst, ins Elend soll er nicht. Oder ist's bei mir Elend?«

Und als nun sie alle fortgezogen und der Saal leer worden, nahm der Ratsschreiber Fidicinus das große Stadtbuch, schlug es auf, faltete die Hände und seufzte tief. Dann tauchte er die Feder ins Dintenfaß und schrieb hinein, es ward ihm schwer. »Und ist, ob doch noch im Jahre 1432, am Sonnabende nach Visitationis die Sachen beider Städte untereinander vertragen worden, doch im Jahre 1442 diese gute Einigung, nicht nach dem Willen Gottes, sondern von Zwietracht, die sich wunderlich und seltsam zwischen den Ratsherrn und der ganzen Gemeinheit beider Städte an einem und den Viergewerken und etlichen Innungen am andern Teile erhoben, auch von Beibringung und Schickung böser Leute wegen, wie Gott geklagt sei, wieder abgegangen und verstört, so daß nun in jeglicher Stadt alle Jahr ein besonderer Rat gesetzt und gewählt werden soll. Gebe Gott, daß das bald wieder anders wird!«

Drittes Buch

Erstes Kapitel

In der Altstadt Brandenburg war ein gar munterer Verkehr. Zumal am Strande; denn die Havel lag voll großer Kähne, die wurden ausgeladen und wieder vollgeladen, und die Träger und Schiffsknechte sungen, weil sie auf den Köpfen die schweren Lasten trugen; oder sie zogen, mit Seilen um die Brust, die zweirädrigen Karren, daß ihnen der Schweiß dick von der Stirn rann; aber sie sungen doch und schwenkten die Mützen in die Luft, wann ein Kaufherr kam, in dessen Diensten sie arbeiteten. Die Herren mußten gut bezahlen. Wo es Frondienst ist, lassen die Leute nicht ihre Herren leben; sie arbeiten nur als das Lastvieh, das zieht auch und keucht, aber wenn es nicht den Stachel fühlt und die Peitsche, bleibt es stehen.

Die Sonne ging schon zur Rüste, und die Türme und Dächer der Dominsel glänzten in schönem roten Hauche, die hohen Fenster aber funkelten wie eitel Gold und Edelsteine; und sah's von fern aus als ein Zauberschloß. Und der rote Schein goß auch sein Licht über den breiten Wasserspiegel der Havel, die ein gar schöner Fluß ist, See an See, und reich an herrlichen Fischen. Und die Wimpel der Kähne färbte das Abendrot desgleichen und die Köpfe der rührigen Schiffer und Arbeiter. Das schien doch, als wollten die gar keinen Feierabend machen. Aber als itzt das Abendglöcklein vom Dome schallte, da verstummten die Lieder, das Ha-ho der Seilzieher, die Räder hörten auf zu schwirren, die Lasten blieben liegen, wo sie waren, die Hüte und Mützen fuhren von den Köpfen, und die Hunderte Geschäftiger waren lautlos still. Sie falteten die Hände und knieten nieder und beteten ihr Ave-Maria.

Darnachmalen aber, als die Glocke wieder verstummt war und die letzten Töne in der stillen Abendluft verschwirrten, rührten sich wieder die Arme und Kehlen als wie zuvor, die Räder und Winden schwirrten, die Karren knarrten, und die lustigen Lieder und das Ho! Ha! He! wollten nicht endigen.

Da sprach ein Bürger und Krämer zu einem andern, der da stand und zuschaute und die Hände eben vom Gebet los machte: »Einen schönen guten Abend, Herr Niclas!«

»Wohl ist's ein schöner Abend, Meister Perbant«, antwortete der.

»Hat das Sprüchwort doch recht, man soll den Tag nicht vor dem Abend loben. Und desgleichen umgekehrt, man soll am Tage nicht verzagen, wenn er auch noch so grau ist, sintemalen der Abend schön werden kann.«

»Nur, lieber Meister, ist das nicht zu vergessen, daß auf den Abend noch die Nacht folget.«

»Herr Nicolaus Perwenitz«, entgegnete jener, »das schiert mich nicht. Denn ich bin des Dafürhaltens, daß der Abend darum doch schön bleibt, wenn auch die Nacht stürmisch wird. Und bin ich am Abend lustwandeln gangen, so hab ich es weg, wenn's auch drauf in der Nacht regnet. Und was ich am Abend in die Speicher und Scheuern eingebracht habe, das soll mir das Wetter, das drauf kommt, nicht wieder nehmen. – Und wahrhaftig, Herr Niclas«, fuhr er ernsthafter fort, »es tat uns Brandenburgern solcher Abend not. Die von Berlin und Kölln schnappten uns ja vorm Maule weg die Nahrung. Handel und Wandel, was waren sie diese dreißig, vierzig Jahre über! Alles rübergezogen an die Spree. Nach Hamburg, nach Stettin; allen großen Handel rissen die Berliner an sich. Was blieb uns, wenn wir nicht die Wollenweber und Tuchscherer hätten! Die Herren in der Brüderstraße drüben und in der Stralower Gasse schwellten ja auf, daß sie nicht zur Tür nein konnten, derweilen wir mager wurden wie Kirchenmäuse.«

»Ei Gevatter!« sprach Herr Niclas. »Kirchenmäuse sind auch Gottes Geschöpfe, und nicht die schlechtesten. Im Himmelreiche werden die Kirchenmäuse den Feldmäusen und Kellermäusen in der Rangordnung gewiß vorangehn. Und vor allem Kirchenmäuse, die ein Domstift haben. Meint Ihr, daß unsere geistlichen Herren uns da oben sitzenlassen. Ich meine, wenn uns die Köllner und Berliner hier unten übern Kopf wuchsen, da oben werden wir's wieder einbringen. Sie haben ja nur einen Propst und ein paar Pfaffen, und wir einen Bischof.«

»Da oben, Gott sei uns allen gnädig! Aber ich meine, hier unten sollen wir's wieder einbringen, was wir verloren; und waren die älteste und fürnehmste Stadt der Marken.«

»Und sind wir das nicht noch? Wer streitet's? Heißt nicht nach uns die ganze Landschaft, die Herrschaft und unser Markgraf? Heißen sie nicht alle Brandenburger, weil wir Brandenburg heißen? Gingen nicht von uns Ordnungen und Statuten aus und schickten unsere Rechte in die neuen Städte? Und ist unser Schöffengericht nicht so herrlich und berühmt als eines im Slawenlande? Wo Rat fehlt und Gerechtigkeit, bei uns müssen sie ihn holen. Gevatter! Gevatter! Man muß sich nicht selbst geringer machen. Und wenn wir nichts hatten, wir hatten doch die Ehre.«

»Kann ich damit mein Dach decken, wenn's einregnet, Ballen schnüren und ein Kindelbier geben? Was schierte unsere Ehre die Dickwänste von Kölln? Konnten wir sie nicht mal damit vertragen, als sie sich bei den Ohren zausten. Ihr wißt's ja am besten. Meine Ehre ist, wenn ich was verdiene. Und darum Ehre meinem gnädigsten Kurfürsten, der mir was zu verdienen gibt.«

»Wohlgesprochen, als ein guter Bürger und als ein rechtschaffener Untertan unseres allergnädigsten Markgrafen.«

»Dem Ihr doch ganz besonders danken müßt, Herr Niclas, da Ihr ganz allein die Lieferung des Schiefers habt.«

»Wer sagt Euch, daß ich's ihm nicht danke? Möcht er

in jeder Stadt, die sein ist, ein Schloß bauen lassen und 's mit meinem Schiefer decken. So viel 's Städte gibt, wollt ich's ihm danken.«

»Ob's Euch aber die Städte danken werden!« sprach ein dritter, der hinzutrat; und war's der Meister Bertold von Dasseleben, ein berühmter Schieferdecker, mit dem der Markgraf abgeschlossen, daß er sein Schloß zu Kölln, das er bauen ließ an der Spree, mit Schiefer decke.

»Müssen, müssen!« sprach Herr Niclas und nickte dem Meister freundlich zu.

»Ist meines Dafürhaltens, ihr Herren«, sagte jener, »daß die Städte für die Dächer, die er ihnen auf den Kopf setzen will, grad so böse Gesichter machen werden als die Herren vom Adel dazumal, als er ihnen die Dächer von ihren Schlössern abriß.«

»Mögen sie einander saure Gesichter schneiden«, sprach Meister Perbant, »was geht's uns an!«

»Seid doch auch eine Stadt.«

»Aber wir brauchen kein landesherrlich Schloß hier«, fiel Perbant ein, »denn wir haben einen Dom und Bischofssitz, und oben auf dem Marienberg steht Unser Lieben Frauen Kirche. Die duldete keinen weltlichen Herrensitz neben sich. Wär's auch purer Spott.«

»Das möchten die von Kölln und Berlin und Frankfurt auch sagen: sie brauchen's nicht. Sage Euch, als wir mit der ersten Ladung Schiefer ankamen, machten sie kuriose Gesichter, wie so die von Berlin sind. Allerlei feine, spitze Redensarten. Wozu Schiefer gut wäre? Ob die Jungen darauf sollten rechnen lernen? Da hätte sich doch der Markgraf verrechnet. Andere sagten: er schicke es ihnen, um Butterschnitten zu werfen aufm Wasser. Wär's nur zuviel, und könnte ihm ein Splitter ins Auge fliegen. Und als ich ausladen ließ, dort unter der Langen Brücke, katzbalgten sich die Jungen und prallten an meine Träger und liefen ihnen durch die Beine, daß manches Last zu Boden fiel. Schelten half da nicht; sie wollten sich ausschütten vor Lachen und sagten, es wäre unsere Schuld. Sprach ich und drohte mit der Obrigkeit, da verzerrten sie erst gar die Gesichter und sahen nach der Wetterfahne und sagten: bei Westnordwest könnt ich auf 'nen guten Spruch hoffen, aber bei Ost, Süd und was dazwischenliegt, tät ich am gescheutesten, das Maul zu halten.«

»Man kennt sie ja«, sagten die Brandenburger.

»Und dann sagten sie, man müsse die Rechnung nicht ohne den Wirt machen und kein Dach aufsetzen, ehe das Haus stünde. Und da lachte wieder alles grimmig, als wäre kein Herr im Lande. Weiß Gott, wie das werden wird!«

»*Sie* werden schreien, und *Ihr* werdet bauen, und *der Kurfürst* wird zahlen.«

»Ihr hättet den Hans Ferbitz«, fuhr der Schieferdecker fort, »den Bartscher, der seine Bude an der Langen Brücke hatte, sollen schreien hören, als man ihm das Haus einriß. Der lief wie ein toller Hund herum, und fehlte nicht viel, er hätte die Zimmergesellen von den Leitern gerissen. Was der auf den Rat, auf die Stadt, auf den Kurfürsten fluchte!«

»Der Rat hat's ihm doch auszahlen müssen, was sein Recht ist.«

»Das wäre ein Dreck, schrie er, ein Pappenstiel für eine Gerechtigkeit, die Vater und Vatersvater ernährt. Wovon sollten denn Kind und Kindeskind leben? Esel schalt er die Ratmannen und die Gemeinheit, die's zugegeben, und wie er den gnädigsten Herrn nannte, das will ich gar nicht wiedersagen. Die Fäuste hob der kleine Mann gegen das Rathaus auf der Brücke, und der Schaum stand ihm nur so im Munde. ›Könnt ich euch alle einseifen und scheren, ihr Ochsen‹, rief er, ›für eure Dummheit und Ungerechtigkeit, euch sollte kein Bart mehr wachsen, ihr blinden Hennen, die ihr nicht seht, was ihr tut. Aber wartet nur, ein anderer wird euch nun seifen und barbieren, daß euch himmelangst werden soll. Das wird eine Bude werden für Kölln und Berlin, darin geschröpft, geschoren, gebadet und geblutet wird, daß euch Hören und Sehen vergeht. Die Bude wird über eure Köpfe ragen wie der Turm von Babylon. Reinsehen wird er in euren Ratssaal und in eure Schlafkammern, in eure Hühnerställe und in eure Heimlichkeiten, in eure Dummheit und in eure Schande. Und ihr sollt wünschen, daß ihr des Ferbitz kleines Haus stehngelassen, ihr sollt wünschen, daß ihr es wieder aufbauen könntet, und würdet selbst die Balken tragen und die Nägel spitzen. Aber dann ist's zu spät. Das hohe Haus kriegt ihr nicht wieder wie des Ferbitz kleine Bude; ein Stein der Ärgernis wird's euch sein, und euch geschieht recht, recht und tausendmal recht, weil ihr mein kleines Recht habt fahrenlassen, da ihr eingesetzt seid, es zu wahren und schirmen.‹ So schrie der tolle Mensch.«

»Des Herren Wille ist ein hart Brot. Wer leckt gegen den Stachel!«

»Die in Berlin und Kölln sehen mir danach aus«, fiel der Schieferdecker ein. »Denn wo hört einer solcherlei Rede ruhig an und steckt die Schimpfworte ein, wie 'nen alten Knopf, den man am Weg findet. Ich sage euch, sie lassen ihn schimpfen und reden, und keiner spricht ein Wort gegen.«

»Soll wunderlich drüben aussehen«, sprach Meister Perbant, »weiß keiner, wer Koch und Kellermeister ist.«

»Was Wunders, die Schüssel ist zerschlagen. Ihr Witz läuft verloren auf den Gassen um, seit die Baderstube zerstört ist«, sagte Nicolas Perwenitz. »Aber in einem alten Buche steht auch geschrieben:

Was man in Berlin spricht,
Darum geschieht's noch nicht.«

Da lachten die drei recht herzlich und sprachen noch viel über die Berliner, wie so Nachbarn von Nachbarn sprechen: war's nicht viel Gutes. Und die von Frankfurt und Bernow und Prenzlow redeten ebenso von Berlin. Denn, sagt schon der alte Grieche Herodotus, so jegliche Stadt ihren Kehricht auf ein Häuflein fegte, und diese Häuflein stellte einer zusammen, und hieße er: wählet!, dann wählte eine jede doch wieder ihren eignen Kehricht.

Als es nun aber dunkler ward und die Arbeit mußte aufhören, da machten sich die Herren nach Hause. Und wo Herr Nicolas Perwenitz bei den Arbeitern vorüberging, da riefen sie ihm ein »Hoch!« zu, und die Jungen sprangen um ihn, denn er war sehr beliebt bei allen und hatte ihnen ein Fest versprochen, wenn die Arbeit getan wäre. In den Gassen und Häusern, was Feuerwerker sind, da arbeiteten sie noch fort, und dauerte es bis in die Nacht, daß man das Feilen der Schlosser und die Ambosse in den Schmieden hörte, und die Funken sprühten aus den Essen wie ein Feuerregen.

»Kommt alles in euern Säckel, ihr Herren«, sprach der Schieferdecker. »Das Arbeitsvolk ist lustig, und ihr nur seid's nicht, mindestens nicht so, als man Herrn Nicolas Perwenitz von sonst kennt.«

»Das hat seinen Grund«, entgegnete der Perwenitz, »wie jedwed Ding auf Erden einen hat.«

»Und der steckt nicht *in* der Erden«, lachte Meister Bertold, »sondern wird ein achtzig bis hundert Schuh drüber rausragen.«

Und als sie beide, denn Meister Perbant war schon fortgegangen, an dem großen Hof vorbeigingen, wo die Schiefer- und Werkstücke hoch aufgeladen stunden, sprach der Brandenburger:

»So kommt alles in deinen Säckel, Meister, und kannst, was die Berliner Jungen zerschlagen, dem Markgrafen überdem doppelt in Rechnung bringen. Wie kommt's nur, daß du nicht lustiger bist, denn du verdienst ein Heidengeld.«

Da lächelte Meister Bertold. »Das hat seinen Grund, gleichwie jedwed Ding auf Erden einen hat.«

»Der aber ragt nicht zum Himmel naus«, entgegnete der Brandenburger.

Der Schieferdecker sah etwas schelmisch den Ratsherrn an. »Nein, er steckt in euren Taschen, ihr Herren von Brandenburg. So mir der Fürst nicht zur Bedingnis gemacht, daß ich den Schiefer von euch allein nehmen muß und was Nägel, Anker, Spieker und Stangen sind, in Alt-Brandenburg muß schmieden lassen,* könnt ich sie billiger haben allerorten.«

»Ei du Geldschneider, willst du uns das nicht mal gönnen für unsere große Mühe.«

»Und die große Gefälligkeit«, fiel der Meister ein, »so ihr dem Markgrafen erweist, daß ihr die Ohren stopft, wo die Köllner und Berliner, eure Bundesgenossen, zum Himmel schrein und um Hülfe rufen.«

»Ei, sie verdienen's nicht besser«, sprach Herr Nicolas unwillig und schaute zu Boden. »Männiglich wird bezahlt nach seinem Verdienst.«

»Und eine Hand wäscht die andere«, sagte der Schieferdecker. »Das ist schon recht. Dachte mir aber so einmal: wie wenn alle Hände frei wären und könnte jeder arbeiten, was er wollte, und kaufen und verkaufen, wie und wo er wollte, das müßte einen Verdienst in der Welt geben!«

Der Brandenburger Herr sah ihn groß an. »I du Sohn deiner Mutter, da müßt es ja heidnisch auf der Welt zugehn. Wo bliebe denn da die Gerechtigkeit!«

»Ihr meint die Gerechtigkeiten.«

»Freilich, die Zünfte und Gilden, unser Stapelrecht und die Niederlage. Meister Bertold, da steht unser Roland. Ist gut, daß der von Stein ist und nicht hören kann. Du bist ja ein Allerweltsaufrührer. Jeder kaufen und verkaufen, was er Lust hat, und frei des Weges ziehen und auf die Märkte, wo er Lust hat! Heiliger Moritz, am Ende meinst du die Juden auch und die Ritterschaft, daß die Kornhandel trieben nach Hamburg, wie's vor alters war. I, da müßte ja die Welt auf dem Kopfe stehen, und die Städte gingen unter. Keine Gerechtigkeiten mehr, Himmel und Hölle, Meister, sag mir das nicht noch mal. Dann kämen die Pfuscher und Bönhasen auf, und will nicht glauben, daß du einer bist.«

»Gott und seine Heiligen behüten mich«, sprach der Schieferdecker, »bin ehrlich Meister worden, in Erfurt.

* Urkundlich.

Das neue Dach vom Dom kann von sprechen. Und Pfuscher, wo mir einer in den Weg kommt, mögt's mir glauben, dem wollt ich die Suppe gesalzen haben.«

»Ergo«, sprach der Brandenburger Ratsherr und kniff den Meister ins Ohr, »schau nicht ins Blaue; du könntest vom Dach fallen. Der Schieferdecker, so über den Knopf hinaus decken will, hat keinen Halt mehr. Merk dir's. Jeder fegt vor seiner Tür. Da geht dein Weg und hier meiner.«

Als der Ratsherr nachdenklich den seinen ging, begegnete ihm zu Roß mit einigen Begleitern der hochehrwürdige Bischof Stephan, und er zog die Mütze, als es sich schickt vor solchem hohen Herren. Und der Herr Bischof hielt auch an, als er ihn sah, und winkte ihm freundlich zu sich, denn Nicolas Perwenitz war wohlangesehen im ganzen Lande und auch am bischöflichen Hofe. Er besorgte dessen Geschäfte.

»Herr Gott, lieber Freund«, sprach der ehrwürdige Herr, »was hört man da wieder für seltsam und wunderlich Gerücht von Kölln her! Man weiß zwar noch nicht, was es ist, wollt Euch aber geraten haben, als guter Handelsmann, seid auf Eurer Hut. 's ist nicht richtig in den Städten. Unser gnädiger Herr soll auch sehr bös schauen. Weiß Gott, wie das enden wird! Die Ritter möchten nichts als Krieg mit Pommern und im Lande eitel Unfriede.«

Nicolas Perwenitz küßte den Saum des bischöflichen Kleides und dankte für die Warnung. »Wie's enden wird, das weiß Gott, Hochehrwürdigster! Aber das weiß ich, der Markgraf hat *einen* Kopf und die in den Städten haben *tausend* Köpfe.«

Der Bischof schüttelte seinen und ritt weiter, und Herr Perwenitz ging langsam seinem Hause zu. Aber als er in den Flur trat, da lachte er seinen alten Dienstleuten so froh entgegen, als hätte er alle Sorge abgeschüttelt. Und so herzte und küßte er auch sein liebes Weib oben, die war wohl so alt wie er und hatte hübsche Runzeln im Gesicht und einen Leib, so dick wie ihres Herren. Aber er sagte ihr allerhand Süßes, als wäre sie ein jung Gemahl noch, und züschelte ihr artige Sachen ins Ohr, darüber sie lachte und ihn schalt, und dann faßte er sie um die Hüfte und am Arm, und sie mußte, wie sie sich auch sträubte, einen Ehrentanz mit ihm durch die Stube tun, derweilen das Gesinde an der Tür stand und sich den Mund hielt, daß es nicht laut lachte. Und drauf warf er sich erschöpft in den Großvaterstuhl und wischte den Schweiß von der Stirn, und sie tat desgleichen.

»Aber, Väterchen«, sprach sie, »mußt doch auch bedenken, daß wir nicht mehr jung sind.«

»Hm! hm!« murmelte er.

»Und was die Leute von uns denken. Haben keine Kinder –«

»Eben um deswillen. So ein kleines Volk uns um die Beine spielte, meinthalben, da wollten wir ernst aussehen und ein ehrbar Gesicht machen. Aber – nun sind wir unter uns, Cordula – gib mir die Hand. – Und wo steht's geschrieben, daß ein alter Mann nicht soll jung bleiben? Umgekehrt. König David tanzte und Solomo auch –«

»Sie meinen nur –«

»Was denn? Daß wir ausschauen sollen wie der Roland oder heulen wie die Klageweiber! Warum denn, Cordula? Die Klageweiber werden bezahlt. Wer gibt *uns* dafür etwas? Mit wem gehst du lieber durch die Heide? Mit einem, der die Augen verdreht und grimmig ernsthaft ausschaut, oder wer dir lustige Lieder singt? Wer nicht lustig ist, freilich, der verlästert die Frohen; aber, glaub's mir, 's ist nur der Neid.«

»Sie sagen doch, in der schweren Zeit –«

»Soll man auf das Schwere nicht Blei laden, daß es noch schwerer wird. Man soll froh sein. Sieh mal, Cordula, der Menschen sind vielerlei. Zuerst die Heiligen. Gott sei mit ihnen und schenke ihnen Glorie in seiner Herrlichkeit; denn sie verdienen's um uns. Wir sind keine Heiligen, das weißt du und ich. Gott weiß am besten, warum er uns nicht zu Heiligen gemacht hat. Dann sind schlechte Menschen. Du bist nicht schlecht, und ich bin's auch nicht. Wollen dem lieben Herrgott danken, daß es so ist. Aber drittens dazwischen, da sind Menschen, nicht Heilige und nicht Bösewichter; ebenso wie wir sind. Weiß der liebe Gott recht gut, warum er die gemacht hat. Damit seine Welt nicht so schrecklich ernst aussehen soll. Denn wenn er nur Heilige sähe und Böse, ach lieber Gott, seine eigne Schöpfung gefiele ihm kaum. Sagt sein Sohn, unser Heiland, nicht, wir sollen sein wie die Kinder? Und was tun die Kinder? Sie freuen sich und singen und spielen. Nun, Cordula, was sollen wir nicht spielen und singen? – Wenn der mit der Sense kommt, der alt und jung mäht auf einen Strich, und uns auch, meinst du nicht, Cordula, daß der liebe Gott in sein Himmelreich lieber frohe Menschen nimmt als traurige? Darum, bis da, laß uns sein wie die Kinder, jubeln und springen, und nun gib mir 'nen Kuß, Alte, und dann schenk mir 'nen Trunk aus dem vollen, denn ich bin durstig.«

Und Herr Niclas erhielt beides, und drauf deckten sie den runden Eichentisch mit den kunstvoll geründeten vier Beinen und schoben ihn vor des Herren Stuhl, und Frau Cordula steckte ihm das weiße Handtuch in die Busenkrause und schob und rückte alles zurecht, daß der liebe gute Herr es recht bequem habe. Auch ein Fußschemelchen schob sie ihm unter den Fuß und polsterte ihm die Rücklehne, daß er aufrecht am Tisch sitzen und sich doch anlehnen konnte. Und wie geschickt die Gläser und Kannen, die Schüsseln und Teller und Krüge aufgestellt wurden, nicht eins neben dem andern, sondern es waren Untergestelle da, daß eins das andere überragte, wie unser Herrgott nicht alle Dinge gleichgemacht hat, sondern steht eins über dem andern. Also auch auf der Tafel des ehrenwerten Niclas Perwenitz. Und wer auch keinen Hunger gehabt, der hätte es doch mit Lust angesehen und Hunger bekommen; aber als nun der erste Gang aufgetragen stand und die Schüsseln rauchten, eine so, die andere so, da lief doch einem jeden das Wasser im Mund zusammen. Aber wie schmackhaft und würzig auch die Schüsseln sein mochten, würziger duftete und lieblicher anzuschauen war das Gesicht des Herrn Perwenitz, wie das Auge zuvor die Herrlichkeiten überflog, ehe die Hände und Lippen sie berührten. Und alle, die es sahen, freuten sich, das Gesinde wie seine Ehefrau. Und wie er nun die Hände faltete zum Gebet, da falteten sie alle mit ihm und sprachen es ihm nach; er sprach laut und sie leise. Und als er nun kostete, hier und dort, und zufrieden war, da waren sie auch zufrieden, und alles wachte auf seine Blicke und hastete ihm zu bringen, was er wünschen konnte, er hatte es noch nicht ausgesprochen.

Vor allem war Frau Cordula die Zufriedenste, daß ihr Herr zufrieden war. Denn in der Küche sollte es eine Frau mit ihr aufnehmen! Aber sie war nicht stolz und eigensinnig, wie wohl Frauen sind, was die Küche anlangt, die da meinen, wie sie's gelernt von ihren Müttern und die wieder von ihren Müttern, so sei's richtig und nicht anders, und müsse immer so bleiben; und sprechen allerlei Erbauliches, so der Mann die Nas in die Küche steckt und sagt, was er meint. Lieber Gott, er hat doch auch eine Zunge und mehr gekostet als die Frau. Nein, Frau Cordula nahm gute Lehre an und horchte gern, was ihr Herr ihr sagte, und war gar nicht bös, wenn Niclas Perwenitz selbst in die Küche ging und die Schürze vornahm und ihr zeigte, wie er's gesehn hatte von den fränkischen Köchen an des Markgrafen Tafel. Ja, als ein verständig Weib hatte sie manches Mal Herrn Ulrich Czeuschel, den Küchenmeister des Kurfürsten, heimlich um ein Rezept gebeten, wo sie wußte, daß es ihrem Herren geschmeckt, und hatte ihm das Gericht bereitet und trug's auf den Tisch, er wußte nicht, woher es kam. Soll man mir itzt solch ein Weib zeigen, wo es lebt.

Und erkannte Herr Niclas auch wohl ihren Wert, und lebten beide so einträchtig und glücklich als wo Eheleute an der Havel und Spree. Aber mit ihm am Abendtisch saß sie doch nicht; sie wartete ihm lieber auf, und war's mehr ihre Freude, daß es ihm schmeckte, als daß sie's selbst kostete, was sie zugekocht. War's ein so herzig gutes Weib als eine gute Köchin. Und keiner verdiente solch ein Weib mehr als Herr Perwenitz; denn ihn essen zu sehen war ein Vergnügen. Er hastete nicht die Gottesgabe herunter als ein Gierhals, nein, er nahm sich Zeit und liebäugelte zuvor mit jedem Bissen, und sooft er ein Kiebitzei aufdrückte – und alle Welt weiß, daß es nirgend bessere gibt als in Brandenburg –, sprach er von Natur und Gott und Vaterland, daß, wer's hörte, viel lernen konnte. Und die Rebhühner und Waldschnepfen, wie geschickt zerlegte er sie mit der Hand und dem Messer. Und sehn hätte man ihn sollen, wie er einen Oderkrebs aufzehrte, und blieb nichts über als die Schale, und kam keiner ihm gleich, so an Schnelligkeit als an Reinlichkeit. Bei Hofe, wenn er dort aß an den Landtagen, bewunderten ihn auch alle, und die gnädige Kurfürstin ließ ihm einmal eine ganze Schüssel Krebse vorsetzen, und er war schneller damit fertig als die andern mit ihren Tellern. Und keiner hatte es so manierlich gemacht.

Nun, daß er auch zu trinken verstand, wer hätte das bezweifelt an einem deutschen Manne. Aber er goß nicht die Gottesgabe über die Lippen, wie so mancher Ritter, der's nicht anders tut, als wie man Wasser über ein brennend Haus gießt. Er schmeckte, was er trank, auch wenn er die Augen zu hatte. Und in seinem Keller da lagerten Schätze wie nur in Bremen im Ratskeller. Darum nannte man ihn den feinsten Mann in den Marken. Aber kein Kelchglas leerte er, auch wenn er allein war, denn er trank es einem zu; und wenn keiner da war zum Anstoßen, so stieß er das Glas an die Flasche und wußte allezeit hübsche Trinksprüche.

Frau Cordula, der ward heut das erste Glas zugetrunken, und auch das zweite und ein drittes noch. Das erste auf ihre Treue und das zweite auf ihre Holdseligkeit, denn die, sagte er, als sie verschämt die Augen niederschlug, sehe ein guter Mann auch durch die Runzeln.

Das dritte aber, daß sie ihm bleibe bis an sein seliges Ende, was sie ihm gewesen, seit er mit ihr in die Kirche zog. Da hielt sie sich die Schürze vor die Augen und wischte sie; aber das wollte Herr Niclas nicht leiden, sondern sie mußte zu ihm kommen, und er gab ihr einen herzhaften Kuß, und sie mußte nun auch vom süßen Wein nippen und sich zu ihm setzen.

Und nun ging es erst los, das Gesundheitentrinken. Da ließ er die Stadt leben, Alt- und Neu-Brandenburg, die Herren vom Rate und den Bürgermeister und seine lieben Verwandten, den gnädigen Bischof Herrn Stephan und den Markgrafen, der ihm so gnädig sei, wobei er sich etwas erhob, und ward nun recht lustig und guter Dinge, und Flasche und Glas klirrten, und sah überall Gutes und Frohes; nur das Gesicht seiner Ehefrau schaute nicht so aus.

»Was ist's nur wieder, Cordula? Verdienen's die braven Leute nicht, daß man ein gut Glas Wein für sie trinkt?«

»Ach gewiß, Niclas, und noch mehr! Aber mir kam's nur so in den Sinn, was viele unserer Mitmenschen, und gute Christen, leiden und weinen, derweil wir so lustig sind.«

»Hast recht. Dies Glas auf alle, die leiden und weinen! Stoß an!«

»Schon recht, Niclas, aber da kommt ja kein Tropfen auf einen.«

»Ei, Cordelchen, mein Keller ist voll. Du bist ein gutes Herz und holst frischen Vorrat. Soll schon ein Tröpflein auf jeden kommen.«

»Und doch ist mir's, als sei es unrecht von uns. Denn so du auch noch soviel trinkst auf die Armut, die Armen haben doch nichts davon.«

»Da hast du wieder recht. Aber weißt du was« – er zog sie vertraulich zu sich. »Die Linke soll zwar nicht wissen, was die Rechte tut, aber Mann und Frau sind ja eins. Ist deine Rechte nicht meine Rechte? Die Lieferung zum neuen Schloß in Kölln bringt uns was Tüchtiges in unsere Kasten, und wenn das Jahr um ist und ich abschließe, dann setz ich das Doppelte aus für die Armen, und, Cordula, das wird nicht wenig sein. Und du sollst meine Almosenierin werden.«

»Bist mein guter Mann. Die Armen in Brandenburg werden für dich beten, als sie schon tun. Aber –«

»Noch ein Aber –«

»Ja, sieh einmal, wenn wir auch allen Armen in Brandenburg wollene Strümpfe stricken, wie viele laufen doch barfuß in der Welt um.«

»Ich bin Ratsherr von Brandenburg, Cordula, und nicht Ratsherr von der Welt. Für die Welt rät der liebe Gott.«

»Ach freilich, für die Armen sorgt der. Aber, Niclas, wie viele sind ins Elend gangen; haben kein Haus und Hof, kein Bett und kein Dach, und wir sitzen so warm – und wie mancher von ihnen war unser lieber Bekannter –«

Da war auch der Ratsherr still und füllt' zween kleinere Gläser mit feinem Rheinwein, davon eine Flasche zum Nachimbiß im Korbe stand, und hielt das eine seinem Weibe hin, das andere nahm er und sprach ernst:

»Auf die im Elend sind!«

Die Gläser klangen hell, was beide freute, und auch Frau Cordula trank ihres bis auf den Grund aus.

»Daß es ihnen wohl gehe!«

»Niclas, kann's einem denn im Elend wohl gehen? Ach Gott, da draußen! Denk ich doch jedesmal an die armen Menschen, wenn sie unsere Tore schließen, wo werden die die Nacht ihr Haupt hinlegen, die nicht mehr reinkamen? Die Wölfe und Bären, die Diebe und Räuber, ach Gott, ach Gott! 's sind doch gräßliche Geschichten, so uns die Marktleute erzählen.«

»Lieb Weib, Brandenburg ist eine schöne und feste Stadt, und Gott sei Dank, daß wir drin warm sitzen. Aber 's hat in der Welt noch viele Städte außer Brandenburg und außer unserer Mark noch viele Länder, und viele Leute sitzen drin warm, und über alle diese Städte und Länder ist der liebe Gott und seine Heiligen.«

»Magst wohl recht haben; aber draußen bleibt doch immer draußen. Und so ein Heiliger in der Fremde, wer weiß, ob der unsereins versteht. Sie sprechen ja nicht einmal überall deutsch. Und denk dir nun so, wenn wir einen Jungen hätten, und der hätte wandern müssen ins Elend, keine Mutter, kein Vater bei ihm, dem er's klagt, wenn ihn hungert. Wer wäscht ihm denn sein Hemd und flickt ihm, was ihm zerreißt? Ach du Heilige Jungfrau, wenn ich noch denke, damals, als der Henning Mollner bei uns ansprach, dein lieber Pate – ach Gott, wie sah er erhitzt aus und doch bleich und wild, und wollte nicht bleiben, wie du ihn auch batest. Der ist ins Elend gangen, hörten nichts von ihm –«

»Der arme Henning!« seufzte der Ratsherr.

»Über die von Berlin! Den besten Jungen aus der Stadt mußten sie ins Elend schicken«, jammerte das Weib.

»Riefen ihn wohl itzt gern zurück.«

»Nun ist's zu spät, Mann. Den hat ein Wolf gefressen, und liegen seine Gebeine im Walde, niemand weiß wo. Christus, ohne Beichte und Absolution! Es war ein herziger, herrlicher Junge –«

»Der sich auch nicht wird haben fressen lassen vom ersten besten Wolf. Sah mir mehr danach aus, daß er erst ein halb Dutzend totschlug.«

»Oder eine böse Seuche hat ihn gefaßt; starb in einem Spital, wo sie ihn um Gottes willen aufnahmen. Da liegt er nun auf dem Elendenkirchhof eingescharrt, kein Kreuz, kein Stein auf seinem Grab. O über die von Berlin, sag ich es doch –«

»Haben auch gebüßt, Cordula; oder möchtest mit ihnen tauschen? Sind die nicht im Elende?«

»Man möchte blutige Tränen weinen, Niclas, ist doch viel Jammer auf Erden.«

»Und soll drum Gott danken und froh sein, wer warm sitzt, wie wir in der guten Stadt Brandenburg.«

»Amen! Amen!«

»Nun, Cordula, noch ein Glas zum guten Ende, für alle unsere Freunde, so im Elend sind!«

Als sie anstießen, schellte es leise an der Hausglocke. Die Bürgerglocke hatte schon geschlagen, und ein Pochen und ein Klingelzug am späten Abend hatte in einer ordnungsliebenden Stadt stets etwas Unheimliches. Die Hiobspost kommt in der Nacht, die gute Botschaft wählt den Tag. Die gute stürmt an der Glocke, die schlimme zieht leise am Draht.

»Laß nicht öffnen!« sprach Cordula.

»Ei, lieb Weib, wir trinken auf die Elenden; und so nun einer itzt an unserer Schwelle liegt, sollen wir ihn liegen lassen und verschmachten? Was sagtest du, so du morgen die Türe aufschlössest, und da wäre es zu spät, ihm beizuspringen!«

Auf des Herren Wink eilte die Magd hinunter und kam bald wieder zurück. Sie sollten keine Furcht haben, sprach sie, wäre es nur ein alter, armer Mann, gebrechlich sähe er aus und hätte weißes Haar. Und er bäte sehr, auf ein Wort den Ratsherrn zu sprechen. Zu besorgen sei nichts von ihm, denn er sei sehr matt, wie von einem langen Weg. Möge er wohl bessere Zeiten gesehen haben, so scheine es.

»Man weiß doch nicht«, sprach Frau Cordula, ängstlich auf das Gesicht ihres Herrn blickend.

»Ich aber weiß, was einem Ratsherrn obliegt, bei dem ein Armer anpocht«, sagte Herr Niclas und schob den Tisch zurück und erhob sich und winkte der Magd, daß sie den fremden Mann heraufführe.

»Du hast schon recht, Niclas«, sprach Frau Cordula etwas beschämt. »Ich meinte nur, die Tore sind doch längst geschlossen, und wie kommt er erst itzt zu uns, da er schon hätte kommen mögen, ehe die Bürgerglocke schlug, und da man ihm hätte ins Gesicht gesehen, wer er ist.«

»Und ich meine, Cordula, daß er eben darum kommt, daß ihm nicht jeder ins Gesicht schauen soll, wer er ist. Aber dem Ratmann Niclas Perwenitz will er sich zeigen, und keinem andern, und darum laß ich ihn zu mir. Aber du magst bleiben, denn du bist mein treues Weib.«

Zweites Kapitel

Und so war es. Denn der alte Mann, der eintrat, wie auch sein Gewand vom Wetter gefleckt war und gerissen und seine Schuhe bestäubt und sein Haar grau und sein Gesicht voll Kummer, ein Bettler war es doch nicht, auch nicht ein Herumstreicher, der tagsüber im Graben liegt, und wenn's dunkel wird, steigt er über die Hecken und schleicht sich in die Häuser. Er trat fest auf, und sein Aug sah scharf und grad vor sich.

»Johannes Rathenow!« riefen beide Eheleute aus einem Munde.

»Johannes! Johannes!« sprach Herr Niclas und trat ihm näher, und dann faßte er seine Hand. »Muß ich Euch so wiedersehen?«

»Und Ihr erkennt mich so doch wieder!«

Sie schüttelten sich die Hand, und es lag gar Wehmütiges in beider Augen, wie sie so, einer dem andern, ins Gesicht schauten.

»Gott grüß auch Euch, Frau Cordula. Solchen Gast habt Ihr Euch nicht gemutet.«

Frau Cordula weinte und drückte seine Hand mit ihren beiden. »Ach, lieber Herr Johannes, das sind schwere Zeiten, wo solch ein Mann so klopfen muß an seiner Freunde Türen.«

»Der Herr gab's, der Herr nahm's«, sprach er. »Davon nachher. Also Ihr weist mich nicht hinaus?«

»Muttergottes!« rief sie. »Sind wir denn Heiden und Türkenhunde und nicht Christenmenschen und gute Brandenburger und Eure lieben Freunde? Ach Hannes, was kamt Ihr nicht früher zu uns. Härmten uns und weinten und wußten nicht, wo Ihr geblieben. Ach, Ihr werdet hüngern und dürsten und müde sein. Setzt Euch, um Gottes willen, Ihr sollt alles haben. Setzt Euch, Wein, Speise, ich will selber in die Speiskammer, und ein Bett sollt Ihr haben, weich und warm, oben im Erker, aber setzt Euch –«

Johannes Rathenow hatte sich in den Armsessel niedergelassen, darin zuvor Herr Niclas am Tische saß, und hatte einen Becher Weines getrunken.

»Dank euch für den Labetrunk, lieben Freunde, und mehr Dank, daß ich euch wiederfand, unverändert – es änderte sich so vieles in der Zeit. Aber bin nicht so hungrig und müd, als ich ausschaue; auch ist mein Gewand noch nicht so schlecht als dieser Mantel«, sagte er lächelnd. »Habe schon dort in der Schenke am Tore gesessen und nur gewartet, bis es dunkel ward.«

»Ach du Allbarmherziger! Ein Herr von Rathenow, und der Bürgermeister war im großen Berlin, muß auf die Nacht warten, um zu seinen Freunden zu schleichen.«

»Ist's denn anders?« fragte Johannes und schaute dem Brandenburger Herrn ins Gesicht.

Der antwortete: »Und wenn die von Kölln und Berlin noch so tobten wider Euch als dazumal und Achtbriefe gegen Euch geschickt durchs Land, bei Niclas Perwenitz wärt Ihr sicher.«

»Auch bei dem Ratmann der alten Stadt Brandenburg? Der muß doch tun, was die Stadt ihm heißt, und die Stadt muß tun, was der Märkische Bund verhängt.«

»Der Städtebund!« sprach Niclas. »Ei seht, der Städtebund hat noch mehr Köpfe als eine Stadt. Dem ging die Sache niemals sehr nahe. Er empfing nur die Schreiben von Berlin, worin sie ihm die Geschichte meldeten. Hättet Ihr bei uns angeklopft, geklagt wider die Berliner, es stände itzt schon anders um Eure Sache. Denn manchen hier wunderte es und verdroß es. Aber Ihr schwiegt und gingt ins Elend, ohne ein Wort, ohne eine Tat. Nun, da *Ihr's* stillschweigend hinnehmt, was sollten *wir's* laut aufnehmen? Der kratze sich, wen's juckt. Lieber Gott, Herr Johannes, Ihr habt Eure Sache schlecht gemacht.«

»Kann sein, Niclas.«

»Das habt Ihr, Gott vergeb's Euch. Denn wo nicht *ein* Anwalt für Euch sprach –«

»Keiner sprach für mich!«

»Und Ihr entflohen, und niemand wußte wohin. Da mußten die Städte, so ungern sie's taten, den Bann über Euch sprechen; denn Ihr erschient auch nicht auf die Ladung. Da mußten sie, und einstimmig, es ging nicht anders.«

»Und ist das keine Tat?« sagte Johannes. »Hab sie gezwungen, *einmal* doch, seit der Bund besteht, einstimmig zu sprechen und zu tun.«

»Aber Ihr hättet –«

»Erscheinen können, Widerspruch tun, klagen, damit ich die Parteien und die Städte noch mehr aneinanderhetzte. O ja, Niclas Perwenitz, ich hätte vielleicht recht bekommen, von dreien, vielleicht von zehn. Kann sein, die Brandenburger, die Frankfurter, die Bernower hätten mich zurückgeführt in die Stadt, eingesetzt in meine Güter, auch wohl wieder auf den Bürgermeisterstuhl. – Glaubt Ihr, ich war zornig, da ich fliehen mußte als ein schlechter Dieb, ich, der ich meine Stadt liebe als meinen Augapfel, ich, der ich im Recht war? Ich *war* zornig wie einer, es wollte sich kehren das Unterste zuoberst, aber Dank meinem Heiligen, ich habe es nicht getan. – Wer hätte des Vorteil gehabt, wer gelitten? *Das* hätte noch gefehlt, die Städte unter sich in Hader und Fehde, um das Maß vollzumachen, um den Feind zu locken, daß er uns nahm, was uns blieb. Nein, Johannes Rathenow hat's ihnen bewiesen, nicht durch Worte, durch die Tat bewies er's, daß sie unrecht hatten, als sie ihn Verräter schalten. Nun hat keiner gelitten als er.«

Der Brandenburger Ratsherr sah ihn gar aufmerksam und teilnehmend an, und dann drückte er die Hand des Gastes an seine Brust. »Und was an mir ist, soll's Euch gutgetan werden.«

Aber Frau Cordula meinte sehr richtig, daß das alles besser nachher könnte verhandelt werden, denn die Nacht sei noch lang und morgen auch noch ein Tag. Und itzt sei der Tisch gedeckt, und das Feuer brenne, und so er's auch nicht Wort haben wolle, sehe man's doch dem lieben alten Herren an, daß er seit lange in keinem ordentlichen Hause gegessen und gewohnt. Sie war nun, wie wohlbeleibt auch, treppauf, treppab, um das Mahl wiederherzurichten, wie es sich für solchen Gast schickt, und er mußte trinken und essen, und sie litt kaum, daß er dazwischen redete.

Herr Perwenitz aber versicherte, er solle hier so sicher und heimlich sitzen, als wär es ein Nonnenkloster; denn außer der Magd, die ihm geöffnet, wisse noch niemand um seine Ankunft, da die andern schliefen, und die sei treu wie Gold. Und möge er bleiben, so lange er Lust habe, und sich erholen; denn niemand in Alt-Brandenburg werde doch wagen, in das Haus der Perwenitze zu dringen.

»Des bin ich gewiß«, sprach Herr Johannes und reichte ihm nun die Hand, nachdem er sich durch Speise und Trank gestärkt. »Es ist ein köstlich Ding um einen treuen Freund.«

»Und blieb Euch auch nicht einer an der Spree?«

Der Gast schüttelte den Kopf.

»Das ist's, was sie hier alle wundert.«

»Mich nicht«, sprach Johannes in sich versunken.

»Nur die schlechten Freunde fallen ab, wenn die große Buhldirne, das Glück, sich wendet. Durch das, was Ihr vordem gewirkt, solltet Ihr Euch echte Freunde gemacht haben!«

»Wo der Wurm im Holz ist, wer treibt ihn aus! Jedwede Tat streut Samen aus, aber der der bösen Tat wuchert. Wie wär ich dazu kommen, wie wär die Gemeinheit dazu kommen, daß ich mit ihr spielen mußte das böse Spiel, wenn's nicht mein Großvater Albertus anfing! Seht Ihr, das ist's. Straflos, dachte ich, wäre mein Wandel; aber wer rückt die Sonne zurück, wer ändert den Lauf der Stunden. Er konnte nicht straflos sein, Albertus' Blut rinnt ja in meinem!«

»Sie hatten geschickt nach Spandow, um gegen Euch zu klagen; also mußtet Ihr widerklagen.«

»Warum mußte ich denn?«

»Notwehr gilt allüberall. Ist ein Gesetz in der Natur

geschrieben. Wird Euch kein vernünftiger Mann das verargen.«

»Ich mir aber selber, Niclas Perwenitz. Denn so ich nicht meinen Namen schrieb unter die Klage der Gewerke, wäre der Kurfürst kommen?«

»Wer weiß das!« murmelte der Brandenburger.

»Ich weiß es, *das* war meine Schuld! Ich rief ihn, weil ich schwach war in der Stunde und ließ mich vom Zorn überwallen. Ach, mein Freund, war's mir oft, wenn ich draußen irrte obdachlos und meine Hand anschaute, die den Namen unterschrieb, als tät ich am besten, wenn ich sie auf einen Block legte und haute sie ab.«

»Und hättet Ihr nicht geschrieben, wären die Gewerke dann nicht nach Spandow geritten, wären die Köllner Herren umgekehrt? Ihr tatet, was Ihr nicht anders konntet. Ja, noch schlimmer wär es worden. Ihr hättet beide gegen Euch gehabt. Die Zünfte hätten wider Euch getobt; die Köllner und Eure Widerpart im Rat, hätten die Euch beschützt? Ausgelacht hätten sie Euch, die Türen zugeschlagen. Ihr wärt auf der Rathaustreppe umgebracht.«

»Dann wär ich in meinem Recht totgeschlagen und zu meinen Vätern gangen.«

»Und Ihr wärt itzo nicht im Recht!«

»Wer weiß das! Ach, Herr Perwenitz, das Regiment ist ein schwer Ding. Ist wie ein tiefer Brunnen; man schöpft daraus und weiß nicht, wo das viele Wasser herkommt, und nun versiegt's, man weiß auch nicht, wo es blieben ist. Vordem, als sie mich gewählt, da wußte ich mein Recht und wo seine Quelle ist und ging gradaus und wußte, jeder Schritt war recht. Nun, da mich der Markgraf eingesetzt, da ward mir oft schwindlicht, und rief mich's rechts und links, wo ich gradaus wollte, und mußte mich umschauen hier- und dorthin, hatte die Richtung verloren. Bewahre Gott jeden Guten vor einem Regimente, da er nicht weiß, wo es her ist.«

»Alle Obrigkeit ist von Gott«, sprach Herr Perwenitz.

»Was ich sprach und tat, da riefen sie im Rate: ›Der

Markgraf spricht aus ihm!‹, und in der Bürgerschaft schrien sie's nach.«

»Der Markgraf hatte Euch eingesetzt.«

»Aber hatten sie denn unrecht! War's ja *ihre* Stadt, *ihre* Rechte. Ach, Herr Perwenitz, ich konnte nicht anders sprechen, ich durfte nicht anders tun; aber das Herz im Leibe kehrte sich. Mußte ihnen widersprechen, tun gegen ihren Willen, mußte sie strafen, und mein Herz war doch bei ihnen.«

»Weiß es jeder, daß Euer Stand schwer war.«

»Und tat's dem Markgrafen doch auch nicht recht. Kamen da Meldungen über Meldungen, Boten und Schreiben. Und wo ich mich sehen ließ, zischten sie und züschelten: ›Er ist nicht unser Bürgermeister, er ist des Markgrafen Vogt!‹«

Nachdem beide eine Weil nachdenkend geschwiegen, und Herr Johannes hatte sich durch einen frischen Trunk Weines gestärkt, fuhr er fort:

»Als der Herr die Mühlen forderte am Mühlendamm, ritt ich selbst nach Spandow. Freilich, vor alters hatten sie den Landesherren gehört, aber nun waren sie doch der Stadt; wir hatten's urkundlich von den Bayerfürsten. Sprach dort, was ich sprechen konnte, alle Gründe für uns. Es täte wahr und wahrhaftig nicht gut, so man den Bürgern nehme, was sie von Vatersvater her gehabt. Die fürstlichen Räte sagten, wir hätten sie verwirkt, als wir das Wasser schützten gegen des Markgrafen Willen. Zehn Räte gegen mich einen, und mit lateinischem Rechte, was wollt ich dagegen! Sie schlugen auf die Pergamente und Bücher, sprachen, daß, nach dem Kaiserrechte, die Rechte des Herren gegen seine Untertanen nimmer verjährten, daß, was aus Schwäche vergeben worden, aus Kraft wieder genommen werden könne. Freilich, der Starke hat immer recht gegen den Schwachen. Den Kurfürsten selber bekam ich nicht zu sprechen. – Wie ich damals nach Haus ritt, durch die kalte Heide, die Kiefern knarrten und stöhnten im Winde, war's mir doch schon wie mein Leichengesang –«

»Darauf warfen Euch die Mühlknappen die Fenster ein.«

»Die taten nur, was ihre Herren sie hießen. Und das war doch noch nicht der heißeste Tag. Doch freilich, dazumal verließen mich, die noch an mir hingen, die Wyns, die Bruck, die Strobant, die hatten alle teil an den Mühlen. Was mußt ich da nicht hören im alten Rat! Daß ich der Stadt Rechte verschleudere wie der gewissenlose Verwalter, daß, weil ich selber nicht reich, ich gleichgültig zusehe dem Ruin der reichen Häuser. Ach Herr Gott! Und nun gar erst im neuen Rate. War's schon schlimm im alten mit ihnen verkehren: da aber war doch kein vernünftiger Schluß durchzubringen. Das tobte und lärmte durcheinander; und keiner verstand den andern, und jeder mißtrauisch, weil er's nicht verstand.«

»Wo sollten sie's erlernt haben! Ihr hieltet sie zurück, als sie lernen wollten.«

»Wir hatten den Rat überkommen von unsern Vätern; wir hatten kein Recht, wieder fortzugeben, was unser Väter war und unser Kinder bleiben sollte.«

»Darum hieltet Ihr sie ab, als lang es ging, und wurdet dann fortgerissen auf einmal, übern Haufen geworfen, als wie wenn das Wasser einen Damm durchbricht. Hättet Ihr vorher die Schleusen geöffnet und etliche eingelassen, da hättet Ihr sie leiten können, wie Ihr wolltet; nun mußtet Ihr gehn, als wohin sie Euch zogen.«

»Wir hatten unsere Pflicht getan.«

»Und seid dafür ins Elend gangen.«

»Nahm aber mit mir das Bewußtsein, daß ich nie vom Recht gewichen.«

»Ein schön Bewußtsein; aber den Bettelsack macht's nicht leichter.«

»Meint Ihr, daß die andern drinnen itzt leichter tragen? Die mit ihnen verkehren und handeln und unterhandeln; sich täglich müssen Dinge sagen lassen, daß sie schamrot werden. Geschimpft werden im Rathaus und lächeln müssen und danken!«

»Und wißt Ihr, daß die Geschlechter dennoch nach

wie vor drinnen regieren! Die Schuster und Altflicker schreien zwar im Rat; aber die Fäden, daran sie gehen, sind in der Patrizier Händen. Wird nichts beschlossen, was *sie* nicht wollen. Ach, habt ohne Not das Leben Euch sauer gemacht. Wer klug ist und reich, regiert in aller Welt, wenn er auch nicht auf den Bänken sitzt. Wärt Ihr etwas feiner gangen, freundlich und behutsam, hättet nicht das Kamel durch das Nadelöhr fädeln wollen auf einmal, vielmehr die Fäden einzeln durchgezogen, Ihr säßt noch heut auf dem Stuhl –«

Da stand Herr Johannes von seinem auf und sprach: »Dann wär ich nicht Johannes Rathenow, meiner Väter Sohn. – Und«, fuhr er fort, durch die Stube gehend, »was ist rauskommen! Sieht's drum besser aus, daß sie zehn Schritte machen krumm herum, wo ich einen ging? Geschieht etwas der Stadt zum Vorteil? Vertragen sie sich besser? Stehn sie gut mit den Städten? fest gegen den Markgrafen? Greift er mit seinem langen Arm minder tief in ihre alten Rechte? Was ist Klugheit ohne Recht? Ein Stab, der bricht, wenn wir uns wollen stützen drauf.«

Der Meinung schien nicht ganz der Brandenburger Ratsherr; aber er schwieg. Mochte dem alten Mann den Stab nicht nehmen, der ihm blieben war. Dachte daran, wie sie ihn gehöhnt und von der Rathaustreppe heruntergestoßen, wie sie durch die Straßen getobt mit Mordgeschrei und ihn umbringen wollen, was der allmächtige Gott verhütet; und er war bei Nacht und Nebel verkleidet aus der Stadt damals entwichen. Aber mußte Herrn Johannes selber das Herz warm geworden sein, und die alten Erinnerungen traten vor. Er hatte lange keinen gefunden, dem er das Herz ausschütte; darum setzte er sich wieder und sprach, als erzählte er es für sich mehr als für den Gastfreund:

»Die Tage darauf waren schrecklich. So still sie waren, es war schlimmer als der Lärm. Jedwed Gesicht, das mich ansah, ich wußte, was es mir sagte. Wenn ein Karren fuhr, wenn die Glocken läuteten, hört ich der Bürger

Gebrumm. Und in meinem Hause die rotverweinten Augen meiner Elsbeth, die niedergeschlagenen Blicke der Dienstleute, das Ächzen der alten Gertraud. Was sie mir verschwiegen, sie taten's aus Liebe. Hätten sie's mit Pauken und Trompeten gesprochen, es wäre nicht so arg gewesen. Denn die Heimlichkeit schleicht durch die Adern und zehrt am Blute. Ein Feind, der vor uns steht, gegen den kann ein Mann sich waffnen. Gegen einen heimlichen, da ist er ein Kind. Sie flüsterten, ich, ich Johannes Rathenow, hätte die Städte dem Fürsten verraten, ich durch meine Genossen den Zwist ausgesäet, damit sie klagen mußten in Spandow. Mein Werk sei es, daß der Markgraf kommen und das Tor gesprengt und der Stadt Regiment geändert; und wer Augen habe zu sehen, der müsse es sehen, da er mich zum Bürgermeister gewählt, mich allein, und von allen den alten Geschlechtern, die's gut mit der Stadt gemeint und die ich verredet, keinen!«

»Ein tückisch, niederträchtig Gerücht! Aber wer konnte das glauben.«

»Ein Gerücht, Herr Perwenitz, ist eine Schlange! Wer trifft sie? Wo man hinschlägt, ist sie fort. Meine Feinde streuten es aus, die Menge griff und verschlang es. Und – und – sie hatten einen guten Grund. Mein Großvater Albertus hatte es so getan.«

»Alles, was er kundtat der Stadt und forderte, durch mich ging es«, fuhr der Gast fort. »Ich mußte es im Rate vortragen. Auf mich schimpften sie, ich mußt es verteidigen. Mußte aber auch den Unwillen der Stadt vertreten gegen den Herrn, denn durch mich ging ihre Antwort. Da ritten eines Abends bei mir ein die Herren von Kracht und Schliefen mit Papieren und Rissen und einem Baumeister des Fürsten und sagten mir kurz raus, daß der Fürst ein Schloß zu Kölln an die Spree baun wolle, und was er für Grund und Boden fordere von der Langen Brücke an bis zur Stadtmauer. Das Gerücht lief freilich schon lange um, aber ich glaubt es nicht. ›Ihr werten lieben Herren‹, sprach ich, ›um Gottes und aller

Heiligen willen, gebt das auf, laßt es nicht fordern den gnädigen Herren. Das Blut ist schon heiß bei uns. So der Fürst ein Schloß dort baut, hart am Fluß, gegenüber dem Rathaus, mit Mauern und Zinnen, sieht's wie ein feindlich Lager aus gegen der Stadt Freiheit und Rechte. Die Städte werden's, die Städte können's nicht ertragen. Nur jetzt nicht. Es ist um sie geschehen.‹ – Da schrie der wilde Kracht: ›Es soll auch um sie geschehen sein.‹ Und der Schliefen lachte. ›Die Städte werden's und sollen's ertragen.‹ – Ich redete nun, Gott weiß, was meine Worte waren. Gut war's gemeint; aber sie mögen hart klungen haben, daß die alten Fürsten nimmer mit Roß und Mann gelagert in unsern Mauern, daß sie uns freund waren, nicht feind, daß die von Kölln den Boden nimmer könnten hergeben, da's ihre Mauer sei und Bürgerhäuser drauf stünden. Da schlug der Kracht mit seinem Eisenhandschuh mir auf die Schulter, schrie: ›Bist du der Stadt Knecht oder deines Herren?‹, und der Schliefen stampfte auf den Boden und schlug auf den Riß, der aufm Tisch lag. ›Das Schloß wird da stehn, wo's der gnädige Herr hinhaben will, und zuviel Gnad für euch, so er eure Hundehütten drunten stehn läßt.‹ Ich schrie: ›Gewalt!‹, daß mein Haus zusammenlief, glaubten, die Ritter wollten mich schlagen. Die aber warfen ihre Mäntel um und ritten drohend fort und schrien: ›Empörung!‹ Konnte mich nicht mit ihnen verständigen.«

»Ein paar gewaltsame Herren«, sagte der Brandenburger. »Der Fürst hat doch auch feinere Räte.«

»*Wir* hatten feinere Leute bei uns«, sprach seufzend der Gast. »Als es durch die Stadt lief, was in meinem Haus geschehen, da beschickten sie mich von allen Seiten. Alles sei außer sich, es siede und koche. Die Stadt müsse die Schmach auf sich nehmen, die ihrem Meister geschehn. Ich dürfe es nicht sitzenlassen, vor den Rat müsse ich es bringen. Wo ich itzt noch dem Markgrafen das Wort rede, sei es klar, daß ich unter einer Decke mit ihm spiele. – Ja, dieselben, die das mir sagen ließen, am Tag drauf, im Rat, waren sie mäuschenstill. Nur ich sprach und redete, was der Kurfürst verlange, und das sei eine Unbilde, der Stadt und ihren Freiheiten angetan, und daß wir ihm untertänigst vorstellen sollten, wie es nicht anginge, denn der Stadt Boden gehöre der Stadt und nicht dem Landesherrn, und möchte er gnädigst den Beschluß zurücknehmen: da schwiegen sie zuerst, und dann ging ein Murmeln durch den Saal. Das sei itzt nicht mehr an der Zeit. Nun wär es zu spät. Man solle nicht den Zorn des Herrn auf sich laden. Was denn aus solchen Vorstellungen herauskäme? Man hätte früher sprechen müssen. – Da geriet ich in Zorn. Wer hat denn geredet, als es Zeit war! – Das wollten sie nur, daß ich ihnen Vorwürfe machte. Nun überschrie's mich. Die Blankenfeldischen steckten dahinter. Ach Herr Perwenitz, das waren Vorwürfe, aus der Luft gegriffen, aber sie schmerzten doch. Ob ich allein reden wolle? Ob ich ihnen Gesetze geben und ihr Burgherr sein wolle? Ob sie dem Markgrafen gehorchen sollten, wenn's mir gefiele, und nicht, wenn's ihnen gefiele? Vergebens stellte ich ihnen vor, itzt sei noch Zeit zu sprechen; wenn der Grundstein zum Schlosse gelegt, wenn die Mauern aufwüchsen, dann sei es zu spät, dann werde es Empörung. Sie hörten meine Stimme nicht. Sie schrien, ich wolle sie verfeinden mit dem Fürsten. Hans Mewes von Kölln rief: ›Unsere Güter sind lehnbar vom Markgrafen; der Rathenow möchte, daß wir sie verwirken, und dann weiß ich einen, der den Rock umkehrt, wenn's Güter verdienen gibt!‹ Ach, da die Geduld hüten, Herr Perwenitz.«

»Wenn's in Berlin Freunde schneit,
Ist der Sonnenschein auch nicht weit«,

sprach der Brandenburger, »denn wohlgemerkt, sie schmelzen, wenn du sie fassen willst.«

»Grad da polterten die Ritter herein, sagten, der Markgraf habe sie geschickt; nachmalen erfuhr man's aber, sie kamen nur vom Landeshauptmann. Busso Voß, der Lange mit dem höhnischen Gesicht, nahm das Wort, und wie er sprach, drehte er mir halbwegs den Rücken.

Da merkten schon meine Feinde, wie es stund, und jubelten. Der Busso wahrhaftig liebte doch nicht die Bürger; aber seine Rede, die schmeckte, als wollte er sie vor Lieb auffressen und liege ihm nichts am Herzen, als daß sie frei werden sollten von den Geschlechtern, die ihresgleichen wären und hätten sich über sie erhoben. Wäre darum allein der Fürst gekommen in unsere Tore. Aber durch Schlauheit und Arglist hätten wir seine guten Anordnungen verkehrt. Darum nur hätte er die Mühlen zurückgefordert und das andere, damit die Gemeinheit gut bedient würde. Und daß er stets ein Aug drauf habe, wollte der gute Fürst sich ein Haus bauen unter uns, inmitten beider Städte. Und ich hätte seine Boten schnöd zurückgeschickt und mit Aufstand gedroht. Aber am Hof da kennten sie mich, und wer aus mir spreche, und daß ich nicht frei gewählter Meister sei von beiden Städten. Darum hätten sie den Zorn des gnädigen Herren noch beschwichtigt; denn wäre es grausam, daß die Stadt und die guten Bürger litten, um was einer gedroht. Nun aber sei's hohe Zeit, daß sie sich entschieden, ob sie ihrem Fürsten gehorsamen wollten oder ihrem Bürgermeister. Der Fürst wolle ihr Gutes; was der Bürgermeister wolle, das wisse er nicht. Was der Fürst könne, das wisse er und sie alle, denn er könne mit Heeresmacht und Donnerbüchsen über sie ziehen und die Mauern niederreißen und der Stadt ihre Privilegien nehmen, ihr Stapelrecht und ihre Niederlage, ihre Münze und ihre Zollfreiheit. Ob aber Hans Rathenow ein so mächtiger Mann sei, daß er sie vorm Zorn des Gewaltigen schütze, das müßten sie besser wissen als er. Nun sei die Frage, ob sie für ihren Bürgermeister durchs Feuer wollten, auf Gefahr hin, daß sie ihr alles verlören, oder dem Markgrafen das Stückchen Boden verkaufen, daß er sich ein Haus baue unter ihnen. Und, schlug er auf den Tisch, der Schilling, den der Markgraf dafür zahle, solle nicht in die Säckel der Herren, sondern in die Taschen der Bürger.«

»Kann Euch zu wissen tun«, sagte der Brandenburger,

»Seine Gnaden haben nachmalen nicht gutgeheißen, was der Ritter in Berlin sprach.«

»Was hilft das? Kann er drum machen, daß der Sturm nicht stürmte und die Bäume wieder aufstanden, die er entwurzelt! Wenn große Herren schelten ihrer schlechten Diener Eifer, nehmen sie's doch gern, was für sie abfiel; aber gaben sie's je schon wieder?«

»'s ist unrecht, gute Leute verreden«, murmelte Niclas Perwenitz. »Der Braven sind überall wenig.«

»Aber sie sind die Ecksteine und Pfeiler, gegen die man das Geschütz richtet, wenn man ein steinern Haus nieder haben will. Die andern Steine fallen dann von selbst. Und sie sind gefallen, und bröcklig und morsch sind die Mauern, und die Hand braucht nur draufzudrücken, so fällt es ein. Wie Gott will, Herr Perwenitz. Ich habe viel gelitten; Lob und Preis ihm, daß ich schwacher alter Mann es ertrug.«

Da merkte der Wirt, daß sein Gast müde ward, und die Erinnerungen drückten ihn nieder. Er mochte nun nicht mehr fragen, ob er schon gern noch manches aus seinem Munde gehört, was er nur durch das Gerücht und die andern wußte. Aber er stand auf und legte freundlich die Hand auf seine Schulter und sprach: »Ihr bedürft der Ruhe.« Herr Johannes schwieg und seufzte. Er stand auf und folgte ihm die Treppe hinauf in die Erkerstube, wo die gute Frau Cordula ihm ein weiches, hohes Bette aufgeschlagen hatte, und feines weißes Leinenzeug war darumgeschlagen. Auch prasselte Feuer im Ofen, das sie selbst angezündet, und über dem Tische lag eine bunte Decke, und darauf stand ein gebrannter Krug und Geschirr zum Trinken und Handtücher und ein silbern Waschbecken. Auch hatte sie einen Teppich sorgsam unterbreitet vorm Bette, daß der alte Mann seine Füße nicht auf die kalten Dielen setze. Mochte der Wanderer seit lange nicht so freundliches Nachtlager gefunden haben. Dafür dankte ihr ein stummer Blick, und sie ging auf den Wink ihres Herren. Der aber sprach:

»Nun ruht wohl, lieber Herr Johannes, unter meinem

Dache. Morgen ist auch ein Tag, da wir mehr sprechen können, was Euch hergeführt und wie ich Euch helfen kann.«

Der Gast hatte sich auf das Bett gesetzt und hielt dem Wirte freundlich die Hand hin. »Dank Euch, lieber Herr Perwenitz. Ach, ich hätte Euch noch soviel zu sagen. Habe lange Zeit her kein freundlich Gesicht sehen. Ihr mahnt mich an den Mann, der mich damals unterm Arm faßte und herunterriß unter die Brücke, da die Steine mir schon um den Kopf flogen. Und das furchtbare Geschrei, als wär ich ein Hochverräter, und hatte meine Stadt so lieb. Da warf er mir einen Fischerkittel um, und dann –«

»Morgen, morgen! heute schlaft aus.«

»Was soll man sich nicht jeden Tag gern erinnern, was uns Gutes geschehe; zumal vorm Schlafengehn!«

»Es war ein gemeiner Mann, als ich hörte, der Euch auf einem Kahn zur Stadt rausbrachte.«

»Freilich, von den Patriziern kannte mich keiner. Die hatten ihre Türen geschlossen. Aber die Gemeinen tobten ja noch ärger draußen. War das nicht arger Unverstand, Herr Perwenitz; derweilen sie drinnen mich anschrien, die Herren, daß ich sie in Fehde brächte mit dem Fürsten und seinen Willen nicht tun wollte wegen des Schlosses, da schrien sie draußen: ›Steine auf ihn! Zerreißt ihn! Er will uns verkaufen dem Markgrafen!‹ – ›Herrgott‹, rief ich, ›das will ich nicht.‹ Ja, sie hörten mich nicht –«

»Das ist nun so in Berlin.«

»Nicht auch anderwärts?« sprach der Gast sinnend.

»Daß sie einen ehrlichen Mann verleumden just ums Gegenteil von dem, was er tat!«

»Die Menge ist blind und taub allerwegen, und der Herr richte die, die sehen und hören und sie doch auf falsche Wege führen. Ihr aber geht ins Bett.«

»Nachher mochte es manchem gereuen«, fuhr Herr Johannes fort, aber war's, als spräche er mehr zu sich denn zu dem andern. »Als ich in Teupitz war, schickte einer und der andere zu mir, sie wollten für mich unterhandeln. Da war ich zornig. Auch die Schumms.«

»Wunderte es uns alle, daß Euch der Bartholomeus im Stich ließ. Ihr hattet Euch doch wieder mit ihm vertragen.«

»Solch ein reicher Mann will haben, man soll immer auf seiner Schwelle stehn. Ließ mir auch dahin sagen, er wolle es durchführen für mich im Rat und vor den Städten. Da sollte ich ihm aber Vollmacht senden, daß er tue, wie es ihm recht dünke. Ihm und seinen Schreibern. Denn ich sei unklug und aufbrausend und verstände nicht, mein eigne Sach zu führen. Ich ließ ihm wiedersagen – doch das gehört nicht her.«

»Ihr *hattet* einen Freund in den Städten.«

»Tydecke von Achen ist tot.«

»Ich meine einen andern, der ist Euch vorangangen, ob in den Tod, das weiß Gott. Aber ins Elend ging er vor Euch. – Und Ihr schicktet ihn dahin«, setzte Herr Niclas leis hinzu.

Johannes Rathenow hob den Kopf. Hatte ihn nur halb gehört.

»Einen Freund, so treu wie Gold, so mutig und so frisch. Ja, hättet Ihr den Henning Mollner nicht ins Elend geschickt, der hätte es nimmer geduldet, daß Ihr gingt.«

»Henning Mollner, schrien sie, hätte das Tor gesprengt, weil ich's ihm hieß. O die bösen Menschen!«

»Und schrien sie nicht nachmalen, Ihr hättet ihn aus der Stadt geschickt, daß er Euch nicht verrate? Daß er Euer Sündenbock sei? Ach, lieber Johannes, das habt Ihr schlimm getan. Euer bester Freund war fort, und die schlimmste Nachrede war blieben.«

»Er ging ja freiwillig.«

»Es munkelte anders. Er ging um Eurer Elsbeth willen, um der harten Worte willen, so Ihr zu ihm gesprochen. Seiner war er nicht mächtig mehr, der Junge; da, blind vor Jachzorn, Liebe, in Raserei und Tollheit sprengte er das Schloß. Das hätte ihm der Vater vergeben können, die Bürger hätten's ihm gutgetan, der Markgraf hätte ihn nicht gestraft. Ach Herr Johannes, wenn einer gut war zum alten Berlin, daß er die Tollen bändigte und das zerfahrne Wesen zusammenhielt, das war der Henning Mollner. Ein Graf und Herr hätte sich wünschen können solchen Sohn für seine Tochter. Und dem schlugt Ihr Eure Elsbeth ab und ließet ihn ins Elend.«

Da hielt der alte Mann beide Hände vors Gesicht.

»Meine Elsbeth!« sprach er, und war's doch, als wenn tief aus der Brust ein versiegter Quell aufstieg und die Tropfen drangen auf, bis sie die Augen feuchteten. Und nun winkte er dem Wirte zu gehen und legte den Kopf auf das Kissen.

Als der Ratsherr hinuntergestiegen, saß sein Weib noch am Feuer, und ihre Augen waren rot.

»Ach Niclas, wenn man schlechte Menschen leiden sieht, tut's uns schon weh. Aber daß auch ein solcher Mann wie ein Landstreicher muß wandern gehn. Da muß man ja fürchten, ach ich weiß nicht was. *Uns* können sie doch nicht ins Elend schicken, Niclas?«

»Das steht in Gottes Hand, Cordula. Aber wenn wir ins Elend müßten, eins weiß ich. Unser Bestes nähmen wir mit uns.«

»Wenn sie uns aber alles vorher nehmen?«

»Wer will mir den Frohsinn nehmen. Glaub's, Cordula, damit bettet man sich noch im Elend erträglich. Der arme Herr Rathenow nahm nur einen Stab mit, sein Recht, und darauf stützt' er seinen Stolz. Der Stab wärmte und speiste ihn nicht, er trug ihn kaum, wenn er sich drauf lehnte.«

»Er wird's nicht lang machen. Er ist nicht mehr der alte.«

»Hm! hm!« entgegnete ihr Herr. »Er richtet sich wohl noch einmal auf.«

Drittes Kapitel

In der Nacht, welche auf den Tag folgte, war es in Alt-Brandenburg nicht so still, als man's wohl hätte meinen sollen nach einem Tage, wo sie bis auf den späten Abend gearbeitet. Und Arbeit macht müde, ehedem wie itzt. Aber von Mitternacht an verging keine Stunde, wo nicht ein Reiter vorm Tor hielt und ins Horn stieß, und sie mußten ihm aufmachen, und er sprengte durch die Straßen und pochte hier und dort an die Türen der Ratsherren, auch der geistlichen Herren aufm Dome und der markgräflichen Beamten. Die suchten dann einer den andern auf noch in später Nacht, was doch sonst nicht Sitte ist, und berieten sich und schüttelten die Köpfe. Auch an Niclas Perwenitz' Türe pochten sie, und er war aufgestanden und hörte kopfschüttelnd, was sie ihm brachten; und darauf kamen schon andere seiner Freunde, und mit ihnen ging er aus, heimlich, in Mäntel gehüllt, zu andern Herren vom Rate, und dann auf die Dominsel, wo viele sich versammelt hatten, und die wenigsten von ihnen legten sich wieder aufs Kissen vor Tagesanbruch. Was es war, das sie sprachen, das weiß ich nicht, aber die Herren der Stadt schienen uneins und unschlüssig, und die Klügsten meinten, man solle den Tag abwarten und was er bringe. Und war das klug schon damals, als es auch itzt noch ist.

Herr Perwenitz aber sprach auf dem Rückweg bei unterschiedlichen seiner Werkmeister und Schiffer an, auch beim Schieferdeckermeister Bertold von Dasseleben, und hieß ihn, was nach Kölln geladen sei, daß er es morgen noch nicht abgehn lasse; worauf sich der Meister mit schlauer Miene hinterm Ohr kraute und sprach: »Ich konnt es ahnen, aber nach morgen kommt auch noch ein Tag.« Zu Haus aber war Frau Cordula sehr besorgt, daß der viele Lärm ihren Gast erweckt haben möchte, worauf der Ratsherr erwiderte: »Wer weiß, ob nicht der alte Hans Rathenow davon in ihm erwacht. Jed Ding hat zwei Seiten, aber zum Schlimmen ist keine von beiden für ihn.« Darum sorgten sie, daß es am Morgen drauf recht still hergehe im Haus, damit der liebe Herr ausschlafen könne. Aber die Sonne, die hell über Brandenburg aufging, mußte ihn geweckt haben, und ehe sie sich's versahen, hörten sie seine Tritte, fest und deutlich, und war's gar nicht wie eines Bettlers und Geächteten, als wie er gestern ins Haus geschlichen kam. Nein, er schritt, als wäre er noch der Bürgermeister, und zu ihrer Verwunderung trat er itzt, als noch eben Herr Perwenitz mit seinem Weibe überlegt, ob sie ihm den Morgenimbiß schickten oder der Wirt zu ihm hinaufginge und ihn herunterlüde, selber in ihr Zimmer und grüßte sie freundlich und drückte ihnen die Hand. Er ging aufrecht und sahe auch stattlicher aus denn gestern, nachdem er den Mantel abgetan. Denn war auch sein Wams abgetragen und schlicht, so sahe doch jeder, daß es von keinem schlechten Manne war. Und war er auch gestern nicht zu Fuß kommen von Saarmund her, sondern in einem Bauerwagen, der ihn bis ins nächste Dorf gebracht. Aber in die Stadt mußte er zu Fuß schleichen, denn er wußte nicht, wie sie es mit dem Banne hielten, den die Städte gegen ihn gesprochen.

Also wie sie traulich beim Frühstück saßen, und Frau Cordula legte dem Gast die leckersten Bissen vor, und sprachen über dies und jenes, nur nicht, was sie dachten, denn es schickt sich für keinen guten Wirt, einen Gast zu fragen, und noch dazu einen, der hülflos zu ihm kommt, und einen solchen Ehrenmann, warum er komme und was er wolle; und noch weniger für solchen Gast, daß er beim Imbiß, den sie ihm freundlich vorsetzen, damit herausfährt wie ein Faß Bier, das platzt und kann sich nicht halten. Also saßen sie und sprachen Gleichgültiges mit der Zunge, aber die Augen der beiden Herren sprachen anders. Als nun Frau Cordula aufstand und das Zimmer verließ, hub der Brandenburger Ratsherr an, indem er den Humpen aufhub:

»Dies trinke ich Euch zu, mein lieber Freund, Herr Johannes Rathenow, und daß der Herr auf allen Euren Wegen sei, vornehmlich aber auf dem, den Euer Fuß itzo geht.«

»Amen!« entgegnete Herr Johannes und brachte das Glas an die Lippen. Aber er leerte es nicht. Mußt es in der Mitte fortsetzen und wandte dem andern halb den Rücken, daß der nicht die Träne sehe, die in seinem Auge stand.

»Nun erlaubt mir«, fuhr der Brandenburger fort, »daß ich Euch frage, wohin Euer Fuß will? Denn ist's nicht unbescheiden und eitle Neugier von mir. Vielmehr, daß mir Euer Wohl am Herzen liegt und ich besser weiß als Ihr, der Ihr so lang außer Landes seid, auf was Hindernisse Ihr auf den beiden Wegen stoßen mögt. Ich bin im Land blieben und kann Euch die Fußpfade angeben und Richtsteige und weiß jeden Stein, daran Ihr stoßen könntet. Und so's Euch gefällt, geleite ich Euch auf welchem der beiden Wege, so Ihr einschlagen mögt.«

»Den Weg nach Spandow mein ich wohl noch allein zu finden«, entgegnete der Gast.

»Also nach Spandow!« Herr Niclas betonte die Worte und schaute dabei bedeutungsvoll auf den andern. »Als zween alte Freunde, und die wir hier unter uns sind, das ist am End der sicherste Weg. Ihr habt sie kennengelernt, die Berliner und Köllner. Ist kein Verlaß auf die Dauer. Und zudem, wir werden alt, wir brauchen Ruhe. Also Gott mit Euch auf den Weg nach Spandow. Ich will zween Boten voraussenden und dann selber mit Euch reiten, und was gilt's, die Torflügel werden aufstehen, und sie werden Euch mit offnen Armen empfangen.«

Herr Johannes sah den Brandenburger etwas verwundert an. »Vergönnt, daß ich allein gehe. Ich will bei Abendzeit an das Pförtlein klopfen, daß keiner mich vorher sieht.«

»Das ist klug, aber die Vorsicht ist nicht nötig, Herr Johannes. Was habt Ihr für Rücksichten gegen die beiden Städte? Doch davon nachher. Ich bürge Euch dafür, Ihr braucht nicht am Schlüsselloch zu horchen und auf die Mienen der Diener zu lauschen. Schon vordem schlug für Euch dort ein Herz, und die Jahre haben das nicht geändert.«

»Da sei Gott für«, sprach Herr Johannes.

»Ja, ich kann Euch wohl sagen, es steht besser daselbst, als Ihr meint; und recht herzlich wird man Euch das Tor aufschließen. Denn man braucht Euch –«

»Daß Gott erbarm! Redet, was wißt Ihr?«

Herr Perwenitz merkte nichts von der Bewegung, die auf des alten Mannes Gesichte sich kundgab, denn er sah auf den Boden, als sammle er zu dem Vortrage, den er itzt anhub.

»Ihr standet schwer in Berlin, weil Ihr zwischen zweien standet. Dem einen wolltet Ihr's recht tun und mit dem andern nicht verderben. Das gelingt nimmer. Die Städtischen sahen Euch an als Vogt, den der Markgraf über sie gesetzt; die vom Markgrafen, ich sage nicht Herr Friedrich selbst, sahen Euch auf die Finger und trauten Euch nicht, weil Ihr ein Bürger wart und einen graden Rücken trugt. Kam nun, was nicht ausbleiben konnte. Ihr verdarbt's mit beiden. Ihr wolltet, als treu dem Eid, den Ihr geschworen, nichts zum Schaden der Herrschaft tun und als guter Bürger nichts zulassen, was der Stadt zum Nachteil war. Sah Euch darum jeder scheel an und zwickte Euch. Wart wie Euer Haus auf der Langen Brücke. Das hat auch keinen Rücken gegen eine der zwo Städte, sondern liegt zwischen beiden. Da konntet Ihr nicht stehn; mußtet fallen. War's nur Euer Ungeschick, daß beide zugleich auf Euch losfielen.«

»Was soll das, lieber Herr Perwenitz?«

»Werdet's gleich hören. Mit Rat und Bürgerschaft verdarbt Ihr's, weil Ihr die Mühlen rausgabt. Gleichviel, was Ihr geredet. Ihr tatet's. Ihr tatet noch mehr, was sie Euch nicht vergeben konnten. Aber derweil Ihr dort keinen Boden unter Euch hattet und keine Mauer hinter Euch, schlug Euch doch Euer Berliner Herz in der Brust, als der Fürst mehr forderte, denn Ihr zugestehen konntet mit gutem Gewissen. Ihr glaubtet es wenigstens. Hab auch nichts dagegen. Aber Euer Widerstand gegen den Markgrafen war zur Unzeit. Womit wolltet Ihr ihm denn die Stirn bieten? Kein Schloß, keine reisige Mannschaft; und Rat und Bürgerschaft hinter Euch lauernd und gierig, Euch zu stürzen. Der Schloßbau war's nicht, der war nur die Gelegenheit; die griffen sie auf. Und hätte der Markgraf gefordert, daß ihm die Berliner eine Hütte bauten für seine Hunde, es wär ebenso kommen. Wenn Ihr's geweigert, sie hätten geschrien: er will uns verfeinden ohne Not mit dem Herrn; und der Herr hätte Euch auch anklagen müssen. – Nun aber seid Ihr ein gescheuter Mann und habt wohl erfahren, was zeither in beiden Städten sich zutrug, und daß die Bürgermeister, die nach Euch eingesetzt wurden mit und ohne Willen des Markgrafen, ihm noch viel mehr Schwierigkeit machten als Ihr. Ihr hättet nur seine Klagen auf den Landtagen hören sollen, und zu Haus spricht er, Kölln und Berlin, die wären itzt der Stein des Anstoßes in seiner Herrschaft. Es wächst ihm manch graues Haar über das Regiment dort. Mathis Blankenfelde, der nach Euch gewählt wurde, der fuchsschwänzte zwischen beiden Teilen so viel, daß ihm keiner nicht traute, und war hochmütig dazu und griff in der Stadt Kästen, daß es eine Schande war. Als das bei den Ständen zur Sprache kam und es herauskam, seine Doppelzüngigkeit, da mußte er mit Schimpf und Schanden abdanken. So verachtet von allen trat noch keiner ab. Und, wer glaubt's, hat noch immer seinen Anhang dort und spielt nun den Volksfreund, bildet, wer's ihm glauben will, ein, daß er abgesetzt worden, weil er der Stadt Gerechtsame verteidigt gegen den Herrn. So sind sie in Berlin. Der Peter Brakow kam nach ihm dran, und meinte man, nun werde es gut gehn, zumal seit er die Eva Schumm geheiratet und die Schumms hinter sich hatte. Die Brakows gehören itzt zu den Reichsten in Berlin, und Herr Petrus ist kein schlechter Mann, auch Euch, Johannes, gar nicht abhold. Aber, du lieber Gott, das Zeug hatte er nicht dazu. Wäre vielleicht in ruhigen Zeiten ein guter Ältermann gewesen; aber die Ryke sind ihm feind, und die Blankenfeldischen bohren gegen jeden, der die Macht hat, und zumal wenn er ein Ehrenmann ist. Glaubt es mir, der Markgraf, der doch seit Anno 42 die Macht hat einzusetzen und abzusetzen, wer ihm gefällt, der war zufrieden, wenn die in den Städten nur untereinander eins wurden über einen, und wen sie ihm nannten, den bestätigte er. So kam auch nur der Baltzer Boytin auf. Aber in ihm kocht's und – doch davon nachher. Seht, wie die Sachen stehen, Ihr konntet nicht besser tun, als Ihr geht nach Spandow.«

»Herr Perwenitz, ich versteh Euch nicht.«

»Der Kurfürst war Eurer Person nimmer feind. Das hat er bewiesen dazumal. Ist ihm kein Besserer kommen, als Ihr wart. Er denkt noch gut von Euch und fragte neulich: ›Wo er nur blieben sein mag, der Hans Rathenow! Er war ein Trotzkopf, aber eine ehrliche Haut.‹ Nun, versteht Ihr's itzt? Er wird Euch mit offnen Armen in Spandow aufnehmen.«

Mit großen Augen, aber trübem Blick sah Herr Johannes den Brandenburger an. »Um deshalb geh ich nicht nach Spandow. Will meine Elsbeth wiedersehen, die im Kloster dort Aufnahme fand, seit ihre Muhme Heidekkin starb.«

Herr Perwenitz sah ihn wieder aufmerksam an. »Ist löblich und gut von Euch, und Gott sei Dank, daß die Jungfer nur in Kost ist und nicht, als es verlautete, den Schleier nahm. Denn die taugt zu Besserm als zur Nonne. Aber ich meine, man kann das eine tun und das andere nicht lassen. Ein Mann ein Wort, Herr? Ist hohe Zeit, Herr Johannes. Zween Pferde stehn gesattelt, und mein eigner Neffe soll hin, Euch zu melden dem Kurfürsten.«

»Um Gott! Was soll ich und der Kurfürst? Unsere Wege gehn auseinander. Will's glauben, daß er mir von Person nicht bös will. Aber er hat die Acht, so die Städte gegen mich aussprachen, genehmigt, bin verwiesen, und meine Güter sind eingezogen. Er mag sein Aug zudrükken, wenn ein alter Vater sein einzig Kind vor seinem

Tode noch einmal sehen will, aber ich will nicht als Bettler vor ihn treten.«

»Das sollt Ihr auch nicht.«

»Dann schickt nicht Euren Neffen.«

»Ich schicke ihn doch«, und Herr Perwenitz sah mißtrauisch und schlau auf den Alten. »Das Damals ist nicht jetzt. Der Kurfürst bestätigte den Achtbrief, weil die Umstände es geboten, weil ein Sündenbock sein mußte, um den Frieden herzustellen, weil Ihr nicht erschient auf die Ladung. Darum taten's auch die Städte, und wollte Euch doch keiner schlimm. Die Umstände sind nun anders. Ich schicke meinen Neffen, und Ihr, Herr Johannes, sollt vor dem Markgrafen erscheinen, nicht als ein Bettler, nein im schönsten Zeug, mit Federhut und Zobelpelz und Spielleute hinter Euch.«

»Ich will's nicht.«

»Ihr sollt und müßt, als Ihr ein guter Mann seid. Mein Wort darauf, Herr Johannes, er reicht Euch die Hand und spricht: ›Dir ist vergeben und vergessen. Was kamst du nicht früher?‹ Und zerreißen läßt er vom Kanzler den Achtbrief, und mit Sang und Klang führt er Euch zurück nach Berlin und ins Rathaus.«

»Da sei Gott für!« sprach Herr Johannes und stand auf.

»Ei Ihr liebt Eure Vaterstadt und wollt's nicht tun?«

»Weil ich sie liebe und ihre Freiheit. Das sind wunderliche Worte, Herr Niclas Perwenitz. Vergönnt mir, daß ich von Euch scheide.«

»Halt, werter Freund! Ich sage: Ihr müßt zum Fürsten und Euren Arm ihm wieder bieten und, so Ihr auch alt seid, die Last wieder auf Eure Schultern nehmen, und das müßt Ihr, nicht um Euretwillen, um Berlins und Köllns willen, aus Liebe für Eure Stadt und ihre Gerechtsame und Freiheiten. Ihr müßt's, weil ohnedem diese Gerechtsame zerbrochen werden, diese Freiheiten genommen, weil der Fürst mit dem Fuß gestampft und geschworen hat – Lieber Herr Johannes, es braucht eines Mittlers, eines guten und unbescholtenen Mannes, der Mut hat dareinzureden, der den schlimmen Räten des Fürsten entgegentritt, wenn sie unsere Städte – Sollt ich mich getäuscht haben, Ihr wüßtet nicht, Ihr hättet wirklich nichts erfahren?«

»In Kloster Zinna, wo der Abt mich freundlich eine Woche herbergte, hörte ich von neuen Irrungen. – Sind's denn nicht die alten, die immer wiederkehren! – Was soll ich da? Das alte Spiel noch einmal spielen, aufs neue der Sündenbock werden? Mein wenig Haar! Will ruhig sterben, Herr Perwenitz. Die Berliner wollen mich nicht. Möglich, daß der Fürst mich itzt will. Aber Johannes Rathenow will nicht sein Vogt sein und nicht sein Ball, den er in die Städte wirft, daß sie was zu spielen haben.«

»Herrgott, Johannes, des Matheus Sohn! Die Sturmglocken läuten in Berlin und Kölln, sie haben abgesetzt den Rat, den der Kurfürst gesetzt, das alte Regiment ist wieder eingesetzt; sind gezogen von Berlin und Kölln zur Langen Brücke, Bürger, Gewerke, Geschlechter, alle einträchtiglich, mit Spiel und Sang, mit Fahnen und Hellebarden, mit Pauken und Hakenbüchsen, haben zerrissen den Vertrag, der sie trennt, und den alten Bund aufgerichtet. Im Rathaus sitzt wieder der alte Rat von Kölln und Berlin, sie haben ihm geschworen, und geschworen, ihn zu verteidigen auf Blut und Leben, die Fahnen der Städte wehen wieder auf dem Dache, und Briefe haben sie geschrieben an die Städte vom Märkischen Bunde, daß sie mit ihnen fechten und ihnen Völker schicken. Und Ihr, Johannes, wollt die Hände in den Schoß legen!«

Man sah's den Mienen des Zuhörers an, daß ihm das neue Kunde war. Die Runzeln schwanden mit der grauen Blässe seines Gesichts, die Augen glänzten wieder, und seine Gestalt hob sich.

»Haben sie das getan?«

»Und noch mehr. Es munkelte schon längst. Diese Nacht kam die sichere Botschaft. Von Berlin und Kölln und von Spandow auch. Unser Rat ist beschickt von beiden. Es wird ernstes Überlegen geben.«

»Wem von beiden Ihr folgen sollt?« sprach Herr Johannes.

»Und Ihr, mein Freund?« Der Brandenburger faßte traulich die Hand des Gastes und schaute ihm teilnehmend ins Gesicht.

»Geht mit Gott, Herr Niclas, und beschließt, was Eure Pflicht ist als Ratmann dieser Stadt.«

»Das hat noch Weile. Der Schluß wird schwer sein. Aber Ihr, Herr Johannes? Weiß Gott, Ihr steht mir in dem Augenblick näher. Sie haben Euch himmelschreiend Unrecht getan. Verdienen darum selber Unrecht zu leiden. Lieber Herr Johannes, ist's doch, als hätte Gott es selber gefügt, daß Ihr in der Nacht bei mir einkehren mußtet. Ich schicke meinen Neffen vorauf, und Ihr reitet um Mittag nach Spandow.«

Johannes Rathenow sah ihn feierlich an; dann sprach er nach einer Weil: »Schickt Euren Neffen oder schickt ihn nicht, als Euch beliebt. Aber nur von Euch und was Ihr für Euch mögt verantworten.«

»Ihr seid noch nicht entschieden. Das ist fürsichtig und gut. Allein es drängt. Ihr mögt heut zu einer guten Stunde den Fürsten treffen. Wer weiß, ob morgen noch? Ob's übermorgen nicht zu spät ist.«

»Einträchtig!« rief Herr Johannes. »Gerechter Gott? Einträchtig Berlin und Kölln, Gewerke und Herren? Und die Herren unter sich auch! Wer schuf das!«

»Klingt's freilich als ein Märlein aus dem Morgenlande, aber es ist so, verlaßt Euch drauf. Vorm Roland an Sankt Nikolas haben sie alle geschworen.«

»Und ich war nicht in meinem Haus!«

»Die letzte Forderung des Markgrafen brachte denn doch alles aus dem Schick.«

»Welche?«

»Das wißt Ihr auch nicht! Daß sie für die viele Unbilde, so sie seinen Dienern zugefügt und sie geneckt beim Schloßbau und beim Zolleinnehmen, kommen sollten demütiglich nach Spandow und alle Privilegien übergeben, die sie von den alten Fürsten haben, daß er sie prüfe und wiedernehme, was sich nicht schickt, und gebe, was er für gut finde.«

»Sankt Nikolaus! *Das* forderte der Markgraf!«

»Freilich, und konnte man's ihm nicht verdenken nach dem, wie sie in letzter Zeit das Regiment geführt. Die Zollfreiheit in Oderberg nahm er ihnen schon ehelängst, und seine Zöllner wohnen am Mühlendamm. Auch seinen Richter, den Balthasar Haken, hat er ihnen nicht umsonst in die Städte geschickt. Der schreibt von morgens bis abends, und wird die Arche im hohen Hause so voller Papierstöße, als man in Berlin nicht geschrieben hat, seit es steht.«

»Einen kurfürstlichen Richter in die Stadt!«

»Der stöbert in den Urkunden umher und in den Briefen und ladet die Herren und Bürger vor sich an seinen Schreibtisch, um zu vernehmen, wie's mit jedes Rechten steht. Die Berliner spucken, und seit vier Wochen gab's kein schlimmer Scheltwort in den Städten, als so einer vom andern sagte: ›Du hast ein markgräflich Gesicht.‹«

»Ist das volle Wahrheit, Herr Perwenitz?« Johannes Rathenow faßte ihn am Brustlatz.

»Alle noch nicht. Dann forderte er von ihnen das Rathaus und Gericht.«

»Das Rathaus! Ihr Heiligen alle! *so sind sie im Recht!*«

»Ein schönes Recht, so der Landesherr spricht: nun soll es aufhören; und er hat Reisige und Mannen und Donnerbüchsen in den Schlössern.«

Johannes Rathenow hatte sich in den Lehnstuhl wieder hingesetzt, und, beide Arme drauf ruhend, starrte er den Brandenburger Ratsherrn an. Es war nicht gar freundlich sein Blick. Nach einer Weile sprach er:

»Und die Brandenburger werden antworten den Berlinern auf ihr Schreiben? Was?«

»Das weiß ich noch nicht. Es ist ein kitzlig Ding, hat viele Seiten und fordert äußerste Fürsicht. Denn angenommen, daß der Städtebund noch in Kraft ist, was nach den Vorgängen von Anno 42 von einigen geleugnet wird, andere nehmen's aber an, so fragt sich immer –«

»Was der Kurfürst dazu sagen wird? Daß er auch Euch feind wird, wenn Ihr seinen Feinden beispringt. Dazumal, Herr Niclas Perwenitz, als Euch die Brandenburger zu uns absandten, spracht Ihr anders in der Stube auf der Langen Brücke. Habt's vielleicht vergessen. Ich weiß es noch.«

»Das hab ich nicht vergessen. Weiß aber ebendesgleichen, daß Ihr mich nicht hörtet. Und weiß, daß wenn Ihr mich gehört, die Sachen anders stünden. Hätten damals die Städte in den Marken zusammengehalten, vergessen ihren elenden Zwist unter sich, dann schrieben die Berliner heute nicht Notbriefe nach allen vier Winden; dann stünden die Städte zueinander, eine mit der andern verschlungen, ein dichter Eichenwald; gegen den vermag der Sturm nichts. Nun aber weiß ich, daß es anders ist. Die Zeiten wurden anders. Der Städtebund ist eine morsche Kette worden, der Fürst ist gewachsen zu einem gewaltigen Herren. Der sucht nicht mehr Hülfe, er bringt sie.«

»Und darum ist Recht kein Recht mehr!«

»Was gilt eine Ware, die niemand kauft, und mir nützt sie auch nichts? Manch reicher Mann freut sich an Forderungen, die er mit Rechten hat, und weiß doch, er kann sie nie eintreiben. Ist ihm das Gefühl eine Lust. Aber wer nicht reich ist, der darf nicht spielen, er schlägt sie los, so gut er kann, er muß haben, wovon er lebt. Unsere Mark Brandenburg, Herr Rathenow, ist ein armes Land. Wir können nicht spielen mit dem Überfluß; wir müssen zusammenhalten und anwenden, was wir haben. Herr Gott, mit welchem sauren Schweiß haben unsere Vorväter die Wälder gelichtet, die Sümpfe getrocknet! Mit welchen Feinden draußen mußten sie kämpfen, mit Polen, Pommern, mit den wilden Litauern. Wie oft wurden unsere Gauen von ihnen, ach noch öfter von der innern Zwietracht, verwüstet. Ist unser Boden so fett, daß er sich von selbst erholt, wenn das Kriegsschwert und die Fackel bis in sein Mark brannte und zerstörte? Ach lieber Gott, wie oft hofften wir, von Kaiser und Reich verraten und verkauft, auf einen Erlöser, der Frieden stiftete. Da, in der großen Not unter der Böhmen Herrschaft, schlossen wir Städte endlich den Bund. Hat er uns geholfen? Wurden nur die Straßen sicherer? Er hätte werden können, was uns not tat. Er wurde es nicht.«

»Nun sucht Ihr nach einem andern Herren.«

»Wir brauchen nicht zu suchen, er ist da. Lieber Johannes, geht nach Spandow. – O runzelt nicht so die Stirn, kein so bös Gesicht. Beim Allmächtigen, es schlägt in mir auch ein gutes, treues Bürgerherz. Könnten wir's machen ohne ihn, was ich habe, ich wollt es einwerfen. Aber es tut's nicht. Was würde dann draus, so die Städte wirklich, eine wie die andere, den Berlinern zuschrieben: wir kommen. Und sie kämen auch und wären stark, und der Sieg wäre bei ihnen, was wär das End! Könnten wir die Hohenzollern aus dem Land schlagen? Und wenn, Heilige Jungfrau, könnten wir was Schlimmeres und Dümmeres tun? Daß die Wege wieder unsicher würden, bei Nacht jeder zitterte und bei Tage in seinem Erker lugte, wo ein Feind herkommt. Daß wir wieder blank stünden mit dem Adel, und in jedem Sumpf, auf jedem Hügel ein Raubnest aufschösse!«

»Geht in Euern Rat, Herr Perwenitz, und sprecht. Sie werden Euch gern hören. Eure Höfe stehen voll Lastwagen, Eure Kähne sind voller Ladungen; ich hab es wohl bemerkt.«

»Frieden! Ist's nicht allerwegs ein gülden Wort, Johannes? Aber zumal uns. Wir Stiefkinder des Reichs sollten ihn vor allem hegen und pflegen. Da haben kaum die Gewerke in den Städten sich gehoben, es hat kaum noch der Handel freie Straßen funden, und nun soll es plötzlich wieder aus sein! Denn bedenkt, was uns bevorsteht. Keine Fehde wird es zwischen einem Herrn und einer Stadt, nicht die Haut wird geritzt: es geht an Leib und Leben. Es mag Blut fließen durch lange Jahre, ein Krieg wird es, der lodert von der Elbe bis zur Oder, vom Spreewalde bis ins Pommerland, wir zerfleischen uns untereinander, verbrennen unsere Höfe, treiben unsere

Herden fort, zerstören unsere Straßen und Brücken. Statt des Korns wird die Nessel wuchern, und wie die Landstraßen öde werden von Reisenden und Kaufmannsgütern, so werden die Wälder und Heiden voll werden von räuberischem Gesindel. Die Sittigung geht wieder aus dem Land, die Roheit und Armut kehrt ein. O und wenn's nur zwischen uns bliebe, aber der Krieg hat wie ein geschossen Tier, das am Wege verendet, süßen Geruch; es lockt die Raubvögel von weitem her. Glaubt Ihr, daß der Krieg zwischen den Städten und dem Fürsten allein ausgefochten wird? Werden die Pommern, die schon gerüstet stehen, die Mecklenburger es ruhig mit ansehen? Werden die Polen nicht herüberkommen und mit zugreifen, und die Magdeburger, unsere alten Feinde, die keine Gelegenheit verpassen, uns weh zu tun, und sind doch so reich und wir so arm? Auch die Sachsen; ihnen ist die Mark ein gutes Land. O der Helfer sind da genug, die ungerufen kommen, aber wer von uns den kürzern zieht, *muß* der nicht die Nachbarn rufen? Sie kommen auf den Ruf des Glücklichen und des Unglücklichen, denn überall ist zu gewinnen. Aber wer immer und in jedem Falle verliert, das sind wir. Denn mit Macht und Reichtum der Städte ist es aus, ob wir die Markgrafen im Felde schlagen oder geschlagen werden. Unsere mühsam gesparten Kräfte versiegen, und die Nachbarstädte erben unsern Handel.«

»Ihr sprecht sehr beredt. Aber, Herr Perwenitz, draußen sind noch beredtere Stimmen.«

Dröhnten nämlich die Amboßschläge in den Schmieden und Schlosserwerkstätten, daß man kaum sein Wort hörte. Herr Johannes war aufgestanden.

»Handel und Wandel muß freilich in den Städten sein«, sprach er, »und ist der der Kaufleute bester Freund, der ihnen das meiste abnimmt. Ihr in Brandenburg habt einen guten Kunden am Markgrafen gewonnen. Nicht daß er Euch den Zoll ließ, den er uns nahm; auch die Nägel bestellt er bei Euch zum Sarge unserer Freiheit.«

»Ihr laßt tüchtig schmieden und hämmern«, setzte er nach einer Weile hinzu, währenddem der Brandenburger nachdenklich zu Boden schaute. »Niclas Perwenitz, ist das gut und recht?« sprach er und legte seine Hand auf des Gastfreundes Schultern. »Ihr baut das Schloß, das Kölln zwingen soll. Ist das Freundesart?«

»Als Ihr sagtet, lieber Herr, wir sind Kaufleute. Der das meiste von uns kauft, ist unser bester Freund. Das ist in aller Welt so, und werdet Ihr's nirgend anders funden haben. – Die Schwelle auf Eurer Stirn da antwortet mir zwar, daß Ihr nichts von den Kaufleuten wissen wollt. Seid stolz auf Eure Freiheit aus den sächsischen Wäldern her. Haben Eure Väter die mitgenommen, als sie über die Elbe zogen nach Havel und Spree, um zu erwerben im slawischen Lande, was ihnen auf deutscher Erde fehlte? Da ließt Ihr Euch schenken, da kauftet, nahmt Ihr andern Grund und Boden von einem andern Herrn. Aber habt Ihr das Korn, das er trug, allein verzehrt? Fuhrt Ihr nicht auf die Märkte, und wurde der nicht Euer Freund, der jahraus, jahrein Eure Ernten Euch abnahm? Sind wir nicht insgesamt Kaufleute und hangen ab von denen, die uns abnehmen, was wir zuviel haben, und ihnen fehlt es? Steht kein Mensch allein da, auch kein Stand allein auf der Welt. Ist einer abhängig vom andern und wird das immer mehr werden, je dichter wir rücken, und lebt jedweder vom Tausch mit dem andern und ist ein Kaufmann, er weiß es nur nicht. Freiheit, das ist ein schön Wort; aber wo ist die, da unsere Väter sich noch selber ihr Haus zimmerten im Walde, sich selber ihren Hirsch zerlegten und überm Spieß brieten und selber das Korn auf dem Steine zu Mehl rieben? Wir brauchen den Zimmerer und den Müller, und tausend Menschen braucht der schlechteste unter uns, daß er nur lebe und wohne und Brot esse; es ist ein weiter großer Kaufhandel, und der wird immer größer werden, wir sehen nur nicht seine Grenzen. Der Kurfürst will unser aller Freiheit, klagen sie. Aber ist er ein Räuber, der sie uns nimmt und gibt nichts wieder dafür? Er ist ein großer Kaufmann, der haben möchte, was uns nicht mehr nutzt, und er gibt uns wieder dafür, was uns nutzt. Er gibt uns freie Wege, sichere Landstraßen, Gerechtigkeit, die über das Weichbild unserer Städte hinausreicht, er gibt uns als Schutz mit in fremde Länder die Kraft seines Armes, das Ansehn seines Namens. Wir schützten kaum uns selber in unsern festen Mauern. Er möchte die Mauern bis an die Grenzen unseres Landes verlegen gegen böse Einfälle, neidische Nachbarn. – Erwägt das wohl, Herr Johannes. Und wenn die Städte zusammenhalten, wenn sie siegen, mögen wir dasselbe uns verheißen? Können wir's nur hoffen? Was sind wir märkischen Städte, und wenn wir alles in einen Topf schütten, nur gegen das reiche Magdeburg! Kinder der Hanse nennen wir uns; ach aber die großen Herren in Lübeck, Rostock, in Bremen und Stralsund, was sind das für stolze Brüder, und wie sehen sie auf uns herab, und was haben sie uns geholfen? – O wir haben Recht, gewiß ein vollgültig Recht. Aber es ist schimmlicht und bröcklicht. Da will's einer uns abkaufen. Ist der nun törig, der es losschlägt, so gut er's kann, da er's noch kann, oder ist der klüger, der es verkommen läßt in seiner Truhe, bis keiner ihm einen roten Heller dafür bietet, und er selber hat auch nichts mehr davon?«

»Das Glöcklein schlägt. Ihr müßt in den Rat, Herr Perwenitz.«

»Johannes, Ihr wollt nicht gen Spandow?«

»Weiß nicht. Bin müd. Habe so viel Neues gehört, und mein Sinn ist alt.«

»Denkt drüber nach. Um Mittag bin ich zurück, und wir sehen uns wieder. So Ihr aber den Niclas Perwenitz dazu nicht nötig habt, so stehen meine Pferde Euch immer bereit.«

Er schaute ihn fragend an, und ihre Hände ruhten ineinander.

»Wollt Ihr nach Berlin, Herr Johannes«, sprach er mit leiserer Stimme, »der Weg über Saarmund ist noch frei.«

»Nach Berlin?« fragte der Gast verwundert.

»Da werdet Ihr freilich noch mehr Neues hören.«

»Wollt mich doch nicht in meiner Feinde Hände schicken?«

»Feind gestern, heute Freund. Die Wetterfahne dreht sich, Ihr müßt nur nicht auf übermorgen hoffen.«

»Geht in den Rat, Herr. Ihr vergeßt Eure Rede für den Kurfürsten.«

»Will sie nicht vergessen, Johannes; aber auch nicht, daß ich Euer Freund bin. Reitet nach dem alten Berlin, so Euch das Herz dahin zieht, so Ihr's vergeben könnt, was sie an Euch getan. Reitet hin; ihnen tut ein Mann not. Ein Mann dort, und wer weiß, ob ein Johannes Rathenow in Berlin jetzt nicht ebensoviel wert ist als in Spandow.«

»Euer Rat geht wie die Wetterfahne.«

»Mein lieber Herr, in sotanen Zeiten, wo die Wege auseinandergehen und sagt uns keiner, welcher der rechte ist, da muß man jeglichen gehn lassen, den er will, und ihn nicht binden und führen. Aber eines rechtschaffenen Mannes Pflicht ist es vorher, daß er dem Freunde alles sagt, was er weiß. Tat meine Pflicht. Ihr habt die Wahl. Aber noch eins im Vertrauen: wird kein allgemeiner Krieg werden, wenn auch Kölln und Berlin losschlägt. Wird viel geredet und beratschlagt werden in den Städten, und werden schöne Worte nach Berlin senden. Worte sind aber keine Donnerbüchsen.«

»Um so mehr!« sprach Herr Johannes für sich, nachdem der Brandenburger Ratsherr ihn verlassen.

Viertes Kapitel

Zu Spandow in dem markgräflichen Hause standen etliche Herren in den Fensternischen und pflogen solcher Gespräche, als man sie wohl hört an den Höfen, wenn die Vasallen gewärtig sind des Herren, der da vor ihnen erscheinen soll.

Der Kanzler, Herr Johannes, erzählte einigen, so um

ihn standen, im Vertrauen, wie er sagte, von dem adligen Orden, so der Kurfürst zu stiften beabsichtige.

»Er soll die Schwanengesellschaft heißen«, sprach Herr Busso Voß, »und die ihn tragen, die Kettenträger Unserer Lieben Frauen.«

»So verlautet es, mein Herr von Voß«, entgegnete der Kanzler, »wiewohl ich nicht weiß, ob es meinem gnädigen Herren genehm ist, daß davon vor der Zeit gesprochen wird. Indessen, da wir hier unter uns sind, kann ich wohl sagen, dem ist so.«

»Ein schöner Name«, sagte der Herr von Bardeleben.

»Das Zeichen soll auch sehr schön sein«, sprach der Ritter Hoym. »Ein Bild der Mutter Maria mit dem Jesuskinde.«

»Sehr richtig, Herr von Hoym. Um das Haupt der Maria werden Sonnenstrahlen schießen, und unter ihren Füßen ist der Mond abgebildet. Und daneben wird ein Schwan hängen mit ausgebreiteten Flügeln. Und beide Bilder hangen an einer silbernen Kette, deren Glieder zackicht sind, und da wo sie zusammenhängen, wird ein zusammengedrückt Kreuz sein.«

Alle fanden das sehr schön und gut, blickten sich aber an, als wüßten sie nicht, was das heißen solle. Da erklärte es ihnen der Kanzler:

»Das Bild der Muttergottes mit dem Kinde soll die Mitglieder stets erinnern, daß sie dankbar seien für die Gnade Gottes und für die Erlösung durch unsern Herrn Jesus. Der Schwan ist das Bild der Sterblichkeit. Die Ketten, die Zacken und die zusammengepreßten Herzen sollen aber die mancherlei Leiden unseres irdischen Lebens vorstellen. Kann Euch auch im Vertrauen sagen«, setzte er hinzu, »daß schon ein kunstreicher Meister von Augsburg unterweges ist, der es unter Seiner Gnaden Augen anfertigen soll.«

»Und dieser Orden wird sein Kapitel halten auf dem Marienberg bei Alt-Brandenburg?« sprach Kurt von Alvensleben.

»So ist es; zum Gedächtnis, daß die Kirche auf dem

Berge die älteste ist in diesen Marken und schon stand und viele Märtyrer daselbst bluteten, als ringsum noch heidnischer Greuel und Unsitte blühte. Also soll auch dieser Orden seine Mitglieder erinnern, daß sie sich sittig halten und fern von allen Greueln. Heißt's in der Stiftungsschrift, so schon aufgesetzt ist, daß die Ritter des Ordens sollen fleißig beten zur Mutter Maria, auch sich ehrlich und füglich für schämliche und schändliche Missetaten, für Unfug und Unehre treulich bewahren, auch verschwiegen sein und der Mitgenossen Ehre auf alle Weise retten sollen.«

Da sahen sich die Anwesenden abermals sehr befremdlich an. Einer aber sprach: »Wer wird die Ritter küren?«

Der Kanzler antwortete: »Unser gnädigster Herr und sein hochfürstlich Ehgemahl. Und aus den ersten Familien der Marken solche Ritter und Fräulein, die sich um ihrer Tugend willen auszeichnen.«

»Also auch Fräulein?«

»Fräulein und Frauen, soweit sie vier Ahnen aufweisen können und kein Laster, so ihnen anhaftet.«

»Eine sehr fürtreffliche Stiftung«, sprach Busso Voß, »und ganz würdig der Weisheit Seiner Gnaden. Sind schon einige Ritter ernannt?«

»Als mir bekannt ist, sind schon in Vorschlag mehrere aus den Familien der Jagow, Kerkow, Arnim, Bodenteich, Bredow, der Alvensleben, Schliefen, Burgsdorf, Puttlitz, Uchtenhagen, der Schenk, Waldow, Schulenburg, Schlabrendorf und unterschiedlicher anderer.«

»Das wird denselben ein rechter Sporn sein, tugendhaft zu leben«, sprach der Herr von Voß.

Da sagte der Graf von Knipprode, der unfern stand mit untergeschlagenen Armen und den Kopf etwas rückwärts gebeugt, und um seine Lippen spielte ein Lächeln: »Auch wird's denen nicht ganz bequem sein, die gern am Weg liegen und sich umschauen, wo der liebe Gott ihnen was schickt. Vielleicht sieht's der gnädige Herr aber nicht so genau an. Denn kommt's doch darauf an, der Jungfrau Maria so viel Ritter zu schaffen, daß *sie* mindestens ein gut Geleit hat in diesem Lande.«

Viele der Herren senkten die Köpfe. Der Kanzler aber sprach mit einer gewichtigen Miene:

»Nicht also, mein Herr Graf. Es wird streng gewählt werden unter den Sittigen und Tugendreichen, und unsere holdseligste Frau Markgräfin hat die Tafeln, darauf die Namen der Ritter und Fräulein verschrieben stehen, in ihrer eignen Kammer und erkundigt sich tagtäglich bei den Verständigen nach der Aufführung von dem und jenem, und wie sie etwas erfährt in Unehren, streicht sie ab, und wo ihr Gottseliges von einem andern gemeldet wird, dessen Namen schreibt sie auf. Das ist wohl, als Herr Busso richtig sagte, ein rechter Sporn, daß die Adligen ihr Leben tugendhaft einrichten. Ja, ich weiß schon manchen, der gar sehr nach der Ehre verlangt und darum den ärgsten Soff abgetan hat und das wilde Raufleben auf den Straßen. Denn es ist wohl kein Zweifel, daß Seine Gnaden aus diesen Ordensrittern wird seine Räte wählen; auch wird er die Mitglieder fördern zu seinen Hauptleuten und andern Ehrenstellen.«

Alle lobten nun die Stiftung sehr und priesen den Kurfürsten. Zumal um deswillen, daß nur reine Adlige drin aufgenommen würden und nicht die Familien aus den Städten, so sich Patrizier nennen ließen und Wappen führten und vorgäben, sie seien auch adlig.

»Nein«, sprach der Kanzler, »es soll ein Zeichen sein für alle Zeiten, daß einer untadelig sei an Adel und Sitten, wenn er ein Kettenträger ist vom Schwanenorden. Haben es die Städte auch sicherlich in letzter Zeit nicht um den hohen Herrn verdient, daß er sie auszeichnet und belohnt. Denn sie schlagen als verhätschelte Kinder nach ihrem eignen Vater, und ist Hoffart in ihnen zu Hause. Fühlt es im Gegenteil der Kurfürst, daß er seinen Adel dafür, daß er hold und treu an ihm hängt, eine Auszeichnung schuldig ist. Und er liebt und ehrt die alten Familien dieses Landes, und ist es sein eifriger Wunsch, daß sie durch Frömmigkeit, Sitte und gute Werke wieder zu Ehren kommen und dem Ansehn, das sie in den Marken genossen.«

Die Ritter schwiegen und sahen sich untereinander an. Ein Rochow aber brummte zu Otto Pfuel, der neben ihm stand: »Er soll uns nur wiedergeben, was sein Vater uns nahm.«

»Das ist ein kürzerer Weg«, antwortete der andere.

»Und gescheuter, daß Gott weiß!« rief der von Rochow.

An einem anderen Fenster aber unterhielten sich ältere Herren von allem dem, was der gnädige Herr für die Marken getan und für das Ansehn und die Vergrößerung seiner Herrschaft. Sie sprachen zu seinem Ruhme, wie er zu Wittstock sich mit den Mecklenburgern verglichen, wie er die Grafschaft Wernigerode durch kluges Auftreten an sein Haus gebracht und eben itzt durch Kauf gen Mittag nach Böheim zu seine Herrschaft vergrößert habe durch Ankauf des Landes Cottbus und der Niederlausitz, die ehedem zu den Marken gehört. Und dabei blickten die Sprechenden auf zwei fremde Herren, welche in einem andern Winkel der Stube standen. Der eine war Johann von Polenz, der andere Reinhard, Herr von Cottbus, aus zween mächtigen freien Geschlechtern. Die waren seit kurzem bei Hofe erschienen, und war die Sache friedfertig und einträchtig zwischen ihnen und dem gnädigen Kurfürsten abgemacht. Hatte sogar Herr Reinhard seine Herrschaft schon vordem unserm Fürsten auf seinen Todesfall verschrieben, da er kinderlos war.

Zu einigen vom märkischen Adel, die sich darob verwunderten, sprach Herr Reinhard: »Meine liebe Herren, es tut nimmer gut ein kleiner Herr sein zwischen zweien großen, und er gehört zu keinem von beiden. Denn wenn sie sich schlagen, auf ihn fallen allemal die Stöße und Wunden ab. Darum muß sich itzo der kleine Mann unter den Schutz des größern geben, denn er allein ist für sich nichts und kann auch nicht Ordnung machen, wenn Unordnung um ihn her ist. Meine Väter hielten es mit den Böhmen, als die mächtig waren und ein groß Reich. Die sind nun in wilder Zwietracht, und so auch eines die Oberhand hat, wie itzt der Georg von Podiebrad, wer weiß, wie lang das währt, und ist's auch nimmer gut, wenn ein Deutscher den Slawen untertänig ist. Darum halt ich's mit Eurem Herrn, denn er weiß, was er hat, und weiß, was er will. Ist das das Beste, was man von einem Herrn sagen kann.«

Dem stimmten die andern bei und rühmten es, daß der Markgraf auch die neue Mark über der Oder, die vordem zu den Marken gehört, aber dem deutschen Orden verkauft war, wieder eingelöst hatte. Sagten aber andere, daß das viel Verwickelungen dem Lande bringen möge, denn sehe kein Nachbar es gern, wenn sein Nachbar über seine Grenzen schreite.

Da war der Kanzler, Herr Johannes, zu ihnen getreten und nahm das Wort:

»Das kümmere des Herren Freunde nicht! Denn als er weiß zu fordern, wo er Recht hat und Kraft es durchzusetzen, so weiß er auch abzustehen, wo das Recht nicht stark genug ist, daß es sich selbst halte. Wenn ein Haus zusammenfällt, und sei's uns auch noch so lieb und hätten unsere Väter und deren Väter schon als Kinder darin gespielt, da ist es törig, dasselbe halten zu wollen mit Steifen und Stützen und Untermaurung, so die mehr kosten, als das alte Haus wert ist. Baut man lieber ein neues. Und also will auch unser Herr nichts, denn was er kann. Denn mehr wollen und versuchen, als unsere Kräfte reichen, mag Glanz bringen und Ruhm unserm Namen, aber in Wahrheit hilft es uns nicht und andern auch nicht und ist verlorne Arbeit.«

Das lobten die andern und bestätigten es, daß Herr Friedrich der Mann sei, durchzusetzen, was er sich vorgenommen, denn wie er wäge keiner seine Kräfte vorher ab, daß sie stets ausreichten.

»Ihm als wie seinem hochseligen Vater«, fuhr der Kanzler fort, »ist manche glänzende Ehre hingehalten, danach andere gerungen hätten, und um fernen Schein eingesetzt, was sie sicher hatten. Anders unser Herr. Die Krone Polens war ihm verheißen, als wir alle wissen, und er ward im Lande der Polen auferzogen als ihr künftiger König, in Wissenschaften und ritterlicher Art.«

»Als wir alle mit Erstaunen hören«, sagte ein alter Ritter, »kann er lateinisch sprechen trotz einem studierten Mönch.«

»Und viele Sprachen zudem«, sagte ein zweiter.

»Und er liest in alten Büchern sonder Stocken Seite um Seite«, ein dritter.

»Wer sollt es glauben, und von einem Fürsten! Der hat doch Diener und Räte genug, daß sie für ihn lesen«, sagte ein vierter.

»So meinen sie's in Polen nicht«, fuhr der Kanzler fort. »Als sie tapfer sind und wild daselbst, denn sie fahren jach auf, oft um nicht viel mehr als nichts, ist doch daselbst mehr Gelahrtheit und feine Kunst zu Hause als in allen unsern Marken. Und von ihren Königen verlangen sie, daß die ihnen vorangehen, wie an Würde, so an ritterlichem Sinn und gelehrtem Wissen. Einen König, der zurückbliebe hinter seinem Adel, möchten die polnischen Herren nimmer achten. Darum förderte sich unser Herr, als er dort wie ein Kronprinz lebte am Hof des alten Königs, in allem mannlichen Wissen und Tun, daß er der Jugend als Muster gezeigt ward.«

»Und war es alles um nichts«, sagte ein alter Ritter, »als die Königstochter, seine verlobte Braut, plötzlich starb.«

»Ob es um nichts war, mein Herr von Bardeleben, das wisset Ihr nicht, und ich weiß es auch nicht.«

»Um gut Brandenburgisch zu verstehen, braucht's keine lateinischen Bücher«, sagte der von Rochow.

»Aber der gnädige Herr vermeint, was er erworben an Weisheit aus den alten Büchern, sei nicht minder wert als die Krone von Polen selbst. Und das erste Zeichen war, daß er sich nicht unnütz härmte um was verloren war. In Polen hatte er vielen Anhang um seine Tugend und sein ernstes Wesen, und wie die großen Herren daselbst sind, aufflackernd und rasch in kühnen Vorsätzen, sie schlugen ihm vor, ihn doch um seiner Person willen zum König zu küren, und wollten's durchsetzen mit ihren Freunden und Leuten auf dem Reichstag, daß der alte König ihn zum Erben setze. Aber der Prinz sprach: ›Nein! Denn mein Recht ist gestorben mit meiner lieben Braut, und da sei Gott für, daß ich eine Krone mit Unrechten trage. Und so auch Zehntausende mir zurufen, und ich mag's selber nicht glauben, daß es mein Recht ist, was hilft's mir, und wie setz ich's durch!‹ Und er kehrte zurück und zürnte nicht mit dem, was Gott gefügt, sondern er war zufrieden mit dem, was er ihm beschieden, und lernte, wie er in Polen herrschen gelernt, nun herrschen in den Landen seines Vaters. Denn um das Regiment ist's ein verschieden Ding, ihr Herren, und was in dem einen Lande gut ist, ist's darum noch nicht in dem andern.«

»Mit Mecklenburg hat er sich vertragen«, sprach Kurt von Alvensleben, »und glaub's auch nicht, daß es mit Böhmen losgeht.«

»Die schlagen sich genug untereinander«, sprach der Ritter Hoym.

»Und haben die Schläge noch nicht vergessen, die sie vor Bernow bekamen«, lächelte der von Bardeleben wohlgefällig.

»Aber«, fuhr der Herr von Alvensleben fort, »ein Feind steht vor den Toren, den schickt er nicht mit schönen Redensarten fort.«

Als er dies sprach, sah ihn der Kanzler etwas bedenklich an. Er meinte, Herr Kurt werde von den Städten sprechen und was in Berlin und Kölln Ärgerliches geschehen. Und davon wollte er nicht, daß viel Aufhebens gemacht würde.

»Vermeint das nicht, lieber Herr von Alvensleben. Unser Herr trägt um kleine Dinge nicht große Sorge; noch glaubt das, was die einfältigen Leute von Krieg reden. Das sind dumme Streitigkeiten freilich, so die Städte an der Spree mit dem Baltzer Boytin angefangen. Wer aber hat Weisheit von daher erwartet! Das wird vermittelt werden, und wer schuldig ist, wird seinem Lohn nicht entgehen.«

Von den Herren schüttelten einige die Köpfe, andere sprachen miteinander heimlich. Herr Kurt von Alvensleben aber sagte:

»Was gehn die Berliner und der Roßkamm das Land an! Allein die Pommern rüsten in der Stille, und sollte es mich wundern, wenn der Kurfürst die Donnerbüchsen in Stendal nur zum Vergnügen gießen läßt. Starren ja schon die Zeughäuser in seinen Schlössern von Pickelhauben, Hellebarden, von Sturmböcken und allerhand Rüstzeug. Und bei Sankt Georg, Zeit war es, daß der Adel mal wieder seine Knochen fühlen könnte und was ein guter Arm tun kann auf dem Roß. Läßt uns im Land nicht reiten, da sollte er uns nur zum Lande hinausführen. Ein guter offener Krieg, sag ich Euch, tut dem Lande not, Herr Kanzler, was Ihr auch dagegen vorbringen mögt. Das Stubenhocken ist gut für Schneider und Schreiber; für den Adel nimmer.«

In den Mündern der Herren klang's, als ob sie die Zungen regten; einige schüttelten die Schultern, als probten sie den Harnisch, den doch keiner trug.

»Die Pommern schielen rüber«, sagte einer.

»*Wir* schielen rüber«, lachte der von Alvensleben. »Wenn der alte Herr drüben in Stettin abfährt zu seinen Vätern!«

Der Hoym schnalzte mit der Zunge. »Da gibt's was zu holen für gute Leute.«

»Die Pommern sind unvernünftig fett worden die letzte Zeit über«, sagte ein anderer.

»Wir wollen's ihnen leichtmachen«, ein dritter.

Der Alvensleben rief wieder: »Hoffe zu Gott, sie schnappen's uns nicht wieder weg, die gelehrten Zungendrescher, und 's gibt keinen zweiten Vertrag von Wittstock! Die Mecklenburger lachen sich noch ins Fäustchen, daß sie uns mit schönen Worten abspeisten.

Wo wir Lehnshoheit forderten, uns nichts geben, als Anwartschaft auf Erbanfall!«

»Die Kriege mit Pommern haben der Mark nimmer gut getan«, sagte der Kanzler. »Nachbarn sollten sich vertragen.«

»Den Teufel auch!« rief der von Hoym. »Wozu hat's Grenzburgen und Warttürme? Sollen die Rosse im Stall krepieren und die Harnische rostig werden!«

»Will der Herr haben«, sagte ein anderer, »daß alle Ritter in die Städte kriechen, wie schon etliche taten? Sollen wir uns in die Zünfte schreiben lassen? Das fehlte noch, daß wir unsere guten, graden Schwerter zu Pflugscharen umschmieden.«

»Dazu hat unser Herrgott das Eisen auch nicht gemacht«, setzte ein dritter hinzu.

»Markgraf hin, Markgraf her,
Wenn ich Lust hab, komm mir nicht in die Quer«,
brummte Hans Stechow.

»Da sollte ja das Donnerwetter dreinfahren, so's auch da kein Losschlagen gäb!« schrie Heine Schulenburg.

»Ist auch gewiß nicht des Herren Ansicht«, sagte der alte Bardeleben. »Was ist ein Land ohne Ritter, und was sind Ritter ohne Krieg!«

»Habt ihr denn nicht genug Fehden gehabt untereinander«, entgegnete Herr Johannes. »Ist Frieden kein Segen?«

»Das eben ist's, Herr Kanzler«, rief der Bardeleben. »Fehden und Hader die Hülle und Fülle, darüber kam's zu keinem ordentlichen Krieg, als wo sich jedes Glied reckt und dehnt und man fühlt, was der Körper wert ist. Der Frieden ist schon gut, aber kein Frieden ohn einen Krieg vorher. Weiß wohl, was ihr Herren von den grünen Tischen und Seine Gnaden auch von uns denken. Daß wir unruhige Leute sind und nie stillsitzen und nicht fein und geschliffen, wie die Ritterschaft im Reich. Soll denn ein Ritter stillsitzen? Dann ist's kein Ritter mehr. Wir alle rosten ein, so's nichts Ordentliches zu tun gibt. Wie soll ein Mensch gesund bleiben, der jahraus, jahrein auf der Bärenhaut liegt! Unsere Ritterschaft war gut, und unser Land blühte auf, solange wir zu tun hatten mit den Heiden und Wenden. Nun haben wir die Zeit verpaßt, sie sind alle Christen worden ringsum, haben Herzöge und Fürsten, die hat Kaiser und Reich anerkannt, und wir dürfen uns nicht rühren, sind allüberall eingeschlossen. Am Meer sind die Pommern und die Ordensritter und die verfluchten Hansen. Ist uns allerwegs der Ausweg genommen. Ja, hätten unsere Väter das nicht geduldet, dann säßen wir an der Ostsee. Aber wo wir kommen und dreinschlagen möchten und nehmen, was unser ist, von Gott und Rechts wegen, da weisen sie uns nicht das Schwert entgegen, das wäre gut, sondern Urkunden und Siegeln dran und kaiserlichen Bullen. Und damit schlage sich ein guter Christ.«

»Das ist des Kurfürsten, unseres Herren, Sache, nicht unser«, entgegnete der Kanzler, der dem Gespräch ausweichen mochte.

»Mitnichten, Herr Kanzler. Das ist wohl allgemeine Sache. Denn als unsere Väter aus Sachsen in dies Wendenland kamen, um das heillose Volk auszutreiben und die Erde deutsch und gut christlich zu machen, da setzte der Kaiser Markgrafen über die neuen Lande, und die Lande sollten gehen, so weit ihr Schwert reichte und die Erde, das ist, bis ans Meer. Die Markgrafen wechselten, wie sie der Kaiser für tüchtig fand oder nicht; wir aber, die freien sächsischen Herren, wechselten nicht, wir blieben auf Grund und Boden, und auf Kind und Kindeskind gingen der Väter Rechte über. Darum ist's noch heut unsere Sache, als wie damals, und so gut als des Markgrafen seine, daß die Länder zu uns kommen, so uns zugehören, und täte ein Krieg uns allen gut.«

Der Kanzler sah sich vorsichtig im Saale um, denn auch die andern Ritter konnten ihre Lust nicht bergen bei dem, was der Bardeleben sprach. Waren aber doch viele Fremde zugegen, und der Bürgermeister der Stadt Stettin, Albert Glinde, war auch am Hof und zur Tafel geladen, wenn er gleich noch nicht im Saale war. Und die märkischen Ritter hatten Stimmen, die man durch die Mauern hörte. Leis sprechen, das war nicht ihre Art.

Da lächelte Herr Busso Voß dem Kanzler zu. »So der Pommerherzog an unseres Herren Hofe Spione hat, sollte man meinen, er könne dazu Taube brauchen. Wenn er aber recht klug ist, vermeint er, solch laut Geschrei solle ihn nur ins Bockshorn jagen. Und es ist nichts dahinter.«

Und derweil die Herren noch viel darüber sprachen, ob der pommersche Krieg ausbrechen werde oder nicht, und ihre Meinung sagten, so unverhohlen, als es heut nicht mehr Sitte ist, zog am andern Ende der Stube der Herr von Polenz den Grafen Knipprode beiseite und befragte ihn über vieles. Denn er war fremd hier, als man's seiner Tracht und seiner Miene ansah – sein Gesicht war gelblich und seine Augen schwarz, und sein Knebelbart fiel zu beiden Seiten tief aufs Kinn herab. War sein Geschlecht böhmisch, als wie die Lausitz lange Zeit zu Böheim gehört. Und er hatte mit Aufmerksamkeit zugehört, was die Ritter sprachen, aber schien nicht Freud dran zu haben.

»Sagt mir, lieber Herr, sind das von den vertrauten Räten des Kurfürsten?«

»Der Kurfürst«, sagte der Graf, »schenkt sein Vertrauen, des könnt Ihr sicher sein, nur solchen, die es verdienen.«

»Sein Ruhm ist weit verbreitet durch die deutschen Länder«, entgegnete der von Polenz, »und man rühmt ihn um seiner Weisheit willen. Aber in seinem Land muß man nicht die Leute fragen.«

»Lieber Herr, ein Prophet, als Ihr wißt, gilt nimmer in seinem Vaterlande.«

»Ich trug ihm meine Herrschaft zu Lehn an«, fuhr der Fremde fort, »als ich bei mir erwog, wie er ein starker und weiser Herr ist, der seine Leute schützt, und wer ihm trotzt, seine eisernen Zähne weist. Bei Gott, Frieden und Ruhe tut meiner armen Lausitz not, und mit den Parteien in Böheim ist kein Abkommen zu treffen, das uns Sicherheit gibt; es schwankt alles hin und her. Doch bei meinem Heiligen, wenn man die Herren hier reden hört, und wie sie in den Städten schelten und schimpfen, sollte man meinen, der Markgraf habe alle Hände voll, daß er sich nur selbst hält, und keine Kraft für seine Freunde. Was Gott verhüte!«

»Den Märkern, Herr von Polenz, bindet keiner das Maul. Hat es selbst der Papst nie gekonnt. Im übrigen mag Euch das wenig kümmern. Herr Friedrich kennt sie und weiß, was er mit ihnen anstellen kann. Liebe sie auch nicht eben absonderlich. Aber sie vertragen viel und halten aus; ist das ihr Bestes. Muß aber immer ein Fremder sie in Zug bringen.«

Der von Polenz schüttelte bedenklich den Kopf. »Gott geb's, daß es dem Herrn gelingt. Ich schätze ihn wert und liebe ihn und will treu bei ihm halten, als ich gelobt. Aber das ist ein Feld voll Unkraut. Gehört mehr als eines Mannes volle Kraft dazu. Und was hat er davon?«

»Fragt ihn selber, und er wird Euch gelehrt antworten, lateinisch, deutsch, polnisch oder in welscher Zunge, wie Ihr wollt.«

»Was soll aber das mit dem Schwanenorden?«

»Die Ritter sollen beten lernen.«

»Dazu ist der Pfaff und nicht der Fürst.«

»Ihr habt recht. Das Beten ist nur die Blume. Die Sache aber ist, die Ritter vom Orden sollen nicht mehr das Schwein mit den Borsten braten und den Buchweizenbrei aus Tellern essen; denn Ihr gebt mir zu, wenn ein Ritter die ganze Schüssel an den Mund setzt, so nennt man's unmanierlich im Reich. Das sind die fürnehmsten Regeln des neuen Ordens. Und hat er das durchgesetzt, so versucht er's auch wohl, daß sie den Brei mit dem Löffel essen. Schließlich, bringt er's dahin, daß jeder Ritter in der Mark zuvor die Stiefeln auszieht, ehe er ins Bett sich wirft, so hat er den Orden nicht umsonst gestiftet.«

Der Herr von Polenz war ein ernsthafter Mann, er lachte nicht gern. Da verflog auch sogleich wieder das

Lächeln, das um seinen Mundwinkel sich zusammenziehen wollte, als der Graf von Knipprode das sprach und dabei über die Achseln nach den Rittern schaute.

»Meines Dafürhaltens sollte er sie aus dem Trog essen lassen, so ihnen das lieber ist«, sprach er, »wenn er ihnen nur friedliche Gesinnungen beibrächte.«

»Mit der Manier fängt man an, die Gesinnung kommt nachher.«

»Sie wollen Krieg mit Pommern.«

»Das ist ein weiter Weg. Sorgt nicht drum.«

»Die Lust zum Losschlagen wiehert ihnen ja aus den Mäulern.«

»Ein stark Gebiß vor, und er lenkt diese Roßmenschen, wohin er Lust hat.«

»Was aber läßt er sie so sprechen!«

»'s sind freie Männer! Wird ein Hohenzoller ihnen ein Recht nehmen, das Gott ihnen gab?«

»Aber an seinem eignen Hof! das muß dem Pommern als ein offener Absagebrief klingen.«

»Zum Pommern muß man noch deutlicher sprechen.«

»Dann, haltet zugut, weiß ich nicht, wo's hinaus soll.«

»Je mehr die Leute sprechen, mein edler Herr, um so ungestörter kann einer denken! Und was Markgraf Friedrich denkt, das spricht er grade dann aus, verlaßt Euch drauf, wenn es not tut, daß die Leute es wissen, keinen Augenblick früher. Im übrigen, und das sag ich Euch im Vertrauen, ist der Schwanenorden eine Kette zwar von Silber, aber sie kostet nicht soviel als eine Kette von Eisen, damit er die Ritter dieser Marken aneinanderschlösse. Desgleichen eine Kette von Eisen, wo kann die eines Mannes Hand ziehen? Dahingegen diese von Silber hält er mit seinem kleinen Finger. Itzund ist's ihnen ein neu Ding. Gebt acht, es wird anders. Wenn erst ein zehn, zwölf das Band um den Hals tragen, so recken zehn Dutzend ihre Hälse danach. Ja, man braucht die Schlinge nicht künstlich zu verstecken, sie springen danach, und was gilt die Wette, es wird ein allgemeines Wettrennen danach, so wir's auch nicht mehr erleben.«

»Ein silbern Kettlein ist freilich wohlfeiler als ein Lehngut«, sprach der von Polenz.

»Und schließlich, edler Herr, hat der Kurfürst seine guten Gründe, warum er grad itzt den Adel streichelt.«

Da ward ihr Gespräch durch Trompetenstöße unterbrochen, die Flügeltüren gingen auf, und die Herren schritten zur Tafel.

Fünftes Kapitel

Das war wohl eine Lust zu sehen, ebendesgleichen die gedeckten Tafeln, als wie die Herren zulangten. Waren auch gar nicht blöde, obschon der gnädige Kurfürst obenan saß und neben ihm seine holdselige Fürstin und auch manche schöne Frau und manches schöne Fräulein. Nur zum ersten Anfang, da wußten die Herren nicht, wo sie ihre Ellenbogen lassen sollten. Dauerte es aber gar nicht lang, so griffen sie in die Schüsseln und rissen, als wär's eine Schlacht, wo keiner zu spät kommen darf, und stießen mit ihren Ellenbogen, als gäb es keine Nachbarn – und Nachbarinnen. Nahm's aber auch keine übel, wenn ihr ein Knochen vom Hühnlein in die Schürze fiel, das ihr Nachbar mit den Zähnen zerriß. Sie lachte und schob ihm dafür das ganze Gerippe von ihrem Teller auf seinen, und er mußt es behalten.

Gottes Gaben sind allerwegen schön, und was er gemacht, ist gut. Aber wie Herr Ulrich Czeuschel, des Markgrafen Küchenmeister, die Tafel gedeckt und sinnreich die Schüsseln geschmückt, jede einzeln und dann alle zueinander, da hätte man sich vor Staunen können satt sehen. Aber nichts kann bleiben, als es ist, und was herrlich ist, das lockt am meisten die Zerstörung vor, und so wie Troja fiel unter dem Schlachtschwert der Griechen und ihrer Bundesgenossen, so auch diese schöne Tafelordnung unter den Messern der märkischen Herren und ihrer Gastfreunde. Herr Ulrich Czeuschel der sah's wirklich mit Schmerzen. Hatte auch Ursach dazu. Aber die Künste sind unterschiedlicher Art. Einige Künstler bauen für die Ewigkeit, andere für Jahre und Monden, noch andere nur für den Augenblick. Was der Kunstpfeifer spielt, das verhallt, und der Wind trägt es fort. Hätte Herr Ulrich seine Türme und Terrassen und Bogen nicht von Mehl und Honig und Eiern gebaut, sondern mit Steinen und Mörtel und Eisenstangen wie das Schloß zu Kölln, sie ständen noch heute und würden noch lange stehen zu Ehren ihres Baumeisters. Aber nun zerfiel der schöne Garten mit seinen Felsen und Springbrunnen, seinen Zauberschlössern und Bogenlauben und den zierlichen Schäfern und Rittern, die darunter lustwandelten. In weniger denn einer halben Stunde sah's aus wie eine Wüstenei; und löste auch ein Gang den andern ab, die schöne Ordnung von erst kam doch nicht wieder. Denn ist die Zerstörung erst wo eingebrochen und noch nicht satt, da hält sie nicht inne. Aber Herr Czeuschel tat wie ein starker Herr, der den Untergang vor Augen sieht und daß er dem nicht abhelfen kann: der zerstört dann selbst mit, daß es mit Art geschehe und schnell; ist das auch ein Trost, daß man fremde Hände nicht heran läßt. Also ergriff der wackere Herr Ulrich mit einem Spieß, der zweien Zacken hatte, den Truthahn, hielt ihn frei vor sich in die Luft, und mit seinem großen Messer zerlegte er ihn dermaßen geschickt, daß, als er nun den Spieß mit den zweien Zakken wieder herauszog, der ganze Hahn in lauter kleine Stücken fiel. Da war doch ein Jubel unter allen, die's gesehen, und sie klatschten mit den Händen und nickten Herrn Ulrich zu, auch der gnädige Markgraf und seine eheliebste Frau Markgräfin, und tranken ihm im stillen eins; denn er war wohl angesehen bei den guten Herrschaften. Dabei kann man das denken: so auch der Krieg die Künste zerstört, die der Frieden hervorbringt, ist der Krieg selber doch auch wieder eine Kunst, und die ihn kunstreich führen und ehrlich, sind des Lobes gewiß von allen, auch sogar denen, welchen er schadet; daher kommt es, daß manche vorziehen, durch den Krieg, das ist das Zerstören, sich Ruhm zu schaffen, als daß sie mühsam das bauen und schaffen, was ihnen ein anderer zerstören kann.

Wiewohl es feststeht aus alten Büchern, daß schon der Gott Neptunus bei den alten Heiden eine Gabel hatte, wie es auch der gemeine Mann an manchen alten Brunnen noch sehen kann, so ist doch auch gewiß, daß man dazumal nicht mit Gabeln aß. Die Gabeln nahm man zum Heu und meinte, daß Gott uns die Finger gegeben, um damit zu essen. Mag sich auch mancher das schwer vorstellen, daß die zarten Fräulein mit Fingern das Fleisch zum Munde führten, so ist's doch so. Die schöne Helena war freilich nur eine Heidin, aber wenn auch die Königin Maria Stuart, eine gute Christin, noch um hundertfunfzig Jahr später als unsere Geschichte mit ihren Fingern die Ente zerriß und höchstens mit den Zähnen dabei half, so wird man sich nicht wundern, daß auch unsere märkischen Fräulein das taten. Auch die gnädige Kurfürstin machte es nicht anders; nur daß ihr der Küchenmeister mit seinem Messer etwas zuschnitt. Alles konnte er aber doch nicht tun. Ward's auch nicht von ihm verlangt. Die schönen Finger sahen da freilich aus, daß man nicht Sammet und Seide mit angriff; dafür war aber das Tischtuch, und überdem lag bei jedem ein Tüchlein, daß er sich abwische, wenn's ihm nötig dünkte. Vielen aber dünkte das nicht nötig, und wohl mit Recht; denn weshalb mich waschen, wenn ich gleich darauf wieder in die Schüssel greife?

Die fränkischen Ritter sahen wohl mit Verwunderung, wie die märkischen schlangen, aber im Trinken taten sie's ihnen gleich. Am wenigsten aß der Markgraf, allein sein Auge war überall und entging ihm nichts. Ihn schien es aber eher zu freuen, daß seine Herren so wakker zugriffen, und machte er nicht spöttische Bemerkungen wie etliche von den Gästen. Der edle Herr mochte andere Sorgen haben, wie man's ihm an der Stirn ansah; und worauf er merkte, waren die Reden, die sie führten, und die Trinksprüche, die sie sich zubrachten. Er selber aber trank zuerst auf das Wohlergehen des Herrn von Polenz und des Herrn Reinhard von Cottbus, die von heut ab ihm zu Lehen gingen. Desgleichen eines Herrn von Waldow, der am andern Tischende saß, der war Erbherr von Peitz und wie die beiden Genannten wegen seines Landes mit dem Fürsten in Unterhandlung.

Johann von Polenz erhob sich nun dagegen und füllte seinen Becher und trank auf das Wohl seines gnädigen Lehensherrn, wobei ihm der von Cottbus beistand, und seinen Spruch schloß er damit: daß sein Ruhm leuchten möge fortan wie bisher, durch Weisheit gleich wie durch Tapferkeit, und sein Reich wachsen. Denn ein starker und kluger Herr sei wie ein großer Baum in der Heide, unter dessen Ästen die Hirten sich sammelten beim Sonnenbrand und Unwetter. In diesen Zeiten der Not könne der freie Mann sich nicht mehr selber schützen als vordem; um deshalb sei ein solcher Herr ein Geschenk Gottes den Völkern, daß die Bedrängten zu seinen Fahnen hielten und von ihm Schutz hätten, daß Sitte und Ordnung und Handel und Gewerbe im Lande blüheten. Und er erzählte, wie er freiwillig dem edlen Markgrafen und der brandenburgischen Herrschaft sich unterworfen, und sei es sein aufrichtiger Wunsch, auf den er den Becher leerte, daß Herr Friedrich II., von Gottes Gnaden Markgraf zu Brandenburg, auf dieselbe Weise ferner erobere, das ist nicht durch das Schwert und Heereszüge, sondern durch seine Tugenden und seine Gerechtigkeit, als wo viele ihm gern Heerfolge leisten würden und seinem Arm sich unterwerfen.

Die nächsten um den Herrn von Polenz und um den Kurfürsten begleiteten mit großer Lust den Wunsch, auf den andern Tafeln aber war's stille. Wohlgefällig hatte der Kurfürst gelächelt und dankte nun in kurzen und würdigen Worten dem edlen Herrn: »Wolle Gott«, sprach er, »und seine Heiligen, daß wie sie draußen über Verdienst mein gering Tun und meinen guten Willen werthalten und schätzen, meine Märker desgleichen ihrem Herrn entgegenkämen und ihm die Hand böten! Und als wie ich euch zugetrunken, ihr edlen Herrn und nun meine lieben Vasallen, so trinke ich itzo auf das Wohlergehen meines Landes und meiner treuen Leute, und daß sie mir stets hold und gewärtig seien, wenn ich das Land stärke und die Kraft der Herrschaft festige. Denn, bei Gott, das will ich und nichts mehr, und das wollen gewiß alle mit mir, so ihr Land liebhaben und ihren Markgrafen!«

Da stießen die Becher und Gläser zusammen, und klang und schallte es von vielfachem Ruf durch den ganzen Saal.

»Unser Schwert soll nimmer rosten in der Scheide«, fuhr der Kurfürst fort, »denn wir haben viele Feinde, nach welcher Seite wir uns wenden, und der Märker soll allezeit gerüstet stehen, daß er sein schwer errungen Land verteidige gegen wen es sei; und das weiß ich von meinen Märkern, sie sind allezeit gerüstet und bereit, den Harnisch umzuschnallen und dem Feind die Stirn zu bieten, soviel ihrer auch wären –«

Da ward er von ungeheurem Jubel unterbrochen, die Becher klirrten, sie schlugen mit den Messern an die Teller und die Sporen zusammen.

»Aber ihr gutes Schwert«, fuhr er fort, »soll nicht ohne Not aus der Scheide fahren, nicht ein gefährlich Spielzeug soll's sein in der Hand eines leichtfertigen Toren, sondern eine gewaltige Waffe in der Hand des Gerechten. Gezückt werden soll's nur und niederschmettern, wo sie der Gerechtigkeit die Tore verschließen. Da, ihr Herren und lieben Freunde, will ich mit meinen Märkern erscheinen, und wenn sie gut Wort nicht hören und taub bleiben gegen die Vernunft, will ich ihre Tore brechen und das Schwert der Gerechtigkeit nicht umsonst tragen.«

Das gefiel wieder allen, denn jeder dachte sich was Besonderes dabei, und nun ward das Gespräch recht lebhaft und munter, und der Wein tat auch das seine. Item ist es gewiß, wenn einer auch noch soviel essen kann, da kommt ein End. Aber trinken kann einer ohne End, es sei denn, daß das Faß ausläuft.

Herr Gott, was hatte der Dietrich Barfuß gegessen und Tile Kracht auch, und die Kurfürstin hatte es mit absonderlichem Vergnügen gesehen und den Edelknechten zugewinkt und Herrn Ulrich Czeuschel auch, daß sie ihnen immer mehr aufnötigten und ihnen sagten, sie äßen ja gar nicht. Fritz Kröcher wollt es ihnen gleichtun, er konnt es aber nicht; dafür trank er desto mehr und hätte sie untern Tisch getrunken, wenn sich das nur geschickt. Aber dann fürchtete er sich wieder vor den fremden, insonders den fränkischen Herren; denn sein Vetter Busso Voß stieß ihm in die Rippen, daß er es merke, wie sie spöttisch auf ihn schauten.

Wovon sie alle sprachen, das war von guten Rittertaten, so ehedem die Märker ausgerichtet. Und schien's Herrn Friedrich, dem Markgrafen, eine absonderliche Lust, davon zu erzählen und die guten Ritter zu loben, die im Felde sich ausgezeichnet und vor Festungen, und dabei gedachte er auch der alten Fürsten, die so fürtrefflich das Land regiert und der Brandenburger Ruhm bis ins Land Italia verbreitet. Von Otto IV., dem mit dem Pfeil, erzählte er, und seinem hohen Mute und seinem fürtrefflichen Gemahl, die, als er in Magdeburg gefangen saß, nicht Tag nicht Nacht geruht, bis er wieder frei wurde. Und wie die vom märkischen Adel desgleichen aufgesessen wären und ihr Bestes hergegeben, um ihren Fürsten zu lösen.

Da sprang Busso Voß auf mit seinem Pokal und rief: »Diesen Trunk dem Andenken des edeln Markgrafen Otto und den märkischen Edeln und daß nimmermehr die Zeit wiederkehrt, wo städtische Hunde einen edlen Fürsten gefangensetzen können!«

Wie der Spruch auch vielen behagte, dem, so er zumeist galt, gefiel er nicht ganz, denn er sah besorgt auf den Gast aus Stettin, den Bürgermeister Albert Glinde, und antwortete darum: »Allen fleißigen Bürgern und guten Städten Ruhm und Preis, so sie treu an ihren Herren halten und nicht mehr wollen, als ihnen zukommt. Aber Dank auch Euch, Herr Busso, für den frommen Wunsch. Die Fürsten werden sich itzt wohl wahren, daß man sie nicht in einen Käficht sperrt.«

Und nun wandte er sich freundlich zu dem Albert Glinde und fragte nach dem Wohlergehen des alten Pommerherzogs, worauf ihm der Bürgermeister Bescheid gab und auch zum Lobe des Herzogs sprach, als wie es der Markgraf tat. Merkten, wer so etwas merken kann, daß es zwischen ihnen noch anderes gab, was sie nicht sprachen, und daß das itzt nur gesprochen ward vor den Leuten.

»Die Pommern sind ein wacker Volk und unsere nächsten Freunde«, sprach der gnädige Herr, »und da sei Gott für, daß die von Natur und den Verträgen nach eins sein sollen, durch bösen Leumund und Verredung wieder zwieträchtig werden. Als lang mein wackerer Gevatter, Herzog Otto, lebt, wollen wir dieser Zwietracht steuern.«

»Und wann«, fuhr der Stettiner Bürgermeister fort, »daß der Herr, in dessen Hand unser aller Leben liegt, Seiner Gnaden meinen gnädigsten Herrn von dieser Erden abrufen sollte, als hoffe ich dann, daß Märker und Pommern noch einträchtiger werden und, wie Gott will und die alten Verträge, *ein* Volk und *einem* Herrn gehorchen!«

Wie nun Herr Albert Glinde drauf seinen Pokal aufhob, daß er mit dem Kanzler, der ihm gegenüber saß, anstoße, gab es einen häßlichen Klang, und der Pokal des Kanzlers, der von Glas war, zersprang. Da sahen sich die Herren sehr betroffen an und nahmen's für eine üble Vorbedeutung, und dachten viele dem nach, wie itzt die Dinge standen. War es keinem unbekannt, daß der Bürgermeister von Stettin brandenburgisch gesinnt war. Und obschon jeder deutsche Mann von je an das Recht hatte, zu denken, was er Lust hatte, so war diese Herrn Alberts Gesinnung doch auch keine Übertretung gegen seinen Landesherrn, den Pommerherzog. Denn durch alte Verträge, die Kaiser und Reich gebilligt, stand es fest, daß Pommern, wenn seiner Herzöge Mannsstamm aussterbe, an Brandenburg falle. Nun war aber Herzog Otto von Pommern-Stettin hinfällig und hatte keine Kinder. Um deshalb erwarteten viele, daß das Herzogtum an Brandenburg falle nach Herzog Ottos seligem Hinscheiden, und viele wünschten es. Andere aber wünschten es nicht und vermeinten, wenn auch die von Pommern-Stettin ausstürben, blieben doch noch die von Pommern-Wolgast, und an diese vererbe das große Land als an die nächsten Verwandten. Wie gesagt, so standen die Sachen, und ward viel darüber im stillen verhandelt und gesprochen, aber nicht laut, denn es schickte sich nicht, wo noch der Herzog lebte, schon zu streiten über seinen Todesfall. Aber Herr Albert Glinde war als wie viele Deutsche in Stettin und den andern Städten gut brandenburgisch gesinnt und wünschte von Herzen, daß der Markgraf Friedrich auch Herzog von Pommern werde. Darum wurde er und noch viele sehr betroffen, als das Glas sprang, was ihnen von böser Bedeutung dünkte. Aber als ein kluger Mann ließ er ihnen nicht Zeit, darüber nachzudenken, sondern redete weiter, als wäre gar nichts vorgefallen.

Er erzählte, wie die Pommerherzöge von alters her es sich angelegen sein lassen, Deutsche in ihr Land zu ziehen, so Adlige als Bürger und Bauern. Denn so wie sie am Hofe feinere Leute wären, mit denen ein Fürst besser verkehre als mit den wilden und unsteten Slawen, die sich nicht losmachen könnten von dem Schmutz und der Faulheit und alten bösen Angewöhnungen, so auch baue der deutsche Landmann besser das Feld und nötige ihm dreimal mehr Ertrag ab als der Wende, der die Hände gar zu gern in den Schoß lege.

»In den Städten aber zumal«, sprach er, »sieht man es recht klar, was der deutsche Fleiß tut. Da wo Sachsen und Niederländer eingebürgert sind, blüht Handel und Gewerbe. Sie bauen steinerne Häuser und umschließen ihre Städte mit steinernen Mauern und Türmen und stiften Gilden und haben Gerechtsame und Freiheiten, und die Dörfer umher haben auch Nahrung und werden blühend und gesittet. Wir in Stettin haben dermaßen die Oberhand gewonnen, daß es itzo nur Deutsche sind, die in der Oberstadt wohnen, die wendischen Pommern sind zurückgedrängt in die Unterstadt und drüben auf die sumpfigen Wiesen der Oder, wo sie in Hütten und Nestern wohnen als wie ihre Väter; und hätten, wenn sie die Hände rühren wollten und uns nacheifern, gar gute Gelegenheit und Vorbild. Aber so sind die Slawen von Natur, sie mögen nichts annehmen von den Fremden, wenn es auch gut ist, sondern sitzen im Schmutz und strecken die Glieder und schauen uns verwundert an und hassen uns und unsere Ordnung. Aber die alten Herzöge haßten uns nicht, denn sie sahen wohl ein, daß es auch ihr Vorteil war, wo die Deutschen Sitte und Nahrung und Reichtum ins Land brachten. Denn über ein Volk, wo Sitte ist und Ordnung, läßt sich besser herrschen als über eins, das allezeit verdrossen ist und nicht tut, was die Vernunft ihm heißt, sondern die Grille. Aber so warm wir Deutsche in Stettin itzo auch sitzen, wir sitzen doch nicht sicher. Denn es wurmt in den alten Pommern, und ihr Haß ist groß, und sie lauern nur auf den Augenblick, wo sie aufstehen und uns fortjagen, damit die alte Wirtschaft wieder anfange. Möge uns Gott davor bewahren. Es ist gewiß, wo Deutsche und Slawen zusammen sind, sie können nicht einträchtig nebeneinander bestehen, es muß eins Herr werden über das andere und das andere niederdrücken und austreiben. Darum ist's aller Deutschen in Pommern heißer Wunsch, so die Herzöge ausstürben, die uns freund und gewogen sind, daß zur deutschen Ehre und des Landes Wohl das Regiment ganz in deutsche Hände kommt. Und wir blicken alle gar sehnsüchtig nach diesen Marken, wo starke und weise Fürsten und wackere Herren den Boden gereinigt von der alten Barbarei und ein deutsch Regiment aufgeführt haben, das sich sehen lassen kann und eine Ehre ist dem Römischen Reiche

Deutscher Nation und eine starke Mark und Burg gegen die slawischen Feinde. Wollte Gott, daß wir nicht wieder in die alte Barbarei verfallen und das deutsche Wesen, das itzo aufblüht, wieder verdorre, ehe es feste Wurzel schlug! Denn wo deutsches Wesen nicht ganz durchgreift und Herr wird und das slawische totschlägt, da verkümmert es und läßt sich anstecken von der Trägheit und glaubt auch ausruhen zu können, wo es doch keinen Augenblick rasten darf, sondern es muß sich selber nie genug sein und allezeit vorwärtsgehen und weiter.«

Unter den Herren waren doch viele, die nicht deutscher Abkunft waren, sondern slawisch Blut floß in ihren Adern, aber kein einziger widersprach dem und führte das Wort für die Wenden. Sie wollten alle deutsch sein, wie auch ihre Namen anders klangen. Das hätte für Herrn Albert Glindes Meinung gesprochen; es war in der Mark das deutsche Wesen ganz durchdrungen und hatte das slawische totgeschlagen. Aber die meisten tranken und hörten ihn nicht. War's ihnen zu gelehrt.

Der Markgraf hatte wohl aufmerksam hingehört, auch ihm freundlich ins Gesicht gesehen, er antwortete aber nichts, sondern lenkte das Gespräch auf andere Dinge.

»Hat mir mein Bruder, Herzog Albrecht, aus Kadolzburg seltsame Neuigkeit geschrieben«, sprach er, »von einem Ritter, der soll aus der Mark sein und hat sich im Türkenkrieg so ausgezeichnet, daß er viel Redens von sich macht. Er hat ein Fähnlein geführt an dem grausamen Tage von Warna, und hätten sich alle gehalten als er, schreibt mein Bruder, dann brauchte die Christenheit nicht um den Tag zu weinen, als nun geschieht, Gott sei's geklagt! Zweenunddreißig Türken hat er mit eigner Faust umgebracht in der einen Schlacht und selber den König Ludwig und einmal einen andern christlichen Feldhauptmann herausgehauen aus den Feinden. Ja, als schon der Ungarnkönig, dem Gott ewige Glorie schenke um seinen Märtyrtod, gefallen war, hielt er noch mit seinen Leuten und wies den Ungläubigen die Zähne, und keiner wagte sich an ihn, denn, ganz von Blut übergossen und einen Morgenstern über dem Kopfe schwingend, schaute er so furchtbar aus, daß die Christen selber sich vor ihm entsetzten. Ganz Ungarland ist seines Lobes voll, und er hat viele von den christlichen Kriegsleuten auf der Flucht gerettet. In der Stadt Wien, vermeldet mein Bruder, hätten sie acht Tage lang von nichts gesprochen als dem tapfern brandenburgischen Hauptmann, und die Weiber wären wie toll gewesen, und vor seiner Herberg hätten sie tagaus, tagein gestanden, um ihn zu sehen, und, wenn er sich gezeigt, ihm zugeschrien allerlei schöne Worte, und die fürnehmsten Frauen und Fräulein schenkten ihm gestickte Binden und Fahnen und Kränze; ja, sie hätten sich gestritten, wer von ihm eine Locke bekommen möchte. Ja, wenn er allen Weibern dienen wollen, hätte er sein Haar lassen müssen in Wien. Auch auf die Burg ward er geführt zum Kaiser; der schlug ihn selbst zum Ritter, da es herauskam, daß er das noch nicht war, und hängte ihm eine güldene Ehrenkette um. Nun wünscht mir mein Herr Bruder Glück zu einem solchen Ritter und Untertanen. Aber weiß einer von ihm?«

Alle hatten aufmerksam zugehört, aber es wußte's doch keiner. Und von den Freunden der Ritter, so mitgezogen waren in den Türkenkrieg, war der eine an der Pest gestorben, der andere in der Schlacht gefallen, und sie rieten umsonst.

»Den Namen hat mein Bruder nicht schrieben«, sprach der Markgraf. »Aber soll er uns wert sein, und wenn er zu uns kommt, als ich hoffe, wollen wir alle ihn gut aufnehmen und seiner uns freuen.«

Am andern Ende der Tafel war ein lebhaft Gespräch, und sie steckten die Köpfe zusammen, und einige lachten. Der gnädige Markgraf fragte, ob da einer von dem wackern Ritter wüßte. Zuerst schwiegen sie, dann aber antwortete der alte Bardeleben:

»Von einem Ritter ist wohl die Red, gnädigster Herr,

der auch von sich sprechen macht, weiß aber nicht, ob's zum guten ist, von ihm viel sprechen?«

»Ist's ein Märkischer von Adel?« fragte der Markgraf.

Da schwiegen sie wieder, bis einer den Namen Köpkin Zarnekow leis nannte.

Die Stirn des Fürsten runzelte sich, und sein Aug ward ernst.

»Sollte ein guter Märker den nicht mehr nennen, der nicht mehr dieses Landes ist. Zum wenigsten gehört der Name nicht vor die Ohren des Landesherrn.«

Abermals schwiegen die Ritter; stand aber so viel in ihren Mienen geschrieben, daß der Herr, der sie aufmerksam betrachtete, frug:

»Was ist's wieder mit ihm? Der böse Dieb ist geächtet und aus dem Lande verwiesen.«

»Treibt aber dort sein Wesen ärger denn zuvor«, sprach der von Bardeleben.

»Das kümmert uns nicht«, sagte der Kanzler. »Laß nun die Sächsischen dafür sorgen. Wir haben genug mit unsern zu tun.«

Der alte Bardeleben schüttelte den Kopf. »Was ist die Grenze gen Sachsen und die Lausitz? Da ist kein Berg und kein Fluß zwischen. In dem Zickzack weiß kaum einer, der dort geboren ist, ob er steht auf märkischer Erde oder auf Lausitzer Boden oder auf sächsischem. Wie sollen wir in den Burgen die Grenze vor ihm hüten?«

»Das sei Gott geklagt!« sprach der Herr von Polenz. »Es leiden beide Länder gleichweis von dem Räuber, und geht sein Übermut über alle Schranken. Muß ich wohl recht inständig bitten, gnädiger Herr, als Euer neuer Lehnsmann, daß dem Unwesen wird ein Ziel gesetzt, denn meine armen Lausitzer tragen's kaum. Drei Dörfer hat er im letzten Jahr niedergebrannt.«

»Und wie hat er in Zossen gewirtschaftet noch vorige Woche«, sprach der Bardeleben. »Unter den Augen derer in der Burg, die waren aber zu schwach, plünderte er vier Häuser und schleppte Weiber und Kinder fort. Unsere konnten's kaum wehren, daß nicht der Markt in Flammen aufging.«

»Und die Geschichte in Wiltbritzen«, rief ein anderer, »wer hätte es für möglich geachtet! Zwangen den Pfaffen, er mußt ihnen zurichten einen Mittagstisch, was er konnte, und schmausten und trieben Kurzweil mit des Pfaffen beiden Haushälterinnen. Mußt ihnen der selbst dazu die Geige spielen, derweil der Köpkin und seine Gesellen tanzten.«

»Weil der Köpkin wußte«, fiel ein anderer ein, »daß der Pfaff den Hauptleuten in Trebbin und Saarmund durch eine Bauerfrau zu wissen getan, wie er mit seiner Bande in der Nähe war. Dafür mußt er's büßen.«

»Was hat auch der Pfaff dreinzustänkern!« sprach einer.

»Wie er aber da entkam, das ging doch kaum mit rechten Dingen zu«, fuhr der erste fort. »Die Saarmunder und Trebbiner waren sächtchen herangeritten, die einen von Beelitz her, die andern von Luckenwalde, und hatten das Dorf umstellt. Dachten, nun müßten sie ihn fangen, denn es geigte und pfiff noch immer vom Pfarrhause, als zechten und jubelten die und merkten nichts. Aber plötzlich flackerte und knisterte es, und drei Rohrdächer schlugen in Flammen auf, und heraus stürzte es durch die Hecken, Pferde, Reiter, Ochsen und Schweine, wie eine wilde Jagd, in allerhand Mummerei und auf Zauchwitz zu, mitten durch die Knechte, die sich des nicht versahen. Freilich ward nun in die Trompete gestoßen, und Saarmunder und Trebbiner, alles sprengte wild ihnen nach; kriegten sie auch ein, aber wen? Waren's nicht die Gesellen, sondern Knechte, Bauern, Kinder, alte Weiber, die er auf Ackergäule und Ochsen gesetzt, manche verkehrt, und ausstaffiert hatte er sie, daß sie zu Walpurgis gut waren, und den Tieren hatten sie in die Kerben gebrannt, daß sie Reißaus nehmen mußten, was das Zeug hält. Und während der Verwirrung hatte sich Köpkin mit allen Seinen salviert. Nicht einen Mann hatte er verloren und lachte ihnen aus dem

Walde nach, daß es eine Lust war. Den Pfaffen und seine Haushälterinnen, die fanden sie zusammengebunden, und baumelten sie mit den Beinen zum Fenster raus, als wie ein Wahrzeichen, übers Kreuz gehängt. Die schrien mal Zeter und Wehe, bis man sie losband. – Mein Vetter war dabei«, setzte der Erzähler mit leiserer Stimme hinzu, »und sagt, 's wär zum Totlachen wesen.«

Die Erzählung wirkte sehr verschieden. Dieweil die Furchen auf des Fürsten Antlitz immer tiefer wurden und es recht sichtbar war, wie ihn die Sache verdroß und daß sie grad hier vorgebracht wurde, wo er gern löbliche Beispiele erzählt hätte, seinen Rittern zur Nacheiferung, so mochten diese kaum 's verbergen, daß ihnen die Sache lustig dünkte. Und hatte Köpkin Zarnekow wirklich großen Anhang und auch sich einen Namen gemacht; er schickte Brandbriefe weit durchs Land und hatte mehr denn zehn Städten abgesagt und fing ihre Bürger, ihn selbst konnten sie aber nicht fangen, denn wo sie ihn suchten, da war er nicht mehr, und hatte überall Verstecke und Schlupfwinkel. Aber die Ritter hütete er sich anzugreifen; darum ging sie's nicht an, außer wenn des Herren Dienst sie aufrief.

»Seit dem Teufel von Soltwedel hat kein Schnapphahn solchen Anhang gehabt«, sagte Fritz Kröcher.

»Die Stellmeiser, die noch übrig, sind auch zu ihm zogen«, ein anderer.

»Es läuft ihm alles Gesindel zu«, sprach ein dritter. »Er kann kommandieren über die fünfhundert, wenn's gilt.«

»Heiliger Christ!« fuhr der Kurfürst auf, »ist er, seit wir ihn aus dem Land wiesen, ein Landesherr worden, und sollen wir mit Mann und Roß gegen ihn ziehen und unsere Vasallen aufbieten, gegen einen, der ein Schnapphahn ist, und ist der Büttel der Mann, der sich mit ihm befaßt, und der Galgen sein recht Schloß.«

Der Herr von Polenz sagte nun, er wolle seine Mannen aufbieten lassen und die Städte an der Grenze, so Seine Gnaden ihren Hauptleuten in den Schlössern an der Grenze desgleichen geböten, und zumal denen Marschällen von Biberstein in Beeskow und Storkow. Denn ohne Begünstigung mancher Herren, die er aber nicht nennen wolle, wär's gar unmöglich, daß der Köpkin nimmer griffen worden.

Der Herr Markgraf sah starr und finster vor sich hin. Aber der Busso Voß nahm das Wort:

»Ist's auch kaum denkbar, daß er das alles ausführte, wenn nicht an dem wäre, wie die Leute munkeln. Denn der Köpkin hatte es nicht los von sich selbst.«

»War immer ein Grützkopf«, sprach ein anderer.

»Losschlagen konnte er«, sagte ein zweiter, »aber um die Ecke konnte er nicht sehen, und wo sie ihm ein Netz ausspannten, da zappelte er.«

»So tun's seine Freunde für ihn«, sprach mit gar ernstem Blick der von Polenz.

»Freunde nicht«, sagte Kurt Alvensleben. »Er hat ein Frauenzimmer bei sich, die soll gar wunderbar schön sein. Einige sagen, sie sei aus Spanienland oder eine ungläubige Maurin. Die hätte es weg, was Zauberkünste sind. Und darum geht er zumeist den Pfaffen zu Leib und bricht in die Kirchen ein, was sich doch eigentlich für einen christlichen Ritter nicht schickt. Er tut's auch ungern, aber das Weibsbild zwingt ihn dazu.«

Mehrere schüttelten die Köpfe.

»Mitnichten, Herr von Alvensleben«, fiel ihm der von Bardeleben ins Wort. »Das ist schon richtig von den Pfaffen und Kirchen und dem schönen Weibsbild. Die reitet mit ihm auf einem schwarzen Roß. Aber die tut es nicht allein. Er hat auch eine wendische Hexe bei sich. Die tut's. Die schafft ihm die Bande und hält sie beinander. Denn sie weiß, was jeder denkt und tun will. Und wenn einer Verrat sinnt, so läßt er ihn an den nächsten Baum knüpfen. Daher die Furcht vor ihm. Das Weib hat ihm Tränke gekocht, daß er überall durchkommt und ihn keiner sieht, wenn er in Not gerät. Und es ist, als wär er ihre Kreatur und sie nicht seine. Das macht seine Schlauheit und ihn pfiffig, mehr als er ist von Natur. Ich will den Köpkin nicht loben, denn er war immer ein ungeschlachter Gesell; aber ganz so schlecht ist er von sich selbst nicht. Er von sich wär nicht in Kirchen eingebrochen. Und ist's wohl ein Jammer für alle Christen, wenn ein Rittersmann so in den Krallen ist des Menschenfeindes.«

Die gnädige Frau Kurfürstin kreuzte sich entsetzt. Der Kurfürst aber biß in die Lippen.

»Am End wär's unsere Pflicht, einen Priester hinzuschicken, daß er ihn beschwört, und wir hätten dann einen guten Ritter an ihm.«

»Daß Gott erbarm, was man erleben muß!« sprach Busso Voß. »Itzo erst, da ich das weiß, erklär ich mir manches. So kam's doch damals nicht raus, als Euer Gnaden meinen armen verführten Vetter, den Wedigo Lüderitz, so gnädig richten ließ, wer ihm beigestanden; denn er allein hätt's nimmer getan. Er wollte ihn nicht nennen und sagte, er kennte ihn nicht. Hab ich aber zeither erfahren, daß der Köpkin Zarnekow tags vorher mit ihm gesehen worden. Wer weiß, wie der ihn verführt hat und in welcherlei Gestalt er ihm da im Walde erschien.«

»Ist's doch erschrecklich, in welcherlei Gestalt alles der böse Feind umschleicht, um die armen Menschenkinder zu fangen!« sprach die gnädige Frau Kurfürstin.

Da sah man recht den Unmut auf der Stirn des Markgrafen schwellen, und er hatte wohl Ursach genug. Denn war's doch, als wär der Köpkin Zarnekow den Herren mehr wichtig als der Kurfürst selbst, und kam immer das Gespräch auf ihn zurück, und nicht, daß sie von ihm sprachen, als es der Räuber verdiente, voll Zorn und Entrüstung, vielmehr bedauerten sie ihn und hätten gar zu gern die Schuld von ihm abgewälzt, und die meisten kitzelte es, seine Streiche zu hören. Aber ob Herr Friedrich doch Markgraf war und Kurfürst des Reiches, er mußte den Unmut verbeißen; denn er war allein unter ihnen, und was er wollte, sie verstanden es nicht oder wollten es nicht verstehen.

»Herr Olearius!« sprach er da zu einem Herrn, der angetan in einem schwarzen Talare unfern von ihm saß und bis itzt wenig gesprochen hatte oder gar nichts, denn er hatte mit dem Teller vollauf zu tun und nicht weniger mit den Weinflaschen vor ihm. Itzt aber zerschnitt er sich eine von den kleinen Wurzeln, die zum Nachtisch gereicht wurden, und schaute sie, indem er sie bedächtig zwischen die Finger nahm, an. »Herr Olearius, was schaut Ihr in den Rettich? Der ist doch nur da, daß man ihn in den Mund steckt.«

»Ein jedwed Ding, mein gnädigster Herr«, sprach der Doktor – denn das war er, aber nicht der Arzneiwissenschaft, sondern beider Rechte, und war er aus dem Reich berufen, um in unterschiedlichen Fällen dem Kurfürsten zu Rat zu sein –, »ein jedwed Ding ist erstens darum da, um was der gemeine Mann es braucht, und dann auch, daß der gelahrte Mann die Weisheit Gottes daran erkenne. Dies ist aber kein Rettich, sondern was man ein Radies nennt.«

»Und wozu hat Gott in seiner Weisheit den Radies gemacht, außer daß man ihn ißt?«

»Darüber, mein hoher Herr, ließe sich unterschiedliches verhandeln. Itzo aber kam mir nur in den Sinn, als wie auch in dieser kleinen Wurzel der Beweis liegt, daß aller Dinge Ursprung lateinisch ist.«

»Wie das, Herr Doktor? Haben die Römer die Radieser erfunden?«

»Gekannt, gnädigster Herr, und demnächst genannt. Und ist mir aus diesem geringfügigen Gegenstande aufs neue in Erinnerung gebracht, wie all unser Wissen und Sein keinen andern Quell hat als die Alten. Denn sehn Ihro Gnaden, wenn man einen Radies durchschneidet, so gehen lauter kleine Strahlen aus dem Mittelpunkte nach dem Umkreis zu. Das sind radii; davon der Name Radies. Wir essen's und wissen's nicht, als wie alle Dinge.«

»Alle!« rief der Kurfürst lächelnd. »Wenn also die Lateiner nicht gewesen, so gäb's keine Dinge, die uns angehen.«

»Dies unterstehe ich mich nicht zu entscheiden. Doch ist gewiß, daß alle Dinge, die wir kennen und nennen, auf einen lateinischen Namen sich zurückführen lassen. Nomina aber sind omina. Hat die Namen nur unsere Barbarei korrumpiert.«

»Die Römer haben zum wenigsten keine Kurfürsten gehabt.«

»Ist nicht ein Kurfürst ein princeps, qui *curat* salutem imperii? Was ist eine Stadt? Ein Complexus von Gebäuden, qui *stat.* Was ist dieser Fisch? Ein *piscis.*«

»Und der Tisch?«

»Tisch, Tisch! Was ist Tisch? Ein verdorben gemein Wort für Tafel – tabula. Wir trinken Bier und denken nicht, daß es ein Getränk ist, und trinken heißt bibere. Also unterstehe ich mich, ein jedwed Wort auf seine Wurzel zurückzuführen.«

Ein Nachbar hielt ihm ein Messer hin. »Das Ding heißt bei uns Messer. Ist das ein lateinisch Messer?«

»Est instrumentum, quod *metit* cibum. Es misset die Speise, dann zerlegt es sie.«

Da lachte der Kurfürst auf: als ihm ein Edelknecht vermeldete, daß der Ratmann von Brandenburg Niclas Perwenitz draußen stehe und um gnädig Gehör bitte.

»Wenn Ihr mir auch den Perwenitz lateinisch macht, der ein so guter Märker ist, als ich wünschte, es wären viele, dann will ich Euch glauben, Herr Doktor.«

»Perwenitz, est quidam, qui *pervenit* ad quoddam.«

»Wahrhaftig getroffen«, rief der Kurfürst, »es ist ein Bürger, qui pervenit oder gelangte dahin, ein reicher Mann zu sein, und dazu ein ehrlicher Mann. Und noch mehr, ein Bürger, qui pervenit zu der Einsicht, die euch allen not tut, daß ein Kurfürst ein princeps ist, qui curat salutem imperii. Gott zum Gruß, ihr Herren!«

Und damit stand er auf, und die Tafel ward aufgehoben, und die Posaunen oben auf den Galerien schmetterten, und er führte sein adlig Gemahl zu ihrem Frauensitz, derweilen er selber mit etlichen zu einer Nebentür hinausging. Der Rat, Herr Olearius, aber war gar wenig zufrieden, daß er mitten in seinem Diskurs war unterbrochen worden, und hatte noch so viel sagen wollen von der lateinischen Sprache und ihrem Alter und der Barbarei unserer Zeiten. Das sah die gnädige Kurfürstin, denn die Rede eines Gelehrten ist wie der Schweif eines Kometen: sie fährt ihm aus dem Munde und kann nicht wieder zurück. Und wenn einer unterbrochen wird in seiner Rede und kann sie nicht zu Ende bringen, so sieht man's ihm am ganzen Gesicht an, was er leidet, und die Lippen öffnen sich noch immer, und er sieht unstet umher und kann sich nicht finden und möchte immer wieder anfangen, wo er stehenblieb. Das also sah die Kurfürstin, und wie edle Frauen sind, der arme Mann dauerte sie in seinen Ängsten und daß er so viel verschlucken müssen, weil ihr Herr früher aufgebrochen. Also wollte sie es wieder gutmachen, und sie winkte ihn zu sich, wo etliche Prälaten und Männer standen, die von den Büchern wußten, und sie selber war auch gelehrt, denn ihrem Gatten zulieb, der gern lateinisch sprach, hatte sie auch von der Sprache gelernt, was wohl selten ist bei Frauen, aber es kommt doch vor.

»Also Ihr meint, Herr Doktor«, sprach sie gar holdselig, »alles, was wir sprechen und sehen und tun, ist nur aus dem Lateinischen übersetzt? Meint ich doch, es habe jedwedes Volk als wie jeder Mensch seine eignen Sinne.«

»Sensus!« rief der Doktor, »ist das Stammwort, daraus wir das schwächliche, magere Wort Sinn gemacht haben. Ist kein Sinn darin, warum wir nicht noch sensus sagen.«

Und seine Augen leuchteten vor Freude, daß alle sich desgleichen freuten, ihn zu sehen, und die Frau Kurfürstin besonders. Und seine Zunge war gelöst, und um ihn standen, die ihn anhörten und nicht unterbrachen, wie er schilderte, wie alles, was wir haben, tun und sind, eitel Barbarei wäre und Verderbnis, und fühlten wir's nur nicht, weil keiner wisse und ahne, wie es vordem anders und besser gewesen. Ja, wo uns keiner widerspricht, da läßt sich viel beweisen, und wer Wein im Kopfe hat, der sieht doppelt.

Da sprach der gute Doktor von der Herrlichkeit des Römischen Reichs und Namens vor alter Zeit und von der herrlichen Sprache, gegen die alles, was wir Neuern sprechen, nur wie das Blaffen eines Hundes sei und das Miauen einer Katze; die dächten auch, sie sprächen. Und auch die alten Götter, den Jupiter und die Minerva und die Venus lobte er, daß die Prälaten sich doch schier darüber entsetzen müssen als gute Christen; aber sie horchten gern zu und dachten: das kann ein anderer tun. Zumal aber das alte Recht der Römer. Das sei wie ein Baum, der in der Erde Mitten wurzele, und seine Äste und Zweige wären aufgeschossen über den Himmel. Da stehe alles darin, was einer suche, und sei alles geschrieben, was geschehen könne. Daß dieser Baum verdunkelt sei von dem Gestrüpp, von den Dornen und dem Dikkicht, das in der Barbarei der Jahrhunderte darum gewachsen, das sei die wahre Sünde gegen den Heiligen Geist. Was sie hierzulande Richter nennten, diese Schöffen suchten nach einem Urtel, bis sie es fänden, und fänden doch nie, was recht ist. Und so sie Augen hätten zu sehen, so brauchten sie die nur aufzusperren und mit den Händen zuzugreifen, denn wie reife Äpfel hingen an dem Baume die einzig wahren und richtigen Urtelssprüche, so die gewaltigen und weisen Römer vor tausend Jahren schon für alle möglichen Fälle, die nach ihnen kämen, ersonnen hätten.

»So sind wir, meine gnädigste Frau und Herrin«, sprach er; »dürsten und haben den Quell vor uns und trinken nicht, laufen wie toll durch eine Wüste und gewahren des Baumes nicht, der uns Schatten gibt. Dieses Reich nennt sich das Römische Deutscher Nation. Aber es ist das deutsche der Barbarei, denn man mag ihnen die Augen aufreißen, als weit man will, daß sie sehen, wie sie verdumpft und verstumpft sind und abgewichen von der Erkenntnis und dem Recht, und wo es liegt, beides, wie ein offener Schatz: sie wollen's nicht finden.«

»Aber ist doch heidnisch gewesen das Römervolk, als man mir gesagt hat«, meinte die edle Frau.

»Das ist eitel Verleumdung, meine gnädigste Kurfürstin. Denn waren die Römer das erste Volk, welches das Christentum annahm. Wie wäre sonst Rom der Fels worden, auf dem der Apostel Petrus seine Kirche gebaut hat! Aber als wie die filii naturales per subsequens matrimonium zu ehelichen Kindern gemacht worden, und sind sie es alsdann, gleich als wären sie so geboren, also sind die Römer dadurch zu uranfänglichen Christen geworden. Aber wie die Römer auf diese Weise zurückgegangen sind zum Quell des Lichts in der Wahrheit und sind eins worden mit ihm, so sind alle Völker zurückgegangen in die Finsternis der Barbarei, und alle unsere Einrichtungen sind wie der Rost, der über edlen Metallen klebt. Wir leben als wie die Säue im Schmutz und halten die Koben, dahinein wir kriechen müssen, für Schlösser und Hallen. Dennoch aber leuchtet die alte römische Wahrheit durch an manchen Stellen wie Sterne durch eine wolkichte Nacht, und es gibt itzo schon unterschiedliche, so klarer sehen und fühlen, daß die germanische Barbarei wieder muß abgetan werden und wir zurückübersetzen müssen unsere barbarischen Sitten, Rechte, Meinungen, Sprachen, Namen in das ursprüngliche reine Lateinisch.«

Da sagte der Propst von Havelberg zu ihm: »Doktor, hieß Euer Vater nicht Oelschläger?«

Der Doktor wurde sehr rot und stotterte etwas. Er wollte vorbringen, daß sein Großvater Olearius geheißen. Aber die umher lachten und versicherten, sein Großvater hätte auch Oelschläger geheißen und der Urgroßvater desgleichen. Wie der Rat das bestritt, wurde er sehr eifrig, aber er verwickelte sich, wie das wohl geschieht, wenn einer heftig ist und seiner Sache doch nicht gewiß und angegriffen wird. Und das gab viel Kurzweil, und die gnädige Kurfürstin selbst lachte mit, wie der Doktor sich abmühte zu beweisen, daß seine Vorväter doch olearii gewesen und nicht Oelschläger.

Ernsthafter aber sah es hinter den Lustigen aus. Da fragte der Ritter Eike Holzendorf den Kanzler beiseit: »Was soll's, daß der Markgraf mit keinem Wörtlein der Dinge in den Hauptstädten erwähnte? Meinten wir doch, wir seien darum geladen.«

»Könnte auch wohl sein.«

»Aber wo einer davon anhub, ward er unterbrochen, als wär's nichts. Und bei Gott, es ist mehr als Streit mit dem Baltzer Boytin. Es sieht schreckhaft drüben aus.«

Der Kanzler zog den Holzendorf noch tiefer in die Ecke. »Manches ist auch schreckhaft, und ein kluger Mann verzieht darum doch nicht das Gesicht, sondern er schaut freundlich drein.«

»Herrgott, das ist ja offenbarer Aufruhr –«

»Gegen den Bürgermeister Baltzer Boytin, Herr Eike.«

»Nein, nein, sie haben die markgräfliche Fahne –«

»Still!« unterbrach ihn der Kanzler und drehte die Augen nach dem Stettiner Bürgermeister hinüber, mit dem itzt die Kurfürstin gar huldvoll sprach. »So unser gnädiger Herr Ursach hat dafürzuhalten, daß die Berliner nicht mit ihm streiten, sondern nur mit ihrem Bürgermeister, so muß ein guter Vasall und Untertan sich bescheiden und nicht mehr glauben wollen, als sein Herr will.«

»Wenn sie ihm aber auf die Nas spielen –«

»So wird die Zeit kommen, wo er's ihnen vergilt; aber was einer außer der Zeit tut, das tut er auch ohne Schick.«

Da ging die Tür auf, und der Markgraf trat wieder ein. Ihm folgte der Ratmann Niclas Perwenitz von Brandenburg. Konnte man sehen, wie um des Herren Stirn finstre Wolken lagerten, aber er verwand sie, und als er zu seiner Eheliebsten trat und ihr den Ratmann vorstellte, da waren sie schon weg, und er schaute klar um sich.

»Das ist ein Freund seines Fürsten und guter Bürger«, sprach er. »Er denkt und handelt für seinen Herren und ist bereit mit Rat und Tat, und ohne daß man's ihm heißen muß, ist er zur Stelle, wie es einem Vasallen ziemt, wo er Gefahr glaubt.«

Der Ratmann verneigte sich tief vor seiner gnädigen Fürstin, und sie reichte ihm huldreich die Hand zum Kusse.

»Gefahr! Lieber! Ei, ich hoffe nicht, daß Ihr die meinem Herrn bringt. Ihr seid ja ein Mann des Friedens.«

»Das ist er!« sprach der Kurfürst. »Und wollte der allmächtige Herr, daß alle Obrigkeiten in unsern Städten solche Männer des Friedens wären! Es stünde besser um mein Land und besser um die Städte. Nicht wahr, ihr in Brandenburg habt des keinen Schaden, daß ihr friedfertig seid und euch vertragt und eurem Fürsten gebet, was des Fürsten ist. – Und ihr, Herr Albert Glinde, in Stettin auch nicht, daß ihr treu haltet zu eurem Herren?«

»Wir halten treu, als es Pommern ziemt, zu unsern Herzögen«, entgegnete der Bürgermeister. »Aber lassen sich die Bürger dort auch nicht nehmen, was ihres Rechtes ist –«

»Wie billig!« fiel ihm der Markgraf rasch ins Wort und wandte sich wieder zu Niclas Perwenitz. »Der gute Brandenburger Ratmann bringt uns seltsame Neuigkeiten, die er von Berlin vernommen. Zum Glück, daß wir sie schon wissen und uns kein grau Haar drum grämen wollen.«

»Sind sie wieder aufsässig?« frug die Kurfürstin und sah besorgt ihrem Herrn ins Gesicht, denn sie wußte, was die Runzel über den Brauen zu sagen hatte.

»Wann saßen sie denn still!« entgegnete der Herr.

Otto Pfuel sprach: »Sie haben die markgräflichen –«

»Wir wissen alles«, fiel der Markgraf ein – »alles, alles, ihr Herren, und mißbilligen es höchlich. Wir liebten die beiden Städte, wir wollten ihnen die Gnad erzeigen und uns ein Haus unter ihnen bauen, aber bei Gott, wenn sie so fortfahren, haben sie's verwirkt, daß sie unser gnädig Antlitz sehen.«

Da schrien drei bis vier Ritter: »Das haben sie, beim Himmel, zehnfach verwirkt!«

»An uns, ihr Herren, wird die Entscheidung sein, ob sie's verwirkt haben oder ob, so sie demütig flehend zu uns kommen, wir sie noch in Gnaden aufnehmen und ihre Entschuldigung hören.«

»Hören noch!« rief Tile Kracht, und in dem spukte der Wein. »Sie haben Spott getrieben –«

»Mit wem?« fuhr ihn der Markgraf an und fuhr in die Schultern und hob sein Haupt über die Brust, und sein Auge herrschte königlich den Ritter an. »Will nicht hoffen, daß einer meiner Leute meint, es habe jemand in den Marken Spott getrieben mit seinem Herrn! Herr Tile Kracht und ihr andern, hört ihr, ich will's nicht hoffen, daß das jemand glaubt! Bin nicht der Herr, der sein spotten läßt.«

Und er schritt durch den Saal und schaute die Herren an, und sein Blick drang durch die Nieren. Sie standen alle nicht mehr fest und senkten die Köpfe. Keiner aber sprach einen Laut. Der Kurfürst setzte sich in einen Lehnstuhl. Nach einer Weil sprach er zu Albert Glinde, der vor ihm stand, und dem von Polenz und Cottbus:

»Störrige Leute in meinen Städten! Werdet von ihnen gehört haben mehr Töriges denn Gutes. Sind fleißig und schaffen, aber der fette Hafer sticht sie. Der Reichtum wuchs ihnen über den Kopf; darum entwuchsen sie der Zuchtrute. Ich liebe die guten Bürger, und der guten sind mehr als der schlechten. Das ist überall so. Aber die schlechten sind tätig, die guten legen die Hände in den Schoß. Das ist schlimm. Und daher Unfried überall und Hader und Aufsässigkeit. Sie bohren und flüstern und verreden. Wer kann ein Ohr haben für alles! Wer schaut zu in alle Heimlichkeiten! Das ist Gottes Sache, nicht der Fürsten. Da haben böse Leute ihnen eingeredet, wir wollten ihnen übel, wollten ihnen nehmen, was ihres ist, ihre Mauern brechen und sie zu Knechten machen. Diese bösen Leute will ich strafen, und ich werde es, die guten haben nichts von mir zu fürchten. Im übrigen aber, ihr Herren, kümmert mich die Sache wenig. Sie streiten mit ihrer Obrigkeit. Ist noch kein Bürgermeister in Berlin gewesen, mit dem sie zufrieden waren. Damals kam ich auf ihr Bitten, schlichtete und setzte fest; ich tat, warum sie baten, kürte ihnen einen neuen Rat und neue Bürgermeister. Meinte, nun ist's doch gut, ihr Wille geschehen. Die Gevatterschaften und ihr Regiment hörten auf. Ja, kaum daß ich den Rücken gekehrt, das hub wieder an. Waren mit niemand zufrieden. Ihre Besten jagten sie fort. Kann ich einem helfen, der sich selber nie zu helfen weiß? Den Baltzer Boytin, auf ihr Bitten setzte ich ihn ein. Nun wollen sie ihn wieder nicht. Was! Soll ich sie bitten, soll ich's ihnen befehlen? Was geht's mich an.«

Der Ritter Bardeleben trat vor. »Gnädiger Herr, sie haben sein Haus gestürmt, ihn aus dem Tor vertrieben, und was weiter dabei vorfiel –«

»Mögt Ihr dem Kanzler sagen! Ist Berlin mein Land! Heiliger Gott, ich bin auch Fürst des Reichs. Will man mir von früh bis spat die Ohren klingen lassen von dem kleinen Gezänk. Man wünschte es wohl, daß ich nicht andere Klagen hören soll, daß ich mein Aug woanders abwende! Ihr irrt. Dem Baltzer meldet, daß er vor meinen Räten erscheine. Ist er im Recht, so sollt Ihr schreiben für ihn nach Berlin und Kölln. Und wär er nicht im Recht – was kenn ich ihn –, da sollt ich wohl für ihn alles vergessen, Hof und Haushalt, Weib und Kind, Städte und Land um einen vertriebenen Berliner Bürgermeister! Die Räuber will ich züchtigen und vertilgen, die Feinde, die dem Lande drohen, will ich abhalten, die Stirn jedem weisen, der mein fürstlich Recht verletzt, aber mögen die Städte und ihre Bürger es selbst austragen, so sie sich zanken um des Kaisers Bart.«

Darauf war der Herr aufgestanden und hatte ihnen gnädig genickt, daß sie entlassen waren. Und alle nahmen Urlaub und gingen, manche kopfschüttelnd; sie verstanden nicht, was der Herr meinte; und so aufgeregt und ärgerlich hatten sie ihn nie gesehen; er war bald rot, bald blaß worden, und war's recht sichtlich, wie er vieles verschluckte und anderes sprach, als er dachte.

Nur die gnädige Kurfürstin war geblieben und Herr Johannes, der Kanzler, und der Graf von Knipprode.

»Um Gott, was ist's, Friedrich!« sprach nun die Fürstin und war aufgesprungen und schaute ihrem Herrn in sein gramerfüllt Gesicht und legte holdselig den Arm um seine Schulter, wie er wieder hingesunken war in den Stuhl.

»Es ist arg.«

»Was ist so arg, daß du's deinem Gemahl verbirgst?«

»Es ist zu arg, bei Gott! Und daß ich schweigen, es hinnehmen muß.«

»Friedrich, mein lieber Herr! sie heißen dich den Eisernen, und das ist nicht recht, denn du bist auch gütig und großmütig. Aber ich weiß, du nimmst nichts hin, was nicht Gott gefügt und du nicht ändern kannst.«

Er sah sein holdselig Gemahl freundlich und wehmütig an und drückte ihr die Hand. »Das eben ist das Arge, mein Lieb, daß wir nicht dem Willen können gehorsamen, der gradaus geht. Sondern daß wir auch der Klugheit gehorsamen müssen, zumal *wir*!«

»Auf Herrn Albert Glinde mögen wir Häuser bauen«, sprach der Kanzler. »Er ist märkisch durch und durch, als wie er auch in unserm Land geboren ward.«

»Ihr hättet auch wohl nicht nötig gehabt um ihn die Vorsicht«, fiel der Graf von Knipprode ein. »Er ist ohnedem gebunden an Euch.«

»Was ist's! was ist's, ihr Herren, mein Gemahl? Ist doch kein Unglück geschehen, das sich nicht herstellen läßt.«

»Gewiß nicht, gnädigste Frau«, sprach der Graf. »Sie haben nur ihren Bürgermeister mit etlichem Lärm aus dem Tor gebracht. Der Meister Baltzer trägt einige Beulen an der Stirn –«

»Ich war nie von Herzen Eurer Meinung«, fiel der Markgraf ein. »Dieser Boytin ist so klug und geschmeidig, als ich meine Märker nicht liebe. Was mußten wir diese Seitenwege einschlagen.«

»Gradaus heißt mit der Stirn durch die Mauer rennen.«

»Der Mensch ist verachtet, wohin Ihr hört. Das gelbe Gesicht lauert immer.«

»Ein desto besserer Bock, dem man die Sünden aufpackt.«

»Und ein sehr verschlagener, nüchterner Mann«, sprach der Kanzler. »Wenn wir nur redliche Männer brauchen wollten, wie richteten wir's da aus! Diese störrigen Massen von Eisen und Stein, wie will man sie bewegen und lenken, wenn man nicht Hebel braucht, die man unversehens ihnen in die Fugen setzt. Bei Gott, es geht nicht ohnedem.«

»Und wie ist's nun gangen!« fiel der Markgraf ein. »Meinen Richter, den Balthasar Hake, gefangengesetzt, des Baltzer Haus gestürmt, er nur mit Müh und Not über die Mauer an einem Seil entkommen! Ins hohe Haus gedrungen, meine Arche erbrochen, meine Briefe, Papiere zerstreut in tausend Händen. Ist das keine Schmach! Schreit das nicht zum Himmel um Rache!«

»Das konnte ein *guter* Bürgermeister hindern!« sprach der Graf. »Dem Baltzer geschieht schon recht.«

»Mir aber, mir, Graf! Beim allmächtigen Gott, wenn sie meine Heimlichkeiten lesen und verbreiten –«

»Können ihrer nicht viel lesen in Berlin«, sprach der Graf.

»Weiß Gott und alle Heiligen, ich ginge gern gradaus, und könnte jeder mein Tun lesen!«

Ein wie fromm und mild Gesicht als die gnädige Kurfürstin auch hatte, da zückte es über sie, und voll Hoheit richtete sie sich auf und sprach: »So sie ihm Schmach angetan an seiner Ehre, weiß ich auch, daß mein Herr seine Ehre zu hüten weiß. Und du wirst es nicht hingehen lassen, sondern ihnen tun, als sie verdienen.«

Die drei Herren schwiegen. Der Kanzler schüttelte den Kopf, der Graf sagte der holden Frau etwas Artiges von der Frauen Verstand und Klugheit und daß, wo sie in den Richterhöfen säßen, das Recht immer siegen werde. Aber sie alle fühlten, es war hier nicht getan mit artigen Worten.

»So schütte aus, Friedrich, was dich beengt und bange macht«, sprach sie. »Denn noch hast du mich wert geachtet, daß du deine Sorgen mit mir teilst, als wie du deine Freuden mit mir teiltest. Bin ich auch ein schwach Weib und verstünd es nicht, so kann ich's doch mit dir fühlen, und du belehrst mich. Denn so wir nicht mehr mit'nander leiden und froh sind, was ist's dann um unser Glück!«

Da warf er einen hellen großen Blick auf das liebe Weib, der Herr, und drückte ihre Hand. »Das ist doch Balsam auf Weh für einen Fürsten, so er ein lieb Weib hat; und so er muß falsch scheinen vor den Klugen und Bösen, zu Haus kann er wahr sein unter den Guten und Wahren.«

»Und mußt du falsch sein, Friedrich?«

»Die Welt ist arg. Eines Fürsten Leben, lieb Weib, ist ein Krieg. Und das wäre ein schlechter Feldherr, der, was er will, auf dem Schilde trüge.«

»Und was darfst du nicht deine Stimme erheben und denen von Berlin zurufen deinen Zorn? Du bist itzt mehr im Recht als damals, wo du ihre Tore brachst. *Sie* haben ihren Eid gebrochen.«

»Das ist's ja eben!«

»*Sie* waren damals im Rechte, nicht so, Johannes? und ich durfte es! Und itzt bin *ich* im Recht und darf es nicht!«

»Ich darf es itzt nicht, liebes Weib«, fuhr er nach einer Weil fort, »weil ich meine Augen und Ohren muß offen haben auf größere Dinge. Weil mein Name gut klingt in der Fremde. Weil sie mich achten für einen Fürsten des Friedens und der Gerechtigkeit und viele zu mir kommen, sich freiwillig meiner Herrschaft zu unterwerfen. Müßt ich brechen meiner eignen Bürger Mauern, das würde sie nicht locken, das würde sie verscheuchen. Und der ist der glückseligste Fürst, so durch Gerechtigkeit und den Segen des Friedens sein Reich mehrt. Ich darf es nicht, weil unser Streit mit Mecklenburg kaum beigelegt ist und in dem schönen fruchtbaren Pommern eine Erbschaft Brandenburg entgegenglänzt, so reich, daß wir darum Jahre darben können; es ersetzt sich zehnfach. Die Marken mit Pommern unter einer Herrschaft, das wird ein Land werden, stolz und fest wie eines im deutschen Reiche. Ans Meer gelehnt, werden wir sicher stehen, nicht mehr dem Wandel ausgesetzt und vom einen zum andern gewürfelt. Unser Arm wird reichen tief ins Reich, und unser Name wird einen vollen Klang haben. Darum der Pommern Herzen zu gewinnen, vor allem ihrer wohlhabenden Städte, muß unser Sinnen sein und erstes Trachten; und was würde ich dort für Lob haben, so ich Krieg führte mit meinen eignen Städten? Ich darf es nicht, um meinem Adel, der vor Lust zum Losbrechen die Zähne knirscht, nicht den Zaum zu nehmen, den mein Vater ihm umgelegt. Ließ ich ihn los und gäb ihm freies Spiel gegen die Städte, ich verlöre beides, meine Ritterschaft und meine Bürger. Ich darf es auch nicht um meiner Städte selbst willen. Sie sind der Kern dieses Landes und seine Schatztruhen. Nur da blühn spärlich beim Bürgerfleiß die Sitte und die Künste des Friedens. Ein schlechter Gärtner, der die junge Saat zerstört. Ich darf es nicht, weil die Fäden noch halten, die den Städtebund zusammenknüpfen. Und rückte ich mit Roß und Mann gegen die eine, wer bürgt mir, daß hier der störrige Wille, dort die alte Kriegslust, überall der unbändige Sinn dieser eisernen Bürger sich wieder regt, daß sie alle aufstehen; und das wird ein Krieg, dessen Ende wir nicht absehn. Darum, mein liebes Weib, muß ich, ob doch freier Herr in diesen Marken, mein grades Recht krumm biegen, muß, wie hell es leuchtet, seinen Glanz verhüllen und, wie laut es spricht für sich, es stumm machen und muß, ich, der ich selbst oberster Richter bin, mir Richter bestellen, daß sie urteilen zwischen mir und den Städten.«

»Und du bleibst doch ein großer freier Herr«, sprach sie, die ihm aufmerksam zugehört, »denn du überwindest und beherrschest deinen eignen gerechten Groll.«

Darauf setzte sich die Fürstin zu den Herren nieder, und als ein verständig Weib horchte sie ihren Beratungen zu. Sie sprach nicht mit, außer denn sie wurde gefragt. Und da gab sie allemal bescheidene und richtige Antworten. Und nun, da sie wußte, was es galt, redete sie nicht ihrem Herren auf, als wie vorhin, daß er sein Recht wahre und seine Fürstenehre; nein, sie gab mitunter recht kluge Ratschläge, die die andern loben mußten. Denn so ein Weib auf die rechte Bahn gebracht ist und ist sonst klug, dann fällt ihr manches bei, daran ein gescheuter Mann nicht denkt. Ist sie aber auf falsche Bahn geraten und versteckt und hitzig, dann ist sie toller als der falscheste Mann, und bringen sie zehn gescheute Männer nicht wieder zum Rechten. Mag sich drum jeder preisen, der ein gut und gescheut Weib sich erwarb.

Da beschlossen sie denn, wie man der Sache, die groß und arg war, einen kleinen Schein geben müsse, als lang es ginge. Und was doch Empörung war und Schmach, dem Markgrafen angetan, das solle angesehen werden als Aufsässigkeit der Bürger gegen ihren Meister. Und wolle man geschickte Leute brauchen zum Verhandeln, jedoch so, daß der Markgraf sich nichts vergebe. Aber Hülfe solle der Baltzer Boytin erhalten ohne Aufhebens. Man wollte an die Städte schreiben, daß die ihm wieder Gehör geben und frei Geleit, und gleicherzeit auch an die andern Städte in den Marken Botschaften senden, daß sie der Streit nichts anginge und sie sich nicht einmischen dürften, bei des Herren Zorn. Wenn aber der Baltzer nicht Herr werden sollte der Städte und das Feuer um sich greifen und die Widersetzlichkeit andauern, dann solle der Streit vor die Stände gebracht werden, und die sollten Schiedsrichter ernennen, auf die man sich verlassen möge.

Das war ein Fürstenrat, wo alle einig waren; aber froh waren sie darum doch nicht, als sie aufstunden, über ihren Beschluß.

Der Kanzler Johannes war fortgegangen, daß er in der

Kanzlei den Schreibern diktiere, was sie schreiben sollten, und die Boten bescheide. Der Graf von Knipprode aber stand vor dem Herren und seiner Ehefrau, daß er Urlaub von ihnen nähme auf länger. Nämlich er ritt zurück nach Franken, an den Hof des Burggrafen Albrecht, den sie Achilles, um seiner Tapferkeit willen, nannten. Da sahen sich die drei recht wehmütig an.

»Ach, Friedrich«, sprach sie, »daß wir auch dort wären, wo es so schön ist und die Leute fein und sittig!«

»Es wird auch hier schön werden«, tröstete er sein Weib.

»Aber das währt noch lang, und wir erleben's nimmer.«

»So nehmen wir den Trost mit uns aus dieser Zeitlichkeit, daß wir gearbeitet haben für die Ewigkeit.«

»Gnädiger Herr«, sprach der Graf, »daß Ihr's aushalten möget! Denn Euch stehen noch schwere Kämpfe bevor.«

»Was eines Mannes ist, das will ich tun.«

»Wenn Ihr mit einem fertig seid, steht der andere auf. Ich wünscht es Euch anders, bei Gott, aber es ist nichts zu ernten in dem Lande.«

»Es ist in jedem Land zu ernten, Konrad, so man nicht will die Oliven ziehen im Norden und die Schneeblümlein in Afrika. Wer den Weizen in den lockern Sand streut, ist ein Tor; aber wer sich Mühe gibt, findet zwischen dem Sande fette Schichten, da er aufschießt und Körner trägt fünffach und zehnfach. Und ich will nicht die Mühe mich verdrießen lassen, das sage meinem Bruder Albrecht.«

»Der würde anders unter diese Distelköpfe fahren.«

»Gott schuf auch diese Disteln; er wird helfen.«

»Und die Jungfrau Maria«, fiel die fromme Fürstin ein. »Sagt meinem lieben Schwager, auf die hohe Himmelskönigin haben wir unser Sach gestellt und stiften ihr den Orden auf dem Marienberge. Ei, das wär doch gottlos, nun zu verzagen. Denn sie verläßt uns nicht.«

»Amen!« sprach der Fürst. »In den Schutz der hohen

Himmelskönigin stell ich mein Regiment und diese Lande.«

Da nun der Graf geschieden war, sprachen der hohe Herr und seine holde Ehefrau noch traulich miteinander, und sie suchte durch liebreich Wesen und schöne Worte die Falten von seiner Stirn zu glätten. Ach, aber die kamen immer wieder, wenn sie die Hand fortgezogen und den Blick abgewandt.

»O so wünscht ich doch«, sprach sie fast zornig, als sie's merkte, »daß diese bösen Städte, so meinem Herrn soviel Sorge machen, abbrennten in Grund und Boden. Du hast ja der Städte viel!«

Da atmete er auf wie aus einem bösen Traum, und sein Auge leuchtete wie von einem Gedanken durchzückt.

»Da brennte ja die Arche mit – und die Papiere und Briefe.«

Und nachmalen schellte er und ließ den Brandenburger Ratsherrn zu sich kommen und verschloß sich mit ihm. Sie sprachen wohl eine Stunde heimlich miteinander, und drauf reiste der Brandenburger eilends ab gen Berlin, mit des Markgrafen eignem Pferde. Der Herr Kurfürst war aber sichtlich erheitert, wie er wieder zu seiner Frau trat.

Die aber saß an ihrer Arbeit und sah ihn nicht so holdselig an wie vorhin. Und sie reichte ihm wohl ihre Hand, als er's wollte, aber nur wie man etwas gibt, was gefordert wird, nicht wie man's freiwillig und vom ganzen Herzen gibt. Sie schmollte, wie wohl Frauen tun, auch gute.

Und sie saßen beide eine Weil sich gegenüber, und keiner sprach ein Wort. Da sagte er:

»Mein Lieb ist eifersüchtig.«

»Was soll ich eifersüchtig sein«, sprach sie. »Du magst so lange sprechen mit dem Meister Niclas, als dir's Lust ist, so er dich besser zu trösten weiß als dein Weib.«

»Niemand weiß besser zu trösten als eine liebe Frau«, sagte er.

Da ließ sie die Nadel sinken und sah ihn an. »Und doch schließest du dich ein mit dem Krämerherrn und sagst ihm, was dein angetraut Weib nicht hören darf, und kehrst heiter wieder, und dein Weib konnte dich nicht heiter machen.«

»Ein treu und hold Gemahl«, sprach er und faßte ihre Hand, »ist ein köstlich Ding jeglichem Mann, und ist der nicht wert, es zu haben, so die Gabe Gottes nicht schätzt. Aber gleich wie der Priester allein stehen muß sein Leben durch und darf niemand vertrauen denn Gott allein, was ihm in der Beichte gesagt wird, also hat auch der Fürst Pflichten und Heimlichkeiten, davon keiner wissen darf als er allein und die darauf geschworen sind. Das Regiment im Land, mein lieb Weib, ist ein eigen Ding. Da ist der Fürst ein Priester und darf kein Weib haben, dem er das Herz ausschüttet, als er wohl möchte. Da sind Fremde ihm näher, als die ihm die Nächsten sind. Hart ist's, aber es ist so. Und ich freue mich, daß es so ist; denn ein guter Mann teilt alles mit seinem Weib, aber so er die Sorge für sich allein behalten kann und was ihn drückt, nicht auch sein Weib drücken läßt, ist's ihm lieb. Aber so er die Heiterkeit ihr wiedergeben kann, so in ihm ist, ist's ihm noch lieber. Ich bin froh; bist du's nun auch!«

Da lehnte sie sich an ihn und flüsterte ihm zu, was keiner hörte, aber beide sahen gar holdselig sich an.

Sechstes Kapitel

Ja, wer hätte Berlin an dem Tag wiedererkannt! Es war ein heller Frühjahrstag; die letzten Märzwolken jagten über den klaren, blauen Himmel. Die Dächer der Türme und hohen Häuser waren naß von dem geschmolzenen Schnee, und es träufelte von den Rinnen und floß von den Traufen. Die Sonne aber schien doppelt herrlich davon wider, und die Tropfen blinkten wie leuchtende Edelsteine. Und die Wetterfahnen und -hähne auf den

Türmen, wie glänzten sie und drehten sich stolz in den freien Lüften!

Und die stolze Spree. Was ist die itzo gegen damals! Was Raumes ist ihr genommen, und zwischen hohen Uferwänden von Stein und Pfahlwerk muß sie sich winden, als wie der Mensch wollte und nicht sie. Um jene Zeit war sie ein freier breiter Fluß in allen ihren Armen, und wo itzt feste, hohe, steinerne Häuser stehen in der Burgstraße und Heiligengeiststraße, auch in der Breiten Straße noch, wo sie ans Wasser stößt, da war damals Spree. Zumal aber im Frühjahr war sie breit. Da waren die Wiesen übergossen, und es war ein großer See von der Mitten der Breiten Straße an bis zur Heiligengeiststraße; darüber führte die Lange Brücke, und das Rathaus darauf stand wie eine Insel im Wasser. Es war das Jahr zuvor viel Schnee gefallen, und der Schnee war itzt geschmolzen im Spreewalde und in den finstern hohen Wäldern um Fürstenwalde; daher stand das Wasser hoch und der Strom ging heftig, daß es ein prächtiger Anblick war; und das Herz hebt sich, wenn es viel Wasser sieht, und es ist Bewegung darin.

Wieviel Kähne, große und kleine, lagen darauf, und alle mit buntfarbigen Wimpeln; es war ein lustig Leben. Was wurden da die Enten gejagt und gescheucht von den Knaben und Mägdlein, die sich auf den Kähnen schaukelten, und sie machten gar unbändigen Lärm, wenn ein Stück Holz oder ein Trog angeschwommen kam, darauf sie Jagd machten; denn der Strom hatte vieles fortgerissen. Ja, sie überschrien fast in ihrem Mutwillen die Mühlen vom Mühlendamm her, die doch so laut klapperten, als fühlten die hölzernen Räder und Bretter ihre Freiheit. Zum Zeichen dessen waren die Dächer der Mühlen mit bunten Tüchern und Fahnen überhangen. Aber kein lustigerer Anblick als die Lange Brücke selbst. An alle Pfosten waren kleine Kieferbäume gebunden, und das ganze Geländer war umwunden mit Tanger, als man's in der Mark nennt, und ist das ein gutes Wort, was auch die Grammatici dagegen sagen, die ihre Nase allerweg hinstecken und machen doch nicht die Sprache; die macht sich selbst. So daß die Brücke aussah wie ein langer schöner Baumgang; aller Welt zum Ergötzen. Das war aber zum Zeichen geschehen, daß Berlin und Kölln wieder eins war; darum hatten sie den Steg, der beide verbindet, so ausgeschmückt, und hatten Berliner und Köllner mitgearbeitet, die fürnehmsten Bürger und die edelsten Frauen. War's eine Sache der Ehre. Um deshalb war auch das Rathaus auf der Brücken wieder mit allerlei Fahnen gespickt, und noch mehr denn zuvor und noch größeren; die flaggten und rauschten im Winde und gegen die blaue Luft und angeglänzt vom Sonnenschein, und wer es sah, dessen Herz kehrte sich um vor Lust. Manchem traten gar die Tränen in die Augen; und Anstreicher hingen an Seilen und Körben ringsum, die die Farben wieder frisch aufstrichen. Ja, wär's mit Anstreichen getan, daß man etwas, das alt ist und morsch, damit wieder frisch machte! Den Wurmfraß und die Fäulnis überstreicht man wohl, daß es nach was aussieht, das Holz aber wird nicht wieder neu.

Ach, aber man hätte sehen sollen die Leute auf den Straßen, so hüben als drüben und zumal auf der Brücke, wenn sie sich begegneten, wie sie sich die Hand drückten und um den Hals fielen, als wie wohl geschieht in einer Stadt, die belagert worden und hat Schweres ausgestanden, und am Morgen ist der Feind abgezogen, und sie fühlen sich frei. Da denkt keiner, daß der Feind wiederkommen kann. Ist auch recht. Denn so jeder dächte, wenn ein Übel vorbei, daß es wiederkommen kann, dann gäb's auf der Welt nimmermehr Freude. Und was wäre die Welt ohne Freude. Ein groß Spital voller Elend, und eines hängt am andern, und wenn das eine fort ist, kommt das andere. Als wie Gott der Herr den Wein wachsen ließ, und unsere Väter nannten ihn Sorgenbrecher, damit ein guter Mann sich bisweilen einen ehrbaren Rausch trinke, also tut uns allen bisweilen ein solcher Rausch not, wär's auch ohne Wein, daß wir der Qualen und Sorgen auf etliche Zeit vergessen und uns erheben und Mut fassen und zu frischen Dingen. So war's in den Städten; die Köllner und Berliner fielen sich um den Hals, und die von diesseits sprachen drüben und die von drüben diesseits an, und alte Freundschaften wurden wieder vorgerufen, und wo einer ansprach, da ward die Weinkanne geholt und die Becher, und sie stießen drauf an, daß es immer so bleibe. Hätte da einer wieder anfangen wollen von der Teerbutte am Wagen und die Blutwurstgeschichte, den hätten sie wohl übers Geländer in die Spree gestürzt. Und mit Recht. Ein Störenfried verdient's nicht besser.

Im Rathaus selber sah es zumal erfreulich aus. Wie ein Festtag. Sie stritten nicht mehr auf den Bänken, sie waren alle eins, und Köllner und Berliner saßen untermischt. Ob sie schon den Vertrag zerrissen vom Montag nach Reminiszere Anno 1442, saßen doch von den Gewerken im Rat, aber auch viele von den Geschlechtern, und fast dieselben von vordem. Und was hübsch ist und man rühmen muß, die stolzen Herren sprachen mit den Meistern, als wären sie ihresgleichen, und die Meister hinwiederum schimpften nicht und beargwöhnten nicht jedes Wort, das die Herren sprachen. Wo einer allzeit auf den andern argwöhnisch ist, da wächst nichts Gutes; wer auch Grund zu hat, der muß doch nicht jedesmal alles rauskehren, was in den Winkeln steckt, und hacken auf alles. Er muß andern auch was gönnen, und wer Vertrauen gibt, dem gibt man wieder Vertrauen. Ist anders kein Gemeinwesen möglich. Hätten die in den Städten von je so getan, dann wär die Not ihnen nicht über den Hals kommen, und wer weiß, wie's heut bei uns aussähe in den Städten. Wie's itzt ist, das weiß jeder.

Gibt es ein Band in der Welt, das knüpft und hält die allerunterschiedensten zusammen. Ist das die Klage über erlitten Unrecht. Der Bauer, der da klagt, daß die Sonne zuviel scheint, und der Bauer, dem's zuviel regnet, die sind beid eins, sie sind unzufrieden und schimpfen beide auf den Himmel, daß er's so gemacht und nicht anders. Was hatten nun die Berliner zu klagen und die

Köllner wider den Markgrafen! Das ging wie ein Strom im Frühjahr; der schwillt an und kann sich kaum selbst halten, denn aus allen Erdrinnen fließen ihm Bächlein zu und die Büsche am Rande träufeln ihm auch ihre Tränen zu. Dann rauscht er auf und tritt über die Ufer und möchte alles verschlingen.

Da, mitten in den Klagen, gedachte man auch, und das war weise, derer, die, in den unglücklichen Jahren zumal, gelitten unter dem Druck der Herrschaft und durch die Bürger selbst. Es war mancher Mann aus der Stadt geschickt ins Elend. Und alle riefen wie mit *einer* Stimme: »Die rufen wir zurück!« – Da fragte der reiche Herr Brakow, der Schwiegersohn des Bartholomeus Schumm, der war vor dem Baltzer Boytin Bürgermeister gewesen, und itzt hatten sie ihn wieder gekürt, nicht ordentlicherweise, es war auch in Sturm und Hast zugangen und hatte keiner widersprochen; der fragte: »Alle sonder Ausnahme?«

Und einen Augenblick schwiegen sie. Dann aber rief es ohne Bedenken, oder was einer hatte, er verschluckte es: »Alle sonder Ausnahme!« Und es jauchzte durch den Saal ob dem Beschluß, und er ward bald durch die Städte bekannt, und sie billigten ihn, und manches Auge vergoß Tränen. Und Schreiben wurden nun gefertigt nach allen Ländern, teils um die zurückzurufen, die verbannt waren, teils an Städte, Herren und Fürsten, die Sach, wie sie war, ihnen fürzutragen und um ihre Hülfe zu bitten.

Es hätten an dem Tage alle gute Schlüsse durchgehen können, so einstimmig waren sie, und die erste Freude machte ihr Herz weich. Da läßt es sich schmieden zu allerlei Gutem; und solcherlei Augenblicke kommen bei jedem Gemeinwesen, und es fehlt nur leider oft an denen, so es dann zum Guten nutzen.

So ich aber alles herzählen sollte, was an dem Tage in beiden Städten vorging, da könnte ich nicht aufhören. Was einer ist, das kann er auch im stillen sein; aber was er sich *fühlt*, das muß heraus. Die andern könnten's nicht fühlen. Sie fühlten sich frei in Berlin und Kölln, und alle Welt sollte es wissen. Darum hingen Tücher und Teppiche aus den Fenstern, und über den Türen steckten grüne Reiser, und die Gewerbsschilde waren mit Bändern geschmückt. Und wer dabei gewesen, wie sie den Richter des Markgrafen gefangensetzten und des Baltzers Haus stürmten, der erzählte es allen, die nicht dabei gewesen; und was wirklich geschehen, das ward nicht verschwiegen, ward aber noch manches hinzugesetzt; und was am Georgentor noch klein war wie ein Kiebitzei, das ward am Teltower Tor schon groß als ein Straußenei. Und die Türen in allen Häusern standen offen und Schenktische in den Fluren; wer vorbeiging, dem ward zugetrunken und ein Glas gereicht, und er mußte anstoßen auf die Freiheit der Städte.

Da zogen die Gewerke vorüber, wie es vor alters gewesen, mit Spielleuten und fliegenden Fahnen, vorauf an langen Stangen ihre Gewerkszeichen; und was Rüstungen hatte, die waren umgeschnallt, daß es kriegerisch genug aussah. Keiner aber, der nicht eine Pickelhaube auf dem Kopf hatte und einen Harnisch um den Leib. Und an den Häusern der fürnehmsten Bürger, zumal der von den Geschlechtern, hielten sie und ließen die Geiger und Pfeifer aufspielen und brachten viele Lebehochs den Herren. Die sprachen dann vom Fenster herab oder traten hinaus an die Türe und redeten da zu den Gewerken, wie ihnen ums Herz war. Da mußte jeder gradaus und von der Leber weg sprechen. Denn so einer Umschliche gemacht hätte und viel Wenns und Abers angebracht, ich hätt's ihm nicht raten mögen. Muß aber zu ihren Ehren ihnen nachgesagt werden, es ging ihnen von der Leber weg, wie sie von den alten Rechten der Stadt sprachen und die Markgräflichen zum Teufel wünschten und männiglich zur Einigkeit mahnten. Denn Not lehrt beten.

In der Klosterstraße, da wo sie eng wird, gegen Abend zu, war kaum ein Durchkommens. Da stehen viele hohe Häuser, die den Prälaten gehören, als dem Bischof von Brandenburg und dem von Lebus und von Havelberg und andern geistlichen Herren; daher heißen auch die Gassen, die draufzu gehen, die Papenstraße und die Bischofsstraße. Sie wohnen nicht allezeit darin; sind's nur ihre Absteigequartiere, wenn sie in der Stadt zu tun haben, zumal bei den Landtagen. Diese Häuser waren nun nicht geschmückt wie die andern; denn was ging die Freude der Bürger die Herren an oder ihre Hausmeister, so darin wohnten. Die meisten waren verriegelt und die Fensterläden geschlossen. Da wurde geschrien, wo die faulen Bäuche und Kapuzen steckten? Ob sie sich nicht mitfreuen könnten? Wein hätten sie genug im Keller. Wer in der Stadt ein Haus habe, der müsse Freud und Leid mit ihr teilen. Das aber war nur das Sanfteste; es fehlte nicht an ganz andern Schimpfworten. Die von Berlin nahmen nie ein Blatt vor den Mund, wenn von den Glatzköpfen die Rede kam. Ihre Väter hatten wohl erfahren, was Bann und Interdikt war, aber sie ließen sich's nicht sehr grämen. Ist der Bann wie das Erdbeben. In den heißen Ländern wirkt es schrecklich; in den kalten tut's wenig, und der Blitz schlägt kalt in den Sand. Es hat mancher Mann im Bann gelebt in den Marken, und hat's ihn nicht viel angegangen. Die Bischöfe und Äbte aber galten für Freunde des Markgrafen, dem sie auf den Landtagen immer das Wort geredet. Und darum durften sie sich nicht freuen mit den Städtischen, wenn sie's auch gemocht. Desgleichen aber hatten sie Ursach sich zu fürchten. Und manchem von ihnen, der in den Häusern steckte, lief der helle Angstschweiß von der Stirn, und barg sich im äußersten Winkel, wenn er dachte, daß es nur ein paar Schritte waren durch die Papengasse und die Bischofsgasse nach dem Neuen Markt und Sankt Marienkirchhof, wo das Kreuz stand *und noch heute steht*, da der Abt von Bernow vor hundert Jahren geblutet hat.

Dazu kam's nicht. Aber mancher ließ doch in der Angst von seinem Wein schenken aus den Kellern. Ist mit dem Volk, wo es aufsprudelt, nirgend zu spaßen. Das taten sie auch dort in der Kalandsgasse, am Kalandshof. Ob sie in ihren Kellern ein Faß mehr hatten oder weniger, darum hatten die Kalandsherren nicht weniger zu trinken. Ja, wär's aufs Trinken angekommen, daß das Elend drum geringer würde, da hätten die Kalandsherren von Berlin und Kölln alles Elend ausgetrunken, das in den Marken zu Haus ist und noch weiter in Sachsen und im Reich. Aber den durstigen Pilgern, die an ihre Tür klopften, reichten die damals ein so klein Maß, daß es kaum für den Durst war. Die Alten hatten es anders gemacht. Drum gab es auch itzo vor dem Hause manche Sticheleien, die die Herren wohl verdienten; denn zu keinerlei Zeit ist es gut und von keinerlei Geschlechts, ob geistlichen oder weltlichen, so die zu Pflegern gesetzt sind der Armut und der Notleidenden, in Saufereien und Gelagen das verprassen, was fromme Leute für die Dürftigen aussetzten.

Das Gedrang in diesen Straßen kam aber daher, daß alle nach der Mauer wollten, wo des Baltzer Boytin Haus stand, oder man konnte sagen, es hatte da gestanden. Denn sie waren dabei, es niederzureißen. Wären nicht verständige Leute zur Hand gewesen, sie hätten's gar in Brand gesteckt, was noch der Stadt zum großen Unheil gereichen mögen, denn es waren alles Holzhäuser ringsum und die meisten mit Stroh gedeckt. Aber auf dem großen Hofe hatten sie doch ein Feuer angemacht, und da ward hineingeworfen, was sie in den Stuben fanden von Geräten. Und dann zerschlugen sie die Fenster und stießen die Kreuze heraus. Und andere saßen auf den Dächern und schnitten und hieben und warfen hinab. Kurz, es war ein Werk der Zerstörung und krachte und knisterte, und der Lärm war groß, und wollte jeder was dazu tun, weil er's für ein gut Werk achtete. Ist aber die Lust zu zerstören überall da, und braucht's nicht vieler Gründe. Hier aber war Blut geflossen, und unterschiedliche von den Knochenhauern, da sie das Haus stürmten, waren von des Baltzers Knechten verwundet. Zwar war's denen wiedergegeben, und hatten sie auch einen davon als halb tot nach Sankt Georg vors Tor gebracht. Aber Grund war das doch, das Haus kurz und klein zu machen. Und muß ich sagen, daß die Lust auch gar nicht übel ist, wenn's nur keinem redlichen Mann zum Schaden gereicht. Kein Haus ist da, daß es ewig steht. Ist's besser, daß es einfällt und den Nachbarn auf die Nase fällt oder daß man's auf einmal niederschlägt und abträgt? Wo ein Haus stund, wird wieder ein anderes gebaut werden, wenn die Stadt Nahrung hat, und den Mauerern und Zimmerern und Tischlern schafft es auch Nahrung. Wo aber keine Nahrung ist, da ist es gleich, ob ein Haus steht oder keins. Wenn die Jungen die Betten aufschlitzten und die Federn ausschütteten oder einer kroch selbst hinein und schüttelte sich, das war eine Lust. Und die Tiegel und Töpfe und Schüsseln, wenn die zum Fenster nausflogen und auf die Erde klatschten. Und nun faßten zwei oder drei einen großen Tisch oder eine Bettstelle, und die mußte auch zum Fenster hinaus. Kopf weg! hieß es, und wenn sie krachte und brach, jubelte es unten. Blieb sie aber ganz, so wurden die oben noch ausgelacht. Ja, ihre Wut ging soweit gegen alles, was dem Baltzer angehört: selbst sein Federvieh ließen sie nicht leben. Das wurde gejagt, gespießt und geschlachtet und ins Feuer geworfen. Und wenn ein Hahn über den Zaun flog, das gab eine Jagd drauf. Es sollte nichts Lebendiges vom Baltzer in der Stadt bleiben. Gestohlen wurde aber nichts.

Fast wäre es noch zu einer Schlägerei gekommen, als das Dach herunter war und die Fenster heraus und die Steine und die Lehmwände ausgestoßen. Denn da stritten sich die Zimmerleute mit den Knochenhauern, an wem es sei, die Sparren und Stiele niederzuhauen. Eigentlich war das freilich Sache der Zimmerer, wer mochte es aber heut den Schlächtern nehmen, die das Beste getan beim Werk; und mit ihren Beilen und Messern hackten sie das Holz, als wären's Knochen; und die Leute lachten und klatschten ihnen zu. Der Meister Kuhlemey tat die ersten Schläge, dann ließ er den andern Meistern und den Gesellen das übrige. Er schaute wie ein grimmiger Bär, denn ihn hatte der Baltzer vor allen betrogen, und was ihn noch mehr verdroß, daß er als kluger Mann ihm doch vertraut und sich damals beschwatzen ließ, da er doch wußte, was dahintersteckte. Um deshalb kochte es in ihm, und er war ebenso mit sich unzufrieden, als er den Baltzer tödlich haßte. Hätte er ihn gefaßt, der Baltzer wäre nicht lebendig davongekommen. Darum war es auch Bartz Kuhlemey vor allen gewesen, der in den Gewerken gesprochen hatte, daß sie sich wieder mit den Geschlechtern aussöhnten. Denn wären sie auch hoffärtig, sie wären doch geboren in der Stadt, und der Stadt Wohl und Wehe sei ihr Wohl und Wehe. Einem Fremden, wenn er auch noch so schöne Worte mache, könne man nimmer trauen, als wie sie gesehen. Und nun ging er umher auf der Mauer über dem Hause, und mit verschlungenen Armen sah er hier auf die Zerstörung und dort über die Mauer hinunter über den Graben und knirschte mit den Zähnen, daß er zu spät gekommen. An einer Zinne hing noch die Schlinge vom Seil, daran sich Baltzer herabgelassen. Er hatte sie mit dem Messer zerschnitten, als jener noch dran hing, und er war hinuntergestürzt, aber nicht tief; und so war er wieder aufgestanden und war mit Hülfe etlicher von seinen Leuten, die schon drüben warteten, hinausgeklettert und auf seine Pferde. Denn er hatte Wind von dem Sturme und hatte seine Rosse zum Oderberger Tore hinausgeschickt, als gingen sie auf die Weide. Da hielten sie nun und nahmen ihn auf, und die Steine und Pfeile, die sie ihnen nachschickten, erreichten sie nicht mehr.

Und da hob sich der wilde Meister in die Brust und sprach Worte hinunter, die schlugen stärker als die Beile seiner Gesellen. Und wie die ins Holz krachten, schmetterten die Worte in die Herzen. Es war nichts abgekartet und ausgedacht, es kam, wie's aus der Brust sprudelte, und das wirkte. Von alter Freiheit und alten Rechten, von Bürgerblut und Bürgermut sprach er, daß ihnen die Augen naß wurden und die Arme zitterten vor Lust.

»Wes ist die Stadt und die Häuser, die wir bauten, und die Mühlen, die wir kauften, und die Gerechtigkeiten, die wir haben von alters, verbrieft und versiegelt? Unser oder des Markgrafen? Unser, die wir wohnen hier seit die Lande christlich wurden, oder der Markgrafen, die ehegestern kamen? Unser, die wir sie kauften mit unser Väter Blut, oder der Markgrafen, die dem Kaiser ich weiß nicht wieviel Mark zahlten? *Unser*, ihr Bürger. Hat's der Markgraf geleugnet, hat er ein Wörtlein gesprochen, daß er sie uns nehmen wollte? Schützen wollte er uns gegen unsere Feinde. Er hat uns geschützt. Unsere Augen hat er geschützt, daß wir nicht den Feind sahen. Wie den Ochsen, den man schlägt und streckt ihn nicht hin. Getroffen und blind taumelt er rechts und links und weiß nicht, wo der Schlag herkam. So wir. Wir rannten auf unsere Freunde und stießen auf unsere Nächsten. Des lachte er heimlich, des war er froh. Und wir? – Rauft euer Haar und zerreißt euer Wams und streut Asche auf eure Köpfe; ärger haben wir gewütet als das unvernünftige Tier gegen uns selbst. Verzehrt unsere Kräfte, stumpf und dumpf getobt, unsere Besten ausgejagt, und die Schlechtesten kamen obenauf. Ja, unsere Besten haben wir verredet und auf die Schlechtesten gehört, und jeder schlage auf seine Brust und dünke sich nun nicht besser als der andere. Es war keiner ohne Fehl, keiner von uns, der nicht ›Nieder!‹ schrie, der sich nicht freute, wo sein Gegner stürzte. Bürger und Freunde! alle Glocken könnt ihr läuten lassen um eurer Torheit willen; um was ihr verbrochen und verspielt, es wäre noch nicht Grabgeläut genug. Aber die Glocken können auch wieder hell klingen, und etwas, ihr Bürger, freuet mich. Wißt ihr's? – Daß der Markgraf in unsern Mauern keinen Verräter fand als einen. Und den einen haben wir hinausgejagt.«

Da jubelte alles: »Den haben wir hinausgejagt!«

»Keinen als einen, hört es, ihr von Berlin und Kölln, einen allein fand er unter den Tausend und Tausend. Wem's Herz am rechten Fleck sitzt, der jubiliere! 's sind gute Städte, wo in zweien nur *ein* Schlechter ist. Wo ist er? Landflüchtig. Wo ist sein Haus? In Staub. Wo sein

Name? Laßt ihn wiederkommen und den Namen vom Kaak herabreißen. An den Pranger gehört er in Ewigkeit!«

»In Ewigkeit!« schrien ihm die Hunderte nach.

Und drauf zählte er auf des Baltzer Boytin ganzen schlechten Lebenslauf, wie er bankbrüchig worden in Stettin und anderwärts und immer wieder zu Geld gekommen, man wußte nicht wie. Wie er allen schlechten Sachen gedient und allen braven Leuten Rechtsstreite angehängt. Wie er drauf den Roßhandel getrieben durch die Marken und spioniert für den und jenen und alles Böse hinterbracht. Und wäre das schon Verrat und Todes wert, um wie mehr, was er in den Städten getan, wie er dazumal die Bürger gehetzt gegen die Patrizier, und auf sein Anstiften sei der Markgraf gerufen und das alte Wesen umgestürzt und mancher redliche Mann verbannt worden. Und wie er darauf die Bürger aufsässig gemacht gegen die regierenden Herren, wer es auch war, und sie verdächtigt bei den Gemeinen, als wären sie Diener des Markgrafen, und bei dem Markgrafen verredete er sie auch insgeheim, als handelten sie wider ihn. So sei's durch ihn geschehen, daß Johannes Rathenow gestürzt und verbannt und viele andere. Und wie er darauf in den Weinkellern gegen den Markgrafen lästerlich geredet, damit er die Bürger verführe und Anhang gewönne. Schon dazumal hätten die Gewerkemeister vor ihm gewarnt, aber er habe gefragt, ob denn die Zünfte auch vom Landesherrn bestochen wären, und so sei es gekommen, daß man ihn, den doch keiner geliebt und gemocht, zum Bürgermeister gekürt, da keiner sonst von den Geschlechtern und den Gemeinen, der von Ansehen war, übergeblieben, den er nicht verunglimpft und mit den andern veruneint. Und da es ihm gelungen und er Ältermann geworden und die Stadt mit dem Landesherrn ganz überworfen war, da habe er die Larve abgezogen und gespielt, was er sei, ein Diener, den sein Herr bezahlt, und sein Herr sei der Markgraf gewesen. Dem habe er nun ein Recht der Stadt nach dem andern in die

Hände gespielt, gelassen Zöllner und Bediente des Burggrafen in die Freie Stadt, Bewaffnete und Richter, die umhergeritten wären als Vögte eines Fremden und niedergeschaut mit Verachtung auf die Bürger und sie gerichtet, nicht als wären sie freie Männer, sondern Untertänige. Einreißen habe er lassen die Mauer von Kölln, die nach Spandow zu geht, und weiter als der vorige Rat es gebilligt, daß der Markgraf eine Zwingburg baue und die Stadt keinen Schutz habe, sondern sei wie ein großes Dorf, wo der Feind einreiten kann, wenn er Lust hat. Wie eine weite Wunde klaffe noch diese Mauer, und jedes Herz in den Städten fühle den Schmerz. Aber was durch dieses Loch in die Stadt noch kommen sollte, davon hätten sie nur den Anfang gerochen. Ketten und Bande und fremde Sitten und neue Zölle und fremdes Recht. Zölle, die den Handel niederdrückten und die Gewerbe töteten. So grausame Entwürfe, die die Räte zu Papier gebracht, daß der Herr selber davor erschrocken und sie versiegeln lassen, da es noch nicht an der Zeit sei, daß sie ruchbar würden.

Es hätte nicht Not gehabt, daß Bartz Kuhlemey sie nun fragte, ob sie das geruhig dulden, ob sie freie Bürger bleiben oder dienen wollten dem Bedienten eines Herren. Sie schrien und tobten, sie wollten frei bleiben und ihr Herzblut dransetzen. Wäre da ein Heer des Kurfürsten vorm Tor gestanden, sie wären Mann für Mann hinausgebrochen, wie sie waren, und hätten eine Schlacht gewagt, und die wäre blutig worden. Einstweilen aber schlugen sie auf die letzten Stiele, und das Haus des Roßkamms stürzte krachend ein, und der Staub wirbelte eine Säule in die reinen Lüfte, und das Geschrei der Tausende hallte ihm nach.

Aber viele waren schon fort durch die engen Winkelgassen nach der Klostergasse zu, wo sie andere Kurzweil trieben. Denn so ein ernster Tag konnte auch nicht ohne Lustigkeit abgehen. Das Gäßlein, das itzt heißt die Rosengasse, hieß damals nicht Rosengasse, sondern sie führte einen Namen, den ich nicht nennen mag, und schmutzig war sie sehr. Da wohnten die schlechten Dirnen, als es wohl heut noch ist, die sich nicht in der Stadt durften sehen lassen und unter ehrbaren Leuten. Hatte der Henker die Aufsicht über sie. Und die waren gehalten, wenn viel Kot und Unrat in den Gassen lag, dann mußten sie alle mit Schaufeln und Besen heraus und ihn zusammenkehren und schaufeln auf große Haufen. Und alsdann ihn werfen in große Schubkarren mit zwei Rädern. An diese wurden die Weibsbilder geschlossen, und so mußten sie den Kot aus Berlin hinauskarren. Mag man sich denken, was das für Lust in der Stadt war an solchem Tage und wie die Jungen hinter ihnen zischten, schrien und pfiffen. Ach, nicht die Jungen allein; da wurden die Fenster aufgerissen, und auch die ehrbaren Bürgerfrauen schimpften sich satt auf die Mädchen. Denn Berlin war eine sehr ehrbare Stadt.

Heute aber hatten sie die Dirnen zu ganz anderem gezwungen. Sie mußten aus den Höfen und von den Dächern und wo in den Winkeln noch Schnee lag, den zusammenkehren und nach dem Neuen Markt zu karren. Und es war ein lustig Schauspiel, wie sie dort von allen Dächern herunterfegten, als schneite es noch, und es kam ein großer Haufen zusammen, ob er doch stark schmolz. Da arbeitete nun und knetete, was jung war und Hände hatte, half aber auch mancher große Gesell mit. Kurz, sie brachten einen Schneemann zusammen, so groß als ein Mensch und noch ein paar Köpfe größer, und der ward formiert mit einer abscheulichen Nase und noch gräßlichern Augen, und eine Zunge streckte er heraus, die war ein Stück Dachziegel. Und Lumpen hängte man ihm um, daß es erschrecklich anzuschauen war. Aber alle Welt lachte, und sie schrien: »Das ist der Baltzer Boytin, wie er leibt und lebt.«

Nun wollten sie Gericht über ihn halten, wie es geschieht auf dem Neuen Markt, und hat mancher da geblutet auf einem Sandhaufen, wo letzt noch der Galgen stand. Andere aber schrien: »Nein, er muß vor den Roland! Er muß Abbitte tun vor der Stadt Gerechtigkeit. –

Er hat gedroht und gelästert unsern Roland!« Und die das wollten, hatten die Oberhand über die andern. Und wie auch die an den Fenstern schrien, daß es auf dem Neuen Markt geschehe, die unten hatten ihn und setzten es durch, und so schwer es ging, viel Hände machen Arbeit gering. Sie hatten ihn schon auf einer Trage, darunter sie viele Stangen, lang und der Quer schoben, und die Dirnen mußten ihn tragen, so sauer es ihnen ward. Aber ich hätte keiner raten mögen, ein bös Gesicht zu machen. Es war aber um deswillen, daß sie ihn vor den Roland bringen wollten, weil der Roland, wie man weiß, das Sinnbild ist des Blutbannes, den eine Stadt hat. Das Schwert in seiner Hand, das ist das Zeichen, daß sie das Recht hat, an Hals und Kragen zu richten. Und der Baltzer als Bürgermeister hatte geäußert, wie es hieß, es werde nicht gut werden, bis man dem steinernen Manne das Schwert aus den Händen winde und es einem gebe, der es besser zu führen wisse.

Darum trugen sie den Schneemann vom Neuen Markt nach dem alten an Sankt Nikolas, wo der Roland stand, was auch die vom Neuen Markt dagegenschrien, die das Schauspiel für sich haben wollten. Und an Lärm und Geschrei fehlte es nicht, und sie machten eine Musica dazu, wie die Katzen auf den Dächern oder an einem Polterabend, wo sie alte Töpfe zerschlagen und auf tönernen Pfeifen und allerhand Instrumenten Lärm treiben, den jungen Eheleuten zum kurzweiligen Spott. Weil aber der Schneemann, der groß war, auf der Trage immer schwankte, denn sie neckten auch die Weiber, und die lachten und bückten sich ohnedem, so mußten noch zwei davon hinaufsteigen und ihn halten, daß er nicht falle, was noch immer mehr Gelächter gab. Denn die zwei mußten sich selbst halten, und die Last ward den andern so schwer, daß sie alle Augenblicke sie niedersetzten, und die mutwilligen Burschen warfen sie mit Schneebällen und Kot. Dazu sangen sie, was noch lange nachgehends in Berlin gehört wurde:

»Baltzer Boytin heißt er,
War unser Bürgermeister,
Itzo ist er ein Schneemann,
Den – – ihr Ehmann,
Die Berliner ihn nicht wölln,
Noch wen'ger die von Kölln!«

Und kaum daß er unzerstoßen und ungeschmolzen durch die Gassen bis auf den engen Platz um Sankt Nikolas' Kirche kam. Da war alles schon voll gedrängt an Türen, Fenstern und auf den Dächern der Bretterbuden. Und keine schlechten Leute. Es waren Herren aus den Geschlechtern da und Ratleute; denn einen Spaß sieht jeder gern, zumal wenn das Spiel einen Grund hat, der das Herz erfreut.

Und waren alle Häuser besetzt und alle Fenster voller Köpfe, so war doch ein Haus leer und die Fenster geschlossen. Die glänzten, wenn die Sonne draufschien, grün und gelb, und Spinneweben hingen darum, und das ganze Haus schaute grau aus und unheimlich, als wohnte kein Mensch darin. Auch hing die Giebelspitze über nach der Straße zu, gar drohend, denn die Eisenstange, damit sie an die Dachfirste gefestigt, war verrostet und gebrochen. Das Dach war zerlöchert, und keiner hatte es gebessert. Der Drache, der das Wasser von der Traufe ausspie auf die Straße, hing über mit seinem Kopf, vom Winde geschaukelt, als hätte ein Ritter ihm den Hals durchhauen. Das war das Haus der Rathenow. Gras wuchs auf der Schwelle, es sah aus wie ausgestorben, und selten einmal, daß abends, wenn es dunkelte, oder morgens, ehe die Marktleute kamen, die Tür sich öffnete und ein Weib herausschlüpfte oder wieder hinein. Man hörte nichts drinnen als ein heiseres Husten und zuweilen einen geistlichen Gesang. Die alte Muhme Gertraud schaute die Leute, und die Leute schauten sie und erzählten Wunderliches von ihr. Es war die Witwe des Martinus Wardenberg, den die Herren richten lassen vor alten Zeiten auf dem Neuen Markte, und sie konnte es nicht vergessen; und so alt sie war, ihr deuchte es immer, es sei erst gestern geschehen. Sie flüsterten von ihr, daß sie alles vorausgewußt und -gesagt, was zugetroffen, der Stadt zum Unheil. Auch ihrem Vetter hätte sie's gesagt, der dazumal Bürgermeister gewesen, wie es kommen werde, er hätte aber nicht auf sie gehört; daher kam ihm das Unglück. Es hörte keiner auf sie, bis alles eintraf, just wie sie's gesagt, und die Rathenows waren ausgestorben und ins Elend gangen und sie allein überblieben und hütete das Haus, in das keiner mochte. Und die Leute machten noch viel mehr von ihren Prophezeiungen. Ja, die Hökerinnen, wenn sie über dem Kohlenstübchen saßen am grauen Morgen und der Wind schrillte zwischen den Kirchenwinkeln, dann erzählten sie, wie die alte Gertraud der Stadt Ende vorausgesagt; meinten einige sogar der Welt Untergang. Den Männern sagten sie's nicht.

Da nun, wie sie den Schneemann niedergelassen, just vor dem Roland, und er war schon so zusammengesunken, daß er wie ein armer Sünder kniete, und der Kopf hing ihm über, und um des Roland Stirn und Schultern hatten sie Kränze gewunden von Tanger und Moos, und sie baten ihn, er möchte den Schuft richten, der ihm gelästert und der Stadt. Da nun, mitten in das Gelächter hinein, kam ein ganz anderer Ton. Als wenn die Saite von einer Geige springt und es schrillt häßlich, so schrie eine heisere Stimme: »Was macht ihr da?« – Und das obere Fenster in dem öden Hause ging auf. Wie ein Totenkopf mit den paar grauen Haaren, die sie umflatterten, lugte die Alte hinaus, und war's doch, als ob das eine Weib den Jungen und Alten alle Lust nahm. Sie lachten nicht mehr und schwiegen still. Nur einige, die gedeckt standen, murmelten: »Das ist die Hexe!«

»Was macht ihr da?« sprach sie. Keiner antwortete.

»Scheint die Sonne euch wieder ins Nest, daß ihr Kurzweil treibt, ihr Kurzsichtigen! Ihr seid unten, ich stehe oben. Die Wolken kommen wieder, mit der Sonne ist's bald aus.«

Nur ein Lohgerberbursch, wie alles schwieg, der

reckte den Hals und rief: »Dudeldumdei, 's ist alles einerlei.« Die Lohgerber sind absonderliche Leute. Fürchten nicht den Schwefelpfuhl, denn da kann's nicht ärger riechen als in ihren Gassen, und die Pest auch nicht, denn die kommt nicht hin. Wer so das Leder weich schlägt, dem kommen wohl dabei eigne Gedanken, und denken, alle stecken in einer Haut, und wenn man sie gerbt, ist eine als die andere Leder. Darum fürchtet sich auch solch ein Lohgerberbursch nicht vor Hexen.

Der Junge schwenkte nun seine Mütze und schrie: »Unser Roland lebe hoch! Und dem Bürgermeister den Kopf ab!«

»Euer Roland hat ausgerichtet«, rief das Weib. »Er richtet keinen mehr, seine Stunde ist um. O ihr törigen Bürger, was schmückt ihr eine Leiche mit frischen Kränzen? Seht ihn doch an, er ist schon grün, aber es ist nicht Frühling, es ist Verwesung. Hat sich satt trunken an Bürgerblut, will auch Ruhe haben, und ihr laßt sie ihm nicht. – Nehmt ihm ab die Kränze!« schrie sie mit erhobener Stimme und reckte den hagern Arm. »Es kommt der Stärkere, der den Starken zerschmettert, kriecht in eure Hütten, steckt eure Köpfe unter den Scheffel, daß ihr ihn nicht ruft, der Rechenschaft fordert. Euer Schuldbuch ist groß, betet, bittet, zittert auf euren Knien, daß die Blätter zusammenkleben vom edlen Blute, was ihr versprützt. So er es doch aufschlägt, der große Richter, o ihr Armseligen, ihr entsetzlichen Verbrecher, wie wird es euch ergehen! – Reißt sie ab, die Kränze, reißt sie ab!« schrie sie heftiger. »Der Roland von Berlin richtet keinen Lebendigen mehr –«

»Aber den, der schon gerichtet ist!« rief eine Stimme aus dem Volke.

»Auch den Schneemann nicht«, rief sie noch stärker. »Er ist kein Richter mehr. Er ist abgesetzt –«

»Das wolle Gott nicht!« rief die Stimme, und ein Mann erhob sich unter dem Volke. Und seine Stimme klang vielen bekannt. Und da sie die Augen auf ihn richteten, ging ein Murmeln durch die Menge. Einige schraken zusammen und gafften ihn an, wie man ein Gespenst ansieht. Sie glaubten ihn zu kennen und glaubten's doch nicht. In dem Augenblicke ruckte der Schneemann. Sein Kopf senkte sich, und plötzlich fiel er ab und vor dem Roland nieder. Da ward es tief still, aber nur einen Moment, so wie es still ist vor einem Gewitter. Alsbald schrie es wie mit einer Stimme: »Er *hat* gerichtet!« – »Unser Roland hat gerichtet!«

»Und wird noch lange richten!« rief der Mann. »Denn welcher gute Bürger, der ihm das Schwert entwinden läßt!«

»Johannes Rathenow!« rief das alte Weib vom Fenster und streckte die Arme beide in die Höh, und ihr Auge starrte ihn gläsern an.

»Johannes Rathenow!« wiederholte einer, dann zehn, dann hundert und Hunderte. Es lief durch die Menge, bis es ein helles, lautes, durchdringendes Geschrei wurde: »Johannes Rathenow lebt!« – »Johannes Rathenow ist wieder da!« – »Johannes Rathenow unter uns!« – Da drängten sie, ihn zu sehen, den alten Mann, da stieß einer den andern fort, da rissen sie ihn an der Hand. Da war aller Groll fort. Johannes Rathenow war der letzte Bürgermeister aus der goldenen Zeit, wie sie ihnen itzt dünkte. Er war wieder unter ihnen, wie aus der Erde auferstanden; warum nicht die Zeit selbst? Die Sonne schien ja hell auf die Dächer, Frühjahrsluft umwehte sie, wo der Hoffnung die Flügel wachsen. »Johannes lebe!« –

»Die gute alte Zeit.« Er konnte kein Wort sprechen.

»Nach dem Rathaus!« rief es. Da faßten ihn zwei, drei, vier, auf ihre Schultern setzten sie ihn, und derweil die andern den Schneemann kurz und klein schlugen und zertraten, trugen sie ihn hoch über ihren Köpfen nach der Langen Brücke.

Siebentes Kapitel

Da frug niemand danach: Wer hat ihn zurückgerufen? Ist der Achtbrief gegen ihn zerrissen? Oder: Wie kam er ins Tor? Es riß alles die Fenster auf, es trat auf die Steine, den alten Mann zu sehen. Da wehten sie ihm mit Tüchern, da schwenkten sie die Hüte und warfen die Mützen. Und weit vorauf vor ihm und seinen Trägern ging sein Name. Der war schon im Rathaus, als er noch an Sankt Nikolas war, und als sie in die Oderberger Straße einbogen, da wußten es schon alle drüben im äußersten Kölln.

War es dem alten Mann wie ein Traum. Er ließ mit sich geschehen, was sie wollten, und sie hatten itzt einen Schemel genommen, darauf sie ihn sanft trugen. Aber als er nun erwachte von dem vielen Geschrei, da war's ihm wunderbar zumute. Er dachte an damals, wo sein Name auch auf allen Zungen war, aber mit Verwünschungen, und sie stießen und warfen ihn und wollten ihn zerreißen. Und waren das heut andere Bürger? War in den wenigen Jahren das Geschlecht von damals ausgestorben und ein neues aufgewachsen? – Er sah sich um, es waren dieselben Gesichter. Hatten sie vergessen, was ihm vorschwebte, als wär es ehegestern geschehen?

Er hatte es nicht vergessen. Und wie auch nichts als frohe Gesichter ihn begrüßten, seines blieb ernst. Um die Lippen zuckte es schmerzlich, die Augen forschten umher, als fragten sie die Gesichter: Werdet ihr morgen noch die Hüte schwenken und übermorgen mich nicht wieder treiben wie ein Tier? – Von solcherlei Gedanken aber war in den frohen Massen nichts. Sie dachten nur an heut, und wenn an morgen, so waren's lauter Morgenrotgedanken. Wie das Volk eine Puppe haben will, wenn es grimmig ist, einen Sündenbock, den es hinausjagt, so verlangt es auch, wenn es froh ist, nach einem Träger seiner Lust. Da werden Götzen gemacht, wenn sie nicht von selber kommen. So geschieht es oft, daß an einen vergessenen Namen sich neue Hoffnungen hangen; und wenn ein Umsturz erfolgte in einem Gemeinwesen und, was letzt galt, zertrümmert ist, sie umhersuchen nach irgendeinem Manne von vordem. Denn sie denken alsdann, die gute Zeit, nach der sie trachten, sei vor der schlimmen gewesen, und sie ziehen die Fetzen daraus hervor und hängen sie aus als Reliquien, und die Männer, so die schlimme Zeit überlebt, sollen die goldene wiederbringen.

Die goldene Zeit bringt keiner wieder dadurch, daß er herstellt alles, als es war. Denn ist jede Zeit für sich und hat ihr absonderlich Gold in sich. Das muß, der Witz hat, ausprägen, also wie es in der Zeit Geltung hat. Ist's überall schwach mit dem Gold bestellt; das volle haben die Gescheuten zu jeder Zeit ausgeprägt und unter die Leute geschickt, daß es arbeite. Und das Blech wird matt und verwittert, und wenn man's putzen will, kommt das Kupfer heraus. Das schönste Gold in allen Zeiten ist das die Sonne ausgießt auf die Erde. Die Sonne scheint in jedem Jahre, und der ist ein Tor, der den Sonnenschein verstreichen läßt und nicht arbeitet und erntet. Die Sonnentage sind überall gezählt, und der um ist, ist verloren, er kommt nicht wieder.

Da, wie sie um ihn schrien und Freudentränen vergossen und von ihm hofften Gott weiß was, nickte er nur stumm, und fast wehmütig sah er seine alten Bekannten und grüßte sie wieder, wie sie ihn grüßten. Was erzählten sie sich nicht vom Johannes, wie er ein braver Mann gewesen und sein Herz allzeit geschlagen für die Stadt, wie er Einigkeit gepredigt drinnen und Zusammenhalten gegen den Feind draußen, wie er den Geringsten gehört und die Stirn kühn getragen gegen die Mächtigen, die ihr gedroht. Wie er gerecht gewesen und in seiner Gerechtigkeit arm geworden, dieweil andere reich wurden. Ja, da war alles vergessen, was sonst als Fehler galt, und sie konnten nicht Worte genug finden, ihn zu rühmen, und erfanden noch hinzu zu seinem Lobe, was nimmer geschehen war. Denn so ist das Herz des Menschen: wenn es erregt ist, da findet es nicht Maß im Richten und im Bewundern. Selbst zu einem Propheten wollten sie ihn machen, gleich wie seine alte Muhme, die Gertraud, daß er vorausgewußt haben sollte alles, was nachher eingetroffen. Und wäre man ihm gefolgt, wäre es anders worden.

Herr Thomas Wyns, der an der Ecke stand auf einem Stein, reichte ihm die Hand. Denn sie mußten hier halten, bis Platz wurde vor dem Gedrang.

»Wie ist Euch zumut, Johannes?« flüsterte er ihm zu und drückte mit beiden Händen seine, und sein Gesicht strahlte von aufrichtiger Freude. Denn er meinte es gut.

»Mir ist«, antwortete Johannes, »als müßt ich schon tot gewesen sein.«

»Wie das, lieber Freund! Ihr seht, wie sie Euch lieben.«

»Sie haben mich ganz vergessen«, antwortete der Geächtete; »bin ihnen ein neuer Mann. So sie nun aber wieder finden, daß ich der alte blieb, wie wird's dann?«

Da aber war nicht Zeit zu solchem Zwiegespräch; der Menschenstrom drängte sie fort, und nun fingen sie an auf dem Rathaus zu pfeifen und zu geigen, und die Trompeter bliesen. Als er nun auf der Brücke selbsten war, hoch über ihre Köpfe getragen, und hinten von Berlin und vorn von Kölln Kopf an Kopf und alle riefen ihm Lebehoch und er den weiten Wasserspiegel um sich schaute, da stiegen seltsame Gedanken in ihm auf. Denn sie riefen von allen Seiten und dann wie aus einer Kehle: »Wir bringen unsern Bürgermeister!« – »Johannes Rathenow ist Bürgermeister!« – »Er wird der Stadt Rechte wahren, er ist der Rechte.« – »Nieder mit seinen Feinden!« riefen noch andere, und keiner widersprach. Da zückte es durch den alten Mann; und wie die Wolkengebilde, die über dem Teltow aufzogen, so traten vor sein Aug all die Verfolgungen, die er erlitten, die Unbill und Schmach, die er ungerecht ertragen. Solche Augenblicke hatten seine Feinde immer wahrgenommen und den Volksunwillen auf ihn gelenkt, der ihnen im Wege stand. Nun hob ihn der Strom, ein so mächtiger als je in Berlin getobt, und er konnte ihn dahin lenken, wohin er wollte. Nur wenig Worte hätte es ihn gekostet, und er wäre gerächt an seinen Feinden. Auch glimmte so etwas in seinen Augen. Wem ist da gleichgültig zumute, wo er Rache nehmen kann an denen, die ihm Schande und Untergang gebracht. Er sah auch seiner Feinde Gesichter auf dem Söller, am Fenster des Rathauses, und seine Stirn runzelte sich. – Aber der Kampf war kurz. Er griff an seine Brust. »Für meine Stadt kehrte ich zurück, nicht für mich.«

Als sie dem Rathaus näher kamen, da schmetterten die Trompeten, und die Leute sahen auf einen Mann, der auf dem Söller stand und etwas verlas, und nachdem er's verlesen, zerriß er ein Papier in viele kleine Stücke und streute sie in die Luft. Das war der Achtbrief gegen den Johannes Rathenow; der Rat vernichtete ihn, als geschrieben zu einer Zeit, da die Stadt nicht frei war, und auf Anzettelung böser Leute, deren Hinterlist und Verrat seitdem an den Tag gekommen. Nun ward erst der Jubel groß, und Johannes Rathenow ward empfangen nicht wie einer, dem sie aus Gnade erlaubt, daß er zurückkomme, nein, es war, als wenn ein Sieger einziehe in eine Stadt, die er befreit, und Rat und Bürgerschaft kommen ihm entgegen, ihm zu danken. So streckten sie die Hände ihm entgegen, so jauchzten sie ihm zu, Patrizier und Gemeine, und jeder wollte der erste sein, der ihm die Hand drückte.

Und wunderlich, der allererste von den Ratmannen, der ihm die Hand reichte, als er auf die Schwelle zum Rathause stieg, war Mathis Blankenfelde.

»Willkommen, Herr Rathenow, in Eurem Hause!« sprach er.

»In Eurem«, antwortete der, und eine Wolke lagerte auf seiner Stirn, und seine Hand lag kalt und steif in der des andern.

Mathis lächelte. »Uns ward nicht heimisch darin, seit Ihr fort wart.«

»Es war kein Rathaus, es war ein Jammerhaus«, sagte der Hoppenrade.

»Ihr habt geduldet viel, aber wir nicht wenig«, sagte wieder Mathis Blankenfelde. »Stadt und Rat wollen ausreißen viele Blätter aus ihrem Buche: wollt Ihr, Johannes, nicht vergessen?«

»Vergessen und vergeben!« riefen viele, und Johannes' kalte Hand wurde wärmer in der des Mathis. Er drückte sie und sah ihn scharf an.

»Herr Mathis, Euch kann's gleich sein, ob der alte Mann vergißt; seine Tage vor ihm sind kurz, aber Eure sind noch lang. Ihr tut gut, zu vergessen und auf Neues zu sinnen, das gut ist. Wollt Ihr's, so hat auch der Johannes vergessen.«

Damit waren alle zufrieden. Einige meinten, das habe der Blankenfelde getan, weil es mit seinem Ansehn aus war, er hätte es nicht anders tun können. Aber wer liest in des andern Herzenskämmerlein! Es kommen Augenblicke, wo auch ein schlechter Mann eine gute Tat tut. Und wer allzeit klug sinnt auf seinen Vorteil vor den andern und seinen Nebenmenschen Netze stellt, der mag doch einmal gerührt werden und auch ihr Gutes wollen. War es wahrhaftig solche Zeit in Berlin, wo ein Mann sich selbst vergessen konnte um des Gemeinwohls willen.

Wie sie ihm da alle halfen, als Johannes die Treppe hinaufstieg! Einige drückten ihm die Hand, andere nickten ihm stumm zu ihr Willkommen. Andere konnten's nicht lassen, sie mußten ihm um den Hals fallen. Konrad Ryke hielt ihm oben an der Treppe die Hand hin. »Wir waren nicht grad Freunde«, sprach er, »aber Ihr wart ein Ehrenmann immer. Dafür hielt ich Euch, und war nicht falsch.«

»So wolle Gott«, antwortete Johannes, »daß jeder Ehrenmann solche Feinde habe.«

Im Saale, die drinnen waren, standen alle auf, als Johannes eintrat, und machten ihm Platz; auch die von den Gewerken, die sich scheuten, so an ihn heranzutreten wie die Herren von den Geschlechtern und ihm die Hand zu reichen. Bartholomeus Schumm stellte sich vor ihn und schüttelte langsam den Kopf. Dann reichte er ihm die eine Hand und schlug mit der andern drauf, als Johannes seine hineingelegt. »Bis mir willkommen, Johannes, aber was so spät?«

»Besser spät als gar nicht!« rief Tile Bruck.

»Euer Kopf ist grau, Eure Locken weiß, Johannes. Allzu scharf macht schartig.«

»Wir werden alle alt«, entgegnete der Rathenow, und Herr Brakow, der zeitherige Bürgermeister, führte ihn unterm Arm zu dem großen Lehnstuhl, der zur Ehre dastand für den Ersten Bürgermeister, und wie oft hatte Herr Johannes darauf gesessen! Er wehrte es mit der Hand ab und wollte zurücktreten; aber da erhoben sich alle einstimmig und sagten, er müsse sich niedersetzen, es sei die alte Zeit wieder da, und er sei Bürgermeister, als wie er es gewesen, da der Burggraf Anno 42 das Tor sprengte.

Herr Johannes seufzte tief und setzte sich, und sein Kopf ruhte in seinem Arme, denn er war müde, und sein Auge überflog den Saal und alle, die anwesend waren, und es herrschte eine tiefe Stille. Was mochte da jeder denken? Wer ruft die alte Zeit zurück? dachte der alte Mann, als er so viel fremde Gesichter sah. Mancher von den Ratmannen war gestorben, wie anders schaute mancher aus? Und war *er* denn derselbe blieben? Damals war er noch feurig und voll Zornes. Was war er heut? – Und ähnliches dachten die andern: wie ihn, den Rathenow, die Zeit verändert! Und sie, was hatten sie erlebt! Das ließ sich nicht wegwischen wie die Spinnweben von den Balken. Die Sonne, die itzt so recht hell durch die Fenster schien, sagte ihnen, es war eine andere Zeit worden. Das Volk tobte wie ehedem, auf den Bänken war es still. Als hätten die Jahre ihnen Blei in die Flügel gegossen.

Endlich hub Herr Johannes an:

»Ihr habt einen alten Mann zurückgerufen in euer Regiment. Ihr guten Herren, ich meine, die Zeit ist neu und schlimm. Sie braucht junge Kräfte. Mein Arm ist welk, die Füße wurden schwach auf den Pfaden des Elends, auch das Auge ward trübe. Was kann ich euch helfen?«

»Mit Eurer Einsicht!« riefen viele.

»Wir brauchen der Männer«, sprach Konrad Ryke, »so vergessen können die Jahre der Schmach und niederträchtiger Zwietracht, die uns von innen auffraß. Wir brauchen alter Ehrenhaftigkeit, die uns wieder aufhilft, zu denken frei, wie wir ehedem frei dachten, und frei zu sein, wie wir es waren.«

»Wir brauchen«, fuhr Pawel Strobant auf, »der Taten; denn der Worte sind genug gesprochen und führten zu nichts.«

So redeten viele noch, und jeder sprach seine Meinung aus, und auch an Klagen fehlte es nicht. Der alte Mann mußte noch einmal alles hören, was den Städten widerfahren, seit er fort war. Sein Herz litt mit. Jeder hätte gern, wie er's vortrug, alle Schuld von sich abgewälzt, namentlich was ihr Verfahren gegen die Rathenows betraf.

»Lieben Freunde und edle Herren!« sprach Herr Johannes und stand auf. »Das soll von heut ab vergessen sein, wie in einen tiefen Brunnen gestürzt, und man wirft Steine und Schutt darüber, daß keiner aus dem faulen Trunke schöpfe. Wahr und wahrhaftig, wir haben an anderes zu denken als unsere Versündigungen, und die Zeit ist kostbar und jede Minute verschwendet, die wir von dem reden, was gewesen ist und war und nicht zu ändern. Ich hatte mir's gelobt, was für mich ist, meinen Fuß nicht wieder zu setzen in diese Städte. Ihr wisset warum. Als ich in Brandenburg hörte von Eurer Not und neuen Fährlichkeiten, da wandelte ich meinen Entschluß. Denn ich sprach zu mir: Johannes Rathenow hat abgeschlossen mit den Berlinern und Köllnern für sich. Aber er ist nicht der Johannes allein, der sich gehört, er ist auch der Sohn seiner Väter und gehört seiner Stadt an. Die hat Rechte über ihn und kann ihn rufen, wenn sie in Not ist. Darum kam ich, ohne zu fragen, ob ihr mir sicheres Geleit gäbet. Und wenn ich gewußt, daß mein Achtbrief noch gälte und ihr meinen Kopf fordertet, ich wäre doch gekommen. – Aber ich komme, um eure Not und Fährlichkeiten zu teilen, nicht euer Frohlocken. Ich sehe nichts Frohes vor mir. Mag sein, daß ich zu alt bin. Eure Trompeten und Geigen, die freuten mich nicht. Mag sein, daß mein Ohr taub wurde. Eure Fahnen auf dem Dache flimmerten mir nicht bunt, sie waren grau. Mag sein, daß mein Auge für Buntes zu trüb ist. Ich bin kommen, um mit euch zu leiden, als es meine Pflicht ist, da ich ein Teil bin eures Leibes. Nichts begehrte ich eurer Ehren; die möchten andere tragen. Denn die Ehren werden in Schmach sich kehren. Wir sind zu schwach und die Markgrafen zu stark. Aber auch Schwache können stark sein darin, daß sie nicht verzagen, daß sie tun, was an ihnen, für ihr Recht zu stehen bis auf den letzten Augenblick. Wollt ihr das tun, dann freut's mich. Es wird die letzte Freude sein des alten Mannes.«

»Weiß Gott, ich tu es ungern«, fuhr Herr Johannes nach einer Weil fort. »Bin nicht mehr der alte, um den Stürmen wie damals die Stirn zu bieten, und die neuen Stürme werden stärker wehen. Ihr Herren wißt nicht, was es heißt, in die Verbannung gehen und im Elend leben. Ich weiß es und bin müde und legte gern in Ruhe mein Haupt nieder und möchte nicht zum zweiten Male ins Elend wandern.«

»Das sollt Ihr nicht, das werdet Ihr nicht!« schrien sie.

»Es war der Boytin, der euch die Suppe einbrockte.«

»Wir haben auch gelernt«, sprach Konrad Ryke.

»Und wenn sie Euch ins Elend schicken wollen«, sagte Herr Brakow freundlich, »dann gehe ich mit Euch.« Und er faßte ihn traulich unter den Arm.

»Des dank ich Euch, lieber Herr Brakow. Aber es weiß keiner von uns, wer in die Verbannung muß. Der Baltzer Boytin hat sein Part ausgespielt. Nun kommt ein anderer, für den er spielte, und wird selber spielen, nicht mit kleinen Pfeifen und Flöten, mit Posaunen und Drommeten, davor unsere Mauern wanken und unsere Häuser zittern werden. Laßt euch nicht schrecken drum, ihr Herren. Ihr habt keinen zum Meister gewählt, der des Furcht hat. Ihr habt den Brief, der ihn bannte, zerrissen, ihr habt ihn eingesetzt in seine Ehren, ihr habt ihm groß Vertrauen geschenkt und habt ihn nicht vorher gefragt, was er euch Bürgschaft gibt und ob er nicht kommt als ein Abgesandter und heimlicher Freund des Markgrafen. Das ist, bei Gott, ein groß Vertrauen und eine große Ehre. Des ist er euch großen Dank schuldig. Darum nehm ich die schwere Last auf meine Schultern, und kostete es den alten Kopf, der darauf steht. Ich bin euer Bürgermeister.«

Da war doch keiner, dem nicht das Aug naß wurde. Und zuerst schwiegen sie, dann aber brach es aus, eine laute, laute Freude. Sie drängten sich um ihn, sie faßten seine Hand, sie rissen ihn an die Brust. Was auch Schweres Herr Johannes erduldet, um solchen Augenblick läßt sich vieles ertragen, und der lohnt für großes Ungemach einem edlen Mann.

Aber nun war's auch, als wäre ein Funken in seine Seele gefahren. Er richtete sich auf, und sein Auge leuchtete. Die Runzeln von der Stirn verzogen sich. Er sprach mehr mit Blicken als mit Worten, und war's, als wäre die Jugendkraft ihm zurückgekehrt. Nun wurden die Türen geschlossen, und sie setzten sich um die Tische. Da schlugen sie der Stadt Bücher und Register auf, damit der Herr, der so lange fort war, sich von allem unterrichte, was inzwischen geschehen war. Und er seufzte nicht und stampfte auch nicht mit dem Fuß. Er gab, wo etwas Schlimmes geschehen, das Nötige an, was nun geschehen müsse. Er unterzeichnete die Briefe an die Städte und sandte Boten aus und ließ verrechnen.

Nun war's aber desgleichen eine Freude zu sehen, wie auch die andern Herrn wetteiferten, es ihm nachzutun. Weil sie unterhandelten von einem Schoß, der den Bürgern aufgelegt werden müsse, zur schnellen Bewehrung der Stadt und absonderlich, daß man ein oder mehr Geschütz kaufe, denn ohne Feuerwaffen ließ sich itzo keine Stadt mehr verteidigen, rief ein Meister von den Gewerken: »Was, noch neuen Schoß, da wir frei sein wollen! Wozu haben wir die markgräflichen Zöllner hinausgejagt, wenn die Bürger noch mehr zahlen sollen! Das tun sie nicht.«

Aber andere von den Gewerken riefen: »Das werden sie doch tun.« Und war's drauf und dran, daß sie wieder in Hader gerieten.

»Um Gott, das darf nicht sein!« sprach Herr Brakow. »Zweifle ich nicht, daß die Bürger zahlen werden, wenn die Geschlechter ihnen vorangehen. Und als wir uns haben gestritten vordem in schlechtem, so wollen wir uns itzt in gutem streiten, und wer das meiste einwirft zum Gemeinen.«

Da ließ er das Buch aufschlagen, wo eine reine Seite war, und sprach: »Da lasse jeder einschreiben, was er geben kann und will zur Stadt Bestem. Es wird ein gut Geld werden, das man freiwillig gibt.«

Und voran mußte der Schreiber seinen Namen schreiben, des wackern Herrn Brakow, und ein groß Stück Geld dabei. Nun drängten sich alle, es ihm nachzutun. Manchen mochte es wohl sauer angehen, wollte aber keiner zurückbleiben; und aus Eitelkeit ließ mancher mehr schreiben, als er wohl zu Haus verantworten konnte. Aber tut das nichts; es half doch zum Besten mit. Johannes Rathenow mußte sich wohl freuen darüber, aber er schaute doch wehmütig. Er konnte nichts einschreiben lassen. Aber er hatte mehr getan als alle, denn ohne ihn wäre es wohl nicht dazu kommen. Zuletzt trat Herr Bartholomeus Schumm heran, und der nannte soviel Schock Groschen, als wohl alle zusammen schreiben lassen. Darüber erstaunten sie sehr. Das freute ihn, aber er sprach kein Wort und tat, als wäre es nichts. Nun sträubten sich auch nicht mehr die von den Gewerken, sondern sie bewilligten alle einstimmig den Schoß, den der Rat von der gemeinen Bürgerschaft ausschrieb.

Und in allem waren sie einhellig; nur als die Briefe verlesen wurden, die der Rat an Fürsten draußen geschrieben, ihnen zu Hülfe zu kommen, schüttelte der Johannes den Kopf, und war seine Meinung, daß man die nicht abschicke. »Denn so wir auch mit Recht in Feindschaft sind mit unserm Herrn und die Wehr in die Hand nehmen wider ihn, weil er Ungebührliches fordert und uns will nehmen, was unser ist und war von alters, darum sind wir doch noch Märkische, und er ist unser Herr. Ist das eine Sach, die sich im Haus abtun lassen muß, als wie man, wenn die Glieder einer Familie sich zanken, nicht Fremde dazuzieht. Sondern man streitet und schlichtet unter sich; denn der unser Feind ist, ist doch unser Blut, und ist eines Ehre auch die des andern.«

Einige waren für ihn, andere gegen ihn.

»Was ist er unsers Blutes!« rief Pawel Strobant. »Er spricht hochdeutsch und wir sächsisch.«

»Nichtsdestoweniger ist er unser Herr von Kaiser und Reichs wegen, und wir haben ihm gehuldigt!« sagte Herr Johannes. »Das Recht ist für ihn, und das Recht ist für uns.«

»Aufs Recht kommt's hier nicht an«, sagte der Strobant, »es fragt sich: wer's kann.«

»Ohne Recht, ihr Herrn, kein Ding auf Erden!« rief der Bürgermeister. »Ist's nur schwierig hier, wer das Recht finden muß.«

Sie stritten noch viel darüber, aber freundlich; endlich kamen sie überein, daß man die Briefe an die Fürsten annoch niederlege und nicht abschicke. Sondern der Ratsschreiber sollte zuvörderst Briefe aufsetzen an große Rechtskundige und an die Universitäten zu Prag und Leipzig, daß sie ein Gutachten gäben, ob die Städte Berlin und Kölln des Rechtes seien, in ihrer Streitsache mit dem Markgrafen, als wie sie die märkischen Städte und Herren zu ihrem Beistand aufforderten, auch Fürsten des Reiches, die nicht zur Mark gehörten, zu ihrer Hülfe zu rufen, sowohl nach Kaiserrechte als nach gemeinem.

Damit war Herr Johannes zufrieden; der Pawel Strobant aber krächzte und sprach etwas höhnisch: »Ob sie uns beistehen nach Kaiserrecht oder gemeinem, das verschlägt nichts, wenn sie nur schlagen.«

Nun mag sich jeder denken, wie es rührig war an dem Tage und dem folgenden zu Berlin und Kölln. Da sah man Helme putzen und Harnische, und die Waffenschmiede hatten guten Verdienst. Es dröhnte und rauchte in allen Schmieden. Die Tore und Mauern waren doppelt besetzt, und doch ritten sie aus und ein mit Meldungen allerhand. Denn sie dachten nicht anders, als daß der Markgraf mit Roß und Mann von Spandow kommen werde und sich lagern vor der Stadt. Da ward aus den Dörfern hereingetrieben Zugvieh in großer Menge, und große volle Wagen kamen gezogen, daß sie fast durch die Torbogen nicht konnten und die Brücken krachten. Da übten sich die Gewerke auf den Angern und Plätzen im Armbrustschießen, und Geharnischte von Kopf bis Fuß sah man von früh bis spät durch die Gassen klirren.

Das meiste Leben aber war zu Kölln an der Spree da, wo des Bartscher Bude gestanden, und sie hatten dicht am Fluß die Grundmauern gelegt zum neuen Schloß. Die Arbeit stand nun freilich still, und hatten die Werkleute auch kaum viel tun können, denn das Volk hatte sie schrecklich geneckt, und itzt hatten sie die Schiefer zerschlagen, die Steine umhergeworfen und die Hölzer zerhauen, und jeder stahl, was er Lust hatte, nicht um des Holzes willen, sondern den Schabernack. Denn jeder Bürger, der Holzes bedurfte, konnte es aus der Heide holen. Es wuchs genug. Aber die Stadtmauer, die sich von der Spree aus, da wo itzt die Apotheke ist, nach dem Werder hinzog, die war niedergerissen, und die Mauern des Schlosses sollten sie ersetzen; aber die waren noch kaum über der Erde. Also war es ein großes Loch im Netz, durch das jeder hinein konnte, wären nicht das Wasser und die sumpfigen Wiesen gewesen. Da galt es nun helfen, und rasch. Mauern ließen sich nicht so schnell ziehen, und ein Erdwall tat es auch nicht. Um deshalb hatte Herr Johannes Rathenow und der Rat verordnet, daß sie einen *Blockzaun* aufführten über den Grundlagen der Mauern, die der Kurfürst zu seinem Hause gelegt. Über den Blockzaun ist viel gestritten und geschrieben worden, und nahm es der Kurfürst Friedrich als den größten Schimpf, der ihm von den Köllnern angetan, daß sie diesen Zaun aufführten. Und das war es auch, da wo eines fürstlichen Schlosses Mauer gelegt war, Pfähle einzurammeln und Schwellen und von Bohlen und Balken einen Zaun zu zimmern, zur Schutzwehr gegen ihn selber: das war doch ein Spott!

So nahmen's auch die Bürger; denn was sie hätten können von schlechteren Leuten tun lassen, das war ihnen eine Lust, selbst zu tun. Da war alles auf den Beinen, was die Arme rühren konnte. Von den reichsten Geschlechtern, alte Männer und junge Fante, die sonst kein Stück Holz in die Hand genommen hätten, die schleppten Pfähle heran, und einträchtig trugen Patrizier und Gemeine schwere Balken auf ihren Schultern. War's an dem Tage wie ein großes Fest. Die Reichen ließen Wein und Bier schenken den Dürftigen und tranken mit ihnen auf das Wohl der Stadt und ihre Freiheit. Ja, dazumal sah man recht, was ein Gemeinwesen kann ausrichten, wenn alle einträchtig sind und jeder tut, was er soll und darüber. Denn wenn sie's auf Tagelohn gegeben oder in Verdung, da hätte wohl eine Woche zu gehört, ehe daß der Zaun fertig wurde. Nun aber ward er noch an selbem Tage fertig, denn sie hämmerten bis vor Mitternacht bei Fackellicht und bei den großen Feuern, die sie angezündet. So schafft sich was, wenn das Feuer auf den Nägeln brennt.

Aber was sie fürchteten, der Markgraf kam nicht; auch schauten die Wächter auf den Türmen umsonst aus nach Roß und Mann auf den Straßen. Auch die Späher, die sie in die Spandower Heide geschickt, kamen zurück und hatten nichts gesehen. Und ein Bürger, der vom Markt kam, sagte, es sei ruhig in Spandow und die Herren tafelten und zechten und dächte keiner daran, Berlin mit Krieg zu überziehen. Das war gute Kunde, und den Bürgern schwoll der Kamm. Da schwur mancher am Abend, der gut getrunken hatte, er solle nur kommen, der Markgraf, die Bürger würden ihm das Bad gesegnen.

Die Herren im Rate trauten dem Landfrieden nicht. Aber sie waren gar sehr verwundert, als ein markgräflicher Reiter kam, von dem sie nichts anderes erwarteten, als er brächte den Fehdebrief, und statt dessen war's ein Schreiben aus der Kanzlei des Kurfürsten: daß die Herren sich schier verwunderten über die Dinge, so sie aus den Städten vernähmen, und sie sollten ja des eiligsten des Markgrafen Richter, den Balthasar Hake, wieder freilassen und die kurfürstliche Arche, so etliche von ihnen erbrochen und seine Papiere zerstreut, wieder schließen, denn sie, die Herren in der Kanzlei, hätten Not, daß sie's dem Markgrafen noch verbürgen, der sehr zornig sein würde, so er's erführe. Darum so baten sie sie, als liebe und getreue Herren, die Sache in Güte zu schlichten.

Da machten die Herren große Augen, und manches Gesicht verzog sich recht sonderbar zum Lachen; alle aber atmeten leicht auf.

»Sankt Petrus!« rief Claus Möwes, »was muß der Markgraf für taube Ohren haben, daß er's nicht hörte, und seine Räte hörten's doch.«

Ja, ihnen schwoll auch der Kamm wie den Bürgern, und wäre Hans Rathenow und Konrad Ryke nicht gewesen, sie hätten gute Lust gehabt, einen Brief wiederzuschreiben, den der Markgraf auch niemand gezeigt hätte. Des Menschen Herz ist ein verzagt Ding, aber auch ein trotzig Ding. Es hält schwer, daß es im Ebenmaß bleibt. Aber die Verständigen behielten die Oberhand, ob sie sich doch freuten, daß die beim Fürsten die Sache nicht gleich auf die Spitze trieben. Denn so der Markgraf auf der Stelle vor die Städte gerückt wäre, wie hätten sie sich halten und ihn abwehren sollen. Wenn es sich hinzog, so wuchs ihnen Hülfe von mancher Seite, sie hofften es wenigstens, und was sich in die Länge zieht, das nimmt oft einen ganz andern Ausgang, als der Mensch fürchtet, aber auch, als er hofft. Darum schrieben sie wieder einen Brief, so geschickt als der andere gesetzt und voller Untertänigkeit, worin sie schrieben, daß das alles des Baltzer Boytin Schuld sei, der durch sein übermütig und falsches Wesen die Bürger aufgebracht und den Namen des gnädigen Herren gemißbraucht, weshalb sie die aufgebrachte Menge nicht zurückhalten können, die den Baltzer totschlagen wollen darum, daß er ihres gnädigen Herren Namen und Ehre gefährdet. Also sei auch der ganze Aufstand, der fern so übel rieche, von gar gutem Geruch und nur zugunsten ihres gnädigen Markgrafen, als welcher von dem Baltzer betrogen worden und in ihm einen schlechten Diener gehabt, der sich bei allem Schlechten gerühmt, daß er es auf Geheiß seines Herren tue. Also würden sie auch den Balthasar Hake freigeben, der nur um deswillen von ihnen gesetzt worden, weil er mit dem Baltzer unter einer Decke gespielt, alsobald sie sich mit dem auseinandergesetzt hätten. Und noch viele feine Worte mehr standen in dem Briefe von Achtung und Unterwürfigkeit, und hatte Herr Mathis Blankenfelde viel dazugegeben.

Gegen den kurfürstlichen Richter Balthasar von Hake waren sie alle sehr ergrimmt, denn er hatte sich hoffärtig benommen so gegen die Geschlechter als gegen die Gemeinen; und war ein finsterer Mann. Darum gönnten's ihm alle, daß er im Gefängnis saß, wo sie ihn eingesteckt darum, daß er einen Bürger wollen setzen lassen, den der Baltzer als Bürgermeister vors Gericht gestellt, aber die Schöffen hatten kein Unrecht finden wollen, weil der Bürger nichts anderes getan als der Baltzer selbst, da er noch nicht Bürgermeister war. Er hatte gegen den Markgrafen in einem Weinkeller geschimpft. Darum hatten sie ihn, den Balthasar Haken, in dasselbe Gefängnis geworfen, wo er den Bürger einsperren wollen, und war darüber, als Baltzer Boytin einschreiten wollte, gegen des Rates Willen, und sich selbst überhob, der Sturm ausgebrochen. Um deswillen konnte Johannes Rathenow, dem das nicht ganz recht dünkte, daß die Stadt einen Richter festsetzte, so nicht ihr Richter war, sondern des Kurfürsten, nicht durchdringen. Denn die Herren beriefen sich auf die alten Statuten; und der Hoppenrade holte aus der Lade die Urkunde vom Tage nach Sankt Ambrosius Anno 1317, darin Markgraf Waldemar der Große bestimmt und gesagt: »Auch wollen wir, daß *unsere Mannen und Vasallen* um ihre handhaftige Tat, welcherlei Verbrechen sie auch begangen haben, sollen *zu Rechte stehen vor dem Gerichte des Schultheißen zu Berlin* und sollen Rede geben für ihr Verbrechen daselbsten.« Die Siegel unter der Urkund waren noch unverletzt (und man sieht sie heute noch), und als Zeugen standen darunter vollgültige Namen, als Herzog Rudolf zu Sachsen, Herr Cunrad von Redern, Herr Friedrich von Alvensleben, Herr Cunrad von Klepatz, Herr Dietrich von Kerkow und andere mehr.

Vor solchem Zeugnis mußte Johannes Rathenow sich beugen, aber er tat's ungern. Die Herren vom Rate aber waren sehr froh und ließen Abschriften fertigen von der alten Urkunde, um sie an die Städte zu senden und an die Fürsten mit den Briefen, damit sie bewiesen, daß sie im Recht waren. Und es ließ sich nicht beweisen, daß das Privilegium, so Graf Waldemar ihnen darin gegeben, über seine Vasallen zu richten, nachmalen wäre wieder aufgehoben worden.

Zur selbigen Zeit sah man manche fürnehme Personen in den Städten. Ritter, Herren und Bürger waren's. Sie kamen nur des Fürgebens als Fremde, so hier Geschäfte hätten oder durchreiseten. Aber wußten's alle, daß sie mit dem Rate verhandelten von wegen des Streites mit dem Markgrafen. Die meisten, auch die von den märkischen Städten, sprachen zur Einigung; nur wenige redeten sie auf zum Trotz. Aber grade das machte die Berliner immer trotziger. »Er wagt uns nicht mit Gewalt anzufassen; darum will er uns mit List kleinkriegen.« So sprachen sie. Andere meinten, aus den großen Umständen und den freundlichen Worten, die der Markgraf gebe, sehe man's recht, wie wichtig ihm Berlin sei und Kölln, die durch sich selbst die Hauptstädte geworden der Marken. Aber grad darum sei es Ehrensache ihnen, und wenn er auch goldne Berge verspreche, festzuhalten an ihrem Recht. Denn wenn er's ihnen entwunden aus ihrer starken Hand, sei's ihm leichte Arbeit, es den andern schwächern Städten zu nehmen. Und gleich wie sein Vater seliger, Friedrich I., es versucht vor zehn Jahren an der Oder in Frankfurt, und sei's ihm nicht gelungen, als er gewollt, so wollten und dürften sie's auch nicht ihm gelingen lassen. Denn so sie fielen, so fielen alle, und die Schmach komme auf sie, die die ersten waren.

So dachten die Stolzen unter den Berlinern und Köllnern, und Herr Johannes Rathenow freute sich des Sinnes. Denn es dünkte ihm ehrbar und recht. Und hätten alle so gedacht in den märkischen Städten, es wäre anders kommen, als es ist.

Da war auch Herr Niclas Perwenitz wieder in Berlin. Aber er erschien nicht im Rate als Abgeordneter von Alt- und Neu-Brandenburg; sondern als Handelsherr, der, wie er vorgab, wegen der zerschlagenen Schiefer, so er zum Schloßbau geliefert, zusehen wolle, was sich tun lasse, denn der Schieferdecker Bertold von Dasseleben gehe ihn an wegen Schaden und Gewähr. Doch im stillen verhandelte er viel mit den einzelnen Ratmannen und sprach zum Guten. Er gab auch in seiner Herberg »Zum Hirsch« manches Gelag, wo aufgetragen ward, daß die Tische knackten, und der süße Wein in Strömen floß. Die Herren ließen sich auch nicht lumpen, sie gaben's ihm wieder, und bald daß sie in der Brüderstraße, bald in der Oderberger und sonstwo die Gläser klingen ließen und die Geiger strichen, und von jedem Gelag kam Herr Niclas mit schwerem Kopfe heim, aber niemals mit leichtem Herzen. »Weiß der liebe Gott«, sprach er dann bei sich, »was in die Berliner gefahren ist! Wären sie damals so gewesen, es stünde itzt anders für sie.

Aber sind nie zur rechten Zeit, was sie sein sollen.« – Wo er anklopfte bei den Herren um das, was er wollte, da gaben sie ihm hohe Worte und schüchterne zugleich. Sie sagten, es schicke sich nicht für den einzelnen, um das zu verhandeln, was die Allgemeinheit angehe. – »Mein Gott«, sprach er dann, »ihr macht's ja; was *ihr* wollt, tun *sie*; ihr seid ja die Gemeinheit!« Dann mußte er Predigten hören, daß er ja selbst den Gemeinen das Wort geführt. Wenn die Geschlechter ungestört beim Regiment geblieben, wäre all die Scheelung und Irrnis nicht gekommen. »Verhandelt nur, lieber Herr Perwenitz, mit den Gemeinen, da werdet Ihr sehen, was sich aufstellen läßt. Wir waren dazumal ihre Herren; itzt sind wir ihre Diener.« Das war nicht wahr; aber der Brandenburger durft's ihnen nicht sagen. Denn große Herren lieben manches Mal, daß sie andern zu gehorchen scheinen, wo sie in Wahrheit befehlen; und es geht alles nach ihnen und wie sie wollen, aber es hat den Anstrich vor den Leuten, als regierten die andern. Herr Perwenitz wäre längst abgereist, hätte er nicht noch auf etwas gewartet.

Dazumal ließ der Markgraf Antwort schreiben auf der Städte ihre Briefe, und die waren ebenso fein gesetzt und künstlich geschraubt. Konnte man lesen, daß er voller Danks sei über ihre gute Gesinnung für ihn und daß sie darum mit dem Baltzer Boytin sich veruneinigt, und wisse er wohl, daß das nur schlechte Leute wären, die in den Weinkellern auf ihn gescholten und das Volk aufgehetzt; und daß seine guten Ratmannen und Gewerke von Berlin und Kölln, was Unfug geschehen, höchlich mißbilligten und abstellen würden, was an ihnen. Darum aber, daß die Sache geschlichtet werde, denn auch der Baltzer Boytin führe Klage wider sie bei ihm, dem Markgrafen, sollten sie dem freies Geleit geben, daß er zu ihnen komme und seine Sache führe, wie er ihm denn selber freies Geleit gebe durch alle Marken. – Und Baltzer schrieb selber auch deshalb einen Brief an den Rat, und auf dem Deckel stand es so: »Den ehrwürdigen Herren zu Berlin und Kölln, meinen lieben Herren und Freunden, komme dieser Brief.«

Der Rat aber schrieb ihm eine Antwort, die so lautet: »Unsern Gruß zuvor, lieber Baltzer! So Du uns geschrieben hast von unsers gnädigen Herrn Geleite, das Dir gehalten werden soll, damit Du Dein Gut verkaufen, vertreiben und friediglich austragen mögest, lassen wir Dich wissen, daß wir Dir darum nun nicht schreiben können; sondern willst Du Dein Gut verkaufen und vertreiben, das lieget an Dir.* Geschrieben unter der Stadt Insiegel, dessen wir zu dieser Zeit sämtlichen gebrauchen, am Mittwochen nach usw.«

Mit solcherlei Hin- und Hergeschreibe verging viel Zeit, und es geschahe nichts. Aber heimlich waren sie doch tätig und warben Freunde und rüsteten und streuten Gerüchte aus. Da eines Abends, als er am nächsten Tag drauf abreisen wollen, trat recht verdrießlich der Brandenburger Ratmann in die Stube zu seinem alten Freunde und kündigte es ihm an.

»Könnet Ihr's nicht abwarten?« sprach Johannes und lächelte etwas.

»Hoffen und harren«, antwortete der, »hat sein End; und den Reim darauf laß ich Euch hier. Die Brandenburger brauchen keinen Narren mehr, als sie ohnedem haben.«

»Werdet Euch doch verpusten!«

»Meine Lunge ist aus, und mein Weib wartet zu Haus. Mag der Markgraf einen andern schicken. Wenn seine Heimlichkeiten Öffentlichkeiten werden, fliegen sie ihm wie die Schwalben im Frühjahr ohnedies in den Hof. Was braucht er Heimlichkeiten!«

»Wartet noch, Herr Niclas Perwenitz. Ich redete heut im Rat bei geschlossenen Türen. Zween Stunden dauerte es und ging heftig zu. Sie sagten, so man alle die Papiere und Briefe lesen lasse, möge man hinter vieles kommen, was dem Markgrafen und vielen sonst zu Un-

* Late wy dy weten, dat wy dy darup nu nicht schriven konnen; sondern wilt du din gut verkopen unde verdrifen, dat liget an dy.

ehren gereiche. Das wolle Gott nicht, antwortete ich, daß Unehre komme auf den, der unser Herr ist. Denn die Unehre des Herrn fällt auf seine Diener zurück. Und was hilft uns seine Unehre? Und was frommt uns, die wir nun zum Guten vereint sind, daß wir Schlechtes auskehren von einigen? Das gibt neuen Zank und neue Ärgernis, und haben wir nicht gelobt, zu vergessen und zu vergeben, was geschehen ist?«

»Das hat gewirkt. Nicht so?« fiel der Brandenburger ein. »Die einige wollte keiner sein.«

»Wenn man den Schnee und das Eis im Frühjahr aufhaut und aus den Gassen fegt, dann kehrt man den Kot darunter desgleichen fort und schafft ihn vors Tor und fragt und untersucht nicht zuvor, wer ihn dahinsetzte, daß er darum Rechenschaft gebe. Das sprach ich und hab's durchgesetzt –«

»Was?« unterbrach ihn Niclas Perwenitz.

In dem Augenblicke ging die Tür auf, und der Ratsknecht Andreas warf stöhnend ein groß zusammengeschnürt Paket von Schriften, die er mit Mühe die Treppe hinaufgetragen, in die Stube.

»Da liegt's, Gestrengen! 's ist doch schrecklich, was die armen Menschen schreiben müssen.«

»Da liegt's«, lächelte der Bürgermeister und winkte dem Knecht, sich zu entfernen. – »Hier sind drinnen des gnädigen Herren Heimlichkeiten, und mein Wort drauf, es hat sie noch keiner gelesen.«

»Ich glaub's.«

»Der Rat hat sie mir überantwortet, daß ich auf Eid und Gewissen damit tue, was zur Stadt Besten. Und das will ich itzo. Es schickt sich nicht und frommt uns nicht, daß wir aufdecken, was unser gnädiger Herr wollte, daß es geheim bleibe. Darum nehmt die Schriften, Herr Perwenitz, schnell und still, und ladet sie auf Euren Wagen und bringt sie Eurem Herren.«

Der Perwenitz schaute ihn verwundert an und lächelte vor Freude. »Ihr wolltet es wagen, lieber Freund?«

»Ich will's. Rasch damit fort, ehe sie sich anders besinnen.«

»Herr Gott, Johannes! Der Himmel lohn es Euch, und der Markgraf wird es, aber die Herren –«

»Ich sag Euch, fort damit.«

»Lieber Freund, wenn sie's erfahren! Will Euch ein Mittel angeben, denn bei Gott, es schmerzte mich, ich könnt's nicht verantworten den Dienst, den ich dem Markgrafen tue, Euch zu Schaden.«

Und er schlug ihm vor, daß er alte Papiere nehme, die nichts wert seien, und sie mit ihm zusammen binde und darum den Umschlag tue und die Schnüre des Packs aus der Arche. »Damit kommt Ihr morgen aufs Rathaus und laßt ein Feuer anzünden vorm Haus und sagt den Herren, Ihr habet nichts in den Papieren funden, was der Stadt besser sei, als daß sie es dem Feuer übergibt. Dann brennt's, und ein anderer suche nach, was drin stand. So dient Ihr allen; dem Markgrafen tut Ihr einen großen Gefallen und salviert Euch selber.«

»Diene nicht gern zweien Herren«, sprach Johannes Rathenow. »Was ich tue, ist offen, und was ich tue, will ich verantworten vor männiglich. Liebe nicht Heimlichkeiten. Darum schafft mir die fort, als schnell es geht.«

Da ergriff der Brandenburger des Meisters Hand. »Ihr seid ein wackerer Mann, und der Markgraf hat in Berlin einen heimlichen Freund, als er nicht denkt.«

Johannes riß die Hand zurück, und sein Auge glühte fast zornig. »Da sei Gott für, daß er das denkt. Er würde sich täuschen gewaltig. Ich diene meiner Stadt und bin ihr Freund, das sagt ihm, Herr Perwenitz, und sagt es allen, die Ihr sprecht. Und nichts anderes bin ich, nichts Heimliches, Herr Perwenitz. Diese Glieder sind alt, meine Knochen mürb, aber sagt ihm, so er vor Berlin erscheint und will ein Haar krümmen der Stadt Gerechtsamen, da soll er mich sehn auf der Mauer im schweren Harnisch und die Armbrust spannen, und Gott helfe mir, so ich muß den Bolzen schnellen gegen den, der mein gnädiger Herr ist.«

Da wußte Herr Perwenitz, daß nichts mehr zu tun war, er war aber auch mit dem zufrieden. Und noch selben Abends ließ er durch einen treuen Diener, und er selbst trug mit, das Paket nach dem »Hirsch« bringen und gleich auf seinen Wagen verladen und festschnallen. Ja, dann schlief er selber, in Pelze verhüllt, auf dem Wagen, daß keiner über Nacht an den Schatz geriet, und frühmorgens, sobald die Tore geöffnet wurden, fuhr er hinaus und gen Brandenburg, daß es keinen Verdacht gäbe. An dem Abende lobte es Herr Perwenitz, was sonst wenige Leute loben, daß keine Laternen in Berlin brannten.

Doch muß gesagt sein, daß sie nicht als Feinde schieden, der Brandenburger Ratsherr und der Berliner Bürgermeister. Vielmehr, als das Geschäft abgetan, tranken sie noch traulich eine Flasche mit'nander und stießen an auf ihre Freundschaft, daß die lange daure und nimmer aufhöre. Und dann auf ihre Lieben, wo dem Johannes das Auge feucht ward.

»Und Ihr habt Euer Töchterlein noch nicht mal gesehen?« sprach Herr Perwenitz.

»Morgen, morgen«, entgegnete Johannes. »Morgen darf ich Vater sein; bis heut war ich Bürgermeister. Gott sei Dank, daß ich sie morgen rufen darf.«

»Sie soll schön sein und hoch gewachsen. Daß sie Eure alten Tage versüße!«

Herr Johannes antwortete nicht. Seine Blicke suchten den Boden. »Als wie Gott will«, murmelte er.

»Es steht alles in seiner Hand«, sagte der Gastfreund, der den Sinn verstand. »Aber der Mensch kann und er soll auch dazu tun. Allerbester Herr Rathenow, es ist schlimme Zeit; aber es heißet auch: Schicket euch in die Zeit! Was wir tun *dürfen*, das stehet geschrieben, aber was wir tun *sollen*, das steht nicht alles verzeichnet. Es steht in jedes Mannes Brust geschrieben, und an ihm ist's, herauszulesen, was recht ist. Versteht mich, nicht sein Recht, das kennt jeder. Das Rechte, was sich schikket und gut ist, kennen wenige. Das Recht weist immer hinter uns, auf das was war. Es ist ein Land, darin wir waren, nun aber treten wir heraus. Das Rechte liegt vor uns, wie eine weite Gegend, in die unser Fuß zum ersten Male tritt, und wir wissen nicht die graden Wege, weil wir noch nicht drin gangen sind, wir müssen sie suchen. Wer da immer nur zurückdenkt an die Wege im vorigen Lande, verirrt leicht. Gott gab uns Augen, Sinne und Verstand, um zu prüfen und zu fühlen. Wir sollen uns zurechtfinden in dem neuen Lande. Und tritt nicht jeder von uns in solch neues Land? Ist nicht unser ganzes Leben solche Reise? Die alten Weisungen, die alten Satzungen reichen nicht aus, als wie des Vaters Rock nicht ausreicht für Kind und Kindeskind. Wir müssen uns schicken und lernen und fügen in das Neue. Hart ist's oft, wenn der Fuß schon müde ward, noch lernen müssen. Aber was wir lernen müssen, ist nicht immer das Schlimme. Herrgott, dann ginge ja die Welt zu Ende.«

»Und wer weiß das!« sprach Herr Johannes für sich, als sie aufstanden und schieden mit einem langen Händedruck. Ihre Augen lasen tief ineinander, aber sie sprachen kein Wort mehr.

»Und das Recht muß doch bleiben«, sagte Johannes, als er allein war. »Wer kann denn nichtgeschehen machen, was geschehen ist!«

Nachmalen hieß es in Berlin, sie hätten dem Markgrafen nur um deswillen seine Heimlichkeiten ausgeantwortet, weil keiner das viele Geschriebene lesen mochte.

Anderntages kam ein Brief von dem Baltzer Boytin an den Rat beider Städte, darin er ihnen offene Fehde ankündigte. Der lautete so:

»Wisset, Bürgermeister, Ratmannen, Viergewerke, Gilden und alle gemeine Bürger und Einwohner beider Städte Berlin und zu Kölln, alle die da mit Euch haben Bürgerschaft und Bauernschaft, Rauch und Brot und die Euch sind untertänig binnen und buten der genannten Städte beide, daß ich will Euer offenbarer, entsagter

Feind sein, Euer als auch aller Eurer Güter drinnen und draußen, ich und alle diejenigen, die sich werden geben in meinen Frieden und Krieg. Und will mich dessen mit allen meinen Mithelfern gegen und wider Euch alle Vorgenannte und gegen alle die Euren zu Ehren meiner Ehre und aller meiner Mithelfer ganz und gar bewahret haben. Gegeben zu Mildberg am Dienstag in den heiligen Ostern mit meinem aufgedrückten Insiegel.

Baltzer Boytin«

Achtes Kapitel

Kein guter Mann reitet gern durch eine Heide, wenn der Abend anbricht und Schneewolken am Himmel stehn. Das ist noch itzt so, wo vieles besser ist als ehedem. Denn an den Kreuzwegen stehen Pfähle mit hölzernen Armen dran, die weisen rechts und links, oft auch vorwärts und zurück; und kann man's auch nicht mehr lesen, was dransteht, man kann's doch denken. Aber in alten Zeiten da waren die Heiden anders, und zumal die in den Marken, nach der Ostsee zu und nach der Nordsee. Da konnte man meilenlang reiten und sah keinen Pfahl und keinen Menschen, und die Wege schnitten sich im Sande nicht anders, als wie die Karren gefahren und die Rosse ihre Hufen im Boden gelassen. Es suchte jeder sich seinen Weg, der ihm gefiel. Und kein Dorf und kein Haus und keine Heidewärterhütte; kein Rauch wirbelte auf, und kein Hund schlug an. Das war eine Einsamkeit, die kein Menschenherz liebt; auch hat's in den Marken wenig Einsiedler gegeben. Die, wenn sie auch die Menschen scheuen und ihre Stimme, wollten doch den Gott sprechen hören, der Himmel und Erde schuf, und seine Stimme tönt im Murmeln des Quells, der von den Steinen fällt, im Vogelgesang, die in den grünen Bäumen nisten, und im Rauschen der Laubwälder, was gar mächtig auf die Seele wirkt. Aber hier gab's keine Quellen und Felsen, und der Sturm, so er in die meilenlangen Kieferwälder sich wirft, das ist kein Rauschen wie Gottes Allmacht, auf dessen Fittichen, wo er zerstört, sein Segen fliegt. Das knarrt und stöhnt und ächzt und heult als wie der ewige Jammer, der in der Natur ist und nach Erlösung seufzt und sie nicht findet. Da ist kein Wechsel in den Stimmen, es ist das ewige Einerlei, und das Herz, das warm schlägt, fröstelt und sehnt sich hinaus.

Und so einsam es ist und still, es spricht doch laut ein Geist durch diese Wälder, wo die Stämme sonder Büsche in die Höhe starren, und über diese öden Felder, wo das Heidekraut in allerhand Farben blüht. Das ist der große Klagegeist der untergegangenen alten Geschlechter und Völker, die ehedem hier gehaust, und nun sind sie nicht mehr. Die Wälder schallten wider von ihrem Hörnerklang und lustigem Jagdgetön, die Flüsse und Seen vom Gesang der Fischer und Fischerinnen, der Rauch schlängelte sich von ihren gastlichen Hütten durch die Kieferwipfel, und jeder Fremde, der an ihre Schwelle trat, war willkommen. Da floß Milch und Honig und Met, und der Kaufmann zog befreundet und sicher durch ihre Gauen. Die sind nicht mehr; der eherne Fuß des Deutschen trat sie nieder. Ihre Götterbilder zerschmetterte seine Axt, ihre Wohnungen verbrannte er; er machte sie zu Sklaven oder scheuchte sie in die Sümpfe. Ihre laute Stimme verhallte; sie tönt nur noch wie das nächtlich schrillende Geheul der Eule. Und ihre Augen blinzeln scheu, sie schlagen sie nicht mehr auf, und ihre Väter, die große Helden waren, haben sie vergessen. Das ist der Klagegeist, der durch diese Heiden streift und das Herz bang macht. Der Sturm ist sein Gesang. Er fragt, wo die sind, die ehedem waren. Er zählt die runden Hügel auf den Höhen, und ihrer sind so viele, und unter jedem schlafen Geschlechter.

Da zumal sind die Heiden lang und öde und unfreundlich, wo die Marken an die Lausitz stoßen. Kaum benarbt mit dürrem Heidekraut ist auf lange Strecken der unfruchtbare Boden, und die Kiefern starren traurig in die Wolken. Hierhin folgte kaum der Zorn des Sachsen dem flüchtigen Wenden. Er ließ ihn sitzen in den Sumpfwäldern der Spree und auf den Sandflächen, wo nur der Buchweizen gedeiht. Es ist ein Land für Verstoßene, und lange noch ward hier wendisch gesprochen weit und breit, und noch itzt sitzt ein zerstreutes, vereinzeltes Völklein dort, hangend an den alten Sitten und der alten Sprache. Es singt selbst noch alte Lieder bei der Ernte und auf dem Leiterwagen, wenn sie mit bunten Bändern geschmückt zur Hochzeit ziehen und die Braut holen. Sie sind wieder froh worden, haben die alte Zeit vergessen.

Durch diese Heiden führte der alte Weg ins Sachsenland und nach Böhmen. Wer ihn zog, sah sich wohl vor. Der Herbergen gab es kaum eine, auch Schlösser und Grenzburgen wenige. Die Städte liegen weit voneinander und schirmen sich zwischen Sümpfen durch hohe Mauern, Türme und Gräben. Und wenn ein einzelner Wandersmann, ein Reiter allein des Weges zog, war ihm doch die Einsamkeit fast lieber, als wenn er im Busch das Laub rascheln hörte und fern vom Waldessaum ein Schatten ihm begegnete. Er kreuzte sich und spitzte die Ohren, und mit verhaltenem Atem schritt er vorsichtig zu. Wie schauten sich zween Wanderer, die sich begegneten, jeder den andern von fern an, ehe sie näher traten, und so sie mit'nander sprachen, wogen sie die Worte ab. Und war's geschehen und sie einander vorüber, dann nahm jeder wohl noch die Hacken in die Hand. Wer war sicher, ob der andere nicht hinter ihm kehrtmachte und hinterrücks ausführte, was er Stirn gegen Stirn nicht gewagt. Und die rohen Holzkreuze hie und da am Weg, wo einer erschlagen war, und fromme Leute hatten es ihm errichtet, gaben Grundes genug zu solcher Furcht. Da bleichte wohl gar im Dickicht ein weißes Gebein, und es waren keines Pferdes, keines Hundes und keines Wolfes Knochen. Oder sie hatten, wenn gute Leute einen Schnapphahn fingen und er gerichtet ward, an Ketten ein Glied von ihm am Baum aufgehängt. Auch Steinhaufen sah man dort. Wo ein Mann unter schlimmen Händen blutete, ist's jedes, der vorübergeht, fromme Pflicht, daß er ein Steinlein hinwirft; denn wer errichtet dem armen Wicht einen Leichenstein! So werden aus den Steinlein große Haufen, und der fromme Wandersmann betet ein Ave-Maria still für die Seele und weiß doch nicht, wem es gilt, ob es ein Feind ihm war, oder ein Freund.

Ach, schon zu Mittsommerszeiten, wenn der Himmel klar ist und die Mittagssonne niederbrennt auf die Kiefern und die Heidefelder, ist die Einsamkeit dort gar schaurig. Wenn sich so kein Lüftchen regt, und die Kiefern schwitzen Harzdüfte aus, die die Sinne befangen, und die Wespen und Bienen summen um die violetten Heideblüten. Und ringsum weit kein Ton als der Specht, der gegen die Stämme hämmert, und dein eigner Fußtritt, lieber Wandersmann, der auf den glatten Kiefernadeln glitscht; und der Sand ist so heiß, und du kommst nicht weiter. Dann wird dir recht bange in der märkischen Heide, und du horchst, wenn ein Lüftchen geht und die Kieferwipfel wiegt, wenn die ausgedörrten roten Stämme knarren und ein Eichhörnchen von Ast zu Ast raschelt. Dein Gaumen ist trocken, und du beißest in die Spitzen der frischen Kiefernadeln, die eine betäubende Würze haben. Es ist aber keine Erquickung. Und das Wasser, wenn dein Auge es wo sieht, bietet dir auch keine Labung. Rot, grün und gelb schillert es aus der Tiefe entgegen, von Schilf und Binsen umkränzt, und weiße Mummeln schwimmen auf dem tückischen Wasserspiegel, und darunter singen die Frösche einen unheimlichen Gesang. Es wird da alles unheimlich, aber das süße Märlein weilt hier nicht.

Und ist's schon so im Mittsommer, wie erst im Herbst, wie im Winter, wo das sparsame Laubholz sein grün Kleid abgeworfen und der Sturm die braunen Blätter über die Heiden fegt! Der klare, frische, frostige Wintertag, das ist freilich ein Weihnachtsfest, und auch die Heiden feiern es mit. Da strecken aus der weißen

Schneedecke die Kiefern ihre dunkelgrünen Arme und Häupter empor und schütteln sich in Hoheit. Aber es ist nicht immer Weihnachten im Winter. Das Himmelslicht ist mit düstern Schneewolken gedämpft, es rieselt kalt und naß herab, es droht unheimlich, und kalte Stürme reißen durch die Wolken und peitschen sie. Dann ist's in den Heiden schauerlich, und wen der Wind treibt und der Schnee ereilet – und er hat den Weg verloren und sucht nach einem Obdach, das er nicht weiß, und die Nacht kommt über ihn –, dem sei Gott barmherzig.

Solch ein Nachmittag war's, und der Abend kam heran. Da ritt ein Trupp Reisender in der Richtung von Sachsenland nach den Marken. Weiß dort kaum einer, wo die Grenze ist. Aber sie mochten schon drüber weg sein und auf brandenburgischem Boden, dahin sie gehörten. Das sah man ihnen an; aber auch dic Besorgnis auf ihren Gesichtern, daß die Nacht sie überrasche, denn sie waren nicht kundig des Weges, und bald schwenkten sie links, bald rechts. Wenn man's durch die Büsche von ihren Schwertern und Sporen rasseln hörte und dann bewaffnete Männer vorbrachen, sollte man nicht meinen, daß die Not gehabt, sich zu fürchten. Zu unsern Zeiten hätte solche Reisende keiner angefallen. Es waren vier Rosse, und einer, der offenbar ein Ritter war, mit einer geschlitzten Lederkappe und darauf ein Barett mit Federn, ritt immer voran durch die Büsche und schaute rechts und links, wo er ins Freie kam. Ein breiter, langer Degen klirrte ihm zur Linken, ein Dolch blitzte bisweilen unter dem Mantel an seiner Rechten vor, und ein Stahlhemd trug er über dem Lederwams. Seine Büffelstiefeln aber waren besser wie Schienen, und seine Schenkel waren halb darin geborgen. Auch war noch einer auf seinem Roß wohlbewehrt, es war ein Diener des andern, der hatte einen Helm auf dem Kopf und um die Brust einen Küraß, auch Schienen über die Schultern, und in der Hand trug er einen kurzen Spieß. Aber zur Linken führte er noch ein anderes Pferd, das war hoch und schwer bepackt, und Decken hingen darüber. Er mußte dafür sorgen und konnte nicht wie sein Herr überallhin Aug und Arm haben. Endlich auf einem vierten Pferd kam in Mäntel und Pelze dicht verhüllt ein Frauenzimmer; das mehrte nicht den Schutz, es wollte geschützt sein und schaute sich überall gar ängstlich um. Den Pferden sah man's an, daß sie müde waren, und alle waren überdem schwer bepackt. Kurz, es waren Reisende, denen man wohl ohne Angst begegnet, aber sie haben Angst und dazu Grundes genug, wo ihnen andere begegnen.

Nun waren sie aus dem Dickicht heraus, und eine weite, lange Fläche lag vor ihnen; alles Heidekraut, auf das der Wind hier den Schnee hoch zusammengetrieben, dort hatte er den Boden kahl gefegt. Nur Kniewuchs starrte hie und da auf. Die Waldränder in der Ferne verschwammen schon im Nebel.

»Vater, hörst du?« sprach itzt das Frauenzimmer, die an den Ritter heranritt, der still hielt. Und so belebt war ihr Blick, und so ängstlich die blauen Augen. Es war ein schön jung Fräulein, als man ihr ins Gesicht schaute. Wie sie in den Pelzen verhüllt saß, hätte man's nicht gemeint.

Der Vater hatte es gehört. Es heulte häßlich in der Niederung, und das Geheul kam näher, und dann hörte man wilde Sätze, und der Schnee stöberte auf, und es fuhr durch die Sträucher. Ihre Rosse schlugen aus und wieherten wie aus Angst, und die Reiter konnten's nicht hindern, daß sie die Köpfe zusammensteckten. Und bald darauf sprangen ein paar schwarze Körper aus dem Busch und schossen in einem weiten Halbkreis um die Reisenden. Es waren Wölfe, und ihr Geheul war schrecklich.

»Herr, sollen wir Lärm machen?« sprach der Knecht. »Das Rasseln mit Stahl vertragen die Biester nicht.«

Der Ritter schüttelte den Kopf, und über den Sattelknopf etwas übergebeugt, verfolgte er mit stieren Augen das Spiel der hungrigen Tiere. »Bis ohne Sorgen, Agnes«, sprach er dann, die tun's uns nicht. – Siehst du, sie haben selber Angst.«

Und die Tiere schossen wirklich in immer weitern Kreisen um sie, als erschreckte sie das Auge des Ritters, das allen ihren Bewegungen folgte; oder war's das Blinken des Stahls und die ruhige Haltung der Reiter, die da Miene machten, als warteten sie nur auf sie. Endlich schossen sie mit widerwärtigem Geheul in die Büsche, und das verlor sich in weiter Ferne.

»Die tun's uns nicht!« wiederholte der Ritter.

»Aber sie mögen wiederkehren«, sprach das Fräulein. »Laß doch den Dietrich Lärm machen.«

Der Ritter schüttelte wieder den Kopf. »Die Wölfe tun's nicht. Wenn wir nur die Nacht wo unterkommen. Aber 's gibt hierum schlimmere Wölfe. Die muß man nicht locken.«

Und so ritten sie wieder eine Weil; sie sprachen nicht, aber ruhig waren sie auch nicht, denn jeder hatte die Augen allerwärts und die Ohren gespitzt.

Der Ritter, ein gut märkisch Blut, das sah ihm jeder gleich an, kam mit seiner Tochter aus Sachsen, da in der Nähe um Dresden. Er hatte eine Erbschaft gehoben, und die brachte er mit sich auf dem Packpferd und in den Säcken, so über den andern Rossen hingen. Denn ließ sich das in jener Zeit nicht anders abtun; und wer nicht selbst kam und zugriff und mitnahm, was er greifen konnte, für den wären andere gekommen und hätten gegriffen und genommen; und fordere es dann von ihnen und verklage sie! Und er nahm, was sich packen und tragen ließ, und zog seiner Heimat zu, wo er es wohl brauchen konnte. Sein Haus war leer, und er hatte eine hübsche Tochter. Darum mag man's ihm nicht verdenken, daß er auf den Weg achthatte und auf jeden Busch, wenn auch nicht klopfte, doch Blicke schoß er drauf, ob kein Schnapphahn herauskäme. Die Wölfe kümmerten ihn wenig.

Und sie hielten noch oft an, immer da, wo sie aus einem Busch heraustraten; und wo sich was zeigte, was ihnen verdächtig vorkam, da ritt entweder der Ritter selber voran oder schickte den Knecht; und erst, wenn es nichts war, setzten sie den Weg fort. Denn das Dickicht, das böse Leute birgt, kann auch gute Leute verbergen vor den bösen. So ist jedwed Ding in der Welt zu Gutem und Bösem da; es kommt nur darauf an, wie man's nutzt.

Da fragte das Fräulein: »Aber, lieber Vater, der Zarnekow ist ja den Bredows freund.«

»War's«, antwortete der Alte.

»Du selber nahmst ihn eine Nacht auf, als er verfolgt ward.«

»Hm, hm! So was vergißt sich. Mein Vetter, der in Saarmund, hat ihm nachmalen manchen Streich verdorben.«

»Das war auf Geheiß des Markgrafen.«

»Jede Hand, die schlägt, tut weh.«

»Aber du hast ihm ja ein Stück Geld geschickt und vermelden lassen, daß du des Weges kämst.«

»Er ließ mir aber antworten, das wär verflucht wenig für solche Erbschaft!«

»Er hätte es aber nicht genommen.«

»Da hast du recht; er ist ein Edelmann. Aber Geleit hat er mir auch nicht geschickt, und wo ist er? Er hat viel Leute unter sich, aber nicht auf jeden seine Augen. Und ist viel Gesindel in diesen Strichen, das ihn nicht angeht und nicht auf ihn hört.«

»'s ist 'ne böse Welt. Wo kommen soviel schlechte Leute her?« sagte Agnes.

»Aus den Städten, Kind. Das sind die Nester, die brüten all Übel. Ihre schlechten Leute schicken sie raus, und« – brummte er – »ihre guten drinnen taugen den Teufel auch nichts.«

»Denen wird's nun eingegeben werden«, bemerkte der Knecht, dessen Bemerkungen sonst von dem Ritter nicht viel beachtet wurden; denn es schickt sich für keinen Knecht mitzureden, wenn die Herrschaften sprechen. Er gibt nur Antwort, so sie ihn fragen. Aber in einer Heide, und man ist verspätet, da wird es anders.

Wo die Wölfe heulen und die Nacht droht, rücken die Menschen aneinander. Klingt eines Knechtes Stimme, und wenn er auch noch so rauh spricht, süß und wohltönend.

»Das eben ist's«, sagte der Ritter, »sie schicken itzt nicht mehr raus ihre Schlechten, die Herren von Berlin und Kölln, sie locken sie an von allen Winden. Was Arme hat und kein Brot, möchte mitstreiten.«

»Bei meinem Heiligen, es gibt auch was zu verdienen da«, sagte der Knecht. »Was sitzen in dem Berlin für reiche Herren, ich sah's ja oft, und in Kölln sind sie noch reicher. Jedem Mann, der bei ihnen dient, zahlen sie, solang als die Fehde mit dem Baltzer währt –«

Der Ritter unterbrach ihn durch ein Zeichen, denn Agnes hatte schon eine Weile hingehorcht, und er hörte es auch.

»'s sind doch nur die Wölfe!«

»Die gehn uns auch nicht fort, Herr. Wer uns einmal roch, der bleibt. Wenn wir nicht durchs Wasser können oder eine Herberg finden über Nacht, haben wir sie auf den Hacken.«

Das war eine trostlose Aussicht. Das Fräulein sah nach den dichten grauen Wolken, die, von Abend über die Kiefern aufziehend, neuen Schnee drohten. Der Ritter schien sich drum wenig zu kümmern. Er sprach von den Raubgesellen. »Die schlagen tot und nehmen und sind fort, man weiß nicht wohin. Die sind schlimmer als die Wölfe.«

»Sie sagen ja, unser Markgraf ist so streng gegen die Räuber«, sprach Agnes.

»Unser!« sagte der Ritter und brummte in den Bart. Er dachte daran, daß es ehemals doch besser war. Aber was er dachte, sprach er nicht aus. Er dachte, daß ein Rittersmann keinen Rittersmann anfällt, außer er hab ihm denn vorher ordentlich abgesagt. Und ob der Wanderbursch und der Krämer, der mit vollen Wagen des Weges zieht, denn itzt besser dran sei als ehedem? Der Schnapphahn, der keinem Hauptmann gehorcht und keine Ehre hat,

nimmt ihm alles und schneidet ihm noch die Gurgel ab, daß er ihn nicht verrät. Ein guter Mann mit einem Schild, so am Wege lagerte, griff aber keinen armseligen Wanderer auf; und den Krämer, wenn er ihn nicht gar mit bloßem Geleitsgeld und einem Stück seiner Ladung davonließ, warf er nur in sein Verlies, daß er Lösegeld zahle. Und überdem, dachte Herr Gottfried Bredow schließlich, wenn er ihm nun auch eins auf den Kopf gab oder ihn binden ließ und in den Graben schmeißen, so war's doch immer eine Ehre für solchen Kerl, und er wußte, wer's getan. Wo kräht denn heut der Hahn danach, wenn solch eine namenloser Dieb und Gurgelschneider einem armen Wicht den Schädel einschlägt! Es ist getan und damit vorbei. Greif einer das Stäubchen, das im Winde fliegt. Ist eine heillose Zucht und Unsicherheit!

Das dachte der Ritter. Des Fräuleins Gedanken gingen nicht so weit, aber denken mußte sie auch vielerlei, denn auf dem lieblichen Gesichte war ein recht nachdenklicher Ernst gelagert, und das war nicht die Besorgnis allein. Der Knecht dachte gar nichts, aber er sprach desto mehr, und der Ritter litt es itzt. Es schien ihm sogar lieb.

Der Knecht hatte vor Jahren zum alten Berlin in Diensten gestanden bei dem Baltzer Boytin. Und er erzählte viel von den seltsamen Dingen, die dort vorgefallen, und was der Roßkamm von je an für ein Mann gewesen, dem man's nicht angesehen, was hinter ihm stecke. Es hätte ihm keiner getraut, aber er hätte es immer so zu fädeln gewußt bei Hohen und Niedern, daß sie nach seiner Pfeife getanzt. Viele hätten auch vorausgewußt, der wird der Stadt einmal arge Stänkerei bringen, und man hätte ihn sollen beizeiten fangen und richten. Schade nur, nämlich für die Stadt, daß sie's immer erst nachher gesagt, als es zu spät war.

»Da waren große Herren in der Stadt und stolze Bürgerssöhne, die machten ein sauer Gesicht, wo er nur kam, und drehten ihm den Rücken. Aber, das war seine

Pfiffigkeit, er verstand's, sie wieder umzukehren, und ehe sie sich's versahen, saß er ihnen am Ohr, und da flüsterte er und flüsterte er ihnen, bis sie gefangen waren wie der Vogel, dem der Finkler pfeift. Nachmalen konnte gar nichts geschehen, wo er nicht dahintersteckte, und so hat er's dahin gebracht, bis er Bürgermeister ward. Und hätt's ihm keiner früher angesehen, ein so gemeiner Mann war er.«

»Und endlich jagten sie ihn zum Tor naus«, warf der Ritter hin.

»Ist drum nicht schlimmer dran, gnädiger Herr! Könnt's mir glauben. Er hält drüben im Barnim Hof, als wär er ein Freiherr oder gar noch mehr. Hatte, als er in der Stadt war und sein Geschäft gut ging, auf die höchst ein Dutzend Knechte, und nun, fragt einmal nach, wie viele hinter ihm reiten und wie viele er liegen hat in den Ritterhöfen; auch in mancher kleinen Stadt. Da reitet er ein und aus, als wär er ihr Burggraf, und die Bürger sollten sich unterstehen, ihm das Tor zu schließen, als die Berliner getan dem Markgrafen! Nein, wo er Nachtquartier hält, da kommen sie vom Magistrat zu ihm und fragen ihn, was ihm fehlt und was er wünschen möchte. Es fehlte nur, daß die Bürgermeister ihm die Stiefeln ausziehen. Und Rosse, als er noch Roßkamm war, wenn's hochkam, hatte er fünfzig im Stall; das muß ich ja wissen. Itzo kommen die Roßkämme aus Mecklenburg und Holstein zu ihm, und er kauft ihnen stiegenweis ab. Er versteht es, was gut ist. Solche große Fehde bringt was ein. Die Leute sagen, der Markgraf steckt dahinter. Hinter dem Baltzer hat aber allezeit was gesteckt, und keiner riet was. Und wenn man seine Kisten ansah und Taschen, glaubte man, er werde nicht das Wochenlohn aufbringen, und kam der Zahltag, da lag's auf dem Brett, glänzend neu, wie's aus der Münze kam.«

Der Ritter antwortete nichts, er mochte aber manches denken. »Ja, ja«, fuhr der Knecht fort, »die ihm zulaufen, die Leute haben schon recht. Er zahlt ebensogut als die Berliner, und wer weiß, ob nicht noch besser. Dazumal, als sie ihn austrieben und er mit knapper Not über die Mauer kam, Herr du mein Gott, das Gesicht seh ich noch, wie er die Faust ihnen drohte und grinste. Sein Maul, das ging von einem Ohr zum andern, und mit den Zähnen war's, als wollt er sie alle auffressen. ›Ihr sollt mir's bezahlen‹, knirschte er, ›auf Heller und Pfennig.‹ Er hat sie auch schon gut bezahlen lassen; aufgefangen hat er ihnen und niedergebrannt, daß sie auf Kindeskind davon erzählen werden. Und noch hat ihn keiner erwischt. Im Barnim drüben ist er als ein Herr. Die von Bernow und Strausberg, die wohl zu den Berlinern hielten, wagen's nicht, er fackelt ihnen ums Gesicht.«

»Solch ein Roßkamm!« brummte der Ritter.

»Was aus einem Menschen werden kann, das sag ich ja auch«, fuhr der Knecht fort. »'s ist keinem an der Wiege gesungen. Sie hatten's von manchem dort in Berlin vorausgesagt, daß was Großes aus ihm werden würde; ja, ins Elend gingen viele, aber kamen nicht wieder. Da war ein Raschmachergesell, der hieß Henning Mollner. Mit seinem kleinen Finger konnt er eine Elle zerbrechen, und überall war er obenhinaus, und schreien konnte er, und war auch ein schmucker Bursch, dem's nicht an Anhang fehlte, und reich dazu; und die Weibsen schauten ihm nach. Da glaubte doch jeder, der wollte hoch hinaus, dem wär's gegeben. Ja, ins Elend ist er gangen, nachdem er das Spandower Tor mit dem Hammer aufschlug und den Markgrafen einließ, und weiß bis heut kein Kind, was aus ihm worden ist. Er fing's nicht recht an, das ist's eben. Wer's recht anfängt, dem gelingt's, und daher gelang's dem Baltzer, dem sonst keiner grün ist. Aber nun fragen sie sich: wenn's *dem* so gelang, warum *mir* nicht, wenn ich auch so anfange. 's ist nur, daß man nicht weiß, wie man's anfangen muß.«

»Also im Barnim ist der Roßkamm Herr?«

»Und im Lebusischen auch. Den reichen Schumms und den Wyns hat er neulich fünf Oderkähne genommen. Gott weiß, wie er riecht, wenn etwas ankommt. Nur im Teltow will's nicht gehn, weil hier der Köpkin

Zarnekow zu viel Anhang hat. Die beiden sind sich feind und können sich nicht aussöhnen, denn der Köpkin fing dem Baltzer vor Jahren einen Zug Pferde auf. Ist's aber nicht lustig, Herr, die beiden sind spinnefeind aufeinander, und sind doch beide ebenso feind den Berlinern. Ja, sitzen die von den Städten itzt so recht mittendrinnen, das zwickt sie links und zwackt sie rechts. Sie schreien und lamentieren, aber laß sie, sie sind reich genug.«

»Gönn's ihnen auch«, brummte der Ritter. »Und ist doch eine Schand, daß so was nicht bessern Leuten zugut kommt.«

»Verdienst, Herr, ist allerwegen gut«, fuhr der itzt dreister gewordene Knecht fort. »Es fällt einem jeden auf die eine Art etwas davon ab oder auf die andere. Und der beste Verdienst bleibt doch allzeit der Krieg. Da geht's rasch aus Hand in Hand. Mein Herr, der Baltzer nämlich damals, sprach zwar oft von, was sie Segnungen des Friedens nennen. Aber das ist doch nur für die Städte. Und nun spricht er anders. Er wird ein reicher Mann. Und glaubt mir's, die Edelleute im Barnim drüben verdienen auch dabei. Sie sind ganz zufrieden. Wie mancher Ochs, den er den Städten nahm, ackert jetzt auf ihren Feldern, und wie manches Schwein hängt in ihren Rauchfängen. Und sie haben's nicht teuer bezahlt. Wo ein guter Fang ist, ist auch ein guter Handel, denn wer kann im Krieg alles mitschleppen, was er fängt. Drum ist der Baltzer auf allen Höfen und Schlössern gern gesehen. Den Rittern bezahlt er, was er verzehrt, und mancher von ihnen schickt seine Leute mit, wenn's in die berlinischen Dörfer geht, ja, er reitet wohl selber auch, eine Sturmhaube über den Kopf und sein schlechtestes Büffelwams über dem Harnisch. Da wird denn rumort und gelacht und gezecht, wenn ein Streich gelang. Und im Grunde genommen, wer hat davon Schaden? – Wenn sie dem Bauer das Stroh überm Kopf anstecken, so kann er sich mal wärmen, und wenn sie ihn aus dem Bett jagen in die Felder, was ist's mehr! Weiß manchen, der dabei noch gewann. Er nahm auch 'nen Spieß und vergalt's andern dreimal, was ihm einmal geschehn. In den Städten allein da schwatzen sie von Frieden und halten ihn doch selber nicht. Da will immer einer kopfüber über den andern. Die Zünfte untereinander und die Geschlechter auch und beide zwischen sich. Der Friede macht *sie* reich und das *Land* arm. Der Krieg macht die *Städte* arm und das *Land* reich; darum, mein ich, ist Krieg besser als Frieden, und die Städte haben noch Speck genug, daß man's ihnen ausschneidet.«

Der Ritter Gottfried mochte wohl dasselbe denken, was der Knecht Dietrich sprach; aber man soll nicht vom Wolf sprechen, denn alsdann ist er nicht weit. Daran erinnerte ihn das Fräulein. Aber wovon das Herz voll ist, auch wenn man den Mund verschließen will, es läuft doch über die Zunge.

Die Reisenden gedachten der Kriegsgesellen, die sie in der Herberg zu Luckau getroffen; die wollten auch gen Berlin.

»Sie wußten noch nicht, ob sie zum Baltzer gehen sollten oder zu den gestrengen Herren«, sagte der Knecht. »Aber ich wette, unterwegs bedienen sie jeden Herrn, den sie treffen, als gut sie können. Sie schielten gar absonderlich auf unser Packpferd. Der eine wollte mir helfen; ich gab ihm aber eins mit dem Ellenbogen und sagte ihm, jeder ist sich selbst der Nächste. Ein Glück, daß die Kerle zu Fuß sind; sie hätten sonst nicht von der Spur gelassen.«

Die Erinnerung machte alle gar nachdenklich. Der Vater meinte, er hätte das Anerbieten des Ritters in Dobrilugk nicht ausschlagen sollen, der auch desselben Weges zog, aber er mußte sein Pferd erst kurieren lassen.

Das Fräulein schlug die Augen ängstlich auf und sprach fast bewegt: »Vater, wenn der ihnen nun in die Hände fällt. Wir hätten ihn nicht sollen allein lassen.«

Herr Gottfried lächelte fast auf. »Närrchen! Der sah mir auch danach aus.«

»Was Goldes und Silber hat er bei sich! Und Teppiche und Decken! Das reizt ja schlechte Leute.«

»Mag sein auch gute«, brummte der Vater. »Aber er hat vier Knechte bei sich und Gliedmaßen dazu, um es allein mit fünfen aufzunehmen. Ja, das wäre ein guter Reisekumpan.«

»Wir hätten warten sollen«, fiel Agnes schnell ein.

»Kann sein, kann sein auch nicht.«

Es folgte eine kurze Unterhaltung über den fremden Ritter. Schien's, als wenn beide an ihm lebhaften Anteil nähmen. Ein Ritter, des Rüstung von Silber starrte und seine Taschen voll Gold, und seine Rosse waren von der schönsten arabischen Zucht, der war in der Mark nichts, was der Alltag bringt. Aber er kam auch aus dem Türkenkrieg und hatte manche Narbe an seiner Stirn, dafür aber auch Roßschweife und Halbmonde und güldne Ketten, und eine Pantherhaut hing um seinen Harnisch. Und sein von der morgenländischen Sonne gebräunt Gesicht schaute so drein, daß man ihm glauben mochte, was jeweilen er und noch mehr seine Leute von seinen Taten gesprochen hatten gegen die Türkenhunde, die Gott verdamme. Und ein schön blau Aug glänzte aus seinem braunen Gesicht, darin stimmten beide, und ihn sprechen hören war desgleichen eine Lust gewesen; denn so ernst er vor sich hinschaute, blitzte es und sprudelte doch bisweilen gar lustig auf, und er wußte gar herrliche Schwänke. Kurz, wie es kein Mann gewesen, dem man all Tag begegnet auf dem Wege von Dresden nach Nauen, so hätten auch beide sich sein nicht grad erinnert auf einem Ritt durch die Heide voller Fährlichkeiten, wenn ihr Kopf nicht von ihm voll steckte. Der Herr Bredow hätte es auch wohl abgewartet, bis sein Pferd gesundet. Aber er tat's nicht darum, weil der Ritter beim Gespräch hinterm Berge hielt, wenn er ihn fragte, was er in der Mark wolle. Und er hatte ein gar schlau Gesicht dazu gemacht. Agnes die verteidigte das. Aber da der fremde Ritter beim Burggrafen Albrecht, dem Achilles, in Franken am Hof gewesen, von dem er viel sprach und Rühmens machte, so schloß Herr Gottfried, daß er von ihm abgesandt sei an den Kurfürsten, wie es denn an fränkischen Herren an dessen Hof nicht fehlte. Und er hielt sie sehr vom Übel. Mochte auch den Kurfürsten, Herrn Friedrich selber, nicht über die Maßen lieben. Denn vordem, daß sein Vater, Friedrich I., ins Land kam, waren die Bredows reich, und wie's nun in ihren Schlössern aussah, das wußte jeder. Itzt aber hätte er's wohl gern gesehen, wenn der stattliche Ritter neben ihm geritten wäre.

»Bei alledem, gestrenger Herr«, hub der redselige Knecht wieder an, »das hatte keine Richtigkeit mit dem Ritter.«

»Was?« rief der Herr, und Agnes riß die Augen groß auf.

»Das ist recht gut, wer weiß wozu, daß wir mit dem nicht eines Weges reiten.«

»Kann sein, kann nicht sein, Dietrich; aber warum denn nicht?«

»Es hinkt, Herr, und wo es hinkt, da stinkt's auch.«

»Sein Roß hinkte.«

»Nein, *er* hinkte auch. Laß mir's nicht nehmen.«

»Herr Gott, Dietrich, was redst du!« fuhr das Fräulein dazwischen. »Er schritt so aufrecht wie ein Herzog.«

»Schon gut, Fräulein. Es stinkt und hinkt aber doch, ich kenne meine Leute.«

»Esel!« fuhr's dem Bredow von den Lippen. »Solchen Silberharnisch haben die Grafen von Ruppin nicht in ihrer Rüstkammer. Alle Itzenplitze und die Wedels drüben treiben in ihren Ställen nicht zwei Rosse auf so wie seine alle.«

»Schon gut, Herr. Gegen den Harnisch sag ich auch nichts und gegen die Rosse auch nicht. Aber wo hat er sie her? Die können ehegestern noch einem guten Mann gehört haben. Wer weiß, wo dem seine Knochen liegen! Alte Weiber legen hinter der Hecke ihre Kleider ab, ein Schnapphahn zieht sich neue an. Und das ist richtig, sie stehen ihm ganz gut. Ich kenne aber meine Leute.«

Vater und Tochter sahen ihn gewaltig erstaunt an.

»Blitzelement, Dieter, das ist nicht wahr. Wenn das kein Ritter war –«

»Das ist ein schlechter Knecht, der das sagt«, fuhr das Fräulein auf, und fast forderte ihr erzürnter Blick den Vater auf, daß er den Knecht dafür strafe.

»Nu, nu, Frölen, es kann ja schon ein Ritter sein. Aber was für einer!«

»Ein Mühlrad hatte er im Schild und drüber einen Hahn«, sagte der Ritter. »Kenn's nicht, aber 's ist gut.«

»Gut immerhin, aber von seinen Knechten die drei mit den geschlitzten Augen, was waren das für Kerle! Deutsch sprechen sie nicht, polnisch auch nicht, und Kassuben waren es auch nicht. Rechte Schlagetots. Und was gilt's, die Gesellen in Luckau, die gehörten auch zu seiner Bande.«

»Bande!« riefen Vater und Tochter.

»Höre mal, Dietrich«, hub der alte Bredow an. »Das nimm dir nicht an, daß du über gute Leute schlecht redest.«

»Nu, mag's sein, Herr, daß es ein guter Mann war. Aber mein Seel drauf, er hat's nicht von sich, was er hat. War's ein Edelmann, so hat er's einem andern an der Straße abgenommen.«

»Nu, siehst du, das ist doch gleich was anders. Nimm dein Maul zusammen, wenn du sprichst. So ein Edelmann Knechte hat, die er an der Landstraße liegen läßt, so heißt man das nit Bande. Verstehst du? Der Zarnekow, ich will nicht alles loben, was er tut, aber er ist ein Ritter, also hat's Art, was er tut. Und ein Ritter greift keinen Ritter an, außer er hat's ihm geschrieben.«

Wer drängt Gedanken zurück, wenn sie einmal kommen. Und wer, wenn er Lust hat am Sprechen und einmal angefangen, hört gern auf, wenn ihm der Gedanke durch den Kopf schießt. Also hub der Knecht wieder an nach einer Weile, ob er doch wußte, daß es seiner Herrschaft nicht recht war.

»Und, meinen kleinen Finger drum, es war doch nicht richtig. Er war kein Ritter.«

»Dieter, du verdientest, daß er dir seine goldnen Sporen in die Weichen setzte.«

»Schon gut, gestrenger Herr! Das kann auch ein anderer. Aber ich müßte mich sehr irren, oder ich habe schon das Gesicht gesehen.«

»Wo?«

»Im alten Berlin war er schon. Das hörte man ja, er wußte aus und ein und lachte ganz absonderlich, wenn die Rede kam auf den und jenen. Und was tat er für Fragen!«

Vater und Tochter horchten schweigend. Was der Knecht sagte, hatte Grund.

»Nun, lieber Gott, 's war mancher gute Ritter in Berlin!« seufzte Herr Gottfried. Er hatte selber den silbernen Brautschmuck seiner Mutter dort vor Jahren an den Mann gebracht.

»Weiß der Himmel, Gestrenger, kann nicht darauf kommen, wo und wie; aber gesehen hab ich ihn! Die Ritter, die dahin kamen, kenn ich alle, denn da war auch nicht einer, mit dem nicht mein Herr, der Roßkamm, verkehrte. Auch von den Stellmeisern, von den heimlichen, die sich noch rumtreiben, kam mancher zu ihm und besah sich ein Pferd. Und – ja, so ist's – beim Baltzer sah ich ihn. Der ist nicht weit her. Könnt's mir glauben.«

Ein »Donnerwetter!«, mit noch einem kräftigen Fluche drangehängt, rollte über des Ritters Lippen, als itzt etwas ganz anderes ihre Sorge in Anspruch nahm. Noch war der Abend nicht so vorgerückt, um die Dunkelheit zu rechtfertigen, die sie umgab. Sie ritten eben wieder aus dem Dickicht, und es ward so finster über ihnen, als es im Walde gewesen, wo sie die Wolken nicht gesehen, die sich über den Horizont dicht geschichtet. Der Wind, der vorhin ihr Gespräch nicht grad anmutig begleitet, hörte auf; dafür hörte man aber das andere häßlichere Heulen der Bestien, die, als der Knecht richtig gesagt, nicht von der Spur ließen und den Reisenden wieder näher waren.

»Ach, wie es schneit!« rief Agnes.

»Mordelement, Dieter, mit deinem Geschwätz! Hast uns irrgeführt.«

Der Knecht gaffte mit offenem Maule den Schnee an, der in dichten Flocken aus den Wolken niederwirbelte. Es war mit seinem Rat und seinen Gedanken aus.

»Hund! Wo ist der Weg?«

Sie suchten. Vergebens. Alle Spur war fort; alles eine dichte weiße Decke, die jeden Augenblick höher wurde. Sie selber, die Reiter, und ihre Pferde sahen bald wie ungeschlachte große Steinbilder aus.

»Itzt kann er 's Maul halten. Nun rede, Kerl. Was meinst du?«

»Ich meine nichts.«

»Du sollst was meinen.«

»Nun, ich meine, Gestrenger, wenn uns itzt Schnapphähne auf der Spur sind, die werden sie verlieren.«

»Kreuzlahm schlag ich dich, wenn du noch ein Wort muckst!« sagte nun der Ritter. Und da mußte der Knecht wohl schweigen.

Herr Bredow pustete vor sich und riß die Augen auf, aber er konnte nichts entdecken, was ihm den Weg zeigte.

»Heilige Jungfrau! sie kommen immer näher«, flüsterte Agnes, die ihrem Vater zur Seite blieb.

Er brauchte nicht zu fragen: wer? Sie alle hörten's nur zu deutlich, und die Rosse schwitzten und wieherten vor Angst. Nicht ein paar war es mehr, ein ganzes Rudel stürzte hinter ihnen. Man hörte sie in den Schnee plumpen und wieder heraussetzen. Ihr Geheul war gräßlich.

»Die sind hungrig«, brummte der Knecht.

»Was denkst du, Dieter?« fragte der Ritter.

»Ich denke nichts, Gestrenger.«

»Du sollst aber. Wozu futtre dich ich und zahl dir alle Woche den Lohn, Hund von 'nem Knechte.«

»Dann dachte ich so, Gestrenger: wär nur das Fräulein

nicht, und wir fänden vor Nacht kein Dach, da könnten wir schon ein Feuer anschüren und mit den Tieren unter 'nem Baum –«

»Gnädiger Gott!« rief es – »Sankt Christoph!« schrie der Ritter, und der Knecht gab seitwärts seinem Pferde die Sporen. Das Tier des Fräuleins war unfern von dem des Ritters eingesunken, und man hörte eine Eisdecke krachen. Der Ritter konnte nicht zu Hülfe, denn sein Pferd, nicht zwei Schritt davon, wollte sich nicht um einen halben umbiegen; es dröhnte hohl unter seinen Hufen, wie als wär er auf einer Brücke. Da rief er plötzlich, zum großen Erstaunen des Fräuleins: »Gott sei gelobt!« Und der Knecht wunderte sich schier noch mehr. Nun war der Herr, der über uns allen ist, auch wohl hier wie überall zu loben und zu preisen, denn das kluge Tier, worauf das Fräulein ritt, war augenblicks still gestanden, als es den unsichern Boden merkte, und nun, wie es auch zitterte vor Frost und dem Geheul hinten, es schritt langsam zurück. Da faßte es der Knecht beim Zügel und riß es ganz zurück. Es war ein tiefer Graben, als man nun erkannte, ganz überschneit. Und die Brücke, auf die Herr Gottfried zu geraten, führte hinüber. Er aber rief »Gott sei gelobt!« nicht darum, daß seine Tochter gerettet war, wie ihn das auch freute, sondern um deshalb, weil er nun die Gegend kannte, grade an der Brücke und dem Graben, in dem das Fräulein beinahe verunglückt war.

»Nun pfeif und raßle, was du kannst«, sprach er zum Knechte, daß wir die Bestien abhalten. Eine Viertelstunde von hier liegt Kikhövel.«

Eigentlich hätte er sagen sollen: es hat da gelegen. Denn es war eine Burg, so einem Lehnsmann der Quitzows zugehört, und war sie im Kriege vor dreißig Jahren zerstört und die Hütten umher verbrannt, und das Feld war wüst geblieben. Und keiner hatte sie wieder aufgebaut; aber er hoffte doch da in den Trümmern ein Unterkommen zu finden vorm Ärgsten und eine Decke vor dem Schnee und den Stürmen der Nacht. Und darin hatte er sich nicht getäuscht; und es gab ihnen allen Mut, wie erfroren sie auch waren und hungrig und in Angst und Sorge.

Neuntes Kapitel

Um eine Stunde früher oder zwei, als wir die Reisenden an der Brücke ließen, hätte man das ehemalige Schloß, von dem der Herr von Bredow sprach, noch in der Ferne sehen können. Mindestens den einen runden Wartturm, den die Kugeln aus der Donnerbüchse des Markgrafen nur angerüttelt hatten. Noch ragte er schlank in die Lüfte, und nur sein Dach war zerschossen und von den Zinnen und übergekragten Steinen einiges losgebrochen. Solch ein Turm ist zähe; wenn er fest und tief in der Erde wurzelt, hält er was aus; der Sturm wiegt ihn, und er schwankt, aber er bricht nicht.

Einige dreißig Jahre früher sah er freilich anders aus; da ragte er wie ein schlanker hoher Schornstein über die Schloßdächer, die Mauern und kleinern Türmchen hinaus, und es ging bisweilen munter drin zu; aber draußen war's ein Schrecken. Wer nicht vorbei mußte, der nahm gern einen Umweg. Nun hatten Kugeln und Feuer gewirtschaftet, und was sie übergelassen, da hatte Regen und Schnee und Stürme gearbeitet und mehr als die der Frühling. Der weckt Gräser und Blumen, Nesseln und Disteln. Gar lieblich anzuschauen ist's, wenn der Mai ein zerstört Gebäude mit grüner bunter Lebenslust überhaucht. Er ist aber ein geheimer böser Feind. Die Wurzeln treibt er in die Fugen, und das Moos und der Rasen, die so sanft die Mauern überziehen, schlürfen den Regen auf und bergen die Feuchtigkeit gegen die Sonnenstrahlen. Wurzeln und Naß bohren und bohren tiefer, und was eine schwere Eisenkugel nicht vermochte, das tut die Wurzel einer Haselstaude: sie bricht eine Felsenmauer.

Im Winterkleide sah die Ruine gar trostlos aus. Zwar hing ein Tangerbusch über dem zerstörten Tore, ein Zeichen, daß hier Einkehr war; auch eine Art Schild. Auf einem alten Brette war mit Kreide eine Figur gemalt, die einen Kärrner vorstellen sollte. Geschrieben stand's nicht drunter. Wenn's auch einer zu schreiben, es hätte es doch keiner zu lesen gewußt. Und auch eine Rauchsäule wirbelte aus dem Schutte auf. Die Ruine war also bewohnt, und eine Herberge nannte sie der Bewohner. Ja, eine traurige Herberg. Wenn ein Maler aus Niederland eine Schenke konterfeien mögen, wo man nicht weiß, ob der freie Himmel besser ist oder die Einkehr, der hätte hier zeichnen sollen.

Auf einem Berge lag nicht die Burg Kikhövel; solche Schlösser hatten wir nicht in den Marken. Aber fest genug war ihre Lage doch für die Zeiten. Denn die Herren, die es gebaut, Gott weiß wer die waren, hatten sich einen trocknen Fleck im Sumpf gesucht, etliche zehn, zwölf Fuß über dem Wasser, und das gab schon eine hübsche Höhe. Da hatten sie Mauern aufgeführt, noch ein zwölf Fuß hoch und darüber, von ungeheuren Feldsteinen und fünf, sechs Ellen dick. In jenen Zeiten gab's noch viel solcher Steine in den Marken, als schon gesagt ist, aber tausend arme Wenden konnten sich krumm tragen und ihre Ochsen wundpeitschen, daß sie die Steine, die zu der Mauer nötig waren, nur heranschleppten. Mucksen hätte keiner dürfen; und der Ritter, der's befahl, lachte wohl noch und hätte in unserer Sprache gesagt, er sei ein Wohltäter der Umgegend, denn er verbessere den Acker. Was der Ritter sagte, das mußten sie glauben. Auch hätten die alten Herren wohl noch höher die Mauern gebaut, so schwer es hält, solche Granitblöcke hinaufzuwinden; aber die Maurer schüttelten den Kopf. Denn wie fest auch der alte Mörtel ist, die Steine sind doch rund, und wenn man in den Himmel bauen will mit runden Steinen, so drückt das zu schwer, die Unterlage weicht, und es rollt am Ende das ganze Werk zusammen. Um deshalb hatte der Zimmerer fortgesetzt, was der Maurer gelassen. Aber von dessen Werk war nichts zu sehen. Die Obermauern von Fachwerk und

Mauerstein und Lehm waren verbrannt und niedergerissen. Und von den Feldsteinen fingen sie auch schon an fortzukarren; die in der Nähe bauten, brauchten sie gut. So ging in den Marken viel verloren von dem, was im Altertum war. Die da lebten, wollten auch Häuser haben, und die Lebenden haben immer recht gegen die Toten. Es geht einmal nicht anders in der Welt. Und dann dachten sie auch: was sind denn Feldsteine? Die gehören jedermann. Die Vorväter haben sie genommen, just als wie sie sie auf dem Felde fanden, und nichts daran getan, als sie legten einen neben dem andern und häuften einen über zwei andere. Und da hatten sie wieder recht, sie fortzunehmen, gleich als wie jene sie genommen. Und sie behauten sie zu Schwellen und Ecksteinen und meißelten auch wohl Sitze daraus vor den Türen; und die Rechtskundigen sind der Meinung, diese fleißigen Leute erst hätten an den Steinen ein Recht erworben und wären ihre rechtmäßigen Eigentümer worden dadurch, daß sie daraus etwas geschaffen; die Ritter aber wären's nicht gewesen, die sie roh ließen, als sie von Natur waren.

Wie dem nun auch sei, was von gebrannten Steinen aufgeführt war, als der Torbogen und etliche Pfeiler und der Wartturm, die standen noch immer, als wie sie nach dem Brande gestanden. Die riß keiner ab, die karrte keiner fort. War's, daß man Scheu hatte vor so kunstvollem Menschenwerk und man wollte nicht zerstören, was keiner wieder bauen konnte so stark und schmuck; oder war's zu fest, und sie konnten die Steine vom Mörtel nicht losbrechen, ohne daß die Steine entzweigingen? Denn unsere Vorväter haben gemauert, als wir nicht mehr mauern können. Ist's, als wenn Wind und Wetter dem Mörtel nichts tut.

Der Burg Stärke aber war, mehr noch als Mauern und Turm, ihre Lage. Denn ringsum war Moor und Sumpf, und der trockne Weg ging im Zickzack hindurch. Wer ihn nicht kannte, geriet übel. Und ein Fließ, das des Moores Wasser aufnahm und weiterführte, war um die

Mauern geleitet. Sonst führte eine Zugbrücke hinüber, itzt war der Graben da verschüttet, und man konnte über einen Damm ans Tor. Und doch schaute es noch immer finster aus und drohend. War's keine Festung mehr, so konnte es ein gut Raubnest sein. Die abgestorbenen Bäumchen, die auf der Mauer nisteten, schüttelten sich im Winde, als wollten sie den Wanderer zurückscheuchen, und der Schnee lag traurig auf den Mauern und auf den paar verbrannten Sparren, die noch auf den Dächern hielten, bis Sturm und Regen sie herunterwerfe. Die Menschen hatten's bequemer, das Holz aus dem Wald holen als mit der Axt auf die bröcklige Mauer steigen. Sah's aber mehr wie ein großes Nest der Krähen als der Menschen aus; denn die saßen schwarz auf den Sparren und Balken und wo eine Spitze vorragte, als hätten sie die Ritter abgelöst, und schauten auf Beute aus.

Da schritt ein kleiner Mann in einem Schafpelz, und solche Mütze hatte er auch auf dem Kopfe, um die Stunde nach dem Tor zu, wo die Hellung nachläßt und der Abend einbricht im Winter. Auf dem Rücken trug er eine Last Holz und in der Hand ein Beil. Und plötzlich hoben die Krähen einen häßlichen Gesang an. Er richtete sich auf und schaute nach den Tieren zuerst und dann um sich. Die Krähen schrien nur immer lauter und flatterten um den Turm, daß einem andern wäre bange worden. Er aber schaute gen Abend, und da er die dichten Wolken über die Kiefern aufsteigen sah, grinste sein klein häßlich Gesicht, und er schüttelte den Kopf. Alsdann hastete er ins Tor und in den Hof. Da sah es nun noch wüster aus als draußen, ob doch jeder auf den ersten Blick erkennen mochte, daß das Nest bewohnt war. Denn Haufen Unrates und Mist lagen neben den Schutthaufen, und Hunde und Schweine liefen um, Katzen auch. Die Schweine kehrten sich nicht um den Mann; aber die Hunde klafften ihn freudig an und wollten ihm gar auf die Schulter springen. Er stieß sie aber mit einem Fluch zurück. Und wo noch der Hauptstock vom alten Schlosse stand, und es mochte wohl der Rittersaal gewesen sein, da mußte ein Stall itzt sein, denn es blökte und wieherte draus, und die Jauche lief aus den Mauern und wieder über die Schwellen dahin zurück, wo manch junges Fräulein und manch junger Ritter auf den Dielen mochten zierlich getanzt haben. Es hat alles seine Zeit. Aber im Winkel da an Turm und Mauer – vielleicht ehedem der Stall – war itzt die Wohnung, mit Reisig und Schilf schlecht gedeckt, der Schnee aber deckte wärmer, denn er lag schuhhoch drauf, und doch schmolz er vom Rauch, der lustig an der Hinterwand draus vorwirbelte. Der Wirt, denn das war er, lugte durch das Fensterloch, und dann, seine Holzlast mit Gepolter abwerfend, rief er hinein:

»Jire, die müssen fort!« Das rief er wendisch, und sein Weib antwortete ihm auch so, dann aber erklärte sie's auf plattdeutsch den Leuten, die in der Stube waren, wenn man den Ort so nennen mochte. Denn sah's noch immer mit dem schrägen Dache, aus dem das Stroh vorsteckte und durch das die Nässe träufelte, mehr wie ein Viehstall aus denn wie eine Stube. Ein Schwein war auch drinnen; das wühlte im Boden und schnüffelte umher, und bald rannte es die nackten Kinder fast um, bald mußte es die Mutter mit dem Kochlöffel fortjagen. Das Beste war noch der große niedrige Herd am Ende des wüsten Raumes, wo ein mächtiges Feuer in den Rauchfang prasselte und viele Schinken und Würste räucherten. Aber der Rauch kam ebensooft wieder zurück, als er hinaufstieg, und dann wär's nicht zum Aushalten gewesen, wenn die Leute damals schon gehustet hätten.

Zwei Fremde waren drinnen, augenscheinlich Krämer, die saßen auf ihren Säcken und löffelten einen heißen Brei aus einer Schüssel, die auf einem Fasse stand. Und denen galt der Ruf des Wirtes, den ihnen die Frau auslegte; und sie waren sehr verwundert, daß sie fort sollten, da sie doch hier bleiben wollten über Nacht und ihre Tiere müde waren.

»Wir wollen ausschlafen und dann fort«, sagte der eine.

»Dürft nicht«, entgegnete sie, »müßt gleich fort.«

»Sankt Christoph!« rief der Krämer, »du wendisch Weib, haben wir dir darum die bunten Bänder geschenkt und die Schleifen? Ist bei dem Volke doch keine Dankbarkeit.«

Das Weib, das nur wenig Deutsch sprach, verstand sie doch, und sah sie mit einem bedeutungsvollen Blicke an. »Darum ja, fort müßt ihr.«

Und sie hielt ihnen die Bänder hin, recht traurig, als es schien, daß sie die wieder fortgeben sollte.

»Dreck in die Bänder!« rief der Krämer. »Warum müssen wir fort?«

»Die Krähen schreien«, sagte das Weib.

»Schwerenot, was tun die Krähen uns?«

»Viel Schnee gibt's; viel, viel.«

»Heidenweib! Ins Schneestöbern uns rausjagen!«

»Warum denn?« rief der andere.

Sie schüttelte den Kopf und schaute seltsam drein. Da schlug ihr Mann die Tür auf, und zu ihrer Verwunderung sahen die Krämer ihn schon da stehen mit ihren Pferden, und er hatte sie gesattelt. »Fix fort müßt ihr! Mein Bub soll euch Weg zeigen.«

»Hund von 'nem Wenden, wir bezahlen dir 's Nachtlager.«

Der Wende grinste, schüttelte den Kopf und kreuzte sich. »Müßt fort, liebe Herren. Schneit zu sehr. Schnee treibt alles Wild aus dem Wald. Kommt alles her; will sich wärmen. Frißt eures auf« – dabei blickte er auf ihre Kisten und Säcke –, »fort, fort, euch zulieb.«

So sie's auch nur halb verstanden, halfen sie ihm doch hastig ihre Sachen auf die Pferde laden und befestigen. Sie mußten vor einer Gefahr fliehen, das sahen sie ein. Nur gedachte der eine, daß in der Nacht und im Walde auch Gefahr sei und die Wölfe heulten.

Der Wende gab seinem Buben Anweisung, wie er sie aufs kürzeste auf den Weg nach dem nächsten Orte führe; das Weib flüsterte dem einen einen Spruch zu, mit dem er sich die Wölfe vom Leibe abhalte. So mußten die armen Krämer fluchend von der Stätte abziehen, wo sie kaum ein warm Nachtlager gefunden.

»Arm Volk!« sprach das Weib, ihnen nachschauend. Der Wende pfiff zwischen den Zähnen und rieb sich die Hände. Er hieß sie dann die Bierfässer aus dem Keller rollen und die Metkrüge vorholen. Denn es werde nicht lange dauern, so würde es aus den Wäldern brechen: »Bei dem Schnee bleibt keiner drinnen.«

Zween oder drei Stunden drauf sah es in der Stube oder Küche gar anders aus. Da prasselte auf dem Herde ein ungeheures Feuer, und Kessel hingen darüber, und Töpfe standen dran, und die Frau fuhr mit dem Löffel aus dem einen in den andern. Und ihre Kinder, die kaum aufgewachsen, mußten ihr zur Hand, die Gäste zu bedienen; soviel waren ihrer eingekehrt. Da hätte auch das Schwein nicht mehr Platz gehabt. Aber sie hatten es geschlachtet, und nun drehte es sich an einem Spieß über dem Feuer. Jeder hatte sonst Platz gefunden, wo er ihn fand, auf Fässern, Bündeln, Steinen, und es hätte mögen recht warm sein, und wie man's im Winter nur wünschen kann, wenn nicht der Schnee auf dem Dache von dem Feuer nun noch mehr geschmolzen wäre, und er tröpfelte wie ein Regen durch die Decke, auf die Köpfe und in die hölzernen Becher, aus denen sie Bier tranken. Aber was schiert das solche Leute! Im Wald regnet's noch stärker, und denen sah man's an, daß der Wald ihr Quartier war.

Wer mag die Gesichter konterfeien! Es hat dazumalen in der Mark keine Maler gegeben, also wie sollen wir's tun! Wandte man das Gesicht entsetzt von dem einen ab zum andern, so kehrte man doch wieder zum ersten zurück; denn der zweite sah noch schrecklicher aus. Und wenn man ein Grauen fühlte vor den wilden Gesichtern der Männer, mit ihren Bärten und Schmarren, und nach den Weibern sich umsah, du lieber Gott, da meinte man wieder, die Männer wären noch gut und freundlich. Das waren Wämser und Pelze, das Rauche nach außen gekehrt, und daran starrte der Kot, darin sie gelegen, und ihre Haare von Blute zusammenklebend, es war kein Kamm daran kommen als wie an die Haut kein Wasser. Breite lange Messer steckten an ihrer Seite, und der eine hatte einen Küraß, der andere einen Helm auf, und an den Seiten lehnten Spieße, lange und kurze, und in die Sparren hatten sie ihre Äxte gesteckt und Morgensterne, daran auch noch das Blut rostete.

Wie sie das halbrohe Fleisch mit den Fäusten rissen und sich einander darum rissen, da wäre einem feinen Manne als dem Herrn Perwenitz die Eßlust ganz vergangen. Und ein Gelächter war es, davon die Hunde draußen erschraken, so herzbrechend klang es, und ein Lärm, daß man meinte, die Decke müsse einbrechen.

Jeder konnte da zuhören, was sie sich vertrauten. Und wovor uns die Haut schaudert, das weckte Gelächter. Und alle Augenblicke gab es Streit, und wiesen sich die Fäuste, wo sie nicht gar die Messer zogen. Der Wirt hatte nicht dreinzureden; er mußte sich krümmen und winden zwischen ihnen und bekam doch noch Stöße mit dem Ellenbogen.

Da lag einer auf der Erde, wahrhaftig, man sah ihm kaum den Menschen an, der hielt ihm das Bein hin, daß er ihm den Stiefel auszöge, und als er's tat, fuhr er rücklings an die andern. Die stießen ihn zurück wieder auf andere, und es gab eine Lust, wie sie den Wenden prellten und er mußte für alles danken.

»Du!« schrie der Rotbart am Boden, »wenn wir so mit den Berliner Dickbäuchen wirtschaften werden!«

»Glaub's nit!« sagte der Angeredete, ein blasses Gesicht, und das schwarze struppige Haar fiel ihm auf die magern Backen; aber seine dunkeln Augen rollten so wild als der andern ihre, und wenn du ihm allein im Walde begegnet, dich hätte mehr gegraut als vor dem feisten Rotbart, der auf der Erde lag.

»Schneiderseele! 's ist wahr«, schrie der. »Sie haben geschrieben an den Köpkin. Donnerwetter, wir in Berlin!«

»Krause, 's ist nicht wahr«, rief der ehemalige Schneider. »Die stolzen Herren kenn ich. Daß sie der Teufel alle hole! Mir brennt noch ihr Eisen um die Ohren, und will's ihnen gedenken! Aber den Köpkin rufen sie nicht. Lieber den Gottseibeiuns!«

»Schneiderbock! sie rufen ihn, sag ich dir. 's ist aus mit ihrem Stolz. Juchhei!«

»Es wäre gut«, rief ein dritter. »Gibt so hier nicht mehr viel Verdienst.«

»Alle Heiligen, wir wollen ihnen beistehen!« schrie ein vierter. »So ein vier, fünf in jedes Haus gelegt, da sollen ihre Keller herhalten, ihre Truhen und ihre Weibsen. Sollen an Köpkin Zarnekow denken und seine Gesellen, bis sie in die Hölle fahren. Solchen Köllner Dickwanst kitzeln, bis er alles Geld spuckt, Schneiderbock, fährt's dir nicht in die Gedärme vor Grimm?«

Auf fuhr der Schneider allerdings. Er warf den Becher weg, und sein Auge blitzte. »Ich sag euch, ich kenne die von Berlin und Kölln. Die Pestilenz über sie! Da ist kein Galgen zu hoch, ich gönn ihnen. Meinen Spieß, ich möcht ihn den Dickwansten einem um den andern durch den Bauch rennen und wollte mich borstig lachen, wenn sie sich krümmen. Haben auch gelacht, als mich der Büttel kneipte. Aber pfiffig sind sie und haben gute Witterung. Werden sich hüten und den Wolf in den Schafstall lassen.«

»Da müßt es ihnen schlimmer gehn«, fiel ein anderer ein, dem man's wohl ansehen konnte, daß er vordem die Ehre gehabt, ein Bürger zu sein in den Städten, und sie hatten ihn hinausgewiesen. Aber er war älter und stumpfer als der Schneider.

»Es geht ihnen schlimm genug«, riefen mehrere Stimmen, und eine Weiberstimme aus dem äußersten Winkel krächzte: »Wird ihnen noch schlimmer gehn.«

Einen Augenblick schwieg alles still, und sahen ängstlich nach dem Winkel, wo das Weib kauerte, die sie wohl hier nicht vermutet. Und konnte sie auch eigentlich keiner sehen, denn sie lag im Dunkeln und ihr Kopf war umschlungen mit Tüchern. Aber alle wußten, wer sie war, und sie flüsterten leise.

»Was, ist sie nicht bei ihm?«

»Pst!« flüsterte ein anderer. »Er hat sie neulich auspeitschen lassen.«

»Die rote Hanne?« fragten zwei oder drei mit scheuen Blicken, und ein paar schlugen ein Kreuz vor Schreck und Verwunderung. »Der Köpkin die Hanne!«

»Vorige Woche, als ihm bei Baruth der Bolzen den Arm aufstreifte. Er schrie wie ein Bulle. Nachmalen ließ er sie kneipen und streichen, darum daß die Salbe nicht hielt. Nun muß sie neue kochen. Darum ist sie zu uns in die Wälder geschickt.«

»Nix das«, sagte ein anderer. »Weiß es besser. Sie muß ihm gehorchen, die Hex, er hat sie untergekriegt und ist ihr Herr. Aber so er sie nicht alle drei Jahr peitschen läßt, daß Blut fließt, ist der Kontrakt um, und sie fliegt fort.«

»Der versteht's«, sagten mehrere. »Die Hölle muß man mit Krallen festhalten, nicht mit Streicheln.«

»Das ist als bei uns; wer in drei Jahren die Hand nicht in Blut färbt, dem verkrummt sie. Ist aus mit seiner Kraft.«

»Ja, wenn ihm die Hexe mal davonflöge, wär's mit ihm auch aus«, flüsterte der Schneider.

»Das ist dumm Zeug«, fiel der vorige ein. »Ihm kann sie nicht mehr ausreißen. Als sie ihren Bund schlossen, schlachtete sie ein neugeboren Kind von einer Jungfer, und aus dem Herzen kochte sie das Blut und trank's; er aber behielt den Daumen von der rechten Hand. Den trägt er auf der bloßen Brust an einer Schnur von Judengedärmen, und als lang er den trägt, kann sie nicht von ihm. Sie mag's anstellen, wie sie will. Und wenn sie nicht die Salome ankriegt, daß die ihm die Schnur im Schlafe abschneidet, so bleibt sie allezeit bei ihm. Die Salome aber wird sich hüten. Denn als sie, zwei Jahre sind's her, Miene machte, dort bei Dahme war's, ließ er sie bei beiden Händen an einen Ast binden und peitschen, bis das helle Blut auf den Sand tropfte.«

Das wollten andere nicht zugeben. Die Salome sei

mehr, als man denke. Die sei eine Fei aus dem Mohrenland und könne sich wandeln, in was sie Lust hat. Sie sei auch nicht, als es scheine, der Hanne untertänig, sondern die Hanne sei's ihr, wofür sie vielerlei Beweis anführten, was nicht alles wiedererzählt werden kann, denn sie flüsterten's sehr leise. Dahingegen stritten die andern laut fort darüber, daß die von Berlin und Kölln an den Zarnekow geschrieben. Und einer sagte:

»Gelesen hab ich's nit. Ich kann nit lesen. Aber 's hat der schiele Wenzel angehört mit seinen eignen Ohren, wie der Pleban dort, wie heißt das Nest, dem Köpkin den Brief hat vorlesen müssen. Dem Glatzkopf fuhr der Angstschweiß über die Stirn, und der Zarnekow saß auf einem Baumstumpf und brüllte ordentlich vor Lachen. Und in Mittenwalde weiß es jedes Kind. Warum liegt der Köpkin itzt in Mittenwalde und hält Freundschaft mit dem Magistrat, und sie geben ihm Gelage, und er kommt in den Rat, und wir dürfen kein Huhn stehlen aus dem Weichbild? Die von Mittenwalde sind die besten Freunde denen von Berlin und schreiben ihnen und schicken ihnen Hülfe gegen den Roßkamm. Aber der Baltzer wird ihnen zu mächtig. Sie wissen's itzt alle, 's ist nicht der Roßkamm, sondern der Markgraf. Der gibt ihm Geld und Waffen und schickt ihm seine Leute. Und darum schaun sich die Berliner nach anderer Hülfe um. Denn die andern Städte vom Bunde, sie möchten gern, aber sie dürfen nicht. Der Herr drückt ihnen seinen Daumen auf. Und die beiden Städte schrien sich heiser um Helfer. An die Fürsten auch haben sie geschrieben und schwer Geld geboten. Aber es kommt keiner. Und der Zarnekow wird auch nicht um nichts kommen. In Mittenwalde wird nun verhandelt, was sie ihm geben sollen. Das ist so wahr als das heilige Blut von Wilsnack.«

Es flog etwas von Fieberglut über das blasse Gesicht des Schneiders; der andere, der auch ein Bürger von Kölln gewesen, zückte sein Messer, und stieß es wieder in die Scheide. Aber derweil die Mehrzahl jauchzte in Gurgeltönen, die besser zu einer Herde Bestien paßten als zu Menschen, denen Gott Stimmen gab und Sprache, daß sie ihre Gefühle an den Tag gäben als vernünftige Geschöpfe, da schüttelten doch einige den Kopf. Es tauge nichts, sich in großer Herren Streitigkeiten einlassen.

»Er wird's bereuen, der Köpkin«, flüsterte einer. »In der Heide ist sein Feld; nicht in großen Stadtmauern.«

»Der Teufel läßt nicht mit sich spaßen«, sagte ein zweiter. »In Nacht und Nebel ist Verdienst; bei hellem Tage gibt's Beulen.«

»Darum sollen wir auch«, fuhr jener fort, »uns still halten. Neulich den schönen Wagenzug, er war uns ordentlich in die Hand gegeben, wir mußten ihn ziehn lassen. Das taugt nimmermehr.«

»Wer den kleinen Finger gibt, muß auch bald die Hand geben.«

Da fuhr plötzlich ein wilder Kerl herein. Mit einem fürchterlichen Fluche faßte er den Wirt bei der Kehle und stieß ihn, daß er auf die Knie sank. »Schurke! Gesellen! wißt ihr, der Hund, das wendische Vieh, will uns bestehlen. Wart, ich will dir die Gurgel zuschnüren.«

Die Mordgesellen fuhren auf und zückten ihre Messer. »Was ist's?«

»Was ist's?« fuhr der Kerl fort. »Sprich, Hund, Heide! Die Zunge schneid ich dir aus, wenn du ein unwahr Wort sprichst.«

»Maria! Joseph! All ihr heiligen Fürbitter! Alles will ich sagen«, stammelte der Wende. Sein Weib wurde blaß.

»Ich stöbere im Stall umher«, fuhr jener fort, »stehn da vier schmucke Rosse, die ich nicht kenne; ich schleiche die Treppe hinauf, da ist's verriegelt und schnarcht. Ich krieg seinen Buben und kneif ihn hinter den Ohren, da kommt die Bescherung raus. Schätze hat der Hund versteckt, will uns betrügen.«

»Will alles sagen«, stammelte der Wende.

Und er beichtete, was er wußte, daß er einen Ritter mit seinem Fräulein und Knechte aufgenommen.

»Hussa, das sind die!« riefen ein vier Stimmen; die hatten mit gierigen Blicken den Bericht verschlungen.

»Der Götze Bredow und seine Erbschaft! Haben wir doch deine Spur!«

»Hussa, briuscha!« Das schnalzte und jauchzte in allen Tönen, so die plattdeutsche, die wendische und die polnische Sprache hat.

»Maria, Joseph, Sankt Christoph und Sankt Lorenz!« schrie der Wende auf dem Boden. »Ist ein Ritter und seine Gesellen, in Eisen und Stahl. Hat Morgenstern und Spieße, 's gibt blutige Köpfe.«

»Deinen vorerst, Lügenhund.«

»Dreht ihm 's Genick um!«

»Heiliger Vater, Sohn und Geist! Heilige Drei Könige und alle heilige Nothelfer! Tut's nicht! Bringt nit Blut übers Haus.«

»Tut's nicht!« rief eine Stimme aus dem Winkel.

»Tut's draußen im Wald, auf der Heide! Der Regen wäscht's Blut weg, der Wind bleicht die Knochen, die Vögel schleppen sie weg. Blut im Haus treibt den Herren raus. Laßt mir meine ehrliche Nahrung.«

Ein Höllengelächter antwortete ihm, und zehn Messer fuhren aus dem Leder. Sie rissen ihre Äxte von den Sparren herunter, und einer stieß die Tür auf; aber sie flog wieder zu, und der Sturm trieb eine Wolke Schnee herein, und die Flocken waren bis auf den Herd gesprützt.

»Erbarmen!« schrie der Wende. »Ist der Ritter ein Freund des Köpkin – hat sein Geleit. Ihr schlagt gegen die Hand, die euch schlägt.«

Da stutzten wohl einige; aber der rote widerwärtige Gesell, der's mit dem Schneider anhub, war auch aufgestanden. Er schnallte sein Wams zu und schürte den Ärmel auf. Der sprach:

»Glaubt dem Halunken nit. Ist eitel Lüg all sein Reden. Hat nur einen Knecht bei sich, seine Haut ist just als anderer. Wer dem Köpkin freund ist, das wissen *wir*, aber nicht *er*. Der Wendenhund will's für sich haben.

Soll ihm aber nit sein. Ist ein guter Fang, sag ich euch, den uns der Gottseibeiuns schickt, ein so guter Fang, als ihr lang warten könnt auf 'nen zweiten.«

»Weiß einen bessern«, hub die Stimme des Weibes an, und die rote Hanne stund vor ihnen. Sie lehnte sich halb an den Feuerherd, halb saß sie drauf. In ihrer Hand hielt sie den Besen, als stützte sie sich damit, und die Flammen glühten durch das rote Tuch um ihren Kopf. Sah sie schreckhaft aus.

»Wenn der Falk die Schmerle sieht und die jungen Karpfen und Hechte im Teich, sie spielen im Sonnenschein, schießt er dann nieder auf den Frosch? Ei, der Frosch quakt, und der Falk schlägt mit den Flügeln, und die Fische erschrecken drob und tauchen unter. Ich weiß einen Teich, und darauf scheint die Sonne, und tausend Goldfischlein spielen drauf, schaun euch ruhig entgegen, und ihr habt sie. Das sind die Städte, die rufen euch. Soll der Frosch quaken, und in allen Sümpfen hallt es wider, und sie erschrecken davor und tauchen unter, und schlagen die Tore euch vor der Nase zu. Habt ihr keine Lust, eure großen Hände in die Truhen und Läden zu stecken der reichen Bürger? Hört, die Hanne sagt euch, die Säcke des Junkers da sind eines Bettelmannes Abendbrot. Dort an der Spree werdet ihr nicht wissen, wonach ihr zuerst greifen sollt, und was ihr forttragt, schmeißt ihr wieder auf die Gasse, denn drüben aus dem Haus tragen sie Gold und Silber in Säcken. He, roter Krause, du gehler Oldenhans, du tauber Hyndemit, juckt's euch nicht, den Berlinern es wiederzugeben, was sie euch gaben? den Stock mit den Zinsen. Habt vergessen, wie die Zange tut und das Glüheisen? Habt nit Lust, sie wieder zu streichen, kneifen, prickeln, brennen, die Dickbäuche? Wißt nit, wie schmucke Jungfern 's hat in den reichen Häusern? Die rufen euch, ihr Satansrachen. Wollt euch an Leder und trocken Brot die Zähne stumpfbeißen. – Oder meint ihr, das ist die Taube auf dem Dache, und wollt den Sperling aus der Hand nit fahrenlassen? Die rote Hanne sagt euch was, hört sie an. So wahr dieser Arm dürr ist und diese Finger gekrümmt, die Taube ist euer. Sie flattert schon am Fädchen, und der Faden ist in eures Hauptmanns Hand. Schärft eure Messer, ihr Jungen, wetzt eure Zähne und schließt euren Mund; ihr sollt jauchzen, ehe es Neumond ist. Jubilieren sollt ihr, saufen und raufen, reißen und schmeißen. Hallo, des Zarnekow Bande wird wirtschaften an Sankt Petrus und Sankt Nikolas, daß Kind und Kindeskind an der Spree die Haare zu Berge stehn, wenn's die Väter erzählen. – Drum seid ruhig hier, ruhig wie der Maulwurf, der gräbt; nur die stille Nacht verrät ihn. Still wie die Schlange, die sich totstellt; dann trägt sie der Bauer in sein Haus. Still haltet euch, wie's der Zarnekow geboten hat, er ist euer Meister und Herr. Er weiß alles, und wehe dem, der tut, was gegen sein Gebot ist.«

Es war still geworden, alle senkten die Blicke, und keiner regte sich. Den Eindruck ihrer Rede zu vermehren, schwieg auch der Sturm. Die Alte war, als sie itzt wieder die Augen aufschlugen, verschwunden. Draußen im Torweg der Burg stand sie und schürzte ihre Röcke und hüllte ihre Kappe um den Kopf und schaute über den Schnee, den das bißchen Mondenlicht beleuchtete, das aus den zerrissenen Wolken vorkam.

»Wohin, rote Hanne?« fragte der Wende, der ihr nachgeschlichen.

»Zum Köpkin.«

»Sie tun's nit«, sagte er.

»Sie tun's doch«, antwortete das Weib.

»Mütterlein sah nicht, wie sie zitterten, als Mütterlein sprach.«

»Der Hund tanzt, wenn sein Herr mit dem Stocke vor ihm steht; wenn er fortsieht, läuft er nach dem Knochen. Sind wilde Tiere. Ist der Leitwolf fort, schleicht und heult jeder für sich.«

»Ist schlimm Volk«, sagte er. »Der rote Krause ruht nit, wo er was blitzen sieht.«

»Der gehle Oldenhans ist noch schlimmer. Der

Schneider luchst dem Hauptmann auf den Dienst. Möchte gern selber Hauptmann sein. Hörst du die Krähen, es gibt hier was! Fix fort. Daß er's weiß.«

Und ehe er sich's versah, war sie über den Graben. Sie lief barfuß so schnell über den Schnee, daß er glauben möge, sie reite auf dem Besen, den sie in der Hand schwang. Der Wende kreuzte sich und sprach ein Ave-Maria!

Zehntes Kapitel

»Träume sind Schäume«, sagte die Muhme.

»Ach Muhme, das war aber kein Traum. Ein Traum war's wohl – Aber wie ich nun aufwachte, die Sterne selber froren am Himmel. Und so klar war er und flimmerte. Und durch die Fenster schauerte es herein. Mein Vater stöhnte neben mir. Der Knecht Dietrich, der lag an der Tür und schnarchte. Hab nie einen Menschen so schnarchen gehört. Die Mäuse raschelten in den Winkeln, die Rosse unten stampften voll Ungeduld, und draußen in der kalten Nacht heulten die Wölfe.«

»Die hören wir ja hier auch. Wenn's recht scharfer Frost ist, kommen sie bis ins Dorf.«

»Aber nicht so, Muhme, so heulen sie nicht wie in jener Nacht. Immer näher und immer näher, immer mehr und immer mehr, und ein Geheul, so kläglich und so gräßlich. Der Atem stockte mir.«

»Der Dietrich! daß der auch schlafen mußte, der nie 's Maul halten kann«, sagte die Muhme.

»Wir waren alle sehr müd. Und wären wir nicht so müd gewesen und die Wölfe nicht, so wären wir auch gewiß da nicht eingekehrt. Denn die Burg, Muhme, das sah aus! Und 's war gar keine Treppe eigentlich, nur eine Leiter, da wir hinaufstiegen. Und ein Haferbrei, das war unser Abendimbiß. Und der häßliche Wende wollte es doch nur um Gottes willen tun.«

»Als ich mir habe sagen lassen, Kind, war der nicht so bös. Er nahm euch nur darum ungern auf, weil die Raubgesellen bei ihm einkehren. Er mochte nicht, daß sie euch totschlügen. Mancher Mensch sieht schlechter aus, als er ist. Und mancher schaut güldig und als ein großer Herr und ist doch nur ein gemeiner Gesell.«

»Das sagte der Knecht Dietrich auch dazumal am Wege von dem Ritter, und der Vater glaubte es, und siehst du, wie das falsch war. Hätten wir gewartet in Dobrilugk, bis daß sein Roß besser wurde –«

»Dann wär's anders kommen, als es ist«, fiel die Muhme ein.

»Ja, ganz anders.«

»Nicht doch, Agnes. Es kommt nichts anders, als es kommen soll. Dann wär dir ja auch nicht der Erzengel Michael erschienen.«

Agnes wurde rot. »Dann hätte er aber auch nicht die Wunde weg, der gute, liebe, herrliche Ritter, um unsertwillen.«

»Er hätte aber auch nicht bei uns auf dem Siechbett legen, und du hättest ihn nicht können pflegen. Und hättest nicht die Freud gehabt, daß er gesundet. Ist alles im Himmel beschlossen, als es kommen soll. Wer weiß, warum der reiche herrliche Ritter nach Burg Malchow kommen mußte. Hat dem Vater sagen lassen, er wird heute mit zu Tisch kommen.«

»Ach, heilige Muttergottes!«

»Ja, Kind, die war wohl recht sichtlich bei dir da in Kikhövel. Die hat dir den Erzengel Michael geschickt, ich meine im Traume den. Wolltest mir aber noch sagen, wie es kam, als du aufstandst.«

»Es ließ mich nicht ruhen. Als lägen alle unsere Schachteln und Kasten auf mir, drückte es. Da sprang ich auf. Aber wie mir da himmelangst war in dem öden kalten Saal, das kann ich dir gar nicht sagen. Ich hätte schreien mögen und alles wecken, aber es war mir auch wieder, als müßt ich den Atem anhalten, als bräche alles los und zusammen, so ich nur einen Laut täte. Nun schaute ich zum Fenster raus. Da war mir, als hätte der Schnee all das wilde Treiben und den Lärm verdeckt und versteckt. Und ich konnte nicht das Aug fort tun, wie mich auch bitter fror. Unten war's still worden. Die Hunde schliefen und winselten, die Rosse stöhnten im Schlaf bisweilen auf. In der Wirtsstube dort, wo der Lärmen herkam, war es auch still, das Licht war aus, nur dann und wann flog ein Funken durch die Esse. Aber die Raben auf dem Turme schliefen nicht. Die kletterten auf den Sparren umher und streckten ihre Hälse und breiteten die Flügel und flatterten auf, als schauten sie aus, was kommen möchte. Und dann sah ich ein Rudel Wölfe springen. Sie heulten nicht, aber –«

»Quäl dich nicht, Kind. Wenn die bösen Mächte über uns sind, da muß der Mensch ein Kreuz schlagen und still liegen.«

»Ich lag still, Muhme, und schlang alle Decken um mich und vergrub mich ins Haferstroh. Das war aber bös von mir. Hätte mich nicht sollen grauen lassen.«

»Du warst müd und schwach. Der Mensch kann nicht mehr tun, als der Herr zuläßt.«

»Ich hätte doch den Vater wecken können.«

»Der ward doch geweckt, als es Zeit war. Die lieben Heiligen sandten dir den festen Schlaf und den Traum auch.«

»Ach Gott, Muhme, aber das Erwachen! Ich schlief noch immer fort, als ich schon aufgesprungen war, und die Türe krachte und die Schwerter und Messer blitzten, und es pfiff und schrie. Und es war alles, wie ich es im Traum sah. Zwei hatten mich gepackt. Der Dietrich schlug mit seiner Axt um sich wie ein Mühlrad –«

»Ist ein wackerer Knecht«, sagte die Muhme. »Der Vater wird ihm auch zeitlebens das Gnadenbrot geben.«

»Einen hatte der Vater niedergeschlagen, zween taumelten verwundet, aber nun strauchelte er und fiel rücklings. ›Sorg nicht, Vater! Der Erzengel Michael kommt!‹ rief ich.«

»Das sprachst du noch im Traume, und dann mußte es so kommen.«

»Nein, das war nicht Traum, Muhme. Ich sah ja leibhaftig vor ihm den Drachen, rotborstig, grad so, als er mir erschienen, ein breites Maul von einem Ohr zum andern, und eine Reihe Zähne fletschen, als eines Wolfes, und grüne schielende Augen. ›Er tut dir nichts, der Drache, Vater! Der Engel ist über ihm.‹«

»Und da hielt er mit der Axt still. Was Gott Wunder tut durch ein schwaches Mädchen!«

»Wo der Drache ist, muß doch auch der Engel sein.«

»Und da kam er?«

»Nein, er stand da, es wußt es keiner wie. Zum Fenster herein, wo just der erste Sonnenstrahl eindrang, und sein Harnisch funkelte golden, und sein breites Schwert flammte als des Cherubims drüben in der Klosterkirche.«

Die Muhme, so gläubig sie auch war, mußte doch ein wenig lächeln, denn er war nicht durchs Fenster gekommen, sondern die Treppe herauf, und hatte vorher drei der Raubgesellen niedergestreckt.

»Ach, Muhme, der goldige Sonnenschein und das flammende Schwert und die blonden Locken über den Harnisch rollend, wie's auf allen Bildern ist. Und nun stürzte der rote, häßliche, blutige Räuber mit einem Streiche zu Boden und wälzte sich als Drache, und der goldene Ritter mit einem Fuße auf ihm, und mein Vater gerettet –«

»Da mußtest du ihm wohl zu Füßen sinken.«

»War er denn nicht als ein Engel kommen?«

»Schon gut, liebes Kind. Aber der Michael, der ist ein ganz anderer Engel. Das ist ein großer, vornehmer, ein Erzengel. Der kommt nur und schlägt drein, wenn der Gottseibeiuns selber aus der Hölle brechen will. So er um jede Räuberbande auf die Erde müßte und um jeden Junker, der einmal in eine schlechte Herberge geriet, ach du lieber Gott, das wär doch zuviel verlangt.«

»Weiß nicht, warum die Engel nicht auch um kleine

Dinge auf die Erde kommen. Für uns war's doch ein groß Ding. Und was wär er mir denn im Traum erschienen! Ein Heiligenschein war um seine Stirn!«

»Der Engel aber, der dir im Traum erschien, sah wohl just auch aus – wie der Ritter in Dobrilugk.«

Agnes ließ das Köpfchen sinken.

»Sag mal, was trug denn der Erzengel Michael über dem Harnisch? Ich meine der Engel, der dir im Traum erschien?«

»Ein Pantherfell.«

»Ei siehst du, Kind, der Erzengel Michael, der den frommen Märtyrern erschienen und den heiligen Bischöfen und Malern, der trägt Flügel an den Schultern und keine Pantherhaut. Den Ritter von Dobrilugk hattest du im Sinn, den mit der Pantherhaut. An den du dachtest, der erschien dir im Schlaf.«

»Aber Engel, als mir gesagt ist, wenn sie unter Menschen kommen, lieben es, in menschlicher Gestalt, das heißt als gute und herrliche Menschen, zu erscheinen, damit wir nicht erschrecken, sondern sie gleich von Anfang an liebhaben.«

»Das ist schon gut, Kind. Aber wer kennt denn hier den Ritter und weiß eigentlich, wer er ist?«

»Herrgott, Muhme, den Ritter, der meinem Vater das Leben gerettet und mich gerettet, wo wär ich, was wär aus mir worden, und wie ein Riese schlug er sich, und nachdem er neun von den Bösewichtern niedergestreckt und die andern flohen, da mußt ein Tückebold von hinten einen Bolzen auf ihn schießen, daß er hinstürzte. O das war schändlich, solchen Ritter! Und solchen Ritter sollten wir nicht kennen! Es ist kein so edler im ganzen Land.«

»Nu, aber ein Engel war er doch nicht; den hätte kein Bolzen getroffen.«

»Ach Muhme, so mein ich's auch nicht.«

»Und ein Engel wär nicht so schwer zu tragen gewesen, wie die Knechte sagen, als sie ihn herschafften.«

»Aber wenn die Engel nicht bei ihm waren, da wär er

unterwegs verblutet und gestorben. Solche Wunde bei kalter Winterszeit!«

»Und er soll schon ehegestern ganz ordentlich getrunken haben, sagt der Hausmeister.«

»Er ist ein Ritter.«

»Und die Magd hörte ihn fluchen, weil sie ihm von dem sauren Wein gebracht.«

»Und hat er da nicht recht? Solchem Ritter von dem schlechten Weine bringen, der den allerbesten verdient. Gut, daß du mir's sagst, ich will selbst in den Keller und ihm zapfen lassen vom besten. Dem Gesinde kann man doch niemals trauen.«

»Ja, sie sagen, er scheine ihnen sehr verwöhnt. Müsse recht gehätschelt sein. Das meinten auch deine Vettern.«

»Ach, die Hans Ungeschicks! Da bricht ja die Treppe, wenn sie runterstürzen, und wenn sie in die Tür treten, stoßen sie sich mit den Ellenbogen. Die wissen einen feinen Ritter nicht zu würdigen. Wenn er erzählt, wie hört sich das an, und wie er neulich zum ersten Mal im Armsessel saß und die Herren empfing, da sah er doch aus wie der Graf von Ruppin, und die wären seine Vasallen. Er ist wohl reicher als die Ruppiner.«

»Ja, ja, Gold und Silber, wenn es das täte, das ist genug da. Nu, der liebe Gott und seine Heiligen wird alles zum besten fügen.«

»Liebe Muhme, was ist dir?«

»Nichts ist mir, Kind. Das Gold ist gewiß echt und das Silber auch. Und der Knecht Dietrich ist ein einfältiger Mensch. Gestohlen ist es auch nicht, es sitzt ihm ja alles wie angegossen. Aber wie da der Zusammenhang und wo das her ist – Der Böse schleicht auf allerhand Wegen, mit Gold verblendet er die Augen der armen Menschenkinder. Grade da, wo man's nicht erwartet, streut er's hin. – Wissen wir doch kaum seinen Namen; wo er her ist, noch gar nicht. Weißt du, wenn er so schelmisch lacht, da wird mir ganz wunderlich zumute. – Und es ist gewiß ein christlicher Ritter, Agnes, denn er schlägt sein Kreuz wie einer. Aber – kurios ist doch das, wie er da plötzlich wie aus dem Himmel geschneit in die Burg kam –«

»Das ist ja ganz natürlich, Muhme. Er zog denselben Weg als wir.«

»Natürlich scheint manches, Kind. Aber im Schneegestöber verirrt man leicht, zumal wenn man im Lande fremd ist. Was mußte der nun grade deine Spur finden durch Schnee und Wind.«

»Es hat ihm jemand den Weg gezeigt.«

»Ja, ja, dieser Jemand. Es begegnet uns oft ein Jemand am Kreuzweg, und der möchte uns immer führen. Wir sollen uns aber nicht von ihm führen lassen.«

»Er sagte von einer alten Frau.«

»Ja, ja, diese alten Frauen kennen wir. Zuweilen reiten sie auf einem Besen, zuweilen hinken sie auf einem Bein. Was hat ein alt Weib in Schneenacht und Finsternis zu tun? Der Fürst der Finsternis leuchtet ihnen freilich, daß sie den Rechten finden. Ach Kind, ach Kind, wenn er nur nicht auch noch hinkt.«

Agnes hatte nur wenig zugehört, sie stand am Fenster, und plötzlich rief sie auf: »Da geht er, Muhme. Er hinkt nicht mehr.«

Da kann man sich wohl denken, daß in dem alten Schlosse viel Geflüster war über den verwundeten Gast. Und jeder dachte sich etwas Besonderes. Denn es war überhaupt nicht viel im Schloß, am wenigsten Unterhaltung. Wer macht viel Besuche im Winter, wenn der Schnee schuhhoch auf den Straßen liegt; und wo man im Keller an leere Fässer klopft und im Rauchfang den schwarzen Ruß sieht, da eilen die Gäste auch nicht hin. Der Junker hielt seinen Gast nicht für den Erzengel Michael und auch nicht für einen Gesellen, den der Gottseibeiuns ihm ins Haus geschickt. Aber neugierig war er doch sehr, zu wissen, wer er denn eigentlich war. Um deshalb unterließ er's nicht, jeden Morgen, wenn der Ritter noch schlief, leis in seine Stub zu treten, und beschaute seine glänzende silbereingelegte Rüstung und mit noch mehr Lust seine reichen türkischen Waffen.

Den silbernen Halbmond, das köstliche Beutestück, hielt er hin und her, und die Schilde mit arabischer Schrift drauf und die Falten des golddurchwirkten Sammetrocks streichelte er mit solchem innigen Wohlbehagen, daß dabei die auf seiner eignen Stirn sich glätteten. Und die Sporen waren gediegen Gold und desgleichen die schwere Kette, die dem Ritter der Kaiser um den Hals gehängt, und die Kisten, die freilich verschlossen waren, aber schwer waren sie. Und jedesmal, daß er hinausging, war der Junker mehr davon überzeugt, was für einem trefflichen Ritter er sein und seiner Tochter Leben verdanke, und wollte der Knecht Dietrich doch noch immer etwas meinen, der wurde zurechtgewiesen. Ja, er war so zufrieden, wie es war und sich schickte, daß es ihm gar nicht so lieb gewesen, wenn der Ritter kein Ritter gewesen wäre, als er war, sondern der Erzengel Michael, eine wie große Ehre es auch für einen Ritter in der Mark Brandenburg sein mußte, so der heilige Erzengel als Gast unter sein schlechtes Dach kam.

Mit dem Dache sah es allerdings schlecht aus. Der Regen leckte nicht durch, er kam offen rein. Wenn's gar zu stark goß, schickte der Junker den Knecht aufs Dach mit ein paar Bund Stroh. Das hält schon noch, meinte er. Und eines Tags da überraschte ihn der Fremde auf dem Boden; denn er erholte sich zusehends und schritt in Haus und Hof umher und sah sich alles an und sprach freundlich mit jedem. Auf dem Boden aber überraschte er den alten Junker, wie er mit dem Knecht Dietrich den Schnee fortfegte, der doch gar zu dick gefallen war. Ein bißchen kann man schon liegenlassen. Herr Gottfried wurde fast rot und stotterte etwas, als er den Besen fortlegte. Aber der andere lachte und fing nun auch an zu kehren, als hätte er's nur so von Jugend auf getrieben. Und sie fegten alle drei, daß es eine Lust war, und der Boden ward so rein, als er nie gewesen.

»Ja, sonst war's besser«, sagte Herr Gottfried mit einem tiefen Stoßseufzer, als er ihn darauf in den Wohngebäuden, den Ställen und Höfen umführte.

»Und künftig wird's wieder besser werden«, lächelte der Gast.

»Weiß der Himmel! Ich glaub's nicht«, entgegnete der Wirt, ob ihm wohl die Antwort des Gastes zu gefallen schien. »Das geht bergunter alles mit uns. Und was man auch aufstellen mag, es hält nicht. Seht mir nur die Mauer an. Mein gottseliger Vater ließ es dazumal, Anno 12, nicht bis zum Schusse kommen. Nachdem er im Havellande gesehen, es ging nicht, und Plauen hielt sich nicht, da übergab er die Burg auf den ersten Trompetenstoß. War eigentlich ein friedlicher Mann. Nun, was hat's geholfen? Es bröckelt und fällt das Ding am Ende von selbst über. Die stärksten Eichenstämme aus der Forst ließ ich hauen und gegenstemmen: ja, seht nur, wie sie überbiegt in den Graben. Eine schöne Sache, daß man eine Mauer stützen muß von außen! Braucht nur der Feind die Stützen durchzuhauen, so hat er die Mauer ohne Schuß und einen Damm dazu, braucht nicht Reisig, nicht Schutt und Leitern.«

»Die stärksten Mauern halten nicht gegen die Donnerbüchsen.«

»Es geht alles bergunter«, fuhr der Wirt fort. »Will nicht sagen, daß das ehedem ein Schloß war als wie Plauen oder im Reiche die großen Grafenschlösser, die auf Bergen und Felsen liegen sollen. So was haben wir hier nicht. Aber anzuschauen war's noch stattlich genug, als ich ein Knab war; und wenn die Abendsonne auf die zwölf Fenster flimmerte, Donnerwetter! da glaubte einer, der von fern kam, daß wunders was dahinter wäre. Ja, unsere Familie galt etwas; sie sprach ein Wort mit auf den Landtagen, und sie meinten, es wären nicht die schlechtesten Worte wesen. Und wir zählten keine schlechten Männer, wo es drauf und los ging. Mein Großohm war Landeshauptmann, und das Land war damals nicht schlechter dran als itzt.«

Ein »So« des Gastes mochte den Junker etwas stutzig machen, und er fuhr fort:

»Ich meine die Ritterschaft. Blitz und Sturm! Wenn

gute Familien da zusammenhielten, gab's Ansehen und Ehre, und auf den ärmsten Vetter fiel davon ab. Was ist nun! Zersplittert Treiben. Jeder läuft seinen Weg. Die einen murren und schließen sich ein auf ihren Höfen, die andern hofieren um den Burggrafen. Statt für die Familie zu sorgen, hascht jeder um ein Amt oder ein Stückchen Ehre. Als ob ein Fürst einem Edelmann und Ritter Ehre geben kann, die er nicht schon im Blute hat!«

Etwas mißtrauisch sah er zum Ritter auf. »Oder seid Ihr des Dafürhaltens?«

Der Gast lachte und schlug mit der Hand gegen den Degengriff. »Meines Dafürhaltens gibt *das* die beste Ehre.«

»Ihr seid mein Mann. Wo ist die itzt zu holen! Wenn ein guter Mann sich rührt, probieren möchte, was seine Knochen aushalten, ei der Tausend, da wird geschickt und geschrieben und angezettelt. Er wird verstrickt und vorgeladen. Sag Euch, lieber Herr, ist nichts Gutes mit den Hohenzollern ins Land kommen. Lauter Neues, Sprache, Sitten, Recht, Einrichtungen. Und das Neue wuchert und dampft. Wir werden alle dran ersticken.«

Und Herr Gottfried holte tief Atem. »Weiß der Geier, was fuhr in die rein! Alles aufstänkern wollen, schichten und einrichten! Und was kommt dabei raus? Niemals was Gescheutes. Die vor ihnen, die Luxemburger, ließen's gehn, wie es ging. Die Bayern sollen's auch so gehalten haben. Warum *sie* nicht? Warum müssen sie alles anders machen wollen?«

»Man sagt im Reich, es sei vordem hier verdammt schlecht hergangen«, bemerkte der Gast.

»Herrgott, mag sein. Aber es ging doch. Wo ein Loch im Weg war, man wußte es und ging drum rum. Bei diesen Nürnbergern, die der Himmel ins Land geschneit, soll nun alles in die Richte gehen, und wo der Vater aufhörte, da fährt der Sohn fort.«

»Sie werden im Reiche sehr gerühmt ob ihrer Mannhaftigkeit, Ausdauer und ruhigen Besonnenheit.«

»I, Herr Jesus Christus, laß sie rühmen! Und mannhaft

sein meinthalben gegen die Türkenhunde, wie Ihr, lieber Herr, getan, aber nicht gegen gute christliche Ritter und alte Edelleute. Was müssen sie uns scheren! Nein, als wären wir nicht ihr Blut, echtes adliges Blut, stechen und placken sie uns. Sonst kam wohl einer über den andern auf, der unter ihm sein mußte, als wie die Quitzows. Das war nicht gut. Aber man half sich, vertrug sich mit ihnen. Wo aber kommt itzt ein einziger auf, nämlich für sich, der ihnen nicht um den Bart geht! Da werden die Register so genau geführt, als nicht Kaiser Karl IV. tat, der das Landbuch schreiben ließ. Da soll man von allem, was man nimmt und tut, Rechenschaft geben. Ist dazu der Ritterstand! Und alle Augenblick werden wir dran erinnert, daß wir unsere Güter nicht frei haben, sondern zu Lehn tragen. Das unterstanden sich die Luxemburger nicht, und die Bayern hätten das mal tun sollen! Wir waren so freie Leute –«

»*Geworden*«, fiel der Gast ein. »In den Zeiten der Unordnung, hab ich mir sagen lassen in des Kaisers Kanzlei. Zu den Zeiten der alten Fürsten, der Askanier, waren die Ritter alle der Markgrafen Vasallen.«

»Aber was für Vasallen!« fuhr der Junker auf. »Unsere Väter standen tagaus, tagein in Stahl und Erz. Da gab's täglich zu tun gegen die Heiden und schlimme Nachbarn. Vasallen waren sie ihren Fürsten, aber auch ihre Kriegsgesellen. Die Fürsten waren nichts ohne sie. Das erkannten sie, und im Feld und Zelt wird der Kleine mit dem Großen freund. Die alten Fürsten starben aus, der Adel blieb leben. Wenn viele zusammen geschafft und ihr Blut zusammenfloß in eine Grube, wes ist dann die natürliche Erbschaft, so einer stirbt und keine Söhne hat? Des Kumpans, der mit ihm stritt, schaffte und blutete. Von den Fürsten ging's auf die Kumpanei des Adels über. Das erkannten auch die Bayern an und die Luxemburger nicht weniger. Nun soll's mit einem Mal anders sein. Schickt uns da Kaiser und Reich, die sich nimmer um uns kümmerten, wenn's uns schlimm ging, die Nürnberger Burggrafen ins Land, sollen uns verwesen und regieren, und tun, als wenn's ihres wäre, was unser ist.«

»Nun sind sie aber drin.«

»Gott sei's geklagt. Wir hätten so ruhig leben können.«

»Draußen im Reich haben sie kuriose Gedanken. Die Fürsten meinen –«

»Das ist's eben, lieber Herr, daß die Menschen soviel meinen, und die Fürsten auch; die doch wahrhaftig Besseres tun könnten. Und Räte legen sie sich zu, die ihnen nichts als dumm Zeug ins Ohr reden. Wenn's alles bliebe, als es war, dann blieben die reich waren reich und die arm waren arm. Und wer was mit dem andern auszumachen hat, der macht's mit ihm aus. Da braucht sich kein Dritter drum zu kümmern. Nun werden durch die verfluchten Meinungen und Ratschläge die reich waren arm und die arm waren reich. Ist das eine Ordnung, und sie schwatzen von Ordnung, die sie herstellen wollen! Misch du dich doch nicht in das, was dich nicht angeht; das ist die beste Ordnung und der beste Rat. Und was tun die Nürnberger? Alles umgekehrt. In alles mischen sie sich. Zuerst in den Adel. Haben uns unsere Lehen genommen, weil wir uns unserer Haut wehrten und unser Recht verteidigten. Itzt möchten sie gar in unsere Küchen und Speisesäle gucken und sehn, wieviel wir trinken und beten. Da wird ein Orden gestiftet, der soll uns geschliffen machen. Den Teufel auch, wer sich nun nicht will schleifen lassen! Nun geht's an ihre lieben, verhätschelten Kinder, an die Städte. Schon recht, denen gönn ich's. Und wenn sie ihnen viel Kopfbrechens machen, desto besser für beide. Am Ende möchten sie sich auch in unsere Bauern mischen und sehn, was sie für uns arbeiten und nicht arbeiten. Immer zu! Auch den Priestern untern Chorrock geschaut, und wie sie räuchern und singen. Wohl bekomm's ihnen. Sag ich doch, lieber Herr, sie möchten aus den Marken eine Nürnberger Uhr machen, wo ein Rad ins andere greift und Stunden weist und schlägt, ticktack, ein Schlag als der andere, und sie ziehn sie auf, und dann muß sie laufen, wie sie wollen. Wozu hat uns der liebe Gott gemacht? Daß wir sein, wie uns der Schnabel gewachsen ist. Aber sie möchten ihn uns drehn und stutzen, als sie wollen. Ist eine Sünd und Schande!«

Und anscheinend übte der gute Ritter auch im Leben den Satz, den er ausgesprochen, daß sich keiner in des andern Angelegenheiten zu mischen habe. Denn er ließ es ruhig zu, wenn der Gast mit seiner Tochter lustwandelte oder sich gar anmutig über Tisch mit ihr unterhielt, wobei es viele feine Scherze gab und das Fräulein gar oft sehr rot wurde. Aber sie hatte es gern und konnte gar nicht abwarten, wenn er fort war, bis er wiederkam. Und ebendesgleichen dünkte jeder Ritt und jede Jagd, die er mit dem Herrn Gottfried machte, dem Gaste, der doch sonst ein Freund von derlei Lustbarkeiten war, überlang, bis er zu dem holden Fräulein zurückkehrte. Und das gab dann ein Geschwätz und ein Erzählen. Und wenn der Junker sich entschuldigte, daß er einem so edlen Gast keinen Zeitvertreib schaffen könne in seiner öden Burg, so war das nur so hingesagt. Die beiden konnten gar keinen bessern Zeitvertreib haben, und Herr Gottfried auch nicht, wenn er zusah und -hörte. Und er dachte: Es ist mein einzig Kind, und schön und gut und holdselig und adlig als eine im Lande, und wär schad, wenn einer ihrer Vettern sie kriegte. Die sind schon gute Jungen, aber – Das andere verschluckte er. Und wenn seine Augen auf die geborstenen Mauern und Decken umherblickten und er an die schweren Kisten dachte, die in des Gastes Kämmerlein standen, dann dachte er auch: Damit ließe sich schon Burg Malchow wieder aufbauen, daß es ein Ansehn hätte, und wäre ein schöner Herrensitz für deine Agnes. Denn daß der Gast vordem hier im Land begütert gewesen und Haus und Hof verkauft, das hatte er schon aus den Gesprächen heraus.

Wes das Herz froh ist, davon geht der Mund über. Also lobte der Gast einmal die deutschen Frauen, und hätte er nirgend so schöne und huldreiche gesehen als in seinem Vaterland, wobei er denn gar Erstaunliches erzählte, wie die Frauen im Morgenland gehalten würden. Die dürften sich nicht sehen lassen, und schwarze Mohren bewachten sie als ihre Zofen, und gingen verhüllt in dichte Schleier, daraus nur die Augen vorblickten, die wären aber wie Kohlen und Blitze und hätten schon manch Unheil angerichtet, denn sie wären wie toll, wenn sie einen Blondkopf sähen und blaue Augen. Die Agnes und die Muhme glaubten's kaum, aber der Herr Gottfried dachte so bei sich: Er wird's auch erlebt haben, und freute sich, daß er noch aus dem Unheil davongekommen. Nun sagte er aber, einem guten Deutschen werde erst wieder froh, wenn er blonde Haare und die guten himmelblauen Augen sähe, und die wären nirgend schöner als in seinem Vaterlande. Drum wolle er auch nicht wieder hinaus und hier ein Haus sich bauen und drin bleiben und sein Schild aufhängen und suchen, was ihm Gott beschere. Da waren alle recht froh, und sie stießen an auf des Ritters neues Haus und was ihm Gott da hineinbescheren werde. Und wie der Fremde und Agnes sich zufällig beide ansahen, wurden beide blutrot und senkten die Augen; die andern aber lachten, und itzt ward erst angestoßen und getrunken und gesungen. Der Junker ließ sein Bestes aus dem Keller bringen.

Anderntags war eine Wolfsjagd. Ein rechtes Wetter war dazu. Und wie schlug des Fräuleins Herz, als sie den Reitern nachsah, die, in Büffelwämser bis über den Kopf geschnallt und kurze Spieße mit Widerhaken in der Hand, in den Wald ritten, und der eine wandte sich immer um und grüßte noch, und sie grüßte wieder. Um den Hals trug er eine blaue Schnur, die hatte sie ihm gegeben; daran hing ein Kreuzlein von Eibenholz. Das, sagte sie ihm, wahre vor Stich und Biß böser Tiere. Daher schlug auch ihr Herz gar nicht aus Furcht, daß ihm ein Wolf Schaden tue. Auch ohne die Schnur und das Kreuz hätte sich darum Agnes nicht gefürchtet. Denn um eine Wolfsjagd zagt kein Fräulein, wenn es auch ihr

Schatz wäre, der mitzieht. Aber weiß Gott, mit dem Spinnrad wollte es gar nicht fort; auch riß alle Augenblick der Faden, und dann nahm sie aus dem Schrank ein ledern Kästlein und öffnete es und sah mit Verwunderung und fast mit Schreck auf die bunten leuchtenden Steine, die in dem Halsband saßen, und daran hing ein rotfunkelndes Herz.

»Ach Muhme, Muhme!« sprach sie, als die ihr zusah. »Mir ist's doch, als könnt ich's nicht annehmen.«

»Ei, Närrchen, warum nicht?«

»Es ist zu kostbar und schön, und man weiß doch nicht –«

»Was weiß man nicht?«

»Wo er's herhat«, entfuhr es Agnes' Lippen, und sie erschrak selbst und wurde blaß.

»Ei, Kind, das mußt du nicht denken. Ein so guter und ehrenhafter Ritter, wo wird der's anders herhaben als ehrlich aus dem Krieg. Und wenn nicht, so hat er's ehrlich nachher gekauft von seinem Beutegeld. Was auch die bösen Zungen schwatzen, trau dem nicht; grade die besten Leute werden am meisten verredet. Auf den will ich schwören, der ist guter Leute Kind und unverdorben. Ein bißchen mutwillig. Aber das schadet nicht. Möchtest du einen Ritter zum Mann haben, dem die andern auf der Nase spielen –«

»Ach, wer denkt daran?«

»*Ich* denke daran, und dein Vater denkt daran, und er, der Fremde, denkt daran. Ob du dran denkst, das weiß ich nicht –«

»Ach Muhme, liebe Muhme, mir wird so bang.«

»Wird sich schon geben. Heut auf der Jagd wird ihn der Vater ausfragen, wo er her ist. Brauchst nicht bange zu sein. Ist nicht der Erzengel Michael und keiner, den der böse Feind ins Land gesetzt. Sieh mal, die Schnalle zum Miedergürtel hat er mir geschenkt. Ist echtes, schweres Gold. Hexengold das vergeht über Nacht. Nein, das ist ein guter Mann. Na, und was dann? Herzpüppchen, wie ist dir? Ach, ihr heiligen eilftausend

Jungfrauen, wie wird der Herr seine Braut ausputzen! Was ist dir denn? Du läufst ans Fenster.«

»Ich glaube, Muhme, es kommt jemand.«

»Das ist ja ein Lärm. Die kehren doch nicht zurück.«

»Ach, die Vettern!« rief Agnes. Und so war es. Es tobte und lärmte auf dem Hofe, und es war, als wenn ein Dutzend schwere Stiefeln die Treppe heraufstolperten.

»Die kommen recht ungelegen«, murmelte die Muhme, und Agnes' plötzlich blaß gewordenes Gesicht sprach dasselbe aus; und die Worte, die man draußen von ihnen hörte, die waren auch nicht gemacht, daß die beiden sich freuen mochten. Denn sie schrien den Knechten und Mägden zu: »Krieg! Juchhei! 's gibt Krieg!«

Wir haben's nun noch erst mit der Jagd zu tun, die gar lustig war und auch blutig, wie so eine Wolfsjagd ist. Zween Tiere hatten sie erlegt, und das eine der Fremde allein. Dessen Mut und Geschick hatte auch die Kühnsten verwundert. War eine Wolfsjagd derzeit aber gar nichts so Ungemeines, daß sie in den Chroniken beschrieben stände, vielmehr die Chroniken sagen nichts, als daß sie die Wölfe totschlugen und drei Bauern dabei blutiggerissen wurden. Des konnten sich also alle recht freuen, und die Wölfe lud man auf Bahren und trug sie so dem Zuge vorauf, als sie heimkehrten, und blies in die Waldhörner und sung und lachte, daß es eine Lust war. Die angerissenen Bauern ließ man auch nicht im Walde. Nein, die andern Treiber durften Kieferäste abschlagen, und darauf luden sie die zwei, der dritte aber konnte noch laufen.

Und unterweges erzählte der Gast gar kurzweilige Geschichten, wie sie in fremden Ländern die Jagd ausrichteten, dazu alle verwundert horchten. Aber das wollten sie kaum glauben, als er nun sagte, sie wären in einer Reichsstadt drauf und dran, ganz kleine Donnerbüchsen zu machen, die man auch mit Pulver und Kugeln lüde, und könne sie allenfalls ein Mann tragen und auf eine Gabel, die sie in die Erde steckten, festlegen. Alsdann könne man gegen Menschen schießen als wie mit der Armbrust; und auch auf der Jagd könne man sie brauchen gegen die Tiere.

Da schüttelten alle den Kopf und glaubten's nicht und meinten, wozu denn das wäre. Der Fremde sagte: »So man auf diese Weis ein reißend Tier von fern erlegen kann, ist die Gefahr nicht, daß es die Bauern blutig reißt.«

Das wollte ihnen noch weniger zu Kopf, und Herr Gottfried, als er mit dem Gast zu zweien ritt, sprach: »Das will mir nicht gefallen, denn so man ein Tier aus der Fern ablangen kann, was ist die Jagd dann noch für eine Lust? Eben als im Krieg, denn so ich da von weitem meinen Feind treffe, ist's nicht mehr ein Ding für gute Männer, sondern für Weiber.«

Der andere entgegnete, das hätte schon mancher Ritter gemeint. Es hülfe aber nichts, es wäre einmal so, und in allen Städten würden itzt soviel Feuerwaffen geschmiedet als ehedem Lanzen, Schwerter und Harnische. Da stieß der Junker einen recht derben Fluch aus gegen die Städte, die alles Unheil über Land und Ritter gebracht. »Und die Schwerenöter von Berlin haben auch zween Donnerbüchsen gießen lassen. Wie soll's nun noch ein guter Ritter mit solchen Kratzbürsten aufnehmen! Denn welcher Herr kann die Ausgabe machen!«

Da schwieg der andere zuerst still vor sich hin. Alsdann aber sprach er noch viel mit dem Junker über den Krieg, und wie ein Krieg im großen ganz etwas anderes sei, als wenn Ritter und Städte sich untereinander bei den Köpfen kriegten. »Da fühlt man erst, was ein Mann gilt. Da ist Platz und Raum, daß jeder zeigen kann, was er wert ist. Da kann der Kleine sich vortun vor dem Großen und selber groß werden. Und der Feldobrist schaut sich heraus, wen er brauchen mag. Grad da, wo sie mit Feuerwaffen Krieg führen, ist das Feld für die Tüchtigen. Denn so einer um einen Kopf größer ist und stärker als der andere, darauf kommt's nicht an, sondern ob er geschickt ist und klug und den Augenblick zu fassen weiß.«

»Ja, darauf, ob er von guter Art ist«, fiel der Junker ein.

»All Art ist gut zum Krieg, so man versteht, wie den Feind am besten schädigen.«

»Das verstehn aber nur die zu guten Rittern geboren sind, weil ihre Väter und deren Väter es schon waren.«

Der Fremde lachte. »Es sind Feldobristen worden, Herr, die möchten ihre Ahnen in des Bettelmanns Sack suchen.«

»Da kann doch kein Respekt sein beim gemeinen Mann.«

»Den machen sie sich selber. Wer das nicht versteht, der kann auch nicht Obrist werden und nicht Hauptmann. Aber im kaiserlichen Heer sind ihrer itzt viele, tapfre Leute, hochgeehrt, die kommandieren, daß der Feind sich erschrickt, und ihre Leute gehen für sie durchs Feuer, und waren Bürger vordem. Freilich, manche von den alten Geschlechtern verdrießt es, aber der Kaiser ist doch noch ein größerer Herr, und der freut sich in der Seel, daß er so tüchtige Obristen hat.«

»Gegen die Türkenhunde ist freilich alles gut«, murmelte der Junker. »Ist auch in der Litanei mancherlei beisammen von Pestilenz und Elend.«

Der Fremde lächelte innerlich vergnügt.

»Hab auch wohl schon ehedem von solchen Feldhauptleuten gehört«, fuhr der Junker fort, »aus der Bayernzeit her. Die hatten solche. Als mir recht deucht, hieß einer Schweppermann. Kann's aber nicht zu Kopf kriegen, wie unter solchem, der kein Ritter ist, Ritter dienen können. Wer den Sporen hat, hat das Regiment.«

»Ei nun, der Kaiser schenkt ihm goldene Sporen.«

»Einem Bürgerlichen? Das ist nicht möglich.«

»Nachdem er ihn vorher niederknien ließ und zum Ritter schlug. Dann gibt er ihm auch ein gut Schild und macht ihn zum Edelmann.«

»Bei den Heiligen Drei Königen, wie kann man einen zum Edelmann machen, der's nicht ist! Kann man aus einer Katz einen Hund machen? Oder so man Roggen drischt, wird Weizen draus?«

»Der Kaiser tut's.«

»Der Kaiser!« brummte der Junker. »Ist ja der Kaiser Kaiser, aber kein Hexenmeister. Kann er mich zu 'nem Lohgerber machen oder 'nem Raschmacher?«

»Weiß nicht, lieber Herr!«

»'s wird immer wunderlicher in der Welt. Was man nicht hören muß! Aber sehn möchte ich mal so einen, den der Kaiser zu 'nem Edelmann gemacht hat, und er ist keiner.«

»Schaut her, da habt Ihr einen«, lachte der Gast auf. »Ich bin aus des Kaisers Mache. Denn vordem war ich ein Berliner Bürgerkind.«

Da war's doch dem Herrn Bredow, als wenn er einen Geist vor sich sähe, das heißt ein Gespenst, das aus der Erde aufschießt. So starrte er ihn an und wußte nichts, was sagen. Es fehlte nicht viel, so hätte er ein Kreuz geschlagen. Der andere ward aber darum nur noch lustiger und sagte, er solle sich gar nicht fürchten, denn was Bürgerblut in ihm sei, das wäre abgeflossen in den Türkenschlachten, und auch seine Haut sei eine neue, denn die Ungläubigen hätten die alte zerfetzt und zerrissen mit ihren Säbeln, und werde ihn in Berlin kaum einer wiedererkennen darum, daß er mit weißer ausgezogen und nun kehre er mit brauner wieder. Doch der Herr Bredow wußte gar nichts zu sagen, und einer hätte glauben mögen, er zittere am Leibe, so scheu und schüchtern ritt er neben dem andern und brachte kaum eine Silbe vor. Je mehr er aber verlegen war, um so toller wurde der andere und erzählte gar Unglaubliches, wie er an des Kaisers Tisch gesessen und der Kaiser ihm zugetrunken und die fürstlichen Fräulein ihm Kränze gewunden und mit ihm getanzt.

Da wußte der Junker doch gar nicht mehr, was er denken sollte, und darum dachte er lieber gar nichts. Aber als sie der Burg sich näherten, schallte ihm anderer Lärm entgegen. Hunde-, Rosse- und Menschenstimmen. Das lief auf und ab, und aus den Rüstkammern trugen sie Spieße, und auf dem Hofe gar lag ein Haufen von Harnischen, Schienen und Sattelzeug.

»Die Vettern sind da. In drei Teu – bei den Heiligen Drei Königen, was gibt's!«

»Krieg!« schrie der Fritz aus dem Fenster.

»Umgeschnallt, Vetter Götz«, schrie der Busso, »es geht los.«

»Jungens, was geht los?«

»Heidenlust!« schrien sie. »Juchhei! Unsere Pferde sollen Wein saufen. Pestilenz und Krieg! Nichts als Krieg, Vetter! Die Meute raus! Eine Jagd, eine lustige Jagd!«

»Wen wollt ihr jagen!«

»Wen!« lachten alle drei, denn Wilkin, der dritte Vetter, war auch zugesprungen; der tanzte zwischen den Armaturstücken und setzte sich 'nen Helm auf und schmiß ihn dann in die Luft und fing ihn wieder. Mußten alle schon gut getrunken haben aus Herrn Gottfrieds Keller.

»Wen wollen wir jagen? Die Kratzbürsten, die Schweineschneider, die Ellenreiter, die Grapengießer, die Leineweber, Sack und Pack, Katz und Maus. Hallo, 's ist aus.«

»Seid ihr toll?«

»Nur froh. Der Besen ist meine Fahne«, schrie Fritz, »wollen fegen bei ihnen.«

»Bei wem, du heilloser Sausewind?«

»Bei den Berlinern«, schrie einer.

»Bei den Köllnern«, der andere.

»Daß sie euch nicht wegpusten. Sie haben zween Donnerbüchsen.«

»Der Markgraf hat neun.«

»Der Markgraf!« rief der Junker verwundert.

»Der Markgraf soll leben und alle gute Ritter daneben!«

»Der Markgraf läßt blasen.«

»Gegen die Städte!« rief Wilkin und warf sich ungestüm dem Vetter um den Hals. »Juchhei, ist das nit Heidenlust. Zum Garaus läßt er blasen – die Hunde, wir wollen sie jagen.«

Da war auch Agnes herabgekommen und ihre Muhme.

»Vater, du mußt in den Krieg. Der Markgraf hat geschickt. Alle seine Vasallen –«

»I so muß doch der Blitz dreinschlagen!«

»Der soll auch dreinschlagen«, juchheiten die Vettern. »Wir brechen ihre Tore, wir stürzen ihre Mauern. Hat ihnen abgesagt, den Krämern. Blank und bar. Hat sie geladen vor die Stände.«

»Eine Anklag wie eine Faust dick. Die sollen sie fressen. Papier, ist ihnen schon recht.«

»Ihre Brücke wird er abbrechen, ihren Zoll nehmen, ihr Stapelrecht, ihre Niederlage, ihr Rathaus und ihren Roland. Kurz und klein will er ihn schlagen. Wird selbst das Schwert nehmen und ihr Roland sein.«

Das dröhnte dem Vater Bredow durch die Ohren. Er konnt's doch kaum auf eins fassen. War's auch zuviel für einen Tag und nach dem, was er eben gehört vom Fremden, und konnt's auch nicht fassen. Darum ließ er sich's noch mal wieder erzählen in der Halle bei einem Kruge gewürzten Weines, und die drei fielen sich ins Wort, und die Muhme und die Agnes redeten mit drein. Es summte ihm so um die Ohren, und machte Augen groß wie ein Ochs, und seine Hände lagen dabei auf den Knien. Aber dann fuhr's wie Lächeln um die Lippen.

»Den Städten gönn ich's schon.«

»Aber« – er fuhr auf und hielt die Hand hinters Ohr – »der Ritter.«

»Ach Vater«, sagte Agnes, und ihr Köpfchen senkte sich. Die drei Vettern lachten aus vollem Halse. Die Muhme faltete die Hände.

»Er ist ja kein Ritter nicht.«

»Ein Ritter ist er schon«, sagte Herr Gottfried, »aber –«

Da klirrte es über den Hof, und die fünf Rosse des Fremden standen fertig gesattelt, und seine Knechte luden Sack und Pack auf, und er selber trat ein, den Helm über dem Kopf, und die Federn drauf streiften an die Decke, als er eintrat, daß er sich bücken mußte. Mit lauter Lust, aber auch mit Neid mußten's alle sehen, wie er so stattlich war.

»Aber ein Bürgerskind bin ich doch, nicht wahr, Herr Götze Bredow, das wolltet Ihr sagen. Das bin ich auch, hat mich der Kaiser auch zum Ritter vom Hahn geschlagen, bin ich doch allzeit der Henning blieben aus Berlin und nicht aus der Art geschlagen, das sollen sie sehn. Habt recht, lieber Herr, aus einer Katze wird kein Hund, und kein Hahn soll über seine Mauer fliegen. Euch ruft der Markgraf, mich rufen die Bürger. Und wenn auch nicht, ich komme doch. Das ist ein schlechter Mann, der nicht kommt, so seine Genossen in Gefahr sind.«

»Ihr wollt?«

»Ziehn nach Berlin, als Ihr nach Spandow zieht. Ist nicht weit voneinander, nur schad, daß unsere Wege nicht zusammengehn. Gott befohlen, Ritter Götz, topp! 's hübsch, daß Ihr mir Eure Hand gebt. Rechtschaffene Leute können doch Freunde bleiben, so sie sich auch zausen und schlagen müssen. 's ist mal so in der Welt.«

»'s ist mal so in der Welt«, wiederholte der Wirt fast bewegt und füllte den großen Pokal und kredenzte ihn dem Gaste. »Auf Euer Wohlsein, Herr Henning vom Hahne!«

Da nahm ihn der und trank ihn der Tochter vom Haus zu. »Auf Euer Wohlsein, schönes Fräulein, und haltet's mir schon zugut, daß ich nichts anderes bin, als wozu mich der liebe Gott gemacht hat. Und so Ihr's wollt, dann zum Zeichen des, behaltet das.« Das sagte er zu ihr, als er ihr sittig zum Abschied die Stirn küßte und sah, daß sie den Schmuck in der Hand hielt und ihm den wiedergeben wollte und wußte nicht wie. Und dann flüsterte er noch: »'s ist kein ander Hexerei dran, als wer's um den Hals hat, den betrügt keiner. Und bei Gott, Euch darf keiner betrügen.«

Und den Vettern reichte er auch die Hand. »Tut mir

leid, ihr lieben jungen Herrn, daß ich eure Bekanntschaft hier nicht machen kann. Aber aufgeschoben ist nicht aufgehoben. Werden's wohl vor Berlin nachholen.«

Und als er nun fortgeritten war, da sprach keiner ein Wort. Nur Herr Gottfried kraute sich wieder hinterm Ohr. »Sag ich doch, 's itzt 'ne Wirtschaft. Und das kommt alles von den neuen Dingen her.«

Das Fräulein sprach den ganzen Tag kein Wort, und man sah sie oft mit roten Augen. Der Knecht Dietrich säuberte und fegte auf Geheiß der Muhme die Kammer, darin der Fremde gelegen, als wär's ein Pestkranker gewesen. Abends beim Zubettgehen aber sprach die Muhme zu dem lieben Mädchen: »Dem lieben Herrgott und unserm Heiligen Dank, daß er das von uns abgewandt hat. Denk dir doch, Kind, 's ist so schrecklich, daß man's kaum denken kann. Er war ein Raschmachergesell!«

Elftes Kapitel

»Es ist schlimm und noch einmal schlimm.« So sprach Herr Johannes Rathenow, als er die Rathaustreppe herabstieg, Herr Peter Brakow ihm zur Seite.

»Es ist vieles schlimm; aber von dem Schlimmen ist das noch nicht das Schlimmste.«

»Es heißt den Teufel austreiben durch Beelzebub, der der Teufel Oberster ist.«

»Aber, bei allen Heiligen! wen sollten wir denn rufen? Keine von allen Städten hat uns geschrieben, keine als Mittenwalde. Konnten wir mit Mittenwalde nur des Roßkamms und seiner Gesellen mächtig werden? Und nun gar gegen den Markgrafen, der seine Vasallen entbietet durch alle Marken? Kam ein Fürst, nur *ein* Herr auf unser Rufen! Mutterseelen standen wir allein, wir hatten nichts für uns –«

»Als unser Recht!« fiel Herr Johannes ein. »Und waren einig, die Städte, die Zünfte und die Geschlechter. Ist das nichts? Es ist viel, sehr viel, Herr Peter Brakow.«

»Wir konnten viel, aber wir können wenig. Wir können nicht bis Pankow hinaus. Und unsere guten Magistratsdörfer besetzt von den Markgräflichen, der Tempelhof, Rixdorf, Mariendorf, Marienfelde. Wenn's so fortging, litten wir Hunger.«

»Der Köpkin und seine Gesellen werden noch aufzehren, was wir in den Speichern haben.«

»Die wissen zu schaffen.«

»Von wem? Von den Dörfern. Daß wir Elend über Elend schaffen, daß wir zum Unglück den Fluch auf uns laden und zum Fluche den Spott und zum Spott das Gelächter.«

»Wahrhaftig«, fiel Herr Brakow ein, »wär's ohne den Zarnekow gangen, es wär besser. Ich lieb ihn als wenig wie Ihr. Aber wo hat einer seinen Anhang und ist willig uns beizustehn? Ist dazu tapfer wie ein Stier, der geschlagen ist. Überdem des Baltzer Boytin geschworner Feind und kann uns nicht verraten, *muß* an uns halten, da der Markgraf geschworen hat, läßt ihn hängen, wo er ihn fängt.«

»Und solch ein Diebsgesell mit der Anwartschaft auf den Galgen unser Freund! Heiliger Nikolaus, *der* unserer guten, ehrlichen, rechten Sache Bundsgenoß! Da muß ja, was gut ist, zum Schlechten sich kehren. Wo können wir da in den Kirchen beten lassen? Schämen müssen wir uns, so wir uns ins Gesicht sehen. Und was Wirtschaft wird's in der Stadt geben! Die Krämer müssen ihre Läden schließen, vor die Türen wird man doppelte Riegel legen, eine ehrbare Frau kann sich nicht mehr auf den Straßen sehen lassen. Wer ausgeht, muß sich die Taschen zuhalten. O sagt mir nichts davon, daß Ihr sie in die Vorstädte quartieren wollt. Die werden sich auch quartieren lassen, wo Ihr wollt. Die werden auch Eure Diener bleiben. Eure Herren werden sie sein. Basta, basta, Herr Peter Brakow, es ist geschehen, ich weiß es, da hilft nichts mehr, bin überstimmt und war längst überstimmt, sah's wohl, daß Ihr mir nur auswicht, vor dem alten Mann es verbergen wolltet. Drinnen schwieg ich, denn warum sie mutlos machen; Euch aber sag ich's, Ihr habt gerufen, Euch zu helfen, der Euch verderben wird, und was sein soll unser Trost, das wird sein unser Untergang. Und ein schmählicher dazu.«

»Das Gott von uns wende!« sprach der Brakow. Sie waren nun auf der Straße. »Ihr schaut alles schwarz an, lieber Herr.«

»Ist ein Familienfehler. Hab's nicht anders gelernt.«

»Nun aber, daß unsere Familien werden verschlungene Hände machen«, sagte der Brakow, »nun wird's doch anders werden, Herr Johannes. Die Freud, so spät einkehrt in ein Haus, die bleibt zum längsten.«

»Was Macht bringt und Reichtum, ob das auch Freude bringt?« entgegnete Herr Rathenow.

»Da denkt Ihr wohl, wie Eure Elsbeth mit meiner Eva sich in den Haaren lagen. Kann Euch sagen, mein Evchen ist itzt das beste Weib. Ein guter Mann, der da weiß, was sich schickt, kuriert auch eine böse Frau. Bös war die Eva nie, aber nun ist sie so sittig, gut und mild als eine, und versichere Euch, sie soll und wird ihre Schwägerin begrüßen, als es recht ist. Und ebendesgleichen fürchtet Euch nicht vor dem Melchior. Bös ist er auch nicht; und was schlimm an ihm ist, das wird eine so kluge und verständige Jungfrau als die Elsbeth bessern. Sollt sehn, er wird noch ein Schwiegersohn, daß Ihr Eure Freude haben sollt. Und eine Hochzeit wird's werden, daran der Neid sich soll blaß sehen. Unsere Pauker, Pfeifer und Geiger sollen einen Lärm machen, daß es der Markgraf in Spandow hören muß. Kehren uns nicht an ihn.«

Dazu schüttelte Herr Johannes den Kopf. Ihn bedünkte es nicht recht, daß der Bürger froh sei und solche Hochzeit mache, wenn die Stadt in großen Drangsalen ist und der Feind vorm Tor steht. Aber war's beschlossen und ging nicht zu ändern. Hätte es die Bürger alle auch sehr verdrossen; denn grade weil viel Kummer war, darum wollten sie auch Lustiges haben, und freuten sich alle auf das Fest. Nun gemahnte Herr Brakow den Johannes, nach Haus zu gehen, ehe es zu gedrang in den Straßen werde, denn als er wohl glaube, werde sein Schwager grad um diese Stunde in der Stadt einziehen. Er lachte dabei recht verstohlen, als wisse er noch mehr.

Und so war es. Kaum daß der Rathenow in seinem Haus angelangt, als vielerlei lustige Musica von drüben her sich vernehmen ließ, und seine Tochter öffnete leis die Tür und sprach: »Er kommt, Vater!« Und als sie nun beid ans Fenster traten, war schon mancherlei zu sehen.

Da war Töpfermarkt um Sankt Nikolas, und die Topfmacher der Stadt und die von den Orten, die zugelassen werden, hatten ihre Geschirre breit ausgestellt, und an die Buden und Häuser hatten sie die Töpfe und Schüsseln in gar bunten Figuren übereinander aufgeschichtet. Es war ganz lustig zu schauen; denn auch Tanger und Bänder allerlei Farben waren aufgesteckt. Kurz, es war ein gar froher Markt, und konnte man nur fragen: Wo kommen die Käufer zu so vielen Herrlichkeiten her, und grad in dieser Zeit?

»Das ist dir zu Ehren«, flüsterte der Vater seiner Tochter zu, denn all die Töpfersleute schauten lachend zum Hause des Bürgermeisters hinauf. Sie seufzte.

Nun hörte man viel Lärm, lustigen, Trompeter und Pfeifer und Hufschläge und Roßgewieher, und um die Ecken kamen schön geschmückte Reiter, und alles rief:

»Platz! Platz!« und »Hoch! Hoch! der Herr Melchior!« – »Platz den ehrenwerten Herren Schumms!« Da ritten viele von ihren Freunden mit, was Brakows da waren, die Hoppenrade, Garnekofer, auch die beiden Wyns; alle sauber angetan und künstliche Blumensträuße an der Brust. Manchem sah man's an, wie schwer ihm das war, zu Pferd sitzen. Aber den allergrößten Blumenstrauß, er war über einen Schuh hoch, und waren's Ranunkeln, Tulpen und Lilien, den trug der Junker Melchior vor seiner Brust. Sein Kleid, des hätte sich ein Herzog nicht schämen dürfen, der zur Freite reitet. Von weißem Atlas war das Wams, über und über mit Golde gestickt, und item seine Hosen, die aber waren gepufft und geschlitzt von oben bis unten, und an den Schlitzen saßen lauter rote Rosen. Auch von weißem Atlas waren die Schuhe und gerissen und gestickt, daß die Leute sich verwunderten, und er hatte sehr große Füße. Seine Hände, die waren auch groß, denn er war ein starker Mann, nur etwas ungeschlacht von Figur, und hantierte gern mit, wo es Stückfässer wälzen galt auf die Kähne, ob er's doch nicht not hatte selbst zu tun. Darum waren die Hände sehr rot, und er konnte, wenn er eine ausbreitete, einen tüchtigen Teller umspannen. Die weißen Seidenhandschuhe, obgleich eigens dazu gewirkt, wollten ihm also nicht recht sitzen und waren überall geplatzt. Was schickte sich auch Seide zu einer solchen Hand! Das Gesicht des Junkers war desgleichen sehr rot und mehr in die Breite gegangen als in die Länge; sein Bart, der war blond, und Augen hatte er, so große gab es nicht zum zweiten Male in Kölln, und sie schimmerten ins Weißliche.

Und so stark und groß wie er war auch sein Pferd, mit kostbaren Decken überhangen und allerhand Rüstzeug. Aber er ritt nur langsam, denn das Roß machte ungeschickte Sprünge, weil allerecken ihm ein Hufeisen abflog. Aber wenn's auch einen blutig schlug, das verdroß ihn nicht; es gab vielmehr ein groß Gelächter, und sie ließen den Junker in die Wolken leben. Denn der Huf war von Silber, und wer ihn fing, der behielt ihn. Und sogleich waren Schmiede zur Hand, die dem Tier ein neu Hufeisen anschlugen, aber nicht fest, und es dauerte nicht lang, so hatte es das wieder abgeschleudert.

Daher kam's, daß der Zug lange auf sich warten ließ, aber mit einem Mal, da er nun angesichts des Hauses war, schrie die Jungfrau Rathenow laut auf, und etliche mit ihr. Denn die Reiter sahen gar nicht vor sich, wo sie ritten, und ihre Pferde zerschlugen die ausgestellten Geschirre. Plötzlich aber, als könne er sein Pferd nicht zügeln, sprengte der Junker in einen großen Berg mit Töpfen, daß es ein Geklatsch gab und die Scherben umherflogen. Nun riß er das Pferd wie erschreckt darob zurück, aber von der Seite kriegte es wieder die Sporen und fuhr aufs neue in einen andern Berg.

Da Herr Bartholomeus die Angst auf den Gesichtern der Frauen sah, und insonderheit auf dem der schönen Rathenowin, rief er hinauf: »Kein Bange, Jungfer Elsbeth, es wird alles bezahlt.« Und so war es auch. Denn hinter dem Junker Melchior ritt Herr Dietrich Wyns mit zween vollen Säcken, die am Sattelknopf zu beiden Seiten des Pferdes herabhingen. Und wo die Töpfe und Schüsseln zerschlagen wurden, da griff er mit vollen Händen hinein und streute Kupfergeld und Silbergeld aus. Daher kam es, daß die Töpfermeister nicht klagten, als man doch erwarten sollen, sondern sie sahen alle sehr vergnügt aus. Mancher bekam doppelt mehr bezahlt, als seine Töpfe wert waren. Aber der Melchior ruhte nun auch nicht, als bis alle Haufen auf dem Markte kurz und klein waren.* Wer sich aber am meisten darüber freute, war sein Vater, Herr Bartholomeus. Man sah's ihm an, wie er so wohlbehaglich auf seinem kleinen Pferd saß, und eine Freudenträne lief ihm über die Backen; und als die andern Herrn von seiner Sippe meinten, es sei wohl nun genug, sprach er: »Laßt doch dem Jungen sein unschuldig Vergnügen.« Die Leute schwenkten ihre Mützen, und da schlug doch ein Lebehoch das andere tot, und alle meinten, seit Berlin steht, sei doch kein Patrizier mit solchen Ehren zu seiner Braut geritten. Die älteren Bürger sagten, das sei eine feine Art, wie die reichen Familien ihren Überfluß den Ärmern zu Nutz verwendeten, und könnte sich mancher Mann daran ein Beispiel nehmen.

Zur Verlobung oben gab's noch lange Musica, nicht von den Trompetern und Pfeifern allein, die vorm Haus blieben, sondern die Jungen polterten noch fort und fort unter den Scherben, und was noch zu groß geblieben, das zerschlugen sie gegen die Rolandssäule.

»Gefällt Euch des Bräutigams Einzug, schöne Braut?«

* Historisch.

sprach Herr Bartholomeus, da er vor Elsbeth stand; und heut sah sie aus, nicht wie eine Rose, obgleich Braut, sondern wieder als eine Lilie, so schneeweiß war ihr Antlitz. Sie war kein Kind mehr, sondern eine wunderschöne Jungfrau, die wohl schon hätte Hausfrau sein können, so wohl- und hochgewachsen war sie, und so würdig schritt sie und stand sie da. Da war nichts mehr von Mutwillen und Flattersinn in ihrem Gesicht zu lesen; die Lippen waren wohl noch etwas aufgeworfen, aber so sie die Augen aufschlug, das war ein Ernst, als schaute sie in des andern Seele hinein. Und angezogen war sie, festlich wohl, aber so einfach, daß alle sich wunderten.

»Ihr seid eingezogen ins Haus mit Zerstörung. Daß das nur kein schlimm Zeichen ist.«

»Zerstörung!« kicherte Herr Bartholomeus. »Ja, ja, 's wird mancherlei zerstört. Das geht nun so nicht anders. Seid wohl noch erschreckt? Der Junge hat Lärm gemacht. Gebt ihm die Hand. Könnt's mit ihm wagen.«

»Ich grüß Euch, Junker Melchior, und seid willkommen in diesem Haus.«

»Ist's nicht ein prächtiger Junge? Hat sich's was kosten lassen, aber die Jungfer ist's auch wert, daß man sich anstrengt. Na, sprich doch auch ein Wort, Junge.«

»Gott grüß Euch, Jungfer Elsbeth, und Ihr sollt's nicht lange bleiben.«

Da lachten alle herzlich, denn schon auf übermorgen war die Hochzeit angesetzt. Nun war's aber nicht Sitte, daß, wenn zwei verlobt wurden, die viel selbst sprachen; und mochten beide auch nicht wissen, was sie sprechen sollten. Die Jungfrau schaute vor sich nieder, der Bräutigam aber schaute sie dann und wann an, und dann flog ein gar wohlgefällig Lächeln über seinen breiten Mund. Desto mehr sprachen die andern. Was gab's da für Flüstern und Stichelreden, wozu der Junker Melchior grinste, und Elsbeth schlug die Augen nieder. Denn dazumal liebten die alten Herren durch allerlei Anzügliches die Brautleute zu necken, und weit mehr als heut geschieht; nahm's aber keiner übel.

Und als sie nun die Ringe austauschen sollten, wie Brautleute tun, da zitterte die Jungfrau zum ersten Mal, der Melchior aber konnte gar nicht seinen Handschuh abkriegen. Endlich aber, da riß er so, daß der Ring ihm vom Finger flog. »Ei, ei, das ist nicht gut«, flüsterten sie, und der Ring rollte auf der Diele. Aber die Dielen waren schief, denn das Haus hatte sich vor alters gesenkt, und wie auch alle danach sprangen, ehe sie sich's versahen, war er in ein Mauseloch gefallen. Es konnte ihn keiner wiederkriegen.

Da machten viele ein bedenklich Gesicht. Der Melchior aber hatte sich ungetüm; hatte schier Lust, mit dem Fuß die morsche Diele einzustampfen; rief nach einer Axt. Sein Vater aber sagte: »Dumm Zeug, was ist ein Ring! Einer ist wie der andere. Ist nicht soviel Gold dran, daß ein Mensch drum Aufhebens macht.« Und dann wollte er seinen vom Finger ziehen. Das hatte aber auch Schwierigkeit. Denn der Finger war geschwollen, und es ging nicht. Einige wollten's nun noch aufgeschoben haben, aber das gefiel den meisten nicht, und die Kuchen und Pasteten und Schüsseln dampften schon auf dem Tische. Darum schickten sie in aller Eil drüben zum Goldschmied, und es kam auch wirklich ein Ring, der leidlich paßte; aber Herr Bartholomeus war gar nicht mit zufrieden und spuckte, wie er ihn sah, denn das wäre ein lumpig Ding, für Bettelmannsleute, aber nicht für reiche Patrizier. Sie beruhigten ihn, denn das sei doch nur der Verlobungsring; dafür verhieß er aber zur Hochzeit zween schmieden zu lassen, so dick und groß, als man noch keine in Berlin gesehen. Meinten aber doch gar viele, daß es ein bös Zeichen gewesen.

Und das war auch wohl nicht gut, daß der Junker Melchior grad an seinem Verlobungstag sich übernahm. Nicht über die Maßen, daß sie ihn forttragen mußten, aber gradgehen konnte er nicht mehr, und zwei mußten ihn unterfassen, als er die Trepp nunterstieg. Das, meinten einige, sei nicht hübsch, und hätte er damit warten können bis zum Abend; sein Vater aber sagte: »Es ist ein guter Junge, laßt ihn doch!« Zuvor aber hatte er zu Ehren seiner Braut soviel gegessen, als die Elsbeth wenig aß; und als er getrunken, da ward er ebenso redselig, als sie schweigsam blieb. Er erzählte Dinge, die man sonst nicht vor einer Braut erzählt, wie er's mit dem und dem aufgenommen und einem eine Rippe eingeschlagen, dem andern das Bein verrenkt und wie er den Schiffern in Oderberg, als sie schliefen, die Kähne zusammengebunden und dann die Ketten losgerissen, daran sie am Ufer lagen. Nun war er in den vordersten gesprungen und hatte den in die Mitte der Oder gestoßen und alle Kähne hinterher. Das war eine Lust, als die Knechte erwachten, und ihre Fahrzeuge schwammen gen Stettin, und Melchior schimpfte und lachte sie aus; sie sollten nun in den Strom springen und nachschwimmen. Ja, es kam noch mancherlei der Art, und mag ich das nicht durchaus schelten, denn welcher Mann wünscht nicht, daß seine Braut weiß, wie stark er ist und die Leute ihn fürchten und was Aufsehn er gemacht. Aber als er nun noch mehr getrunken, fing er auch von seinen Liebesgeschichten an zu erzählen; und das ist nicht fein. Da vergaß er ganz, daß seine Braut neben ihm saß. Und etliche, die sprangen zu und hielten ihm mit dem Tuch den Mund zu, daß er nicht weitersprече; und Herr Bartholomeus wollte sich darüber ausschütten vor Lachen.

Auch mit dem Henning Mollner rühmte er sich, daß er in Bernow mit ihm aneinandergeraten war im Ratskeller, und sagte, der wäre zum Fenster hinausgesprungen, und hätte er ihm einen Krug Bier nachgeworfen. Da fuhr plötzlich die Blässe von dem Antlitz der Jungfrau und ein dunkel Rot über Stirn und Wangen. Sie sprach:

»Das ist nicht wahr.«

Er aber schlug mit der Faust auf den Tisch und rief:

»Das ist doch wahr.«

Zum Glück, daß die andern auch schon getrunken hatten, und sie warfen sich ins Mittel und machten's zum

Scherz, was hätte bitterer Ernst werden können. Herr Thomas Wyns schlang den Arm um seine Schulter, und Herr Peter Brakow machte ihm die geballte Hand auseinander. Wie er nun auch schrie, es sei wahr, daß er den Henning in Bernow zum Fenster hinausgeworfen, sie sagten ihm, daß er wohl mitgeflogen wäre und hätte es vergessen. Er aber schwor, so er den Henning wiederträfe, wolle er's ihm ins Gesicht sagen und wolle es allezeit mit ihm aufnehmen, so einzeln gegen einzeln als Gesellen gegen Gesellen. Da hatten sie ihm gut sagen, daß der Jungfer die Träne im Auge stände, sintemalen der Henning ihr guter Spielgenoß gewesen, und nun war er verschollen und wahrscheinlich umkommen im Elend. »Dreitausend Hennings hin, dreitausend Hennings her«, schrie er, »darum kräht noch kein Hahn!« Da mußte auch Herr Bartholomeus zuspringen und sagte:

»Junge, sei nicht toll. Das war dumm Zeug und ist nun vorbei. So sie dem Henning gut war, vergiß das. Sie soll's auch nicht wissen, wieviel Mädel dir nachliefen.« – »Das mag sie wissen«, schrie der Melchior, »ich scher mich nichts um ihren Henning, nicht soviel.« – »Melchior, bist du eifersüchtig?« – »Ich eifersüchtig!« schrie er auf. »Ich bin nicht eifersüchtig, ich bin ihr Bräutigam. Das will ich beschwören, und wer will's mir abstreiten.« –

»Niemand, niemand!« lachten die andern. »Und nun beweis es auch. Gebt euch die Hand und einen Kuß in Ehren.«

Wer gar wenig an dem Tische gesprochen, das war Herr Johannes Rathenow. So ernsthaft hatte man ihn lang nicht gesehen. Er hätte sich doch freuen sollen, meinten die andern, mit was Ehren der Bräutigam seiner Tochter ins Haus gezogen war. Sie meinten, die zerschlagenen Töpfe hätten dem alten Bartholomeus allein fünf Schock Groschen gekostet, ungerechnet die silbernen Hufeisen. »Aber der ist selbst ein Sauertopf worden«, sagte Herr Thomas Wyns, »er denkt nur an die Stadt und nicht an sein Haus.« – Ein anderer sagte:

»Eine Stadt sind viele Häuser, und wer nicht für sein Haus sorgt, der sorgt auch nicht für seine Stadt.«

Itzt aber seufzte Herr Johannes tief auf und senkte den Kopf. Es war da, als der Junker Melchior seiner Tochter den Brautkuß gab. Sie sah sehr traurig aus und blaß; ihr Auge wandte sich ab, und die Blicke trafen sich, des Vaters und der Tochter. Das ging ihm in die Seele, und er trank von dem Augenblick keinen Tropfen Weines. War's ihm auch sehr lieb, als die Gäste nun aufbrachen. Die waren alle guter Dinge und hatten nichts gemerkt. Sie freuten sich vielmehr als gute Bürger über die Hochzeit, daß nun doch die Schumms und Rathenows zusammenkämen, was der Stadt Sache Festigkeit und Einheit versprach. Denn eben wie der Johannes wollte der Bartholomeus keinen Fingerbreit nachgeben dem Markgrafen. Und waren doch schon etliche im Rat, die von Unterwerfung sprachen.

Als sie alle fort waren, saß der Bürgermeister in seiner Kammer und stützte den Kopf auf den Arm. Elsbeth trat zu ihm.

»Was sorgst du, lieber Vater, um mich? Du hast Sorgen, die größer sind und schwerer dich drücken.«

Er nahm ihre Hand und streichelte sie mit seinen beiden, und freundlich und wehmütig schaute er zu ihr hinauf. »Du bist verständig worden und ernst über deine Jahre, mein liebes Kind.«

»Sie sagen, das Unglück ist eine Schule, darin man am meisten lernt. Was sollte ich im Kloster drüben lernen froh sein, da ich wußte, mein Vater war im Elend. Nun bist du wieder in deinem Haus, bist in deine Rechte eingesetzt, geehrt und geachtet. Sie lauschen auf dein Wort, und dein Ansehn ist groß, als du es verdienst. Nun werde ich wieder froh sein.«

»Dein Aug zeiht deine Lippen der Lüge. Ach, liebe Elsbeth, wirst du denn froh sein?«

Ein tiefer Seufzer stieg aus ihrer Brust. »Vater, ich glaube, ich werde froh sein, ich hoffe es. Bei den Schwestern in Spandow habe ich gelernt, was einer Hausfrau obliegt, die sorgen muß für ein großes Haus. Da will ich walten darin und zum Rechten sehen, als es einem guten deutschen Weibe ziemt.«

»Hätte dir gern einen andern gegönnt«, sprach Herr Johannes in sich hinein.

Sie hörte es und trocknete mit dem Tüchlein das Aug, da eine Träne vorquoll. »Der andere ist tot«, sagte sie mit leiser Stimme. »Ich hatte den Henning lieb, Vater, sehr lieb, des bin ich mir erst in der Einsamkeit des Klosters recht bewußt worden. Da träumte ich oft in den Winternächten, wenn der Sturm durch die Kreuzgänge fegte und die Ziegel vom Dache riß, und ich sah dich am Stabe durch Wald und Nacht pilgern, und du wanktest und konntest nicht weiter. Da kam auch einer, der im Elend irrte. Der faßte dich unter, führte dich, wärmte und speiste dich, er sang dir frohe Lieder und machte dir Hoffnung. Ach, der Henning wußte doch immer das Rechte zu finden.«

»Der arme Henning!«

»Vater, ich träumte, er käme geritten als ein stolzer Ritter vor die Tore Berlins und pochte daran und ließe Trompeter blasen, und dich führte er wieder in deine Ehren und dein Recht.«

»Der schläft nun unter kühlem Rasen, Gott allein weiß wo!«

»Aber so du's wüßtest, nicht wahr, du richtetest ihm einen Denkstein auf, als er verdient? Denn er war ein guter Mensch und hatte auch dich sehr lieb, auch die Stadt. Wär er itzt hier, es sähe wohl anders aus. Es fehlt den Bürgern solch einer mit dem Mute. Er würde zu ihnen sprechen, er würde sie gegen die Feinde führen. Ach, Vater, die bösen Bürger, ihre Besten haben sie ins Elend geschickt!«

»Und nur die Hinfälligen und Alten wiedergerufen, die ihnen nichts mehr helfen.«

»Du wirst es, Vater!« sprach die Tochter mit leuchtenden Augen. »Ich habe den Henning begraben. Der Melchior wird dein Sohn, und Gott wird mich stärken.«

»Wird er's?«

»Ja gewiß, Vater. Das Herz der Elsbeth ruht in dem Grabe, wo Henning schläft. Aber die Tochter ihres Vaters, die Tochter der Rathenows, ist auch eine Bürgerin ihrer Stadt. Sie wird sich auch freuen, wenn der Stadt Recht besteht und ihre Freiheit siegt. Die Brücke zwischen Kölln und Berlin wird nicht abgebrochen. Sie wird stärker werden. Unsere Hochzeit wird ein Fest sein, nicht für die Elsbeth und nicht für dich, aber für den Johannes Rathenow, den Sohn seiner Väter, für unsere Freie Stadt, für die Geschlechter und die Gewerke, für uns alle, Vater. Die Schumm und Rathenow eins, das wird eine Säule werden, daran sie sich halten, daran muß die häßliche, kleine Zwietracht scheitern, und darum, Vater, lohnt es sich doch –«

Was sie noch hinzusetzen wollte, erstickten die Tränen oder des Vaters Arme, die das geliebte Kind umschlossen. Auch in seinen Augen perlte es, und dann legte er beide Hände auf ihre Stirn und segnete sie.

Die alte Muhme hatte es mit angehört. Als die Elsbeth fortgestürzt war in ihr Kämmerlein, sprach sie:

»Johannes! Die Säule wird nicht gebaut, die Pfeiler der Brücke werden nicht gestärkt. Der Brautzug wird nicht drübergehen, die Elsbeth wird nicht des Melchior Weib. Der Brautring fiel ins Mäuseloch. Ist eitel Hoffen, Johannes. Die Schumm werden so wenig verschlungene Hände machen mit den Rathenows, als der steinerne Roland stehen bleibt. Sieh doch, wie er wankt. Seine Zeit ist um.«

Zwölftes Kapitel

Wenn der Feind vorm Tor steht, läuten sie itzt nicht mehr mit den Glocken; außer es wär denn die Sturmglocke. Sonst ist's in einer belagerten Stadt totenstill, als wie ehedem, wenn das Interdikt darüberschwebte.

Und heut morgen läutete es von Sankt Nikolas und

Sankt Marien, und von Sankt Peter antwortete es. Auch die Franziskaner am hohen Hause und selbst am Sankt-Gertrauds-Spittel ließen sie ihr Glöcklein tönen. Aber nicht Sturmglocken; das war eine feierliche Weise, als grüßten sich die Türme, einer den andern. Die Markgräflichen draußen nahmen's für Spott. Konnt es auch sein, daß die Bürger drinnen also wenig sich um ihre Feindschaft kümmerten.

Da auf dem Berge, der der Tempelhofer heißt – und war er dazumal höher als itzt, aber Wald stand nicht viel drauf; hingegen zogen sich schöne und große Weinberge an seinen Geländen weit hin –, auf dem Berge hielten an dem Morgen etliche Reiter. Sie trugen markgräfliche Zeichen und strengten ihr Aug an, zu sehen, wie die Türme und Dächer der zwo Städte aus dem Nebel zum Vorschein kamen. Es war ein frischer Morgen, und der Nebel lichtete sich, und die Morgensonne rötete gar anmutig die Turmspitzen.

»Liegen die Nester doch als wie versoffen im Sumpf«, sprach der eine. »Man möchte den Fuß aufheben und sie neinstampfen.«

»Da müßtet Ihr auf einem größern Fuß gehn, Herr Busso«, sprach der andere. »Wenn man sie stampft, sie tauchen wieder auf. Ist eine gar zähe Natur in ihnen.«

»Aber der Punkt ist gut«, fuhr wieder der andere fort. »Hätten wir drei schwere Donnerbüchsen hier, das Kölln sollte doch zerlöchert werden wie ein Wespennest.«

»Das ›hätten wir‹ ist schon gut«, sprach der andere, »aber das ›haben wir‹ wäre besser. Leider haben wir's nicht. Der Markgraf darf's nicht wagen, die Geschütze aus Spandow über den Teltow hierherschaffen zu lassen. Da sind sie noch zu mächtig, und ist es wahr, daß der Zarnekow ihnen zu Hülfe zieht, so kann er sich selbst im Tempelhof nicht halten.«

»Die Pestilenz über den Zarnekow!« lachte Busso. »War ein Stier von Knochen, aber sein Leblang ein Kalb von Verstand, und muß zu solchem Ansehn kommen!«

»Ihr standet gut mit ihm.«

»Pfui, Ritter Bardeleben! Vergangenes muß man nicht aufrühren.«

»Es kann auch eine Zukunft drinliegen.«

»Ein Klumpen Fleisch mit ungeheuren Knochen. Eine Tür konnte man mit ihm einrennen, einen Graben füllen, aber die Seele mußte ein anderer blasen. Nun, mein ich, der Verstand muß einem guten Manne stillstehen, wenn solch ein Speckhaufen für sich hantiert und zu Nam und Ehren kommt.«

»Er kommt auch noch an den Galgen.«

»Das ist ein häßlich Wort, Bardeleben. Und bei alledem ist's doch lustig: diesen Köpkin, der ihnen ein Knecht Ruprecht war, nun rufen sie ihn, die Berliner. Man erlebt doch auch manches Frohe. Heiliges Kreuz! fast möcht ich wünschen, die Wirtschaft dauerte noch lang, um zu sehen, wie er drinnen mit den lieben Rittern von der Elle und von der Blutwurst umspringt. Sie konnten gar nicht besser gewählt haben.«

»Es blieb ihnen ja nichts anderes.«

»Es bleibt ihnen noch verflucht viel«, sprach Busso. »Sie haben bei uns, sage ich Euch, einen bessern Freund als am Zarnekow bei sich. Der wird sie's fühlen lassen, was seine Freundschaft kostet; ihr Freund hier wird sie so sanftiglich anfassen, daß uns die Freude verdorben ist. Wird's zum Sturm kommen? Zur Plünderung? Wenn wir drinnen sind, werden wir nur wirtschaften dürfen, wie der Zarnekow als ihr Freund tut? Gott bewahre, er zieht Euch Sammethandschuh an, wenn er durch die Bresche reitet. 's ist Nürnberger Blut in ihm, Krämer hält zum Krämer.«

»Meine, Ihr irrt Euch, Herr Busso.«

»Wollte der Himmel! Sollte mein schönster Irrtum sein. Aber was fackelt er so lange mit der Klage bei den Ständen? Was wird noch itzt, da wir schon schlagen, brennen, Gefangene machen, noch immer unterhandelt? Diese verfluchten Worte –«

»Machen die Sache um kein Haarbreit anders«, fiel der Ritter Bardeleben ein. »Es handelt sich nur um den guten Schein. Ich sage Euch, es kocht im Markgrafen, und den Blockzaun vergibt er ihnen nicht, bis ihre Mauern herunter sind. Ich kenne diese Hohenzollern. Sie scheinen langmütig und großmütig über die Maßen, aber einen Schimpf vergibt keiner. Er wird diese Herren kleinmachen und diese Reichen arm. Er wird seinen stählernen Fuß in die Stadt setzen, daß man nach Jahrhunderten den Tritt sehen soll.«

»Schon gut, aber was kriegen *wir*? Er braucht einen gegen den andern, aber alles für sich. Itzt läßt er uns galoppieren, aber einen Strick hat er um unsern Nacken, zieht uns zurück, wenn's ihm beliebt. 's ist aus, Bardeleben, mit der guten Zeit, wo wir frei waren. Und ihre kalten, ruhigen Blicke, die schaudern einem durchs Mark.«

»Hat er Euch so angeschaut? Ei, ei, Herr Busso, wie schnell Ihr die Sprache gewechselt. Man hielt Euch schon auf der letzten Staffel zu ihrer Gunst. Viele vergten's Euch, das Augendienen und Wortreden.«

»Sie sind zu klug, das ist das Elend. Man kommt ihnen nicht bei.«

»Was sie spinnen, das ist lang. Was am End draus wird, das weiß keiner«, fiel der Bardeleben ein. »Aber das weiß ich, bis zum End ist's auch noch lang. Und ohne Krieg kommt's nicht zu End, und kein Krieg ohne uns. Er braucht uns, und seine Nachfolger werden uns auch brauchen. Darum keine Sorge, Ritter Voß, er darf den Adel nicht kirr machen, er muß ihn frisch halten.«

Da hörte man die Glocken läuten, und sie verwunderten sich des. Der Bardeleben meinte erst, es werde ein Grabgeläut sein, aber der Busso schüttelte den Kopf. »So läuten sie keinen zur Ruh. Sie spotten unser; das klingt lustig wie zu Hochgeziten.«

»Das ist's auch«, rief einer, der heranritt. »Uns zum Hohn machen sie Hochgeziten. Es ist heut Hochzeit drinnen; der Melchior Schumm führt die Else Rathenow heim.«

»So soll doch das Wetter dreinschlagen, und wir frieren hier!« rief Herr Busso.

»Ja, zu Hochzeitfesten sind wir hier nicht beisammen«, sprach der Hinzugekommene, der kein anderer war als der Baltzer Boytin.

»Und zu unserer Ehr auch nicht«, sagte der alte Bardeleben und sah etwas scheel auf den Roßkamm.

»Euch ist das auch nicht an der Wiege gesungen«, sprach der Busso, »daß Ihr eine große Fehde führen würdet und gute Ritter fochten zu Euch.«

»Ihr Herren«, entgegnete der Roßkamm, »es ist manchem nicht an der Wieg gesungen, daß er die Katzenpfote sein wird, damit der Aff sich die Kastanien aus den Kohlen holt.«

»Was bringt denn mehr ein, der Roßhandel oder der Menschenhandel?« fragte ihn höhnisch der alte Bardeleben.

»Es kommt drauf an, wie die Rosse sein und wie die Menschen sein. Die am gelehrigsten sind und nicht ausschlagen, wo sie's nicht sollen, sagte mein Meister, das wären von beiden Arten die besten.«

»Hol mich der Teufel«, rief Busso, »ich möchte das Geld haben, was der Markgraf dem Roßkamm zahlt. Judas verkaufte seinen Herrn für dreißig Silberlinge; nun sag du, was kriegst du für all die Seelen, die du ihm in den Nestern da verschacherst?«

»Judas, ihr Herren, war ein Schelm und verriet seinen Herrn. Wie hoch das bezahlt wird, müßt ihr am besten wissen. Ich war ihr Bürgermeister und wollte sie zur Schuldigkeit anhalten gegen ihren Herrn. Das wird allerwegen bezahlt mit einer Münze von Blei. Die heißt Undank.«

»So ich der Markgraf wär, wüßt ein gut Geschäft«, sprach Busso.

»Seine Gnaden macht immer gute Geschäfte, so ihr nicht dabei seid.«

»Wo er die Roßkämme zu Ratgebern hat, kann's freilich nicht fehlen.«

»So er die Juden aus dem Land jagte, würden wir einer Plage quitt. Müßt aber jeder Jude einen Junker auf dem

Rücken mitschleppen, dann würde die Litanei um zwei Bitten kürzer.«

»Die Juden greifen dir wohl sehr ins Handwerk, Roßkamm?« sprach der Bardeleben.

»Die armen Juden kommen sehr zu kurz, wo die Junker alles vorwegnehmen.«

»Mein Handel ist ein anderer«, sagte Busso. »Wär ich der Markgraf, kriegt ich die Städte ohne Schwertschlag.«

»Eure Zunge schlägt freilich schärfer, wenn Ihr gute Leute verredet.«

»Weißt du, Roßkamm, um was die Städte sich umsonst gäben?«

»Um keinen Gotteslohn.«

»Richtig. Der hat auch nichts damit zu tun. Als Gott Himmel und Erde schuf, ließ er dem Teufel auch etwas, damit er nicht neidisch würde. Der schuf dann die Roßkämme.«

»Steht's in Eurer Chronik so? In meiner heißt's anders. Die Ritter liefen anfangs zu Fuß rum, und da wurden sie überall gekriegt und gerichtet. Da erbarmte sich der Teufel ihrer und stahl den Roßkämmen ihre Tiere. Seitdem sitzen sie auf dem hohen Pferd, und die armen Roßkämme müssen suchen, wo sie mit schwerem Geld Rosse auftreiben.«

»Laßt das Wortzanken. Was kommt denn da geritten«, sagte Bardeleben.

»Bin ihm nur noch den Rat schuldig«, sprach Busso. »Ich, wär ich der Markgraf, *dich* verkauft ich den Städten. Für die Freude, dich am Galgen baumeln zu sehen, gäben sie sich. Was gilt die Wette?«

Da unterbrach sie Trompetengeschmetter, Harnische rasselten, Pferdegewieher und Staub flog auf von der Gegend des Tempelhofs her.

»Heiliger Christ!« schrie Busso. »Es geht los.«

»Der Markgraf!« rief Bardeleben.

»Feinde!« der Baltzer, und sie kehrten und gaben ihren Rossen die Sporen.

Davon hörten die in Berlin nichts. Dort schallten nur

die Glocken, und was nicht auf den Mauern stand und an den Toren, war auf den Beinen. Wieviel Sonntagswämser sah man da! Alle Fenster waren voll, wo der Zug vorbeikam. Bänder und Tücher hingen aus den Fenstern. Über die Türen hatte man Tangerzweige gesteckt und die Gassen sauber mit weißem Sand bestreut. Als der Zug langsam den Berg nach Sankt Nikolas hinaufstieg, da konnte man sie am besten sehen. Die Anzüge der Herren und Frauen von der Schummschen Sippschaft, die waren doch so prächtig, man traute seinen eignen Augen nicht. Der Herr Melchior hatte wieder ein Wams von weißem Atlas und item solche Hosen und Schuhe, aber das war geschlitzt und gerissen und an den Gelenken so weit aufgepufft, daß er zwei Ellen maß in der Breite, und konnte seine Braut nur führen, indem er den Arm weit ausstreckte. Über dem Wams aber trug er einen kurzen Oberrock von Sammet, karmesin war die Farbe, und mit dem reichsten Rauchwerk ausgelegt. Vielen dünkte das doch zu prächtig, auch für einen so reichen Patrizier. Die Elsbeth war ganz weiß angezogen, aber es sah keiner auf ihren Anzug. »Ach wie schön sie ist!« sagte eine zur andern. Und andere sagten wieder: »Ach wie blaß sie ist!« – »Sie ist wohl krank«, meinte einer. »Das macht die Freude«, sagte der andere. Noch andere meinten, das komme vom Nonnenkloster her, darin sie fünf Jahr gewesen. – »Es ist hübsch von den Schumms, daß sie sie doch noch nehmen.« So redeten sie vieles hin und her, aber leis, und sahen's nur wenige, wie sie da an der Ecke wankte und sich ein Riechfläschchen geben ließ. »Sie ist matt; es geht so langsam.«

Weiß der Himmel, woher es kam, es war doch alles, was sich schicket, da, und noch mehr, und wenn die Glocken innehielten, spielten die Geiger und Pfeifer; aber es war nicht so lustig, als es bei einem Brautzug ist. Das fühlten sie alle, und sah einer den andern an. »Der Feind ist vor den Toren«, meinten einige. »Das wird die reichen Schumms kümmern!« – »Und die Rathenows noch weniger!« sagten andere.

»Gott weiß«, sprach ein anderer, »wo die Rathenows dabei sind, da nimmt alles ein ernsthaft Gesicht an. Wenn man auch noch so froh war, man muß die Miene verziehen.«

Und ein zweiter zeigte auf die Frau Eva Brakow, die doch unter ihrem Schmuck schier erlag, die kleine hübsche Frau. »Die Elsbeth Rathenow ist auch was«, sagte er, »man muß es ihr lassen; aber die Eva Brakow ist schöner. Das ist doch rot und schmuck und gefällt einem jeden, und ein jeder weiß, was er hat.«

So flüsterten die Leute unterschiedliches, und es fehlte auch an Neidischen nicht, die's dem einen und dem andern nicht gönnten und über die Geschlechter sprachen, die von den andern zehrten, und mochten alle ins Unglück kommen, sie blieben immer obenauf. An der Kirchtür war ein entsetzlich Gedräng. Ja, an der Hauptpforte, die auch nur klein ist, da war es so voll von Neugierigen, daß die Brautleute, wer möcht es glauben, nicht durch konnten. Sie hätten erst müssen, die drinnen waren, herausreißen, und wer konnte das, und wo sollten sie hin? Also entschlossen sie sich schnell, rechts umzubiegen, um durch das kleine Pförtlein da an der Seite hineinzukommen. Das deuchte vielen schon ein bös Zeichen. Aber auch da war es voll, und Herrn Melchior wurden die Puffe am linken Ärmel und an beiden Knien abgerissen. In der Pforte selbst, da fiel der Braut ihr Myrtenkranz vom Kopf. Es war ein Glück, daß es wenige gesehen hatten, und Herr Dietrich Wyns, der dünn war, als wir wissen, drückte ihn ihr rasch wieder ins Haar, aber verkehrt.

In der Kirche brannten hundert Kerzen, und der Weihrauch duftete hinauf bis in die schönen hohen Gewölbe, und die Goldkugeln an den Säulen und die Goldlichter an den Kanzeln und Altären flimmerten herrlich. Am Altar stand der würdige Propst, Herr Franz Steeger, und um ihn seine Diakonen und die Chorknaben mit weißen Hemden und rotem Überwurf. Die schwenkten die Weihkessel. Da ward jedermann wohl recht bewegt zumute. Nun trat das Brautpaar vor ihn hin und um sie her alle von ihrer Sippe, und von den Patriziern beider Städte fehlte doch nicht einer. Die Rede war sehr schön, aber die Braut hörte kein Wort. Ihr war es, als ob die Kirche ganz finster wäre und lauter Nebel wogten darin und Irrlichter blitzten und der Boden wanke unter ihr. So mag wohl mancher Braut zumute sein. Dem Melchior deuchte die Rede zu lang. Der Propst sprach viel von der Stadt und dem gesegneten Bündnis, das ihr Einigkeit und Kraft verspreche, und brachte auch lateinische Worte und Sprüche hinein. Herr Schumm hatte es bestellt, ob er auch nicht Latein verstand. Denn die lateinische Sprache ist eine außerordentliche und fürnehme Sprache, darin die alten Kaiser redeten; und um einen gemeinen Mann zu trauen, redet der Priester nicht lateinisch.

Nun fragte er, als wie der Priester tun muß, ob er, der Melchior, sie wolle, und sie, die Elsbeth, ob sie ihn wolle, und die Ringe hielt er, um sie zu wechseln in der Hand. Da war es, als ob eine Verzückung die Jungfrau überkomme. Sie sah nicht den Priester an und nicht den Verlobten, sie sah seitwärts nach dem Tor. Ihr Auge strahlte wunderbar, ihre Lippen öffneten sich wie im Krampf, sie hob sich auf den Zehen und zitterte; aber das war ein Zittern, wie wenn man einen Toten sieht, der uns erscheint. Und auf die Frage des Priesters: »Willst du ihn?« antwortete sie: »Nein!« Und als sie's gesprochen, zitterte sie noch einmal, als brächen ihr alle Gelenke, und dann schlug sie auf den Boden nieder, und der Brautkranz rollte weit von ihr.

Was für ein Aufruhr da in der Kirche entstand, mag jeder sich selbst vorstellen. Aber wenn er nichts weiter wüßte, würde er sich doch sehr irren. Das »Nein«, was die Jungfrau sprach, und sie sprach es nicht mit Willen, sondern sie war nicht mehr bei sich, das hatte niemand von allen gehört als ihre Muhme, die Gertraud, die neben ihr stand, und sie fing sie in ihren Armen auf; sonst wäre das arme Mädchen mit dem Kopf blutig geschlagen. Der Melchior hatte »Ja« gesagt, und mit solcher Stimme, daß niemand das »Nein«, das ein schwacher Mädchenmund sprach, hören konnte. Und daß eine Braut, die schon schwach war, als sie zur Kirche zog, dort niedersinkt und in Ohnmacht fällt, das ist selten, aber es ist in alten Zeiten doch auch vorgekommen. Gut ist es nicht; aber es ist nicht alles gut, was doch wahr ist.

Der Aufruhr, der entstand, war aber von ganz anderer Art. Es stürmte nämlich zugleich von allen Glocken, und draußen schrie es, daß die Fenster bebten: »Feinde!« – »Feinde!« – »Zu den Waffen!« Und die Sturmglocken tobten dermaßen, daß man wußte, es war äußerste Gefahr und kein Augenblick zu verlieren. Da stürzte denn alles, Patrizier und Volk, zu den Kirchtüren hinaus, daß mancher so zerquetscht wurde, daß er liegenblieb und nicht den Spieß ergreifen konnte, wie die andern taten. Denn ein wie herrlich Schauspiel eine Hochzeit auch ist, das Gemeinwohl einer Stadt ist doch mehr wert, und wo das Haus überm Kopf brennt, da läuft der Tanz auseinander. In dem Aufruhr nun sank die Jungfrau Elsbeth zu Boden, und die Sturmglocken tobten über ihr wie Donner der Zerstörung, und das fiel keinem auf.

Da sie die Augen aufschlug, war sie allein; nur die Muhme kniete neben ihr, die sah wahrhaftig nicht hochzeitlich aus in ihrer grauen Flügelhaube.

»Wo ist er?« fragte sie, und ihr Aug schaute in die Weihrauchwölklein, so oben an der Decke hin und her strichen.

»Fort! fort! Alles ist fort. Es ist nicht Hochzeit.«

»Nicht Hochzeit?« rief die Jungfrau, und ihr Augen leuchtete fast vor Freude.

»Krieg ist«, sprach die Muhme.

»Aber ich sah ihn doch.«

Da zerpflückte Gertraud die Myrten und riß den Kranz auseinander.

»Kann nie Hochzeit werden, wo die Ringe ins Mausloch rollen und die Kränze fallen vom Haupt der Braut. – Torheit! Torheit! Es kommt ein anderer Bräutigam.«

Die Trommeln und Trompeten draußen ließen sie nicht ausreden. Noch einmal kam Herr Johannes zurück und küßte sein ohnmächtig Kind, denn sie war wieder in die Arme der Muhme gesunken, und dann eilte er fort und hieß Gertraud die Kranke nach Haus schaffen.

Dreizehntes Kapitel

Am Abende des Tages redete man wenig zu Berlin, und zu Kölln auch nicht, von der unterbrochenen Hochzeit und am folgenden Tage desgleichen nicht. Da hatten sie von andern Dingen zu sprechen und sich zu unterhalten. Da wurden die Verwundeten gepflegt und die Toten begraben. Da brannten die Feuer auf allen Herden, und große Kessel brodelten darüber. Auch auf den Plätzen loderten hie und da Feuerbrände, und man schaute wilde Gesichter mit großen Schmarren und fürchterlichen Bärten. Man hatte sie nie vordem in Berlin gesehen, und ihnen war's auch fremd, das schaute man an ihren neugierigen Blicken, damit sie alles anstaunten. Man konnte sich wohl vor ihnen entsetzen, begegnete man ihnen allein; aber die Bürger verkehrten mit ihnen als mit lieben Freunden und brachten ihnen in Körben Brot und Fleisch und Bier und tranken ihnen zu. Und die Speicherhäuser und manche Bude wurden aufgeschlossen, daß die Bundsgenossen drinnen übernachteten. Und ihr Hauptmann ward in das hohe Haus gelegt in der Klostergasse, wozu freilich mancher, und Johannes Rathenow voran, den Kopf schüttelte und dagegen sprach, denn sie hatten ja auch ihre Gefangenen dahinein gelegt; aber wo sollte man ihn unterbringen! »Wollt Ihr ihn in Euer Haus nehmen?« fragte ihn der Blankenfelder. Und so wollte keiner dran, auch die nicht, die größere Häuser hatten.

Als sie ihre Gefangenen zählten und ihre Namen, nämlich was gute Leute waren, im Rathaus verschrieben, da wunderten sich die Herren doch selbst. So viele und so ansehnliche Ritter waren darunter. Ein Barfuß, Rohr, zween Sydow, Hanneke Arnim, Balthasar Röder, der junge Schulenburg, Lüdecke Stechow, der Wilkin Quast, auch sein Sohn Ruprecht und sein Neffe, der junge Tydecke. Item Busso Voß und noch mancher Mann. Viele waren arg zugerichtet und zerklopft, und sie nahmen ihnen nur ihre Schwerter ab und gaben ihnen ritterliche Haft dort im hohen Hause. Zuvor aber bekamen sie einen Ehrentrunk, als es sich schickt. Als Busso Voß seinen Becher geleert und dem Hoppenrade, der ihn gefangen, die Hand schüttelte, sprach er: »Heute mir, morgen dir.«

Die paar Herren im Rat, die den Abend da noch zusammenblieben, waren sehr müd. Sie hatten alle mitgeschlagen und trugen Beulen und Quetschungen. Die Verwundeten wurden zu Haus gepflegt. Sie ratschlagten, was Thomas Wyns vorgeschlagen, daß sie morgen in Sankt Petri und Sankt Nikolai für den Sieg, den Gott der Stadt geschenkt, ein Tedeum singen ließen.

»Ist's denn ein Sieg?« sprach Konrad Ryke. »So wir unsere Gefangenen zählen, ja. Wenn aber der Kurfürst im Tempelhof seine zählt, meint ihr nicht, daß der auch läuten und singen läßt? Sankt Nikolaus bewahre uns vor einem zweiten Siege, der so ist wie der!«

Und als sie überrechneten, wer von ihnen gefangen war, da verzogen sich ihre Mienen, und sie sahen sehr traurig aus. Dem Pawel Strobant, der dreingestoßen und -geschlagen wie ein Auerochs, hatte der Tile Kracht das Ohr abgehauen, und war gefangen worden. Item Herr Garnekofer, Herr Bergholz, Herrn Mathis Blankenfeldes Neffe, der ausgelassene Wilfried, auch ihr guter Stadthauptmann, der Ritter Ruthnik, desgleichen der fremde Ritter, den keiner kannte, und noch mancher mehr. Und wie mancher war verwundet! Herrn Peter Brakow war eine Lanzenspitze durch die linke Hand gefahren. Umgekommen waren nicht viele, und das waren nur schlechte Leute, die man niederhaut, und man fragt nicht viel, wie sie heißen.

»Item«, fuhr Herr Konrad Ryke fort, »der Sieg war ein Sieg für die Stadt, aber für die guten Häuser ein trauriger Sieg. Und was würden unsere Weiber sagen, wenn sie die Glocken läuten hören und bei ihnen zu Haus ist's still; und wir singen und preisen den Herrn, und *ihr* Herr wimmert auf dem Bett. Der Sieg hat uns gerettet aus *einer* Gefahr, dafür wir Gott danken mögen im Herzen; aber's nicht laut machen, daß wir die zweite Gefahr nicht vorrufen. Der Sieg hat uns schwach gemacht, uns von der Stadt, ich sage nicht mehr, und zumal uns von den Geschlechtern. Ob von den Gewerken ein sechzig verwundet liegen und ein Dutzend gefangen sind, merken sie's? Wir merken's. Wir haben nicht mehr, um auf den Mauern und an den Toren zu kommandieren. Die Zunftmeister sind da Herren, und sie brüsten sich ihrer Macht.«

Der Meinung war auch Johannes Rathenow, und er sprach's gradheraus: »Wir haben Helfer in der Stadt, denen wir Dank schulden, aber was sie mehr fordern, das wissen wir nicht. Wir haben sie nicht gezählt, wieviel ihrer sind; aber sie liegen in allen Straßen und gehorchen einem aufs Wort, derweil bei uns keiner regiert, sondern wenn wir die Zünfte aufrufen wollen, da müssen wir mit den Zunftmeistern beraten und sie bitten, und es kommt heraus, und sie wissen's vor uns. Wir waren frei, und nun haben wir eine Besatzung, und das hohe Haus, das wir dem Markgrafen abgenommen, haben wir dem Zarnekow gegeben. Lieben Herren, wir dürfen noch nicht triumphieren und Loblieder singen; wir müssen unsere Augen auf haben und unsere Ohren spitzen, denn der Köpkin kann uns ein Herr werden, schlimmer als der Markgraf.«

Da beschlossen sie denn, kein Tedeum zu singen. Und es traf alles nur zu bald ein, wie es die Herren gefürchtet. Schon anderntages forderte der Zarnekow ein Schmerzensgeld für seine Leute, die ihm an der Landwehr gefallen, für jeden Kopf ein Schock Groschen, und dito Schmerzensgelder für die Verwundeten, und täglich sollten sie einen Ochsen braten für seine Leute und fünf Schweine, außer was sie an Fischen, Brot und Zukost forderten. Es gab da viel Unterhandlung hin und her, aber am Ende mußten sie's doch geben. Und wie ein Sultan lag der Zarnekow im hohen Hause auf der Bärenhaut und kam nicht raus und ließ kaum einen vor sich, er mußte denn lange warten. Das tat er, um sie zu kränken; und man merkte es, er hatte den Groll nicht vergessen, den er gegen die Berliner trug, ob er's im Vertrag auch abgeschworen. Doch davon nachher.

Den Gemeinen war der Sieg zu Kopf gestiegen. Da hallten die Küchen und die Schenkstuben wider von Erzählungen, und von den Zünften wollte jede das Beste getan haben. Wer alle angehört, der hätte gar nichts gewußt. Und es hielt auch schwer, klarzuwerden, wie es eigentlich zugegangen. Jeder hub da an, wo er mit den Seinen hinausgekommen vors Tor, und das vorher war nichts. Da sie nun aber unterschiedlich, eine Schar früher, die andere später, ins Gefecht kamen, so wußte jeder was anderes; und wie es dazu gekommen, ob der Köpkin aus freien Stücken den Markgrafen im Tempelhof angegriffen oder ob der ihn angegriffen, als er gen Kölln zog, das wußte in den ersten Tagen keiner und nachmalen auch nicht. Denn der Köpkin rühmte sich fast, als hätte er alles allein getan. Dem war aber nicht so. Denn nachdem sie auf der Höhe scharmutziert, war er mit seinen Gesellen den Berg hinuntergedrängt worden, auf die Wiesen zu, die die Myrica ehedem hieß, und itzt steht darauf die Friedrichstadt, und hier wär's ihm schlimm gangen, wären die Bürger nicht zu rechter Zeit rausgebrochen durchs Teltower Tor. Zuerst kamen die Lohgerber und Wollenweber und dann die Schuhmacher unter Herrn Garnekofer und etliche von den Geschlechtern zu Pferd. Die hätten's allein auch nicht ausgemacht, denn der Tile Kracht mit seiner Schar drang bis an den Werder vor. Aber er war zu hitzig und sah nicht, daß immer mehr rauskamen. Da wurden viele abgeschnitten, und die Barfuß, die Sydow, Arnim und auch ein Wedel wurden gefangen. Nachher zog sich's gen Morgen nach der Spree zu; aber nun strömten sie nur so, die Gewerke und die Herren, zu Fuß und zu Roß, Berliner und Köllner, über die Brücken, die itzt von der Raschergasse (die heißt nun Roßstraße) nach Neukölln führt. Da gab's ein Hetzen, und die Schilder und Harnische klirrten, und Wunden gab's auch; Beulen aber noch mehr. Die merkt man auf die erst nicht; nachmalen schmerzen sie desto mehr. An dem Graben nach Treptow zu, der die Landwehr hieß – nachmalen hieß er der Schafgraben (und heißt jetzt wieder der Landwehrgraben), aber er floß weiter von der Stadt – da ging's am hitzigsten zu. Ja, hätten die Städter einen Feldhauptmann gehabt, es wär den Rittern schlimm gangen, als sie die in die Brüche um Treptow drängten. Der Berliner und Köllner, auch ohne des Zarnekow Bande, waren mehr als der Markgräflichen, aber sie waren aus den Toren gebrochen, wie man aus dem Haus läuft, wenn's heißt: »'s ist Feuer!« Kaum daß alle die Haube aufhatten und den Küraß um die Brust, und die Zünfte rückten an unter ihren Meistern, wie sich's schickte, das heißt, es war ungeschickt alles, und stießen sich untereinander mit ihren langen Spießen. An Mut fehlte es ihnen nicht. Aber der Ritter Ruthnik, der kommandieren mußte, kam zu spät. Er war auch in der Kirche gewesen und hatte nicht rausgekonnt im Gedränge. Und als er sich nun schnell wappnen ließ, da riß ein Riemen nach dem andern. Und als er über die Brücke sprengte, schlugen ihm schon wieder die Schienen um die Beine. Er wollt es nun nachholen, was er versäumt, und setzte beide Sporen dem Roß in die Weichen, was ihm auch die Schumms und Brakows, die hinter ihm waren, zuriefen. Sie konnten nicht mit. Da war er mitten in den Feinden, das Roß stürzte auf die Vorderfüße, und ihm fliegt der Helm ab. Da mußt er sich geben. Es tat ihm in der Seele weh; denn er war ein guter Ritter und meinte es ehrlich mit der Stadt. Die Schumms wollten ihn raushauen, aber Herr Bartholomeus kriegte von einem Itzenplitz einen Stoß mit der Lanze, daß er selbst aus dem Sattel flog. Nahm keinen sonderlichen Schaden; aber 's tat ihm so weh, konnte den Tag nicht mehr aufm Pferd sitzen.

Den Markgräflichen ging's am Graben und dort in den Elsenbrüchen auch nicht besser. Da wurden die meisten gefangen. Viele machten sich aber auch wieder los. Fritz Rohr, der tolle, der wollte sich durchaus nicht geben. Die Knochenhauer waren hinter ihm, und sein Roß war durchstochen; da sprang er ins Schilf und stak drinnen bis an den Bauch. Die Knochenhauer lachten und schrien ihm zu, er sollte sich doch geben, er sollt's gut haben, aber er schimpfte auf sie, was das Zeug hält. Davon heißt's im Lied:

Was vor ein Sperling steckt im Rohr
Und schimpft als wie begossen?
Das ist der tolle Fritze Rohr,
Der wäre gern in Zossen.

Nämlich hatte ihm dazumal der Kurfürst das Burglehn in Zossen gegeben, aber nur für seine Person. Nachher als sie die Knochenhauer wieder gejagt, halfen ihm der eine Schlippenbach, der Kurt Saldern und ein Mann, der hieß Wiedewald. Die legten ein Brett rüber; aber der Schlippenbach glitt aus, und nachher mußten sie ihn mit Stricken herausziehen, wie es heißt:

Kurt Saldern sprach: »Ach Fritze Rohr,
Hat dich ein Pfeil getroffen?«
»Die Pest«, sprach er. »Ich steck im Rohr
Und bin beinah versoffen.«

»Ach, lieber, lieber Wiedewald!«
So sprach der Schlippenbacher,
»Der muß sein wiederhergestallt;
Was sollen wir da machen!«

Sie haben ein Brettlein untergebreit't.
Da fiel der Schlippenbacher.
Den beiden tat es herzlich leid,
Fritz Rohr, der mußte lachen.

»Da hilft allein ein guter Strick«,
Sprach Wiedewald, der Treue.
»Den werfen wir ihm ums Genick
Und ziehn ihn dann ins Freie.«

Hat man gesehn das auf der Welt,
Daß Ritterhände henken!
Geschleift mit einem Strick ein Held,
Und's tät ihn doch nicht kränken!

Hätte sich der Fritz Rohr den Knochenhauern gegeben, es wär ihm auch nicht schlimm gangen. Denn sie waren ihm gut, weil er so toll war. Hatten früher schon viel Kurzweil mit ihm gehabt, denn er hatte ihnen manchen Ochsen verkauft; und auf einen, der geschlagen war und losbrach, hatte er sich rasch geworfen, und weil er seine Hörner faßte, war er auf ihm geritten durch die Stadt, bis er ihn wieder ins Fleischhaus zurücktrieb. Das hatte ihm die Metzger zu Freunden gemacht, und wenn er in Berlin war, bewirteten sie ihn in ihrer Herberg und freuten sich, daß er ihnen die Ehre tat. Das wäre ihnen nun gar große Ehre gewesen, wenn sie ihn gefangen hätten, und würden ihn gehalten haben fürstlich und in einem Scharlachpelz in ihrer Herberg ausgestellt alle Mittag, daß die Leute ihn sähen. Den Pelz hätten sie ihm nachher geschenkt auf das Lösegeld. Aber ist recht gut, daß es so kam, die Knochenhauer sind ohnedem übermütig genug.

Ja, hätten die Schneider den Baltzer Boytin gefangen, das wäre eine andere Sache gewesen. Und nahe war es dran. Mit dem Spieß und Schwert wissen die Schneider nicht viel zu tun; aber sind gute Armbrustschützen. Der Hans Zademack hätte fünf Schock Groschen drum gegeben, wenn er ihn lebendig gekriegt, so erbost war er auf ihn. Aber die Schneider waren zu Fuß, und als er sah, wie es ging, machte der Baltzer kehrt. Aber der Zademack schoß ihm einen Bolzen nach, der fuhr ihm ins dicke Fleisch, da wo kein Harnisch ist. Drei Wochen konnte der Roßkamm auf keinem Pferd sitzen, ob er sonst schon gesund war. Die Wunde war nicht arg.

Aber darauf kamen die Schneider ins Gedränge. Mit ihren Spießen wußten sie da im Elsenbruch nicht zu hantieren und versanken selber bis ans Knie. Da ließ der alte Bardeleben seine Reiter absitzen, und die kurfürstlichen Jäger mußten vor. Das Herz schlug den Schneidern. Die Armbrüste krachten, und die Bolzen zischten. Das meiste flog freilich in die Büsche, aber mancher Gesell mußte auch dran glauben. Von da an ging's den Städtern schlecht. Der Zarnekow hatte vollauf zu tun, daß er sich mit seinen Leuten hielt gegen den Tile Kracht und seine Ritter; und der Marschall Heine Voß, Ewald Schenk und Dietrich Waldow mit vielen markgräflichen Herren, die hatten die Städtischen schon fast abgeschnitten von der Brücke und heizten ihnen ein im Rücken. Da ward dem Pawel Strobant von dem langen Treskow das Ohr abgehauen und ward mit vielen von den stolzen Herren gefangen. Itzt aber war es, wo die schwer Geharnischten durch die Fischerstraße trabten nach der Brücke, und sie kamen grad noch zum Rechten an. Es waren die besten von den Knochenhauern, auch zween Brauer und die Kupferschmiede und drei Blechschmiede, die Pferde hatten. Alle von Kopf bis Fuß in Harnisch, oder sie hatten Lederwämser an und Kettenhemden drüber. Die meisten mit Helmen und einem Sturz vor, und führten Streitkolben mit Stacheln. Wo die trafen, wuchs kein Gras. Manches Mal ist es gut, wenn einer sich hastet; manches Mal aber auch nicht. Wir sahen's am Ritter Ruthnik. Daß die Knochenhauer sich Zeit nahmen, sich ordentlich zu wappnen, und sie konnten es mit den geharnischten Rittern aufnehmen, das entschied an dem Tage, und ohnedem wäre Berlin schon da eingenommen worden, und wenn sie mit Sturm einbrachen, wer weiß, wo itzt Berlin stände.

Vor denen ritten zweie, der eine war Bartz Kuhlemey, itzt der Knochenhauer Altmeister, und neben ihm ein Ritter, den keiner kannte, in einem silbernen Harnisch und mit geschlossenem Visier. Auf dem Rücken flog ihm eine Pantherhaut, und auf dem Helm hatte er einen goldenen Hahn. Sein Roß war arabische Zucht, als man unter dem reichen Waffenschmuck sehen konnte. Aber bald sah man nichts mehr von ihnen, denn sie sprengten unter die Feinde, wie das Pardeltier, das sich in eine Herde wirft. Es ist mitten drinnen, und man sieht nur das Drängen und den Staub und hört das Geschrei. Zuerst trug der Ritter das Banner der Knochenhauer hoch über den Häuptern, daß alle es sahen. Als sie nun aber an die Feinde kamen, schleuderte er es einem andern zu, und mit eingelegter Lanze fuhr er unter sie, und kaum einen Schritt hinter ihm flog der Bartz Kuhlemey. Und sie trafen auf keine schlechte Leute. Aber ob's auch die Besten waren, sie mußten ihnen doch Platz machen. Und das half. Die waren frisch, und die um den Tile Kracht und den Heine Voß waren schon matt.

Es waren die besten Ritter, Otto und Gerhard Schliefen, Bernhard Lossow, der rote Hans Kröcher und Fritz Kerkowe. Der Heinrich Osten, Hans Wedel und Heinrich Borke, die drei, die immer Kumpanei halten und im Krieg in einem Zelt schlafen. Heine von Schlabrendorf, Götze von Redern, Fritz Blankenburg, der kleine; auch ein Biberstein und ein Rochow. Da war Walther Ziethen, Dietrich Carpzow, Heinrich von Barby und Balthasar von Schenkendorf. Die mußten alle kehrtmachen; so prallten die Knochenhauer an und die hinter ihnen drein. Es war eine Jagd, und der Staub wirbelte hoch wie der Berg. Das gab den Ausschlag für die Städter. Die andern Zünfte ließen sich nun nicht mehr treiben; sie trieben selber, und der Zarnekow schlug wie toll um sich. Seine Leute aber, die machten sich bald an die Gefangenen und Toten, und da wurden drei große Haufen von Kleidern, Schuhen, Sattelzeug und Waffen aufgetan. Das verstanden sie, und kümmerte sie wenig mehr, daß es drüben am Berg noch heiß herging.

Als sie am Berg waren, hatten die Ritter kehrtgemacht, und da die Knochenhauer nun sahen, wie viel ihrer waren und wie wenig sie, da die andern zurückgeblieben, da machten sie auch kehrt. Und im Staub hatten sie nicht gesehen, daß ihre Anführer nicht bei ihnen waren. Die Kupferschmiede waren zuerst linksum und mußten nachgehends viel darum leiden, ob sie doch nicht anders taten als die andern und hatten sich bis da wacker rangehalten. Da wurden die beiden Anführer gefangen. Der rote Kröcher hieb den Altmeister vom Pferde, und da mußte er sich wohl geben. Der Ritter im silbernen Harnisch wehrte sich wie besessen, aber was konnte einer gegen die vielen aufkommen. Alle sahen's mit Verwunderung. Eilf von ihnen hatte er verwundet, dem Heinrich Barnekow den kleinen Finger abgehauen; endlich da er matt wurde, man sah's, wie der Arm ihm nur hinkte, und wenn er runter war, konnt er ihn nur mit Mühe heben, da rief ihm Heine Schlabrendorf zu: »Gib dich, auf Ritterwort. Hast als ein Ritter gehauen, sollst als ein Ritter gehalten werden.« Da gab er sich denn. Das Schwert saß ihm aber so fest in der Faust; konnte man's ihm kaum rauswinden. Und als sie ihn vom Roß heben wollten, konnte er keinen Schenkel rühren und fiel wie tot hin vor Erschöpfung. Dietrich Carpzow schlug ihm das Visier auf. »Den Mann kenne ich nicht«, sagte er, und es kannte ihn keiner. Da der Kuhlemey schwer verwundet war, konnte er's ihnen auch nicht sagen, und daher wußten sie's an dem Tage weder bei den Markgräflichen noch in den Städten, wer der Mann war.

Anderntages sangen sie in den Gassen das Liedlein, darin es heißt:

Was Wunders sah man in Berlin
Und auf der Bruck von Kölln!
Die Gewerke gegen den Markgraf ziehn,
Die Schmiede auch mitwölln.

Was rasselt solch ein Kupferschmied,
So er im Harnisch steckt?
Er denkt, davor der Feind entflieht,
Denn blinder Lärm erschreckt.

Da niest ein Ritter auf dem Pferd,
Oje, was mußt er das!
Die Kupferschmiede machten kehrt,
Und alle leichenblaß.

Das Kupfer wird doch sonsten rot,
Wenn man es schlagen tut,
Ja, gäb's ein Pulver für den Tod,
Sie kriegten auch noch Mut.

Drum raßle, praßle, was du kannst,
Ach lieber Kupferschmied,
Und wem das Liedlein du verdankst,
Das ist ein Nagelschmied.

Stehn sich so nahe die Nagelschmiede und die Kupferschmiede, denn beide machen Lärm, daß man nicht schlafen kann, und können sich doch nicht ausstehn. Und war wohl damals Zeit, solche Spottlieder zu machen in den Städten? Es ging zum Letzten. Aber besser du die Toren.

Vierzehntes Kapitel

»Freilich ist keine Zeit zu eitlem Gepränge und Banketten«, sprach der Vater, »denn es ist schlimme Zeit. Aber so die Wasser die Deiche durchbrechen, da klammern wir uns auch an ein schwaches Brett, und wer ertrinken muß, der hält sich an einen Weidenzweig, so er ihn auch mit sich reißt.«

»Ist so schlimm die Zeit?« sagte die Jungfrau, und ihr stattlich Festkleid und der Schmuck, den sie um den Hals trug, schickte sich wenig zu dem blassen Antlitz und der Träne, die immer wieder aus den Wimpern vorquoll, was sie auch Mühe nahm, sie fortzuwischen. So saß sie da, ihr Blick auf die Dielen, ein Bild der Trauer.

»Sie ist schlimmer, als wir uns denken mögen. Wir sind schwach in den Mauern, und der Markgraf wird stärker jeden Tag. Unsere Dörfer hat er besetzt. Unsere

Einkünfte bleiben aus, die Zufuhr zu Land und Wasser schneidet er uns ab. Das möchten wir ertragen und Mut schöpfen, denn im Kriege ist Wechsel, und dem Unverzagten kommt das Glück unverhofft. Aber die Uneinigkeit ist wieder groß bei uns. Was murren und grollen nicht wieder die Gemeinen, was streiten nicht die Zünfte, was werfen sie uns nicht vor und schreien ins Rathaus hinein. Und wäre es das nur! Nun aber ist auch den Geschlechtern schon das Feuer gekühlt. Der und jener sitzt da und brummt im Rat, daß seine Güter und Höfe besetzt sind und gebrandschatzt werden vom Markgrafen. Sie murren, daß sie geben sollen, und nähmen doch nichts ein. Da erwacht wieder der alte Neid der Familien. Da messen sie auf der Goldwaage, was jede getan und jede verloren. Und du darfst nichts vorbringen zum gemeinen Besten, sie munkeln doch, du hättest für dich andere Absichten.«

»Vater, das wird anders werden. Ich werde des Melchior Frau. O ich bin wieder gesund.«

»Itzt drängt uns andere Sorge, mein Kind. Es gibt Näheres, was uns drückt. Wir sind nicht mehr frei, wir sind Gefangene in unserer eigenen Stadt. Der Übermut des Köpkin nimmt mit jedem Tage zu. Er sitzt als ein Gewalthaber und Vogt dort im hohen Hause, er kommandiert auf den Mauern, an den Toren, in den Gassen, als er will, er frägt uns nicht. Es fehlte nur noch, daß er in unsern Häusern gebietet. Ich mag nicht dran denken, wie seine Gesellen wirtschaften, welcherlei Unbill unsere Ehrbarkeit dulden muß. Gestern drang er in unser Rathaus und setzte sich auf den Bürgermeisterstuhl, und wir mußten's dulden. Es dankten ihm einige für die Ehre, die er uns erwies. Und nun sind sie des Dafürhaltens, daß wir ihm das Bankett geben müßten, um ihn zu streicheln, wie man ein Untier liebkost, daß es uns nicht zerreiße.«

»Bist du auch des Dafürhaltens, Vater?«

Er senkte den Blick, dann sprach er: »Mein liebes Kind, es bleibt uns nichts anderes. Wir wünschen –«

»Nun, lieber Vater, was dann Worte noch! Was sein muß, und Johannes Rathenow sagt, es muß sein, das tut seine Tochter. Ich will recht froh sein.«

Es war kein Frohsinn im Haus. Sie wußten beide etwas, und keiner sprach es aus. Aber wer da mehr litt, der Vater oder die Tochter, das weiß ich nicht.

Das Bankett aber war lustig am Abend, wenn Musica und Wein und Lichter lustig machen können, wo das Herz bange ist. Im alten Rathaus war es. Ist nie soviel Wein getrunken worden an einem Abende in Berlin als an dem. Die Herren tranken sich Mut, oder sie wollten die Unbill, die ihnen widerfuhr, herunterspülen. Und ward doch keiner nach Haus getragen als einer. Dem folgte aber nicht Sang und Klang, und die Fackeln hielten sie nieder. Es war ein trauriger Zug. Sind aber auch nimmer so seltsame Gesichter bei einem Bankett gesehen worden. Etliche von den Gesellen des Köpkin, die schauten doch aus, als wären sie nie gewesen, wo ehrbare Leute zusammen sind. Hatten Kleider an, die ihnen nicht standen. Gott weiß, wer die Jacken gestern und die Hosen vorgestern an hatte! Ihr Hauptmann freute sich, wenn die stolzen Herren zurückfuhren, so einer davon sie anstarrte. Aber sie mußten es dulden, und wär's das nur gewesen! Auch von den gefangenen Rittern waren da. Das mag ich nicht grad tadeln; denn sie schickten sich immer besser als des Köpkin Fähnriche auf ein Fest, das die Patrizier gaben. Aber sie gingen erstaunlich hochmütig einher, nicht als wären sie Gefangene, die man aus Artigkeit einladet, sondern als wären sie die Herren, und strichen sich viel den Bart und schauten die Bürger über die Achseln an. Und wie sie mit den Frauen und Mägdlein sprachen, das verdroß auch manchen. Es kam noch viel Schlimmeres. Mit dem Köpkin tranken sie und drehten den Herren den Rücken, was sich doch gewiß nicht schickt.

Der Köpkin Zarnekow aber saß wie der Herr des Festes, und er gäbe es und hätte die andern geladen. Ordentlich als wär's, um sie zu kränken, hatte er sein schlechtes Lederwams an, und die Stiefeln waren kotig, auch legte er wohl ein Bein mit dem Sporen auf einen Stuhl, und so sah er die Gäste an und lachte und trank und nickte den und jenen zu sich, als täte er ihm damit noch Ehre an. Die stolzen Herren knirschten, und der Busso, der neben ihm saß, lachte sich ins Fäustchen. Er konnte sonst ein feiner Mann sein, heute aber freute es ihn, daß die Bürger, die ihn fingen, so schlecht wegkamen.

Herr Peter Brakow saß traurig im Winkel, die Hand verbunden, den Arm in einem Bande. Bei ihm sein Schwiegervater, der Bartholomeus Schumm; der sah heut ganz anders aus als sonst, und vor ihnen stand Herr Mathis Blankenfelde. Der hatte freundlich mit dem Zarnekow Rede gepflogen. Die Eva Brakow kam oft heran und fragte ihren Eheherrn, wie es ihm gehe, und stützte seine Hand auf ihrer und streichelte seinen Arm. Dann aber ging sie wieder zum Tanz.

»Ein liebes Weib«, sagte Herr Peter Brakow, als sie wieder fort war.

»Hilft mir alles nichts«, sprach Herr Bartholomeus. »Wenn das so fortgeht, muß der Reichste betteln gehn.«

»Wir alle müssen betteln«, sprach der Blankenfelder.

»Fünf Wagen, schwere Wagen, bei Beelitz mir aufgegriffen! Zwei meiner besten Knechte erschlagen! Was hilft uns der Zarnekow, wenn er uns nicht mal den Teltow frei hält!«

So sprach Herr Schumm, und der Blankenfelder erwiderte: »Nichts hilft er uns. Er hält uns nicht den Rücken frei, *vor* uns müssen wir uns selber helfen, und im Herzen frißt er uns auf.«

Das sprachen sie leis und steckten drauf die Köpfe noch mehr zusammen. Was der Mathis ihnen vortrug, sie nickten dazu und sahen sich nur bisweilen um, ob kein Lauscher da war.

»Als die Dinge stehen, was bleibt uns anderes, als die Vermittelung anzunehmen. Einmal *müssen* wir sie annehmen, das sieht jeder Kluge ein; und die Frage ist nur, ob es klüger ist zu warten oder zu handeln? Die Zeit ist nicht günstig, aber sie kann noch schlimmer werden. Itzt wollen's die Städte vermitteln, Frankfurt, Brandenburg, Prenzlow. Der Kurfürst ist's zufrieden. Wer weiß, wenn wir noch eine Woche warten, ob er's dann zufrieden ist, ob die Städte dann noch können, ob sie noch wollen?«

Herr Peter Brakow seufzte tief.

Bartholomeus Schumm murmelte: »Eine verfluchte Geschichte.«

»Das sag ich ja auch«, sprach Herr Blankenfelde. »Wir sitzen in der Patsche. Selbst können wir uns nicht rausziehen. Also greift ein vernünftiger Mann nach der ersten besten Hand, die man ihm bietet.«

Peter Brakow sagte: »Wären an dem Tage nicht die Bredows mit den Rochows und den Puttlitzen nach Ruppin geritten zum Grafen, heiliger Stephan, unsere Mauern gegen den Barnim standen ja bloß. Was Waffen trug, war nach dem Teltow hinaus. Fast ohne Schwertschlag hätten sie die Wälle erstiegen.«

»Das sag ich ja auch«, fiel Mathis Blankenfelde ein. »Wir alle haben nun wohl unsern Johannes Rathenow kennengelernt, daß er es grundehrlich meint; aber ehrlich kann man sein, ohne darum den Dingen gewachsen zu sein. Auch sehr ehrlich und doch sehr hartnäckig. Daß er die Mauern unbesetzt ließ, mache ich ihm nicht zum Vorwurf. Wer kann an alles denken, obgleich der kleinste Fehler einer Obrigkeit mehr schadet als der gröbste eines einzelnen. Denn ein einziges Versehen kann einer Stadt den Untergang bringen. Aber, wie gesagt, wer möchte ihn tadeln, und noch dazu war es der Hochzeitstag seiner einzigen Tochter. Da kann der beste Mann den Kopf voll haben.«

»Es muß anders kommen«, sprach Herr Bartholomeus.

»Es muß etwas geschehen«, Herr Peter Brakow.

»Nur kein Wunder!« entgegnete der Blankenfelder. »Wenn's unsern Schutzpatronen gefiele, eins in unserer Not zu tun, dann bäte ich darum, daß sie den starren Sinn des Johannes erweichen.«

»Nun, nun«, brummte Herr Bartholomeus.

Herr Brakow fing an: »Wenn's uns heute nicht gelingt, den Zarnekow zum Ausfall zu bewegen –«

»*Der* wird sich bewegen lassen!« fiel ihm Mathis ins Wort. »Wie ein wiederkäuend Tier liegt er bei uns und läßt sich mästen. Es kommt ihm nicht in den Sinn, gegen den Markgrafen zu Feld zu ziehen. Ihr werdet's hören. An Ausflüchten gebricht's ihm nicht, wenn er sich noch dazu herabläßt. Er verachtet uns ja offenbar.«

»Und mit wem verkehrt er!« sprach der Hoppenrade, der hinzugetreten war. »Zecht von morgens bis abends mit den gefangenen Rittern. Wissen wir, ob er uns nicht verrät, wie er uns verlacht?«

»Es muß heut sich entscheiden«, sprach Peter Brakow. »Will er nicht, verzieht er's abermals – wir allein sind zu schwach, dürfen ihn auch nicht in der Stadt lassen, derweil wir ausziehen –, dann bring *ich's* morgen vor im Rate.«

»Ein schwer Geschäft«, seufzte der Hoppenrade.

»Glaubt das nicht«, sagte Mathis Blankenfelde. »Was unabwendbar ist, hilft sich selbst. Außer Konrad Ryke steht keiner dem Johannes bei. Sie wollen alle Ruhe.«

»Und doch ein schwer Geschäft«, fiel wieder Herr Brakow ein. »Denn wer läßt sich gern zeihen, daß er seine Stadt verrät! Und wo's auch unabwendbar, wer reißt gern den ersten Stein ab von einem Hause, darin er wohnte, wer führt den ersten Schlag gegen einen alten Baum, den er liebhatte, so auch der Baum morsch ist und fallen muß.«

Da schwiegen alle eine Weile still. Herr Brakow und Hoppenrade gingen in den großen Saal, wo es sehr laut wurde. Auch Bartholomeus Schumm erhob sich stöhnend. Da sagte ihm in gleichgültigem Tone der Blankenfelder: »Nun wir's wissen, daß der Henning es war, der mit den Metzgern auszog und gefangen ward, kommt mir's doch seltsam bei, daß er grad am Hochzeitstag Eures Sohnes heimkehren mußte.«

Herr Bartholomeus sah ihn groß an.

»Ich will damit gar nichts gesagt haben, werter Freund. Nur seltsam ist's. Es gibt Zufälle in der Welt, aber nicht alles ist Zufall. Zufall ist, daß er gefangen ward; ob aber auch das Zufall ist, daß er grad in der Kirche, grad bei der Trauung sich zeigte, und einige wollen gehört haben, die Elsbeth habe ›nein‹ gesagt, als sie in Ohnmacht fiel. Solche Ohnmacht kann man so und so betrachten.«

»Dummes Zeug!« blies der Köllner Ratsherr vor sich. »Das fehlte noch, den Karren vollends reinzufahren. Herr Mathis, ich weiß nicht, was wollt Ihr? Was ich will, das weiß ich. Hol Euch alle der – aber in ein stinkend Loch wirft man nicht noch 'ne tote Ratte. Verstanden? Und wenn's Henninge hagelt, so wir zur Kirch gehn, wir gehn doch zur Kirch, und mein Melchior wird doch des Hannes Tochtermann. Verstanden?«

So ausführlich hatte Herr Bartholomeus lange nicht gesprochen. Es mußte was Besondres sein. Drinnen aber war der Lärm sehr groß. Der Köpkin hatte mit dem Melchior gezecht, und hatten beide weidlich getrunken und gelacht. Dem Ritter gefiel der Junker, weil er so gradaus sprach, und dem Junker der Ritter auch. Da kam's, daß sie Brüderschaft tranken mit großen Humpen, die verkreuzten sie in den Armen. »Aufgespielt nun!« schrie der Köpkin den Geigern zu und sprang auf. »Ist mein Bruder, der Melchior, und will's keinem geraten haben, daß er ihm scheel sieht.« Sie küßten sich beide und lachten und schworen sich Freundschaft. Da entsetzten sich viele. Aber es war in des Melchior Art.

»Nun Eure Weiber vor zum Tanz!« rief der Ritter. »Wollen tanzen, Bruder Melchior.«

»Tanzen«, wiederholte der Junker und lachte gar ungebärdig. Er dachte gar nicht, daß der Ritter tanzen würde in seinen Sporenstiefeln, und er war schon voll Weines, und er auch. Aber nun freuete er sich doch.

»Mit wem willst du tanzen, Bruder Köpkin?«

»Mit der Allerschönsten, das versteht sich. Du, Bruder Melchior, sollst auch tanzen mit der Allerschönsten. Mit deiner Braut will ich tanzen. Sollst auch mit meiner Braut tanzen. Laß sehen, wer die Schönste ist.«

Da grauselte es über Elsbeths Nacken, als der Melchior grinsend auf sie losstürzte, und er faßte sie bei der Hand und zog sie vor. Sie sträubte sich nicht, dazu hatte sie keine Kraft, sie folgte ihm wie eine Gliederpuppe, und sie schaute aus wie der Tod. So gläsern stierten ihre Augen auf den trunkenen Köpkin. Melchior sah es nicht.

»Da ist sie.«

»Die!« sagte Köpkin.

»Ist Elsbeth Rathenow, meine Braut.«

»Die ist nicht schön. Ist Kreide und Mondschein. – *Die* da ist schön. Wer ist die?«

Und wie der Unhold das sagte, da erst kehrte das Blut auf Elsbeths Wangen zurück und sie konnte ihre Glieder rühren. Und sie sah mit Mitleid auf die junge Frau, die Eva Brakow, die der Trunkene lüstern angaffte; und wie bei ihr das Blut zurückkehrte, so schwand es vor Schreck auf den Wangen der armen Eva. Denn von allen Frauen und Mägdlein dort, wer mochte wünschen, mit dem Köpkin zu tanzen, als er war! Und manchen kam da in den Sinn das Bankett von Thomas Wyns vor vielen Jahren, als beide, die Elsbeth und die Eva, aneinandergerieten. Das war nun heut ganz anders, und die Elsbeth ward stehngelassen und die Eva ihr vorgezogen, aber es neidete es ihr keiner, und sie selbst, die kleine, hübsche Frau, zitterte, und die Träne stand ihr im Auge. Nur ihr Bruder Melchior warf sich vor Lachen und schwenkte den Arm und schnalzte mit den Fingern.

»Das ist ja meine Schwester Eva, Bruder Köpkin. Auch gut. Tanz mit ihr. Aber wo ist nun meine Tänzerin!«

»Ist die noch nicht da!« rief Köpkin. »Ei, so soll doch das Tausendelement dreinschlagen. Die Nälliesen! – Hat der Sadrach sie noch nicht genug gespickt und geschmückt.« Und nun stampfte er auf den Boden und rief und schalt zu seinen Leuten. Da liefen sie hinunter, und bald hörte man die Bande des Köpkin aufspielen, und es kam die Stiegen herauf, und die Diener rissen die Türen auf.

Da trat der Ritter Busso zu etlichen der Herren, und er hatte ein verdammt schelmisch Gesicht, als er vertraulich zu ihnen sprach, es werde sich wohl ziemen, daß einige von ihnen der Braut des Hauptmannes entgegengingen und sie heraufführten. Wenn sie gut mit ihm stehen wollten und ihn geschmeidig haben, müßten sie *der* Ehre erweisen, die ihm die liebste wäre. Und da eilten auch sogleich Herr Dietrich Wyns und noch einer hinunter, und bald darauf kamen sie wieder und führten zwischen sich die schöne Dame.

Da mag man wohl denken, daß aller Augen auf die gerichtet waren. Sie war hübsch groß und wohlgewachsen, und aus dem vollen Nacken, der nur fast zu bloß auslag für ein sittsam Fest, kam ein hoher Hals hervor, auf dem ein stolzer Kopf prangte. Nur trug sie ihn zu sehr zurückgeworfen. Auf einer blendendweißen Haut glänzten die roten Backen wie schöne Äpfel im Herbst, und die Lippen waren wie Korallen und die Augen wie Kohlen. Die Nas war etwas gekrümmt. An ihrem Anzuge sah man es erst recht, wie vornehm der Köpkin sie hielt, denn das gelbe schwere Brokatkleid von venedischem Stoffe starrte ordentlich von Silber und Gold und Geschmeide, und auf dem Kopf trug sie eine Karmesinmütze von Sammet, über einen Schuh hoch, aber spitzer als unten und mit Perlen umschlungen, und drauf einen Federbusch von allen Farben, der fast die Balken fegte. So führten sie Herr Dietrich und noch einer in den Saal, und die Pauker schlugen, und die Trompeter bliesen, und die Herren verneigten sich, und die Damen knicksten, als sie an ihnen vorüberging.

»Das ist meine werte Braut, Donna Salome von Hispanien!«

So man auch dazumal noch nicht sagte: »Das kommt mir spanisch vor«, denn das kam wohl erst um die Zeit des Dreißigjährigen Krieges auf, so war ihnen doch allen so zumute, als die vornehme Dame unter ihnen stand, oder sie stand eigentlich über ihnen, denn sie schien sehr groß und schaute mit wunderlichem Lächeln auf sie nieder. Ihnen war's allen, als gehörte sie nicht dahin, und doch waren alle neugierig, und sie wurden ihr vorgestellt von Herrn Dietrich Wyns, eine um die andere, und sie sagte ihnen einer jeden etwas Artiges, und die Frauen freueten sich über ihre feine Art. Nur Elsbeth Rathenow blieb im Winkel zurück. Sie mochte ihr nicht vorgestellt werden. Ihr war bang.

Darauf sollte nun getanzt werden, und wie es schicklich, ließ Herr Köpkin seiner Braut den Vortanz, und sie sollte sich einen Tänzer wählen. Darüber wunderten sich freilich die von Berlin, da es sich sonst schickt, daß der Herr die Dame auffordert, aber Herr Busso sagte ihnen, in Spanien sei es anders und die fürstlichen Frauen wählten sich ihre Tänzer. Und die Dame, nachdem sie eine Weil im Sessel geruht und die Herren angeschaut, ließ durch Herrn Dietrich Wyns, der neben ihr stand, den Ratmann Marcus Trebuß auffordern. Das wunderte sie alle. Denn Herr Trebuß war weder sehr jung, noch sehr ansehnlich, noch auch ein sehr geschickter Tänzer. Aber man sah es ihm an, wie es ihn schmeichelte, und mit sehr zierlichen Schritten näherte er sich und verbeugte sich tief und küßte der Dame die Hand.

Als sie nun tanzten und an dem Winkel am Ofen vorbeikamen, wo Elsbeth saß, und ihr Vater stand halb vor ihr, da fuhr sie plötzlich auf und flüsterte dem Vater ins Ohr: »Vater, sie ist's.«

»Wer, lieb Kind? Du siehst sie zum ersten Mal.«

»Nein, Vater, sie ist's. Sie ist's gewiß. – Die Salome – die uns Dienstmagd war.«

Da, als Herr Trebuß ausgetanzt, und er glühte vor Freude und war einige Zoll größer, denn welchem Ratsherrn von Berlin begegnet es, daß er mit einer hispanischen Gräfin tanzt, und er kühlte sich mit dem Sacktüchlein, zog ihn Johannes Rathenow beiseite.

»Kennt Ihr die, Herr Trebuß?«

»Wen? Die Dame, die mir die Ehre erwies?«

»Es ist die Salome, die Ihr habt streichen lassen vorm Spandower Tor. Schaut sie nur recht an.«

Herr Trebuß riß den Kopf um. Die Haare sträubten sich ihm. Er sah sie an, und da lächelte sie ihn auch an – er kannte sie, und da hätte er mögen in die Erde versinken. Und nun ging es um, von einem zum andern. Sie steckten die Köpfe zusammen und flüsterten, und aller Augen waren auf die Dame gerichtet. Aber anders als vorhin. Das Entsetzen ging durch den Saal. Der Herr Trebuß saß im Winkel leichenblaß und hielt die Hände im Schoß gefaltet.

»Aufgespielt!« rief der Köpkin. »Nun tanzen die Brautpaare. Bruder Melchior, heran zu meiner Braut, sie will dir die Ehr erweisen.«

Aber da Melchior herangetreten und ihr die Hand geboten, stürzte seine Schwester Eva vor und riß ihn zurück.

»Melchior! Was willst du?«

»Tanzen will ich«, rief er.

»Du darfst nicht«, rief sie. »Melchior, weißt –«

»Die Hand ihm, dem Ritter, Evchen.«

»Melchior! Bruder! Sie ist –«

Da schrien's zehn Stimmen: »Die Salome! die Salome, so der Rat auspeitschen ließ. Die ausgewiesene Dirne –«

Herr Garnekofer und noch einer, die rissen ihn auf einen Sessel, und den Bartholomeus Schumm, den kannte man da nicht wieder, wie er, beide Arme ausgestreckt und die Hände geballt, vor seinem Jungen stand und ihn andonnerte: »Melchior! Tanzen willst du; deiner Schwester, deiner Braut, deinem Vater, deinem Haus, deiner Stadt zur Schande! Spei auf deine Hand! Sie saß an der Unehr, und du bist deiner Schwester Bruder.«

»Das ist zu arg!« schrie Eva, und zehn riefen's ihr nach. Der ganze Saal rief es.

»Nach Haus! Nach Haus!« riefen Mütter und Väter und Ehegatten.

»Wer will nach Haus?« schrie der Köpkin dazwischen.

»Wer hat mich gerufen? Ich bin da. Wer hat mich geladen und will den Gast allein lassen? Sind höfliche Wirte zu Berlin!«

Herr Thomas Wyns trat höflich vor ihn. »Ihr, ehrenwerter Ritter, seid uns hochwillkommen und ehrt uns sehr durch Eure Gegenwart. Aber diese Donna aus Hispanien war ehedem –«

Köpkin fuhr dazwischen: »Was sie ehedem war, das schiert Euch einen Quark. Itzt ist sie meine Liebste, meine Braut wollt ich sagen. Das ist sie vor Euch, hört Ihr! Nichts anderes. Und bei den eilftausend Jungfrauen und noch zehn Schock mehr, den Bürgerjungen wollt ich sehen, der des Zarnekow Braut nicht Reverenz machte.«

Und damit schob er den Herrn Wyns zurück und riß den Melchior vom Sessel. »Tanz, Bruder, mit ihr oder –«

Alle sahen nun wohl, daß hier nicht friedlich zu vermitteln war, und ein wie milder und guter Mann auch Herr Thomas Wyns war, der schickte sich nicht her, wo es allen in der Brust kochte. Aber was nun kam, das hatten sie auch nicht erwartet. Der Melchior sprang auf, aber als hätte ihn ein toller Hund gebissen, schäumte er und fuhr mit beiden Fäusten auf den Köpkin los; so faßte er ihn an der Gurgel und schleuderte ihn von sich, daß, so er nicht gegen den Tisch geflogen, er wär länglings auf den Boden gestürzt. Und wär's vielleicht besser gewesen.

»Bierbrauerjunge! Mir das!« knirschte der Köpkin, und sein Gesicht war kirschbraun. Aber mit einem Male war er aufgesprungen, seine Klinge rasselte aus der Scheide. Es war ein gefährlich großes Ding, und mit beiden Händen faßt' er es. »Zurück! zurück!« schrien einige, die andern schrien: »Degen raus!« Aber es war zu spät – der Melchior lag und wälzte sich in seinem Blute.

Ach Gott, das war ein Abend, und das war ein Ausgang eines Festes! Das Heulen der Weiber und das Toben der Männer. Da hätte man sie recht unterscheiden können, die Mutigen und die Verzagten. Die ihm zu Leibe wollten, dem Totschläger, und die die Arme über den Kopf schlugen und die Hände in den Schoß legten. Recht klar bekam man's auch nicht, wie's hergegangen ist. Denn wer behielt da kaltes Blut, um zu beobachten! Wie der Hauptmann mit seinen Gesellen, die Schwerter über den Köpfen, sich Bahn machten nach der Treppe, hat der Bartholomeus Schumm ihnen nachstürzen wollen, mit blankem Degen, der unbeholfene alte Mann! Sie hätten ihn niedergerannt und unter die Füße getreten. Er war ganz außer sich. Aber Peter Brakow und ein Hakenberg hielten ihn zurück; fast mit Gewalt. Er schrie ihnen nach alle Verwünschungen, die er sammeln konnte, und rauflustiges Volk war genug zur Hand. Einen von des Zarnekow Gesellen warfen sie die Treppe hinunter über das Geländer. Die andern wurden im Hofe belagert. Man schlug die Türen zu, und sie saßen zu Roß und konnten doch nicht hinaus. Dann schimpfte und warf man sich. Es war ein schrecklich Getös und Aufruhr; und die Nacht dazu und die Pechfackeln!

Und dann der Jammer im Saal. Die Eva Brakow hatte sich über den Bruder geworfen, derweil andere ihn verbinden wollten; die Elsbeth kniete starr neben ihm, die Hände gefaltet im Schoß. Zuweilen fuhr sie auch damit in die Höh und bedeckte das Gesicht. Die andern Frauen schrien und wollten trösten. Es war ein Elend.

»Die Brücke soll nicht bestehen zwischen Berlin und Kölln. Der Himmel will's nicht«, hatte Herr Garnekofer dem Mathis Blankenfelde zugeflüstert. »So muß man's denn gehnlassen.«

»Morgen im Rate!« sprach ebenso leis der Blankenfelder, und sie hatten sich davongeschlichen.

Da lief es und stürzte hin und her von Meldungen; keiner wußte, an wen es ging. Der Wundarzt, der alte Joris, zween Dominikaner, die des Wunden Beichte hören wollten. Da kam Botschaft, daß die Gesellen des Köpkin in der Klostergasse trommelten, sie hatten gehört, ihr

Hauptmann werde gefangengehalten, und andere meldeten, die markgräflichen Gefangenen nützten die Verwirrung und wollten über die Mauer brechen. Die von den Zünften am Georgentor forderten Hülfe. Und durch all den Wirrwarr gellte des Köpkin Stimme gräßlich vom Hofe. Er drohte die Stadt an vier Ecken anzustecken, zu plündern, zu sengen und brennen, so ihm der Rat die Tore nicht öffnen lasse. Und dazu das Geschrei der Weiber!

Wohl wäre Johannes Rathenow noch der Mann gewesen, aber ihn verließ ja alles. Was noch von Ratsherren im Saale war, hatte mit den Frauen zu tun. Die wollten Schutz und Trost von ihnen und überschrien sie doch, wenn sie redeten. Zumal war der gute Herr Peter Brakow übel dran. Seine Eva war außer sich. So heftig hatte er sie noch nicht gesehen. Sie raufte das Haar und klagte sich an, daß sie ihren Bruder umgebracht. Und ihren Mann und den Rat und alle klagte sie auch an. Und Herr Johannes hatte überdem mit dem Bartholomeus vollauf zu tun. Hatte der ruhige Mann die Besinnung verloren. Er schrie nach Rache, und von einem Fenster lief er zum andern und rief hinunter, sie sollten bei seinem Zorn und bei seiner Liebe den Friedensbrecher und Mörder festhalten. Er bot ungeheures Geld, wer ihm seinen Kopf bringe. Dann hörte er aber wieder ruhig an den Johannes, der ihm vernünftig vorstellte, daß es so nicht ginge, daß man senden müsse zu den Gewerkmeistern um Mannschaft, wenn man den Übeltäter im Hause festhalten wolle, daß man den Rat und die Sechszehnmänner auf das Rathaus bescheiden müsse; daß Beratung und Schluß notwendig sei. Aber dann, als er handeln sollte, hatte er alles vergessen und stürzte zu seinem sterbenden Sohne und fuhr sich ins Haar und drückte seine Hand an die Brust und rief, die Stadt möge untergehen, denn er habe alles verloren.

Also bleibt der Mensch ein Rätsel, sich und andern. Wie ein Uhrwerk mag er gehen, und der Pendel tickt hin und her, fünfzig, sechzig, auch siebenzig Jahr ohne Unterschied; und dann plötzlich rollen und hasten die Räder. Es ist aus mit der Ordnung. Der Mensch ist kein Uhrwerk, er ist ein Gefäß, darin der Geist Gottes Leben goß. Es schleicht langsam fort, und dann lodert es plötzlich auf, und alle Berechnung ist fehlgangen. Also war auch von Stund ab Herr Bartholomeus ein anderer.

»Vater, was wird daraus!« sprach Elsbeth und umfaßte den Johannes, denn durch die Fenster leuchtete es wie Flammenschein und wild Geschrei kam vom Georgentor her. Zugleich krachten unten die Tore, es brach und zitterte, und das ganze alte Haus schütterte. Der Köpkin und seine Gesellen sprengten durch das erbrochene Tor. »Mord!« – »Sturm!« rief es – »Berlin brennt!«

»Läutet die Sturmglocken!« schrie Herr Johannes zum Fenster hinaus. »Die Sturmglocken, ihr Bürger!« riefen die Herren um ihn. Sie hatten schon darauf gedrungen. Er aber hatte sie abgewehrt. Nun rief er's selbst. »Aber gnade uns Gott«, setzte er still hinzu, »wenn der Feind draußen es nutzt.«

»Es kann nicht schlimmer kommen, als es ist«, sagte Thomas Wyns.

»Die Köllner sperren sich ab«, rief eine Stimme von draußen. »Sie besetzen und verrammeln den Mühlendamm und die Lange Brücke, daß der Zarnekow nicht zu ihnen kann.«

»Und uns lassen sie im Stich!« rief Herr Brakow außer sich.

»Das fehlte noch!« sprach Johannes und sank auf einen Sessel. »Wir schlachten selber unser Recht.«

Da schmetterten helle Trompetenstöße durch den verworrenen Lärm. Hufschläge und Rossegewieher kamen von der Langen Brücke her, und eine durchdringende klare Stimme rief: »Mut! Mut, ihr Bürger, ihr lieben Zunftgenossen! Schart euch gegen die Raubgesellen. Zurück! zurück sie getrieben. Ihr seid stärker in den engen Gassen!«

Und mit einem Male rief es wie aus tausend Kehlen: »Der Henning ist's! Der Henning ist wieder da!«

»Zu Gott, ja, er ist unter euch!« rief die Stimme. »Frisch angegriffen, ihr lieben Freunde! Einigkeit, Einigkeit! Die Köllner rücken an, euch zu Hülf. Werden sich nicht versperren.«

»Vater! Lieber Vater!« rief Elsbeth, freudeglühenden Blickes. »Es wird doch noch gut.«

Er drückte seufzend die Tochter an sein Herz. Nur noch einmal hörte man des Köpkin Stimme toben, der Bürger Stimmen und das Waffengetön überschrie sie.

»Ich komme vom Kurfürsten und bringe Botschaft«, sprach der junge Ritter, der itzt in den Saal trat. »Durch mich läßt er euch melden –«

»Wem?« unterbrach ihn Johannes, ihm entgegentretend.

»Den Bürgermeistern und dem Rat beider Städte.«

»So schließe der Bote des Markgrafen hier seinen Mund«, entgegnete der Bürgermeister. »Hier war die Stätte der Freude und ist itzt die Stätte des Mordes und des Blutes. Morgen in der Früh hören wir, der versammelte Rat, an ordnungsmäßiger Stelle, was uns der Markgraf künden läßt. Dahin lade ich dich, seinen Boten. Denn nicht ziemt es einem Ältermann, allein voraus zu hören, was ein Fürst dem Rat und der gesamten Stadt melden läßt. Morgen in der Frühe, Herr Ritter, wer Ihr seid, erwartet Euch der Bürgermeister vor dem Rate.«

Und er winkte dem Thomas Wyns, daß er den Boten des Fürsten auf Kosten der Stadt ritterlich in der Herberg logiere. Den Abend sprach er kein Wort mit ihm.

Es war ein trauriger Abend. Des Köpkin Gesellen waren zurückgedrängt in ihr Quartier ohne sonderlich Blutvergießen, aber im Rathaus lag einer im Sterben; sie konnten ihn nicht mehr über die Brücke in sein Haus nach Kölln tragen. In einem Kämmerlein des alten Rathauses hörte der Dominikaner seine Beichte und gab ihm die Sakramente. Alle von der Sippe gingen nicht von der Leiche, und Herr Bartholomeus gelobte zu seinem Seelenheil eine Ewige Lampe zu stiften im Kloster der Schwarzen Brüder.

Fünfzehntes Kapitel

Das waren graue Tage, die nun kamen. Ein recht herzhaftes Unglück, da weiß man, was man hat. Aber wenn es so angeschlichen kommt, langsam, morgen das und übermorgen jenes, und man sieht's voraus und hofft doch noch, das zehrt die Kräfte auf. Wär der Kurfürst durch die Mauern gebrochen, mit schmetternden Trompeten, mit klingendem Stahl, da wüßte jeder, was er zu erwarten hat. Es heißt von uralters durch die Weltgeschichte: »Wehe den Besiegten!«

Aber so war es nicht. Sie waren nicht besiegt, aber sie konnten sich nicht mehr halten. Da waren am grauen Morgen, als sie das eine Geschütz drüber zogen, die Bohlen der Langen Brücke gebrochen. Der Wagen, der Melchiors Leiche nach Kölln trug, mußte in Berlin warten, bis die Zimmerer sie wiederhergestellt. Da sprach's einer zum andern: »Die hat zum längsten gehalten. Es geht zum Ende.« Die von Berlin murrten auf die von Kölln, daß sie sich gestern verschanzt, als die Gesellen des Hauptmanns in Berlin tobten. Die von Kölln gaben's ihnen wieder. Es war Mißtrauen hüben und drüben. Sie hatten den Köpkin und seine Bande, die gestern mit Feuerbränden ausgezogen war – Gott hatte es noch gnädiglich gewendet! –, ins hohe Haus am Grauen Kloster getrieben. Dort ward er belagert; denn anders kann man's doch nicht heißen, so die Bürger mit Spießen und Schwertern umherlagen und keinen rausließen und keinen rein. Da ward in den Stuben geflucht und geredet. Da müsse ja das Gemeinwesen untergehen, wenn man den Feind in den Mauern hätte. Was nütze der Rat einer Stadt, so er solche Bundesgenossen ihr werbe, die man bewachen müsse, daß sie nicht ausbrächen. Sie hätten alle den Kopf verloren, und es müsse anders werden. Die Weiber schrien, was denn daraus werden solle? So die Männer Wache stehn müßten Tag und Nacht, auf den Mauern und in der Stadt, wann sollten sie verdienen? Auf dem Markte ward es auch teuer. Wo ein Herr zum Rate ging, dem schrien sie nach und liefen ihm nach. Es war gar nichts Angenehmes, was sie ihm sagten; er konnte ihnen auch nichts Angenehmes sagen.

Und das war die traurigste Ratssitzung. Es waren wenige zugegen, und wenig ward gesprochen. Es schien alles schon abgemacht. In der Nacht war auch Niclas Perwenitz gekommen und andere Herren aus Frankfurt, Prenzlow, Spandow, ja noch fürnehmere Herren. Und obwohl die Botschaft des gnädigen Herrn erst im Rate sollte fürgetragen werden, sie wußten sie doch alle schon, als sie in den Rat gingen. Keiner stieg drum so traurigen Herzens die Stufen hinaus als Johannes Rathenow. Ihm zur Seite ging Peter Brakow.

»Wenn der Bartholomeus nicht kommt, an wem soll ich mich dann halten!« sprach er traurig.

»Ist seit gestern ein ganz anderer Mann worden«, sagte Herr Brakow, »sitzt im Winkel und weint und fragt vor sich hin, wozu er denn so reich worden und seine Väter gespart. Ist herzzerreißend, Herr Johannes, ihn so sprechen zu hören.«

»Dann sollt er kommen und sprechen als ein Mann. Hat er den Sohn verloren, die Stadt ist ihm blieben.«

Herr Brakow zuckte die Achseln. »Er denkt nur an die Ewige Lampe, die er stiften will. Und ist seine ganze Angst, daß der Markgraf die Schenkung bestätige.«*

»Der Kurfürst?«

»Er hat noch diese Nacht einen Boten an den Kanzler gesandt, mit einem reichen Geschenk, daß er für ihn ein gut Wort einlege, und die Stiftungsurkund läßt er itzt aufsetzen. Er hat für nichts Sinn als dafür. Alle seine Renten und das Gerichtslehn in Buckow bestimmt er dafür.«

»Den Handel wird der Kurfürst wohl abschließen«, brummte Herr Johannes. »Kölln für eine Ewige Lampe! So sie die Besten verraten, was bleibt an einer Sach!«

* Faktum. Sie brannte bis zur Reformationszeit.

Nun haben die Chroniken wenig verzeichnet von der Ratssitzung, der letzten der vereinigten Städte Berlin und Kölln! Nur als man den Ritter, den der Kurfürst gesandt, hereinlassen wollte und die Herren, die mit ihm gekommen und nach ihm in derselben Sache, trat der Bürgermeister auf und sprach:

»Das ist noch nicht in der Ordnung, ihr Herren. Und als lang ich euer Ältermann bin, will ich halten an der Ordnung, an der unsere Väter hielten. Es ist vorerst verzeichnet für heut das Statut, so wir auf Antrag des Schuhmachergewerkes zu dessen Gunsten erlassen wollen, anlangend die zu Markt gebrachten Felle.«

Das dünkte einigen unrecht, daß das Unbedeutende sollte vorangehn dem Hochwichtigen. Andere aber billigten es. Und die Schuhmacher beider Städte können es dem Johannes Rathenow in alle Ewigkeit danken, denn nun ist's das letzte Gesetz gewesen, das der Rat beider Städte erließ, was ihnen solche Rechte gab, und wer weiß, ob's nachmalen in den beiden Räten durchgangen wäre. Nämlich daß, was zu Markte gebracht werde in beiden Städten, so an Rinder-, Kalb- als Ziegenfellen, weder ein Bürger aufkaufen dürfe noch ein Fremder, vielmehr dies nur den Schuhmachern von der Gilde freistehen solle.

Konrad Ryke sprach dagegen; denn hätten die Schuhmacher schon zuviel Vorrechte, und sprach viel Gutes und Weises, daß man einen Stand nicht begünstigen müsse zum Nachteil der andern. Johannes Rathenow verteidigte es, denn es sei vordem so gehalten gewesen, wenn es auch nicht niedergeschrieben ward. Und er sprach noch kräftiger für die alten Rechte; denn so man nicht an dem festhalte, was zu Recht bestehe, woran solle man sich denn halten? Da ging es durch, einstimmig, gegen Konrad Ryke. Doch setzte der's darauf durch, daß die Hammel-, Schaf- und Schweinefelle jeder andere kaufen könne.*

* Das Statut vom 8. April 1448.

Und kommt das auch wohl anderswo vor. So etwas Wichtiges uns bevorsteht und es drückt die Brust, da möchte keiner davon anfangen. Sie sprechen Alltägliches und machen viel Worte, um es hinzuziehen, aber der Sinn ist nicht dabei. Endlich aber muß es doch hervor – –

»Muß es denn sein!« rief Herr Johannes Rathenow und stand auf, nachdem die Herren, die der Markgraf gesandt, und etliche andere, die aus gutem Willen gekommen, wieder abgetreten waren; und er faltete die Hände und hob sie dann gegen das Gesicht. Tile von Bruck sammelte die Stimmen.

Konrad Ryke faßte des Johannes Arm, und leis mit klanglosem Ton sagte er ihm: »Es muß sein, Johannes.«

»Alle einstimmig?«

»Einstimmig!« erwiderte Konrad.

»Also auch Konrad Ryke?«

»Wenn der Baum bricht, kann sich der Ast halten?«

Da wurden die Herren wieder gebeten hereinzukommen. Es waren hohe Abgesandte und gute Freunde. Außer den Bürgermeistern und Ratleuten der Städte Brandenburg, Frankfurt und Prenzlow auch der hochwürdige Bischof Stephan von Brandenburg, Fürst Adolph zu Anhalt, Graf Albrecht zu Lindow und Herr von Ruppin und der Meister des Johanniterordens Nickel Tirbach. Die sprachen noch viel mit dem und jenem und redeten freundlich zu, daß der Markgraf ihnen ein gnädiger Herr sein werde, so sie nun nicht mehr zögerten, seinen Willen zu tun, sondern, was sie versäumt, desto mehr beeilten.

Niclas Perwenitz, der gab ihnen guten Rat als ein Nachbar. Aber sie hörten auf ihn am wenigsten; er hatte ihr Vertrauen verloren von wegen des Schloßbaues, und sie dachten nicht anders, als er warte nur darauf, daß er wieder zum neuen Bau liefern könne. Viele gaben ihm auch spitze Reden, und er mußte schweigen. Der Fürst von Anhalt sprach ihnen von der alten Zeit, als seine Vettern über die Marken geherrscht; nun aber sei es anders, und jedweder müsse sich in die Zeit fügen. Das sagte ihnen auch der Bischof von Brandenburg. Die Herren aber meinten, das könnten sie sich selber auch sagen. Nickel Tirbach, der Ordensmeister, brachte auch eben nichts Tröstliches vor, aber es war doch gut gemeint. »Alle Dinge in der Welt«, sagte er, »so geistliche als weltliche, haben ihren Anfang und ihr Ende. Seht mal den schönen Tempelhof draußen überm Berge. Vordem hatten ihn die Heiden und da einen Tempel ihrer Götzen. Dann, als unsere Väter sie austrieben, bauten die Tempelherren ihr Schloß dort. Nun sind's schon hundert Jahr her, daß sie auch ausgetrieben wurden, und anderwärts wurden sie totgeschlagen und verbrannt. Da bekamen wir Johanniter ihre Länder und Höfe. Wir haben den Tempelhof und die Güter an euch vom Rat verkauft, das sind nun auch schon viele Jahre her. Und itzt hat euch der Kurfürst den Tempelhof und die Güter genommen. Seht, so muß sich alles in der Welt wandeln. Aber ihr sollt ihn wieder zurück haben, so ihr tut, was er will, und euch ruhig dem Gericht unterwerfet, so er euch setzt.«

Es dauerte noch manche Tage, ehe die Urkund aufgesetzt wurde von seiten der Herren, darin sie sagen, daß sie den Kurfürsten mit den Einwohnern und Bürgern beider Städte *wegen des Unwillens, welcher sich zwischen ihnen an beiden Seiten erhoben hatte*, ausgesöhnt und verglichen hätten. Beim Unterschreiben machten sie noch hunderterlei Einwendungen, und zwei unterschrieben gar nicht. Das war Johannes Rathenow und Konrad Ryke. Jener, der hatte den Bürgermeisterstuhl schon in der Sitzung mit einer Decke überhängt und war hinausgeschlichen; er wollte nicht mehr aufs Rathaus kommen.

Als sie zu Spandow am Hofe die Urkund bekamen, verwunderten sie sich selbst darob. Der Markgraf hatte es nicht erwartet. Er kannte die stolzen Herren. »Die haben aufgehört, stolz zu sein«, sagte ihm der Ritter Busso, der wieder freigelassen war mit den andern. »Seit sie haben tanzen müssen mit einer ausgetriebenen Dirne, ist ihr Stolz gebrochen. Das hat's allein gemacht, gnädigster Herr, daß sie so schnell zu Kreuz kriechen!«

»Die Wege des Herrn sind wunderbar!« sprach der Kurfürst; die gnädige Kurfürstin aber war sehr ungehalten und fand das Spiel abscheulich.

»Wird der Köpkin für den Frevel nicht gestraft? Was die Männer auch gegen dich versündigt, was haben die ehrbaren Frauen und Mägdlein verschuldet, daß sie ihnen solch unerhörten Schimpf antun?«

»Ach, lieber Gott«, sprach der Herr zu seinem edlen Gemahl, »so der Fürst alles züchtigen müßte, was wider Zucht ist in diesem Land, da müßte er hundert Arme haben, und sie reichten nicht. Frage du die Ritter, die dabei waren. An ihnen ist's, den Schimpf zu rächen, der sittigen Frauen angetan wird.«

Die gnädige Kurfürstin wandte sich an den Ritter Busso: »Ihr wart dabei, Herr Busso?«

»Nur als Gefangener, gnädigste Frau. Hätte ich ein Schwert gehabt und gewußt, daß die Bürgerfrauen in so hohem Schutze stehen, mein Herzblut hätt ich gern vergossen.«

Die gnädige Fürstin wandte ihm den Rücken. Sie meinte, auch ohne Schwert sei es eines Ritters Pflicht, die Ehre der Frauen zu verteidigen. In ihrem Kämmerlein strich sie des Busso Namen aus, der auf der Tafel stand unter denen, welche zu dem Schwanenorden gezeichnet waren.

Der Köpkin Zarnekow ward dazumalen auch nicht gestraft; denn die von Berlin mußten noch froh sein, als er mit seinen Gesellen nach langem Verhandeln abzog. Es wär des Argen zuviel gewesen, so sie ihn auch noch hätten belagern müssen. Man gab ihm noch ein gut Stück Geld auf den Weg. So schlimm stand es mit dem Gemeinwesen. Und doch, da es nun soweit gekommen, wenn sie nun nur nachgegeben und gutem Rate gefolgt wären. Die Gefangenen hatten sie losgegeben, und der

Kurfürst seine auch; item gab er ihnen die Ratsdörfer wieder. Aber sonst ließen sie's an sich kommen. Aber so sind die Menschen. Da gaben sie alles hin, auf einen Schlag ihre Rechte, als es wohl noch an der Zeit gewesen, sich zu verteidigen oder gute Bedingungen zu erzwingen. Da hatte keiner Einwendungen gemacht. Aber nun, da es geschehen und zu spät war, da hielten sie wie die kleinen Kinder an dem und jenem fest und wollten's nicht loslassen, bis man's ihnen nahm. So sind wir verzagt und trotzig und wissen uns allzumal nicht in die Zeit zu schicken. Hätten sie itzt freiwillig den Blockzaun abgerissen, der ihnen doch nichts mehr nützte und nur zum Schimpf dem Markgrafen da stand, und hätten Steine wieder anfahren lassen und Holz zum Schloßbau, daß der Fürst es gefunden, als wie er's verließ, das hätte gut Blut bei ihm gemacht. Nein, gottbewahre, sie ließen den Blockzaun stehn und freuten sich wohl noch recht kindisch, und den Markgrafen mußt es erbosen. Sie stritten sich lieber, die Familien, untereinander darum, wem die Salome die Hand gegeben und zugenickt; und eine schob es der andern zu. Ja, sie beratschlagten, ob der arme Herr Trebuß, der mit einer gestäupten Dirne getanzt, noch fürder in ihre Gesellschaften kommen dürfe.

Sollte man doch meinen, wenn es einer Stadt schlimm geht und der Feind von außen droht, daß die Bürger drinnen zusammenhielten. Das Rohr neigt und schmiegt sich zusammen, wenn der Sturm tobt; und wo die Wölfe heulen, stecken die Rosse ihre Köpfe ineinander. Aber das Unglück trennt nur zu oft die, so es leichter tragen könnten, wenn sie sich die Hände böten. Wir haben's gelesen von Jerusalem und in alten Historien noch von mancher andern Stadt, wie die Parteien noch gegeneinander gewütet, während die Mauerbrecher dröhnten. Die Köpfe schlugen sie sich freilich nicht ein in Berlin und Kölln, noch vergifteten sie die Brunnen; aber ihre Reden waren giftig. Da wollte einer es dem andern in die Schuhe schieben, das Unglück, was über alle gekommen, und sah jeder den Splitter in des Nächsten Aug, aber den Balken sah er nicht in seinem. Die Gemeinen schrien ärger denn je: »Warum haben wir's nun nicht so gelassen, wie es der Markgraf Anno 42 eingerichtet? Was half uns all unser Geld, Arbeit und Blut, es wird itzt ebenso und noch schlimmer. Unsere Güter draußen behält er, das Schloß läßt er bauen und nimmt uns das Rathaus auf der Langen Brücke, das Gericht, die Mühlen, den Zoll und die Niederlage!« Und die Litanei war damit lange noch nicht zu Ende. Die Patrizier hätten wohl noch mehr klagen können. Sie verloren nicht allein das Regiment: sie waren nach Spandow geladen Mann für Mann, daß sie ihre Lehen der Herrschaft zurückgäben, die das Gericht für verwirkt erklärt, und Strafsummen zahlten. Aber doch klagten sie einer gegen den andern und Familien gegen Familien, und verredeten sich und sahen sich nicht an.

Was bei den Schumms gegen die Rathenows gesprochen wurde, das mag ich gar nicht wiedererzählen. Der Bartholomeus wollte den Johannes nicht mehr sehen, die Eva kochte auf, wenn die den Namen hörte, und selbst der gute Herr Peter Brakow grüßte den Johannes kaum, so er ihm begegnete. Und das hatten alles böse Zungen angerichtet, weil der Henning Mollner wieder in das Rathenowsche Haus kam. Da sollte das alles schon längst abgekartet gewesen sein: daß er erschienen bei der Trauung, daß die Elsbeth in Ohnmacht fiel; es fehlte nur, daß der Henning auch hinter dem Köpkin gesteckt, als der den Melchior schlug. Auch die Besonnenern wollten es nicht gutheißen, daß die noch kaum Braut des Melchior war, wenn sie ihn auch ungern nahm, den Henning schon wieder freundlich ansah. Der Johannes war zu stolz, als daß er sich verteidigte; in ihm war ein anderer, tieferer Gram, und er grollte den Schumms, daß sie ihn damals verließen in der Ratssitzung.

Da dröhnten eines Abends vom Spandower Tor her dumpfe Trommeln; es zogen markgräfliche Scharen ein, und alles lief zu sehen, was es bedeute, denn die Tore waren schon längst von der Herrschaft besetzt. Herr Johannes trat aus seiner Kammer ins Zimmer vorn, um zum Fenster hinauszuschauen. Da fand er seine Tochter Elsbeth, und der Ritter Henning saß neben ihr auf einem Stuhl. Er hielt ihre Hand, und sie ließ sie ihm. Wohl schien's, als sie den Vater sahen, als schreckten beide und wollten die Hand zurückziehen. Aber nein, die Hände verschlangen sich inniger, und beide sahen ihn an. Das war ein schöner Blick. Wenn man solchen Blick festhalten könnte! Und in beider Aug stand dasselbe geschrieben.

Und der Vater verstand es. Auch sein Blick war herzlich, aber so tief schmerzlich zugleich. Da streckte er die Hand aus und wehrte sie ab. »Meine lieben Kinder!«

»Vater!« riefen sie.

»Daß ein alter Mann, der alles verlor, doch noch die Kraft hat, andern weh zu tun. Der nichts mehr hat, andern noch verweigern kann ihr Glück. Das ist höchst wunderbar und traurig auch. Nicht wahr? Es ist nun so, Kinder. Zürne mir nur, junger Herr! Du hast recht. Es war unrecht von mir, daß ich deine Hoffnungen nährte. – O still, lieber Henning, was du sagen kannst, sag ich mir selbst. Du hast dich wert gemacht, die Tochter der Rathenows heimzuführen. Vielleicht. Es geht seltsam in der Welt zu. Sie machen Edelleute, sonst wurden sie nur geboren. Mögen sie alles neu machen und umkehren. Sie haben's zu tragen, nicht wir, die wir der Grube zueilen. – Aber, nun ja, es geht doch nicht, jetzt nicht.«

»O teurer Herr und lieber Vater!« sprach der junge Ritter. »Ihr sagt mir, daß ich wert sei der holden Elsbeth. Dank, tausend Dank Euch! Mehr nicht heut; das andere laßt der Zeit. Über das Gedächtnis des toten Bräutigams muß erst Gras wachsen – aber dann sprossen aus dem Grase Blumen – und Kränze –«

Der Alte schüttelte den Kopf. Er wies auf die Schwelle. »Johannes Rathenow brach nimmer sein Wort. Hier, entsinnst du dich, als du damals flohest, gab ich es: *Eh nicht der Roland von seinem Stein springt und durch die*

Stadt spaziert – Lieber, armer Junge, 's ist mein Wort. Ich habe nichts mehr, bin ein armer Mann; mein Wort ist schwer, das kann kein Markgraf, kein Kaiser, keine Folter fortheben.«

»Vater!« rief Elsbeth und faßte seine Hand und bedeckte sie mit heißen Küssen.

»Geduldet euch, Kinder! Wenn der Stein über deines Vaters Haupte drückt, dann liegt auch sein Wort mit ihm begraben.«

»Brauchen sich nicht so lange zu gedulden«, rief die Stimme der alten Gertraud. Sie hastete mit fast wilden Blicken nach dem Fenster und riß es auf. Ein heller Fakkelzug leuchtete herein, und dumpfes Gemurmel und viele Tritte schallten herein. Als sie hinantraten, da dröhnten schon andere Klänge.

»Was ist das!« rief Henning.

»Der Zorn des Markgrafen!« sprach der Bürgermeister und hüllte sich in seinen Mantel. Er sprach kein Wort heut mehr. Er schaute ruhig dem Werke zu.

Da blinkten beim Fackelschein Spieße, Helme und gewaltige Äxte, und sie hämmerten an dem steinernen Roland.

»Im Namen des Markgrafen, unseres allergnädigsten Herrn, des Kurfürsten Friedrich des Andern!« rief ein Herold zur versammelten Menge, als da die verwunderten Gesichter sich anschauten und ein dumpfes Gemurmel umging. »In seinem Namen nehmen wir diesen Roland hinweg, als welcher das Sinnbild war des obersten Gerichts und Blutbanns, so dieser Stadt zustand, und von nun an steht er ihr nicht mehr zu; also soll auch dieses Bild hinfüro nicht mehr stehn. Das ist sein Wille!«

Und da er stürzte, nach nicht vielen Schlägen, denn er war sehr verwittert, zückte es durch die Luft wie dumpfes Schmerzgeheul. Nur eine Stimme jauchzte. Dann ward es totenstill. Die so laut aufjauchzte, war die alte Gertraud am Fenster der Rathenows. Ihr verargte es niemand, denn sie war halb irr, seit die Herren ihren Mann, den Martinus Wardenberg, auf dem Neuen Markte um Friedensbruch an der Stadt richten lassen. Seitdem verkündete sie es jedem, der es hören wollte, daß der Roland fallen würde und die Stadt ihren Blutbann verlieren. Und so geschah es. Sie hat wunderliche Worte gesprochen und verfiel darauf in ein stilles Fieber. Tages darauf ist sie gestorben, und es gönnte ihr jeder die ewige Ruh.

Den Roland aber luden sie auf eine Schleife und zogen ihn bei Fackelschein durch die Gassen nach der Langen Brücke, und hier stießen sie ihn übers Geländer in die Spree.

Seitdem hat kein Roland in Berlin gestanden. Selbst die Bürger haben's vergessen, daß einer hier jemals stand, und man hat's nun gefunden in den Urkunden. Das aber, daß er ihn abhauen und in die Spree werfen ließ, tat der Kurfürst um deswillen, weil sie den Blockzaun nicht abgebrochen aus eitlem Trotz und ihm zum Schimpf. In andern Städten, denen er auch den Blutbann nahm, ließ er den steinernen Mann stehn, zum Zeichen dessen, was die Städte sonst waren. So steht er noch heut in Brandenburg vorm Rathaus.

Sechzehntes Kapitel

Da kamen nun traurige Tage für die stolzen Herren von Berlin und Kölln. Durch den Sumpfwald links von der Spree, der itzt der Tiergarten heißt, zogen sie paarweis gen Lützow; und wenn sie auf den Berg kamen und sie sahen die Türme von Spandow, da schlug ihnen das Herz schwer. Hier mußten sie ihr Gefährte und ihre Rosse lassen, und dann gingen sie zu Fuß nach der Festung. Es ward's keinem erlassen. Und das dauerte manche Woche, und in Spandow, wie lange mußten sie da oft stehen vor der Türe, bevor sie eingelassen wurden; sie, die gewohnt waren, andere stehen zu lassen, und sie saßen wie Fürsten in ihren Stühlen. Es ist alles dem Wandel unterworfen, was auf Erden heißt Glück und Herrlichkeit.

Da in dem kleinen Stüblein über dem Torhause saßen Herr Friedrich Sesselmann, der nun Kanzler war, und Ulrich Czeuschel, der Küchenmeister, dem der Markgraf das hohe Haus zum Lehn nachmalen gegeben, als sein Schloß zu Kölln an der Spree fertig war; auch Herr Peter Knobelsdorf, der Vogt von Spandow, und sie schienen müd vom vielen Schreiben. Da überlas der Knobelsdorf auf dem Papier die Namen aller der Patrizier, die schon erschienen waren und ihre Lehen dem Herrn übergeben hatten, und die Buße stand dabei, die jeder an Geld und Geldeswert überdem zu zahlen hatte. Je unterschiedlich, als das Gericht erkannt hatte, mußten sie zahlen, mehr oder weniger, und er sprach: »Sollte man's denken, daß die Bürger zwoer Städte soviel Geld haben!«

»Sie *hatten* es«, sagte der Küchenmeister. »Das bringt sie ewiglich herunter. Von dem Schlag erholen sie sich in Jahrhunderten nicht.«

»Sie verdienen's«, sprach der Knobelsdorf.

Der Kanzler schüttelte den Kopf. »Wäre doch traurig! Solche blühende Städte, und sollten nun arme Nester werden! Aber, ihr Herren, ich glaube, es wird doch anders, als wir denken. Der Markgraf ist furchtbar erzürnt, aber er ist auch gnädig. So er nicht dereinst die Absicht hätte, die Gnade walten zu lassen, was baute er sein fürstlich Haus dort inmitten der Spree! Warum nicht hier, wo die Spree ihr Wasser der reichen Havel spendet? Warum nicht in Brandenburg, das so gefügig sich erwies? Ein Fürst wie er möchte doch nicht wohnen unter denen, die sein Zorn zertritt. Ich meine, er zürnt ihnen und liebt sie doch. Er liebt die beiden Städte, weil sie seinem hochseligen Vater der erste Anhalt waren im Lande. Und solchen Liebesdienst vergißt kein Hohenzoller.«

»Gott schütze mich vor solcher Liebe!« sprach der Vogt von Spandow; und dann ließen sie die nun warteten herein. Das war Thomas Wyns und seine drei Söhne,

Hans, Valentin und Martin, Hans Plumperdum und Hans Rathenow. Die mußten stehen, dieweil die Herren saßen, und ihnen ward vorgelesen, was ihre Strafe war; sie wußten es aber schon alles: Sie mußten alle ihre Lehen, die sie vom Markgrafen, als auch die, so sie von Prälaten, Herren, Mannen und Städten hatten, Seiner Gnaden übergeben, samt ihrer Frauen Leibgedinge. Und dann mußte jeder ein Verzeichnis überreichen von allem, was er besaß an Schuld und Gut, und zur Schrift erklären, was dann seinem gnädigen Herrn dünke, daß er tun oder geben solle, das wolle er gern tun. Und nachdem sie so »ihr Leib und all ihr Gut in ihres gnädigen Herren Hand gesetzet und gegeben«, verlas ihnen der Kanzler ihr Urteil. Thomas Wyns mußte 2000 Gulden noch über seine Lehen geben (Konrad Ryke und Peter Brakow hatten jeder 3000 zahlen müssen), der Hans Plumperdum 700 und mußte erlassen, was ihm der Markgraf schuldete. Der Hans Rathenow sollte auch 700 zahlen; aber das Leibgedinge von seiner Frau, das sollte er nicht zahlen, sondern sollte es auf seine Tochter übergehen. Und außerdem wurden sie, bis auf den Hans Rathenow, aus den vier Hauptstädten der Mark und Spandow verwiesen und sollten Berlin räumen zwischen hier und Martini. Und dann ward ihnen folgender Eid wie den andern vorgelesen, den sie schwören mußten:

»Wir schwören zu Gott und den Heiligen, nimmermehr zu ewigen Zeiten wider unsern gnädigen Herren, Markgraf Friedrich, seine Erben und Nachkommen und die Herrschaft weder mit Worten noch mit Werken zu sein, tun, schaffen oder gestatten zu tun; Seine Gnaden, Erben und Nachkommen zu warnen, ob wir etwas hörten, vernähmen oder sähen, das mit Worten oder mit Werken wider Seiner Gnaden, seine Erben oder die Herrschaft sein möchte, Sie vielmehr das sonder Säumen wissen zu lassen und ihnen das also zu verkündigen, und damit Seiner Gnaden und deren Erben getreue, gehorsame und untertänige Bürger sein und bleiben zu wollen; als uns Gott helfe und seine Heiligen.«

Thomas Wyns mit seinen Söhnen und Hans Plumperdum, die schickten sich an sonder Zaudern zum Eide, Johannes Rathenow stand eine Weil sinnend. Dann trat er vor und sprach: »Ich will den Eid schwören.« Des schien der Kanzler sich zu freuen, und als nun die drei, nachdem sie geschworen, abtreten wollten, winkte er dem Johannes und hieß ihn durch das Pförtlein in das Nebenzimmer treten. Aber als er vermeinte, der Kanzler habe ihm etwas zu sagen, so war der wieder fort und schloß die Tür hinter ihm zu. Da sich nun Johannes umsah in dem Zimmer, saß im Lehnstuhl ein Herr darin, der hatte ein Buch in der Hand und las. Und nach einer Weile blickte er auf und schaute ihn an. Das war der Kurfürst.

»Ei sieh, Johannes«, sprach er. »Was willst du hier?«

»Gnädigster Herr«, antwortete der, sich verneigend, und trat einen Schritt zurück. »Euer Gnaden erdreist ich mich zu fragen, was ich soll?«

Da sah ihn wieder der Kurfürst eine Weile forschend an. »Es ist an der Ordnung, daß der Übertreter zu seinem Herren kommt, nicht daß der Herr zu dem Übertreter geht und ihn bittet. Du kommst, um zu bitten.«

»Darum ward ich nicht nach Spandow geladen.«

»*Du* hast nicht den Blockzaun aufrichten heißen«, fiel schnell der Herr ein, als habe er es nicht gehört.

»Ich tat, was an mir, da der Stadt Mauer gefallen und der Feind drohte, daß in der Eil geschafft würde, was uns schirmte gegen ihn.«

»Welcher Feind? Hattet ihr mit den Polacken oder den Magdeburgern Fehde? Meine Ritter hatte ich doch gezähmt.«

»Gnädiger Herr, wir standen in Waffen für unsere Rechte. Und da hatten wir das Recht, alles zu tun, was zu unserm Frommen diente, denn im Kriege –«

»Genug, genug!« unterbrach ihn der Herr. »Aber *du* warst es nicht, der den Blockzaun stehen ließ, nachdem die Herren den Vertrag gemacht, ihn trotzig stehen ließ, mir zur Schmach, als ich ihnen hieß ihn forträumen?«

»Das war ich nicht, Herr. Denn mit *dem* Tage hörte ich auf Bürgermeister zu sein und kam nicht mehr in den Rat, der nicht mehr ist.«

»Ich weiß es. Du bist verständiger als die starren, törigen Trotzigen. Du hast den Eid geschworen, Johannes, ohne Zaudern, es freut mich.«

»Ich habe ihn geschworen«, seufzte der Rathenower. »Ich bin ein alter Mann und satt des Lebens. Mein Teil ist aus, und sehn ich mich nach der Ruhe.«

»Wenn du jung wärst, dann hättest du nicht geschworen.«

»Ich weiß es nicht, Herr. Haltet mir's zu Gnaden. Das, was ist, ist schon so schwer, daß man oft kaum weiß, was das Rechte ist. Darum soll ein Mann sich das nicht schwerer machen und denken an all die ›Wenn!‹ Das raubte uns viele Kraft, die wir zu Besserem brauchen mögen.«

»Das ist gut und klug gesprochen, Johannes. Ist des Mannes Pflicht, zumal in diesen bösen Zeiten, daß er die Dinge nimmt, als sie sind, und grad vor sich hinschaut, und tut dann das Rechte.«

Da stand der gnädige Markgraf auf und schritt einige Mal durch die Stube. Alsdann hub er wieder an:

»Du warst es, Hans Rathenow, der nicht duldete, als sie schändlich meine Arche erbrochen, daß sie die Briefe öffentlich machten. Du hast meine Heimlichkeiten bewahrt. Das dank ich dir und will es dir nie vergessen. Darum will ich alles vergessen haben, was du in deinem Leben wider mich getan. Es sollen versenkt sein deine Taten ins Meer, wie ich euren Roland versenken ließ, der soll auch nie wieder auftauchen. Hörst du's, und bist du zufrieden?«

»Herr! Nein!« Es kam aus tiefer Brust heraus.

Der Kurfürst schaute ihn verwundert an.

»Gnade mir Gott, Herr! Das dank ich Euch nicht, daß ich vergessen soll, was ich mein Leb lang tat. Denn was wäre das Gnade, daß Ihr aus mir einen schlechten Mann macht, und ich glaubte, ich war ein guter Mann gewesen.

Und ich glaubte mit Ehren mein Haupt in die Grube zu legen, und ich müßte mich schämen meiner grauen Haare. Nein, ich mag nicht vergessen, was ich tat und sprach.«

»Auch daß du ein Empörer warst gegen deinen Landesherrn?«

»Ich war kein Empörer, gnädiger Herr.«

»Was du tatest, ehe sie dich auswiesen, ist dir gestrichen. Ich weiß, böse Leute verredeten dich. Du meintest es gut und handeltest, als du für recht hieltst. Nur der Schein war wider dich. Und was du gefehlt, das hast du im Elend gebüßt. Aber du kehrtest in die aufsässige Stadt zurück, du stärktest sie in ihrer Aufsässigkeit, du redetest gegen deinen Markgrafen im Rate, du waffnetest die Bürger, du riefst Städte, Herren und Fürsten, daß sie das Schwert zögen wider mich, du schnalltest selbst den Harnisch um und standest auf den Mauern gegen deinen Landesherrn. War das keine Empörung?«

»Nein, Herr, das war meine Pflicht.«

»Bin ich dein Herr?«

»Ihr wart mein Lehnsherr, weil ich Güter von Euch zu Lehen trug. Hab ich die verwirkt, weil ich meiner Stadt treu war, so habt Ihr dem Vasallen die wieder genommen. Das Gericht hat entschieden, und wir sind quitt.«

»Und warst du nicht mein Untertan als dieses Landes Bürger?«

»Ich war Bürger meiner Stadt und meiner Stadt untertan, als wie Ihr Landesherr wart, aber nicht Herr meiner Stadt.«

»Liegt Berlin etwa an der Donau im Reiche?«

»Die Stadt war sich selbst Herr und frei, als es geschrieben steht und versiegelt in alten Urkunden und die alten Markgrafen und Fürsten es anerkannt haben. Wir hatten Münze, Zoll und Niederlage und eigen Gericht; das alles und vieles noch war unser, wie unsere Häuser und Mauern und Tore. Die Landesherren hatten nichts als die Orbeede und die Heerfolge im Kriege. Weigerten wir Euch, was Eures Rechtes war? Wir gaben

Euch alles, was Euer war, und hüteten nur, was unser. Diese Freiheiten und uralten Gerechtsame, die griffet Ihr an, Herr, und die verteidigten wir. Wer war da im Rechte?«

»Die Rechte hattet ihr erschlichen, diese Freiheiten abgedrängt den alten Fürsten in der Zeit ihrer Not. Ihr hattet an euch genommen, was euch nicht zukam, und euch reich gemacht im allgemeinen Unglück. Die erlauchten Fürsten, so vor uns waren, haben eure Städte gegründet, aber nicht, daß sie ihnen Trotz böten und nähmen, was ihres war, sondern daß sie Waffenplätze und Handelsplätze wären, ihnen offen zu jeder Zeit und untertan. Ihr hattet euch angeeignet wie schlechte Verwalter das Gut eurer Herren und für euch gesorgt, derweil das ganze Land litt. Darum ist's der Fürsten Pflicht, daß sie wiederherstellen, was zu alters Recht war.«

»Ich habe noch immer gehört, gnädigster Herr, daß das Land reich sei, dessen Städte reich sind, und daß kein Land leidet, so es den Städten wohl geht. Auch erschlichen wir's nicht, was wir besaßen. Freiwillig haben die alten Fürsten es uns geschenkt, oder unsere Väter erkauften's mit ihrem guten Gelde, und wer gibt das ihren Enkeln zurück! Aber wir wollen's nicht zurück, denn welcher Kaufmann kann den Käufer zwingen, daß er ihm nach Jahren die Ware wiedergebe, oder der Handel sei denn geschlossen auf Wiederkauf. Aber das ist eitel Wortstreit. Wir besaßen's, Herr, durch hundert, durch zweihundert Jahre, ruhig, unangefochten. Das ist unser Recht, das nehmt Ihr uns.«

»Du starrer Mann«, sagte der Fürst und setzte sich wieder, »soll ich dir meinen Rat, den Olearius, senden, daß der dir nach römischem Recht beweist, wie die Rechte, die ihr euch anmaßtet und der Landesherren ursprünglich waren, nimmer verjähren?«

»Herr, es wär umsonst, ich verstehe nicht römisch.«

»Ist mir auch lieber, daß ich deutsch mit dir rede.«

»Gnädigster Herr«, sprach der Johannes, »so man in den Rechtsstreiten zurückgehn will auf das, was gewesen ist und einmal war, dann steht nichts zu Rechte fest. Was ist mein eigen und was Euer? Die Wenden waren vor uns Herren hier und sagen auch, wir besäßen mit Unrecht ihren Boden. Wo ist das Gericht, das sie hört? Es gäbe eitel Irrnis und Wirrwarr in der Welt, so man das Vordem aufsuchen wollte. Daß wir fest stehen bleiben, müssen wir uns halten an dem, was ist. Das ist das Recht.«

»Du Trotzkopf«, sprach der Herr, »so alles stehenbliebe, als es ist, was würde draus für die Zeit, die kommt! Es hat jedweder das Recht und die Pflicht, zu wirken für seine Kinder. Denn der Kinder werden immer mehr; aber wenn der Stock derselbe bliebe, wovon sollten die leben! Als nun ein jeglicher Mensch schaffen soll und erwerben für seine Nachkommen, daß die nicht verhungern, also hat der Landesherr noch viel größere Sorge; denn alle im Land sind seine Kinder, und ihrer werden mit jedem Jahre mehr. Und er muß sich umschauen und suchen, daß neues Feld urbar werde für den Anwachs, daß mehr Korn wachse als ist, und der Handel mehr Wege finde, um den Überfluß hinauszuschaffen, und was mangelt, ins Land zu ziehen. Des Fürsten Sorge ist eine große, und dafür steht er vor Gott und muß Rechenschaft geben. Und deshalb muß er zusehen, daß der einzelne sich nicht abschließe, nicht die Straße verlagere, den Fluß dämme oder die Felder mit Mauern umschließe. Nein, es muß der einzelne mitschaffen für das Gemeine. Sonst ist er ein faules Glied, und man stößt ihn aus. Ihr Städte, wie ihr seid, wart solche faule Glieder, die nur an sich dachten und Regen und Segen einsaugten wie ein Schwamm, und das Land verdürstete. Das kümmerte euch nicht. Mich aber kümmert's. Ich bin der Landesherr. Und das ist mein Recht, daß ich sorge, daß allen Recht widerfahre, nicht einem.«

Johannes Rathenow schwieg eine Weil. »Wo steht das Recht geschrieben, Herr? Ich hab's in keinen Statuten gelesen.«

Da sprang der Markgraf auf. »Das steht geschrieben

am blauen Himmelsbogen, das steht geschrieben in den Sternen, das steht geschrieben in meiner Brust. Das ist ein ewig Fürstenrecht.«

»Meine Augen sind zu schwach, Herr, um die Schrift in den Sternen zu lesen. Ich kenne nur das Recht, das in den Satzungen steht und alte Leute wissen und was die Schöffen finden können, wenn sie auf der Bank sitzen.«

»Das nennst du ein ewig Recht?«

»Zurechte, Herr, ja. Außer dem Rechte geschieht mancherlei. Da schlägt der Starke den Schwachen nieder. Aber Gewalt wird nimmer Recht.«

»Meinst du? Ich sage: umgekehrt. So wir die Historien der Welt umschlagen, da sind alle Reiche und alles Recht erwachsen nur und allein aus der Gewalt. So nahm Philippus und Alexander Magnus Asiam und Griechenland, Julius Cäsar das Römerreich und Carolus Magnus das deutsche Land. Vor keiner Schöppenbank hätten sie zurecht bestanden, aber ihr Recht bestand vor Gott, der ließ es zu; und was Gewalt war, das wurde Recht, und der Cäsar ward ein Kaiser, und des Kaisers Recht, danach wird noch heute gerichtet alle Welt. – Trau mir, Johannes. Dein Recht ist ein klein Recht, das ist gut in kleinen Dingen. Aber es gibt ein größer Recht. Und wenn die zusammenkommen, davor muß es sich beugen; das ist Gottes Wille. Kein Kluger kann es leugnen. Und dieses großen Rechts Vertreter sind wir, die Fürsten, denen Gott ein groß Auge gab. Gleich wie der Gärtner in einem großen Garten zuschauen muß, daß alles, was da ist, lebt und blüht und Früchte trägt, und er schlägt ab die dürren Äste und reutet aus die vertrockneten Pflanzen. So auch wir. Die könnten auch sprechen: Wir wurden einmal gepflanzt und grünten und blühten so lange, nun haben wir ein Recht, stehenzubleiben wie die andern. Mitnichten. Denn ihr nehmt denen, die noch blühen, den Platz. Und die jungen Schößlinge haben mehr Recht als ihr. – Nun, Johannes, hat der Gärtner recht?«

»Mein hoher gnädiger Herr, der Gärtner mag recht haben vor dem Herren, der ihn gesetzt über den Garten. Aber die Staude, die trocknet, hat auch ein Recht. Es hat nur kein Gericht, davor sie klagt. Was fragt Ihr mich! Ich bin auch trocken und welk wie die Pflanze, die nicht mehr grünet und nicht mehr blüht und keine Früchte mehr trägt.«

»Johannes!« sprach der Herr in gütigem Tone und lehnte sich an den Tisch und unterschlug die Arme. »Du bist ein rechtschaffener Mann und ein guter Bürger deiner Stadt und liebst dein Vaterland. Du hast eine Tochter, weiß ich, ein trefflich Mägdlein, und einem wackern Ritter willst du nun ihre Hand schenken. Wie, Alter, willst du nicht leben in dem Glück derer, die nach dir kommen? Möchtest sie in eine Wüste aussetzen? Und sind diese Marken mehr als eine Wüste? Zähle die Dörfer, die ehedem waren und itzt wüst sind. Die Sümpfe, die Heiden, die Seen, die lachende Kornfelder würden, so fleißige Hände sie umwürfen. Verfolge die Landstraßen, wo du sicher ziehen kannst, und zähle dann die Banden, die in den Winkeln lagern. Mein Vater tat viel, ich tat etwas, meine Nachkommen werden noch weit mehr tun müssen. Aber hätten wir tausend Arme, wir mögen's nicht zwingen, wenn das Land uns nicht vertraut und beisteht. – Dies Land kann schön und mächtig werden, als es war in der Vorzeit; aber so jeder einzeln dasteht und sein Tor schließt und auf sein klein Recht pocht, wo soll dann Gemeinsames geschehen? Nur da wird Großes geschafft und gewirkt in die Zukunft, wo der einzel Mann sich selbst bescheidet und freiwillig hingibt, was sein ist, zum gemeinen Besten. Sieh, ich will das Land wieder mächtig machen, was itzt verachtet ist, will, daß blühen sollen die Städte *und* die Dörfer, die Schlösser *und* die Klöster, die Zucht *und* die Ordnung. Ich will ihm den Frieden schenken von außen und von innen, daß der Pole erschrecke und der Magdeburger sich scheue vor dem märkischen Arm. Ich will, daß jeder Wanderer so ruhig des Weges ziehe durch den dichtesten Wald als durch eure breiten Straßen und der Büdner in der Hütte sein Haupt so ruhig niederlege als der Graf zu Ruppin in seinem getürmten Schlosse. Darum warf mein erlauchter Vater den Adel nieder, darum muß ich den Trotz der Städte bändigen, die ich liebe. Du bist ein redlicher Mann, Johannes; möchtest du nicht auch die Marken glücklich sehen?«

»Wenn ich schöne Wolken sehe am Abendhimmel, dann freut sich mein Herz; aber ich kehre doch lieber zu Nacht unter mein niedrig Dach. Die Wolken treibt der Wind weg, oder sie werden Regen. Das Dach weiß ich, was es hält, meine Väter bauten es.«

Unmutig ging der Herr wieder einige Male auf und ab. Dann sprach er: »Johannes, ich meine es gut; aber ich bedarf guter Männer, die mir helfen. Bei Gott, ich stehe sehr einsam hier. Wem ich trauen kann, der faßt es nicht, und wer es faßt, dem kann ich nicht trauen. Ich habe dich nicht ausgewiesen aus den Städten wie die andern. Du wirst bleiben, und wenn du treu des Eides gedenkst, den du schwurst, wirst du der Städte Bestes und deines Markgrafen Bestes zu wahren wissen.«

Johannes Rathenow richtete sich auf und sah scharf den Herren an. »Werdet Ihr, gnädigster Herr, unsere Statuten bestätigen und in Eurer Gnade unter unsere Briefe Euer Siegel hängen?«

»Nein!« rief der Kurfürst, und sein Auge leuchtete auf. »Ich werde in meinem Zorn die Siegel abreißen von euern Briefen, zum Zeichen des, daß eure Rechte verwirkt sind. Von eurer Unterwürfigkeit wird es abhangen, welche Rechte ich euch fürder aus dem Born meiner Gnade schenke.«

Da neigte sich Johannes tief und sagte dann: »Befiehlt Eure Gnaden noch etwas?«

»Du willst nicht mein Freund sein, Johannes? – Mein Feind sein willst du auch nicht. Du hast es geschworen. Was willst du dann?«

»Den Wanderstab nehmen, Herr, den Rücken kehren meiner Stadt, die frei war, und im Ausland einen Ort mir suchen, wo ich frei sterben kann. Mein Rücken ist zu alt, um sich zu krümmen. Johannes Rathenow, der siebenzig Jahr ein freier Bürger war, kann nicht ein Jahr leben als ein untertäniger Mann einem Fürsten.«

»Halsstarriger Tor, wenn ich dir den Auszug verweigere!«

»Des habt Ihr kein Recht, Herr. Das Lehnsband zwischen mir und Euch habt Ihr aufgehoben. Ich bin nicht an die Scholle geschrieben, ich bin ein freier deutscher Mann, Sohn so freier deutscher Männer in den sächsischen Wäldern, als Eure Väter es waren in den fränkischen Bergen.«

»Und wem frommt dein Trotz? Deine Kinder –«

»Die werden bleiben. Sie mögen mit Euch ihren Frieden schließen.«

»Und was nimmst du mit in die Verbannung?«

»Mein Recht, Herr!«

Und da nun der Kanzler, Herr Friedrich Sesselmann, den gnädigen Kurfürsten fragte: »Aber wen werden nun Euer Gnaden zum Bürgermeister in Berlin bestellen?«, antwortete der: »Den Baltzer Boytin.«

Da erschrak der Kanzler sichtlich. »Den schlechten Mann! Gnädigster Herr, das ist nicht gut.«

»Freilich ist's nicht gut. Aber wo die guten Männer uns verlassen, müssen wir die schlechten brauchen. Das ist ein Fluch der Fürsten.«

Siebzehntes Kapitel

Zwanzig Jahre und zween, nachdem dieses sich zugetragen, was in den vorigen Kapiteln erzählt worden, und das war im Jahre nach unseres Heilandes Geburt 1448, also im Jahre des Heils 1470, und es war Herbst, da sah man eine Schar Reiter aus den Marken gen die Grenze nach der Lausitz reiten. Es war ein stiller Zug; nicht viel waren ihrer, aber sie waren gut gewappnet und genug gegen allerart Gesindel. Sie ritten zu keinem Turnier und keinen Hochgeziten, auch nicht zum Krieg; denn man sah nichts von bunten Decken und Röcken, keine muntern Helmbüsche wehten auf ihren Hauben, keine Banner flatterten über ihren Häupten, und keine Drommeter stießen lustig in die Hörner. Auch war es kein Jagdzug; denn sie ritten langsam, und die Rosse waren hochbepackt. Es war ein Auszug, aber der eines fürnehmen Mannes. Der ritt inmitten des Zuges, schweigsam, und er war gebeugt, und vieler Ernst und Gram lagerte in dem blassen, kranken Gesichte. Sah man's, daß ihn mehr der Kummer als die Jahre niederdrückte. Und je näher sie der Grenze kamen, um so langsamer ritt er, und hielt an und schaute sich um. Die andern hielten sich ehrerbietig fern, daß sie ihn nicht störten in seinem Nachdenken.

Der fürnehme Mann war Kurfürst Friedrich II. Der war satt des Regierens. Hatte sein lieb Gemahl verloren, und seine Söhne waren vor ihm dahingegangen, und er hatte die Kurwürde niedergelegt und das Markgraftum, beides in die Hände seines Bruders in Franken, des Burggrafen Albrecht Achilles. Nun zog er aus dem kalten feuchten Lande nach Franken, wo die Sonne wärmer scheint. Da wollte er sterben. Wer so aus einem Lande zieht, der kann wohl traurig ausschaun. Dreißig Jahre hatte er darin das Regiment gehabt, aber wenig Freude. Er hatte viel getan und geduldet, und wo war es! Sie läuteten nicht mit den Glocken, sie streuten nicht Blumen auf die Straße, sie zogen ihm nicht weinend nach, sie standen nicht am Wege und riefen ihm schluchzend ade zu. Die Luft war rauh und feucht. Die Krähen flatterten schreiend von den Kiefern; der Ritter hinter ihm waren wenige. Er hatte es redlich gemeint. Wer erkannte es! Sie fragten in den Dörfern: »Wer ist der alte Herr?« – »Das ist der alte Markgraf, der zieht ab.« – »Warum zieht er ab?« – »Weil's ihm hier zu kalt ist.«

Da in der Heideschenke, die heißt »Der tote Mann«, stunden viele bepackte Kärrnerwagen, und die Leute waren in großer Angst und schauten nach allen Seiten aus, als sie die Ritter kommen sahen. Aber da es hieß, es ist nur der Kurfürst, ritten ihm zween entgegen und fragten, ob es auch wirklich der Kurfürst sei. Und dann trugen sie hastig ihm ihr Anliegen vor, daß sie nach Sachsen wollten und Salzfische und Felle geladen hätten, auf Rechnung brandenburgischer und Frankfurter Herren, die nach Cottbus und Budissin gingen und weiter; aber im »Hungrigen Wolf« da lagerten etliche Adlige und lauerten auf sie. Sie, die Kärrner, wären nun ihrer nicht genug, und der Kurfürst möchte ihnen mit seinen Reitern das Geleit geben. Der Reisemarschall, das war Herr Wedigo Lüderitz, der war sehr ärgerlich darüber und meinte, das sei nicht des Kurfürsten Sache. Zudem könnten die schweren Wagen nicht so schnell fahren, als sie ritten.

»Nun, lieber Gott«, meinte der Kärrner, »dann kann der gnädige Herr auch wohl etwas langsamer reiten, bis wir über die verdammte Grenze sind.«

»Wer lauert auf euch?« sprach der Kurfürst.

»Euer Gnaden, das ist der Busso Voß und noch etliche Herren.«

Da senkte der Wedigo die Augen und einige von den Herren auch, der Kurfürst aber schaute ernst vor sich, und dann rief er: »Naturam expellas furca, tamen usque recurrit!«

Einer wollte dazwischenreden und meinen, der Kärrner könnte sich irren. Der Kurfürst winkte ihm zu schweigen.

»Ich kenne euch alle. Wär ich nicht bei euch, und die Ehre forderte es, ihr lagertet auch lieber mit dem Busso, als ihr mit mir zöget.«

Der Wedigo Lüderitz hielt die Hand an die Brust und wollte sprechen: »Herr, ich –«

»Du wie die andern«, unterbrach ihn der Herr, »du bist itzt gebessert, ich will's dir glauben, und meinst es gut. Aber eure Natur ist wider euch. Wie der Jagdhund, wenn der Herr ihn nicht ruft, in den Wald läuft, so müßt ihr an die Straße. Dieser Busso, heiliger Gott, mit grauem Haar, über die Sechszig und brauchte es doch wahrhaftig nicht. – Still! Ich weiß alles, wie er zu dir stand, Wedigo, mich hat er nie getäuscht. Aber er war ein Mann von Witz und guten Kräften. Durch Ehren, durch meine Nähe glaubte ich ihn besser zu edler Zucht zu bringen und Einsicht als durch Haft und Gerichte. Doch es verschlägt nichts. Die alte Roheit bricht heraus, sobald der Herr den Rücken kehrt. Nun, noch zehn Schritte und ihr seid mich los.«

»O gnädigster Herr, es trauern viele um Euern Entschluß.«

»Ich glaub's ihnen. Denn mein Bruder Albrecht kommt nach mir. Ich hatte nur eiserne Zähne, mein Bruder Albrecht ist von Eisen, Nerv und Glieder. Er wird euch anders fassen –«, für sich murmelte er: »und wird's doch nicht zwingen.«

Und der Herr winkte den Kärrnern Gewährung, und es klang recht schmerzlich, ob sein Gesicht doch lächelte, als er sprach: »So tu ich doch *einen* guten Dienst, da ich aus dem Lande ziehe, und einer oder zweie danken es mir.«

Nachmalen, da wo die Burg Kikhövel stand, sahen sie vor sich zween runde übergroße Hügel.

»Das sind wohl Hünengräber«, sprach der Fürst.

»Ich meine es nicht«, sagte der eine, »sie sind zu klein.«

»Auch steht auf dem einen ein morsch Holzkreuz«, sagte Wedigo. »Auf dem andern ist's nur eingefallen. Also muß es wohl gute Christen bedeuten.«

Während sie noch darüber sprachen, sprengten munter über die Heide etliche Ritter. Ein älterer in stattlichem Schmucke voran und nun fünf bis sieben, die waren jünger, hinter ihm. Das Gefolge blickte sie anfangs besorgt an, und drängten sich um ihren Herren und faßten an ihre Degengriffe. Aber der Kurfürst, der aufmerksam hingeschaut, sagte: »Ich sollte den Mann kennen«, und itzt rief einer von Seinen: »Die sind aus

Hennikendorf. Es ist der Ritter vom Hahn und seine Buben.«

Da heiterte sich des Kurfürsten Gesicht auf, und als die Ritter herangekommen und der Vater mit seinen Söhnen dem gnädigen Herrn ihre Ehrfurcht bezeugt als gute Vasallen, schaute er sie so freudig an, wie als wären sie seine eignen Söhne, und ließ sie sich alle bei Namen nennen. Und dem ältesten, der war schon einundzwanzig Jahr und sein Pate, schüttelte er die Hand und sprach: er solle so wacker werden als sein Vater und so gut als seine Mutter. »Daß Ihr, Henning, der Vater seid, braucht Ihr nicht zu sagen, aber der Mutter sind die Buben auch aus dem Aug geschnitten. Das ist eine brave Frau, die Elsbeth. Aus gutem Blut.« Und er dankte dem Ritter, daß der doch an ihn gedacht und ihm das Geleit geben wolle.

»Herr Gott«, rief Henning, »wenn ich's vergessen wollte, gnädigster Herr, was Ihr an mir getan!«

Darauf sprachen sie viel, und der Kurfürst erinnerte sich gern, was Dienste ihm der Ritter geleistet in den Pommerkriegen, bei Prenzlow und Ukermünde, wo die Kugel, die der Augustiner richtete, durch des Kurfürsten Zelt flog, und von dem Luftdruck ward er krank, und seine Siechheit nahm da ihren Anfang. Und auch bei Stettin, wo der Henning in der Nacht voran war, als die Brandenburger die Stadt überrumpeln wollten. Aber die Bürger waren wach, sie mußten abziehen, und der Albrecht Glinde kam mit genauer Not zu ihnen über die Mauer, aber er brachte nur sich und nicht die Stadt. »Es wäre wohl glückt«, sprach der Ritter, der, ob er nun auch ein halb Jahrhundert auf den Schultern trug, noch recht munter und frisch dreinschaute, »so Euer Gnaden anders mit Berlin und Kölln dazumal wären umgesprungen. Allein die Stettiner Bürger dachten –«

»Du magst recht haben«, unterbrach ihn der Kurfürst, der daran nicht erinnert sein wollte. »Aber du entsinnst dich doch auch, als du Bürgermeister warst, was Ärger du hattest. Wer kann's den Berlinern recht machen!«

Da waren sie an die Grabeshügel gekommen, und der Kurfürst fragte: »Wes sind die? Ob ein alter Mann in der Gegend Kunde hat, wer darunter schläft?«

»Es entsinnen sich's viele noch«, antwortete der Ritter, des Gesicht dabei sehr ernst wurde.

»So sind sie nicht aus alter Zeit?«

»Die Zeit war einmal jung, itzt ist sie aber grad zweiundzwanzig Jahre alt. Hier bluteten zwei wackere Männer.«

Da schwieg der Kurfürst, denn er sah, was in dem Ritter vorging, und ihn ahnte, was die Hügel bedeuteten. Einer aus dem Gefolge aber, der mit dem Hirten gesprochen, ritt an ihn heran und sagte leis:

»Gnädiger Herr! Die Hügel bedeuten die Stelle, wo der ehemalige Ältermann von Berlin, Johannes Rathenow, und der Ratmann Konrad Ryke von Räubern angefallen wurden, als sie vor der Herrschaft nach Sachsen fliehen wollten. Hier sind sie erschlagen, aber nicht begraben; denn ihre Gebeine wurden nachmalen nach Berlin gebracht und sind in der Gruft zu Sankt Nikolai beigesetzt.«

Der Kurfürst stieg da ab und trat an die Hügel, und das eine Kreuz faßte er an, als wolle er sich daranlehnen, und senkte den Kopf. Da dachte er wohl Schwerem nach, und alsdann fragte er mit dumpfer Stimme den Henning: »Meinst du, daß deiner Elsbeth Vater gerächt ist?«

»Gnädigster Herr, gewiß«, antwortete der. »Denn es vergingen nicht sechs Wochen nach dem Überfall, und der Köpkin Zarnekow ward von den Cottbussern gefangen. Er endete dann auf dem Rade mit fünf seiner Spießgesellen. Ihre Schädel hängen noch an Ketten überm Tor von Cottbus.«

Wehmütig schüttelte der Herr den Kopf. »So er niederschaute aus jener Welt auf diese Stelle, mein lieber Henning, und grad itzt niederschaute, ich meine, das wäre ihm mehr Rache.«

Henning verstand es und senkte den Blick.

»Er war ein wackerer Mann«, sagte der alte Kurfürst, »ein Mann, wie ich keinen zweiten in den Marken fand. Wären sie alle gewesen wie er, so biederstarr –«

»Dann wär es schwer zu regieren«, fiel Henning ein.

»Nein, Lieber, wenn *alle* bieder wären, dann wäre es nicht schwer. Wenn *alle* das Rechte aufrichtig wollten, dann würde das Recht auch gefunden. Wenn ein Fürst mit lauter Graden zu tun hätte, dann – könnte er selbst mit ihnen grad gehen; sie fänden mitsammen das Ziel. Grad wie diese beiden, die hier nebeneinander bluteten. Sie waren sich im Leben feind, aber beide rechtlich, trafen sich beide auf demselben letzten Pfade, und beide fanden zusammen ein Ziel. Das Ziel«, setzte er leis hinzu, »das keiner verfehlt.«

Und als sähe er den eignen Hügel vor sich, der seine müden Glieder decken solle, blickte er vor sich, und so ritten sie weiter. An der Grenze wandte er sich noch einmal um, breitete wie unwillkürlich die Arme nach dem Lande, das er auf immer verließ, und seine Lippen bewegten sich wie zum Segen. Die Worte hörte man nicht. Dann drückte er stumm dem Ritter die Hand, winkte den Söhnen, und nun war er auf fremdem Land. Er wandte sich nicht mehr um.

Henning hielt mit seinen Söhnen, bis die Ritter im Walde verschwunden waren. Dann ritt er langsam heim. Ihm war nie so weh ums Herz gewesen; und war doch ein so glücklicher Mann.

Anhang

Nachwort

Berlin, die Mark Brandenburg, Preußen, die Hohenzollern und der Name Willibald Alexis sind zu untrennbaren Begriffen geworden. Was nicht heißt, die einzelnen Glieder dieser Verbindung hätten jemals miteinander harmoniert. Vor allem zwischen den beiden letztgenannten hat sich ein unversöhnlicher und doch ersprießlicher Widerspruch entwickelt. Die Bewohner dieser Gegend wüßten um vieles weniger von sich, von ihrer Landschaft, ihrer Stadt und ihrer Geschichte, und die übrige lesende Welt weniger von ihnen, ohne den Schreiber der mißverständlicherweise so genannten »vaterländischen Romane« aus der Mark, der zugleich ihr universellster Historiker war. Von »Der falsche Woldemar« (1842), »Der Roland von Berlin« (1840), »Die Hosen des Herrn von Bredow« (1846), »Der Werwolf« (1848) über »Cabanis« (1832) bis zu »Ruhe ist die erste Bürgerpflicht« (1852) und »Isegrimm« (1854) spannt sich ein Bogen epischer Zeitgemälde, der die Geschichte des Landes von den frühen Wirrnissen des Mittelalters über die Ära Friedrichs II. bis zum Zusammenbruch Preußens im Jahre 1806 und den sogenannten Befreiungskriegen mit dem enttäuschenden Ergebnis ihres Sieges, herauf bis in die Gegenwart des Autors umfaßt, am Ende mit dem Ausblick auf die »böse Zeit [des] Knechtssinns und der Scheinheiligkeit« nach den zerschlagenen Hoffnungen der Revolution von 1848.

Respektabel ist dieser enorme Werkkomplex nicht allein seines Ausmaßes wegen, bewundernswert erscheint die Größe und Konsequenz des Entwurfs, der sich darin entfaltet – nicht als vorgefaßtes Konzept, sondern als Resultat lebenslanger konfliktreicher Auseinandersetzung des Erzählers mit dem Gegenstand, der ihn nicht losließ.

Die Beschränkung auf den einen landschaftlichen Raum und der Zug in die Vergangenheit sind bei ihm alles andere als Zeichen für Zeit- und Weltabgewandtheit, wie weniger nachdenkliche, vom Fortschrittsgeist hingerissene Zeitgenossen mitunter argwöhnten. Nicht aus trautem angestammtem Heimatgefühl schrieb er. Motiviert hat ihn sein Zeiterlebnis der bürgerlichen Umwälzung des alten Europa, in die sein Leben tief hineingezogen wurde. Ohne sie hätte sich ihm keine Existenz als freier Schriftsteller eröffnet. Als Sohn eines Geheimen Kammersekretärs und Kanzleidirektors hatte ihn selbst ursprünglich die frustrierende Laufbahn eines Beamten im Dienste des feudalbürokratischen königlich-preußischen Staates erwartet. Durch die Zeitereignisse wurde er auch erst in die Mark verschlagen, wurde er Berliner.

Geboren wurde Wilhelm Häring – so hieß er von Rechts wegen – 1798 in Breslau. Dort erlebte er als Neunjähriger die Belagerung der Stadt durch die Truppen Napoleons, dessen Siegeszug durch Europa nach der Schlacht bei Jena (1806) durch nichts mehr aufzuhalten war. Der Vater lebte da schon nicht mehr. Veranlaßt durch die Unruhen der Zeit, zog die Mutter nach dem Ende der Belagerung mit ihren Kindern zu ihren Verwandten nach Berlin, wo der König nach seiner Unterwerfung unter die französische Übermacht hatte verkünden lassen, Ruhe sei jetzt die erste Bürgerpflicht. Als fünfzehnjähriger Gymnasiast bejubelte er mit den Berlinern den Einzug der Kosaken in die Stadt und die Vertreibung der Franzosen. Nach dem Scheitern der Großen Armee an Moskau 1812 und ihrer Niederlage in der Völkerschlacht bei Leipzig 1813 kam das Ende der Ära Napoleons. Der spektakuläre Besuch von Zar Alexander I. in Berlin, dem der Alexanderplatz heute noch seinen Namen verdankt, besiegelte nach dem gemeinsamen Sieg von Russen und Preußen das Bündnis beider Staaten.

Mit siebzehn Jahren nahm Wilhelm Häring dann 1815

als freiwilliger Jäger am Feldzug nach Frankreich teil, der den Versuch Napoleons, die Macht noch einmal zurückzuerobern, beendete. Sein Bericht vom Feldzug ist weit entfernt von Hurra-Patriotismus, Franzosenhaß und Kriegsbegeisterung. Vielmehr vermittelt er bittere Erfahrungen mit dem preußischen Militär und dessen bornierter adliger Führungsschicht. Der Traum von einem Volksheer unter der Fahne des Königs, falls der junge Freiwillige ihn auf der Woge nationaler Hochgefühle einmal mitgeträumt hatte, war bereits verflogen. Schon war ein »reaktionärer Luftstrom« zu verspüren, der die Restauration ankündigte und das Begraben aller fürstlichen Verfassungs-, Freiheits- und Einheitsversprechungen. Anlaß genug zu Fragen an die ungewiß bleibende Zukunft und zu dementsprechender geschichtlicher Besinnung. Dem einen wie dem anderen hat Alexis in seinem späteren epischen Werk zeitüberdauernde Gestalt verliehen.

Daß die Hohenzollern (als preußische Könige wie danach auch der deutsche Kaiser) dem Autor sein Verdienst um das märkische Stammland ihres Reichs schlecht vergalten, ist in Ordnung. Das Eintreten ihres apologetischen Historikers Treitschke für Alexis mit der Behauptung, ihr Haus wäre ihm Dank schuldig, war ein Unrecht, das dem Dichter nachhaltiger geschadet hat als jedes andere.

Gehuldigt, wie man es gern gesehen hätte und Treitschke es unterstellte, hat er den Hohenzollern niemals. Daß er den besseren unter ihren früheren Vertretern Anerkennung zollte, hat die späteren schlechteren um so empfindlicher getroffen, und sollte es auch.

So nannte er in der ersten Reihe berühmter, um das Land verdienter Persönlichkeiten – unmittelbar neben Friedrich Wilhelm, dem Großen Kurfürsten, der groß war, weil er die verheerenden Folgen des Dreißigjährigen Krieges überwand, und Friedrich II., dem König, dessen Größe es ebenfalls war, »das Unglück zu bändigen« – die unter der Restaurationsherrschaft mißliebig gewordenen Initiatoren bürgerlicher Reformen Stein und Hardenberg. Denn auch sie, so lautete die Begründung, »wußten, was ihrer Zeit not tat, und zagten nicht«, es gegen übermächtige Widerstände ins Werk zu setzen. Helden seiner brandenburgisch-preußischen Geschichtsbilder sind nicht idealisierte Paradehäupter der Dynastie, sondern, als Einheit von Widersprüchen gesehen, alle – Bürger, Arbeitende in Stadt und Land und Fürsten (Askanier und Hohenzollern) –, die sich Generation um Generation darum mühten, inmitten einer Natur, die den Menschen nichts schenkte, sich selbst einen Grund zu bauen, »darauf sie mit Lust weilen« konnten. Sie sollten hier, so postulierte es Alexis im Eingangskapitel zum »Falschen Woldemar«, »ein Land sich schaffen, das ihnen lieb wäre und den anderen ein froher Anblick«.

Sein Bild von Preußen und seine Erwartung an die Hohenzollern waren in der Tat sehr verschieden von deren offiziellem Selbstverständnis, und obwohl er die Grenzen eines liberalen Legitimismus nicht überschritt, geriet er damit in immer größeren Gegensatz zur Entwicklung, die der Staat nahm. Die höchstungnädige schallende Ohrfeige, die Friedrich Wilhelm IV. ihm 1843 verabreichte, weil er öffentlich Kritik an der Zensur übte und sich dann noch beim König persönlich über die Verstümmelungen seiner Artikel in der »Vossischen Zeitung« beschwerte, spricht für sich: »Mit Widerwillen« verwies der aufgebrachte Monarch den Kritiker in die »Klasse derer ..., die es sich zum Geschäft machen, die Verwaltung des Landes durch hohle Beurteilung ihres Tuns, durch unüberlegte Verdächtigung ihres nicht von ihnen begriffenen Geistes vor der großen meist urteilslosen Menge herabzusetzen, und dadurch ihren schweren Beruf geflissentlich noch schwerer zu machen«. Und hinzufügte die königliche Hoheit: »Von Ihrer Einsicht und Ihrem Talent hatte ich besseres erwartet.«

Das war in dem Jahr, als Marx, vor seiner Emigration nach Paris, an Ruge schrieb: »Ich bin der Heuchelei, der Dummheit, der rohen Autorität und unseres Schniegens,

Biegens, Rückendrehns und Wortklauberei müde ... In Deutschland kann ich nichts mehr beginnen. Man verfälscht sich hier selbst.«

So sehr vertiefte sich der Zwiespalt, daß der Berliner Alexis es in Berlin, als es zur Hauptstadt der Konterrevolution geworden war, am Ende nicht mehr aushielt und sich 1852 verbittert nach Thüringen zurückzog. Als 1856 ein Gehirnschlag seine Arbeitskraft lähmte, war er auf die Unterstützung der Deutschen Schillerstiftung für notleidende verdiente Schriftsteller angewiesen, die deren erster Generalsekretär Karl Gutzkow für ihn erwirkte. An eine preußische Staatspension, wie der König sie anderweitig ehrenhalber auszusetzen pflegte, war im Falle des vielzitierten »Biographen Preußens« nicht zu denken. Dazu hatte er sich zu konsequent als wirklicher freier Schriftsteller erwiesen.

Als Alexis Ende 1871 starb, war sein Verhältnis zu Preußen umstritten, nicht aber sein Verdienst um die deutsche Literatur. Die sieben großen Romane, die er dem kärglichen Mutterboden der Mark abgerungen hatte, bildeten den Grundstock zum Genre des kritischen realistischen historischen Romans in Deutschland.

Dabei hatte sich der Ruhm in seinem Falle paradoxerweise vor dem eigentlichen Verdienst schon überraschend früh eingestellt.

»Eines Morgens wacht ich auf und fand mich berühmt in meinem Bette.« So berichtete einst Byron vom Ausbruch seines Dichterruhms. Fast ebenso unvermittelt und wundersam, wie es dem Beispiel entsprach, das Byron hoffnungsvollen poetischen Glücksanwärtern der noch unabgeschlossenen romantischen Epoche gab, hatte sich auch der junge Wilhelm Häring schon eines frühen Morgens berühmt, jedenfalls über alle Maßen beifällig beachtet, gefunden.

Daß er sich ausgerechnet damit einen Namen machte, mit einem fremden weltbekannten Namen ein mutwilliges Spiel zu treiben, gab dem Ereignis eine um so merkwürdigere Note. Obgleich es seinerzeit nichts allzu Ungewöhnliches war, im Getümmel des vom Kapital eben weltoffen entfesselten literarischen Freihandels unter falscher Flagge zu segeln. Nicht einmal der Einfall und der Versuch, selbst Bestseller nach dem Romanrezept des grandiosen Sir Walter Scott zu produzieren, waren einmalig. Wohl aber der Erfolg, den Alexis nach unbeachteten Anfängen als Verse- und Novellenschreiber in der Schule Tiecks schließlich 1824 mit dem abenteuer- und schauervollen Roman »Walladmor«, der angeblichen freien Übersetzung eines angeblichen Scottschen Originals, davongetragen hatte – oder, vielleicht zutreffender, der wie dazu geschaffen schien, *ihn* davonzutragen. Denn, so schrieb er später in seinen »Erinnerungen«: »... es war eine Seifenblase, die ich in übermütiger Laune von mir wegblies, und nun wurde es ein Luftballon, der mich selbst in die Höhe hob«.

Seit diesem schwindelhaften Höhenflug galt der Schriftstellername Willibald Alexis etwas. Der sechsundzwanzigjährige preußische Kammergerichtsreferendar Häring, der sich dahinter verbarg, konnte seinen Dienst quittieren und sich von nun an allein seinen schriftstellerischen Arbeiten widmen. Nie wieder allerdings hat ein anderer Roman von Alexis so sehr Furore gemacht wie »Walladmor«. Als der abschließende dritte Band mit einer Verbeugung des »Übersetzers« vor dem »Originalautor« das ganze Unternehmen als ein parodistisches Vexierspiel demaskierte, hatte dies die Nachfrage noch gesteigert. Binnen kürzester Zeit waren Übersetzungen der »Übersetzung« ins Englische, Französische, Schwedische, Polnische und in andere Sprachen erschienen. Das Echo der Kritik hatte sich bis zum Superlativ eines englischen Rezensenten gesteigert, der schrieb: »This is the boldest hoax of our times.« Alexis war sich sicher, dieser Rezensent, der ihm amüsiert anerkennend den »kühnsten Vexierstreich unserer Zeit« attestierte, sei kein anderer als Scott selbst.

Kein Wunder, wenn der Beginn seiner Schriftstellerkarriere Alexis im Rückblick ausgesprochen »fabelhaft« anmutete. Was dem unversehenen Berühmtwerden und einer anschließenden zweiten Imitation eines Scottschen Romans, »Schloß Avalon«, folgte, war hartes Brot für den Autor, der nicht daran dachte, der Gunst des Marktes den eigenen ernsthafteren Anspruch aufzuopfern.

Das beifällige Interesse am »Walladmor« hatte vor allem dem geschickten Operieren mit den Reizelementen des Scottschen Romantyps und ihrer Intensivierung gegolten, den Schreckensmotiven, mysteriösen Schicksalsfügungen und den ganzen erzählerischen Spannungsmechanismen, nicht aber der kritischen Absicht, die, bei aller Sympathie für den Meister, in der parodistischen Übersteigerung lag. Je lauter und anhaltender, um so peinlicher mußte daher der Beifall klingen, von dem der Adept sich schließlich »bis zur Verzweiflung verfolgt« fühlte. »Nicht meine Satire, sondern was sie mit der Geißelspitze kitzelte, das gefiel, es gefiel um so mehr, weil ich es übertrieben, mit glänzenderen und dunkleren Farben aufgetragen hatte, die brillanten und die grausigen Szenerien, die heulenden Stürme über den Feudaltürmen, die herrlichen Familienflüche und Prophezeiungen, die rohen Massen von Ergreifendem und Interessantem, die ich aus dem Chaos aufgewühlt und, von der Kunst ungebändigt, hingeworfen hatte! Ich teilte das traurige Schicksal jenes Predigers, der gegen das Lotto geeifert hat, und die tränenreiche Witwe dankt ihm für den herrlichen Vortrag, bittet ihn aber um die Nummern, die er genannt, um sie zur nächsten Ziehung zu besetzen.«

»Schloß Avalon« blieb der Erfolg, den »Walladmor« im Übermaß eingebracht hatte, versagt. Man vermißte das gewohnte Aufgebot schauerlich-romantischer Verwicklungen. Freilich konnte zugleich auch der souveräne Spaß des Erzählers an seiner Geschichte nicht aufkommen. Das historische Thema, das nach langen Kämpfen und wiederholter Machtbefestigung unaufhaltsame Ende der Stuart-Dynastie, nahm den Autor auf eine

Weise gefangen, die diesmal einen spielerisch freien Umgang mit dem Stoff ausschloß. In seinem übermütig begonnenen Wettstreit mit Scott, noch einmal unter der Maske des geliehenen Namens, hatte er sich nun mit ernsterer Absicht auf den angestammten literarischen Heimatboden des Schotten begeben, auf das Feld der bewegten Vergangenheit der vereinigten Königreiche Schottland und England. Trotz der Entscheidung für den fremden Stoff und trotz der Erfolglosigkeit des Buchs war »Schloß Avalon« ein Schritt von unübersehbarer Bedeutung für alles, was die fernerhin vom Autor verfolgte Richtung und die Ebene seines Anspruchs betraf. Es war das Werk, mit dem Alexis den Weg betrat, auf dem er später seine eigentliche Leistung als Bahnbrecher des kritischen Realismus im historischen Roman vollbrachte. Von dem Odium, das die nachfolgenden, zu ihrer Zeit äußerst populären Romane von Gustav Freytag, Felix Dahn und anderen dem Genre mit ihren blauäugigen Blicken in die germanische Ahnenwelt einbrachten, ist sein Werk frei. Er hat sich auch nicht nur gegen den zu seiner Zeit noch übermächtigen Strom primitiv unterhaltsamer Ritterromane durchgesetzt (»Ich habe als Knabe meine Phantasie mit den schauderhaften Ritterromanen vergiftet.«) und gegen den ganzen noch kräftigen Sog der niedergehenden Romantik. Um die Wende ganz zu ermessen, die er mit der Verbannung des Mystizismus aus dem Roman und der Überwindung konservativer Sympathien für die Vergangenheit vollzog, muß man sehen, daß er in dieser Hinsicht auch über sein Vorbild Scott hinausgelangte. In diesem, dem »größten Maschinenmeister der Romantik« (Wienbarg), kreuzte sich moderne Realistik noch eigentümlich mit der alten Phantastik der Ritterromantik.

Dienten authentische Geschichte und Landschaft Scott nur als Hintergrund für die eigentliche fiktive Romanhandlung, so benutzte Alexis die Fiktivität des Romans im »Roland von Berlin« nur, um ihn zum Medium der authentischen Wirklichkeit zu machen, auf deren

Vermittlung es ihm ankam. Als Unterhaltungsschriftsteller bleibt Alexis Scott und anderen unterlegen. Als solcher darf er aber nicht eingestuft werden, ebensowenig wie als Erzeuger von »Heimatliteratur«. Daß man es tat, beruht auf einem fundamentalen Irrtum.

Was Alexis von Scott übernahm und weiterentwikkelte, war zum einen die achtsame Aufnahme von lokal und historisch Charakteristischem im einzelnen; das taten neben ihm zum Teil auch namhaftere Erzähler anderer Literaturen im Übergang zum kritischen Realismus des 19. Jahrhunderts (unter ihnen Thackeray, W. Irving, J. Cooper, Hugo und Balzac). Zum anderen (und darin tat es ihm kaum ein Zeitgenosse gleich) entfaltete und vertiefte Alexis die bei dem Schotten schon angelegte Geschichtlichkeit als übergreifende Perspektive des Erzählers. Den sensibilisierten Sinn dafür im Roman zu betätigen und zu vermitteln hieß für den »märkischen Scott«, produktiv teilzuhaben an der noch unabgeschlossenen Erfahrung der von 1789 her datierenden Epoche des Widerstreits von Kräften der Revolution und der Restauration.

Die alte idealistische Vorstellung, Geschichte sei allein das Werk des autonomen Willens auserwählter, mit Macht ausgestatteter Individuen, war für Alexis schon ganz augenscheinlich überholt. Konnte er andererseits noch einem frei schwebenden allgemeinen Weltgeist die Rolle zuschreiben, Impulsgeber für das Handeln und die Geschicke der Menschen zur Erreichung eines bestimmten Endzwecks zu sein? Geschichtsphilosophische Denkmuster solcher Art waren ihm durchaus nicht fremd, aber im Unterschied zu Hegel fand er dialektische Beziehungen als Faktoren der Veränderung in den für sich existierenden Tatsachenzusammenhängen selbst vor. Von großer Tragweite war die Entdeckung seiner reifen Romane, daß der Geist der Zeit erst in der Zusammenschau mit dem Geist des Ortes wirklich faßbar wird. Dieser erweist sich selbst als der geronnene Geist vieler aufeinanderfolgender Zeiten, ebenso wie die Geistesart der an den bestimmten Ort gebundenen, von seinen Naturgegebenheiten mitgeprägten Bevölkerung. Indem der historische Ort konkret bestimmt ist (also kein austauschbarer Schauplatz) und von unverwechselbarem, einzigartigem Geist, kann Historiographie in Romankunst aufgehen. Geschichtliche und künstlerische Wahrheit kommen überein.

Der wirkliche, vertraute Ort, die Heimstatt und das ständig sich wandelnde und doch bleibende gemeinschaftliche Produkt sämtlicher Generationen, bezeugt sichtbar die Einheit und die Verschiedenheit der Zeiten. Dem Leser kann er, indem dieser sich der kundigen Führung des Erzählers anschließt, zur Brücke der Begegnung mit frühen Vorbewohnern werden, die der Roman aus dem Schattenreich heraufholen kann. Züge der Verwandtschaft und der Entfremdung entdeckend, können die später Lebenden sich selbst besser, nämlich historisch, verständlich werden.

Wie diese Perspektive sich im »Roland von Berlin« eröffnet, hat 1840 ein Rezensent treffend gekennzeichnet. Es war Hermann Marggraff, den die Lektüre zu dieser Betrachtung veranlaßte: »Bekanntlich war das Volk von Berlin ehedem sehr trotzig und aufsässig; es ist aber nach und nach durch die Klugheit und Energie der Fürsten, durch die große Zahl der Beamten, der Polizeimänner und der dort kasernierten Soldaten gebeugt und auf das steinharte und klippenreiche Eiland des maliziösen Witzes und einer versteckten Opposition exiliert worden.«

Der Roman breitet die seinerzeit 400 Jahre zurückliegende Geschichte von 1442/48 aus, die in den Annalen der Stadt als »Berliner Unwille« überliefert ist, und beleuchtet die Anfänge der Entwicklung, die zu den bestehenden Verhältnissen und damit im Laufe der Zeit zur Ausprägung des von dem zitierten Rezensenten angesprochenen Volkscharakters geführt hat.

Mit seinem Schreiben hat der Autor sich zum Ziel gesetzt, Erinnerungsarbeit zu leisten, nicht die eines Individuums, sondern die der Stadt, der Nervenzentrale des Landes. Ein Unternehmen also, das auf die motivierte Mitwirkung der Leser angewiesen ist. Es setzt das Vorhandensein eines erinnerungsfähigen und -bedürftigen kollektiven Subjekts voraus, von dem die ortsansässigen Mitlebenden des Autors nur einen Teil ausmachen, ein Volk also (oder einen Volksstamm), das sich, zumindest im Ansatz, seiner Identität bewußt ist. Von der Bürgerschaft der 1840er Jahre kann erwartet werden, das sie in der Bürgerschaft der 1440er Jahre so etwas wie ihr früheres Selbst wiederzuerkennen vermag. Darauf fußt die Strategie des Erzählers, und daraus ergibt sich dessen Rolle als bewanderter Kenner und Vermittler der Wirklichkeit beider Zeitalter. Als solcher wendet er sich – mehr belehrend als unterhaltend freilich – beschreibend, erklärend, vergleichend und seine eigene Ansicht vorbringend, an die Zeitgenossen.

»Mein Bild von dem alten republikanischen Berlin«, so nannte Alexis 1843 – in einer Replik auf die zahlreichen kritischen Würdigungen des Werks – das Ergebnis seiner historisch-literarischen Rekonstruktion. Das Mittelalter erscheint darin weder als verlornes goldenes Zeitalter, nach dem man sich elegisch zurücksehnt, noch als Zeitalter der Finsternis, von dem man sich fortschrittsstolz in Bausch und Bogen abwendet. Vielmehr gewahrt man eine Wirklichkeit, »wo zwischen Himmel und Erde so vieles sich umtrieb, was heut weder die Philosophie noch die Polizei duldet«.

Solche und ähnliche Äußerungen des Autors im Text des Romans lassen keinen Zweifel darüber, aus welcher Perspektive die frühere Epoche abgebildet wird. Im Bild erscheint das Gewesene, aber in Frage steht das daraus Gewordene. Wie und wodurch geschah das? und mit welcher weiteren Aussicht? Danach zu fragen, wird der Leser angeregt. Die Gegenwart des Autors erscheint in dieser Perspektive nicht als Absolutum im starren Gegensatz zum Vergangenen, und dies ist ebensowenig nur das schlechthin andere wie ein aufs bloß Analoge verkürztes Substitut des Gegenwärtigen. Wäre es so, hätte Alexis nur einen verkleideten Zeitroman geschrieben. In dem Maße, wie beide Zeiten vielmehr als verschiedene Epochen in ein und demselben historischen Prozeß erscheinen, um dessen Fortsetzung es letztlich geht, werden auch spätere Generationen, wird auch der Leser heute noch als Nachbetroffener mit in das Interesse hineingezogen. Ihm steht es noch dazu offen, sein Wissen um alles nachfolgend über das Vorwissen des Erzählers hinaus Geschehene als zusätzliche Reflexionsebene in den Diskurs einzubringen.

Die Erinnerung arbeitet gegen verschiedene Formen des Vergessens an, gegen den gleichgültigen Staub, unter dem alles versinkt zum einen, gegen Verdrängungen von erlittenen Niederlagen, Fehlschritten und Unrühmlichkeiten zum anderen, und nicht zuletzt gegen absichtliche Gedächtnisaustilgungen, durch die die Herrschenden das Volk der Kraftquellen seines Selbstbewußtseins berauben. Ein sehr bezeichnender Tilgungsakt dieser Art war die Beseitigung des Berliner Rolandstandbildes durch den Markgrafen und Kurfürsten Friedrich II. (Regierungszeit 1440–1470), nachdem er den Widerstand der selbstverwalteten Stadt gegen ihre Entmachtung im Jahre 1448 endgültig gebrochen hatte.

Friedrich II., mit dem Beinamen »der Eiserne« oder »Friedrich mit den eisernen Zähnen«, auch kurz »Eisenzahn« genannt, vollendete damit die Unterwerfung der Mark durch die Hohenzollern. Gegen den widerspenstigen Adel hatte vor ihm schon Friedrich I. (Regierungszeit 1411–1440) die Hausmacht befestigt. Der war der erste aus dem Nürnberger Burggrafengeschlecht der Hohenzollern, die in die Mark kamen, um hier als Fremde unter Fremden ein ungeliebtes Land zu regieren. Als es ihm vom Kaiser als Lehen übertragen wurde, herrschten dort noch das Faustrecht und der Raubadel, außer in den Städten. Die regierten sich, erstarkt im Aufschwung der Geldwirtschaft und gesichert in Bündnissen untereinander, selbst und nach eigenem Recht, das die vorigen immer geldbedürftigen Fürsten ihnen eingeräumt hatten.

Berlin und Kölln zumal, die seit Anfang des 14. Jahrhunderts durch einen gemeinsamen Rat verbunden waren, hatten, so schlicht sie sich auch ausnehmen mochten, Grund, stolz auf ihre Eigenständigkeit zu sein, verdankten sie doch ihr Entstehen, ohne den Schutz und die Last einer feudalen Burg im Rücken, allein sich selbst. Als Wahrzeichen so selbständiger, mit besonderen Freiheiten und eigener Gerichtshoheit ausgestatteter Städte kann man an verschiedenen nord- und mitteldeutschen Orten noch die Figur eines schwerttragenden Roland – nach dem sagenumwobenen Streiter für Gerechtigkeit im Gefolge Karls des Großen – finden. Daß Berlin, die ehemalige Hansestadt in dem großen Verbund von etwa zweihundert nordeuropäischen Handelsstädten, auch seinen Roland gehabt hatte, davon wußte man in der späteren Königsstadt nichts mehr und sollte es auch nicht. Erst geraume Zeit nachdem Alexis die Erinnerung daran wieder geweckt hatte, stellte man in Berlin für die beseitigte echte eine Stellvertreterfigur auf, eine Kopie des Rolands von Brandenburg, die man vor dem jetzigen Märkischen Museum noch sehen kann.

Im historischen rekonstruierten Berlin des Romans findet man den echten Roland an seinem ursprünglichen Platz an der Nikolaikirche, nahe dem Haus des Bürgermeisters wiederaufgerichtet. Der Erzähler überträgt seinem steinernen Zeugen des »alten republikanischen Berlin« die Hauptrolle der leitmotivischen Handlung, die das authentische öffentliche Geschehen und die dazuerfundene private Geschichte symbolisch übergreift. Der Umbruch, den der Verlust der städtischen Freiheiten und Rechte bedeutete, wird sinnfällig in dem epischen Beziehungsverbund zwischen den Schicksalen der Stadt, der Statue und denen der einzelnen handelnden Personen.

Am Anfang steht der Roland in den Augen der Menschen, unabhängig von dem bewegten Treiben, in das ihre unterschiedlichen Geschäfte, Interessen und politischen wie privaten Leidenschaften sie verwickeln, fest für alle Ewigkeit da als Garant aller errungenen Freiheiten und Sicherheiten. Keinen glaubhafteren Schwurzeugen hätte der Bürgermeister Rathenow anzurufen gewußt, um zu bekunden, wozu er unumstößlich entschlossen war. Er wollte seine Tochter Elsbeth dem Zunftbürgersohn Henning Mollner nicht zur Frau geben, solange der Roland sich nicht von seinem Sockel wegbewegte, und wenn der Henning noch so tüchtig, beliebt im Volk und begehrenswert als Bräutigam war. Die Voreingenommenheit des stolzen Patriziers und die starre Unnachgiebigkeit, die daraus sprechen, zeigen nicht gerade die besten Züge im Charakterbild der ansonsten eindrucksvollen und vorbildhaften Gestalt des Rathenow, neben dem sich allenfalls noch der Kurfürst ebenbürtig ausnimmt. Solche kernigen, unbeugsam selbstbewußten Charaktere vermißte man im Bürgertum des königlich untertänigen Berlin von 1840. So wäre man selbst gern, man merkt es dem Erzähler Alexis an, der auch »des Schniegens, Biegens, Rückendrehens« müde ist und sich gegen den Zwang zur Selbstverfälschung sträubt.

Am Ende ist gegen den unzweifelhaften Willen der Bürger – aber nicht ohne ihre eigene Schuld – das für unmöglich Gehaltene eingetreten: der Roland gestürzt, in Stücke geschlagen, fortgeschleift, als Schutt in der Spree versenkt, die widersetzlichen Berliner ins Knie gezwungen, ihre verbrieften Rechte und Freiheiten annulliert, ihr Bürgermeister, der sich nicht beugen kann, aus der Stadt und aus dem Land emigriert nach Sachsen, unterwegs von märkischem Raubrittergesindel erschlagen. Aber für die Jungen ist die Zukunft offen, für Henning und Elsbeth kann die allgemeine Heimsuchung zum Glück ausschlagen.

Die alte »republikanische« Ordnung im Rahmen der mittelalterlichen städtischen Selbstverwaltung hat sich unter dem äußeren Druck als nicht haltbar erwiesen. Zu starr war die alte Ständeordnung auch hier. Zu unversöhnlich hatten sich die Interessengegensätze zwischen den Zünften und dem privilegierten Patriziat, aber auch Konflikte zwischen diesem und dem Rat, selbst zwischen Rat und Bürgermeister schließlich gestaltet. Hinzu kamen die Spannungen zwischen den verschiedenen Zünften und Gewerken. Diese Widersprüche hatten auch in anderen Städten zunehmend zu Unruhen geführt, die im Ergebnis fast ausnahmslos zugunsten der Fürsten, mit der Staatenbildung im Zeichen des Absolutismus endeten. Der Zwangsläufigkeit dieser Entwicklung kann Alexis sich nicht verschließen. Er läßt auch, realistisch objektivierend, der Rolle und der Person des »eisernen« Kurfürsten Gerechtigkeit widerfahren. Sein Triumph wird relativiert. Werden die immerhin einmal lebenskräftig gewesenen, nun gekappten Ansätze zu einer denkbaren alternativen Entwicklung zu einem Gemeinwesen, in dem der Gegensatz von Staat und Volk aufgehoben ist, eine Chance haben zu überdauern?

Für die nächsten Jahrhunderte wird Berlin zur fürstlichen Residenz erniedrigt. Der Bau des ersten Schlosses inmitten der Stadt beginnt, mehr noch eine Burg anfänglich, ein »Zwing-Berlin«. Gegen den Widerstand und zur Belehrung der Bürger errichtet Friedrich, der Eiserne, es an der Spree, wo er die Stadtmauer einreißen läßt, genau gegenüber dem alten Rathaus von Berlin und Kölln. Alexis versteht es, Steine sprechen zu lassen.

»Was kann aus diesen Sandbänken und Moortümpeln werden, die das Meer vergaß, als es in sein Bett zurücktrat?« Alles in allem ist die Stadt, die da aufkam, noch nicht übermäßig alt. Zu einer Zeit, als süd- und westdeutsche Städte, deren Ursprünge bis auf römische Grundsteinlegungen in den germanischen Provinzen zurückreichen, schon den Glanz urbaner Lebensformen und eine blühende Kultur aufwiesen, bedeutete Berlin noch nicht viel mehr als eine Handvoll schilfgedeckter Lehmhütten auf einem sumpf- und sandreichen Stück Wiesenland an der Spree, unmittelbar gegenüber einer

Insel des Flusses mit dem slawischen Fischerdorf Kölln gelegen. Ein Ort der Verbindung und Verschmelzung germanischer und slawischer Ansiedler. Weitab von allen vielmals wechselnden Residenzen mittelalterlicher deutscher Könige und Kaiser machte die Doppelstadt, die sich hier entwickelte, nicht viel von sich reden. Die Quellen der Überlieferung fließen spärlich. Niemand hätte sich bis ins 17. Jahrhundert hinein oder gar schon im 15. Jahrhundert, als die Hohenzollern hier zu herrschen begannen, vorstellen können, welche Rolle der öden Mark einst als Stammland Preußens, des Aufsteigers unter den deutschen Staaten, zufallen würde, und daß ein »Krähennest« wie dies hier – mehr waren die märkischen Ortschaften in den Augen der aus Süddeutschland kommenden fürstlichen Statthalter allesamt nicht – einmal deutsche Hauptstadt werden sollte.

Unter den europäischen Hauptstädten von Weltbedeutung taucht Berlin erst mit erheblichem Abstand als Nachzügler auf. Aber schon bevor das geschah, wurde es – fast zur gleichen Zeit wie London von Dickens und Thackeray und wie Paris von Balzac – von Willibald Alexis als beschreibenswerter Gegenstand für die Literatur entdeckt. Gemessen an den vielbewunderten Beispielfällen des europäischen Westens freilich ohne vergleichbaren Widerhall.

Schließlich war das Urteil Madame de Staëls über Berlin in ihrem berühmten Buch »De l'Allemagne« (1810), das der Welt nach Tacitus' »Germania« zum zweiten Mal Kunde von dem Land gab, noch unwidersprochen. Sie hatte ungeachtet der neuen repräsentativen Bauten der nunmehr königlich-preußischen Metropole gefunden, Berlin »macht keinen sehr bedeutenden Eindruck: man bemerkt dort weder eine Spur von Geschichte des Landes noch vom Charakter der Einwohner«. Der mit Alexis gleichaltrige Heine, der aus dem Rheinland zum Studium in die Stadt an der Spree kam, pflichtete Madame de Staël in diesem Punkt nachdrücklich bei, indem er meinte, »obschon die Stadt neu, schön und regelmäßig gebaut ist, so macht sie doch einen etwas nüchternen Eindruck«.

Da wollte es schon etwas heißen, wenn ein glaubwürdiger Rezensent wie Hermann Marggraff 1840 über den gerade erschienenen »Roland von Berlin« schrieb: »Wem die als unpoetisch verrufene preußische Königsstadt traulicher, heimlicher, dichterischer entgegentreten soll, der lese diesen Roman.«

Gewiß, das in Uniform und Reglements eingeschnürte moderne Berlin von 1840 war kein Paris. Und grub man auch tief in die Vergangenheit, ein Troja war unter den Sandbänken der Mark nicht zu entdecken. Um so höher ist das Verdienst dessen zu schätzen, der, wie Alexis, »mit der Wünschelrute seiner dichterischen Gestaltungskraft in einem, dem Anscheine nach so ärmlichen und dürftigen Boden wie Berlin jene Stellen aufzufinden vermag, unter denen tief vergraben, Schätze der Poesie ruhen« (Marggraff).

Die Begriffe von Poesie und darauf gestützte Bewertungen haben sich seither gewandelt. Dessenungeachtet geben die Romane »Der Roland von Berlin« (1840) und »Ruhe ist die erste Bürgerpflicht« (1850) aber unvermindert aufschlußreich wesentliche Kapitel der Biographie Berlins wieder. Sie konnten sogar in dem Maße wachsendes Interesse über das der Zeitgenossen hinaus beanspruchen, wie die Stadt selbst an Wichtigkeit zunahm und in den Brennpunkt des ebenso unheilschweren wie verheißungsvollen nationalen Geschehens rückte. Schon längst war die alte Rolandstadt mit ihren 6000 bis 8000 Einwohnern nicht wiederzuerkennen. In den Friedensjahrzehnten nach dem Ende der napoleonischen Kriege war Berlin zur Großstadt herangewachsen und um 1840 mit nahezu 400 000 Einwohnern auf dem Wege, der Kaiserstadt Wien den Rang abzulaufen. Feudalstaatliche Repräsentationsbauten und kapitalistische Fabrikgründungen, Bahnhofs- und Gefängnisbauten, ein bombastisches Dom- und ein verkehrstechnisch zweckbestimmtes Kanalbauprojekt, ein jährlicher Bevölkerungszuwachs um zehntausend Einwohner veränderten vor den Augen der Mitlebenden unglaublich rasch das Bild der Stadt. Wo vor wenigen Jahren noch Gärten, Wiesen und Sümpfe waren, breiteten sich jetzt prächtige Straßen und Plätze aus.

Dem äußeren Bild und Anspruch entsprach allerdings nicht der innere Zustand. Dasselbe Berlin, in dem zu dieser Zeit Alexis seinen Roman schrieb, nannte der alte Alexander von Humboldt (nicht öffentlich, versteht sich) »eine intellektuell verödete kleine unliterarische und dabei überhämische Stadt«. Er mußte es wissen, ebenso Karl August Varnhagen von Ense, der hinter dem Paradegesicht »Verdruß und Unlust, Schwäche und Schlaffheit« verborgen sah und unter dem 7. Dezember 1839 für sich (und die Nachwelt) in sein Tagebuch notierte: »Wie ist der Ort durch bekannte Einflüsse zugrunde gerichtet auf wenigstens ein paar Generationen hinaus! Einfacher Wechsel kann hier nicht helfen, es muß erst wieder ein Zwischenspiel von Unglück eintreten, um freien Raum zu schaffen. Der ganze Staat ist von hier aus angesteckt mit Schalheit und Mattigkeit, Verdruß und Langeweile. Politisches Leben ist nicht hier, das gesellige haben sie entartet, das literarische niedergedrückt, die Wissenschaft muß in ihren engsten Schranken wie in Klostermauern leben, der Geschmack ist verdorben, das Theater tief heruntergebracht. Soll uns etwa die schöne Gegend schadlos halten? – O Berlin, Berlin!«

Das Jahrhundert danach hat in phantastisch übersteigerten Verwirklichungen die Besorgnisse und Hoffnungen eingeholt, die Alexis und seine Zeitgenossen bewegten, als er in der zu epochalen Umwälzungen drängenden Zeit zwischen dem Beginn der modernen Klassenkämpfe im bürgerlichen Frankreich nach 1830 und der Revolution von 1848 im feudalbürokratischen Deutschland seine epischen Entdeckungsreisen in die Vergangenheit unternahm.

Nach den seitherigen Schicksalen der Stadt, ihren weiteren Entfaltungen, Verwüstungen, Neugestaltungen und Entstellungen wird man sich den Besichtigungen des Erzählers mit erneuertem Interesse anschließen. Die jetzige Periode des Wachstums in abermals neue Dimensionen, bei gleichzeitiger Bemühung, verschüttete Züge des Gesichts der Stadt soweit wie möglich wieder kenntlich zu machen, scheint dazu besonders angetan zu sein. Inmitten des historischen Schauplatzes der Romanhandlung um den steinernen Roland ist erst kürzlich aus den Ruinen, die der letzte Krieg hinterließ, die Nikolaikirche wiedererrichtet worden. Und wo die mittelalterlichen Bürgerhäuser sich in engen Gassen aneinanderdrängten, ist erst allerjüngstens wieder »altberliner« Leben eingezogen, das neu zur Erinnerung anregt.

Aus einer enormen Menge mehr oder weniger sicher beurkundetem Tatsachenmaterial hat Alexis so minutiös bis in »die einzelnsten Zieraten und Unrate«, wie man es nirgends sonst wiederfindet, das vorpreußische Berlin nachgebildet. Dem Hunger des 19. Jahrhunderts nach Wirklichkeitsstoff, der sich nach dem vorausgegangenen philosophisch-ästhetischen Zeitalter bemerkbar gemacht hatte, konnte gar nicht genug getan werden. Der heutige Leser muß sich auf die Dimensionen und das Schrittmaß so extensiven Erzählens erst einstellen. Hat man die Schwelle des Einlesens überwunden, sich mit der betont altertümlichen Sprachprägung wie mit mancherlei Umständlichkeiten des Beschreibens und der Rede, wenn auch nicht geradezu innig befreundet, aber doch ins Verhältnis gesetzt, wird man sich am Ende reichlich genug entschädigt finden. Auf dem Weg in unsere unbekannte Vorwelt erweist der Erzähler sich jedenfalls noch immer als verläßlicher Führer. Seiner engagierten, historisch und menschlich gewissenhaften Betrachtungsweise wird man seine Sympathie nicht versagen.

Ganz ohne Mühen wird man ihm auch dann nicht immer folgen können. Einigermaßen vertraut geworden mit dem Gegenstand der Entdeckung des Romans, wird man dann aber vielleicht geneigt sein, jene Schwerfälligkeiten der Diktion, an der sich schon zeitgenössische

Kritiker stießen, auf den Gegenstand selbst und die allzu enge Verwicklung des Erzählers mit ihm zurückzuführen – auf die Unwegsamkeiten der Landschaft auch, auf die Roheit ihrer einstigen Bewohner, die Schroffheit der sozialen und charakterlichen Gegensätze, die ganze Verworrenheit der Verhältnisse des Landes, ebensowohl wie auf den Mangel an einer wegbahnenden künstlerischen Tradition für ein episches Großunternehmen von dieser Art.

Gerechterweise wird man dessen Ergebnis sowohl an seinem Anspruch wie an seinen Voraussetzungen zu messen haben. Und gerecht erscheint es, die eigene Stellungnahme des Autors dazu zur Kenntnis zu nehmen. In dem »Mein Chronikstil« überschriebenen Rechenschaftsbericht über seine Romane aus dem Mittelalter schrieb Alexis: »Was ich hier zuerst versuchte, einen historischen Roman zu bilden, aus dem das Romanhafte verschwindet, einen Roman, in dem die großartigen Züge der Geschichte, ihre Charaktere und Ideen das Interesse in Anspruch nehmen, wofür bis da die Liebesintrigen und kleine Akzidenzien ein Privilegium hatten, wo hatte ich da für die Sprache das allgemeine gültige Vorbild zu suchen! Zerhackt und zerrissen ist das Gefühl von Greulen einer barbarischen Zeit und einem noch abscheulicheren Ränkespiel der Großen, wie sollte das bewältigt, wie repräsentiert werden durch einen glatten, wohlgefällig dahin fließenden Stil!«

Henri Poschmann

Anmerkungen

7 *Rathaus auf der Langen Brücke* – Die Lange Brücke befand sich an der Stelle der jetzigen Rathausbrücke. Das erste gemeinsame Rathaus der Städte Berlin und Kölln (am Mühlendamm) war 1380 bei einem Brand zusammen mit fast allen Fachwerkhäusern Berlins vernichtet worden. Das neue (1514 wieder abgerissene) Rathaus wurde nicht auf, wie es in der Geschichtsschreibung des 18. Jahrhunderts heißt, sondern nahe der Langen Brücke errichtet. Alexis hielt an der irrtümlichen Version fest, obwohl sie in der ihm bekannten Berlin-Literatur bereits seit 1829 berichtigt war. Die Lange (ursprünglich Neue) Brücke war als zweite Verbindung zwischen Berlin und Kölln sogar erst »infolge dieses rathäuslichen Baues« entstanden.

Ratmannen der vereinigten Städte – Seit 1432 waren Berlin und Kölln gänzlich zu einer Stadt vereinigt. Schon zu Anfang des 14. Jahrhunderts hatten sie einen gemeinsamen Rat. Dessen Mitglieder wurden jährlich von den Angehörigen des Patriziats, zu zwei Dritteln aus Berlin und zu einem Drittel aus Kölln, gewählt. Die Handwerker und Gewerbetreibenden der verschiedenen Zünfte, Innungen, Gilden und Gewerke waren von der Regierung der Stadt ausgeschlossen. Dagegen rebellierten sie 1442.

8 *um einhundert und einige Jahre früher* – Vgl. die erste Anm. zu S. 7.

10 *verbündete Städte* – Die Städte der Mark Brandenburg waren in einem Bund vereinigt, der der gemeinsamen Verteidigung gegen das Raubrittertum, aber auch gegen Übergriffe des Landesherrn diente. Das Bündnis wurde 1308 in Berlin geschlossen und mehrmals durch neue Verträge bekräftigt.

Der kaiserliche Doppeladler – Dem feudalen Grundrecht zufolge war der deutsche Kaiser der oberste Lehnsherr über die Länder des Reichs. Im 15. Jahrhundert hatten jedoch die Fürsten der Länder als Lehnsträger und damit als Vasallen des Kaisers ihre Partikulargewalten gegenüber der Zentralgewalt bereits weitgehend verselbständigt.

10 *der hohenzollernsche* – Seit 1415 war das Nürnberger Burggrafengeschlecht der Hohenzollern mit der Mark Brandenburg belehnt.

Fahne des Hansebundes – Berlin war seit 1359 Mitglied der Hanse.

das kurfürstliche Banner – 1415 wurde den regierenden Markgrafen vom Kaiser die erbliche Kurfürstenwürde verliehen.

um Sankt Marien und Nikolas – Die Nikolaikirche (Baubeginn 1230, umgebaut um 1380 und im 15. Jahrhundert, 1877 mit einem zweiten Turm versehen) mit dem Molkenmarkt und die Marienkirche (erste Erwähnung Ende des 13. Jahrhunderts, umgebaut Ende des 14. Jahrhunderts) mit dem Neuen Markt bildeten die Zentren des ursprünglichen Stadtgebiets von Berlin.

Sankt Petrus – Die Petrikirche (erste Erwähnung 1319, umgebaut 1379 und mehrfach im 18. Jahrhundert, 1809 vollständig niedergebrannt) war die Gemeindekirche Köllns. Sie befand sich zwischen Gertrauden- und Scharrenstraße.

11 *das Niederlagrecht* – Das vom Landesherrn erteilte Recht, in der Stadt Waren lagern zu lassen und dafür Abgaben zu erheben; auch Stapelrecht genannt.

12 *wendische Bankerte* – Verächtlicher Hinweis auf die slawische Abstammung der Einwohner Köllns, das als wendisches Fischerdorf entstanden war. Im Unterschied zu vielen Ortschaften der Mark, die von Wenden gegründet wurden (was die Ortsnamen auf -ow und -itz bezeugen), war Berlin von Kolonisten germanischer Herkunft (meist aus Westfalen, Niedersachsen und Sachsen kommend) besiedelt. Diese hatten die in der Mark ansässigen Wenden unterjocht. Die beiden Bevölkerungsteile vermischten sich.

15 *Seine Markgräfliche Gnaden* – Hier ist der Landesherr, Kurfürst Friedrich II. (1413–1471) gemeint, der von 1440 bis 1470 regierte. Die Kurfürsten der Mark Brandenburg waren zugleich Markgrafen.

Tuchkratzer – Handwerker, der den Wollstoff aufrauhte; abschätzig für Tuchhändler.

Finkenaugen – Münzenart; 36 Finkenaugen machten einen Gulden aus.

16 *Seine Kurfürstliche Gnaden* – Kurfürst Friedrich II.

16 *die Nürnberger* – Vgl. die dritte Anm. zu S. 10.
mit den Pommern – Die märkischen Landesherren lagen ständig in Fehde mit ihren Nachbarn, den Pommern, die sich mit den märkischen Raubrittern verbündeten. Die Städte hingegen unterstützten die Verteidigung des Landes.
Plauen ... Friesack, Lenzen – Ritterburgen im Havelland, die 1414 durch den ersten Kurfürsten der Hohenzollern, Friedrich I. (vgl. die zweite Anm. zu S. 151), gebrochen wurden.
Faule Grete – Schweres Geschütz, das erstmals von Friedrich I. von Brandenburg zur Bezwingung der märkischen Ritterburgen eingesetzt worden sein soll.
20 *Stapelrecht* – Vgl. die Anm. zu S. 11.
24 *Raschmacher* – Tuchmacher (Rasch: ein dünner Wollstoff).
25 *Gemeinheit* – Gesamtheit der Bürger im Gegensatz zu den »Geschlechtern« oder der »Ehrbarkeit«, d.h. dem Patriziat.
29 *euer Bürgermeister* – Vgl. die erste Anm. zu S. 34.
Sechzehner – Deputierte der verbündeten Städte (vgl. die erste Anm. zu S. 10), die an der Ratssitzung teilnahmen.
31 *Schoß* – Steuer.
32 *der Andere* – Früherer Ausdruck für: der Zweite.
sein Vater seliger ... – Der Vater Friedrichs II. von Brandenburg war Friedrich I., der erste Kurfürst. Dieser hätte sich in der Mark gegen den Adel ohne die Unterstützung der Bürger Berlins und Köllns nicht halten können.
Konrad Ryke – Konrad Ryke oder Reich war zu der Zeit Bürgermeister von Berlin; er hatte wesentlichen Anteil am »Unwillen« (vgl. die dritte Anm. zu S. 736), floh 1448 nach dem Triumph des Kurfürsten und erlitt das Schicksal, das Alexis im Roman auf seinen Bürgermeister Rathenow übertrug.
34 *Johannes Rathenow* – Ein Bürgermeister dieses Namens ist zu der Zeit nicht nachweisbar. Die Familie Rathenow gehörte aber zu den berühmten »Geschlechtern« der Stadt.
am Tage bei Kremmen – Am 24. Oktober 1412 erlitt Friedrich I. im Kampf gegen die pommerschen Herzöge und den Adel der Mark bei Kremmen im Havelland eine Niederlage. Die Bürgerschaft Berlins und Köllns kämpfte auf seiner Seite, da auch ihre Sicherheit vor allem vom Adel bedroht war.

37 *weiße und rote Rosen* – Zeichen der sich bekämpfenden Dynastien der York und Lancaster im 15. Jahrhundert in England.

Welfen und Gibellinen – Die Namen der Dynastien der Welfen und Gibellinen wurden zu Parteinamen für die Anhänger des Kaisers und des Papstes, die fast während des ganzen Mittelalters in Streit lagen.

44 *Freigrafen* – Vorsitzende der bis 1495 rechtlich auf Grund der karolingischen Gerichtsverfassung bestehenden unabhängigen Gerichte (Femegerichte), die das im Mittelalter unter den Partikulargewalten ungesicherte Recht durchsetzen sollten. Der Hauptstuhl befand sich in Westfalen, bei Dortmund, und unterstand dem Erzbischof von Köln am Rhein.

50 *Roland* – Der Roland von Berlin wurde auf dem Molkenmarkt, nahe der Nikolaikirche, errichtet, nachdem die Stadt 1391 das erbliche Amt des Schultheißen, der dem städtischen Schöppenstuhl vorstand, kaufen konnte und so die uneingeschränkte Gerichtsbarkeit erwarb.

52 *Blutbann* – Todesurteil; auch die Kompetenz des Gerichts, es auszusprechen.

55 *Markgraf Waldemar* – Vorletzter Markgraf von Brandenburg aus der Dynastie der Askanier, die in Ballenstädt ansässig waren (vgl. die erste Anm. zu S. 149). Er lebte von 1281 bis 1319 und regierte ab 1308.

Kaiser Karl ... von Tangermünde – Karl IV. von Luxemburg (1316–1378); Markgraf von Mähren, verwaltete Böhmen; seit 1347 deutscher König, 1355 in Rom zum Kaiser gekrönt. Wenn er die Mark besuchte, die seit 1373 zu seinen Erblanden gehörte, pflegte er in Tangermünde zu residieren, wo er 1374 ein Schloß bauen ließ.

59 *Kaiser Karl von Böheim* – Vgl. die vorhergehende Anm.

von den strengen Ratsverordnungen – 1335 erließ der Rat von Berlin und Kölln eine Polizeiordnung gegen Schwelgerei und übertriebenen Kleider- und Schmuckaufwand, besonders der Frauen, als Folgeerscheinung des wachsenden Wohlstands. Danach war es bürgerlichen Frauen fortan verboten, »mit Gold durchstreifte Zeuge zu tragen, die Mäntel mit Zobel zu verbrämen oder sich mit Perlen, Armspangen oder ähnlichem goldenen und silbernen Geschmeide über eine halbe Mark und mit goldenen Reifen und Kränzen über eine Mark wert zu schmücken«.

64 *Morgensprache* – Zunftberatung.

66 *Konrad Schütz* – Geheimer Sekretär des Erzbischofs von Magdeburg; er konspirierte zwischen 1320 und 1324 mit Herzog Rudolph I. von Sachsen-Wittenberg (Regierungszeit 1298 bis zu seinem Tode 1356) in Berlin zugunsten von Rudolphs Anspruch auf die Mark, den dieser »mit List und Gewalt geltend zu machen suchte«. Schütz wurde von darüber aufgebrachten Berliner Bürgern gewaltsam von der Tafel des Herzogs zum Neuen Markt geschleppt und dort, unter der Anklage, eine Berlinerin durch eine unzüchtige Anrede beleidigt zu haben, geköpft.

69 *Macht des Großen Kurfürsten* – Kurfürst Friedrich Wilhelm (1620–1688), der Große Kurfürst, der ab 1640 regierte und Entscheidendes für das Erstarken der vom Dreißigjährigen Krieg geschwächten Mark und den Ausbau Berlins leistete, verbot 1681 das Mästen und den Verkauf von Schweinen im Stadtgebiet.

77 *Bredow, Puttlitz, Quitzow, Rochow* – Führende Burgherren des märkischen Landadels, die sich dem Herrschaftsanspruch der Markgrafen und Kurfürsten widersetzten, die Handelsstraßen verunsicherten und die Städte erpreßten.

78 *die Meinheit* – Allgemeinheit, untere Stände.

81 *Estaminets* – (franz.) Gasthäuser.

83 *Kolonisten aus Holland und den Niederlanden* – Sie bildeten schon frühzeitig neben denen aus Westfalen, Niedersachsen und Sachsen den größten Anteil der Zuwanderer in die Mark. Niederländische Namen wie Ryke u.a. sind ein Hinweis darauf. Holland gehört erst seit 1815 dem Königreich der Niederlande an.

88 *zur Bayernzeit* – An die bayrische Dynastie Wittelsbach war die Mark nach dem Aussterben der Askanier (vgl. die erste Anm. zu S. 149) gefallen. Die Herrschaft der bayrischen Markgrafen dauerte von 1320 bis 1373; ihnen folgten die Luxemburger (1373–1415).

93 *Kaak ... Staupbesen* – Mittelalterliche Folterinstrumente.

96 *Scharnen* – Verkaufsstellen für Fleisch.

99 *Schoß* – Steuer.

109 *Kalandsorden* – Der Kalandsorden, auch Elendsgilde genannt, war schon im 14. Jahrhundert in Norddeutschland weit verbreitet. Ihm gehörten Geistliche, aber auch Laien beiderlei Geschlechts an, die sich gegenseitige Hilfe versprachen und Hilfsbedürftige aller Stände, besonders Rei-

sende, unterstützten. Der Berliner Kalandshof befand sich in der Klosterstraße. Der Name ist von (lat.) Calendae – erster Tag des Monats, auch Zahltag, abgeleitet und rührt daher, daß die Versammlungen der Brüderschaften jeweils am ersten Tag des Monats stattfanden.

109 *Präpositi* – Vorsteher; Pröpste.

120 *Bernower Abt* – Vgl. die erste Anm. zu S. 255.

132 *Ludwig des Römers Zeiten* – Ludwig II. (1330–1365) aus dem Hause Wittelsbach war ab 1351 Markgraf von Brandenburg. Er war der jüngere Bruder Ludwigs I. (1315–1361), des ersten Wittelsbacher Markgrafen, der von 1320 bis 1351 regierte, und wurde Ludwig der Römer genannt, weil er nach der 1328 erfolgten Kaiserkrönung seines Vaters, Ludwigs des Bayern (1282–1347), in Rom geboren worden war.

136 *Tagefahrten* – Tagen, eine Tagung abhalten.

149 *die Herren von Anhalt* – Die Dynastie Anhalt (die Askanier) war seit Albrecht I. (um 1100–1170), auch Albrecht der Bär genannt, der ab 1142 regierte, mit der Mark belehnt und herrschte dort bis 1320.

der große Waldemar – Vgl. die erste Anm. zu S. 55.

der Bayer Ludwig – Ludwig I., vgl. die Anm. zu S. 132.

151 *Burggrafen* – Die Hohenzollern waren Burggrafen von Nürnberg.

Herrn Friedrich I. – Friedrich I. (1372–1440), dem neben der Burggrafenschaft Nürnberg auch die Markgrafenschaften Ansbach und Bayreuth unterstanden, war der erste Markgraf und Kurfürst von Brandenburg aus der Dynastie der Hohenzollern (ab 1415). Er erhielt die Mark bereits 1411 von Sigismund (vgl. die folgende Anm.) als Pfand für geliehenes Geld. Die offizielle Belehnung erfolgte 1417 in Konstanz.

Kaiser Sigismund – Siegmund oder Sigismund (1361 bis 1437), deutscher König ab 1411; 1433 in Rom zum Kaiser gekrönt; letzter Abkömmling der Dynastie Luxemburg, Sohn von Kaiser Karl IV.; Kurfürst von Brandenburg von 1378 bis 1415, auch König von Ungarn; gab mit der Verbrennung von Jan Hus den Anlaß zu den Hussitenkriegen (1419–1434).

153 *Hans von Hollach* – Graf Johann von Hohenlohe (um 1370–1412), aus Franken; kämpfte zusammen mit Friedrich I. gegen die in die Mark eingefallenen Truppen des

Herzogs von Pommern und den märkischen Landadel und fiel bei Kremmen (vgl. die zweite Anm. zu S. 34).

159 *Weichhaus* – Hausähnlicher Bauteil einer Befestigung, Wehrhaus.

178 *Stellmeiser* – Bezeichnung für Raubritter in der Mark.

184 *Kretscham* – Schenke.

197 *eine Göttin* – Pandora.

199 *schoßfrei* – steuerfrei.

210 *Reifschläger* – Seiler, die Schiffstaue herstellten.

232 *Paris von Troja ... Apfel* – Paris, der Sohn des mythischen Königs Priamos von Troja, entschied den Streit dreier Göttinnen um den Besitz des Apfels der Eris mit der Aufschrift »Der Schönsten« zugunsten Aphrodites, mit deren Hilfe er Helene (lat. Helena), in der griechischen Sage die schönste und begehrteste Frau, nach Troja entführte.

241 *1397 ... beim großen Hansetag in Hamburg* – Gegen Ende des 14. Jahrhunderts hatte die Hanse den Höhepunkt ihrer Macht erreicht. Die Hansetage fanden in der Regel in Lübeck, dem Sitz der Hanse, statt.

255 *das Interdikt* – 1325 hatte der Bischof von Brandenburg ein Interdikt über Berlin verhängt, d.i. ein Verbot sämtlicher Gottesdienste und kirchlicher Verrichtungen. Das teilweise 1335 und gänzlich erst 1347 wieder aufgehobene Interdikt verursachte der Stadt enormen Schaden. Es sollte die Strafe dafür sein, daß der Propst von Bernau nach einer Predigt in der Marienkirche von den Kirchgängern gelyncht worden war (vgl. die folgende Anm.).

den Abt bei Sankt Marien – Es handelt sich um den Propst Nikolaus Cyriax von Bernau, der 1325 auf dem Neuen Markt vor der Marienkirche von erregten Berliner Bürgern erschlagen und verbrannt worden war. Der wegen seines eigennützigen Gebrauchs der kirchlichen Macht verhaßte Geistliche hatte sich in den Streit zwischen Kaiser und Papst um die Vergabe der Markgrafenschaft eingemischt, der Stadt mit Bannflüchen gedroht und ihr hohe Sonderabgaben abverlangt. Zum Zeichen der Sühne für den Mord mußte vor der Marienkirche ein steinernes Kreuz aufgestellt werden.

263 *manchen mußte der Feldscher bluten lassen* – Aderlaß war ein viel angewandtes Mittel der vorwissenschaftlichen Medizin.

281 *Pön* – Strafe.

285 *Estomihi* – Aus lat. »Sei mir« (zu ergänzen: »ein starker Fels«); der siebente Sonntag vor Ostern.

294 *Des Ovidii »Kunst zu lieben«* – Das Lehrgedicht »Ars amandi« des römischen Dichters Publius Ovidius Naso (48 v. u. Z.–18 u. Z.).

Pönitenzen – Bußen (von Pön).

Nepomuk zu Prag – Johann von Pomuk (1340–1393), Generalvikar von Prag; wurde auf Befehl König Wenzels in der Moldau ertränkt, der Legende nach, weil er das Beichtgeheimnis der Königin nicht verraten wollte; 1729 heiliggesprochen; Schutzpatron Böhmens.

300 *Gerechtsame* – Rechte, Vollmachten.

308 *der feste Turm von dem Hofe Wedding* – Das Vorwerk Wedding nördlich von Berlin schenkte Markgraf Otto V. von Anhalt, der von 1267 bis zu seinem Tode (1298) regierte, 1289 der Stadt.

313 *Metze* – Hohlmaß für Getreide.

314 *Streichbrett* – Zum Abstreichen des über den Rand der Metze gehäuften Getreides, das der Müllermeister sich »einstrich«.

315 *Bötzow* – Adelssitz der Quitzows, 1665 umbenannt in Oranienburg.

320 *Blut von Wilsnack* – In Wilsnack in der Prignitz sollen 1383 angeblich drei Hostien zu bluten angefangen haben. Der Ort wurde im 15. Jahrhundert zu einem Wallfahrtsziel.

333 *fahen* – fangen, festnehmen.

343 *Heiligengrab* – 1289 gegründetes Zisterzienser-Nonnenkloster in der Ost-Prignitz.

352 *die hohe Jagd* – Aus dem mittelalterlichen Grundrecht folgte, daß dem Landesherrn das ausschließliche Recht zur Ausübung der Jagd zustand (Jagdregal). Als Jagdgerechtigkeit konnte er es nach dem Lehensprinzip weitervergeben.

354 *Zehdenick* – Zisterzienser-Nonnenkloster an der Havel in der Uckermark.

355 *Hussiten bei Bernow* – Seit 1427 unternahmen die Hussiten von Böhmen aus Kriegszüge in die benachbarten Länder. Die deutsche Reichsarmee, im Auftrag des Kaisers schon seit 1422 unter dem Oberbefehl des Kurfürsten Friedrich I. von Brandenburg, erlitt Niederlage auf Niederlage im Kampf gegen sie. In der Mark waren Lebus, Müncheberg, Altlandsberg und Strausberg schon zerstört, als es

bei Bernau Friedrich II. (damals noch Erbprinz) vereint mit den Bürgern der Stadt gelang, die Hussiten zum Stehen zu bringen.

357 *Wissende* – Schöffen der Femegerichte (vgl. die Anm. zu S. 44).

362 *Herzog Albrecht, den sie Achilles nannten* – Albrecht von Hohenzollern (1414–1486), jüngerer Bruder und Nachfolger Friedrichs II. als Kurfürst; er regierte ab 1470.

366 *Schneekönige* – Zeitübliche Bezeichnung für die schwedischen Könige.

372 *Feldstück* – Geschütz.

die Schicksels – Jüdische Mädchen.

374 *Gojim* – Nichtjuden.

384 *Beeden* – Abgaben an den Lehnsherrn.

395 *Butenmenschen* – Leute, die außerhalb der Stadtmauern lebten (von niederdeutsch: buten – draußen).

410 *Grapen* – Topf oder Kessel mit Dreifuß und Henkel.

415 *Scheelung* – Mißgunst.

428 *die von Anhalt, des Bären Albrecht Brut* – Graf Albrecht von Ballenstädt (Albrecht der Bär) war schon seit 1134 mit der Altmark belehnt und erwarb in der Folgezeit die Prignitz, die Zauche und das Havelland mit Brandenburg dazu. Vgl. noch die erste Anm. zu S. 149.

die Bayern – Vgl. die Anm. zu S. 88.

Lützelburger – Luxemburger (vgl. die zweite Anm. zu S. 55 und die Anm. zu S. 88).

431 *Kaiser Friedrich* – Friedrich III. von Habsburg (1415 bis 1493), deutscher König ab 1440, 1452 in Rom zum Kaiser gekrönt.

Kaiser Wenzel – Wenzeslaus IV. von Böhmen (1361 bis 1419), ab 1378 deutscher König, Sohn und Nachfolger Karls IV. (vgl. die zweite Anm. zu S. 55); trieb eine städtefeindliche Politik, wurde 1400 wegen Gewalttätigkeiten und Vernachlässigung der Regierungsgeschäfte abgesetzt.

432 *Mariä Reinigung* – 2. Februar; katholisches Fest zur Erinnerung an die Darstellung Christi im Tempel; auch Lichtmeß genannt wegen der an diesem Tag stattfindenden Kerzenweihe.

437 *Voluntas hominum variabilis* – (lat.) Der Wille des Menschen ist veränderlich.

438 *spricht auch ins Rohr … wie König Midas* – König Midas, in der griechischen Sage, wuchsen Eselsohren, die er unter

einer Mütze verbarg. Da er niemanden hatte, dem er sein Leid klagen konnte, flüsterte er sein Geheimnis ins Schilf.

443 *obiit* – (lat.) starb.

446 *Sonntag Reminiszere* – Der fünfte Sonntag vor Ostern; reminiscere: (lat.) gedenke.

460 *Seiger* – (mhd.) Uhr.

461 *Vollbord* – Vollmacht.

470 *Waldemar, der Falsche* – Der Streit rivalisierender Fürsten um das Erbe der 1320 ausgestorbenen Askanier war mit der Einsetzung des Markgrafen Ludwig I. von Wittelsbach (vgl. die Anm. zu S. 132) noch nicht beendet gewesen. Um den Bayern die Mark wieder streitig zu machen, erschien 1347 dort der angebliche, totgeglaubte, nun aber doch vorgeblich von einer Pilgerfahrt aus Palästina zurückgekehrte Markgraf Waldemar. Von vielen Fürsten und auch von den Städten als der echte anerkannt, stieß er jedoch auf die Gegenwehr der Wittelsbacher und ihrer Anhänger, wobei es zur Belagerung von Berlin kam. 1350 wurde der angebliche Waldemar von Kaiser Karl IV. auf einem Fürstentag in Bautzen zum Betrüger erklärt. Der Falsche Waldemar (vgl. den Roman von Alexis unter diesem Titel) soll ein Müllerbursche gewesen sein, den Herzog Rudolph I. von Sachsen-Wittenberg vorgeschoben hatte.

der Lebuser – Der Bischof von Lebus.

481 *der Großtürke* – Türkischer Kaiser.

Urkunde – Das Folgende gibt authentisch den Inhalt der Verfügung des Kurfürsten Friedrich II. von 1442 wieder, durch die ein großer Teil der Rechte der Stadt annulliert wurde.

486 *ins Elend* – in die Fremde, ins Ausland; auch: ins Exil.

487 *nach Visitationis* – Visitatio: Mariä Heimsuchung; Fest am 2. Juli zur Erinnerung an den Besuch Marias bei Elisabeth (Neues Testament, Lukas 1, 39–56).

496 *der alte Grieche Herodotus* – Herodotos (um 484–um 425 v. u. Z.), altgriechischer Geschichtsschreiber.

498 *Bönhase* – Handwerksgeselle, der keiner Zunft angehörte; auch: Pfuscher.

537 *Freiheit aus den sächsischen Wäldern* – Der »Sachsenspiegel« (1235) hielt alten germanischen Rechtsbrauch fest, aus dem vieles in die mittelalterliche Rechtsprechung Eingang fand.

540 *Schwanengesellschaft* – 1440 gründete Kurfürst Friedrich II. den »Orden Unserer lieben Frauen zum Schwan« zur Hebung der Sitten und der Bildung in der Mark.

555 *Die schöne Helena* – Vgl. die Anm. zu S. 232.

Maria Stuart – Maria Stuart (1542–1587), bis 1567 Königin von Schottland, in Frankreich erzogen, wurde in England gefangengesetzt und wegen ihrer katholisch-feudalistischen Verschwörungen gegen Elisabeth I. von England hingerichtet.

558 *von Otto IV., dem mit dem Pfeil* – Markgraf Otto IV., der von 1281 bis 1309 regierte, erhielt seinen Beinamen, nachdem ihm von einer Schlacht ein Pfeil im Kopf steckengeblieben und eingewachsen war.

562 *Im Türkenkrieg* – Im 15. Jahrhundert breitete sich das Osmanische Reich durch neue Eroberungen aus. Dem Reichsheer des deutschen Kaisers, das die Türken zurückzudrängen suchte, gehörten Ritter verschiedener Länder an.

569 *radii* – (lat.) Radien, Strahlen.

570 *Nomina ... omina* – (lat.) Namen ... Vorbedeutungen.

princeps, qui curat ... – (lat.) Fürst, der für das Wohl des Reiches sorgt.

qui stat – (lat.) der steht.

piscis – (lat.) Fisch.

Est instrumentum ... – (lat.) Es ist ein Instrument, das die Speise mißt.

est quidam ... – (lat.) es ist jemand, der zu etwas gelangte.

573 *filii naturales* ... – (lat.) die natürlichen Kinder durch die nachfolgende Ehe.

591 *Kalandshof* – Vgl. die erste Anm. zu S. 109.

626 *binnen und buten* – (niederdeutsch) inner- und außerhalb.

657 *Pleban* – Niederer Geistlicher.

673 *Nürnberger Uhr* – Nürnberg, wo die Hohenzollern ihre Stammburg hatten, war in Deutschland berühmt als Stadt, von der die Uhrmacherkunst ausging.

681 *Grapengießer* – Rot-(Kupfer-) und Gelb-(Bronze-)Gießer. Vgl. die Anm. zu S. 410.

714 *Pardeltier* – Panther oder Leopard; abgeleitet von lat. pardalis.

723 *Sadrach* – Altes Weib.

736 *Tempelhof* – Ein Rittergut, das im 12. Jahrhundert vom Tempelherren-Ritterorden gegründet wurde. Dieser hatte sich in Frankreich in der Zeit der Kreuzzüge zum Schutz

von Pilgern nach Jerusalem gebildet. Seine Auflösung erfolgte 1312. Die Mitglieder wurden der Zauberei angeklagt und verfolgt.

736 *Johanniter* – Angehörige eines im 11. Jahrhundert gegründeten geistlichen Ritterordens, der sich mit Kriegsführung und Krankenpflege befaßte.

Unwillen – Die im Roman geschilderten historischen Auseinandersetzungen des Jahres 1448 sind als »Berliner Unwillen« in die Geschichtsschreibung eingegangen.

744 *Leibgedinge* – Versorgungsgeld für die Witwe, das im Ehevertrag festgesetzt und aus dem Vermögen des Mannes ausgesondert wurde.

Martini – 11. November; auch Martinstag genannt zur Erinnerung an einen christlichen Heiligen, den Bischof Martin von Tours (geb. 316, gest. zwischen 397 und 401).

747 *Orbeede* – (niederdeutsch) für Urbede: Grundstückssteuer; älteste Feudalabgabe an den Landesherrn.

750 *Philippus* – Philipp II. (382–336 v. u. Z.), ab 356 König von Makedonien; Vater Alexanders des Großen.

Alexander Magnus – Alexander III., der Große, von Makedonien (356–323 v. u. Z.), regierte ab 336.

Asiam – Asia: (lat.) Asien.

Julius Cäsar – Gaius Iulius Caesar (100–44 v. u. Z.), römischer Staatsmann und Feldherr.

Carolus Magnus – Karl I., der Große, franz. Charlemagne (742–814), ab 768 fränkischer König, 800 in Rom zum Kaiser gekrönt.

755 *Naturam expellas furca* ... – (lat.) Treib die Natur mit der Forke hinaus: Stets kehret sie wieder (Horaz, Briefe I 10, 24; Übersetzung von Manfred Simon).

Zu dieser Ausgabe

Textgrundlage ist die dreibändige Erstausgabe, die 1840 bei F. A. Brockhaus in Leipzig erschienen ist. Orthographie und Interpunktion wurden heute geltenden Dudenregeln behutsam angeglichen und offensichtliche Druckfehler korrigiert.

Eine Vereinheitlichung unterschiedlicher Namensformen (z. B. *Aken* – *Achen*) erfolgte nicht. Es wurden auch keine Eingriffe in den Satzbau vorgenommen. Der Lautstand blieb unangetastet.